AF269422

La Predicación BÍBLICA

*El principal acompañamiento
para la predicación y la enseñanza*

— Una guía desde el Génesis hasta el Apocalipsis —

La Predicación
BÍBLICA

*El principal acompañamiento
para la predicación y la enseñanza*

Editado por
Matthew D. Kim y Scott M. Gibson

MONSGO®

A los predicadores y maestros de la Palabra de Dios, quienes
discipulan a los cristianos mediante una proclamación fiel

Contenido

EL NUEVO TESTAMENTO

Agradecimientos

Nos gustaría dar las gracias a cada uno de los colaboradores que han contribuido a convertir esta obra en lo que es: un volumen completo que busca animar, equipar y dar energía a pastores, predicadores, maestros y a todo el pueblo de Dios. Gracias por su amistad y colaboración en el evangelio y por compartir sus conocimientos sobre cómo predicar y enseñar de manera eficaz a partir de esta amplia gama de libros y géneros bíblicos.

También agradecemos al magnífico equipo de Baker Publishing Group, especialmente a Robert Hosack y Julie Zahm por haber guiado este gran proyecto de principio a fin. Gracias por seguir valorando el lugar que ocupan la predicación y la enseñanza fiel de la Palabra de Dios. Gracias a Dan Gregory por compilar los índices.

Por último, no podríamos agradecer lo suficiente a nuestras esposas, Sarah Kim y Rhonda Gibson, por su generosidad de tiempo y sacrificio que nos permite seguir la investigación. Sabemos lo mucho que también valoran la importancia de la proclamación y enseñanza eficaz de las Escrituras, y las amamos por ello. Gracias por todo lo que hacen para que nosotros podamos trabajar *incluso en otro* proyecto de libro. Las amamos y damos gracias a Dios por ustedes.

Introducción

MATTHEW D. KIM

Preparar un sermón o una lección de estudio bíblico puede resultar abrumador. ¿Alguna vez ha deseado tener un compañero de conversación de confianza para determinar la idea principal o la gran idea de cada libro de la Biblia? ¿Se ha preguntado cuál es la idea principal de los pasajes de las Escrituras sobre los que predica y enseña cada semana? No siempre es fácil ni conveniente pedir ayuda a alguien. Estudiar la Biblia puede ser una aventura solitaria y desafiante para todos los creyentes en Cristo, incluyendo a los predicadores y maestros.

Pues no hace falta que busque más. Esa ayuda tan ansiada está en sus manos. Bienvenido a *El principal acompañamiento para la predicación y la enseñanza*. Escrito por destacados homiléticos evangélicos, maestros de predicación y pastores con experiencia, el presente libro ofrece un recurso conciso para que usted —ya sea pastor, maestro o laico— analice su comprensión e interpretación de un determinado libro o pasaje bíblico. Pero más que ofrecerle un catálogo de las ideas principales, deseamos que estudie los pasajes por su cuenta y adquiera la confianza de que puede determinar las ideas principales de los textos bíblicos en la intimidad de su estudio o mientras trabaja en grupo.

Este libro se basa en la filosofía de las ideas principales del fallecido Haddon W. Robinson en su libro de texto *Biblical Preaching* [Predicación Bíblica]. En ese libro podrá conocer el proceso para determinar la idea principal de un pasaje según su contexto (i. e., el tema, el complemento, la idea exegética y la idea homilética). Además, para cada libro de la Biblia podrá acceder rápidamente a varias secciones: (1) una breve introducción a la idea principal de todo el libro, (2) consejos sobre cómo dividir el libro en perícopas de predicación y enseñanza, (3) orientación sobre pasajes y versículos difíciles, (4) perspectivas culturales para facilitar la aplicación fiel, y (5) recursos recomendados para interpretar, predicar y enseñar cada libro.

El principal acompañamiento para la predicación y la enseñanza lo guiará en su hermenéutica, homilética y enseñanza de los textos bíblicos. Aunque no pretendemos ser la única voz en la correcta interpretación de cualquiera de estos pasajes, nuestra esperanza es simplemente caminar junto a usted en este viaje y actuar como ese preciado compañero de conversación para usted. Como pronto descubrirá, el marco general de cada libro de la Biblia —como se ha mencionado anteriormente— será el mismo. Sin embargo, cada autor tiene un proceso distintivo para determinar y redactar las ideas principales. No queríamos capítulos con el mismo formato y exactamente iguales. Más bien, queríamos que la voz de la predicación y la enseñanza de cada colaborador se leyera y recibiera de forma natural. Además, debido a las limitaciones de espacio, los colaboradores no pueden abarcar todos los versículos o perícopas de sus respectivos libros bíblicos. Mientras usted se dedica al estudio intencional y fiel de las Escrituras, le pedimos que ore para que el Espíritu Santo lo guíe a su interpretación. Los colaboradores de este manual son personas falibles e imperfectas. Cada vez que leemos la Biblia también nos sometemos a la autoridad de Dios y a la autoridad de la Escritura.

Nuestra cultura cristiana se encuentra en un momento de crisis (algunos dirían que de apatía, desánimo o incluso turbulencia). El propio acto de predicar se encuentra en una pendiente inestable. Con mucha frecuencia, los predicadores y maestros se preocupan más por su propia imagen y popularidad que por su integridad y fidelidad. Nuestra esperanza y oración al reunir este volumen es desempeñar un pequeño papel para ayudar a su preparación diaria y semanal. Consulte este volumen cada vez que se sienta atascado en el significado de un texto determinado o simplemente cuando desee comprobar su comprensión con otros. Asimismo, en función de sus necesidades, puede utilizarse como un minicomentario para proporcionar un contexto histórico, gramatical, literario y cultural adicional.

Al igual que usted, creemos en la fiel interpretación, proclamación y enseñanza de la Palabra de Dios. Este es nuestro deseo ya que creemos en la iglesia. Creemos que Dios es fiel a la hora de utilizarnos en esta destacada labor de la edificación de su reino. Que pueda predicar y enseñar la Palabra con excelencia, pasión y entusiasmo para la gloria de Dios y la edificación del pueblo de Dios. Ahora, pasemos a las ideas principales.

EL ANTIGUO TESTAMENTO

Génesis

CASEY C. BARTON

La ides principal del libro de Génesis

El libro del Génesis narra nuestros orígenes como pueblo de Dios. El libro recorre la historia de la humanidad con Dios desde su origen en la palabra hablada de Dios que inicia y completa la creación. La historia pasa por la desobediencia de nuestros primeros antepasados a Dios y su consecuente exilio de la presencia de Dios. Una vez fuera del jardín de Dios, la humanidad se encuentra inmediatamente sumida en el pecado. Los asesinatos, la vergüenza y la inmoralidad comienzan a abundar en la historia del antes perfecto mundo de Dios. Sin embargo, desde los primeros momentos después de que Adán y Eva se involucraran con la serpiente que los desvió, Génesis registra la obra de Dios para lograr una reconciliación con su creación y dar su bendición al mundo. La historia sigue el flujo de la promesa y la bendición del pacto de Dios a través de sus siervos elegidos: Abraham, Isaac y Jacob. La familia de Jacob es preservada a través de la salvación por gracia de Dios del hijo de Jacob, José, y se convertirán en el pueblo de la promesa de Dios, Israel. Génesis es un libro de comienzos, que recorre el origen del pueblo de Dios hasta la palabra de Dios[1].

TEMA: ¿Qué historia cuenta el libro de Génesis al pueblo de Dios sobre sus orígenes?

COMPLEMENTO: Que, desde el principio, con la creación quebrada por el pecado, son un pueblo creado por la palabra de promesa y bendición de

---

1. Para una introducción más completa y bastante accesible a Génesis, ver Tremper Longman III, *Genesis, The Story of God Bible Commentary* [Génesis, comentario bíblico de la historia de Dios] (Grand Rapids: Zondervan, 2016), págs. 1-25.

Dios para llevar la palabra de promesa y bendición de Dios a todas las personas, que al final sanará y reconciliará la creación con Dios.

TEMA: ¿Qué historia cuenta el libro de Génesis al pueblo de Dios sobre sus orígenes?

COMPLEMENTO: La historia de Dios comienza con las promesas de su presencia con su pueblo para el mundo.

Selección de pasajes para predicar y enseñar el libro de Génesis

El libro de Génesis es la primera parte de la unidad literaria más amplia que incluye Éxodo, Levítico, Números y Deuteronomio: el Pentateuco. El libro se compone de cuatro grandes arcos narrativos que se centran en la presencia y la promesa de Dios con los personajes centrales de la historia. Los relatos que componen estas secciones más amplias detallan la historia particular de Dios con su pueblo mientras lo forma mediante el pacto, la promesa y la bendición, y mientras juzga el pecado y la maldad tanto en su propio pueblo como en el mundo. La selección de los pasajes para la predicación debe tener en cuenta el lugar que ocupa la perícopa en estos relatos más amplios.

El primero de estos arcos es la prehistoria del pueblo de Dios, desde la creación hasta el diluvio y la presentación de Abram (capítulos 1-11). Aquí se cuenta la historia de la buena creación de Dios estropeada por el pecado del primer pueblo que creó para administrar dicha creación. Desde la caída, la presencia de la gracia de Dios viaja junto a la propagación del pecado en el mundo. Incluso cuando Dios limpia la tierra con un diluvio, el pecado permanece en la generación de los hijos de Noé (9:18-28). El pecado se resiste a desaparecer. Empiezan a surgir dos caminos: el camino cubierto de pecado y que ahoga a la mayor parte de la creación, y el camino de la promesa que se le dio por gracia a Abram y a sus descendientes (aunque incluso este camino tiene su buena cantidad de pecado a lo largo del camino).

Las promesas de Dios se concretan cuando se nos presenta a Abram (que pronto será Abraham) y el importantísimo pacto que Dios hace con él (capítulos 12-25). El arco de Abraham es la historia de Dios haciendo promesas a un hombre para la bendición de todo el pueblo, y ese hombre luchando en la fe y la obediencia para creer y vivir las promesas de Dios cuando son casi imposibles de creer para él. El hijo nacido de la promesa del pacto de Dios, Isaac, hereda esa promesa de Abraham y a su vez la transmite a su hijo.

La siguiente generación de las promesas del pacto de Dios que se abren paso en el mundo llega a través del arco narrativo de Jacob (capítulos 25-36), el engañoso hermano menor que roba la bendición y a la vez la recibe de Dios. La historia de Jacob, al igual que la de Abraham (Jacob también obtendrá un nuevo nombre), es la de una fe emergente en el cumplimiento de las promesas que Jacob no podrá ver ni comprender del todo, pero a las que se aferrará para salvar su vida (32:22-32).

Un último conjunto de relatos se centra en el hijo de Jacob, José, y se cuenta por el bien de toda la familia de Jacob (capítulos 37-50). La historia de José relata cómo Dios preservó al pueblo que había creado y bendecido para que fuera el portador de la bendición de su pacto para el mundo. Se da para mostrar la obra providencial de Dios al llevar al pueblo de Israel a Egipto, salvarlo de la hambruna y convertirlo en una nación. Esto prepara el escenario para el acto redentor central de Dios en el Antiguo Testamento cuando saca a su pueblo de Egipto en el Éxodo, cumpliendo así otra promesa (46:2-5).

La selección de textos específicos para ser predicados dentro de estas secciones más amplias será una cuestión de rastrear los principios y los finales narrativos, buscando la idea central en cada uno de ellos, ya que funciona dentro del conjunto[2].

Comprensión del tema, complemento, idea exegética e idea homilética

Génesis 1:1-2:3

TEMA: ¿Cuál es el origen del cosmos y de todo lo que hay en él, según el autor del Génesis?

COMPLEMENTO: Dios llamando a la existencia a todas las cosas, formando y llenando todo de la nada.

IDEA EXEGÉTICA: El autor de Génesis indica que el origen del cosmos y de todo lo que hay en él se dio por medio de Dios llamando a la existencia a todas las cosas, formando y llenando todo de la nada.

IDEA HOMILÉTICA: Dios habló (llamó) y con ello formó y llenó toda la creación a partir de la nada.

---

2. Los comentaristas describen el libro de Génesis de diversas maneras, tanto para la exposición como para la predicación. Para esquemas estructurales alternativos, ver Longman, Genesis [Génesis]; Walter Brueggemann, *Genesis, Interpretation* [Génesis, Interpretación] (Louisville: John Knox, 1982); o R. Kent Hughes, *Genesis: Beginning and Blessing* [Génesis: principio y bendición] (Wheaton: Crossway, 2004).

Génesis 2:4-25

TEMA: ¿Cuál es el origen y el estado original de la humanidad, según el autor?

COMPLEMENTO: Dios creó al hombre y a la mujer como complementos inocentes y perfectos, y como administradores de su buena creación.

IDEA EXEGÉTICA: El autor dice que el origen y el estado original de la humanidad es que Dios creó al hombre y a la mujer como complementos inocentes y perfectos, y como administradores de su buena creación.

IDEA HOMILÉTICA: Dios nos creó para ser los perfectos cuidadores de su creación.

Génesis 3

TEMA: ¿De qué manera indica el autor que la humanidad perdió la inocencia con la que fue creada?

COMPLEMENTO: Por la desobediencia a Dios, que trajo una maldición a la creación y la separación de Dios.

IDEA EXEGÉTICA: El autor indica que la humanidad perdió la inocencia con la que fue creada por la desobediencia a Dios, lo que provocó una maldición en la creación y la separación de Dios.

IDEA HOMILÉTICA: El pecado deja sus cicatrices cuando lo permitimos en el mundo de Dios.

Génesis 4:1-16

TEMA: ¿Qué es lo que dice el autor que ocurrió en la generación posterior a la caída?

COMPLEMENTO: El pecado comenzó a dominar cuando Caín asesinó a su hermano Abel.

IDEA EXEGÉTICA: El autor dice que, en la primera generación después de la caída, el pecado comenzó a dominar cuando Caín asesinó a su hermano Abel.

IDEA HOMILÉTICA: El pecado irrumpe con fuerza violenta.

Génesis 4:17-5:32

TEMA: ¿Qué revela la yuxtaposición del autor de las líneas genealógicas de Caín y Set sobre la humanidad después de la caída?

COMPLEMENTO: El camino de la humanidad se dividió, pues la familia de Caín buscó el pecado y la venganza, mientras que la familia de Set buscó la liberación de la maldición por parte de Dios.

IDEA EXEGÉTICA: La yuxtaposición del autor de las líneas genealógicas de Caín y de Set revela que, tras la caída, el camino de la humanidad se dividió, pues la familia de Caín buscó el pecado y la venganza, mientras que la familia de Set buscó la liberación de la maldición por parte de Dios.

IDEA HOMILÉTICA: Después de la caída, nuestros caminos se separan y nos pueden acercar a Dios o alejar de Él.

Génesis 6:1-9:17

TEMA: ¿De qué manera dice el autor que Dios respondió a la maldad que se apoderó de la humanidad y de toda la creación?

COMPLEMENTO: Trayendo un diluvio para limpiar la creación, guardando para sí un pequeño remanente para una nueva creación.

IDEA EXEGÉTICA: El autor dice que Dios respondió a la maldad que se apoderó de la humanidad y de toda la creación trayendo un diluvio para limpiar la creación, reservando para sí un pequeño remanente para una nueva creación.

IDEA HOMILÉTICA: El modo de actuar de Dios es hacer que todas las cosas sean nuevas.

Génesis 9:18-28

TEMA: ¿De qué manera indica el autor que el pecado persistió en la primera generación después del diluvio?

COMPLEMENTO: Cam, el hijo de Noé, deshonró a su padre y trajo una maldición a la línea genealógica de su hijo Canaán y una bendición a las familias de sus hermanos Sem y Jafet.

IDEA EXEGÉTICA: El autor indica que el pecado persistió en la primera generación después del diluvio, cuando Cam, el hijo de Noé, deshonró a su padre y trajo una maldición a la línea genealógica de su hijo Canaán y una bendición a las familias de sus hermanos Sem y Jafet.

IDEA HOMILÉTICA: Dios hace que todas las cosas sean nuevas y aun así el pecado se resiste.

Génesis 10-11

TEMA: ¿Cómo presenta el autor el desarrollo de las naciones y los idiomas desde la época de Noé hasta la de Abram?

COMPLEMENTO: Al relatar que el problema de la humanidad con el pecado se magnificó en lugar de superarse a través del esfuerzo humano coordinado, y en el juicio y la gracia de Dios, Él dividió al pueblo en naciones e idiomas, trazando su plan hasta Abram y a través de él.

IDEA EXEGÉTICA: El autor presenta el desarrollo de las naciones y los idiomas desde la época de Noé hasta la de Abram al relatar que el problema de la humanidad con el pecado se magnificó en lugar de superarse a través del esfuerzo humano coordinado, y en el juicio y la gracia de Dios, Él dividió al pueblo en naciones e idiomas, trazando su plan hasta Abram y a través de él.

IDEA HOMILÉTICA: El camino hacia Dios debe seguir su historia, no la nuestra.

Génesis 12:1-9

TEMA: ¿Qué cuenta el autor sobre el pacto que Dios hizo con Abram?

COMPLEMENTO: Que Abram dejaría todo lo que tenía y Dios haría de él una gran nación, le daría un gran nombre y lo bendeciría a él y al mundo a través de él.

IDEA EXEGÉTICA: Sobre el pacto que Dios hizo con Abram, el autor cuenta que Abram dejaría todo lo que tenía y Dios haría de él una gran nación, le daría un gran nombre y lo bendeciría a él y al mundo a través de él.

IDEA HOMILÉTICA: El pueblo de Dios fue creado con una promesa, y su bendición se mantiene hoy en día.

Génesis 12:10-13:18

TEMA: ¿Qué revela el autor sobre el trato de Dios hacia Abram en estos relatos de su deambulación?

COMPLEMENTO: Que Dios lo rescató del mal y le prometió bendecirlo en la tierra.

IDEA EXEGÉTICA: En estos relatos del viaje de Abram, el autor revela sobre el trato de Dios hacia Abram que Dios lo rescató del mal y le prometió bendecirlo en la tierra.

IDEA HOMILÉTICA: Dios cuida a los portadores de su promesa.

Génesis 14

TEMA: ¿De qué manera señala el autor que Dios reforzó su pacto con Abram al final de la batalla en la que rescató a Lot?

COMPLEMENTO: Mediante la bendición de Melquisedec, rey de Salem y sacerdote del Dios altísimo.

IDEA EXEGÉTICA: El autor señala que Dios reforzó su pacto con Abram al final de la batalla en la que rescató a Lot mediante la bendición de Melquisedec, rey de Salem y sacerdote del Dios altísimo.

IDEA HOMILÉTICA: La bendición de Dios aparece en lugares sorprendentes.

Génesis 15

TEMA: ¿De qué manera señala el autor que Dios respondió al temor de Abram por el retraso en el cumplimiento del pacto?

COMPLEMENTO: Garantizando las promesas del pacto con el propio Dios en un ritual de autocondena.

IDEA EXEGÉTICA: El autor señala que Dios respondió al temor de Abram por el retraso en el cumplimiento del pacto garantizando las promesas del pacto con el propio Dios en un ritual de autocondena.

IDEA HOMILÉTICA: Las promesas de Dios dependen de Dios.

Génesis 16

TEMA: ¿De qué manera señala el autor que Dios trató a Agar cuando fue usada por Saray y Abram para buscar el cumplimiento de las promesas del pacto por su cuenta, al margen de Dios?

COMPLEMENTO: Dios la encontró, la escuchó y la vio en sus abusos y la bendijo con un hijo que se convertiría en una gran nación que se mantendría en relación hostil con otras naciones.

IDEA EXEGÉTICA: El autor dice que cuando Agar fue usada por Saray y Abram para buscar el cumplimiento de las promesas del pacto por su cuenta, al margen de Dios, Él la encontró, la escuchó y la vio en su abuso y la bendijo con un hijo que se convertiría en una gran nación que se mantendría en relación hostil con otras naciones.

IDEA HOMILÉTICA: El amor de Dios llega a los abandonados por el pueblo de Dios.

Génesis 17

TEMA: ¿Qué dice el autor sobre el establecimiento por parte de Dios de la línea genealógica y la señal de su pacto con Abraham y sus descendientes?

COMPLEMENTO: Que el pacto de Dios fluiría a través de la línea genealógica de Isaac con la circuncisión como señal del pacto.

IDEA EXEGÉTICA: Sobre el establecimiento por parte de Dios de la línea genealógica y la señal de su pacto con Abraham y sus descendientes, el autor dice que el pacto de Dios fluiría a través de la línea genealógica de Isaac con la circuncisión como señal del pacto.

IDEA HOMILÉTICA: Dios ha apartado a su pueblo, antes y ahora.

Génesis 18:1-15

TEMA: ¿De qué manera señala el autor que Dios confirmó el pacto a Sara?

COMPLEMENTO: Con una visita personal de Dios y sus emisarios, en la que leyó el corazón de Sara y afirmó el cumplimiento inminente de la promesa de un hijo.

IDEA EXEGÉTICA: El autor señala que Dios confirmó el pacto a Sara con una visita personal de Dios y sus emisarios, en la que leyó el corazón de Sara y afirmó el cumplimiento inminente de la promesa de un hijo.

IDEA HOMILÉTICA: Lo imposible no impedirá que las promesas de Dios prevalezcan

Génesis 18:16-19:38

TEMA: ¿De qué manera señala el autor que el pecado persistió durante la época del pacto de Dios con Abraham?

COMPLEMENTO: Los ciudadanos de las ciudades de Sodoma y Gomorra practicaron pecados atroces, como la afirmación del poder a través de la violación forzosa, lo que trajo el juicio destructivo de Dios sobre ellos, incluso cuando, por amor a Abraham, Dios salvó a la familia de Lot, cuyos descendientes serían los responsables de más pecados sexuales y se convertirían en enemigos de los descendientes de Abraham a lo largo de su historia.

IDEA EXEGÉTICA: El autor señala que el pecado persistía en la época del pacto de Dios con Abraham, ya que los ciudadanos de las ciudades de Sodoma y Gomorra practicaban pecados atroces, como la afirmación del poder a través de la violación forzosa, lo que trajo el juicio destructivo de Dios sobre ellos, incluso cuando, por amor a Abraham, Dios salvó a la familia de Lot, cuyos descendientes serían los responsables de más pecados sexuales y se convertirían en enemigos de los descendientes de Abraham a lo largo de su historia.

IDEA HOMILÉTICA: La misericordia de Dios emerge incluso cuando su juicio sobreviene.

Génesis 20

TEMA: ¿De qué manera señala el autor que Dios respondió al pecado habitual de Abraham de mentir sobre su matrimonio con Sara, poniendo en peligro a ella y al pacto?

COMPLEMENTO: Al preservar la promesa del pacto impidiendo que Abimélec tomara a Sara para sí.

IDEA EXEGÉTICA: El autor señala que Dios respondió al pecado habitual de Abraham de mentir sobre su matrimonio con Sara, poniendo en peligro a ella y al pacto, al preservar la promesa del pacto impidiendo que Abimélec tomara a Sara para sí.

IDEA HOMILÉTICA: La promesa de Dios no se verá truncada por nuestro pecado.

Génesis 21:1-21

TEMA: ¿Qué dice el autor sobre el estatus de los dos hijos de Abraham en relación con el pacto de Dios?

COMPLEMENTO: Que Isaac era el hijo tan esperado e imposible de concebir de la promesa del pacto de Dios, mientras que Ismael no heredaría la promesa de Dios y fue expulsado, aunque cuidado por Dios.

IDEA EXEGÉTICA: Sobre el estatus de los dos hijos de Abraham en relación con el pacto de Dios, el autor dice que Isaac era el hijo tan esperado e imposible de concebir de la promesa del pacto de Dios, mientras que Ismael no heredaría la promesa de Dios y fue expulsado, aunque cuidado por Dios.

IDEA HOMILÉTICA: La promesa de Dios sigue la historia de Dios.

Génesis 21:22-34

TEMA: ¿Qué es lo que el autor indica que el juramento de Abraham con Abimélec reveló sobre el pacto de Dios con Abraham?

COMPLEMENTO: Que mientras la bendición de Dios permanezca sobre Abraham a pesar de su previa falta de honestidad, él debe tratar a sus vecinos en la tierra con honestidad, convirtiéndose en una bendición para ellos.

IDEA EXEGÉTICA: El autor indica que lo que el juramento de Abraham con Abimélec reveló sobre el pacto de Dios con Abraham es que mientras la bendición de Dios permanezca sobre Abraham a pesar de su previa falta de honestidad, él debe tratar a sus vecinos en la tierra con honestidad, convirtiéndose en una bendición para ellos.

IDEA HOMILÉTICA: La promesa de Dios debe cambiar quiénes somos y cómo estamos en el mundo.

Génesis 22

TEMA: ¿Cuál fue la respuesta de Abraham, según el autor, a la prueba de fidelidad que le hizo Dios al pedirle que sacrificara a Isaac?

COMPLEMENTO: Abraham demostró la madurez de su fe en las promesas de Dios al obedecer sin cuestionar, a lo que Dios reafirmó la promesa del pacto a través de Isaac.

IDEA EXEGÉTICA: El autor indica que la respuesta de Abraham a la prueba de Dios sobre su fidelidad al pedirle que sacrificara a Isaac fue mostrar la madurez de su fe en las promesas de Dios al obedecer sin cuestionar, a lo que Dios reafirmó la promesa del pacto a través de Isaac.

IDEA HOMILÉTICA: Solo Jesús proporciona el sacrificio que nos da la vida.

Génesis 23:1-25:18

TEMA: ¿De qué manera indica el autor que concluyó el papel de Abraham en la historia de Dios?

COMPLEMENTO: Después de la muerte y el entierro de Sara, Abraham aseguró la continuación de la línea genealógica del pacto encontrando una esposa para Isaac y dejándole todo lo que tenía antes de morir.

IDEA EXEGÉTICA: El autor indica que el papel de Abraham en la historia de Dios concluyó cuando, tras la muerte y el entierro de Sara, Abraham aseguró la continuación de la línea genealógica del pacto encontrando una esposa para Isaac y dejándole todo lo que tenía antes de morir.

IDEA HOMILÉTICA: La promesa de Dios perdura más allá de nuestro papel en su historia.

Génesis 25:19-34

TEMA: ¿De qué manera traza el autor el camino de las promesas del pacto de Dios al comienzo de la historia de Isaac y sus hijos?

COMPLEMENTO: Revelando que Dios eligió al hijo menor, Jacob, para heredar el pacto en lugar del hijo mayor, Esaú, quien vendió y despreció su primogenitura.

IDEA EXEGÉTICA: El autor traza el camino de las promesas del pacto de Dios al principio de la historia de Isaac y sus hijos revelando que Dios eligió al hijo menor, Jacob, para heredar el pacto en lugar del hijo mayor, Esaú, quien vendió y despreció su primogenitura.

IDEA HOMILÉTICA: Las promesas de Dios fluyen a su manera.

Génesis 26

TEMA: ¿De qué manera describe el autor el comienzo del cumplimiento de las promesas del pacto de Dios a Isaac?

COMPLEMENTO: Mostrando que, por la obediencia de Abraham, Dios bendijo a Isaac con riqueza y prosperidad y elevó su estatus entre los pueblos.

IDEA EXEGÉTICA: El autor describe el comienzo del cumplimiento de las promesas del pacto de Dios a Isaac mostrando que, por la obediencia de Abraham,

Dios bendijo a Isaac con riqueza y prosperidad y elevó su estatus entre los pueblos.

IDEA HOMILÉTICA: Dios cumple sus promesas de generación en generación.

Génesis 27:1-28:9

TEMA: ¿Quién es el destinatario, según el autor, de la bendición de Isaac y de las promesas del pacto de Dios?

COMPLEMENTO: Jacob, quien engañó a su padre y, sin embargo, fue elegido por Dios desde su nacimiento.

IDEA EXEGÉTICA: El autor indica que el destinatario de la bendición de Isaac y de las promesas del pacto de Dios fue Jacob, quien engañó a su padre y, sin embargo, fue elegido por Dios desde su nacimiento.

IDEA HOMILÉTICA: Dios abre camino para cumplir sus promesas a través de nuestras faltas.

Génesis 28:10-22

TEMA: ¿De qué manera señala el autor que Dios confirmó la transmisión de las promesas del pacto a Jacob?

COMPLEMENTO: Apareciéndose ante él en un sueño en el que se mostró a Jacob y le hizo las promesas que hizo a Abraham, a las que Jacob respondió con un voto de fidelidad.

IDEA EXEGÉTICA: El autor señala que Dios confirmó la transmisión de las promesas del pacto a Jacob al aparecerse ante él en un sueño en el que se mostró a Jacob y le hizo las promesas que hizo a Abraham, a las que Jacob respondió con un voto de fidelidad.

IDEA HOMILÉTICA: Las promesas de Dios atraviesan el cielo y la tierra para llevar a sus hijos a casa.

Génesis 29-31

TEMA: ¿De qué manera señala el autor que Dios preservó e hizo progresar la historia de su pacto a través del tiempo de exilio de Jacob?

COMPLEMENTO: Dándole hijos que continuaran la historia.

IDEA EXEGÉTICA: El autor señala que Dios preservó e hizo progresar la historia de su pacto a través del tiempo de exilio de Jacob al darle hijos que continuaran la historia.

IDEA HOMILÉTICA: Las promesas de Dios perduran en los momentos más complicados.

Génesis 32:1-33:17

TEMA: ¿De qué manera indica el autor que Jacob cambió y siguió siendo el mismo en sus dos encuentros al regresar a la tierra prometida temiendo la ira de Esaú?

COMPLEMENTO: En su encuentro con Dios y su derrota, Jacob cambió al renacer —con el nuevo nombre de Israel y bendecido aunque también lisiado— tras lo cual encontró la reconciliación con Esaú como el nuevo Israel y siguió siendo un mentiroso cuando volvió a mentir a su hermano.

IDEA EXEGÉTICA: El autor indica que Jacob cambió y siguió siendo el mismo en sus dos encuentros al regresar a la tierra prometida temiendo la ira de Esaú cuando en su encuentro con Dios y su derrota, Jacob cambió al renacer —con el nuevo nombre de Israel y bendecido aunque también lisiado— tras lo cual encontró la reconciliación con Esaú como el nuevo Israel y siguió siendo un mentiroso cuando volvió a mentir a su hermano.

IDEA HOMILÉTICA: Magníficamente derrotados, somos hechos nuevos[3].

Génesis 33:18-34:31

TEMA: ¿Qué indica el autor que hicieron los hijos de Israel a Siquén y su pueblo cuando este violó a Dina, hermana de los hijos de Israel?

COMPLEMENTO: Utilizaron el símbolo sagrado del pacto de Dios, la circuncisión, para llevar a cabo una venganza violenta y brutal con el fin de obtener una satisfacción personal y un beneficio económico.

IDEA EXEGÉTICA: El autor indica que, cuando Siquén violó a Dina, hermana de los hijos de Jacob, ellos utilizaron el símbolo sagrado del pacto de Dios, la circuncisión, para llevar a cabo una venganza violenta y brutal contra Siquén y su pueblo con el fin de obtener una satisfacción personal y un beneficio económico.

IDEA HOMILÉTICA: En el pecado de la humanidad convertimos las bendiciones de Dios en armas inhumanas de violencia.

Génesis 35:1-36:43

TEMA: ¿De qué manera afirma el autor el linaje por el cual se extendería el pacto de Dios?

COMPLEMENTO: Recorriendo las líneas genealógicas de Jacob y Esaú,

---

3. La frase "magnífica derrota" correspondiente a la historia de Jacob luchando con Dios está tomada de la obra de Frederick Buechner, *The Magnificent Defeat* [La magnífica derrota] (San Francisco: Harper, 1985).

destacando la bendición que Dios le dio a Jacob en Betel.

IDEA EXEGÉTICA: El autor afirma el linaje por el cual el pacto de Dios se extendería, sería recorriendo las líneas genealógicas de Jacob y Esaú, destacando la bendición que Dios le dio a Jacob en Betel.

IDEA HOMILÉTICA: Las promesas de Dios siguen la historia de Dios.

Génesis 37:1-11

TEMA: ¿Qué indica el autor sobre José al introducir la historia de los hijos de Jacob?

COMPLEMENTO: José era el hijo favorito de Jacob, y sus sueños revelan que gobernaría sobre sus hermanos mayores.

IDEA EXEGÉTICA: Al introducir la historia de los hijos de Jacob, el autor indica que José era el hijo favorito de Jacob, y que sus sueños revelaban que gobernaría sobre sus hermanos mayores.

IDEA HOMILÉTICA: Las promesas cumplidas de Dios son nuestros más grandes sueños hechos realidad.

Génesis 37:12-36

TEMA: ¿De qué manera el autor relata que se le perdonó la vida a José cuando sus hermanos estaban decididos a matarlo a causa del favoritismo de su padre y de las implicaciones de sus sueños?

COMPLEMENTO: En lugar de matarlo, lo vendieron como esclavo, lo cual lo llevó a Egipto.

IDEA EXEGÉTICA: El autor relata que cuando los hermanos de José estaban decididos a matarlo por el favoritismo de su padre y por las implicaciones de sus sueños, le perdonaron la vida y, así, en lugar de matarlo, lo vendieron como esclavo, lo cual lo llevó a Egipto.

IDEA HOMILÉTICA: La promesa de Dios pasa por encima de cualquier barrera que pongamos en su camino.

Génesis 38

TEMA: ¿Por qué dice el autor que Judá consideraba a Tamar como una persona más justa que él?

COMPLEMENTO: Porque por su egoísmo y deseo de preservar su descendencia le negó la justicia que le correspondía a ella.

IDEA EXEGÉTICA: El autor dice que Judá consideraba a Tamar como una persona más justa que él porque por su egoísmo y deseo de preservar su descendencia le negó la justicia que le correspondía a ella.

IDEA HOMILÉTICA: Negar la justicia a quien se la debe nos aleja de la justicia de Dios.

Génesis 39

TEMA: ¿Por qué el autor indica que José pudo prosperar en Egipto a pesar de ser un esclavo que fue injustamente acusado de violación y encarcelado?

COMPLEMENTO: Porque el Señor estaba con él y lo hizo triunfar.

IDEA EXEGÉTICA: El autor indica que José pudo prosperar en Egipto a pesar de ser un esclavo que fue injustamente acusado de violación y encarcelado porque el Señor estaba con él y lo hizo triunfar.

IDE HOMILÉTICA: Incluso cuando las cosas están en contra del pueblo de Dios, la presencia de Dios lo protege.

Génesis 40-41

TEMA: ¿De qué manera indica el autor que Dios hizo prosperar a José en Egipto?

COMPLEMENTO: Dándole el don de interpretar sueños, lo que le hizo ganarse el favor del Faraón, quien lo nombró segundo al mando de todo Egipto en la época previa a una gran hambruna y durante la misma.

IDEA EXEGÉTICA: El autor indica que Dios hizo prosperar a José en Egipto dándole el don de interpretar sueños, lo que le hizo ganarse el favor del Faraón, quien lo nombró segundo al mando de todo Egipto en la época previa a una gran hambruna y durante la misma.

IDEA HOMILÉTICA: Dios nos concede un papel en su gran historia.

Génesis 42-45

TEMA: En este extenso relato de la reconciliación de José con sus hermanos, ¿cuál es, según el autor, el propósito fundamental de Dios al llevar a José a Egipto?

COMPLEMENTO: Preservar las vidas de la familia de Israel y, por extensión, las promesas del pacto de Dios con ellos.

IDEA EXEGÉTICA: En este extenso relato de la reconciliación de José con sus hermanos, el autor dice que el propósito fundamental de Dios al llevar a José a Egipto había sido preservar las vidas de la familia de Israel y, por extensión, las promesas del pacto de Dios con ellos.

IDEA HOMILÉTICA: A través de lo bueno y lo malo, Dios cuenta su historia para preservar sus promesas.

Génesis 46-47

TEMA: ¿Qué seguridad nos dice el autor que tenía Jacob de parte de Dios mientras José establecía a su familia en Egipto?

COMPLEMENTO: Que Dios estaría con él, haría prosperar a su familia y lo traería de vuelta.

IDEA EXEGÉTICA: El autor dice que mientras José establecía a su familia en Egipto, Jacob tenía la seguridad de que Dios estaría con él, haría prosperar a su familia y lo traería de vuelta.

IDEA HOMILÉTICA: Dios está con nosotros mientras desempeñamos nuestro papel en la historia que Él está contando.

Génesis 48:1-50:14

TEMA: ¿Qué nos cuenta el autor que hizo Jacob por su familia al final de su vida?

COMPLEMENTO: Otorgó a toda su familia las bendiciones apropiadas para cada uno individualmente, transmitiendo así la bendición del pacto de Dios a sus descendientes.

IDEA EXEGÉTICA: El autor cuenta que, al final de la vida de Jacob, él otorgó a toda su familia las bendiciones apropiadas para cada uno individualmente, transmitiendo así la bendición del pacto de Dios a sus descendientes.

IDEA HOMILÉTICA: Las promesas de Dios perduran más allá de nuestro papel en su historia.

Génesis 50:15-26

TEMA: ¿Qué mensajes les dio José a sus hermanos antes de morir, según el autor?

COMPLEMENTO: Todo lo que había sucedido había sido hecho por Dios, quien cumpliría su promesa de sacarlos de Egipto y llevarlos a la tierra prometida a sus padres.

IDEA EXEGÉTICA: El autor dice que los mensajes que José les dio a sus hermanos antes de morir indicaban que todo lo que había sucedido había sido hecho por Dios, quien cumpliría su promesa de sacarlos de Egipto y llevarlos a la tierra prometida a sus padres.

IDEA HOMILÉTICA: Mirar hacia atrás y ver la fidelidad de Dios nos anima para el camino que tenemos por delante.

Versículos/pasajes difíciles

Al predicador le esperan varias dificultades al abordar el libro de Génesis. En primer lugar, algunas de las historias del libro poseen una cualidad fantástica, y el predicador se beneficiará de la comprensión de la naturaleza literaria de Génesis a la hora de dar forma a su interpretación y proclamación de estas historias. En segundo lugar, la historia se desarrolla en escenas aparentemente incongruentes con nuestra visión de Dios, del pueblo de Dios y de la interacción entre ambos, y el predicador podría quedarse sin saber qué decir.

No tenemos que esperar mucho tiempo en las páginas de Génesis antes de reconocer la naturaleza fantástica de la historia de nuestros orígenes. Desde el principio nos enfrentamos a realidades que parecen alejadas de nuestras propias experiencias del mundo. Aquí se presenta un mundo en el que Dios sopla al interior de trozos de tierra (2:7), las serpientes hablan (3:1), Dios se pasea por el jardín (3:8) y lucha con los hombres (32:24), y Dios da vida a la creación (1:3) y habla a quienes ha elegido para que lo escuchen (46:3-4). El mundo que se revela en estas páginas sostiene ser el mismo mundo en el que vivimos. Al proclamar que Génesis es la historia de Dios, el predicador debe ser capaz de enfocar el mundo creativo de Génesis a la congregación que vive en ese mismo mundo hoy.

Es útil reconocer que el género literario del Génesis es la *historia sagrada o teológica*[4]. El libro es fundamentalmente una narración histórica, que hace afirmaciones reales sobre un pasado real. Sin embargo, no se trata de una historia que se limita a relatar hechos, cifras, fechas, personas y lugares. Génesis narra acontecimientos, y todos aquellos acontecimientos tienen su origen y significado en la relación de la interacción real y actual de Dios con la humanidad. El autor se ocupa fundamentalmente de la obra y la acción de Dios en el mundo. En este sentido, el autor utiliza a menudo un lenguaje figurativo o no literal para relatar y presentar acontecimientos y realidades que realmente sucedieron. El tema aquí es que Génesis no pretendía actuar como historia del mismo modo que un libro de historia del siglo XXI. Sidney Greidanus señala sobre las narraciones históricas hebreas que "son como vidrieras que revelan artísticamente el significado de ciertos hechos desde una perspectiva de fe específica"[5]. Génesis relata los acontecimientos de Dios con el pueblo de Dios a través de un lente

---

4. Longman analiza el género y el estilo del libro de Génesis como historia teológica. Ver Longman, *Genesis* [Génesis], págs. 7-10.

5. Sidney Greidanus, *The Modern Preacher and the Ancient Text* [El predicador moderno y el antiguo texto] (Grand Rapids: Eerdmans, 1988), pág. 196. El análisis de Greidanus sobre la narrativa hebrea en general es útil; ver págs. 188-227.

teológico. Dios mismo es fantástico y creativo. El hecho de que su historia también sea fantástica y creativa no debería inquietarnos tanto.

Una segunda serie de dificultades surge cuando el texto presenta relatos que sorprenden a los oídos modernos por su falta de ética o por su violencia, que muestran al pueblo de Dios como personas inmorales y, sin embargo, héroes de la fe, o que presentan acciones de Dios que son simplemente difíciles de entender.

Cuando Dios le da a Abraham la circuncisión como señal del pacto, ordena que todos los varones sean circuncidados, incluyendo a "el nacido en casa, y el comprado por dinero" (17:12 RVR1960). ¿Condena Dios aquí la esclavitud? ¿O simplemente reconoce su realidad? ¿Por qué Dios no la condena de forma rotunda? El predicador debe estar preparado para responder a estas preguntas tanto dentro como fuera de la iglesia.

Algunos relatos son simplemente violentos e impactantes. ¿Qué debemos hacer con la violación por parte de Siquén a Dina en el capítulo 34?[6] La historia es tanto desorientadora como exasperante. Siquén viola a Dina y, sin embargo, se nos dice que la ama y quiere casarse con ella. El padre y los hermanos de Dina negocian su matrimonio con su violador con el padre de Siquén, y en la historia no se le da voz alguna a Dina sobre el asunto. Al final, los hijos de Jacob utilizan como arma la señal de la bendición del pacto de Dios, la circuncisión, para obtener una ventaja táctica en su plan de masacrar no solo a Siquén sino a todos los hombres de la ciudad y saquear lo que quedaba. ¿De qué manera debe el predicador abordar una escena tan violenta? Para contar esta historia en el púlpito se necesitará sabiduría para no decir demasiado poco y disipar el poder de la ofensa, y para no decir demasiado, explotando a Dina una vez más para el aspecto homilético, no pudiendo pronunciarse todavía sobre su propia historia. En cualquier caso, la historia es de Dios y no podemos ignorarla.

En otros momentos, los héroes de la historia actúan de forma muy poco heroica. En el capítulo 16, Abram y Saray utilizan a su sierva Agar como sustituta de Saray en un intento de forzar el cumplimiento de la promesa de Dios, en lugar de tener una fe paciente en que Dios será fiel. Con demasiada frecuencia, los predicadores omiten o pasan por alto estas historias de abuso flagrante. Aquí, el patriarca es culpable de utilizar a Agar como sierva sexual y de permitir que su esposa abuse de ella. Es importante reconocer que el pueblo de Dios es imperfecto, aunque Dios y su pacto no lo sean. Es notable aquí que Dios se preocupe por aquellos a quienes el pueblo de Dios ha abandonado. Esa es una historia poderosa para contar

---

6. Con la NVI, Longman traduce la ofensa de Siquén en 34:2 como violación. Ver Longman, *Genesis* [Génesis], págs. 426-35.

hoy en día, llamando al pueblo de Dios al arrepentimiento y predicando la esperanza a aquellos que no se han visto bienvenidos entre ellos.

Entre estas historias difíciles de escuchar, también están las historias en las que no podemos comprender la acción de Dios en escena. Pueden tener que ver con el alcance y la destrucción total del juicio de Dios, como en el diluvio (caps. 6-9) o el juicio de Sodoma y Gomorra (caps. 18-19). El pueblo de Dios no está acostumbrado a interactuar con Dios como juez. Sin embargo, entre estos relatos cabe destacar la prueba de Dios a la fe de Abraham al pedirle que sacrifique a su hijo Isaac, el hijo de la promesa, como holocausto a Dios (cap. 22), un relato que puede provocar una disonancia lógica en el lector. Aunque esta historia es sumamente importante para el conjunto de la historia de Génesis, y para entender el sacrificio de Cristo posteriormente en la historia de Dios, puede ser igualmente difícil de interpretar, entender y predicar. Por un lado, es difícil pensar que Dios pida un sacrificio humano, cuando sabemos que en otras partes de la Escritura aborrece dicha práctica (Lv 18:21; Dt 18:10). Por otro lado, es casi igual de horrible pensar en la voluntad de Abraham de cumplirlo. El predicador debe mantener el enfoque en los temas generales de Génesis —la fidelidad de Dios a sus promesas de pacto, la creación de un pueblo de pacto para sí mismo— para guiar a la congregación a escuchar la Palabra de Dios aquí. Es útil recordar que predicamos estas historias en el contexto del evangelio de Cristo.

Aplicación y perspectiva cultural

En este apartado, me centraré en solo dos observaciones de aplicación: Génesis nos cuenta una historia sobre los orígenes, y esa historia nos muestra que Dios no abandonará a su pueblo.

En los últimos años, las pruebas de ADN caseras se han vuelto cada vez más populares para los usuarios que buscan conectarse con otras personas y conectarse con sus raíces. A finales de 2018, más de 26 millones de personas había añadido sus muestras de ADN a bases de datos a través de empresas como Ancestry y 23andMe. Los investigadores extrapolan esa cifra a más de 100 millones para principios de 2021[7]. Una manera de interpretar este fenómeno es señalando que las personas anhelan conectarse con su historia, descubrir sus orígenes, y las nuevas tecnologías están haciendo

7. Antonio Regalado, *"More Than 26 Million People Have Taken an At-Home Ancestry Test"* ["Más de 26 millones de personas se han sometido a una prueba de ascendencia casera"], MIT Technology Review, 11 de febrero de 2019, https://www.technologyreview.com/s/612880/more-than-26-million-people-have-taken-an-at-home-ancestry-test.

que sea más fácil y accesible hacerlo. En el centro de la experiencia humana hay un sentido en el que anhelamos estar conectados a algo más grande que nosotros mismos.

Génesis cuenta la historia de nuestros orígenes. Nos ofrece la historia que anhelamos. Tenemos nuestros orígenes en la misma palabra de Dios pronunciada en la nada para dar lugar a algo bueno, hermoso, bello y amado. Génesis nos dice que somos algo bueno. Somos los que Dios ama. Somos los herederos de la historia de Dios que persigue su creación, a pesar de nuestro pecado, a través de Sodomas y Siquénes, engaños y hambrunas, promesas y bendiciones a través de las generaciones del pueblo de Dios. En la muerte, resurrección y reinado de Cristo, estamos conectados a esta historia del comienzo del pueblo de Dios, porque en Cristo somos el pueblo de Dios. El libro de Génesis da inicio a la historia de cómo Dios nos amó tanto que no nos dejó ir. Proclamar esta historia puede ayudar a las personas a conectarse con esa historia más grande que todas esas pruebas de ADN prometen pero no pueden cumplir ni remotamente de la misma manera.

Otra experiencia generalizada de la vida contemporánea es el abandono. Los niños experimentan el abandono cuando no reciben el amor o los cuidados que deberían recibir de sus padres. Estos miedos y sentimientos pueden seguir a las personas durante toda su vida, posiblemente ensombreciendo todas las relaciones que tengan. Los matrimonios que acaban en divorcio suelen tener sentimientos de abandono por parte de uno o ambos miembros de la pareja. Es sorprendente que tantas relaciones en nuestro mundo que deberían estar caracterizadas por el amor, el cuidado y la estabilidad terminen en infidelidad, apatía y abandono del otro.

Sin embargo, Génesis también nos cuenta otra historia. A lo largo de la narración nos encontramos con un Dios que sencillamente no abandona a los que ama. En algunos momentos de la historia parece que la humanidad intenta que Dios nos abandone, ya que nos empeñamos en tomar la buena creación de Dios y utilizarla con fines egoístas o violentos. Sin embargo, a pesar de todo, Dios es implacable en su fidelidad a las promesas de su pacto, inflexible en su búsqueda de la redención de la humanidad. Dios ha sido fiel a su creación a lo largo de la historia, trabajando para eliminar el pecado que nos separa de Él. En el principio, Dios creó los cielos y la tierra, y nos creó buenos en medio de todo ello. En Cristo, está volviendo a crear el mundo tal y como debía ser desde el principio, restaurando el jardín, y no nos dejará ni permitirá que nos alejemos de Él hasta que la historia esté terminada (Ap 22:1-5).

Esta es una buena nueva para predicar.

FUENTES RECOMENDADAS

Arnold, Bill T. *Encountering the Book of Genesis. Encountering Biblical Studies* [Encontrando el libro de Génesis. Encontrando estudios bíblicos]. Grand Rapids: Baker Academic, 1998.

Brueggemann, Walter. *Genesis. Interpretation* [Génesis. Interpretación]. Louisville: John Knox, 1982.

Longman, Tremper, III. *Genesis. The Story of God Bible Commentary* [Génesis. Comentario bíblico sobre la historia de Dios]. Grand Rapids: Zondervan, 2016.

Éxodo

NATHANIEL M. WRIGHT

La idea principal del libro de Éxodo

El libro de Éxodo ocupa un lugar central en la Biblia desde el punto de vista temático. En él aprendemos no solo que Dios es fiel a sus promesas, sino también que ejerce un poder inigualable en los sucesos de la historia humana para salvar a su pueblo y cumplir dichas promesas. Además, la primera revelación de los Diez Mandamientos y los preceptos adicionales de instrucción forman la base de la visión moral de la Biblia, todo ello fundado en el amor salvador del Señor.

TEMA: ¿Qué hizo el Señor cuando el pueblo de Israel se encontraba esclavizado en Egipto?

COMPLEMENTO: Como lo había prometido, el Señor rescató a Israel de la esclavitud juzgando al faraón y a los dioses de Egipto, dando a Israel su pacto en el Sinaí y permaneciendo fiel a su promesa de habitar en el pueblo de Israel.

IDEA EXEGÉTICA: Cuando el pueblo de Israel se encontraba esclavizado en Egipto, el Señor rescató a Israel como lo había prometido, juzgando al faraón y a los dioses de Egipto, dando su pacto en el Sinaí y permaneciendo fiel a su promesa de habitar en el pueblo de Israel.

IDEA HOMILÉTICA: Dios es fiel a sus promesas y libera a su pueblo.

Selección de pasajes para predicar y enseñar el libro de Éxodo

La primera mitad del libro de Éxodo se divide con relativa facilidad en perícopas que corresponden a relatos históricos. Los predicadores deben recordar que, aunque Éxodo es en general cronológico, a veces el texto favorece el desarrollo temático por encima de una estricta secuencia histórica. La derrota de los amalecitas, por ejemplo, se menciona junto al nombramiento de los setenta ancianos, y los paralelos verbales hebreos subrayan la similitud entre los dos episodios: en ambos casos Moisés elige a otras personas para que lo ayuden. Este tipo de estructuración de Éxodo brinda a los predicadores la oportunidad de predicar sobre secciones más largas del texto con una idea principal, en lugar de centrarse simplemente en el análisis de "y esto sucedió después de aquello" que a veces puede darse en las narraciones extensas. Busque los temas entrelazados a lo largo de los acontecimientos, no solo en los acontecimientos en sí.

La segunda mitad de Éxodo difiere en forma y ritmo respecto a la primera mitad, ya que las secciones de la ley se intercalan con largas descripciones de los materiales y las instrucciones del tabernáculo. Estas secciones no carecen de ideas principales útiles, pero deben abordarse con especial atención para que los oyentes contemporáneos mantengan su interés.

El lector de Éxodo puede descubrir varios géneros literarios a lo largo del libro, que van desde narraciones relativamente sencillas hasta recetas de aceite de unción e incienso sagrado. El tema general de la liberación de Israel por parte de Dios y del establecimiento de su pueblo, sobre todo al habitar entre ellos, es el que une y da contexto temático a las distintas partes del libro y a sus correspondientes formas literarias. En caso de duda, hay que ceñirse a esos temas principales y todo saldrá bien.

Comprensión del tema, complemento, idea exegética e idea homilética

Éxodo 1

TEMA: ¿Cómo fue que el pueblo de Israel se convirtió en esclavo en Egipto?

COMPLEMENTO: Un nuevo faraón, que no conocía a José, llegó al poder y esclavizó al pueblo de Israel.

IDEA EXEGÉTICA: El pueblo de Israel fue esclavizado en Egipto cuando un nuevo faraón, que no conocía a José, llegó al poder y lo esclavizó.

IDEA HOMILÉTICA: A veces el mundo se vuelve contra el pueblo de Dios.

Éxodo 2:1-10

TEMA: ¿Cómo sobrevivió Moisés al mandato del faraón de matar a todos los niños hebreos recién nacidos?

COMPLEMENTO: Su madre lo depositó en una cesta en el río Nilo, donde la hija del faraón lo encontró.

IDEA EXEGÉTICA: Moisés sobrevivió al mandato del faraón de matar a todos los niños hebreos recién nacidos porque su madre lo depositó en una cesta en el río Nilo, donde la hija del faraón lo encontró.

IDEA HOMILÉTICA: Tema al faraón, pero tema más a Dios.

Éxodo 2:11-25

TEMA: Cuando Dios se acordó de su promesa durante la esclavitud de Israel, ¿qué ocurrió con Moisés y con Israel?

COMPLEMENTO: Moisés mató a un egipcio, huyó de Egipto y se casó con una madianita, mientras los israelitas clamaban a Dios en su sufrimiento.

IDEA EXEGÉTICA: Cuando Dios se acordó de su promesa durante la esclavitud de Israel, Moisés mató a un egipcio, huyó de Egipto y se casó con una madianita, mientras los israelitas clamaban a Dios en su sufrimiento.

IDEA HOMILÉTICA: Dios recuerda sus promesas, incluso cuando las circunstancias parecen indicar lo contrario.

Éxodo 3:1-4:17

TEMA: ¿Cómo llamó Dios a Moisés para que sacara a Israel de Egipto?

COMPLEMENTO: Dios se le apareció, le expuso su tarea y respondió a sus objeciones.

IDEA EXEGÉTICA: Dios llamó a Moisés para que sacara a Israel de Egipto apareciéndose ante él, exponiéndole su tarea y respondiendo a sus objeciones.

IDEA HOMILÉTICA: Dios equipa a quien llama.

Éxodo 4:18-26

TEMA: Después de que Moisés partiera hacia Egipto en obediencia a Dios, ¿por qué Dios intentó matarlo?

COMPLEMENTO: Dios intentó matar a Moisés porque su hijo no estaba circuncidado, y Séfora intervino para salvar la vida de Moisés.

IDEA EXEGÉTICA: Después de que Moisés partiera hacia Egipto en obediencia a Dios, Dios intentó matar a Moisés porque su hijo no estaba circuncidado, y Séfora intervino para salvar la vida de Moisés.

IDEA HOMILÉTICA: La plena obediencia al llamado de Dios repercute en nuestras familias.

Éxodo 4:27-5:5

TEMA: ¿Qué sucedió cuando Moisés y Aarón obedecieron a Dios y regresaron a Egipto?

COMPLEMENTO: Los israelitas creyeron en su mensaje y adoraron a Dios, pero el faraón rechazó su mensaje y los acusó.

IDEA EXEGÉTICA: Cuando Moisés y Aarón obedecieron a Dios y regresaron a Egipto, los israelitas creyeron su mensaje y adoraron a Dios, pero el faraón rechazó su mensaje y los acusó.

IDEA HOMILÉTICA: Obedezca a Dios incluso cuando algunos se unan y otros acusen.

Éxodo 5:6-6:12

TEMA: ¿Qué ocurrió cuando el faraón les exigió que hicieran ladrillos sin darles paja?

COMPLEMENTO: Los israelitas fueron golpeados, Moisés transmitió sus quejas a Dios, y Dios reafirmó su promesa de liberación.

IDEA EXEGÉTICA: Cuando el faraón les exigió a los israelitas que hicieran ladrillos sin darles paja, los israelitas fueron golpeados; Moisés transmitió sus quejas a Dios, y Dios reafirmó su promesa de liberación.

IDEA HOMILÉTICA: En las dificultades, Dios mantiene sus mismas promesas.

Éxodo 6:13-7:7

TEMA: ¿Quiénes eran Moisés y Aarón?

COMPLEMENTO: Eran hermanos israelitas a los que el Señor utilizó como profetas de Dios ante el faraón para sacar a Israel de la esclavitud.

IDEA EXEGÉTICA: Moisés y Aarón eran hermanos israelitas a los que el Señor utilizó como profetas de Dios ante el faraón para sacar a Israel de la esclavitud.

IDEA HOMILÉTICA: Dios utiliza a personas ordinarias para sus planes extraordinarios.

Éxodo 7:8-11:10

TEMA: ¿Cuál fue la respuesta del faraón cuando Dios golpeó a Egipto con plagas cada vez más destructivas?

COMPLEMENTO: El faraón endureció su corazón continuamente y no dejó ir a Israel.

IDEA EXEGÉTICA: Cuando Dios golpeó a Egipto con plagas cada vez más destructivas, el faraón endureció su corazón continuamente y no dejó ir a Israel.

IDEA HOMILÉTICA: Puede que se necesiten unas cuantas plagas más, pero Dios lo sacará de ahí.

Éxodo 12:1-30

TEMA: ¿Cómo debía responder Israel a la promesa de Dios de matar a los primogénitos de Egipto?

COMPLEMENTO: Debían celebrar la cena de la Pascua en esa noche y la fiesta de los Panes sin levadura todos los años a partir de entonces.

IDEA EXEGÉTICA: Israel debía responder a la promesa de Dios de matar a los primogénitos de Egipto celebrando la cena de la Pascua en esa noche y la fiesta de los Panes sin levadura todos los años a partir de entonces.

IDEA HOMILÉTICA: Celebre la Pascua de Dios en Cristo y recuérdela en adelante en la Cena del Señor.

Éxodo 12:31-13:16

TEMA: ¿Cómo se produjo la salida de los israelitas de Egipto y cómo debe recordarse?

COMPLEMENTO: Después de la décima plaga, el faraón aceptó dejar que los israelitas se fueran, y Moisés instruyó a los israelitas para que evitaran comer levadura, para que consagraran a sus primogénitos al Señor, y para que les dijeran específicamente a sus hijos qué están recordando y por qué lo recuerdan.

IDEA EXEGÉTICA: Sucedió que después de la décima plaga, el faraón aceptó dejar que los israelitas se fueran, y Moisés instruyó a los israelitas para que evitaran comer levadura, para que consagraran a sus primogénitos al Señor, y para que les dijeran específicamente a sus hijos qué están recordando y por qué lo recuerdan.

IDEA HOMILÉTICA: La liberación de Dios realmente ocurrió, así que cuénteselo a sus hijos.

Éxodo 13:17-14:31

TEMA: ¿Cómo escapó el pueblo de Israel cuando el faraón lo persiguió con sus carros?

COMPLEMENTO: El Señor abrió el Mar Rojo para Israel, pero el agua volvió a fluir y cubrió al faraón y a su ejército.

IDEA EXEGÉTICA: El pueblo de Israel escapó cuando el faraón lo persiguió con sus carros gracias a que el Señor abrió el Mar Rojo para Israel, pero el agua volvió a fluir y cubrió al faraón y a su ejército.

IDEA HOMILÉTICA: Cuando toda esperanza parece perdida, Dios lucha por su pueblo.

Éxodo 15:1-21

TEMA: ¿Qué cantaron Moisés, Miriam y los israelitas después de que el Señor los salvara del faraón en el Mar Rojo?

COMPLEMENTO: Cantaron que Dios se había coronado de triunfo, que había derrotado al faraón, que seguiría amando y guiando a Israel, y que los plantaría en la tierra prometida.

IDEA EXEGÉTICA: Después de que el Señor los salvó del faraón en el Mar Rojo, Moisés, Miriam y los israelitas cantaron que Dios se había coronado de triunfo, que había derrotado al faraón, que seguiría amando y guiando a Israel, y que los plantaría en la tierra prometida.

IDEA HOMILÉTICA: Dios ha conseguido la salvación, así que alábelo y sepa que estará con nosotros para cumplir el resto de sus promesas.

Éxodo 15:22-17:7

TEMA: ¿Qué hizo el Señor para demostrarle a Israel que podía confiar en su provisión y deje de murmurar?

COMPLEMENTO: Endulzó las aguas en Mara, hizo llover maná y codornices, e hizo brotar agua de la roca en Refidim.

IDEA EXEGÉTICA: Para demostrarle a Israel que podía confiar en su provisión y deje de murmurar, el Señor endulzó las aguas en Mara, hizo llover maná y codornices, e hizo brotar agua de la roca en Refidim.

IDEA HOMILÉTICA: No se queje, confíe en Dios.

Éxodo 17:8-18:27

TEMA: ¿Cómo actuó Moisés para derrotar a los amalecitas y para juzgar los conflictos de los israelitas?

COMPLEMENTO: Escogió a otras personas del pueblo de Israel que conocían los mandamientos de Dios para que lo ayudaran.

IDEA EXEGÉTICA: Para derrotar a los amalecitas y juzgar los conflictos de los israelitas, Moisés eligió a otras personas del pueblo de Israel que conocían los mandamientos de Dios para que lo ayudaran.

IDEA HOMILÉTICA: Elija a personas que conozcan la Palabra de Dios para que lo ayuden.

Éxodo 19:1-20:21

TEMA: ¿Qué ocurrió en el monte Sinaí cuando Moisés regresó allí con Israel?

COMPLEMENTO: Moisés fue el mediador del pacto entre el Señor e Israel, según el cual Israel sería el tesoro de Dios y un reino de sacerdotes si reconocían su santidad y obedecían sus mandamientos.

IDEA EXEGÉTICA: En el monte Sinaí, cuando Moisés regresó allí con Israel, Moisés fue el mediador del pacto entre el Señor e Israel, según el cual Israel sería el tesoro de Dios y un reino de sacerdotes si reconocían su santidad y obedecían sus mandamientos.

IDEA HOMILÉTICA: Usted pertenece a un Dios santo, así que solo obedezca.

Éxodo 20:22-23:19

TEMA: ¿Qué mandamientos iniciales dio Dios a Israel en el Sinaí a través de Moisés?

COMPLEMENTO: Israel debía ser diferente a las demás naciones en cuanto al trato de los esclavos, a los castigos por las malas acciones, a las responsabilidades sociales y familiares, y a la celebración del día de reposo y de las fiestas.

IDEA EXEGÉTICA: En el Sinaí, Dios ordenó a Israel a través de Moisés que debían ser diferentes a las demás naciones en cuanto al trato de los esclavos, a los castigos por las malas acciones, a las responsabilidades sociales y familiares, y a la celebración del día de reposo y de las fiestas.

IDEA HOMILÉTICA: Dios espera que su pueblo sea diferente.

Éxodo 23:20-24:18

TEMA: ¿Cómo se ratificó el pacto del Sinaí?

COMPLEMENTO: Moisés construyó un altar en la base del monte Sinaí y leyó el libro del pacto al pueblo, y el pueblo estuvo de acuerdo; después de ello, los roció con sangre, y los ancianos de Israel subieron al Sinaí y comieron en presencia de Dios, y luego ascendió a la cumbre y entró en la gloria de Dios.

IDEA EXEGÉTICA: El pacto del Sinaí se ratificó cuando Moisés construyó un altar en la base del monte Sinaí y leyó el libro del pacto al pueblo, y el pueblo estuvo de acuerdo; después de ello, los roció con sangre, y los ancianos de Israel subieron al Sinaí y comieron en presencia de Dios, y luego ascendió a la cumbre y entró en la gloria de Dios.

IDEA HOMILÉTICA: Dios ha hecho un pacto con usted y usted ha comido en su presencia, así que espere el regreso de Cristo.

Éxodo 25:10-28:43; 30:1-10, 17-38; 35:4-29; 36:8-39:31

TEMA: ¿Por qué se construyó el tabernáculo con unas especificaciones tan precisas?

COMPLEMENTO: Para que el Señor habitara en medio de Israel, el tabernáculo debía ser congruente con lo que Moisés vio en el monte.

IDEA EXEGÉTICA: El tabernáculo se construyó con especificaciones tan precisas porque para que el Señor habitara en medio de Israel, el tabernáculo debía ser congruente con lo que Moisés vio en el monte.

IDEA HOMILÉTICA: El plan de Dios para la santidad en nuestras vidas es detallado y específico, así que no se salte las cosas pequeñas.

Éxodo 31:1-11; 35:30-36:7

TEMA: ¿A quién designó Dios para construir el tabernáculo y todos sus muebles y materiales especiales?

COMPLEMENTO: Bezalel y Aholiab, hombres de Israel con habilidades especiales de artesanía y el Espíritu de Dios, debían hacer todo lo que Dios le ordenó a Moisés.

IDEA EXEGÉTICA: Dios designó a Bezalel y Aholiab, hombres de Israel con habilidades especiales de artesanía y el Espíritu de Dios, para construir el tabernáculo y todos sus muebles y materiales especiales.

IDEA HOMILÉTICA: Dios designa a los seres humanos y les da dones que construyan su hermosa casa.

Éxodo 31:12-17; 35:1-3

TEMA: ¿Por qué si alguien del pueblo de Israel no celebraba el día de reposo era condenado a pena de muerte, tanto durante la construcción del tabernáculo como después?

COMPLEMENTO: El día de reposo es santo para Israel, y al celebrarlo sabrían que el Señor hace santo a Israel.

IDEA EXEGÉTICA: Si alguien del pueblo de Israel no celebraba el día de reposo era condenado a pena de muerte, tanto durante la construcción del tabernáculo como después, porque el día de reposo es santo para Israel, y al celebrarlo sabrían que el Señor hace santo a Israel.

IDEA HOMILÉTICA: Deténgase para adorar o corra el riesgo de olvidar a Dios.

Éxodo 31:18-33:6

TEMA: Aunque acababan de ver a Moisés y escuchar la voz del Señor, ¿qué gran pecado cometió Israel y cuáles fueron las consecuencias?

COMPLEMENTO: Israel adoró un becerro de oro y rompió su pacto con Dios, y solo tras el derramamiento de sangre y la intercesión, el Señor no abandonó a Israel.

IDEA EXEGÉTICA: Aunque acababan de ver a Moisés y escuchar la voz del Señor, Israel adoró un becerro de oro y rompió su pacto con Dios, y solo tras el derramamiento de sangre y la intercesión, el Señor no abandonó a Israel.

IDEA HOMILÉTICA: Cuando el pueblo de Dios peca, los problemas no se resuelven fácilmente.

Éxodo 33:7-11; 34:28-35

TEMA: ¿Por qué Moisés llevaba un velo sobre su rostro?

COMPLEMENTO: El rostro de Moisés brilló cuando se encontró con el Señor.

IDEA EXEGÉTICA: Moisés llevaba un velo sobre su rostro porque este brillaba después de encontrarse con el Señor.

IDEA HOMILÉTICA: Somos cambiados cuando nos encontramos con el Señor.

Éxodo 33:12-34:27

TEMA: Cuando Moisés intercedió por Israel después de su pecado, ¿cómo respondió el Señor?

COMPLEMENTO: Dios renovó sus promesas de pacto para estar con ellos y les dio leyes una vez más.

IDEA EXEGÉTICA: Cuando Moisés intercedió por Israel después de su pecado, Dios renovó sus promesas de pacto de estar con ellos y les dio leyes una vez más.

IDEA HOMILÉTICA: A veces necesitamos un intercesor.

Éxodo 39:1-31

TEMA: ¿Por qué Israel debía ordenar a sus sacerdotes?

COMPLEMENTO: Para que el Señor habitara entre los israelitas y ellos supieran que Él es el Señor quien los sacó de Egipto.

IDEA EXEGÉTICA: Israel debía ordenar a sus sacerdotes para que el Señor habitara entre los israelitas y supieran que Él es el Señor quien los sacó de Egipto.

IDEA HOMILÉTICA: Los líderes de la iglesia nos muestran que Dios realmente salva.

Éxodo 39:32-40:38

TEMA: Después de que el tabernáculo fue completado e instalado y los sacerdotes fueron consagrados de acuerdo con los mandamientos de Dios, ¿qué ocurrió?

COMPLEMENTO: La gloria del Señor llenó el tabernáculo, y Dios habitó en medio de Israel durante todos los viajes de este.

IDEA EXEGÉTICA: Después de que el tabernáculo fue completado e instalado y los sacerdotes fueron consagrados de acuerdo con los mandamientos de Dios, la gloria del Señor llenó el tabernáculo, y Dios habitó en medio de Israel durante todos los viajes de este.

IDEA HOMILÉTICA: Dios habita en la iglesia cuando la construimos en obediencia.

Versículos/pasajes difíciles

El libro de Éxodo presenta varios pasajes y conceptos desafiantes. El relato de la circuncisión (4:24-26) presenta varios desafíos interpretativos; este pasaje ha sido calificado durante mucho tiempo como uno de los más oscuros de la Torá. Moisés acababa de obedecer a Dios y partía hacia Egipto, pero casi pierde la vida porque Dios "estuvo a punto de matarlo". El hecho de que la rápida acción de Séfora de circuncidar a Gersón salve a Moisés de la muerte implica que Moisés había incurrido en la ira divina al descuidar la circuncisión de su propio hijo. Mientras obedece al llamado de Dios de rescatar a los descendientes de Abraham, Moisés se enfrenta ahora a su propia falta de adhesión al pacto de Abraham. La previsión de Séfora no solo salva a Moisés, sino que también puede aludir a su propia fe en el Dios de los padres de Moisés. Ella es la tercera mujer del libro de Éxodo —y la segunda extranjera— que salva la vida de Moisés. Los intérpretes están divididos en cuanto al significado de tocar los pies de Moisés con el prepucio, aunque de alguna manera puede anticipar y hacer un paralelo con el ritual de la Pascua por el que el Destructor pasará sobre las casas con sangre en el dintel. Independientemente de la precisión con que se entiendan estos detalles, la idea central del pasaje es que Moisés, gracias a la acción de su esposa, se integra plenamente en su identidad israelita y se dedica a su vocación divina.

En relación con ello, los oyentes contemporáneos pueden sentirse desconcertados por la frecuencia con la que Éxodo presenta la muerte como resultado de la desobediencia o la resistencia a Dios, incluso para el hijo primogénito de cada familia egipcia. El predicador cuidadoso no necesita explicarlo demasiado, sino que simplemente puede afirmar que las Escrituras comunican claramente que Dios es santo y que toda la vida en la creación es responsable y está sujeta a la voluntad de Dios. Se podría mencionar también que la Escritura afirma que cuando todas las cosas sean vistas al final de los tiempos, nuestras preguntas sobre la equidad y la justicia serán satisfechas por completo.

Una nota final: dado que los acontecimientos y las leyes de Éxodo ocupan un lugar destacado en cuanto al resto de las Escrituras, entender primero cómo esos acontecimientos y leyes encajan en la trama de Éxodo permitirá a los oyentes comprender e interpretar mejor toda la Biblia. Sin embargo, hay que tener cuidado de dejar que el texto de Éxodo hable por sí mismo antes de introducirlo en esas discusiones más amplias sobre Cristo, el nuevo éxodo de la cruz, el nuevo pacto, etc. El propio Éxodo es una Escritura inspirada para la iglesia de hoy.

Aplicación y perspectiva cultural

Varios puntos de información relacionados con la cultura antigua pueden ayudar a aclarar a Éxodo como libro.

En primer lugar, una gran parte de la estructura literaria de Éxodo se asemeja a los antiguos contratos internacionales conocidos como tratados entre soberanos y vasallos. Estos tratados eran acuerdos escritos entre dos naciones; una nación —el soberano— era más poderosa y, por lo tanto, exigía tributo y obediencia a la otra nación, o vasallo. A cambio, la nación vasalla recibía protección y otros beneficios de la relación con el soberano. Aunque no es indispensable que todos los cristianos conozcan esta estructura literaria básica que parece subyacer en Éxodo, tener presente la dinámica de los tratados entre soberanos y vasallos puede ayudar a los predicadores a enfatizar que, por ejemplo, el incidente del becerro de oro no fue un pecado entre muchos otros, sino un rechazo de las estipulaciones del pacto que Dios acababa de pronunciar desde el Sinaí y, por tanto, una violación total del tratado. El resto del libro —incluyendo el paso de Dios ante Moisés y la aceptación de ir con el pueblo, y finalmente la elección de Dios de habitar en el tabernáculo que Israel había preparado para Él— es, por tanto, el resultado de la pura misericordia del Señor.

Un segundo punto de conocimiento cultural ayuda a aclarar los textos de la ley en Éxodo. Muchos textos de leyes de las antiguas tradiciones del Cercano Oriente contienen listas similares de prohibiciones. Mientras que un lector contemporáneo de estos textos podría pensar que son aleatorios y desordenados, la mente antigua de las personas de ese tiempo recibía estas listas de forma diferente. Douglas Stuart comenta lo siguiente: "Se esperaba que las personas de la antigüedad fueran capaces de extrapolar, a partir de lo que decía la muestra de leyes, el comportamiento *general* al que apuntaban las leyes en su totalidad [...]. Del mismo modo, se esperaba que los jueces extrapolaran la redacción de las leyes existentes a todas las demás circunstancias, y que no se vieran frustrados en su jurisprudencia por conceptos como 'tecnicismos' o 'lagunas'"[1]. La idea relevante para el predicador contemporáneo es que las listas de estipulaciones esbozan conceptos generales de cómo Dios quería que fuera la sociedad israelita; en otras palabras, resumir estas leyes y reafirmarlas como principios positivos es posible, útil e incluso esperado por la naturaleza de las propias leyes.

Por último, unas breves palabras sobre la repetición. El texto de Éxodo, al igual que otros relatos escritos de su época, utiliza la repetición literal para indicar la obediencia específica a los mandamientos divinos. Dios le dice a Moisés que haga o diga cosas específicas, y luego Moisés hace y dice exactamente esas cosas específicas; esto da como resultado, por ejemplo, que muchos de los detalles de la construcción del tabernáculo se registren dos veces en el libro de Éxodo. Algunos comentaristas han indicado que esta repetición se debe a copias erróneas del libro de Éxodo; sin embargo, estos análisis pasan por alto otros textos antiguos en los que se utiliza el mismo patrón. El patrón de repetición enfatiza la obediencia del que realiza las tareas estipuladas. Así pues, Éxodo presenta la construcción del tabernáculo como un importante acto de obediencia, no solo por parte de Moisés, sino también de Bezalel, Aholiab, los demás artesanos y, de hecho, de todo Israel.

FUENTES RECOMENDADAS

Beale, G. K. y D. A. Carson. *Commentary on the New Testament Use of the Old Testament* [Comentario sobre el uso del Antiguo Testamento en el Nuevo Testamento]. Grand Rapids: Baker Academic, 2007.

Cassuto, Umberto Moshe David. *A Commentary on the Book of Exodus* [Un comentario sobre el libro del Éxodo]. Traducido por Israel Abrahams. Jerusalem: Varda, 2005.

Childs, Brevard. *Exodus: A Critical, Theological Commentary* [El libro del Éxodo: Comentario crítico y teológico]. Louisville: Westminster John Knox, 1974.

---

1. Douglas Stuart, *"Preaching from the Law"* ["Predicación desde la Ley"], en *Preaching the Old Testament* [Predicación del Antiguo Testamento], ed. Scott M. Gibson (Grand Rapids: Baker Books, 2006), pág. 95.

Levítico

BRUCE W. FONG

Levítico es un libro sobre la santidad de Dios y sobre cómo Israel puede tener una relación con este Dios santo y vivir esta santidad entre ellos y otras naciones. Las leyes forman parte del pacto general que Dios hizo con su pueblo, Israel. Estas leyes tienen que ver con la relación que Israel debe tener con Dios. En el contexto del Antiguo Testamento, Levítico aparece cuando Israel se encuentra en el campamento al pie del monte Sinaí y cuando Dios les da su pacto para que lleven su imagen. Los sacrificios brindan la oportunidad de presentar una ofrenda de adoración a Dios y de constatar una relación con Él, y cumplen una función de sanación cuando la relación se rompe: la propiciación.

TEMA: ¿Cómo se le da a Israel la indicación precisa para reconocer la santidad de Dios?

COMPLEMENTO: Con leyes de adoración obediente, para que, aunque sean indignos, puedan ser su pueblo —aceptable y santo— para llevar su imagen con compasión amorosa.

IDEA EXEGÉTICA: A Israel se le da la indicación precisa para reconocer la santidad de Dios con leyes de adoración obediente, para que, aunque sean indignos, puedan ser su pueblo —aceptable y santo— para llevar su imagen con compasión amorosa.

IDEA HOMILÉTICA: Aunque seamos indignos, estamos llamados a ser santos como Dios, a mostrar su imagen a los demás.

Levítico puede predicarse en un solo mensaje, como se indica en la idea principal de todo el libro, o puede dividirse en dos partes: desde el capítulo 1 hasta el 16 (el Código Levítico) y desde el capítulo 17 hasta el 27 (el Código de Santidad). El primer mensaje debería abordar la forma en que la santidad de Dios se comunica en las normas para el pueblo y los sacerdotes, en relación directa con el tabernáculo. El segundo mensaje debería analizar el orden que indica: "Sean santos, porque yo, el Señor su Dios, soy santo" (19:2), tal como se expresa en las diversas leyes con respecto a la relación de una persona con Dios y con los demás.

Por supuesto, una sola prédica no podría explicar los detalles minuciosos de cada una de las leyes que se encuentran en el libro, pero el énfasis en la santidad de Dios se repite en todo el libro, destacando la importancia de la necesidad de cualquier generación de reconocer quién es Dios y el llamado a vivir una vida en relación con Él, que lo honre y que ame a los demás con el mismo amor del pacto.

Selección de pasajes para predicar y enseñar el libro de Levítico

Levítico 1-7

TEMA: ¿Cómo deben entender los israelitas las cinco ofrendas al adorar a su santo Dios?

COMPLEMENTO: Como comidas simbólicas con Dios como su santo anfitrión, quien les perdona su pecado.

IDEA EXEGÉTICA: Al adorar los israelitas a su santo Dios, las cinco ofrendas deben entenderse como comidas simbólicas con Dios como su santo anfitrión, quien les perdona su pecado.

IDEA HOMILÉTICA: Al celebrar la Cena, Dios es nuestro santo anfitrión.

Levítico 8-10

TEMA: ¿Qué exige el Señor a los que le sirven en su santa tarea como sacerdotes?

COMPLEMENTO: Cumplir con obediencia lo que el Señor exige en la adoración, de lo contrario, habrá consecuencias.

IDEA EXEGÉTICA: El Señor les exige a los que le sirven en su santa tarea como sacerdotes que cumplan con obediencia lo que Él exige en la adoración, de lo contrario, habrá consecuencias.

IDEA HOMILÉTICA: Nuestro santo Dios exige una obediencia de todo corazón en la adoración.

Levítico 11-16

TEMA: ¿Qué significa ser puro o impuro ante un Dios santo?

COMPLEMENTO: Ser puro significa ser aceptable para Dios al adorar, y ser impuro significa ser inaceptable para Dios y ser desterrado de su presencia, subrayando que en días especiales como el Día de la Expiación, solo las personas purificadas de su pecado —las personas santas— pueden adorar a un Dios santo.

IDEA EXEGÉTICA: Ser puro ante un Dios santo significa ser aceptable para Dios al adorar, y ser impuro significa ser inaceptable para Dios y ser desterrado de su presencia, subrayando que en días especiales como el Día de la Expiación, solo las personas purificadas de su pecado —las personas santas— pueden adorar a un Dios santo.

IDEA HOMILÉTICA: Un Dios santo nos da una esperanza santa para adorarlo gracias a un Cristo santo.

Levítico 17-25

TEMA: ¿Cómo se demuestra la santidad de Dios en la vida de su pueblo del pacto?

COMPLEMENTO: Mediante la santidad personal y social en la vida diaria, siguiendo la santa celebración religiosa y reconociendo las consecuencias de no seguir el santo llamado de Dios, pero también con la provisión de perdón y descanso que se encuentra en el día de reposo y las celebraciones.

IDEA EXEGÉTICA: La santidad del Dios se demuestra en la vida de su pueblo del pacto mediante la santidad personal y social en la vida diaria, siguiendo la santa celebración religiosa y reconociendo las consecuencias de no seguir el santo llamado de Dios, pero también con la provisión de perdón y descanso que se encuentra en el día de reposo y las celebraciones.

IDEA HOMILÉTICA: Sean santos, porque yo soy santo dice el Señor.

Levítico 26

TEMA: ¿Cuál sería el resultado para Israel de mantener el pacto o no mantenerlo con su santo Dios?

COMPLEMENTO: Habría bendiciones o maldiciones por parte del Señor.

IDEA EXEGÉTICA: El resultado para Israel de mantener el pacto o no mantenerlo con su santo Dios sería que habría bendiciones o maldiciones por parte del Señor.

IDEA HOMILÉTICA: Seguir a Dios por completo trae bendiciones, pero maldecirlo mediante la desobediencia trae maldiciones.

Levítico 27

TEMA: ¿Cuál es el objetivo de las leyes de redención?

COMPLEMENTO: Demostrar que todo lo que tiene Israel es del Señor, hasta el más mínimo detalle, porque todo es suyo y Él es santo.

IDEA EXEGÉTICA: El propósito de las leyes de redención es demostrar que todo lo que tiene Israel es del Señor, hasta el más mínimo detalle, porque todo es suyo y Él es santo.

IDEA HOMILÉTICA: Todo lo que somos y esperamos ser es del Señor.

Versículos/pasajes difíciles

Varios temas y pasajes relacionados necesitan ser considerados por el expositor al momento de desarrollar este extraordinario libro. En primer lugar, el tema de la santidad es central en Levítico: "Manténganse santos, porque yo soy santo" (11:44). Claramente, Moisés quería comunicar que la santidad es tanto posible como sostenible (20:8; 21:15, 23; 22:9-32). Los lectores modernos y los teólogos principiantes pueden tener grandes dudas sobre si esta condición espiritual puede cumplirse realmente aparte de Cristo. No solo es necesario un amplio ajuste del estilo de vida, sino que además es demasiado complejo para que el hebreo promedio pueda lograrlo. Si el sistema era demasiado complicado para ser realista, ¿de qué servía si, en realidad, era imposible?[1]

Un estudio de Levítico revela claramente que la dificultad de este libro desde una perspectiva homilética no es el reto de la exégesis de ningún versículo en particular; sino que se trata más bien de la transición teológica de la aplicación en el mundo antiguo a su relevancia en la actualidad. El predicador moderno debe comprometerse a exponer el puente teológico entre la lejana intención original del libro y la vida moderna de los cristianos que persiguen la justicia.

Con el tiempo, un predicador desarrolla convicciones fuertes con una construcción constante de la teología. Con el comienzo de cada nueva exposición, la teología del predicador se ajusta y profundiza. Eventualmente, ese sistema de teología se convierte en la red a través de la cual el predicador percibe la intención divina de aplicar el significado de

---

1. Kenneth G. Hanna, *From Moses to Malachi: Exploring the Old Testament* [De Moisés a Malaquías: explorando el Antiguo Testamento] (Bloomington, Indiana: CrossBooks, 2014), pág. 70.

la Escritura. La teología no se impone a la interpretación de la Escritura, sino que ordena el modo en que la Escritura desafía al cristiano a confesar, ajustar, cambiar o reajustar sus prioridades personales por el poder del Espíritu.

También será importante que el predicador sitúe el libro de Levítico en el contexto del Pentateuco. Este libro difamado y "aburrido" no es independiente. Por el contrario, debe verse su clara relación con Éxodo. El segundo libro de la Biblia describe la salida histórica de la esclavitud en Egipto. El hecho de que el pueblo hebreo sea conducido por Moisés para salir de la esclavitud y entrar en la promesa divina es un mensaje poderoso. Después de que el pueblo hebreo es liberado, debe reordenar sus prioridades para entrar en una relación íntima con Dios. Esa reincorporación no es autosuficiente después de un primer comienzo; más bien, es una conexión que requiere una atención constante. El mantener la conexión entre un pueblo y Dios es necesario debido al problema del pecado. La tentación y la desobediencia se convierten en amenazas habituales para la vida recta. Levítico proporciona el procedimiento para que la nación de Israel nutra su relación con Dios. Al principio, este procedimiento puede parecer ser oneroso, exigente, quisquilloso y pesado; sin embargo, es eficaz y gratificante, y ofrece una orientación específica a través del ministerio de los sacerdotes levitas. Esa ayuda útil es paralela a la de los ministros, pastores y ancianos de hoy en día.

Aplicación y perspectiva cultural

¿Cómo aplican los cristianos el libro del Levítico a sus vidas? Después de todo, fue entregado a Israel como parte del "manual" (Pentateuco) sobre cómo permanecer fieles a Dios cuando entraron en la tierra prometida. El lugar al que viajaba Israel estaba poblado por gente que creía en muchos dioses. Su comportamiento inmoral podría ser una tentación para Israel. El Pentateuco mantendría a los hebreos moralmente rectos si vivían sus vidas con obediencia.

A primera vista, parece ser que este libro antiguo solo es relevante para un pueblo antiguo en una tierra antigua. Muchos cristianos que se embarcan en su primera incursión en la lectura de la Biblia en un año son víctimas del libro de Levítico. Los detalles de las prácticas no relacionadas con la vida moderna hacen que muchos pierdan fácilmente el interés en la lectura, y más aún en aplicar este libro a sus vidas.

Como se ha mencionado, es útil observar la conexión entre Éxodo y Levítico. El libro de Éxodo trata de un pueblo redimido, comprado y acercado a Dios. El libro de Levítico trata de un pueblo que se santifica, que aprende a vivir con su nueva identidad como pueblo de Dios, y que es guiado en cómo mantener y permanecer cerca de Dios.

La naturaleza normativa de Levítico y su contexto histórico antiguo no hace que el libro deje de ser relevante para los creyentes de hoy en día; por el contrario, Dios revela su deseo y sus instrucciones para que Israel obtenga y conserve una relación justa con Él. Los valores de Dios no han cambiado con el tiempo. Él no cambia. Hoy en día, con una relación redentora con el Salvador, Jesucristo, una vida justa tiene todos los requisitos de sacrificio completamente cumplidos por el sacrificio de Cristo en la cruz; sin embargo, alimentar una creciente intimidad con Dios requiere la atención constante del creyente. Ahora podemos discernir y transmitir una aplicación teológica de lo aprendido en Levítico.

FUENTES RECOMENDADAS

Hanna, Kenneth G. *From Moses to Malachi: Exploring the Old Testament* [De Moisés a Malaquías: explorando el Antiguo Testamento]. Bloomington, Indiana: CrossBooks, 2014.

Lindsey, Duane. "Leviticus" ["Levítico"]. *En The Bible Knowledge Commentary: Law* [Comentario sobre el conocimiento de la Biblia: Ley], editado por John F. Walvoord y Roy B. Zuck, págs. 163–214. Colorado Springs: David C. Cook, 2018.

The NET Bible: Full Notes Edition [La Biblia NET: Edición con todas las notas]. Nashville: Thomas Nelson, 2019.

Números

SID BUZZELL

El libro de Números —en una combinación de narrativa, ley y genealogía— registra el viaje de cuarenta años de Israel desde el Sinaí hasta las fronteras de Canaán y sus diversas rebeliones contra Dios.

TEMA: ¿Qué quería el autor de Números que aprendiera Israel del libro?

COMPLEMENTO: Que a pesar de las numerosas rebeliones de Israel contra Dios, Él nunca olvidó su pacto con ellos.

IDEA EXEGÉTICA: El autor de Números quería que Israel aprendiera del libro que, a pesar de las numerosas rebeliones de Israel, Dios nunca olvidó su pacto con ellos.

IDEA HOMILÉTICA: Aunque Dios promete disciplinarnos por nuestro bien cuando lo desobedecemos, nunca nos abandonará.

Selección de pasajes para predicar y enseñar el libro de Números

Números se divide en tres apartados: Israel en el Sinaí (1:1-10:10), Israel en el desierto (10:11-25:18) y la preparación de la siguiente generación de Israel para entrar en Canaán (26:1-36:13); no obstante, es evidente que el texto de Números es muy difícil de leer. R. Dennis Cole dice: "Quizás el libro de Números ha sido descuidado en los círculos evangélicos debido a una aparente falta de coherencia y de significado y propósito general"[1]. La mezcla aparentemente aleatoria de la ley, la narrativa y las listas

1. R. Dennis Cole, Numbers, *The New American Commentary* [Números, El nuevo comentario americano] (Nashville: Broadman & Holman, 2000), pág. 36.

genealógicas en el libro hace que sea difícil conectar secuencias de capítulos en segmentos coherentes de enseñanza y predicación.

Comprensión del tema, complemento, idea exegética e idea homilética

Números 1-2

TEMA: ¿Cómo preparó Dios a Israel para su viaje a Canaán?

COMPLEMENTO: Contando su fuerza militar, identificando a los levitas para cuidar el tabernáculo y colocando su propia presencia en el centro de su campamento.

IDEA EXEGÉTICA: Dios preparó a Israel para su viaje a Canaán contando su fuerza militar, identificando a los levitas para que cuidaran el tabernáculo y colocando su propia presencia en el centro de su campamento.

IDEA HOMILÉTICA: Dios equipa a la iglesia para que prospere asegurándonos su presencia, dándonos el don de ministrarnos unos a otros y estableciendo su presencia a través del Espíritu Santo.

Números 3-5

TEMA: ¿Cómo quiso Dios alimentar la santidad dentro de su pueblo Israel?

COMPLEMENTO: Ordenó a Aarón y a los levitas a cuidar de la salud espiritual de Israel.

IDEA EXEGÉTICA: Dios quiso alimentar la santidad dentro de su pueblo Israel ordenando a Aarón y a los levitas a cuidar de la salud espiritual de Israel.

IDEA HOMILÉTICA: Dios utiliza a los creyentes como sus sacerdotes para ministrar de maneras específicas, ya que nos ordena y equipa a través de sus dones espirituales.

Números 6:1-21

TEMA: ¿Podían las personas que no eran levitas comprometerse con Dios para una intensa relación espiritual?

COMPLEMENTO: Dios estableció los votos de nazareo para dar a cualquier israelita la oportunidad de disfrutar de una intensa relación espiritual con Él.

IDEA EXEGÉTICA: Las personas que no eran levitas podían comprometerse con Dios para mantener una intensa relación espiritual porque Dios estableció los votos de nazareo para dar a cualquier israelita la oportunidad de disfrutar de una intensa relación espiritual con Él.

IDEA HOMILÉTICA: Dios insta a todos los creyentes a presentarse ante Él como un sacrificio vivo y santo.

Números 6:22-27

TEMA: ¿Cómo utilizó y honró Dios a sus sacerdotes ordenados para algo más que administrar las prácticas religiosas diarias?

COMPLEMENTO: Ordenándoles impartir su bendición personal sobre el pueblo de Israel y poniendo su nombre sobre ellos.

IDEA EXEGÉTICA: Dios utilizó y honró a sus sacerdotes ordenados para algo más que administrar las prácticas religiosas diarias, al ordenarles impartir su bendición personal sobre el pueblo de Israel y poner su nombre sobre ellos.

IDEA HOMILÉTICA: Como sacerdotes ordenados por Dios, tenemos el honor de impartir su bendición personal unos a otros.

Números 7-8

TEMA: ¿Cómo preparó Dios al pueblo de Israel para que le rindiera culto?

COMPLEMENTO: Permitiendo a los israelitas participar en la construcción y equipamiento de un lugar ungido para rendir culto, y ordenando y limpiando a los levitas como sus jefes de adoración.

IDEA EXEGÉTICA: Dios preparó al pueblo de Israel para que le rindiera culto permitiéndole participar en la construcción y equipamiento de un lugar ungido para el mismo, y ordenando y limpiando a los levitas para que dirijan la adoración.

IDEA HOMILÉTICA: Tome la adoración colectiva con la suficiente seriedad como para preparar un lugar ungido para rendirle culto a Dios y busque ministros purificados para dirigirnos en nuestra adoración colectiva

Números 9-10

TEMA: ¿Cómo planeó Dios conducir con éxito a Israel desde el Sinaí hasta Canaán?

COMPLEMENTO: Recordándoles cómo los había cuidado anteriormente (9:1-14), dándoles instrucciones visibles y audibles para que las siguieran (9:15-10:10) y asegurándoles su presencia (10:11-36).

IDEA EXEGÉTICA: Dios planeó guiar con éxito a Israel desde el Sinaí hasta Canaán recordándoles cómo los había cuidado anteriormente, dándoles instrucciones visibles y audibles para que las siguieran y asegurándoles su presencia.

IDEA HOMILÉTICA: Dios nos guía recordándonos su fidelidad en el pasado, revelando su voluntad moral en las Escrituras y dándonos su Espíritu Santo para dirigirnos y animarnos.

Números 11

TEMA: ¿Cómo respondió Dios a la primera oleada de quejas de Israel contra Él y sus jefes?

COMPLEMENTO: Apoyando a Moisés, su jefe nombrado, respondiendo a sus oraciones, asegurándole su presencia fiel, proporcionándole más jefes para apoyarlo y realizando un milagro para fortalecer su desafiada fe.

IDEA EXEGÉTICA: Ante la primera oleada de quejas de Israel contra Él y sus jefes, Dios respondió apoyando a Moisés, su jefe nombrado, respondiendo a sus oraciones, asegurándole su presencia fiel, proporcionándole más jefes para apoyarlo y realizando un milagro para fortalecer su desafiada fe.

IDEA HOMILÉTICA: Cuando el pueblo de Dios se rebela contra Él y sus líderes siervos, Dios atenderá fielmente a los que buscan su ayuda.

Números 12

TEMA: ¿Cómo respondió Dios a la queja de Aarón y Miriam contra Moisés como vocero de Dios?

COMPLEMENTO: Dios exaltó a Moisés ante ellos alabándolo por su fiel servicio como vocero elegido por Dios y respondiendo a su oración en favor de Miriam.

IDEA EXEGÉTICA: Ante la queja de Aarón y Miriam contra Moisés como vocero de Dios, Él respondió exaltando a Moisés ante ellos, alabándolo por su fiel servicio como vocero elegido por Dios y respondiendo a su oración en favor de Miriam.

IDEA HOMILÉTICA: Cuando la gente desafía a los ministros de Dios, sus más firmes defensas son su historial de fidelidad a Dios y el fruto de su ministerio.

Números 13-15

TEMA: ¿Cómo respondió Dios a la negativa de Israel a entrar en Canaán por falta de fe en sus promesas de darles Canaán como tierra propia

COMPLEMENTO: Condenándolos a morir en el desierto del Sinaí; sin embargo, les aseguró que había previsto que sus hijos entraran en la tierra y prosperaran en ella.

IDEA EXEGÉTICA: Ante la negativa de Israel a entrar en Canaán, Dios respondió condenándolos a morir en el desierto del Sinaí; sin embargo, les aseguró que había previsto que sus hijos entraran en la tierra y prosperaran en ella.

IDEA HOMILÉTICA: Cuando desobedecemos a Dios, Él nos disciplina con las consecuencias de nuestra desobediencia, pero continúa asegurándonos su presencia y amor pactados.

■ Números 14:1-45

TEMA: ¿Qué hicieron Moisés, Aarón, Josué y Caleb, los líderes piadosos de Israel, cuando el pueblo se negó a obedecer a Dios?

COMPLEMENTO: Razonaron fervientemente con Israel, pidieron a Dios que perdonara su negativa a arrepentirse y siguieron proporcionándoles un liderazgo sólido y piadoso.

IDEA EXEGÉTICA: Cuando Israel se negó a obedecer a Dios, Moisés, Aarón, Josué y Caleb, los líderes piadosos de Israel, ellos razonaron fervientemente con Israel, pidieron a Dios que perdonara su negativa a arrepentirse y continuaron proporcionándoles un liderazgo sólido y piadoso.

IDEA HOMILÉTICA: Cuando el pueblo de Dios no lo sigue, demuestra la necesidad de que los líderes piadosos oren por ellos y les den un modelo de liderazgo espiritual sólido.

■ Números 15

TEMA: ¿De qué manera se relacionaba Dios con Israel en el día a día?

COMPLEMENTO: Involucrándose íntimamente en todos los aspectos de la vida de Israel, instruyéndolo para que reconozca su presencia y ordenando sacrificios para expiar sus faltas al no reconocerlo.

IDEA EXEGÉTICA: En el día a día, la manera en que Dios se relacionaba con Israel era involucrándose íntimamente en todos los aspectos de la vida del pueblo, instruyéndolo para que reconozca su presencia y ordenando sacrificios para expiar sus faltas al no reconocerlo.

IDEA HOMILÉTICA: Los cristianos cultivamos un sentido de la presencia y participación constante de Dios en nuestra vida, incluso cuando confesamos nuestra incapacidad para reconocerlo.

Números 16-19

TEMA: ¿Qué hizo Dios cuando Israel desafió su orden del liderazgo espiritual para ellos e intentaron actuar como sacerdotes del Señor?

COMPLEMENTO: Dios los juzgó y reafirmó firmemente el sacerdocio de Aarón y su rol fundamental en la relación de Israel con Él.

IDEA EXEGÉTICA: Cuando Israel desafió la orden de Dios del liderazgo espiritual para ellos e intentaron actuar como sacerdotes del Señor, Dios los juzgó y reafirmó firmemente el sacerdocio de Aarón y su rol fundamental en la relación de Israel con Él.

IDEA HOMILÉTICA: Cuando las personas desafían el rol y la función de la iglesia, nuestra mejor respuesta es *demostrar* la contribución única que nuestra iglesia local está haciendo a través de su fiel búsqueda de la Gran Comisión.

Números 20:1-22:1

TEMA: ¿Qué le ocurrió a Moisés cuando no honró a Dios al golpear la roca en Meribá?

COMPLEMENTO: Dios lo disciplinó severamente, pero lo perdonó y continuó respondiendo a sus oraciones y guiando y protegiendo a Israel a través de su liderazgo.

IDEA EXEGÉTICA: Cuando Moisés no honró a Dios al golpear la roca en Meribá, Dios lo disciplinó severamente, pero lo perdonó y continuó respondiendo a sus oraciones y guiando y protegiendo a Israel a través de su liderazgo.

IDEA HOMILÉTICA: Debido a su gracia soberana, Dios puede seguir ministrando a través de una persona desobediente pero arrepentida a la que ha perdonado y disciplinado.

Números 22:2-25:18

TEMA: ¿Por qué tuvo éxito Balán cuando intentó inducir a Dios a maldecir a Israel?

COMPLEMENTO: Balán tuvo éxito porque cuando Dios bendijo a Israel en respuesta a los esfuerzos de Balán por maldecirlo, Balán encontró otra forma de maldecir a Israel.

IDEA EXEGÉTICA: Cuando Balán intentó inducir a Dios a maldecir a Israel tuvo éxito porque cuando Dios bendijo a Israel en respuesta a los esfuerzos de Balán por maldecirlo, Balán encontró otra forma de maldecir al pueblo.

IDEA HOMILÉTICA: Dios protege a sus hijos del poder de Satanás para seducirnos, pero no viola nuestro poder de elegir nuestros propios medios de destrucción.

Números 26-30

TEMA: ¿Cómo preparó Dios a la siguiente generación de Israel para triunfar espiritualmente en Canaán?

COMPLEMENTO: Recordándoles su herencia tribal y reconectándolos con las leyes y ceremonias que los distinguían como su nación santa y elegida.

IDEA EXEGÉTICA: Dios preparó a la siguiente generación de Israel para triunfar espiritualmente en Canaán recordándoles su herencia tribal y reconectándolos con las leyes y ceremonias que los distinguían como su nación santa y elegida.

IDEA HOMILÉTICA: Dios nos recuerda nuestra herencia como su pueblo redimido al darnos acceso a su Palabra y al ordenar ceremonias sagradas para nuestra adoración colectiva.

▪ *Números 27:1-11;36*

TEMA: ¿Cómo protegió Dios a las mujeres solteras y/o viudas para que no perdieran la herencia asignada, ya que, según las leyes de Israel, los hijos varones heredaban la tierra de la familia?

COMPLEMENTO: Dios añadió un mandamiento para asegurar que donde no hubiera hijo, sería una hija quien heredaría la tierra de su familia.

IDEA EXEGÉTICA: Según las leyes de Israel, los hijos varones heredaban la tierra de la familia, así que Dios protegió a las mujeres solteras y/o viudas para que no perdieran la herencia que les correspondía añadiendo un mandamiento para asegurar que donde no hubiera un hijo varón, sería una hija quien heredaría la tierra de su familia.

IDEA HOMILÉTICA: Las leyes de amor y justicia de Dios se ocupan de las necesidades de todos sus hijos.

▪ *Números 27:12-23*

TEMA: ¿En qué se diferenció la comisión de Josué para dirigir a Israel de la de Moisés?

COMPLEMENTO: En que Moisés tomó la dirección directamente de Dios y dio instrucciones a Aarón, mientras que Josué escuchó las instrucciones de Dios para Israel a través de Eleazar, el sumo sacerdote, por medio de quien Dios hablaba.

IDEA EXEGÉTICA: La comisión de Josué para dirigir a Israel se diferenció de la comisión de Moisés en que Moisés tomó la dirección directamente de Dios y dio instrucciones a Aarón, mientras que Josué escuchó las instrucciones de Dios para Israel a través de Eleazar, el sumo sacerdote, por medio de quien Dios hablaba.

IDEA HOMILÉTICA: Los líderes son sabios al buscar el consejo de otras personas piadosas y no asumir que Dios les hablará como lo hizo con Moisés.

▪ *Números 28-29*

TEMA: ¿Cuál era el plan de Dios para mantener a Israel involucrado en su relación de pacto con Él?

COMPLEMENTO: Ordenar a Israel la celebración de fiestas y sacrificios programados con regularidad que implicaban un esfuerzo consciente para comunicarse y celebrar su relación con Él.

IDEA EXEGÉTICA: El plan de Dios para mantener a Israel involucrado en su relación de pacto con Él fue ordenar a Israel que celebrara fiestas y sacrificios programados con regularidad que implicaban un esfuerzo consciente para comunicarse y celebrar su relación con Él.

IDEA HOMILÉTICA: Los cristianos se benefician de una participación significativa y seria en nuestros servicios de culto programados con regularidad.

■ *Números 30*

TEMA: ¿Cómo protegió Dios a las mujeres y a los niños de Israel de hacer votos imprudentes?

COMPLEMENTO: Estableciendo salvaguardias para que no pudieran hacer votos que ni ellas ni sus padres ni maridos pudieran cumplir.

IDEA EXEGÉTICA: Dios protegió a las mujeres y a los niños de Israel para que no hicieran votos imprudentes estableciendo salvaguardias para que no pudieran hacer votos que ni ellas ni sus padres ni maridos pudieran cumplir.

IDEA HOMILÉTICA: Dios nos da mujeres y hombres sabios y experimentados que pueden guiarnos en la toma de decisiones críticas, y es insensato no consultar con ellos antes de hacer "votos" que pueden resultar imprudentes.

Números 31-36

TEMA: ¿Cómo preparó Dios a la nueva generación de Israel para que triunfara en el ámbito político en Canaán?

COMPLEMENTO: Recordándole a Israel acerca de su protección y provisión, así como dándole leyes para guiar y proteger una distribución justa y equitativa de su nueva tierra.

IDEA EXEGÉTICA: Dios preparó a la nueva generación de Israel para que triunfara en el ámbito político en Canaán recordándole al pueblo acerca de su protección y provisión, así como dándole leyes para guiar y proteger una distribución justa y equitativa de su nueva tierra.

IDEA HOMILÉTICA: En su Palabra, Dios nos enseña que la iglesia es el cuerpo unificado de personas de Cristo y nos da instrucciones claras sobre cómo debemos relacionarnos entre nosotros.

■ *Números 31*

TEMA: ¿Por qué le ordenó Dios a Israel que destruyera completamente a los madianitas?

COMPLEMENTO: Porque habían persuadido a Israel para que adorara a Baal y existía el peligro de que lo volvieran a hacer.

IDEA EXEGÉTICA: Dios ordenó a Israel que destruyera completamente a los madianitas porque habían persuadido a Israel para que adorara a Baal y existía el peligro de que lo volvieran a hacer.

IDEA HOMILÉTICA: Dios guarda celosamente la santidad de sus hijos y nos ordena separarnos de las personas y de las cosas que nos tientan a pecar.

Versículos/pasajes difíciles

Gordon Wenham señala una dificultad que tiene que ver con la organización del libro de Números, y se pregunta: "¿Cómo se explica el orden, o el desorden, del material?"[2]. La relación entre algunos de sus capítulos es difícil de definir, lo que dificulta la identificación de pasajes claros para la predicación y la enseñanza. Muchos de nuestros segmentos de enseñanza tendrán que incluir varios capítulos.

A lo largo de Números, hay una serie de referencias cronológicas dispersas. Si identificamos estas referencias y las coordinamos (algunas están fuera de la secuencia cronológica), la enseñanza y la predicación de estos pasajes será menos confusa y más interesante.

Conexión de Números con Éxodo, Levítico y Deuteronomio

Debido tanto a la cronología como a la repetición de las leyes y la narrativa, es importante para nuestra preparación contrastar los pasajes de Números con los de Éxodo, Levítico y Deuteronomio, los cuales contienen material similar.

Números 5:11-31

Este pasaje presenta una forma dura para un hombre de tratar a su esposa, y en una cultura igualitaria algunos observarán, sin duda, que no hay un proceso adecuado para una esposa que sospecha de un marido adúltero. Prepárese para hablar sobre el papel tan distinto de la mujer en la cultura del antiguo Cercano Oriente. Aunque para la cultura actual la ley puede parecer injusta, era el procedimiento ordenado por Dios para Israel. Jacob

2. Gordon Wenham, *Numbers, Tyndale Old Testament Commentaries* [Números, Comentarios del Antiguo Testamento de Tyndale] (Downers Grove, Illinois: InterVarsity, 2008), pág. 16.

Milgrom explica que, en realidad, el ritual "proporciona al legislador sacerdotal una práctica aceptada mediante la cual podía eliminar de las manos humanas la jurisdicción y el castigo de la adúltera no detenida y, de este modo, garantizar que no fuese condenada a muerte"[3]. Así pues, en una cultura dominada por los hombres, la ley protegía a la esposa de un marido celoso, enfurecido o insatisfecho que sospechaba erróneamente, o acusaba falsamente a su esposa de adulterio y la condenaba a muerte.

Números 13-15

Al presentar este texto, es importante identificar la diferencia entre el perdón y las consecuencias. Aunque Dios condenó a Israel a morir en el desierto como consecuencia de su rebelión, los perdonó y los siguió guiando, además de seguir interactuando con ellos. Cuando Moisés oró pidiéndole a Dios que perdonara a Israel, Dios respondió: "Yo lo he perdonado [...] Sin embargo..." (14:19-21 RVA-2015).

Números 14:10-23

Dios respondió a la petición de Moisés de perdonar a Israel (14:20) después de haber manifestado su intención de destruirlo (14:11-12). Este es uno de los tres casos en Números en los que Dios revierte una intención manifestada (ver también 16:20-24; 22:12-20). Ninguno de estos textos explica por qué Dios hizo una declaración que luego cambiaría. Aunque es importante abordar el hecho de que Dios ceda, también es importante que nuestros oyentes entiendan que estamos dando una explicación basada en el razonamiento humano y no en ninguna explicación revelada divinamente en el texto bíblico.

Números 20

La severa disciplina impuesta a Moisés y Aarón al golpear la roca en Meribá parece injusta. Puede ser porque Dios exige a sus líderes un nivel más alto o que hay más en la historia de lo que revela la breve narración, u otras explicaciones. Pero si "explicamos" la severa sentencia, es de suma importancia informar a los oyentes que la explicación no se da en ninguna parte del texto y que solo estamos suponiendo el por qué.

Números 21-25

Balán es un personaje extraño y es tratado de manera inconsistente en los comentarios, algunos lo honran y otros lo condenan. R. Dennis Cole

---

3. Jacob Milgrom, *Numbers, JPS Torah Commentary* [Comentario de la Torá JPS: Números] (Filadelfia: Jewish Publication Society, 1990), pág. 350.

escribe lo siguiente: "Balán es un instrumento rebelde de Dios, un personaje paradójico y oximorónico en sí mismo en la historia"[4]. Aunque habló en nombre de Dios, no era un profeta tradicional. Es condenado en diversos pasajes bíblicos como un ser moral y éticamente inadecuado (Nm 31:7-8, 15-54; Dt 23:3-6; Jos 13:22; 24:9-10; Neh 13:1-3; Miq 6:5; 2 P 2:15-16; Judas 11; Ap 2:14). Wenham se refiere a Balán como "este torpe y avaro vidente pagano", quien fue inspirado por Dios para ver el futuro de Israel[5]. Tómese su tiempo para elaborar su propia opinión sobre este complejo y confuso personaje. Dado que fue responsable del fracaso moral de Israel registrado en el capítulo 25 (Nm 31:15-16; Ap 2:14), considere la posibilidad de incluir el capítulo como parte de la perícopa Balán/Balac.

Números 22:1-34

Esta sección registra la forma en la que Dios revirtió sus respuestas a la petición de Balán. Después de prohibirle ir, Dios le permitió hacerlo con la restricción de que hablara solo lo que Él le indicara. Al responder a la pregunta de por qué Dios permitió que Balán fuera, Milgrom indica que una respuesta realista podría ser que sin ese cambio no tendríamos ni el relato ni el oráculo. Mencionó la apreciación de los rabinos de que "en este relato se encuentra la fuente de la doctrina de la responsabilidad humana y el libre albedrío". De él aprendemos que "si uno llega a contaminarse, se le da [...] la oportunidad"[6].

Aplicación y perspectiva cultural

El tema de la aplicación es un poco complejo en Números debido a los diversos géneros que contiene el libro. Podemos extraer principios legales, pero, como nos enseña Efesios (y otros libros del Nuevo Testamento), ya no practicamos las leyes ceremoniales. Las secciones narrativas de Números también son valiosas en cuanto a los principios que podemos aplicar, pero no siempre tienen una aplicación personal y universal entre el viaje por el desierto de Israel y las experiencias diarias de los cristianos de hoy en día.

Sin embargo, hay algunas aplicaciones que se pueden obtener de Números:

- Obedezca la voluntad de Dios claramente expuesta en la Biblia (14:1-45).

4. Cole, *Numbers* [Números], pág. 365.
5. Wenham, *Numbers,* pág. 185.
6. Milgrom, *Numbers,* pág. 188.

- Ore para que el Espíritu Santo lo guíe cuando Dios no le dé una dirección clara en su Palabra (27:21).
- Apoye a nuestros líderes ministeriales cuando estén fielmente comprometidos con la obra de Dios (12:1-16).
- Reflexione sobre la fidelidad de Dios en nuestro pasado para fortalecer nuestra confianza en Él para nuestro futuro (9:1-4).
- Protéjase del pecado eliminando las influencias tentadoras de su vida (25:1-9).
- Desarrolle una vida de oración consistente y activa, confiando en que Dios responde a la oración (14:11-19).
- No confunda las consecuencias del pecado con la falta de perdón de Dios (14:20-22).

FUENTES RECOMENDADAS

Cole, R. Dennis. *Numbers. The New American Commentary* [Números, El Nuevo Comentario Americano]. Dallas: Broadman & Holman, 2000.

Milgrom, Jacob. *Numbers. JPS Torah Commentary* [Comentario de la Torá JPS: Números]. Filadelfia: Jewish Publication Society, 1990.

Wenham, Gordon. *Numbers. Tyndale Old Testament Commentaries* [Números, Comentarios del Antiguo Testamento de Tyndale]. Downers Grove, Illinois: InterVarsity, 2008.

Deuteronomio

PATRICIA M. BATTEN

La idea principal del libro de Deuteronomio

El libro de Deuteronomio, escrito por Moisés, es una renovación del pacto para preparar al pueblo a entrar en la tierra prometida tras treinta y ocho años de peregrinación en el desierto.

TEMA: ¿Cómo prepara Moisés a los israelitas para entrar en la tierra prometida?

COMPLEMENTO: Al renovar el pacto con ellos y recordarles que su obediencia demuestra una respuesta de amor al amor salvador de Dios por ellos.

IDEA EXEGÉTICA: Moisés prepara a los israelitas para entrar en la tierra prometida renovando el pacto con ellos y recordándoles que su obediencia demuestra una respuesta de amor al amor salvador de Dios por ellos.

IDEA HOMILÉTICA: Cuando obedecemos a Dios, recordamos su amor y las bendiciones del pacto.

Comprensión del tema, complemento, idea exegética e idea homilética

Deuteronomio 1-3

TEMA: ¿Por qué examina Moisés el pasado de los israelitas?

COMPLEMENTO: Porque al conocer su pasado, pueden evitar los pecados y la desobediencia que cometieron sus padres (antecesores).

IDEA EXEGÉTICA: Moisés examina el pasado de los israelitas porque, al conocer su pasado, pueden evitar los pecados y la desobediencia que cometieron sus padres (antecesores).

IDEA HOMILÉTICA: Conocer el pasado nos ayuda a vivir para Dios en el futuro.

Deuteronomio 1:19-46

TEMA: ¿Por qué fracasan los israelitas en Cades Barnea?

COMPLEMENTO: Porque olvidaron lo que Dios había hecho.

IDEA EXEGÉTICA: Los israelitas fracasan en Cades-Barnea porque olvidaron lo que Dios había hecho.

IDEA HOMILÉTICA: Recordar la fidelidad de Dios en el pasado nos dará valor para afrontar el futuro.

Deuteronomio 2:24-3:11

TEMA: ¿Qué aprenden los israelitas, a diferencia de sus padres, al derrotar a Sijón y Og?

COMPLEMENTO: A confiar en Dios incluso cuando los gigantes son grandes y los muros son altos.

IDEA EXEGÉTICA: Al derrotar a Sijón y Og, los israelitas aprenden, a diferencia de sus padres anteriores, a confiar en Dios incluso cuando los gigantes son grandes y los muros son altos.

IDEA HOMILÉTICA: Tenga valor y confíe en Dios en la adversidad.

Deuteronomio 4:1-14

TEMA: ¿Qué les dice Moisés a los israelitas sobre los preceptos y normas que les va a enseñar?

COMPLEMENTO: Obedecerlas cuidadosamente y enseñarlas a las generaciones futuras para que no las olviden, y para que las naciones vean cómo Dios les ha dado sabiduría e inteligencia.

IDEA EXEGÉTICA: Moisés les dice a los israelitas que obedezcan cuidadosamente los preceptos y normas que les va a enseñar; además, que las enseñen a las generaciones futuras para que no las olviden, y para que las naciones vean cómo Dios les ha dado sabiduría e inteligencia.

IDEA HOMILÉTICA: Cuando obedecemos la Palabra de Dios y enseñamos a las generaciones futuras a hacerlo, ejercemos un impacto en el mundo que nos rodea.

Deuteronomio 4:15-31

TEMA: ¿Qué dice Moisés que les ocurrirá a los israelitas si se vuelven a otros dioses?

COMPLEMENTO: Serán dispersados, pero Dios tendrá compasión de ellos si vuelven a Él con todo su corazón y toda su alma.

IDEA EXEGÉTICA: Moisés dice que los israelitas serán dispersados si se vuelven a otros dioses, pero Dios tendrá compasión de ellos si vuelven a Él con todo su corazón y toda su alma.

IDEA HOMILÉTICA: Dios tiene compasión de los pecadores que vuelven a Él.

Deuteronomio 4:32-49

TEMA: ¿Qué quiere Dios que recuerden los israelitas?

COMPLEMENTO: Que ha hecho grandes actos por ellos, que recuerden que el Señor es Dios y no hay otro, y que guarden sus preceptos y normas para que las generaciones sean bendecidas.

IDEA EXEGÉTICA: Dios quiere que los israelitas recuerden que ha hecho grandes actos por ellos, que recuerden que el Señor es Dios y no hay otro, y que guarden sus preceptos y normas para que las generaciones sean bendecidas.

IDEA HOMILÉTICA: El Señor es Dios, así que recuerde lo que ha hecho y haga lo que dice para que las generaciones futuras sean bendecidas.

Deuteronomio 5

TEMA: ¿Por qué reitera Moisés el decálogo a la nueva generación que va a entrar en la tierra prometida?

COMPLEMENTO: Para recordarles sus responsabilidades del pacto hacia el único Dios verdadero que los salvó y para recordarles sus responsabilidades hacia los demás.

IDEA EXEGÉTICA: Moisés reitera el decálogo a la nueva generación que va a entrar en la tierra en la tierra prometida para recordarles sus responsabilidades en el pacto con el único Dios verdadero que los salvó y para recordarles sus responsabilidades con los demás.

IDEA HOMILÉTICA: Cuando sabemos quién es Dios y cómo nos ha salvado, no podemos hacer otra cosa más que amarlo y amar a los demás.

Deuteronomio 6

TEMA: ¿Cuáles son las implicaciones de la confesión de fe de que Dios es el único Dios verdadero?

COMPLEMENTO: Amar a Dios con el corazón, el alma y la mente y enseñar esta verdad a las generaciones futuras.

IDEA EXEGÉTICA: Las implicaciones de la confesión de fe de que Dios es el único Dios verdadero son amar a Dios con el corazón, el alma y la mente y enseñar esta verdad a las generaciones futuras.

IDEA HOMILÉTICA: Para poder enseñar a la próxima generación, tenemos que saber quién es Dios y amarlo con todo lo que tenemos.

Deuteronomio 7

TEMA: ¿Por qué los israelitas deben obedecer el mandato de Dios de destruir completamente a las naciones que Él estaba expulsando delante de ellos?

COMPLEMENTO: Porque como el pueblo amado y elegido de Dios (no por nada que hayan hecho) deben ser apartados para la gloria de Él, mientras que los cananeos son apartados para la destrucción debido a su firme y violenta oposición a Dios y porque convertirán a los israelitas en adoradores de otros dioses.

IDEA EXEGÉTICA: Los israelitas deben obedecer el mandato de Dios de destruir completamente a las naciones que Él está expulsando delante de ellos porque como el pueblo amado y elegido de Dios deben ser apartados para la gloria de Él, mientras que los cananeos son apartados para la destrucción debido a su firme y violenta oposición a Dios y porque convertirán a los israelitas en adoradores de otros dioses.

IDEA HOMILÉTICA: Dios protege y preserva incesantemente su apreciado tesoro.

Deuteronomio 8-11

TEMA: ¿Cómo prepara Moisés a la nueva generación de israelitas para la tierra prometida?

COMPLEMENTO: Recordándoles sus cuarenta años en el desierto, los cuales sirvieron para probarlos y humillarlos con el fin de revelar sus corazones ante Dios.

IDEA EXEGÉTICA: Moisés prepara a la nueva generación de israelitas para la tierra prometida recordándoles sus cuarenta años en el desierto, los cuales sirvieron para probarlos y humillarlos con el fin de revelar sus corazones ante Dios.

IDEA HOMILÉTICA: Nuestros corazones se revelan ante Dios cuando somos humillados y probados.

Deuteronomio 12-13

TEMA: ¿Qué le dice Moisés al pueblo sobre la adoración?

COMPLEMENTO: Deben diferenciarse en su adoración y deben adorar solo a Dios.

IDEA EXEGÉTICA: En cuanto a la adoración, Moisés le dice al pueblo que debe diferenciarse en su adoración y que debe adorar solo a Dios.

IDEA HOMILÉTICA: La forma en que adoramos revela lo que pensamos acerca de quién adoramos.

Deuteronomio 14:1-16:17

TEMA: ¿Cuáles son las características de la comunidad de adoradores, según Moisés?

COMPLEMENTO: Ser santa, generosa, que confía y que celebra[1].

IDEA EXEGÉTICA: Moisés dice que la comunidad de adoradores debe ser santa, generosa, que confía y que celebra.

IDEA HOMILÉTICA: Nuestra adoración agrada a Dios cuando somos gente santa, generosa, que confía y que celebra.

Deuteronomio 16:18-18:8

TEMA: ¿Cómo prepara Moisés al pueblo que entra en la tierra prometida para que la gobierne?

COMPLEMENTO: Organizando el gobierno entre jueces, reyes piadosos, sacerdotes y levitas (líderes espirituales).

IDEA EXEGÉTICA: La manera en que Moisés prepara al pueblo que entra en la tierra prometida para que la gobierne es organizando el gobierno entre jueces, reyes piadosos, sacerdotes y levitas.

IDEA HOMILÉTICA: Gobernar según el camino de Dios significa gobernar para agradarlo siendo justos con los demás y obedientes a Él.

Deuteronomio 19:1-21:14

TEMA: ¿Qué dicen las leyes sobre el homicidio involuntario, la guerra y el asesinato al pueblo que entra en la tierra prometida?

COMPLEMENTO: Dios valora la vida humana porque las personas están hechas a su imagen.

IDEA EXEGÉTICA: Las leyes sobre el homicidio involuntario, la guerra y el asesinato le dicen al pueblo que entra en la tierra prometida que Dios valora la vida humana porque las personas están hechas a su imagen.

IDEA HOMILÉTICA: Debemos valorar a todas las personas porque Dios las valora.

---

1. Warren W. Wiersbe, *Be Equipped, The BE Commentary Series* [Equípese, la serie de comentarios de qué ser y cómo estar] (Colorado Springs: David C. Cook, 1999), cap. 6.

▪ *Deuteronomio 21:1-9*

TEMA: Según Moisés, ¿cómo dice Dios que hay que expiar la tierra cuando se derrama sangre por un asesinato?

COMPLEMENTO: A través de la sangre de un sacrificio inocente.

IDEA EXEGÉTICA: Según Moisés, Dios dice que cuando se derrama sangre por un asesinato, la tierra debe ser expiada con la sangre de un sacrificio inocente.

IDEA HOMILÉTICA: El pecado solo puede ser perdonado a través de la sangre de Jesús, el sacrificio perfecto.

Deuteronomio 21:15-25:19

TEMA: ¿Por qué Moisés les hace recordar varias leyes sobre las relaciones interpersonales para que el pueblo entre y viva como el pueblo elegido de Dios en la tierra prometida?

COMPLEMENTO: Para revelar el corazón de Dios por la obediencia, la santidad y la justicia para todos.

IDEA EXEGÉTICA: Moisés revela el corazón de Dios por la obediencia, la santidad y la justicia para todos cuando les hace recordar varias leyes sobre las relaciones interpersonales para que el pueblo entre y viva como el pueblo elegido de Dios en la tierra prometida.

IDEA HOMILÉTICA: El corazón de Dios para su comunidad de adoración es la obediencia, la santidad y la justicia para todos.

Deuteronomio 26:1-15

TEMA: ¿Qué dice Moisés que deben hacer los israelitas con las primicias de todos los frutos de la tierra al entrar en la tierra prometida?

COMPLEMENTO: Entregarlas a Dios y reconocer la provisión continua de Dios para su pueblo al narrar los eventos del éxodo y luego dárselas a los necesitados.

IDEA EXEGÉTICA: Moisés dice que los israelitas deben entregarle a Dios las primicias de todos los frutos de la tierra al entrar en la tierra prometida y reconocer la provisión continua de Dios para su pueblo al narrar los eventos del éxodo y luego dárselas a los necesitados.

IDEA HOMILÉTICA: Le respondemos a Dios con gratitud por su provisión al salvarnos (a través de Jesucristo), y le correspondemos a los demás.

Deuteronomio 26:16-28:14

TEMA: ¿Cuáles son, según Moisés, las consecuencias de la desobediencia y la obediencia a la ley como el pueblo de Dios?

COMPLEMENTO: La desobediencia tiene como consecuencia el juicio y la obediencia produce bendición, gloria a Dios y testimonio a otras naciones.

IDEA EXEGÉTICA: Moisés dice que, como el pueblo de Dios, las consecuencias de la desobediencia es el juicio y que la obediencia produce bendición, gloria a Dios y testimonio a otras naciones.

IDEA HOMILÉTICA: La ley *descubre* nuestro pecado, pero Cristo lo cubre.

Deuteronomio 28:15-68

TEMA: ¿Cuál es la naturaleza de los juicios que Dios promete enviar a su pueblo cuando desobedezca?

COMPLEMENTO: Que afectarán a todos los ámbitos de su vida.

IDEA EXEGÉTICA: La naturaleza de los juicios que Dios promete enviar a su pueblo cuando desobedece es que afectarán a todos los ámbitos de su vida.

IDEA HOMILÉTICA: Nuestro pecado es profundo, pero la gracia de Dios es más profunda.

Deuteronomio 29

TEMA: ¿Cómo reafirma Moisés el pacto con el pueblo?

COMPLEMENTO: Recordándoles los poderosos actos de Dios entre ellos, animándolos a obedecer la ley y advirtiéndoles sobre las consecuencias de la desobediencia.

IDEA EXEGÉTICA: Moisés reafirma el pacto con el pueblo recordándoles los poderosos actos de Dios entre ellos, animándolos a obedecer la ley y advirtiéndoles sobre las consecuencias de la desobediencia.

IDEA HOMILÉTICA: Recordar cómo Dios nos ha salvado (nuevo pacto a través de Jesús) hará que nuestros corazones se vuelvan hacia la obediencia.

Deuteronomio 30:1-10

TEMA: Tras la desobediencia y el regreso del exilio, ¿cómo se asegurará Dios de que su pueblo lo ame y viva?

COMPLEMENTO: Al circuncidar sus corazones.

IDEA EXEGÉTICA: Tras la desobediencia y el regreso del exilio, Dios se asegurará de que su pueblo lo ame y viva al circuncidar sus corazones.

IDEA HOMILÉTICA: El cambio en la vida de las personas se produce a través de un cambio en sus corazones.

Deuteronomio 30:11-20

TEMA: ¿Cuál es la opción que Moisés pone ante los israelitas?

COMPLEMENTO: La vida a través de la obediencia o la muerte a través de la desobediencia.

IDEA EXEGÉTICA: La elección que Moisés pone ante los israelitas es sobre la vida a través de la obediencia o la muerte a través de la desobediencia.

IDEA HOMILÉTICA: Elija la vida a través de Jesús y Dios le dará un corazón que lo honre.

Deuteronomio 31:1-13

TEMA: ¿Quién dice Dios que guiará a Israel y cruzará el Jordán hacia la tierra prometida?

COMPLEMENTO: Josué, de modo que los israelitas puedan confiar en Dios.

IDEA EXEGÉTICA: Dios dice que guiará a Israel y cruzará el Jordán hacia la tierra prometida por medio de Josué, de modo que los israelitas puedan confiar en Dios.

IDEA HOMILÉTICA: Dios guía a su pueblo para que nosotros podamos confiar en Él.

Deuteronomio 31:14-32:47

TEMA: ¿Por qué Moisés les enseña a los israelitas un cántico antes de entrar en la tierra prometida?

COMPLEMENTO: Con el fin de plantar la Palabra de Dios en sus corazones y mentes para que no olviden quién es Él y cómo los ha salvado.

IDEA EXEGÉTICA: Moisés les enseña a los israelitas un cántico antes de entrar en la tierra prometida con el fin de plantar la Palabra de Dios en sus corazones y mentes para que no olviden quién es Él y cómo los ha salvado.

IDEA HOMILÉTICA: La Palabra de Dios es vida.

Deuteronomio 32-34

TEMA: ¿En qué se diferencia Moisés de cualquier otro profeta de Israel?

COMPLEMENTO: Él conoció al Señor cara a cara y realizó proezas ante todo Israel.

IDEA EXEGÉTICA: Moisés se diferencia de cualquier otro profeta de Israel porque él conoció al Señor cara a cara y realizó proezas ante todo Israel.

IDEA HOMILÉTICA: La vida del siervo de Dios remite al Hijo de Dios.

El libro de Deuteronomio supone un reto para la predicación ya que fue escrito hace mucho tiempo y en un lugar muy lejano. Somos personas del nuevo pacto que intentan comprender el antiguo pacto y cómo ambos se relacionan. A un público moderno, muchos versículos y capítulos podrían parecerle no solo confusos, sino también abiertamente inquietantes. Deuteronomio 2:34 describe la derrota de Sijón, rey de Hesbón. Deuteronomio 2:34 describe la derrota de Sijón, rey de Hesbón; Moisés les recuerda a los israelitas lo siguiente: "En aquella ocasión conquistamos todas sus ciudades y las destruimos por completo; matamos a varones, mujeres y niños. ¡Nadie quedó con vida!". El lector moderno puede estremecerse al leer *mujeres y niños*, y el predicador no puede pasarlo por alto.

El capítulo 7 aborda la eliminación completa de las naciones que residen en la tierra prometida. Una aplicación errónea de ese pasaje podría llevar a un camino engañoso en el que los oyentes podrían suponer que las personas que no creen en lo que *ellos* creen no tienen valor para Dios o merecen ser dañadas o incluso aniquiladas. Aquellos versículos dan lugar a todo tipo de cuestiones homiléticas y pastorales. Es absolutamente crucial una exégesis sólida, así como una aplicación cuidadosa.

Es imprescindible conocer el contexto religioso y cultural de los cananeos. Sus prácticas religiosas eran deplorables desde cualquier punto de vista e incluían prácticas como el sacrificio de niños, la prostitución religiosa y la adivinación.

También es tarea del predicador el comprender otras referencias bíblicas que aclaren los difíciles pasajes de Deuteronomio. La profecía dada por Dios a Abraham en Génesis aporta información importante sobre el capítulo 7 de Deuteronomio; revela la extraordinaria paciencia de Dios en el juicio en Génesis 15:13-16.

Se les informó a los israelitas, en términos muy claros, que no iban a heredar la tierra prometida como resultado de su obediencia o de unos rasgos de carácter excepcionales; más bien, Moisés deja totalmente claro que la justicia de los israelitas no tiene absolutamente nada que ver con la desposesión de las naciones en Deuteronomio 9:4-6.

En Deuteronomio 25:17-19, Moisés le dice al pueblo que recuerde ("¡No lo olvides!") lo que los amalecitas les hicieron cuando salían de Egipto y estaban cansados y fatigados.

Desde un punto de vista de la iglesia, las palabras de Moisés parecen exageradas. Esto no es lo que les enseñamos a nuestros hijos, y ciertamente no se parece a Jesús cuando dice: "Amen a sus enemigos". Los predicadores tienen que enfrentarse al texto y evitar la tendencia a suavizarlo.

Algunos estudiosos ven a los amalecitas como un pueblo que trabajaba activamente para destruir al pueblo de Dios y el plan de Dios de bendecir al mundo entero a través de los israelitas. Walter Kaiser escribe: "Algunos comentaristas señalan que los amalecitas no se limitaban a saquear o pelear por los territorios; atacaban al pueblo elegido de Dios para desacreditar al Dios vivo". Incluso algunos ven una posible conexión con Amán (posiblemente un amalecita) en el libro de Ester, donde demuestra un odio profundamente arraigado hacia el pueblo judío y organiza un malvado complot para aniquilar al pueblo de Dios. Su plan de destrucción surgió de un odio de siglos hacia el pueblo de Dios y de un malvado deseo de destruir el tesoro de Dios. Kaiser señala lo siguiente acerca de Amán: "Sus acciones revelarían, por lo tanto, el profundo odio de esta nación hacia Dios, que se manifiesta hacia el pueblo que Dios había elegido para bendecir a todo el mundo"[2].

Hay que tener en cuenta que Dios limitó la destrucción a las naciones que residían en la tierra prometida. Las demás naciones permanecieron a salvo, y Moisés se esmeró en evitar conflictos con las naciones vecinas. Dios hizo provisiones de gracia para los descendientes de Esaú y Lot. Ver, por ejemplo, Deuteronomio 2:4-6, 9.

El predicador debe ver los pasajes difíciles teniendo en cuenta el contexto más amplio de Deuteronomio y la provisión y gracia de Dios. Estos pasajes pueden ser piedras de tropiezo para los miembros de nuestra iglesia. Tenemos que tratarlos con cuidado y de manera fiel.

Los capítulos 14-26 tratan sobre las leyes específicas referentes a la vida en la tierra prometida. A mis tres hijos les sorprendió el 21:18-21, en el que una madre y un padre están obligados a llevar a su hijo rebelde a la puerta de la ciudad para que sea apedreado con el fin de expiar el mal entre la nación. No pude evitar preguntarme cuántos padres realmente lo *hicieron*. (Les advertí a mis hijos que era un buen recordatorio para tomar en serio Isaías 5:22 que indica: "¡Ay de los valientes para beber vino, de los valentones que mezclan bebidas embriagantes"!).

Predicar estos pasajes requiere un movimiento ascendente en la escala de lo abstracto, donde nuestras ideas principales pueden ser de naturaleza más general. Debemos trabajar para asegurarnos de distinguir entre las repercusiones necesarias y las posibles a la hora de aplicarlas.

Por último, como cristianos leemos Deuteronomio y la renovación del pacto a través del lente del nuevo pacto de Jesucristo. ¿Nos atenemos estrictamente al texto tal y como lo entendían los israelitas que entraban en

----

2. Walter C. Kaiser Jr. et al., *Hard Sayings of the Bible* [Pasajes difíciles de la Biblia] (Downers Grove, Illinois: InterVarsity, 1996), pág. 207.

la tierra prometida? (¿Qué le dijo el autor al público original?). ¿Hacemos las aplicaciones conforme al nuevo pacto? ¿Leemos el texto no como lo escuchó el público original, sino como lo escuchamos nosotros, como personas del nuevo pacto? ¿Nos movemos entre ambas perspectivas? ¿Cómo evitamos un enfoque de predicación moralista? Al estudiar el Deuteronomio, los predicadores tienen que tomar en serio las palabras de Jesús en el sermón de la montaña en Mateo 5:17: "No piensen que he venido a anular la ley o los profetas; no he venido a anularlos, sino a darles cumplimiento". Todos estos son temas y preguntas con los que el predicador debe lidiar.

Aplicación y perspectiva cultural

Deuteronomio fue un libro importante para el pueblo judío y para Jesús en particular. Es probable que la primera Escritura que Jesús memorizó de joven fuera el capítulo 6 de Deuteronomio. Ya de adulto citó el libro cuando fue tentado en el desierto. Al responder a la pregunta de un experto en la ley, Jesús se remontó a sus primeras lecciones de niño respondiendo con base en Deuteronomio 6: "Ama al Señor tu Dios con todo tu corazón, con toda tu alma, con toda tu mente y con todas tus fuerzas" (Marcos 12:30; cf. Dt 6:4-5). En su *libro Our Father Abraham* [Nuestro Padre Abraham], Marvin Wilson describe a Deuteronomio en la época de Jesús como el libro más "difundido y popular del Pentateuco".

> Sabemos que Deuteronomio tuvo esta gran influencia por dos razones principales: (1) El Nuevo Testamento tiene más citas de Deuteronomio que de cualquier otro libro de Moisés. (2) Entre los rollos del Mar Muerto en Qumrán se encontraron más copias separadas del rollo del Deuteronomio que de cualquier otro escrito mosaico. Sin embargo, la importancia del libro del Deuteronomio no se limita a la primera infancia de Jesús y otros de su época. Ya de adulto, Jesús, al principio de su ministerio, cita tres veces este libro para obtener apoyo espiritual en respuesta a las tres tentaciones de Satanás (Mt 4:1-11)[3].

El pacto

El libro de Deuteronomio es un documento de renovación del pacto, que se compone de una serie de discursos de despedida dados por Moisés al pueblo cuando se preparaba para entrar en la tierra prometida. El libro se asemeja a la estructura de los antiguos tratados entre soberanos y vasallos

---

3. Marvin Wilson, *Our Father Abraham: Jewish Roots of the Christian Faith* [Nuestro Padre Abraham: raíces judías de la fe cristiana] (Grand Rapids: Eerdmans, 1989), pág. 123.

del Cercano Oriente. Estos tipos de pactos describían la relación entre un gran rey (soberano) y uno de sus reyes súbditos (vasallo). Los reyes súbditos debían demostrar total obediencia y lealtad al soberano. En la Biblia, los pactos son iniciados por Dios.

El pacto es un concepto extraño para los oyentes modernos, pero ciertamente hay similitudes en nuestro mundo moderno, y como cristianos estamos familiarizados con el nuevo pacto en Jesucristo. ¿Cómo puede hablar un predicador en una cultura que a veces carece de cierta seriedad cuando se trata de cumplir contratos? A menudo nos tomamos la ruptura de un contrato a la ligera cuando queremos evitar el deber, la obligación o la responsabilidad. Pero romper un contrato siempre tiene sus consecuencias.

Los israelitas no cumplieron ni podían cumplir el pacto. Moisés sabía que esto sería así porque, antes de morir, el Señor le dijo: "Tú irás a descansar con tus antepasados, y muy pronto esta gente me será infiel con los dioses extraños del territorio al que van a entrar. Me rechazarán y quebrantarán el pacto que hice con ellos. Cuando esto haya sucedido, se encenderá mi ira contra ellos y los abandonaré; ocultaré mi rostro, y serán presa fácil" (Dt 31:16-17). Moisés utiliza a menudo tres palabras para describir a los israelitas: tercos (9:6, 13; 10:16; 31:27), incrédulos (1:32; 9:21; 28:66) y rebeldes (1:26, 43; 9:7, 23-24; 21:18, 20; 31:27). Está claro que los israelitas necesitaban cambiar su corazón.

Moisés sabía que llegaría un día en el que Dios sí cambiaría sus corazones: "El Señor tu Dios circuncidará tu corazón y el corazón de tus descendientes, para que ames al Señor tu Dios con todo tu corazón y con toda tu alma, a fin de que vivas" (30:6 RVA-2015). Moisés, el mediador del antiguo pacto, esperaba con ansias el nuevo pacto en Jesucristo.

Un único Dios

A lo largo del libro de Deuteronomio, Moisés les recuerda a los israelitas que Dios es el único Dios y que los salvó con su mano poderosa. El decálogo comienza así: "Yo soy el Señor tu Dios. Yo te saqué de Egipto, país donde eras esclavo" (5:6). Los dos primeros mandamientos hablan de Dios como único Dios: "No tengas otros dioses además de mí" y "No hagas ningún ídolo ni nada que guarde semejanza con lo que hay arriba en el cielo, ni con lo que hay abajo en la tierra, ni con lo que hay en las aguas debajo de la tierra" (5:7-8).

Al estar rodeados de naciones politeístas, el concepto de un único Dios era algo extraño para los israelitas. Deuteronomio nos enseña que Yahveh y solo Yahveh era y es Dios. Es cierto que gran parte de nuestra cultura contemporánea se estremece ante esa afirmación cuando se proclama desde el púlpito. Era una confesión importante en aquel entonces, y es una confesión importante, incluso chocante, en la actualidad: solo hay un Dios y ese Dios es Yahveh. Como predicadores, ¿podríamos ayudar a nuestras congregaciones a hacer una confesión tan audaz hoy en día?

Los ídolos

La idea de que la gente habitualmente adoraba ídolos —generalmente de piedra tallada— es ajena a muchos creyentes que viven en el mundo occidental. Pero puede que no sea algo tan extraño como pensamos. Un ídolo es cualquier cosa que atesoramos más que a Dios. Podemos pensar que puede ayudarnos, salvarnos, hacernos felices, darnos estabilidad o hacernos sentir amados. Pero al final, solo Dios debe ser adorado. Al hablar de los ídolos como un tema actual, los predicadores tenderán un puente entre el mundo del Antiguo Testamento y el de hoy.

El Shemá (Dt 6:4-9)

La idea de que Dios es el único Dios no puede ser exagerada; es la base de la confesión de fe de Israel, la cual conocida como el Shemá[4]. El Shemá es la pieza central de Deuteronomio. Muchos judíos siguen recitando el Shemá dos veces al día: "Cuando te acuestes y cuando te levantes" (6:7). Se ha dicho que es un resumen de los diez mandamientos, y que los diez mandamientos son un resumen de toda la ley. "El decálogo (o los diez mandamientos) de Dt 5:6-21 (Ex 20:2-17) incorpora los grandes principios de la relación del pacto que esbozan la naturaleza y el carácter de Dios y detallan las responsabilidades de Israel hacia Él. Es, pues, un encapsulamiento o una síntesis de todo el corpus del texto del pacto. El pasaje que tratamos es un refinamiento más de esa gran verdad relacional, una afirmación, por así decirlo. Es la expresión de la esencia de toda la persona y los propósitos de Dios en dieciséis palabras del texto hebreo"[5].

Entender el Shemá es ver el corazón de Dios por su pueblo, esto es, el amor fiel de Dios. Algunas veces, los predicadores se pierden en el laberinto de leyes de Deuteronomio. Sin embargo, la obediencia siempre ha sido una respuesta al amor de Dios, el cual demostró a través de sus poderosos actos de salvación y de haber llamado su "tesoro especial" (NTV) a este pueblo inmerecido. Ver, por ejemplo, Deuteronomio 7:6-9.

4. A medida que el Shemá se desarrolló, llegó a incluir tres pasajes de la ley de Moisés. El primero (Dt 6:4-9) proclama la unicidad de Dios (v. 4) y llama a Israel a amarlo y obedecer sus mandamientos (vv. 5-9). El segundo (Dt 11:13-21) detalla las recompensas prometidas por obedecer estos mandamientos y los castigos por desobedecerlos. El tercero (Nm 15:37-41) expone la ley relativa a los flecos en los vestidos como recordatorio de guardar "todos los mandamientos del Señor" (v. 39). Ver *Wilson, Our Father Abraham* [Nuestro Padre Abraham], pág. 123.

5. Eugene H. Merrill, *Deuteronomy. The New American Commentary* [Deuteronomio. El nuevo comentario americano] (Nashville: Broadman & Holman, 1994), pág. 162.

Los expositores deben tener cuidado de recordar que la gracia de Dios respalda el pacto. Su amor precede a sus leyes, y su amor se expresa a través de sus leyes. Nuestro amor por el único Dios se demuestra en la obediencia a la ley, una tarea imposible de cumplir con nuestras propias fuerzas.

La imaginación como herramienta exegética

Los predicadores sabios deberán pasar tiempo tratando de imaginar lo que sentía esta nueva generación al estar a puertas de la tierra prometida. Solo habían conocido el desierto en el que deambulaban. Ahora se preparaban para establecerse. ¿De qué manera podría un público moderno identificarse con aquellos hombres, mujeres y niños de hace tanto tiempo? ¿Qué sentían al ser apartados por Dios siendo su tesoro especial? ¿Cómo se relaciona ello con la iglesia de hoy? ¿Cómo fue experimentar sus poderosos actos? ¿Cómo se sentían los padres al enseñar la ley de Dios a sus hijos (abrumados, incapaces de hacerlo, entusiasmados)? ¿Qué revelan todas las leyes sobre el dador de la ley? Cuando reflexionemos sobre estas preguntas, podremos aplicarlas de forma natural y no forzada.

FUENTES RECOMENDADAS

Kaiser, Walter C., Jr., et al. *Hard Sayings of the Bible* [Pasajes difíciles de la Biblia]. Downers Grove, Illinois: InterVarsity, 1996.

Merrill, Eugene H. Deuteronomy. *The New American Commentary* [Deuteronomio. El nuevo comentario americano]. Nashville: Broadman & Holman, 1994.

Wiersbe, Warren W. *Be Equipped. The BE Commentary Series* [Equípese, la serie de comentarios de qué ser y cómo estar]. Colorado Springs: David C. Cook, 1999.

Wilson, Marvin. *Our Father Abraham: Jewish Roots of the Christian Faith* [Nuestro Padre Abraham: raíces judías de la fe cristiana]. Grand Rapids: Eerdmans, 1989.

Josué

CHRIS RAPPAZINI

Tras la muerte de Moisés, Dios nombra a un nuevo líder, Josué, para que cumpla su promesa hecha al pueblo de Israel y hace que Josué los guíe hacia la tierra prometida, luche en muchas batallas y finalmente distribuya la tierra y los recursos a las doce tribus de los descendientes de Abraham.

TEMA: ¿Cómo describe el autor el cumplimiento de la promesa del Señor de proveer tierra a los descendientes de Abraham?

COMPLEMENTO: Mediante el nombramiento de Josué para guiar a los israelitas al otro lado del río Jordán y a la batalla, y la repartición de territorios a las doce tribus de Israel.

IDEA EXEGÉTICA: El autor describe el cumplimiento de la promesa del Señor de proveer de tierras a los descendientes de Abraham mediante el nombramiento de Josué para guiar a los israelitas a través del río Jordán y a la batalla, y la repartición de territorios a las doce tribus de Israel.

IDEA HOMILÉTICA: Sea valiente, porque el Señor cumple sus promesas.

El libro de Josué registra cómo el Señor condujo a su pueblo a la tierra prometida, tal como se lo prometió a Abraham (Gn 15:18-21; 26:3), como se lo prometió al hijo de Isaac, Jacob (Gn 28:13), y como se lo explicó con más detalle a Moisés (Ex 32:31). Este libro de valor, conquista, providencia y provisión puede dividirse en cuatro unidades principales con varias secciones en cada unidad. Aunque la mayoría de las iglesias pueden estar familiarizadas con algunas de las narraciones iniciales del libro, podría ser útil para el predicador cubrir todo el libro en una serie de tres o cuatro meses.

Es muy probable que muchas personas que llevan cierto tiempo en el mundo cristiano hayan oído las historias de Rajab y los espías o la caída de las murallas de Jericó, pero quizá las hayan aprendido aisladas del cuadro más completo del cumplimiento de la promesa de Dios a los israelitas. Las dos primeras unidades del libro abordan la entrada y la lucha de Israel con su nueva ocupación en la tierra que el Señor prometió. Cada unidad podría separarse por las distintas escenas (por ejemplo, conversaciones, encuentros, batallas, etc.) que tienen lugar. La tercera unidad describe la distribución de la tierra y puede parecer innecesaria para el lector moderno; sin embargo, es sumamente importante para las doce tribus de Israel. La última unidad contiene las últimas palabras de Josué al pueblo de Israel mientras se separan.

A continuación, se presenta una estrategia sugerida para predicar el libro de Josué en dieciocho semanas.

Unidad 1: Josué toma el mando (caps. 1-5)
1. Josué es llamado a ser fuerte y valiente (1:1-18)
2. Los espías de Josué son ayudados por Rajab (2:1-24)
3. Los israelitas cruzan el Jordán hacia la tierra prometida (3:1-4:24)
4. Circuncisión en Guilgal (5:1-12)
5. El encuentro de Josué con el comandante del ejército del Señor (5:13-15)

Unidad 2: Los israelitas contra los que odian a Dios (caps. 6-12)
6. El milagro de Jericó (6:1-27)
7. El pecado de Acán y su consecuencia (7:1-26)
8. Se derriba Hai y renace el pacto (8:1-35)
9. El engaño de los gabaonitas y la clemencia de Josué (9:1-27)
10. El Señor de la Luz lucha por Israel (10:1-15)
11. La conquista continúa hacia el sur y el norte (10:16-12:24)

Unidad 3: Distribución de la tierra (caps. 13-22)
12. División de la tierra (13:1-19:51)
13. Ciudades de refugio (20:1-9)
14. Dios cumple sus promesas (21:1-45)
15. Las tribus orientales regresan a su tierra (22:1-34)

Unidad 4: Observaciones finales de Josué (caps. 23-24)
16. Las últimas palabras de Josué a sus líderes (23:1-16)
17. Restauración del pacto en Siquén (24:1-27)

18. El lugar de descanso final de Josué (24:28-33)

Comprensión del tema, complemento, idea exegética e idea homilética

Josué 1

TEMA: ¿Cómo dice el autor que el Señor cumplirá su promesa de la tierra a los israelitas después de la muerte de su siervo Moisés?

COMPLEMENTO: Llamando a Josué para que sea fuerte y valiente, para que guíe al pueblo de Israel en la toma de posesión de la tierra prometida, y para que les enseñe a obedecer la ley que le fue dada a Moisés, porque Dios estará con ellos dondequiera que vayan.

IDEA EXEGÉTICA: El autor dice que el Señor cumplirá su promesa de la tierra a los israelitas después de la muerte de su siervo Moisés llamando a Josué para que sea fuerte y valiente, para que guíe al pueblo de Israel en la toma de posesión de la tierra prometida, y para que les enseñe a obedecer la ley que le fue dada a Moisés, porque Dios estará con ellos dondequiera que vayan.

IDEA HOMILÉTICA: Los buenos líderes son líderes piadosos.

Josué 2

TEMA: ¿Qué revela el autor sobre la reputación del Señor a través de la historia de Rajab, la prostituta?

COMPLEMENTO: La reputación del Señor ha llegado a las naciones vecinas, y mientras muchos se preparan para luchar contra el Señor, unos pocos confiesan el gobierno y el reinado del Señor.

IDEA EXEGÉTICA: A través de la historia de Rajab, la prostituta, el autor revela que la reputación del Señor ha llegado a las naciones vecinas, y mientras muchos se preparan para luchar contra el Señor, unos pocos confiesan el gobierno y el reinado del Señor.

IDEA HOMILÉTICA: En lugar de luchar contra Dios, permita que Dios luche por usted.

Josué 3-4

TEMA: ¿Por qué le dice Dios a Josué que ordene a los sacerdotes y al arca del pacto que vayan primero al cruzar el río Jordán?

COMPLEMENTO: Para demostrar que Dios va delante de Josué y de los israelitas, tal como fue delante de Moisés y de la generación anterior.

IDEA EXEGÉTICA: Dios le dice a Josué que ordene a los sacerdotes y al arca del pacto que vayan primero al cruzar el río Jordán para demostrar que Dios va delante de Josué y de los israelitas, tal como fue delante de Moisés y de la generación anterior.

IDEA HOMILÉTICA: Dios va delante de nosotros tal y como lo ha hecho con personas como nosotros.

Josué 5:1-12

TEMA: ¿Por qué la primera orden del Señor a Josué y a los hombres israelitas después de cruzar el río Jordán es circuncidarse y celebrar la Pascua?

COMPLEMENTO: Para que recuerden su pasado y también miren hacia su futuro como una nación con una tierra a la que puedan llamar suya.

IDEA EXEGÉTICA: La primera orden del Señor a Josué y a los hombres israelitas después de cruzar el río Jordán es circuncidarse y celebrar la Pascua para que así recuerden su pasado y también miren hacia su futuro como una nación con una tierra a la que puedan llamar suya.

IDEA HOMILÉTICA: A veces es importante mirar hacia atrás mientras se mira hacia adelante.

Josué 5:13-15

TEMA: ¿Qué mensaje le envía el Señor a Josué antes de que él entre en Jericó?

COMPLEMENTO: El Señor es el guerrero supremo y santo y que, finalmente, guiará a su pueblo.

IDEA EXEGÉTICA: El mensaje que el Señor le envía a Josué antes de que él entre en Jericó es que el Señor es el guerrero supremo y santo y que, finalmente, guiará a su pueblo.

IDEA HOMILÉTICA: Nuestro Dios es un guerrero santo.

Josué 6

TEMA: ¿Cómo indica el autor que Josué y el inexperto ejército israelita penetran en las enormes murallas de Jericó y conquistan la ciudad que Dios les había entregado?

COMPLEMENTO: Al escuchar y obedecer las estrictas órdenes del Señor.

IDEA EXEGÉTICA: El autor indica que Josué y el inexperto ejército israelita penetran en las enormes murallas de Jericó y conquistan la ciudad que Dios les había entregado gracias a que escuchan y obedecen las estrictas órdenes del Señor.

IDEA HOMILÉTICA: Escuche atentamente a Dios para la liberación en su vida.

Josué 7

TEMA: ¿Cuál es, según el autor, el resultado del acto de infidelidad, engaño y desobediencia de Acán?

COMPLEMENTO: La ira del Señor arde contra los israelitas, lo que lleva a su derrota en Hai y a la calamidad que se cierne sobre Acán y su familia.

IDEA EXEGÉTICA: El autor dice que, como resultado del acto de infidelidad, engaño y desobediencia de Acán, la ira del Señor arde contra los israelitas, lo que lleva a su derrota en Hai y a la calamidad que se cierne sobre Acán y su familia.

IDEA HOMILÉTICA: Los actos pecaminosos de una persona pueden tener consecuencias para muchos.

Josué 8

TEMA: ¿Cómo responde el Señor a Josué y a los israelitas después de enfrentarse al pecado de Acán?

COMPLEMENTO: Guiándolos en la victoria sobre el pueblo de Hai y reiniciando su pacto con su pueblo tras el holocausto de Josué y el compromiso renovado con el libro de la ley de Moisés.

IDEA EXEGÉTICA: Después de enfrentarse al pecado de Acán, el Señor responde a Josué y a los israelitas guiándolos en la victoria sobre el pueblo de Hai y reiniciando su pacto con su pueblo tras el holocausto de Josué y el compromiso renovado con el libro de la ley de Moisés.

IDEA HOMILÉTICA: Un pacto renovado se ofrece a una nueva clase de personas.

Josué 9

TEMA: ¿Por qué Josué y los líderes de Israel mantienen su juramento a los gabaonitas a pesar de haber sido engañados?

COMPLEMENTO: Porque el Señor cumple sus promesas a pesar de los fracasos de Israel.

IDEA EXEGÉTICA: Josué y los líderes de Israel mantienen su juramento a los gabaonitas, aunque fueron engañados, porque el Señor cumple sus promesas a pesar de los fracasos de Israel.

IDEA HOMILÉTICA: Dios cumple sus promesas, y nosotros también debemos hacerlo.

Josué 10:1-15

TEMA: Cuando los reyes amorreos unen sus fuerzas contra los gabaonitas y

Josué recibe una petición de ayuda, ¿cómo utiliza el Señor a Josué?

COMPLEMENTO: Para salir en defensa de los gabaonitas mediante milagros como hacer que el sol se detenga y lanzar grandes piedras de granizo.

IDEA EXEGÉTICA: Cuando los reyes amorreos unen sus fuerzas contra los gabaonitas y Josué recibe una petición de ayuda, el Señor utiliza a Josué para salir en defensa de los gabaonitas mediante milagros como hacer que el sol se detenga y lanzar grandes piedras de granizo.

IDEA HOMILÉTICA: El Señor de la Luz lucha por nosotros.

Josué 10:16-12:24

TEMA: ¿Por qué dice el autor que Josué y los israelitas podían seguir conquistando las ciudades y los reyes injustos de la tierra prometida?

COMPLEMENTO: Porque todas las ciudades, excepto una, no hacen un tratado de ayuda mutua con Israel, así que el Señor endurece sus corazones y ayuda a Josué y a su ejército a derrotar a cualquiera que se enfrente a él para que se cumpla la promesa del Señor de dar la tierra a los israelitas.

IDEA EXEGÉTICA: El autor dice que Josué y los israelitas podrían seguir conquistando las ciudades y los reyes injustos de la tierra prometida porque todas las ciudades, excepto una, no hacen un tratado de ayuda mutua con Israel, así que el Señor endurece sus corazones y ayuda a Josué y a su ejército a derrotar a cualquiera que se enfrente a él para que se cumpla la promesa del Señor de dar la tierra a los israelitas.

IDEA HOMILÉTICA: Dios busca la justicia a fin de cumplir sus promesas.

Josué 13-19

TEMA: ¿Por qué el autor incluye listas y líneas fronterizas respecto a la asignación y distribución de la tierra conquistada?

COMPLEMENTO: Para demostrar el detalle con el que el Señor cumple su promesa a Abraham y a sus descendientes.

IDEA EXEGÉTICA: El autor incluye listas y líneas fronterizas respecto a la asignación y distribución de la tierra conquistada para demostrar el detalle con el que el Señor cumple su promesa a Abraham y a sus descendientes.

IDEA HOMILÉTICA: A Dios no se le pasan los detalles.

Josué 20

TEMA: ¿Por qué el Señor le dice a Josué que establezca una ciudad de refugio?

COMPLEMENTO: Porque un derramamiento de sangre injusto estaría en contradicción con Dios, su carácter y el propósito de la tierra prometida.

IDEA EXEGÉTICA: El Señor le dice a Josué que establezca una ciudad de refugio porque un derramamiento de sangre injusto estaría en contradicción con Dios, su carácter y el propósito de la tierra prometida.

IDEA HOMILÉTICA: Bajo la protección de Dios hay seguridad y protección.

Josué 21

TEMA: ¿Cómo concluye el autor el reparto de la tierra?

COMPLEMENTO: Anunciando que el Señor ha cumplido todas sus promesas y ha concedido el descanso al pueblo de Israel en todo el territorio.

IDEA EXEGÉTICA: El autor concluye el reparto de la tierra anunciando que el Señor ha cumplido todas sus promesas y ha concedido el descanso al pueblo de Israel en todo el territorio.

IDEA HOMILÉTICA: Muchas de las promesas de Dios terminan en descanso.

Josué 22

TEMA: ¿Qué sucede después las tribus de Rubén y Gad, y la media tribu de Manasés vuelven a casa y construyen un enorme altar junto al río Jordán?

COMPLEMENTO: Finés, un sacerdote israelita, les advierte de las consecuencias de profanar al Señor, y las tribus orientales se arrepienten rápidamente y evitan el derramamiento de sangre.

IDEA EXEGÉTICA: Después de que las tribus de Rubén y Gad, y la media tribu de Manasés vuelven a casa y construyen un enorme altar junto al río Jordán, Finés, un sacerdote israelita, les advierte de las consecuencias de profanar al Señor, y las tribus orientales se arrepienten rápidamente y evitan el derramamiento de sangre.

IDEA HOMILÉTICA: Dios acepta rápidamente a aquellos que se arrepienten.

Josué 23

TEMA: ¿Qué les dice Josué a los líderes, jefes, jueces y oficiales en su penúltimo discurso de despedida?

COMPLEMENTO: Que las bendiciones vendrán si obedecen todo lo que está en el libro de la ley de Moisés y que no deben mezclarse con las naciones que quedan, pero si rompen la ley o se mezclan con otras naciones, Dios traerá la justicia divina sobre ellos y los exiliará de la tierra.

IDEA EXEGÉTICA: En su penúltimo discurso de despedida, Josué les dice a los líderes, jefes, jueces y oficiales que las bendiciones vendrán si obedecen todo lo que está en el libro de la ley de Moisés y que no deben mezclarse con las naciones que quedan, pero si rompen la ley o se mezclan con otras naciones, Dios traerá la justicia divina sobre ellos y los exiliará de la tierra.

IDEA HOMILÉTICA: Permanecer fiel a Dios es una tarea de toda la vida.

Josué 24:1-27

TEMA: Después de recordarles a los líderes, jefes, jueces y oficiales israelitas las promesas del Señor y la liberación de Egipto, ¿a qué desafía Josué al pueblo?

COMPLEMENTO: A hacer un pacto para servir a Dios y solo a Dios.

IDEA EXEGÉTICA: Después de recordarles a los líderes, jefes, jueces y oficiales israelitas las promesas del Señor y la liberación de Egipto, Josué desafía al pueblo a hacer un pacto para servir a Dios y solo a Dios.

IDEA HOMILÉTICA: Sirva a Dios y a nada más.

Josué 24:28-33

TEMA: ¿Por qué el autor registra los lugares de descanso final de Josué, José y Eleazar?

COMPLEMENTO: Para recordarles a los lectores que Dios sigue utilizando a las personas después de su muerte para darle Su gloria.

IDEA EXEGÉTICA: El autor registra los lugares de descanso final de Josué, José y Eleazar para recordarles a los lectores que Dios sigue utilizando a las personas después de su muerte para darle Su gloria.

IDEA HOMILÉTICA: La vida que llevamos determina el legado que dejamos.

Versículos/pasajes difíciles

Cuando uno lee por primera vez el libro de Josué es difícil no conmocionarse e impresionarse ante la cantidad de muertes y destrucción que se encuentran en sus páginas. El historiador John Bright escribe en un tono de broma lo siguiente: "No se puede predicar este libro y no debe enseñárselo a los niños. Proteja nuestros delicados oídos de una violencia como esta"[1]. Grandes partes del libro de Josué contienen pasajes difíciles sobre la conquista y la muerte. El predicador podría evitar el libro por completo, pero tal vez una mejor opción sea abordar estos temas desafiantes de frente y con honestidad.

La destrucción total de ciudades y reyes, sobre todo en la mitad del libro (Jos 6, 8 y 10-12), resulta desconcertante al principio. La violencia puede

---

1. John Bright, *The Authority of the Old Testament* [La autoridad del Antiguo Testamento] (Grand Rapids: Baker, 1975), pág. 243.

ser abrumadora y molesta para los cristianos y sumamente ofensiva para los escépticos. Muchos se preguntarán: ¿no dice Jesús que hay que amar a nuestros enemigos? ¿Por qué mandaría Dios un genocidio? ¿Por qué el Dios del Antiguo Testamento es tan diferente del Dios del Nuevo Testamento?

Es importante recordarles a los oyentes que el pueblo que Dios entregó en manos de los israelitas era moralmente corrupto y practicaba el sacrificio de niños. El autor de Josué no entra en detalles sobre la total pecaminosidad y rebelión de la nación opositora a Dios, pero aquí es donde los recursos extrabíblicos y el estudio serán útiles para explicar que aquellos que los israelitas conquistaron odiaban a Dios y eran sumamente malvados. También es útil informar a los oyentes de que Dios a veces habla de forma hiperbólica cuando dice "destruir completamente" y "no dejar sobrevivientes". Cuando Josué describe la distribución de la tierra en los capítulos 13-19, algunas de las ciudades siguen pobladas, lo que significa que no todos fueron aniquilados. Dios utiliza este lenguaje hiperbólico para comunicar que uno sirve a Dios o no. Esto marca un momento único en la historia de los israelitas que demuestra que no hay un punto intermedio al comenzar su nación en la tierra prometida.

El asesinato de Acán y su familia en Josué 7 es otro pasaje difícil de predicar debido a las consecuencias aparentemente extremas del pecado de Acán. Muchos estarían de acuerdo en que Acán merecía ser castigado por su engaño y desobediencia, pero ¿era realmente necesaria la brutal pena de muerte de ser apedreado y quemar sus restos? Además, parece absolutamente perverso incluir a su familia en la condena (7:25). Sin embargo, es importante recordar que el pecado de Acán, así como muy probablemente la aprobación de su familia, costó la vida de muchas personas que murieron en Hai. Por lo tanto, Dios le estaba enseñando a su pueblo que para heredar la tierra y ser su pueblo, debían confiar en Él y obedecer sus caminos. Este escenario, al igual que el de Rajab y su familia, también muestra que tanto la destrucción como la salvación pueden venir a través de una persona (i. e., el pecado/muerte a través de Adán y la salvación a través de Jesús; ver Ro 5:12-21).

Una gran parte del libro trata de la distribución de la tierra (Jos 13:1-19:51). A primera vista, esto puede no parecer demasiado controvertido, pero los lectores pueden sentirse incómodos con la promesa de Dios de éxito material. Esta idea de nacionalismo y colonialismo puede ser mal utilizada y mal entendida por la gente de la mayoría occidental. Las exhortaciones de devoción total a la nación de Israel pueden necesitar una explicación completa a la luz del Nuevo Testamento y del propio contexto cultural.

Aplicación y perspectiva cultural

El libro de Josué embarca a sus lectores en un estimulante viaje en el que Dios cumple su promesa a un pueblo que busca un lugar para vivir tras décadas en el desierto y siglos de esclavitud. Aunque los lectores de hoy no estén en una conquista sangrienta para apoderarse de la tierra de otro, varias verdades importantes del libro de Josué son perfectamente aplicables a la actualidad.

Al principio, puede parecer que el Dios de Josué es un Dios diferente, o incluso opuesto, al que se expresa como el Mesías amable y amoroso en el Nuevo Testamento. Sin embargo, es fundamental recordar que el Dios de Josué y de los israelitas es el mismo Dios del siglo I, así como del siglo XXI. Sus verdades, carácter y atributos nunca cambian. Por lo tanto, es importante que el predicador recuerde a los oyentes esta certeza a lo largo de la serie de prédicas.

Una gran lección para el oyente del siglo XXI es que Dios cumple sus promesas. La fuerza motriz de los acontecimientos que se encuentran en el libro de Josué es la promesa de la tierra que el Señor hizo a Abraham y a sus descendientes. Aunque hoy en día pueda parecer que Dios está distante o ausente o que simplemente no se preocupa por la persona que está en el banco de la iglesia, Josué les recuerda a los lectores que Dios se preocupa profundamente por las personas que comparten un pacto con Él. Dios hace muchas promesas a los cristianos de hoy que son imprescindibles para su camino diario con Él. Promesas como el regalo gratuito de la salvación (Ef 2:8-9), el consuelo en las pruebas (2 Co 1:3-4), el poder de lo alto (Hechos 1:8) y el inminente regreso de Jesús (Juan 14:2-3) se olvidan a menudo cuando los creyentes pasan por la vida de forma monótona. Es importante que el oyente de hoy sepa que Dios sigue vivo y activo y que cumple sus promesas.

El cumplimiento de la promesa de Dios es un auténtico acto de la gracia incondicional de Dios. Los israelitas no hicieron nada por su cuenta para ser los receptores elegidos de la promesa de Dios, sino que por ser receptores de su gracia, el Señor exige a cambio su obediencia y devoción exclusiva. Por ejemplo, algunos de esos mandatos eran destruir ciudades, saquear las tierras, hacer espectáculos públicos de matanzas, negar la tentación de tomar las posesiones y, a veces, no mezclarse con algunos de otras naciones. El Señor tenía sus razones para estos mandatos, que será necesario abordar, y el oyente actual también necesitará una explicación para algunos de los mandatos que Dios nos da. En última instancia, el carácter del creyente está siempre expuesto ante Dios, y los receptores de la gracia están llamados a ser fieles en medio de un mundo que odia a Dios.

Otro aspecto clave de este libro es el liderazgo de Josué. Desde el principio vemos la realidad y la vulnerabilidad de Josué con su falta de confianza en si puede llenar los zapatos (o las sandalias, más bien) del líder más reciente de Israel, Moisés. El mundo actual está lleno de líderes. Los libros, las películas, las revistas, las conferencias y las noticias nos envuelven con el liderazgo. Sin embargo, los israelitas estuvieron esclavizados durante siglos y solo aprendieron el liderazgo de sus captores y de su libertador, Moisés. El libro de Josué nos muestra un tipo diferente de líder. Combina el éxito y la fidelidad con la decepción y el fracaso. En su comentario, J. Gordon Harris escribe: "El liderazgo de Josué muestra que los líderes pueden actuar con decisión, prepararse bien, no estar preparados, cometer errores, ser manipulados y comprometerse fuera de la voluntad de Dios"[2]. Este amplio abanico de capacidades y defectos de liderazgo puede ayudar a los oyentes a identificarse con el personaje de Josué y a verse a sí mismos en la narración desde muchos ángulos.

FUENTES RECOMENDADAS

Hess, Richard S. Joshua: *An Introduction and Commentary. Tyndale Old Testament Commentaries* [Josué: Introducción y comentario. Comentarios de Tyndale sobre el Antiguo Testamento]. Downers Grove, Illinois: InterVarsity, 2008.

Howard, David M. Joshua. *The New American Commentary. Nashville* [Josué. El Nuevo Comentario Americano]: Broadman & Holman, 1998.

Woudstra, Marten H. *The Book of Joshua. The New International Commentary on the New Testament* [El libro de Josué. El Nuevo Comentario Internacional sobre el Nuevo Testamento]. Grand Rapids: Eerdmans, 1981.

---

2. J. Gordon Harris, *Joshua, Judges, Ruth, New International Biblical Commentary* [Josué, Jueces, Rut, Nuevo Comentario Bíblico Internacional] (Peabody, Massachusetts: Hendrickson, 2000), pág. 11.

Jueces

GREGORY K. HOLLIFIELD

Jueces —nombre que recibe por los carismáticos protagonistas cuyas hazañas militares y fracasos personales ocupan un lugar importante en el libro— es un registro teológicamente enmarcado de la historia de Israel para el período que va desde la muerte de Josué hasta el surgimiento de la monarquía.

TEMA: ¿Por qué Israel no llegó a poseer completamente la tierra que Dios prometió a sus antepasados?

COMPLEMENTO: "Debido a la apostasía que se produjo tras la muerte de Josué y que continuó a pesar de todos los esfuerzos de Yahveh por recuperar a Israel de ella".[1]

IDEA EXEGÉTICA: Israel nunca poseyó completamente la tierra que Dios prometió a sus antepasados "debido a la apostasía que se produjo tras la muerte de Josué y que continuó a pesar de todos los esfuerzos de Yahveh por recuperar a Israel de ella".

IDEA HOMILÉTICA: El compromiso de los impíos en ausencia de un liderazgo piadoso conduce a una espiral de destrucción.

El libro de los Jueces documenta la espiral de decadencia general de Israel

---

1. Barry G. Webb, *The Book of Judges, The New International Commentary on the Old Testament* [El libro de los Jueces, Nuevo Comentario Internacional del Antiguo Testamento] (Grand Rapids: Eerdmans, 2012), págs. 33–34.

y la falta de liderazgo piadoso durante el periodo considerado. Las razones de esta espiral se presentan en 1:1-3:6, la introducción del libro, y se ilustran con espantoso detalle en 17:1-21:25, el epílogo del libro. En medio, 3:7-16:31, se puede seguir la espiral a medida que se desenvuelve a través de los relatos de los jueces de Israel. La razón por la que el autor estructuró su registro como lo hace parece ser para una evaluación teológica de la nación durante este período más que un recuento cronológico puro de los líderes de Israel y sus hazañas.

Una vez que el predicador entienda por qué el libro está estructurado de esa manera, estará en mejor posición para dividir el libro para exponerlo. La introducción del libro puede tratarse como un todo o dividirse en mitades, con la primera parte (1:1-2:5) que traza la fragmentación social de Israel y la segunda (2:6-3:6) que muestra su deterioro religioso[2]. Aunque en la parte central del libro aparecen catorce personajes relevantes, dos de ellos están emparejados con sus colegas más conocidos (Barac con Débora; Abimélec con Gedeón), y seis de ellos solo se mencionan por encima (Samgar, Tola, Yaír, Ibsán, Elón y Abdón). Quedan así seis jueces, a los que el predicador podría dedicar uno o varios mensajes. El epílogo, dada su extensión y las cuestiones que plantea, necesitará no menos de dos mensajes (17:1-18:31; 19:1-21:25).

Comprensión del tema, complemento, idea exegética e idea homilética

Jueces 1:1-2:5

■ Introducción, Parte 1 - Fragmentación social

TEMA: ¿Quién debía dirigir a Israel en su lucha contra los habitantes de Canaán (en adelante, cananeos)?

COMPLEMENTO: Dios designó a la tribu de Judá para que lo liderara, pero las otras tribus no siguieron ni siquiera el defectuoso ejemplo de Judá al comprometerse con los cananeos.

IDEA EXEGÉTICA: Dios designó a la tribu de Judá para que liderara a Israel en su lucha contra los cananeos, pero las otras tribus no siguieron ni siquiera el defectuoso ejemplo de Judá al comprometerse con los cananeos.

IDEA HOMILÉTICA: El camino de los que no siguen el liderazgo piadoso está

---

2. Las etiquetas "fragmentación social" y "deterioro religioso" que se aplican a las dos partes de la introducción y en orden inverso al epílogo del libro están tomadas de la obra de Dennis Olson, *"The Book of Judges"* ["El libro de Jueces"], en *The New Interpreter's Bible* [La Nueva Biblia del Intérprete], vol. 2 (Nashville: Abingdon, 1998), pág. 863, citado por Webb, Book of Judges [Libro de Jueces], pág. 32.

plagado de espinas y trampas.

Jueces 2:6-3:6

■ *Introducción, Parte 1 - Fragmentación social*

TEMA: ¿Quién debía dirigir a Israel en su lucha contra los habitantes de Canaán (en adelante, cananeos)?

COMPLEMENTO: Israel pasó por un ciclo repetitivo de idolatría, juicio, súplica y liberación temporal.

IDEA EXEGÉTICA: Las consecuencias de que Israel no transmitiera su fe a la generación siguiente a la de Josué dieron lugar a un ciclo repetitivo de idolatría, juicio, súplica y liberación temporal.

IDEA HOMILÉTICA: La apostasía de una familia o nación está siempre a una sola generación de distancia.

Jueces 3:7-11

■ *El liderazgo de Otoniel*

TEMA: ¿Quién era Otoniel?

COMPLEMENTO: Era el sobrino de Caleb, afiliado a la tribu de Judá, y el juez ejemplar que, por el Espíritu del Señor, liberó a Israel de la opresión del rey de Mesopotamia.

IDEA EXEGÉTICA: Otoniel era el sobrino de Caleb, afiliado a la tribu de Judá, y el juez ejemplar que, por el Espíritu del Señor, liberó a Israel de la opresión del rey de Mesopotamia.

IDEA HOMILÉTICA: Necesitamos líderes ejemplares y llenos del Espíritu que nos guíen.

Jueces 3:12-31

■ *El liderazgo de Aod (y Samgar)*

TEMA: ¿Quiénes eran Aod y Samgar?

COMPLEMENTO: Eran hombres desafortunados (Aod, un embaucador; Samgar, un "don nadie" sin fama) con armas inadecuadas (Aod, una daga y una mentira; Samgar, un carro de bueyes) que libraron a Israel de una confederación moabita (Aod) y de seiscientos filisteos (Samgar).

IDEA EXEGÉTICA: Aod y Samgar eran hombres desafortunados (Aod, un embaucador; Samgar, un "don nadie" sin fama) con armas inadecuadas (Aod, una daga y una mentira; Samgar, un carro de bueyes) que libraron a Israel de una confederación moabita (Aod) y de seiscientos filisteos

(Samgar).

IDEA HOMILÉTICA: A menudo, Dios usa a personas con defectos y con escasos medios para lograr los fines que desea.

Jueces 4

■ *El liderazgo de Barac (con el apoyo de Débora*

TEMA: ¿Quién era Barac?

COMPLEMENTO: Era el temeroso líder israelita que se negó a obedecer el llamado de Dios hasta que fue acompañado por Débora en el campo de batalla, y que fue ayudado por Jael en derrotar a Sísara, perdiendo así el honor que hubiera sido suyo.

IDEA EXEGÉTICA: Barac era el temeroso líder israelita que se negó a obedecer el llamado de Dios hasta que fue acompañado por Débora en el campo de batalla, y que fue ayudado por Jael en derrotar a Sísara, perdiendo así el honor que hubiera sido suyo.

IDEA HOMILÉTICA: Cada uno de nosotros será reconocido y recompensado según la fe que solo nosotros demostremos.

Jueces 5

■ *La canción de Débora*

TEMA: ¿A quién se honra en la canción de victoria de Débora sobre Sísara y sus fuerzas?

COMPLEMENTO: A los líderes que guiaron siguiendo al Señor (Débora, apenas a Barac, los cielos personificados y Jael) y el pueblo que se ofreció voluntariamente (con algunas excepciones importantes).

IDEA EXEGÉTICA: En la canción de Débora sobre la victoria sobre Sísara y sus fuerzas se honra a los líderes que guiaron siguiendo al Señor (Débora, apenas a Barac, los cielos personificados y Jael) y el pueblo que se ofreció voluntariamente (con algunas excepciones importantes).

IDEA HOMILÉTICA: Los que se unen a Dios en sus esfuerzos disfrutarán con Él de las bendiciones de la victoria.

Jueces 6-7

■ *El liderazgo de Gedeón: el ascenso de Gedeón*

TEMA: ¿Quién era Gedeón al principio?

COMPLEMENTO: Era ese líder israelita tres veces reacio que, con un contingente de trescientos hombres armados solo con trompetas y antorchas, liberó a su pueblo de la opresión madianita.

IDEA EXEGÉTICA: Al principio, Gedeón era ese líder israelita tres veces reacio que, con un contingente de trescientos hombres armados solo con trompetas y antorchas, liberó a su pueblo de la opresión madianita.

IDEA HOMILÉTICA: La capacidad de Dios para usarnos supera ampliamente nuestra confianza en su capacidad para usarnos.

Jueces 8

■ El liderazgo de Gedeón: la caída de Gedeón

TEMA: ¿Cómo quedaron empañados el liderazgo y el legado de Gedeón?

COMPLEMENTO: Se vieron empañados por un espíritu vengativo (8:1–21) y vanidoso (8:22–28), encarnado plenamente por su hijo Abimélec.

IDEA EXEGÉTICA: El liderazgo y el legado de Gedeón se vieron empañados por un espíritu vengativo y vanidoso, encarnado plenamente por su hijo Abimélec.

IDEA HOMILÉTICA: Nuestro deseo de venganza y vanidad serán una trampa para los que nos siguen.

Jueces 9:1-10:5

■ El hijo de Gedeón: Abimélec (y Tola y Yaír)

TEMA: ¿Quién era Abimélec?

COMPLEMENTO: Era hijo de Gedeón, cuyo liderazgo forzado resultó en la muerte de sus hermanos, sus súbditos y él mismo.

IDEA EXEGÉTICA: Abimélec era hijo de Gedeón, cuyo liderazgo forzado resultó en la muerte de sus hermanos, sus súbditos y él mismo.

IDEA HOMILÉTICA: El liderazgo forzado es, en última instancia, un liderazgo autodestructivo.

Jueces 10:6-18

■ Dios se rehúsa a liberar

TEMA: ¿Por qué el Señor se negó a liberar a Israel de la coalición amonita-filistea, a pesar del supuesto arrepentimiento de Israel?

COMPLEMENTO: Debido a la impaciencia del Señor con la persistente y desenfrenada idolatría de Israel.

IDEA EXEGÉTICA: El Señor se negó a liberar a Israel de la coalición amonita-filistea, a pesar del supuesto arrepentimiento de Israel, debido a su impaciencia por la persistente y desenfrenada idolatría de Israel.

IDEA HOMILÉTICA: La paciencia de Dios se agota con la persistente idolatría.

Jueces 11-12

▣ *El liderazgo de Jefté (e Ibsán, Elón y Abdón)*

TEMA: ¿Quién era Jefté?

COMPLEMENTO: Jefté el galaadita era hijo de una prostituta (11:1-3) que fue designado por sus compañeros de clan para liderar su guerra contra los amonitas (11:4-11 [ver 10:6-18] y quien intentó manipular al Señor para que le diera la victoria (11:12-33), sin importar el costo o las consecuencias.

IDEA EXEGÉTICA: Jefté el galaadita era hijo de una prostituta que fue designado por sus compañeros de clan para liderar su guerra contra los amonitas y quien intentó manipular al Señor para que le diera la victoria, sin importar el costo o las consecuencias.(11:34–12:7)

IDEA HOMILÉTICA: La tragedia está asegurada cuando los que deberían someterse a Dios intentan manipularlo.

Jueces 13

▣ *El liderazgo de Sansón: el ascenso de Sansón*

TEMA: ¿Quién era Sansón al principio?

COMPLEMENTO: Era un nazareo a quien Dios entregó a una pareja sin hijos para que empezara a salvar a su pueblo de los filisteos.

IDEA EXEGÉTICA: Al principio, Sansón era un nazareo a quien Dios entregó a una pareja sin hijos para que empezara a salvar a su pueblo de los filisteos.

IDEA HOMILÉTICA: Sin que ni siquiera pensáramos en pedirlo, Dios, en su gracia, ha enviado al Salvador que tanto necesitamos.

Jueces 14-16

▣ *El liderazgo de Sansón: la caída de Sansón*

TEMA: ¿Quién era Sansón al final?

COMPLEMENTO: Era un enigmático y trágico israelita solitario cuyos repetidos enfrentamientos con los filisteos y su eventual muerte como esclavo de ellos fueron el resultado de su propia perspectiva egoísta y de sus maneras de complacerse a sí mismo.

IDEA EXEGÉTICA: Al final, Sansón era un enigmático y trágico israelita solitario cuyos repetidos enfrentamientos con los filisteos y su eventual muerte como esclavo de ellos fueron el resultado de su propia perspectiva egoísta y de sus maneras de complacerse a sí mismo.

IDEA HOMILÉTICA: Hay un camino que a cada uno le parece correcto, pero es un callejón sin salida.

Jueces 17-18

■ *Epílogo, Parte 1 - Deterioro religioso: Los dioses de los impíos*

TEMA: ¿Cómo cayó la tribu de Dan en la idolatría?

COMPLEMENTO: Todo comenzó cerca de Efraín/Siló (hogar del santuario del Señor), en los días en que Israel no tenía un rey reconocido, con un hijo ladrón, una madre casi religiosa, un levita inquieto y una tribu insatisfecha/desobediente (17:1-18:2), lo que llevó a robos, amenazas, matanzas y, en poco tiempo, a la idolatría de toda la tribu (18:3-31).

IDEA EXEGÉTICA: Con respecto a cómo cayó la tribu de Dan en la idolatría, todo comenzó cerca de Efraín/Siló (hogar del santuario del Señor), en los días en que Israel no tenía un rey reconocido, con un hijo ladrón, una madre casi religiosa, un levita inquieto y una tribu insatisfecha/desobediente, lo que llevó a robos, amenazas, matanzas y, en poco tiempo, a la idolatría de toda la tribu.

IDEA HOMILÉTICA: Así como adora el hogar, así adora el pueblo.

Jueces 19

■ *Epílogo, Parte 2.1 - Fragmentación social: La difícil situación de los indefensos*

TEMA: ¿Cómo trataron a la concubina del levita los hombres poderosos de su vida?

COMPLEMENTO: Fue explotada, ignorada, entregada, violada, asesinada y desmembrada.

IDEA EXEGÉTICA: La concubina del levita fue explotada, ignorada, entregada, violada, asesinada y desmembrada por los hombres poderosos de su vida.

IDEA HOMILÉTICA: Cuando no hay un liderazgo piadoso, quienes más sufren son los indefensos.

Jueces 20-21

■ *Epílogo, Parte 2.2 - Fragmentación social: El caos de no tener rey*

TEMA: ¿Cómo los benjaminitas estuvieron a punto de extinguirse?

COMPLEMENTO: Todo comenzó cerca de Efraín/Siló (hogar del santuario del Señor), en los días en que Israel no tenía un rey reconocido, con una concubina indefensa, su traicionero amo/esposo levita (que finalmente la sacrificó), una ciudad israelita con elementos tan perversos como Sodoma y un cadáver desmembrado (19:1-30), lo que condujo a la venganza, la guerra civil y el casi genocidio (20:1-48), seguido de medidas crueles en un intento de rescatar la situación (21:1-25).

IDEA EXEGÉTICA: Con respecto a cómo los benjaminitas estuvieron a punto de extinguirse, todo comenzó cerca de Efraín/Siló (hogar del santuario del Señor), en los días en que Israel no tenía un rey reconocido, con una concubina indefensa, su traicionero amo/esposo levita (que finalmente la sacrificó), una ciudad israelita con elementos tan perversos como Sodoma y un cadáver desmembrado, lo que condujo a la venganza, la guerra civil y el casi genocidio, seguido de medidas crueles en un intento de rescatar la situación .

IDEA HOMILÉTICA: Así como está el bienestar del hogar, así está el bienestar del pueblo.

Versículos/pasajes difíciles

Jueces es un libro que aparenta ser sencillo de leer. Simple, porque se divide fácilmente en tres partes: introducción (1:1-3:6), las historias de varios jueces (3:7-16:31) y el epílogo (17:1-21:25). Estas historias se desarrollan con ligeras, pero significativas, variaciones siguiendo un patrón repetido: (1) los israelitas hacen el mal a los ojos del Señor, (2) el Señor los entrega en manos de sus enemigos, (3) los israelitas claman al Señor, y (4) el Señor levanta un libertador. El autor se preocupa incluso de indicar claramente cuánto tiempo gobernó cada juez. ¡Es sencillo! Esa es sin duda una de las principales razones por las que Jueces, entre los libros históricos del Antiguo Testamento, "ha recibido quizá la menor atención en la historia de la interpretación"[3].

¡Pero que el lector tenga cuidado! Jueces es un libro que aparenta ser sencillo. El término "jueces" es en sí mismo engañoso para los lectores modernos, que naturalmente lo entenderían como los funcionarios que presiden un tribunal de justicia. Sin embargo, el término, tal y como se utiliza aquí, se refiere a los jefes militares que dirigían grupos de israelitas contra sus opresores.

Tenga en cuenta que los jueces solo lideraban a grupos locales de su pueblo, normalmente miembros de su propia tribu, no a toda la nación.

3. J. Alan Groves, "Judges" ["Jueces"], en *Dictionary for Theological Interpretation of the Bible* [Diccionario para la interpretación teológica de la Biblia], ed. Kevin J. Vanhoozer (Grand Rapids: Baker Academic, 2005), pág. 410.

Por esta razón, los años que gobernó cada juez no pueden establecerse de extremo a extremo y luego sumarse para llegar a la duración de todo el período. Algunos de los jueces fueron contemporáneos, sirviendo en la misma época pero en lugares distintos.

Los lectores que consideren que el libro no es más que una simple historia de la época se perderán los mensajes sutilmente codificados del libro. En primer lugar, está el dicho poco sutil: "En aquellos días no había rey en Israel. Cada uno hacía lo que le parecía bien ante sus propios ojos" (17:6; 18:1; 19:1; 21:25 NBLA). El autor pretende que sus palabras sean tomadas como algo más que una marca histórica o su valoración personal de la moral de la nación; sino que después de haber relatado las liberaciones temporales logradas por los jueces, cada una de ellas seguida por el persistente retorno del pueblo al pecado, el dicho pretende señalar la necesidad de Israel de un "rey temeroso de Dios que cumpla el pacto y que ayude al propio pueblo a cumplirlo"[4]. En segundo lugar, y relacionado con lo anterior, el autor da a entender sutilmente que el rey que Israel necesita provendrá de la tribu de Judá (retratada favorablemente desde el principio [1:2-20]) y de ninguna otra (porque las otras tribus, sobre todo los benjaminitas [a lo largo del libro], no confiaron en Dios ni tomaron la herencia que les correspondía). ¿Quién era de la tribu de Judá? David. ¿Quién vino de la tribu de Benjamín? Saúl. Así que parece que el autor está promoviendo una realeza davídica frente a una saúlica.

El libro de Jueces es aparentemente sencillo, como puede verse ahora, y en algunas ocasiones, difícil. El predicador necesitará sabiduría para tratar el llamado de Dios al genocidio de los cananeos; los tratos engañosos de Aod (3:19-20) y otros; la sabiduría de poner un vellón como hizo Gedeón (6:36-40); las inexplicables inconsistencias de los propios jueces, el propio nieto de Moisés y otras figuras religiosas (8:22-28; 18:30-31; 19:1-30); el notorio voto de Jefté (11:29-40); la enigmática vida de Sansón y su incapacidad para ver a través del engaño de Dalila (13:1-16:31); y la naturaleza gráfica de ciertos pasajes (p. ej., 19:1-30).

Aplicación y perspectiva cultural

El predicador debe ser claro a la hora de relacionar el mandato de Dios de expulsar a los cananeos con la preocupación de Dios por la fidelidad del pacto de Israel. Es decir, su mandato no surgió de motivos racistas, sino de su deseo de una relación fiel. El fracaso de Israel a la hora de expulsar a

---

4. Groves, *"Judges"*, pág. 413.

los cananeos de sus fronteras fue el núcleo de su infidelidad. Dejar a esos pueblos en la tierra expuso a Israel a las costumbres impías y a los dioses ídolos de aquellos a los que debía desalojar. En poco tiempo, Israel se fijó en sus vecinos paganos para saber cómo vivir en la tierra que compartían y, finalmente, en sus dioses para que los bendijera.

El porqué Israel no logró desalojar a los cananeos tuvo mucho que ver con el cuándo de su fracaso: a partir de la muerte de la generación de Josué. Que esa generación no lograra transmitir un conocimiento íntimo de su Dios (2:10) resultó desastroso entonces, como lo será para cualquier familia o nación que descuide la evangelización y el discipulado de sus niños y jóvenes.

Nadie está aislado de los demás. Nos influyen y nos influenciamos unos a otros, aunque solo sea con el ejemplo. En ese sentido, todos somos líderes. Las preguntas que cada uno debe hacerse son: ¿qué tipo de líder soy? ¿Soy un líder ejemplar como Otoniel, un líder tramposo como Aod, un líder paralizado por el miedo como Barac, un líder orgulloso como Gedeón, un líder manipulador como Jefté o un líder egoísta como Sansón? ¿Estoy dispuesto a utilizar todo lo que tengo al servicio de Dios, como Samgar con un carro de bueyes y Jael con una estaca o utilizo esas cosas para obtener poder para mí, como Abimélec? ¿Estoy dispuesto a correr el riesgo de salir del lugar que la sociedad me asigna para hacer lo inimaginable, como Débora, o a trabajar fielmente con poca fanfarria allí donde Dios me ha puesto, como Tola, Yaír, Ibsán, Elón y Abdón?

El nombramiento, la unción y el uso de un líder por parte de Dios no son una señal de aprobación de todo lo que ese líder es o hace. Varios de los jueces de Israel tuvieron grandes defectos y sus métodos para llevar a cabo la obra de Dios fueron poco loables. Como líderes, debemos mantenernos en la incómoda mirada del Espíritu, negándonos a permitir que el foco público nos ciegue de nuestros propios defectos y de nuestra constante necesidad de gracia. Como seguidores, debemos recordar la exhortación de Pablo de seguirlo (o a nuestros líderes), pero solo como él (o ellos) sigue a Cristo (1 Co 11:1).

El compromiso impío resulta siempre en ruinas. Siempre. Con cada generación que pasaba, los israelitas se parecían cada vez más a los cananeos que había entre ellos, como se demuestra de forma conmovedora en el juicio de Sansón y en los dos epílogos del libro. Se necesitaba urgentemente un liderazgo piadoso —un rey— de la tribu de Judá para guiar al pueblo a amar a Dios y obedecer su Palabra. ¿David? En realidad, uno más grande que David, su heredero, Jesús de Nazaret.

FUENTES RECOMENDADAS

Fee, Gordon D. y Douglas Stuart. *How to Read the Bible Book by Book* [Cómo leer la Biblia libro por libro]. Grand Rapids: Zondervan, 2002.

Kuruvilla, Abraham. *Judges: A Theological Commentary for Preachers* [Jueces: Un comentario teológico para predicadores]. Eugene, Oregon: Cascade Books, 2017.

Rut

PATRICIA M. BATTEN

La idea principal del libro de Rut

En medio de tiempos difíciles, Rut, una extranjera, demuestra lo que significa ser una verdadera israelita cuando Dios la usa para llenar el vacío de Noemí, su suegra

TEMA: ¿Cómo llena Dios a Noemí?

COMPLEMENTO: A través de los actos desinteresados de amor de la moabita Rut y Booz.

IDEA EXEGÉTICA: Dios llena a Noemí a través de los actos de amor desinteresados de la moabita Rut y Booz.

IDEA HOMILÉTICA: A veces Dios nos llena a través de personas comprometidas.

Selección de pasajes para predicar y enseñar el libro de Rut

El predicador podría predicar un solo mensaje sobre el libro de Rut o dividir el libro en cuatro o cinco mensajes distintos.

Comprensión del tema, complemento, idea exegética e idea homilética

Rut 1:1-5

TEMA: ¿Por qué Elimelec y Noemí se van de Israel a Moab?

COMPLEMENTO: Porque no confían en la provisión de Dios en medio de una hambruna y creen que se saciarán en Moab.

IDEA EXEGÉTICA: Elimelec y Noemí abandonan Israel para ir a Moab porque no confían en la provisión de Dios en medio de una hambruna y creen que se saciarán en Moab.

IDEA HOMILÉTICA: Confíe en la provisión de Dios dondequiera que esté.

Rut 1:6-22

TEMA: ¿Cómo regresa Noemí a Israel?

COMPLEMENTO: Privada de su marido y de sus hijos, pero llena de una nuera leal.

IDEA EXEGÉTICA: Noemí vuelve a Israel privada de su marido y de sus hijos, pero llena de una nuera leal.

IDEA HOMILÉTICA: Cuando caminamos con Dios, caminamos con otros, y Dios usa ello para llenar el vacío.

Rut 2

TEMA: ¿Cómo muestra Dios su bondad a Noemí y Rut?

COMPLEMENTO: Al proporcionar un lugar seguro para que Rut pueda espigar gracias a la bondad de Booz.

IDEA EXEGÉTICA: Dios muestra su bondad a Noemí y Rut al proporcionar un lugar seguro para que Rut pueda espigar gracias a la bondad de Booz.

IDEA HOMILÉTICA: La bondad de Dios se demuestra a través de la bondad de los demás.

Rut 3

TEMA: ¿Cómo proporciona Dios protección a Rut y Noemí?

COMPLEMENTO: A través del amor de Booz. (Un "protector masculino" era sumamente importante en esa cultura).

IDEA EXEGÉTICA: Dios proporciona protección a Rut y Noemí a través del amor de Booz.

IDEA HOMILÉTICA: Dios actúa en beneficio de su pueblo.

Rut 4

TEMA: ¿Cómo se llena el vacío de Naomi?

COMPLEMENTO: Por la mano amorosa de Dios, que le proporciona un hijo y un futuro linaje real.

IDEA EXEGÉTICA: El vacío de Noemí es llenado por la mano amorosa de Dios, que le proporciona un hijo y un futuro linaje real.

IDEA HOMILÉTICA: Dios nos provee con amor llenando nuestro vacío.

Versículos/pasajes difíciles

Uno de los misterios más desafiantes del libro de Rut consiste en el porqué Noemí envía a Rut a visitar a Booz a altas horas de la noche. Esto parece un comportamiento indecoroso incluso para personas que no son judías, como los moabitas. Sería inapropiado que una mujer en el antiguo Cercano Oriente visitara a un hombre de una manera que podría ser tan fácilmente malinterpretada. ¿Puso Noemí a Rut en peligro al no conocer el carácter de Booz? El predicador o profesor debe evaluar adecuadamente esta situación bíblica y decidir qué detalles incluir y cómo explicar esta acción cuestionable.

Aplicación y perspectiva cultural

En primer lugar, el concepto de pariente-redentor debe ser explorado y explicado a la audiencia moderna. El propósito del pariente-redentor se explica en Levítico 25: "En el caso de la muerte de un hombre israelita que no deja un hijo, se ordena al hermano del difunto que tome a la viuda como esposa y que redima la tierra y proporcione un hijo que continúe el nombre del padre fallecido"[1].

En segundo lugar, los israelitas se habían desviado del pacto de Dios. El hambre, por ejemplo, fue uno de los resultados prescritos de la desobediencia al pacto. La idea de que Rut, una extranjera, defienda el vivir en el pacto más que muchos israelitas debería ser desarrollada desde el púlpito. ¿Qué podemos aprender de esta extranjera? ¿Tiene derecho a la bendición de Dios a pesar de ser extranjera? La genealogía con la que termina el libro es un sí rotundo. Esa lista de descendientes también puede ampliarse y extenderse más allá de David hasta el pariente-redentor por excelencia, Jesús.

FUENTES RECOMENDADAS

Fee, Gordon D. y Douglas Stuart. *How to Read the Bible Book by Book* [Cómo leer la Biblia libro por libro]. Grand Rapids: Zondervan, 2002.

Kuruvilla, Abraham. *Judges: A Theological Commentary for Preachers* [Jueces: Un comentario teológico para predicadores]. Eugene, Oregon: Cascade Books, 2017.

---

1. Stephanie Van Eyk, *"The Ultimate Kinsman-Redeemer"* ["El máximo pariente-redentor"] Ligonier Ministries, 5 de junio, 2013, https://www.ligonier.org/blog/ultimate-kinsman-redeemer.

1 Samuel

J. KENT EDWARDS

Los libros de Samuel fueron escritos para ayudar al pueblo de Dios a saber cómo tomar la decisión que determinará su destino: ¿quién será nuestro líder?

TEMA: ¿Qué determinó la eficacia relativa de los distintos líderes de Judá e Israel?

COMPLEMENTO: La profundidad de la relación de cada líder con Dios.

IDEA EXEGÉTICA: Lo que determinó la eficacia relativa de los diversos líderes de Judá e Israel fue la profundidad de la relación de cada líder con Dios.

IDEA HOMILÉTICA: Lo que determina nuestra capacidad para dirigir al pueblo de Dios es la profundidad de nuestra relación con Dios.

Dios escribió las Escrituras para comunicarlas a todo su pueblo, no solo a la comunidad de eruditos. Creo que la persona común, con la ayuda del Espíritu Santo, es capaz de entender las ideas principales de la Biblia. Sin embargo, aunque no es necesario tener un doctorado para interpretar la Biblia, sí es necesario tener un conocimiento básico de los distintos tipos de literatura que se encuentran en las Escrituras.

Felizmente, la mayor parte de la Escritura fue escrita en forma narrativa, y las personas de todo el mundo tienen una comprensión intuitiva de las historias. Las historias suelen compartir estas dos características: el conflicto y los personajes.

Ilustración de J. Kent Edwards. Una versión anterior de esta ilustración puede encontrarse en J. Kent Edwards, *Effective First-Person Biblical Preaching: The Steps from Text to Narrative Sermon* [Predicación bíblica efectiva en primera persona: los pasos del texto al sermón narrativo] (Grand Rapids: Zondervan, 2005), pág. 43. Usado con permiso.

Conflicto. Las historias suelen girar en torno a un problema que se acrecienta de una escena a otra hasta que la tensión llega al clímax, ya sea en forma de tragedia o de comedia[1] inesperada. La primera pregunta que debe hacerse el intérprete es: ¿cuál es el problema? La segunda pregunta es: ¿cuándo se resuelve el problema? Cuando los lectores comprenden el principio y el final de la tensión de una narración, entonces han descubierto el principio y el final de la historia. Han descubierto una unidad natural de la Escritura, y esto es un prerrequisito para ubicar la idea principal del autor.

Personajes. Todas las historias presentan individuos que experimentan el conflicto de la historia. Aunque en una narración pueden mencionarse muchas personas, los lectores deben identificar a dos individuos clave: el protagonista y el antagonista.

El protagonista es el personaje de la historia que toma las decisiones que hacen avanzar la historia. Sus elecciones mueven la trama y determinan si la historia es una comedia o una tragedia. Los protagonistas encarnan la idea principal de la historia. Son una demostración viva de lo que el narrador le dice al lector que no haga (tragedias) o lo que debe hacer (comedias). Los protagonistas pueden ser moralmente buenos o malos, pero sus decisiones

---

1. Aunque una comedia en sentido literario puede implicar humor, principalmente transmite la expectativa de un final feliz o una solución positiva del conflicto.

son las que hacen avanzar la historia y demuestran la verdad implícita de la misma. Dios puede ser el protagonista de las historias bíblicas, pero a menudo no lo es.

El antagonista es la persona o grupo de personas que se oponen al protagonista. Pueden ser más grandes y fuertes que el protagonista (p. ej., David contra Goliat), o pueden ser un grupo mucho más grande (p. ej., los ejércitos filisteos). A veces el antagonista es interno (p. ej., la duda o el orgullo), y no es raro que Dios también sea el antagonista.

El resto de los personajes de la historia son secundarios a la idea principal. Se incluyen para darnos una mayor visión del protagonista y del conflicto al que se enfrenta. Los lectores no deben dejar que los personajes secundarios desvíen su atención. El protagonista encarna la verdad del pasaje. ¡La historia se trata del protagonista!

Cómo ubicar la idea principal de una historia

El punto de la historia es revelado por el protagonista en el momento del conflicto máximo. Es entonces cuando la historia termina en una tragedia o gira inesperadamente hacia la perfección.

A diferencia de muchos pasajes de la epístola, las historias tienen un solo punto. Cada historia contiene una única verdad primaria, y esa verdad la encarna el protagonista. Por ello, el protagonista ocupa siempre un lugar destacado en el tema de la idea exegética. Las historias tratan sobre su protagonista.

El reto de los relatos

A diferencia de las epístolas, las narraciones bíblicas no discuten la verdad; muestran la verdad en la vida de los personajes. La verdad de los relatos está casi siempre implícita y rara vez se declara explícitamente. El lector atento suele *sentir* el peso de la verdad bíblica en la emoción del relato. El intérprete eficaz se pondrá emocionalmente en el lugar del protagonista y reexperimentará su historia. Cuando una idea principal conecta coherentemente todos los detalles de una unidad natural de la Escritura, ¡eureka! ¡Ahora tenemos una idea que vale la pena predicar!

Tenga en cuenta que no todas las historias de las Escrituras son simplemente comedias o tragedias. La creatividad de Dios puede verse en las diversas formas en que el narrador cuenta sus historias. Y a menudo he descubierto que la escena más difícil de entender se convierte en la clave para una comprensión correcta y profunda de toda la historia. Señalaré estas formas creativas de la historia mientras recorremos juntos el libro de Samuel.

Frases memorables

Estas frases cortas y concisas concretan y conmemoran la idea principal en la mente de los oyentes. Para mantener la tensión, suelen utilizarse al final de la prédica.

Resumen de 1 y 2 Samuel

Una rápida lectura de los libros de Samuel revela los personajes principales, y el tema del liderazgo emerge rápidamente. Comenzamos con Elí y pronto nos damos cuenta de que es un mal líder que es sustituido por Samuel, quien es un líder maravilloso para Israel. Los siguientes personajes principales son Saúl y David, y se repite el tema de los malos y los buenos, aunque David decae rápidamente en eficacia tras su aventura con Betsabé.

El narrador nos ofrece una visión interna del carácter de estos hombres y de las ramificaciones de las decisiones que toman. Como resultado, obtenemos una enorme visión de las posibilidades y dificultades del liderazgo, y de cómo el destino de los hombres y mujeres de Israel estaba inevitablemente ligado a la calidad de su líder. Los buenos líderes conducen a buenas épocas; los malos líderes, a malas épocas.

Selección de pasajes para predicar y enseñar el libro de 1 Samuel

Aunque este capítulo y el siguiente esbozan las unidades naturales y las ideas principales de 1 y 2 Samuel, no se asume que cada unidad natural debe ser predicada individualmente. Si bien los predicadores deben comenzar las series de prédicas basadas en un libro bíblico con una clara comprensión del flujo de pensamiento general del libro, cuando esto se logre es necesario plantear una simple pregunta: "¿Qué importancia tiene el tema de este libro para la salud espiritual de mi congregación?". Su respuesta determinará si usted adopta un enfoque centrado o general para predicar ese libro. Permítame explicarle.

Dado que el tema de 1 y 2 Samuel es el liderazgo, si el liderazgo es un asunto fundamental para sus oyentes, podría adoptar una estrategia enfocada y predicar las veintiséis unidades naturales de 1 y 2 Samuel. Sin embargo, si el tema del liderazgo no es urgente, podría adoptar un enfoque general y predicar las nueve secciones más extensas que se describen en los capítulos de Samuel.

1. Cómo selecciona Dios a los líderes (1 Samuel 1-4:1a)
2. La diferencia que hace el liderazgo piadoso (1 Samuel 4:1b-7:17)
3. Los desafíos de la transición de liderazgo (1 Samuel 8-12)
4. El talón de Aquiles del líder (1 Samuel 13-15)

5. Cómo Dios desarrolla a sus líderes (1 Samuel 16-31)
6. El reto de ser el líder (2 Samuel 1-5:5)
7. Cómo tener éxito como líder (2 Samuel 5:6-10:19)
8. La decadencia de un líder (2 Samuel 11:1-20:25)
9. ¡Nunca lo olvide! (2 Samuel 21-24)

O, si la situación lo justifica, podría ampliar aún más la unidad natural para incluir todo 1 y 2 Samuel y predicarlo en un solo mensaje. Si elige esta opción, podría utilizar la idea general: "Lo que determina nuestra capacidad para dirigir al pueblo de Dios es la profundidad de nuestra relación con Dios". La decisión de qué pasajes predicar depende de usted. Al igual que un médico de cabecera, usted debe determinar el mejor tratamiento para las personas que Dios ha puesto bajo su cuidado.

Comprensión del tema, complemento, idea exegética e idea homilética

CÓMO SELECCIONA DIOS A LOS LÍDERES

1 Samuel 1:1-2:11

Esta es la historia del origen de Samuel y es algo inusual para una historia bíblica, ya que la protagonista es una mujer y la historia termina con una oración en la que Ana expresa la condición final de su alma.

Mientras usted lee esta historia, quédese con las primeras escenas. Visualice la terrible vida familiar que ella ha tenido que soportar (y durante décadas). El suyo es un matrimonio polígamo, compartiendo el hogar con una coesposa amargada y vengativa, y sufriendo el dolor y la humillación de la esterilidad. Para empeorar las cosas, su marido cree que su amor compensará el de un hijo (no es así) y que la hará sentir mejor con una ración extra de carne. El divorcio no es una opción. Su angustia es tan grande que llora continuamente y ha dejado de comer. A medida que leemos poco a poco, tememos que Ana considere el suicidio. Pero entonces Ana va al templo.

La escena más desconcertante es la de 1 Samuel 1:9-11, el voto de Ana. Aquí ella promete que si Dios le da un hijo, se lo devolverá a Dios. Esto es desconcertante porque al final del día, ella todavía no tendría hijos. Entonces, ¿por qué hace Ana este voto? Porque cuando hace ese voto, declara a Dios que hay algo que desea más que un hijo. ¿Qué es lo que quiere?

El lector debe comprender que en la sociedad judía los hijos se consideraban propiamente una bendición de Dios, mientras que la esterilidad se interpretaba como una prueba de que una mujer estaba maldita por Él. La falta de hijos significaba que una mujer había sido rechazada por Dios. No es de extrañar que fuera motivo de divorcio.

Antes de hacer su voto, Ana quería un hijo más que cualquier otra cosa en la vida. Hacer el voto de devolver su hijo al Señor significa que ahora quiere algo más que un bebé. Quiere la confirmación de que Dios la ama.

En esta escena, Ana cambia su último deseo en la vida. Ahora, más que nada, quiere experimentar la aceptación, el amor y la intimidad con Dios. El voto es el giro de la historia. Después de este voto, la actitud de Ana cambia, Dios le abre el vientre y en cuanto Samuel es destetado lo lleva al templo y vuelve a casa sin él. Piense en lo difícil que puede ser ello. Sin embargo, Ana lo hace porque quiere a Dios más que cualquier otra cosa en la vida. Lea su oración y vea si el primer mandamiento no ha sido tatuado en su corazón.

TEMA: ¿Cuándo escapa Ana del horror de su vida familiar?

COMPLEMENTO: Cuando desea a Dios por encima de todo lo demás.

IDEA EXEGÉTICA: Ana escapa del horror de su vida familiar cuando desea a Dios por encima de todo lo demás.

IDEA HOMILÉTICA :

Tema: ¿Cuándo disfrutaremos de la vida que Dios quiere que tengamos?

Complemento: Cuando queramos a Dios más que nada.

Frase memorable: Si todo lo que queremos en la vida es Dios, entonces tendremos todo lo que queremos en la vida.

Cabe destacar que Samuel, uno de los líderes más eficaces de Israel, era hijo de una mujer que desarrolló una relación apasionada con Dios. ¿Sorprendido?

1 Samuel 2:12-4:1a

Esta narración es más complicada. Al leer este pasaje, es probable que se confunda con la estructura de la historia y que le resulte difícil identificar al protagonista. ¿Por qué? Porque en realidad esta historia es una combinación de dos historias con dos protagonistas. Cada historia trata el mismo tema; sin embargo, una es una tragedia y la otra, una comedia. ¿Se ha confundido? Vamos a profundizar.

En la primera escena (2:12-17) se presenta a Elí. Elí tiene un doble cargo: sumo sacerdote en el santuario central de Silo y juez de Israel (4:11). Los cargos de liderazgo de Elí contribuyen a crear tensión porque sus hijos, que sirven como sacerdotes, son hombres malvados. Después de que el narrador declara y demuestra los graves pecados de Ofni y Finés, declara: "Así que el pecado de estos jóvenes era gravísimo a los ojos del Señor, pues trataban con desprecio las ofrendas que le pertenecían" (2:17).

Esto es un gran problema para Elí porque Levítico 22:9 dice: "Los sacerdotes cumplirán con mis instrucciones, y así no pecarán ni sufrirán la muerte por haber profanado las ofrendas". El castigo que merecen sus hijos por sus pecados es la muerte, pero ¿qué padre querría ejecutar a sus propios hijos? Y no puede dejar que otro decida su destino porque él es el sumo sacerdote y juez de Israel. ¿Qué hará Elí? Vemos la fatal decisión de Elí en 2:22-25, cuando da a sus hijos un buen y firme sermón pero no lo ejecuta.

La respuesta de Dios a su decisión de honrar a la familia por encima de Dios es rápida y atroz. En 2:27-36, un hombre de Dios hace el comentario de Dios sobre la elección de Elí: "Yo honro a los que me honran, y humillo a los que me desprecian" (v. 30). La decisión de Elí de honrar a la familia por encima de Dios lleva a Dios a pronunciar una sentencia de muerte sobre la familia. Una familia que desprecia a Dios no puede dirigir al pueblo de Dios.

La historia de Elí es una tragedia, y su significado es claro.

TEMA: ¿Por qué se destituye a Elí como líder de Israel?

COMPLEMENTO: Porque no castiga a sus hijos como Dios lo exige.

IDEA EXEGÉTICA: Elí es destituido como líder de Israel porque no castiga a sus hijos como Dios lo exige.

IDEA HOMILÉTICA:

Tema: ¿Por qué Dios nos quitaría como líderes de su pueblo?

Complemento: No damos a Dios nuestra máxima lealtad (incluso por encima de la familia).

Frase memorable: Dios elimina a los líderes que no le brindan total lealtad.

El lector observará que la historia de Elí está entrelazada con la de Samuel. En 2:18-21, el narrador describe abruptamente cómo Samuel fue criado desde la infancia por Elí. Mientras que Samuel aparece en medio de la narración de Elí en 2:26, Samuel es claramente el protagonista de una historia separada pero paralela en el capítulo 3.

En 3:1-10, Dios despierta a Samuel, y Samuel despierta a Elí tres veces antes de que Elí se dé cuenta de que Dios tiene un mensaje para Samuel. La cuarta vez el Señor se presenta en persona para darle un mensaje. ¿Cuál era este mensaje? ¡En 3:11-14 Dios simplemente resume el mensaje del hombre de Dios dado en 2:27-36! Entonces, ¿por qué despertar a Samuel y a Elí en medio de la noche para decirle a Samuel un mensaje que todos ya sabían?

Esto se vuelve más confuso cuando leemos que Samuel tiene miedo de contarle a Elí la visión, lo que implica que Samuel no durmió en toda la noche. ¿Por qué Samuel tendría miedo de decirle a Elí lo que ya sabía?

La respuesta se revela en 3:16 cuando Elí lo llama: "¡Samuel, hijo mío!". Elí no solo es el sacerdote de Samuel; Elí es su *padre adoptivo*. Ningún hijo quiere darle a su padre la mala noticia de que el juicio de Dios es irrevocable. Como hijo amoroso, Samuel debió sentir la tentación de mentir o endulzar el mensaje de Dios, pero no lo hace. En el versículo 18 vemos que Samuel le cuenta todo a Elí.

La tensión de la historia de Samuel es la misma que la de Elí. ¿Honraría Samuel a la familia por encima de Dios o a Dios por encima de la familia? Esta es una prueba de la principal prioridad de Samuel. Y Samuel pasa donde Elí falló.

La historia de Samuel es una comedia, como se refleja en la escena final, porque después de que se revelan las prioridades de Samuel, él se levanta y reemplaza a Elí como líder de Israel.

TEMA: ¿Por qué se elige a Samuel como líder de Israel?

COMPLEMENTO: Porque Samuel está dispuesto a contarle a su padre adoptivo la difícil noticia que Dios le dio.

IDEA EXEGÉTICA: Samuel es seleccionado como líder de Israel porque él está dispuesto a contarle a su padre adoptivo la difícil noticia que Dios le dio.

IDEA HOMILÉTICA:

Tema: ¿Dios lo consideraría a usted como un líder de su pueblo?

Complemento: Solo si le da a Dios su máxima lealtad (incluso por encima de la familia).

Frase memorable: Lo que usted hace con Dios determina lo que Dios hace con usted.

Las ideas principales de estas dos historias son las caras opuestas de una misma moneda; están comunicando el mismo mensaje. Aunque ambas ideas son necesarias para entender este pasaje, sugiero utilizar la expresión positiva de la idea al predicar.

LA DIFERENCIA QUE HACE EL LIDERAZGO PIADOSO

En los capítulos 4-7 se muestra la importancia de un buen liderazgo en un marco de solución de problemas.

El problema se presenta en una batalla con los filisteos. Tras perder cuatro mil soldados en una primera batalla, los ancianos de Israel sugieren que se lleve el arca del pacto al campo de batalla "para que nos acompañe y nos salve del poder de nuestros enemigos" (4:3). Israel no respeta a Dios al llevar su arca al campo de batalla. Creen que como Dios no permitiría que su arca fuera capturada, la victoria estaría asegurada. Cuando Dios se niega a ser manipulado, la estrategia de Israel fracasa. Dios permite que los filisteos capturen el arca, e Israel pierde treinta mil soldados más, así como a Ofni, Finés y Elí.

Los líderes filisteos que capturan el arca también se enfrentan a un problema que les enseña la importancia de honrar al Señor. En los capítulos 5 y 6, los líderes filisteos intentan utilizar el arca de Dios como herramienta de propaganda. La consiguiente humillación religiosa y el dolor físico que sufren los filisteos solo terminan cuando sus líderes envían respetuosamente el arca de vuelta a Israel con una ofrenda por la culpa.

En la escena final de la historia (6:19-7:1), después de que el arca regresara a Israel, Dios abate a algunos de los hombres de la ciudad israelita de Bet Semes porque le faltaron el respeto a Dios al mirar dentro del arca. La historia termina como una tragedia después de que el pueblo pregunte: "El Señor es un Dios santo. ¿Quién podrá presentarse ante él?". La nación fracasará a menos que tengan un líder que pueda responder a esa pregunta.

1 Samuel 4:1b-7:1

TEMA: ¿De qué se dan cuenta los líderes israelitas y filisteos cuando intentan utilizar el arca del pacto para su beneficio?

COMPLEMENTO: Sus acciones han provocado un gran sufrimiento para su pueblo.

IDEA EXEGÉTICA: Cuando los líderes israelitas y filisteos intentan utilizar el arca del pacto para su beneficio, se dan cuenta de que sus acciones han provocado un gran sufrimiento para su pueblo.

IDEA HOMILÉTICA:

> **Tema:** ¿Qué sucede cuando los líderes le faltan el respeto a Dios al tratar de usarlo para lograr sus propios objetivos?
>
> **Complemento:** Se producirá un desastre cuando Dios frustre sus planes.
>
> **Frase memorable:** ¡Venga tu reino, no el mío!

A diferencia de la historia anterior, Samuel honra a Dios llevando a Israel a una confesión colectiva de pecado. Luego, en respuesta a las oraciones de Samuel, Dios permite sobrenaturalmente que Israel obtenga una gran victoria, se establece a Samuel como líder de la nación e Israel disfruta de un maravilloso período de paz.

1 Samuel 7:2-17

TEMA: ¿Qué sucede cuando Samuel centra a Israel en recuperar su relación filial con el Señor mientras los filisteos marchan contra ellos?

COMPLEMENTO: El trueno que Dios envía otorga a Israel una gran victoria que establece a Samuel como uno de los más grandes líderes de Israel.

IDEA EXEGÉTICA: Cuando Samuel centra a Israel en recuperar su relación filial con el Señor mientras los filisteos marchan contra ellos, el trueno que Dios envía otorga a Israel una gran victoria que establece a Samuel como uno de los más grandes líderes de Israel.

IDEA HOMILÉTICA:

Tema: ¿Qué puede suceder cuando el objetivo principal de los líderes es fortalecer la relación de sus seguidores con Dios?

Complemento: Aquellos líderes pueden ser un catalizador para que sus seguidores disfruten de la bendición de Dios.

Frase memorable: Los motivos de un líder son importantes.

Aunque he separado 1 Samuel 4-7 en dos partes, ya que ambas historias tratan de la motivación de un líder, podrían predicarse como un solo mensaje. Si prefiere predicar la unidad natural más grande, considere la siguiente idea unificadora.

IDEA HOMILÉTICA:

Tema: ¿Por qué es tan importante que los objetivos de un líder coincidan con los de Dios?

Complemento: Porque la bendición de Dios solo se puede disfrutar cuando el pueblo de Dios sigue sus pasos.

Frase memorable: Hacer coincidir nuestros objetivos personales con los de Dios es el secreto de los líderes que triunfan.

LOS DESAFÍOS DE LA TRANSICIÓN DE LIDERAZGO

No es fácil reemplazar a un líder espiritual exitoso. Este tiempo de transición está plagado de peligros y es fácil cometer errores. He aquí algunos de ellos.

Reto 1: ¿Qué criterios debemos utilizar para seleccionar a un líder?

1 Samuel 8

La tragedia de este pasaje es que Israel, el pueblo único de Dios, quiere ser como todos los demás. Y cuando Dios les advierte claramente del peligro de su decisión, hacen caso omiso de su consejo e insisten en su propio modelo de liderazgo. El lector sabe que los reyes de Israel llevarán a Israel a generaciones de dolor, pero el pueblo se niega a escuchar a Samuel. Y la cruda verdad es que Dios no nos impedirá tomar malas decisiones o vivir una vida muy por debajo de lo que Él quiere para nosotros.

TEMA: ¿Qué sucederá cuando Israel insista en elegir como próximo líder a un rey semejante a todas las demás naciones?

COMPLEMENTO: Dios advierte a Israel de las nefastas consecuencias de esta decisión, pero finalmente les concede su petición.

IDEA EXEGÉTICA: Cuando Israel insiste en elegir como próximo líder a un rey semejante a todas las demás naciones, Dios advierte a Israel de las nefastas consecuencias de esta decisión, pero finalmente les concede su petición.

IDEA HOMILÉTICA:

> **Tema:** ¿Qué sucede cuando el pueblo de Dios insiste en utilizar criterios seculares para elegir a sus líderes?
>
> **Complemento:** Dios nos advierte con las Escrituras, pero nos permite tomar malas decisiones.
>
> **Frase memorable:** Dios nos da libertad —la libertad para fallar.

Reto 2: ¿Quién es el mejor amigo del líder?

1 Samuel 9:1-11:13

Aunque Saúl es un joven muy apuesto (9:2), pocos pensaron que Dios lo elegiría para un papel tan importante como el de rey. Para empezar, es de la tribu de Benjamín (9:21). La tribu de Benjamín tiene un historial de flagrante inmoralidad y ha sido vista con tal desprecio que las otras tribus no se casan con ellos (Jue 19-21). ¡No es un buen comienzo para un líder político! Además, Saúl no tiene experiencia de liderazgo y carece de una buena imagen de sí mismo (10:22). ¿Cómo puede un hombre así tener éxito en este papel tan importante de liderazgo?

TEMA: ¿Cómo ayuda Dios a Saúl a tener éxito como rey de Israel?

COMPLEMENTO: Dándole todo lo que necesita para triunfar: le da información personal que solo podía venir de Dios; hace que Samuel le dé a Saúl el asiento y la comida de honor, que hable con él en el tejado, que lo unja y que le informe de futuros acontecimientos personales; le cambia el corazón, le da el Espíritu Santo, le proporciona una confirmación pública de su nombramiento divino cuando es elegido al echar la suerte y le da una importante victoria temprana sobre los amonitas.

IDEA EXEGÉTICA: Dios ayuda a Saúl a tener éxito como rey de Israel dándole todo lo que necesita para triunfar: le da información personal que solo podía venir de Dios; hace que Samuel le dé a Saúl el asiento y la comida de honor, que hable con él en el tejado, que lo unja y que le informe de futuros acontecimientos personales; le cambia el corazón, le da el Espíritu Santo, le proporciona una confirmación pública de su nombramiento divino cuando es elegido al echar la suerte y le da una importante victoria temprana sobre los amonitas.

IDEA HOMILÉTICA:

Tema: ¿Cómo ayuda Dios a los líderes que Él elige a tener éxito?

Complemento: Dios les proporciona todos los recursos que necesitan para que prosperen en su importante papel.

Frase memorable: Acepte el trabajo, porque cuando Dios nos llama, Él también nos equipa.

Reto 3: Un liderazgo eficaz necesita más que solo un buen líder.

1 Samuel 11:14-12:25

TEMA: ¿Qué consejo le da Samuel a todo Israel cuando celebran la confirmación de Saúl como rey?

COMPLEMENTO: Permanecer fiel, porque el éxito de Israel siempre ha estado ligado a la fidelidad de Israel al Dios que le ha sido fiel.

IDEA EXEGÉTICA: El consejo que le da Samuel a todo Israel cuando celebran la confirmación de Saúl como rey es que permanezca fiel, porque el éxito de Israel siempre ha estado ligado a la fidelidad de Israel al Dios que le ha sido fiel.

IDEA HOMILÉTICA:

Tema: ¿Qué debe recordar el pueblo de Dios?

Complemento: Su éxito depende totalmente de su fidelidad al Señor.

Frase memorable: No podemos hacerlo solos.

EL TALÓN DE AQUILES DEL LÍDER

En los capítulos 13-15, la estrella del rey Saúl cae tan rápido como se elevó. Es impresionante y aterrador ver cómo un líder que ha sido divinamente elegido y equipado para servir al pueblo de Dios puede perder tan rápidamente tanto su capacidad como su autoridad para liderar. ¿Cómo puede perderse el liderazgo?

1 Samuel 13-14

La forma literaria de este pasaje es algo complicada. Comienza con una sola historia trágica en el capítulo 13. Los versículos 1-15 nos dan el trasfondo moral de lo que está por venir. Aquí descubrimos el deseo de Saúl de obtener la aprobación de sus seguidores. Lo que el narrador menciona sobre Sául de carecer de una buena imagen de sí mismo en 10:22 parece haberse convertido en una necesidad profundamente arraigada de la aprobación de sus seguidores. El talón de Aquiles de Saúl es su orgullo. Lo vemos en 13:3-4 cuando Saúl miente a la nación reclamando la victoria de Jonatán como propia. Y lo vemos en 13:5-12 cuando Samuel se retrasa y Saúl ve que sus hombres empiezan a desbandarse. En un intento por preservar su reputación, toma ilegalmente la iniciativa y ofrece el holocausto. Saúl valora la aprobación del pueblo por encima de la aprobación de Dios.

En los siguientes relatos vemos el efecto que tiene el orgullo en la capacidad de liderazgo de Saúl. En 1 Samuel 13:16-22 se describe una grave situación militar entre los filisteos e Israel. Esto conduce a dos historias entrelazadas en el capítulo 14; una es una comedia y la otra, una tragedia. En una de las historias, Jonatán es el protagonista. Él, prácticamente sin recursos, dirige a su joven portador de armadura en un ataque de dos hombres y una espada contra un puesto filisteo muy bien fortificado situado en lo alto de un acantilado. Jonatán intenta lo imposible con la fe de que Dios responderá, y Dios responde con un terremoto que hace que los filisteos entren en pánico.

Mientras Jonatán derrota al enemigo casi sin ayuda, Saúl se sienta paralizado bajo un granado rodeado de seiscientos hombres que no tienen órdenes (14:2). Con la batalla en marcha, los centinelas de Saúl ven por fin lo que está ocurriendo en la distancia. ¿Cuál es la reacción de Saúl? En lugar de correr para unirse a la lucha, pasa lista para ver quién va a recibir el crédito por la victoria (14:16-17). Cuando Saúl finalmente llega al campo de batalla, el resultado es claro y Saúl es irrelevante. Para un líder con problemas de orgullo, esto es un problema.

¿Cómo se incorpora Saúl en la situación? Declarando: "¡Maldito el que coma algo antes [...] de que pueda vengarme de mis enemigos!" (14:24). Esta es una de las peores órdenes jamás dadas en un campo de batalla. La orden de Saúl obstaculizó seriamente el esfuerzo bélico de Israel en un claro intento de llamar la atención sobre sí mismo. Saúl está tan preocupado por su reputación que cuando se entera de que Jonatán, ajeno a esta orden, ha comido un poco de miel, casi mata a su hijo por la ira.

Este es un caso de estudio sobre el liderazgo. Dos líderes se encuentran en la misma difícil situación, pero mientras el éxito de Jonatán supera las expectativas de todos, Saúl representa un enorme fracaso. ¿Por qué? Saúl es derrotado por su orgullo. Cuando los líderes se preocupan por las opiniones de las personas, son incapaces de actuar con la fe audaz que demostró Jonatán. Los líderes que no están dispuestos a arriesgar su reputación actuando con una fe audaz pierden su capacidad de liderazgo.

Cuando combinamos la historia de fondo del capítulo 13 con las historias entrelazadas de Saúl y Jonatán en el capítulo 14, surge la siguiente idea:

TEMA: ¿Cómo pierde Saúl la capacidad de dirigir a Israel en la batalla con el valor que demostró antes en Jabés de Galaad?

COMPLEMENTO: Por su preocupación por su reputación, la cual le impide actuar con la fe audaz que mostró Jonatán.

IDEA EXEGÉTICA: Saúl pierde la capacidad de dirigir a Israel en la batalla con el valor que demostró antes en Jabés de Galaad por su preocupación por su reputación, la cual le impide actuar con la fe audaz que mostró Jonatán.

IDEA HOMILÉTICA:

Tema: ¿Cómo podríamos perder nuestra capacidad de dirigir eficazmente al pueblo de Dios?

Complemento: Cuando la preocupación por nuestra reputación nos hace tan reacios frente a los riesgos que no podemos actuar con una fe audaz.

Frase memorable: ¿De quién es la sonrisa que buscamos?

1 Samuel 15

En este pasaje, a Dios se le acaba la paciencia con Saúl. Mientras que la desobediencia de Saúl en el capítulo 13 tuvo como resultado un acortamiento de su reinado, aquí Dios lo despoja de su autoridad. Su unción se levanta. ¿Por qué? Porque el orgullo de Saúl lo llevó a la desobediencia voluntaria; su negación de haber actuado mal y el intento de excusar su fracaso como una señal de adoración lo descalifican como líder del pueblo de Dios. Este pasaje es el cumplimiento de la advertencia de Samuel en el capítulo 13. La ironía de esta trágica historia es que incluso después de que Saúl admite su pecado en el versículo 24, su orgullo le hace rogar a Samuel en el versículo 30 que lo haga quedar mejor frente a los ancianos al regresar con él. El pecado que le costó su reinado permaneció después de su arrepentimiento insincero.

TEMA: ¿Qué sucede cuando el deseo de Saúl de obtener la aprobación de sus soldados lo lleva a defender repetidamente su rechazo a obedecer la clara instrucción de Dios de destruir a los amalecitas?

COMPLEMENTO: Dios rechaza a Saúl como rey de Israel.

IDEA EXEGÉTICA: Cuando el deseo de Saúl de obtener la aprobación de sus soldados lo lleva a defender repetidamente su rechazo a obedecer la clara instrucción de Dios de destruir a los amalecitas, Dios rechaza a Saúl como rey de Israel.

IDEA HOMILÉTICA:

Tema: ¿Qué pasará si los líderes desean complacer a sus seguidores más que a su Dios?

Complemento: Dios los despojará del liderazgo.

Frase memorable: Los líderes no pueden seguir a dos amos.

CÓMO DIOS DESARROLLA A SUS LÍDERES

En los capítulos 16-31, el narrador nos muestra cómo el orgullo de Saúl lo conduce lentamente a su muerte y al desastre del pueblo que dirige. La trágica historia de Saúl se entrelaza con el desarrollo de David como líder.

1 Samuel 16-17

Dado que Dios dijo que estaba apenado por haber hecho rey a Saúl (15:10-11), nos preguntamos qué criterio utilizará Dios cuando seleccione al sustituto de Saúl. Si Saúl es un tipo de líder inadecuado, ¿quién es el correcto? La respuesta se encuentra en las dos historias separadas pero complementarias que se encuentran en los capítulos 16 y 17.

En el capítulo 16, Samuel llega a Belén para ungir al próximo rey y pide a Isaí que traiga a sus hijos al próximo sacrificio. Cuando Samuel ve al hijo mayor, Eliab, queda tan impresionado que supone que será el próximo rey. "Pero el Señor le dijo a Samuel: 'No te dejes impresionar por su apariencia ni por su estatura, pues yo lo he rechazado. La gente se fija en las apariencias, pero yo me fijo en el corazón'" (16:7). Sorprendentemente, fue el hijo menor, David, a quien Dios había elegido para ser ungido como rey. ¿Por qué?

Al lector atento le surgen dos preguntas. La primera consiste en saber qué tenía de único el corazón de David. ¿Qué había en el corazón de David que lo calificaba para ser rey? Sería útil conocer los criterios que Dios utiliza para seleccionar a los líderes de su pueblo.

La segunda pregunta surge de la discrepancia cronológica entre estos capítulos. El capítulo 16 concluye con David convertido en el arpista personal de Saúl y luego en uno de los portadores de armadura favoritos de Saúl. Saúl está tan impresionado con David que envía una carta a Isaí solicitando que David permanezca a su servicio. Pero si Saúl y David gozan de una estrecha relación en el capítulo 16, ¿por qué en el capítulo 17, después de que David matara a Goliat (como era muy sabido), Abner y Saúl no saben el nombre de David? Y puesto que Saúl escribió una carta personal a Isaí en el capítulo 16, ¿por qué en el 17:58 Saúl le pregunta quién es su padre?

Para poder entender bien la relación entre estas dos historias, el lector ebe tener en cuenta que el narrador cuenta intencionadamente estas historias en orden no cronológico. ¿Por qué? Porque el capítulo 17 explica la característica del corazón de David que lo calificaba para liderar a Israel. Es la respuesta a la pregunta planteada en el capítulo 16. El narrador pone estos relatos en orden inverso con el fin de exponer su punto de vista.

En el capítulo 17, leemos que Goliat es de Gat. Gat es una importante ciudad filistea que ocupa la tierra que Dios prometió a Israel. Pero la fuerza militar de Gat y los gigantes que la habitan son tan imponentes que ni siquiera Josué pudo conquistarla. De hecho, Israel teme tanto a los gigantes de Gat que en el capítulo 17 David es la única persona de todo Israel dispuesta a luchar contra Goliat. Solo David está dispuesto a actuar con una fe audaz debido a la promesa de las Escrituras de que la tierra le pertenece a Israel. Tiene tanta confianza en la Palabra de Dios que está dispuesto a arriesgar su vida y el destino de la nación. Y Dios es fiel a su Palabra.

TEMA: ¿Por qué Dios unge a David para reemplazar a Saúl como el próximo rey de Israel?

COMPLEMENTO: Porque al luchar contra Goliat, David demuestra que cree en la promesa de Dios de que Israel podría conquistar Gat.

IDEA EXEGÉTICA: Dios unge a David para que reemplace a Saúl como próximo rey de Israel porque al luchar contra Goliat, David demuestra que cree en la promesa de Dios de que Israel podría conquistar Gat.

IDEA HOMILÉTICA:

Tema: ¿Lo consideraría Dios a usted como un líder de su pueblo?

Complemento: Solo si su confianza en la Palabra de Dios le permite tomar decisiones valientes y llenas de fe para su reino.

Frase memorable: Vaya con valentía donde solo Dios puede llevarlo.

1 Samuel 18-20

En esta trágica historia vemos cómo los intentos desesperados de Saúl por destruir a su rival se vuelven contra él. Cuanto más intenta Saúl herir a David, más se hiere a sí mismo.

TEMA: ¿Qué ocurre cuando el deseo de Saúl de seguir siendo rey lo lleva a intentar matar a David en repetidas ocasiones?

COMPLEMENTO: La popularidad de David aumenta, mientras que Saúl pierde la lealtad de Mical y Jonatán.

IDEA EXEGÉTICA: Cuando el deseo de Saúl de seguir siendo rey lo lleva a intentar matar a David en repetidas ocasiones, la popularidad de David aumenta, mientras que Saúl pierde la lealtad de Mical y Jonatán.

IDEA HOMILÉTICA:

> **Tema:** ¿Qué ocurre cuando los líderes intentan aferrarse al poder atacando a sus rivales?
>
> **Complemento:** Sus planes siempre serán contraproducentes.
>
> **Frase memorable:** Cuando nuestro orgullo nos hace desear que un rival fracase, estamos perdidos.

1 Samuel 21-23

En estos capítulos, tenemos dos historias contrastadas, una negativa y otra positiva. Estas narraciones comunican la misma idea desde una perspectiva diferente. Veamos estas historias primero de forma individual y luego de forma colectiva.

■ *1 Samuel 21-22*

TEMA: ¿Qué sucede cuando David decide mentir al sacerdote de Nob?

COMPLEMENTO: Los sacerdotes y toda la ciudad de Nob son ejecutados, y David se ve obligado a exiliarse.

IDEA EXEGÉTICA: Cuando David decide mentir al sacerdote de Nob, los sacerdotes y todo el pueblo de Nob son ejecutados, y David se ve obligado a exiliarse.

■ *1 Samuel 23*

TEMA: ¿Qué ocurre cuando David consulta al Señor para tomar decisiones?

COMPLEMENTO: Dios no solo ayuda a David a salvar la ciudad de Queilá, sino que también frustra los intentos de Saúl por capturarlo.

IDEA EXEGÉTICA: Cuando David consulta al Señor para tomar decisiones, Dios no solo ayuda a David a salvar la ciudad de Queilá, sino que también frustra los intentos de Saúl por capturarlo.

Cuando combinamos estas dos historias separadas, creamos una sola idea homilética.

IDEA HOMILÉTICA:

Tema: ¿Qué ocurrirá cuando tomemos decisiones basadas en la Palabra de Dios en lugar de confiar en nuestro propio criterio?

Complemento: Nuestros ministerios prosperarán.

Frase memorable: "Hay caminos que al hombre le parecen rectos, pero que acaban por ser caminos de muerte" (Pr 14:12).

En las siguientes dos historias vemos cómo David responde a la injusticia. La primera historia trata de la injusticia de una autoridad sobre nosotros, mientras que la segunda se centra en el trato injusto de alguien bajo nuestra autoridad. Ambas historias son comedias.

1 Samuel 24

TEMA: ¿Qué ocurre cuando David se niega a aprovecharse de la oportunidad de matar al rey Saúl mientras este último intenta matar a David?

COMPLEMENTO: Saúl vuelve a casa después de reconocer públicamente la justicia de David.

IDEA EXEGÉTICA: Cuando David se niega a aprovechar la oportunidad de matar al rey Saúl mientras este último intenta matar a David, Saúl vuelve a casa después de reconocer públicamente la justicia de David.

IDEA HOMILÉTICA:

Tema: ¿Qué puede suceder cuando decidimos no atacar a las figuras de autoridad que nos persiguen?

Complemento: Afianzamos nuestra posición a medida que el contraste de caracteres se hace evidente para todos.

Frase memorable: Cuando combatimos el fuego con fuego, todos nos quemamos.

1 Samuel 25

TEMA: ¿Qué sucede cuando David escucha el consejo de Abigaíl de no responder a los malos tratos de Nabal con un derramamiento de sangre?

COMPLEMENTO: El Señor no solo mata a Nabal, sino que David se casa con Abigaíl.

IDEA EXEGÉTICA: Cuando David escucha el consejo de Abigaíl de no responder a los malos tratos de Nabal con un derramamiento de sangre, el Señor no solo mata a Nabal, sino que David se casa con Abigaíl.

IDEA HOMILÉTICA:

Tema: ¿Qué ocurre cuando nos negamos a devolver el golpe cuando aquellos a los que hemos servido bien nos faltan el respeto?

Complemento: Permitimos que Dios enmiende el mal que hemos sufrido.

Frase memorable: "Tú, que eres el Juez de toda la tierra, ¿no harás justicia?" (Gn 18:25). ¡Deje que lo haga!

1 Samuel 26-31

En esta gran sección, el capítulo 26 sirve de prólogo a las dos historias que siguen: la del ascenso de David hacia el trono en forma de comedia y la tragedia de la autodestrucción de Saúl. En estos capítulos el narrador ilustra cómo los líderes son recompensados por su rectitud.

El capítulo 26 es muy similar al encuentro de David y Saúl en la cueva que tuvo lugar en el capítulo 24. Una vez más Saúl intenta, injustamente, asesinar a David. Y una vez más, David se niega con rectitud a aprovechar la oportunidad de asesinar a Saúl. Lo notable del capítulo 26 es la reivindicación de David en 26:23-24:

> Que el Señor le pague a cada uno según su rectitud y lealtad, pues hoy él lo había puesto a usted en mis manos, pero yo ni siquiera me atreví a tocar al ungido del Señor. Sin embargo, así como hoy valoré la vida de usted, quiera el Señor valorar mi propia vida y librarme de toda angustia.

Luego Saúl le responde a David lo siguiente: "¡Bendito seas, David, hijo mío! [...] Tú harás grandes cosas, y en todo triunfarás" (26:25). Como pronto veremos, la predicción de Saúl se cumplirá. ¿Qué recompensas cosecharán estos hombres como premio a sus respectivos niveles de rectitud?

La historia de David comienza en el capítulo 27 con su sorprendente éxito al esconderse de Saúl cuando lleva a sus hombres y a sus familias a vivir cerca de Gat. También es sorprendente ver en el capítulo 29 cómo la política interna de los gobernantes filisteos permite a David evitar unirse a la guerra de su hueste filistea contra Israel (28:1-2; 29:1-11). Esto libra a David de la insólita situación de formar parte del devastador ataque filisteo a Israel que se describe en el capítulo 31. Es sorprendente que en el capítulo 30 David sea capaz de encontrar al ejército amalecita que ha destruido las casas y capturado a las familias de los hombres de David en su ausencia. Y lo que es mejor, cuando David derrota a los amalecitas, no solo recupera todos los bienes y a los miembros de su familia, sino que también se apodera de muchos tesoros adicionales que los amalecitas habían capturado en asaltos anteriores a otras ciudades. Con este botín adicional, David puede dar generosamente a los israelitas que no pudieron unirse a ellos en la batalla y dar regalos a los ancianos de Judá. Estos regalos son políticamente estratégicos y facilitarán el ascenso de David al trono. En estos capítulos, Dios está creando soberanamente estos momentos "sorprendentes". Estos momentos son las recompensas de David por su rectitud. Claramente, Dios valora la vida de David y lo libra de todos los problemas.

TEMA: ¿Cómo recompensa Dios a David por su rectitud?

COMPLEMENTO: Dándole los recursos que necesita para convertirse en el rey que Dios quiere que sea.

IDEA EXEGÉTICA: Dios recompensa a David por su rectitud dándole los recursos que necesita para convertirse en el rey que Dios quiere que sea.

Aunque la historia de Saúl también comienza en el capítulo 27, toma un camino completamente diferente. Cuando los ejércitos filisteos se acercan, Saúl consulta con la bruja de Endor y le pide que llame a Samuel. El mensaje de Samuel es para recordarle la recompensa que recibirá por su falta de rectitud. En el capítulo 31, Dios destituirá a Saúl de su posición de liderazgo por medio de la muerte. Como resultado del pecado de Saúl, Dios no valorará la vida de Saúl ni lo librará de todos los problemas.

TEMA: ¿Cómo reacciona Dios ante la falta de rectitud de Saúl?

COMPLEMENTO: Lo destituye durante la derrota de Israel ante el ejército filisteo.

IDEA EXEGÉTICA: Por su falta de rectitud, Dios destituye a Saúl durante la derrota de Israel ante el ejército filisteo.

Cuando se contrastan las ideas exegéticas de la historia de David y la de Saúl, surge una única idea homilética.

IDEA HOMILÉTICA:

Tema: ¿Qué tan importante es la rectitud de un líder?

Complemento: Mientras Dios ayuda activamente a sus líderes rectos, elimina a los injustos.

Frase memorable: Dios es mucho mejor amigo que enemigo.

1 Samuel 31 es un pasaje tan poderoso, trágico e importante para

nuestros días que, después de predicar los capítulos 26-31 en un solo mensaje, me gusta volver y predicar el 31 como un mensaje independiente. Cabe destacar en este capítulo que Saúl se suicida para evitar ser maltratado por los filisteos. Sin embargo, después de su muerte, los filisteos maltratan duramente su cuerpo y su reputación. Quitarse la vida no resuelve sus problemas. Pero la clave de esta triste y breve historia se encuentra en la última escena, en los versículos 11-13. Los hombres de Jabés de Galaad que arriesgaron sus vidas para impedir que los filisteos maltrataran el cuerpo de Saúl son ciudadanos de la ciudad que Saúl rescató en el capítulo 11. Además, en Jueces 21 descubrimos que los habitantes de Jabés de Galaad son parientes de Saúl. Son familia.

Si estos valientes miembros de la familia de Saúl están dispuestos a arriesgar sus vidas al entrar en territorio filisteo para salvar su cuerpo de no ser maltratado, ¿no habrían venido antes para salvar su vida? Pues sí, Saúl había perdido el trono, pero no tenía por qué perder la vida. Creo que la familia de Jabés de Galaad de Saúl habría acudido a su rescate si tan solo lo hubiera pedido. Como cristianos, hemos sido adoptados en la familia de Dios. Tenemos hermanos y hermanas en Cristo que están dispuestos a venir en nuestra ayuda si lo pedimos.

El suicidio no solo no resuelve nuestros problemas, sino que además es innecesario. ¡Siempre podemos pedir ayuda a la familia!

■ 1 Samuel 31

TEMA: ¿Por qué el suicidio de Saúl en el monte Guilboa es tan trágico?

COMPLEMENTO: Porque es innecesario: los hombres de Jabés de Galaad que acuden en su ayuda cuando Saúl está muerto lo habrían hecho también cuando él estaba vivo.

IDEA EXEGÉTICA: El suicidio de Saúl en el monte Guilboa es tan trágico porque es innecesario: los hombres de Jabés de Galaad que acuden en su ayuda cuando está muerto lo habrían hecho también cuando estaba vivo.

IDEA HOMILÉTICA:

Tema: ¿Por qué el suicidio es tan trágico?

Complemento: Porque es innecesario: nuestros hermanos y hermanas en Cristo vendrán en nuestra ayuda si lo pedimos.

Frase memorable: ¡Busque la ayuda de su familia en Cristo!

Versículos/pasajes difíciles

Un motivo por el que los pasajes narrativos pueden resultar difíciles de predicar es su género. Tal vez debido a nuestra educación teológica, muchos predicadores prefieren pensar de forma deductiva y sistemática. Pero los narradores bíblicos no se comunican de esa manera. Sus historias comunican la verdad de forma implícita y no de forma explícita. Muestran la verdad en acción en lugar de describirla con palabras. Esta teología concretada requiere una nueva hermenéutica. Nos obliga a leer las narraciones como historias y a desarrollar la habilidad de identificar sutiles pistas literarias y de reconocer cómo el autor las utiliza para comunicar su idea principal.

Dado que el desarrollo de conocimientos en exégesis literaria es tan desafiante como importante, el autor ha añadido —en algunas ocasiones— comentarios adicionales para proporcionar una visión de las sutiles estrategias del narrador (p. ej., 1 S 1:1-2:11; 1 S 13-14). Se anima a los lectores a leer estas partes lentamente con la Biblia y la mente abiertas.

Una dificultad adicional a la que se enfrentan los predicadores a la hora de interpretar relatos más largos es la influencia que ejercen los distintos relatos entre sí. A veces, los narradores optan por utilizar los primeros relatos de la literatura épica para informar de las narraciones posteriores. Los predicadores cuidadosos prestarán atención a la interacción tácita de estos relatos. Un ejemplo de historias interconectadas es la ayuda de Saúl a Jabés de Galaad en 1 Samuel 11 y la ironía de la ayuda post mortem de Jabés de Galaad a Saúl en 1 Samuel 31. Otro ejemplo es la conexión del narrador entre la traición de David a Urías y Betsabé en 2 Samuel 11 y la ironía de la traición de Ajitofel a David en 2 Samuel 16.

Otro reto a la hora de predicar estos relatos es la importante brecha que existe entre el antiguo Israel y los oyentes contemporáneos. Israel era una nación-estado pequeña que intentaba sobrevivir y prosperar en una época militarista y sin leyes. La brutalidad a la que se hace referencia a menudo en los libros de Samuel puede resultar chocante para los oyentes contemporáneos y no permitir que la gente reciba la idea principal del pasaje. Por ejemplo, no se puede predicar 1 Samuel 15 sin tratar el problema de que Dios ordene a Saúl iniciar una campaña de genocidio contra los amalecitas.

Aplicación y perspectiva cultural

Que un predicador conozca las diferencias culturales que existen entre los predicadores del siglo XXI y el antiguo Israel puede mejorar considerablemente la eficacia de su comunicación. Por ejemplo, en 1 Samuel 16:11, cuando Samuel llegó a Belén para ungir al próximo rey de Israel, se detuvo y "[le preguntó a Isaí] ¿Son estos todos tus hijos? —*Queda el más pequeño* —respondió Isaí—, pero está cuidando el rebaño. —Manda a buscarlo —insistió Samuel—, que no podemos continuar hasta que él llegue".

Los predicadores deben fijarse en las sutiles pistas que el narrador proporciona en el texto y preguntarse: "¿Por qué el narrador puso este detalle en el texto? ¿Por qué el narrador proporciona un detalle aparentemente sin importancia sobre el orden de nacimiento?". Y la respuesta suele ser la cultura. En este caso, el detalle refleja la prioridad cultural oriental antigua que se daba al orden de nacimiento de la familia. Si no se tiene en cuenta esta referencia cultural, el intérprete no podrá apreciar la conmoción del lector antiguo cuando David, el octavo hijo de Isaí, fue ungido rey en lugar de Eliab, el primogénito.

Además, en 2 Samuel 11:3-4a, leemos que David "mandó que averiguaran quién era, y le informaron: *'Se trata de Betsabé, que es hija de Elián y esposa de Urías el hitita'*. Entonces David ordenó que la llevaran a su presencia y, cuando Betsabé llegó, él se acostó con ella". Aquí el narrador enfatiza que Betsabé era la esposa de Urías, uno de los hombres poderosos de David. Solo el predicador que entiende la cultura militar comprenderá el enorme impacto que el pecado de David con Betsabé tendría en el ejército de Israel. Dentro de la cultura militar, es una ofensa grave que un oficial al mando envíe a un subordinado a una misión y utilice su ausencia para aprovecharse sexualmente de su cónyuge. Si se conoce la traición del oficial, se perdería la confianza y el respeto de sus soldados. Al conocer la cultura militar, aumenta la tensión de esta narración.

Cuando los predicadores intentan aplicar las narraciones bíblicas, surgen varios desafíos. Uno de ellos es la relevancia. Aunque el escritor de Samuel se centra en el liderazgo del pueblo de Dios, puede haber ocasiones en las que los predicadores quieran aplicar un pasaje fuera de ese contexto. Si bien esto puede hacerse, los predicadores deben llevar cuidadosamente la idea homilética a la escala de abstracción sin alterar el contenido. A continuación, un ejemplo de 1 Samuel 4:1-7:1:

> Tema: ¿Qué sucede cuando los líderes le faltan el respeto a Dios al tratar de usarlo para lograr sus propios objetivos?
> Complemento: Se producirá un desastre cuando Dios frustre sus planes.
> Tema: ¿Qué ocurre si intentamos utilizar a Dios para cumplir nuestros propios objetivos?
> Complemento: Nos damos cuenta de que no va a funcionar.

El segundo reto que plantea la aplicación de la narrativa es la tentación de universalizar los acontecimientos de la misma. El objetivo de una historia bíblica no es lo que ocurrió, sino por qué ocurrió. Hay que dar prioridad a la idea revelada por la historia y tener cuidado de no garantizar que Dios hará por nuestros oyentes exactamente lo mismo que hizo en la vida de los personajes bíblicos.

El hecho de que el compromiso radical de Ana con el Señor en 1 Samuel 1 le permitiera tener un hijo no significa que el pasaje ofrezca una cura universal para la esterilidad. Ni tampoco que la gran fe que demostró Jonatán en 1 Samuel 14 nos garantice que siempre ganaremos las guerras. Y estoy seguro de que usted nunca será ungido como rey de Israel como David. Dios no promete repetir las narraciones del pasado, pero sí revela en ellas su carácter eterno. Por ello es que predicamos ideas.

FUENTES RECOMENDADAS

Baldwin, Joyce G. *1 and 2 Samuel. Tyndale Old Testament Commentaries* [1 y 2 Samuel. Comentarios del Antiguo Testamento de Tyndale]. Downers Grove, Illinois: InterVarsity, 1988.

2 Samuel

J. KENT EDWARDS

La idea principal del libro de 2 Samuel

Ver el análisis en el libro de 1 Samuel.

Selección de pasajes para predicar y enseñar el libro de 2 Samuel

Ver el análisis en el libro de 1 Samuel.

Comprensión del tema, complemento, idea exegética e idea homilética

EL RETO DE SER EL LÍDER

Al comenzar el libro de 2 Samuel, nos adentramos en una nueva fase de la vida de David. Tras la muerte de Saúl, David empieza la difícil tarea de ser reconocido como el rey de un Israel unido. En el libro de 2 Samuel, David ya no se está preparando para un importante rol de liderazgo. Ahora, debe comenzar a actuar como el líder máximo del pueblo de Dios. Una tarea complicada.

2 Samuel 1:1-5:5

Esta amplia unidad natural es muy complicada. La unidad se complementa con historias similares. En el capítulo 1, un amalecita se presenta ante David y afirma haber matado a Saúl. A pesar de que sabemos que no es cierto, David no lo sabe. ¿Cómo responde David cuando un extranjero sin poder afirma haber cometido asesinato? De manera justa, lo condena a muerte.

En el capítulo 4, dos extranjeros asesinan a Isboset (el único rival potencial para el ascenso de David al trono), hijo de Saúl, y le entregan a David su cabeza cortada como trofeo. David hace referencia al castigo impuesto por un asesinato en el capítulo 1 y ordena de manera justa la ejecución de los dos asesinos.

Estas dos historias contrastan con la decisión que toma David en el intervalo. En el capítulo 2, se nombra rápidamente a David como rey de Judá y comienza la difícil tarea de asumir el puesto que ocupaba Saúl: convertirse en rey de todas las tribus de Israel.

El general del ejército de Saúl, Abner, tiene aspiraciones de poder y convierte al hijo sobreviviente de Saúl, Isboset, en un rey marioneta. El conflicto entre Abner y el general militar de David, Joab, no tarda en estallar. Abner y Joab protagonizan una lucha que pronto se convierte en batalla. Durante la batalla, Abner mata al hermano de Joab, Asael. El texto menciona claramente que Abner lo mata en defensa propia, en el contexto de guerra, y solo después de dar, por lo menos, dos advertencias.

En el capítulo 3, el poder de David va creciendo, Abner se presenta ante David y acepta usar su influencia para entregarle Israel. Cuando Joab se da cuenta de que Abner se está ganando la confianza de David, organiza de manera secreta una reunión privada con él. Leemos: "Joab lo llevó aparte a la entrada de la ciudad, como para hablar con él en privado. Allí lo apuñaló en el vientre, y Abner murió. Así Joab se vengó de la muerte de su hermano Asael" (3:27).

Esto es un asesinato. Un asesinato que le dificulta las cosas políticamente a David. Por un lado, David tiene que honrar a Abner. Si no lo hace, se arriesga a enemistarse con la casa de Saúl. Y, por otro lado, Joab es un hombre poderoso en Judá y si David se enemista con él, podría perder su base de poder. La manera en que David maneje esta situación determinará si se convertirá en rey de un Israel unido o no. David toma una decisión que lo perseguirá el resto de su vida.

En 3:28-37, David hace una gran muestra pública de dolor por la muerte de Abner con el fin de ganar apoyo político, pero decidió no castigar a Joab por cometer asesinato. ¿Por qué? Les dice a sus hombres en los versículos 38-39: "¿No se dan cuenta de que hoy ha muerto en Israel un hombre extraordinario? En cuanto a mí, aunque me han ungido rey, soy todavía débil; no puedo hacerles frente a estos hijos de Sarvia. ¡Que el Señor le pague al malhechor según sus malas obras!".

David no tiene problema en castigar a personas por cometer asesinato cuando no hay un precio político que pagar. Sin embargo, David no está dispuesto a arriesgar su futuro político para castigar a Joab. Permite que un asesino reconocido evada la justicia. Lo aterrador de esta historia es que termina en 5:1-5 cuando todas las tribus se presentan ante David para ungirlo como rey de todo Israel. El compromiso moral de David logra su objetivo.

TEMA: ¿En qué momento David no actúa de manera justa al castigar a Joab por asesinar a Abner?

COMPLEMENTO: Cuando al hacerlo podría poner en peligro su oportunidad de convertirse en rey de Israel.

IDEA EXEGÉTICA: David no actúa de manera justa al castigar a Joab por asesinar a Abner cuando al hacerlo podría poner en peligro su oportunidad de convertirse en rey de Israel.

IDEA HOMILÉTICA [1]:

Tema: ¿Cuándo tendremos los líderes la tentación de hacer compromisos morales severos?

Complemento: Cuando las consecuencias políticas podrían poner en peligro nuestra ambición de liderazgo.

Frase memorable: Solo hacemos lo correcto cuando es sencillo.

CÓMO TENER ÉXITO COMO LÍDER

2 Samuel 5:6-6:23

En este pasaje cómico, vemos que Israel comienza a prosperar bajo el liderazgo de David. Como él escucha a Dios y sigue sus instrucciones, los enemigos de Israel son derrotados. Debido a que David sabe que la bendición de Dios es importante para tener éxito, quiere que el arca de Dios esté en Jerusalén, la nueva ciudad capital. Primero intenta recuperar el arca con una gran multitud y una gran celebración, pero rápidamente las cosas resultan mal cuando Dios hiere de muerte a Uza por tocar el arca de manera irreverente. David, ahora temeroso de Dios, deja el arca en la casa de Obed Edom durante tres meses mientras piensa qué hizo mal.

Al regresar, hace las cosas de manera diferente. Esta vez David trata el arca de Dios con respeto. No coloca el arca en una carreta, sino que la lleva cargada a mano como Dios ordenó. David está tan emocionado de que el arca y sus bendiciones están llegando a Jerusalén, que se quita su vestimenta real, se viste de un simple efod de lino y baila ante el Señor. Ningún rey de ese tiempo hubiera pensado bailar así. Era muy indigno para cualquier adulto, especialmente para el rey. Por lo tanto, no es sorpresa que Mical, la hija de Saúl, desprecie a David al ver tal escena. El orgullo de su padre lo hacía estar muy preocupado por su reputación y nunca habría actuado de esa manera. Sin embargo, a David no le preocupa su imagen pública. Él

---

1. Ofrezco un segundo tema y complemento para determinar la idea homilética/frase memorable.

quiere que la atención del pueblo esté enfocada en el Señor, no en él. Quiere que Dios reciba la gloria y el honor. No él.

TEMA: ¿Cuándo pudo el exitoso rey David disfrutar de las bendiciones de tener el arca de Dios en la ciudad de David?

COMPLEMENTO: Cuando de manera pública se humilló a sí mismo al bailar ante el Señor usando un efod de lino.

IDEA EXEGÉTICA: El exitoso Rey David pudo disfrutar las bendiciones de tener el arca de Dios en la ciudad de David cuando de manera pública se humilló a sí mismo al bailar ante el Señor usando un efod de lino.

IDEA HOMILÉTICA:

Tema: ¿En qué momento los líderes podrán disfrutar la bendición de Dios sobre su ministerio?

Complemento: Cuando de manera pública trasladen toda la gloria de su éxito al Señor.

Frase memorable: El secreto para tener éxito es darle la gloria a Dios.

2 Samuel 7

En esta historia cómica, vemos otra demostración de la humildad de David en la manera en que responde a la declaración de Dios de que su petición de construir Su templo ha sido rechazada. Ese honor será para el hijo de David. A pesar de lo difícil que debe haber sido escuchar y entender estas noticias, David no se resiste.

TEMA: ¿De qué manera David responde a la negativa de Dios a permitirle construir un templo?

COMPLEMENTO: Al aceptar con gratitud el rol que Dios tiene para él.

IDEA EXEGÉTICA: David responde a la negativa de Dios a permitirle construir un templo aceptando con gratitud el papel que Dios tiene para él.

IDEA HOMILÉTICA:

Tema: ¿Cómo deberíamos responder cuando los planes de Dios para nuestro ministerio no van de acuerdo con los nuestros?

Complemento: Aceptando con gratitud el rol que Dios quiere que desempeñemos.

Frase memorable: ¡No se desvíe de su camino!

2 Samuel 8-10

Esta unidad natural es una comedia que tal vez describe el mejor período del reino de David. La razón por la cual David disfruta de un gran éxito militar y financiero es que estaba "gobernando al pueblo entero con justicia y rectitud" (8:15). Esto se demuestra en el capítulo 9 cuando trata de manera generosa al hijo de Jonatán, Mefiboset, así como su bondad con Janún, el amonita en el capítulo 10.

TEMA: ¿De qué manera David puede disfrutar de manera constante la bendición de Dios en su liderazgo de Israel?

COMPLEMENTO: "Gobernando al pueblo entero con justicia y rectitud" de manera constante.

IDEA EXEGÉTICA: David puede disfrutar de manera constante la bendición de Dios en su liderazgo de Israel "gobernando al pueblo entero con justicia y rectitud" constantemente.

IDEA HOMILÉTICA:

Tema: ¿De qué manera podemos esperar el favor de Dios cuando lideramos a su pueblo?

Complemento: Al tratar a nuestros subordinados con los más altos estándares morales de manera constante.

Frase memorable: Liderar bien al pueblo de Dios significa seguir la Regla de Oro.

LA DECADENCIA DE UN LÍDER

2 Samuel 11-12

En distintos períodos de la vida se presentan tentaciones diferentes. Aquí David cede ante dos de las tentaciones que acarrea el éxito que a menudo se alcanza más adelante en la vida. La primera tentación del éxito es utilizar el poder que implica un cargo alto para aprovecharse de los demás. La historia comienza con David, uno de los líderes más exitosos de la historia de Israel, abusando de su cargo de rey al obligar a Betsabé a someterse sexualmente a él.

Una segunda tentación que surge del éxito es la disposición de hacer lo que sea necesario para preservar el éxito que se ha alcanzado. La idea de que se pueda perder la posición social y la relevancia después de haber trabajado muy duro para conseguir ambas cosas es demasiado grande. Por lo tanto, el primer pensamiento es negar cualquier pecado, cubrir cualquier iniquidad y atacar a aquellos que podrían divulgar el acto. Esto describe los abundantes pecados de David después de enterarse que Betsabé estaba embarazada.

David se da cuenta de que, si su pecado se da a conocer, le costaría el apoyo de su ejército. El esposo de Betsabé, Urías, es uno de sus hombres poderosos (2 S 23:39). Si el ejército se entera que David ha mandado a sus hombres a la guerra y luego se ha aprovechado de su ausencia para coaccionar a la esposa de uno de sus hombres, sus guerreros más confiables podrían volverse fácilmente contra él.

Es más, 2 Samuel 11:3 indica que el padre de Betsabé es Elián, mientras que 2 Samuel 23:34 nos cuenta que el padre de Elián fue Ajitofel, el consejero más valioso de David. Si Ajitofel se entera de cómo David ha abusado de su poder para aprovecharse sexualmente de su nieta, Ajitofel podría ser (y se convierte en) un enemigo poderoso.

Y si el pueblo de Israel se entera que David no es el líder justo que necesitan para que Dios los siga bendiciendo, la nación se volvería contra él. En conclusión, el enorme precio de su noche con Betsabé conduce a David hacia una caída cada vez más grave hacia el pecado en un intento desesperado de escapar de las consecuencias de sus actos. Este pasaje muestra las terribles consecuencias que ocurren cuando los líderes intentan cubrir su pecado[2].

Cuando Natán confronta a David y anuncia el castigo de Dios, David confiesa. Pero si bien Dios perdona a David, tiene claro que su hijo morirá como consecuencia de su pecado. Sin embargo, lo que sigue es una escena extraña en la cual David pasa una semana ayunando con desesperación y rogándole a Dios que perdone la vida de su hijo. Las acciones de David son tan intensas que cuando su hijo realmente muere, sus siervos tienen temor de decirle la noticia por miedo a que "haga alguna locura" (12:18).

Sin embargo, en 2 Samuel 12:21, los siervos están sorprendidos de que cuando el bebé muere, David no guarda luto. En cambio, se levanta y hace su vida normal. ¿Por qué? "David respondió: Es verdad que cuando el niño estaba vivo yo ayunaba y lloraba, pues pensaba: "¿Quién sabe? Tal vez el Señor tenga compasión de mí y permita que el niño viva". Pero, ahora que ha muerto, ¿qué razón tengo para ayunar? ¿Acaso puedo devolverle la vida?" (12:22-23). David no está de luto como usualmente hacen los padres, porque su semana de ayuno no es una señal de amor por su hijo, sino es otro intento fallido de escapar de las consecuencias de sus actos.

Si bien David va a la guerra y gana una batalla en el final de la escena del capítulo 12, lo hace como un líder muy degradado. Sus pecados secretos se han hecho públicos y está sufriendo las consecuencias. Como Dios perdonó a David, esta historia no es una tragedia. Pero tampoco es una comedia.

---

2. Es importante señalar que, dado que David había permitido que Joab se librara del castigo por asesinato en 2 Samuel 3, Joab fue un cómplice voluntario en el asesinato de Urías.

TEMA: ¿Qué ocurre cuando David intenta de manera desesperada escapar de las consecuencias de su pecado con Betsabé?

COMPLEMENTO: Descubre que no lo puede hacer.

IDEA EXEGÉTICA: Cuando David intenta de manera desesperada escapar de las consecuencias de su pecado con Betsabé, descubre que no lo puede hacer.

IDEA HOMILÉTICA:

Tema: ¿Qué pasaría si intentáramos escapar de las consecuencias de nuestros pecados?

Complemento: Descubriremos que no lo podemos hacer.

Frase memorable: El perdón puede tener consecuencias.

2 Samuel 13:1-14:24

Este pasaje resume las trágicas consecuencias que el pecado de David tiene sobre su familia. En 2 Samuel 13, Amnón, imitando el abuso sexual de su padre con Betsabé, viola a su medio hermana, Tamar. En 2 Samuel 14, David, indudablemente viéndose a sí mismo en las acciones de su hijo, no castiga a Amnón. Esto incita a Absalón a imitar el asesinato de Urías por parte de su padre, haciendo justicia con mano propia, asesinando a Amnón y huyendo del país. Si bien eventualmente a Absalón se le permite regresar a su casa en Jerusalén, la relación entre David y Absalón se rompe para siempre.

TEMA: ¿Qué le ocurre a la familia de David después de su pecado con Betsabé?

COMPLEMENTO: Los hijos de David repiten sus pecados.

IDEA EXEGÉTICA: Lo que ocurre con la familia de David después de su pecado con Betsabé es que sus hijos repiten sus pecados.

IDEA HOMILÉTICA:

Tema: ¿Cuál es el impacto de nuestros pecados sobre nuestra familia?

Complemento: Con demasiada frecuencia, nuestros hijos no solo ven nuestros pecados, sino que también los imitan.

Frase memorable: El pecado no solo es personal porque se hereda.

2 Samuel 14:25-20:26

Este es el relato de cómo el pecado de David perjudicó a su reino (la consecuencia que David intentaba evitar al cubrir su pecado con Betsabé), aunque es capaz de reclamar su trono.

El contraste entre las descripciones que el narrador hace de Absalón y de David en esta historia es sorprendente. Se muestra a Absalón como alguien vanidoso (14:25-26), bravucón (14:28-32) y mentiroso (14:33). Además, acostumbra a calumniar a su padre de manera pública y hacer promesas que no puede cumplir (15:1-6). Absalón también practica una falsa religión para avanzar en su causa, comienza una rebelión secreta contra su padre y recluta a Ajitofel, el asesor confiable de David (15:7-12) y deshonra a su padre al acostarse públicamente con las concubinas de David en el techo del palacio (16:20-22).

A David se le retrata de manera muy diferente. Aquí a David se le ve como un hombre mayor y escarmentado que humildemente acepta las consecuencias de su pecado mientras deja Jerusalén (15:25-26, 30; 16:5-14), que rechaza tratar de manipular a Dios para sus propios fines (15:25-26) y ora al Señor por ayuda (15:31).

Absalón y David son dos hombres que luchan por el privilegio de dirigir al pueblo de Dios, pero que demuestran una moralidad muy diferente en el proceso. ¿Qué diferencia hace la rectitud? David comienza a recibir muchas ofertas de ayuda no solicitadas. Entre ellas, ofertas de los guititas (15:19-22), Sadoc y Abiatar (15:27-29), Husay el arquita (15:32-37) y el criado de Mefiboset, Siba (16:1-4; ver también 2 S 9).

La rebelión de Absalón flaquea. Husay rechaza los consejos de Ajitofel sobre cómo derrotar a David (17:1-13) apelando al orgullo de Absalón. Absalón escucha: "Porque el Señor había determinado hacer fracasar el consejo de Ajitofel, aunque era el más acertado, y de ese modo llevar a Absalón a la ruina" (17:14). Cuando los aliados de David le informan sobre la estrategia militar de Absalón, las tropas de David vencen a las fuerzas de Absalón y este es asesinado por Joab mientras humillado cuelga de un árbol por sus cabellos.

Si bien David regresa a Jerusalén como rey, está sumido en un profundo dolor por la muerte de Absalón (18:19-19:8), gobierna sobre un reino recién dividido (20:1-2) y tiene una autoridad disminuida. Esto se demuestra por la flagrante indiferencia de Joab a los deseos de David. Joab no solo mata a Absalón en contra de la clara orden de David de hacer lo contrario (18:4-18) sino que después de que David prometiera a Amasá, el antiguo comandante militar de Absalón, que reemplazará a Joab como comandante del ejército de David (19:11-15), Joab también asesina a Amasá y toma el puesto de comandante para sí mismo (cap. 20).

TEMA: ¿Qué sucede cuando David confía humildemente su papel de líder en las manos de Dios al aceptar las consecuencias de su pecado con Betsabé?

COMPLEMENTO: Dios restaura a David como rey, pero el reino se ha quebrado por la insubordinación abierta.

IDEA EXEGÉTICA: Cuando David confía humildemente su papel de líder en las manos de Dios al aceptar las consecuencias de su pecado con Betsabé, Dios restaura a David como rey, sin embargo, el reino se ha quebrado por la abierta insubordinación.

IDEA HOMILÉTICA:

Tema: ¿Qué ocurre cuando los líderes caídos humildemente confían su futuro en las manos de Dios?

Complemento: Si bien Dios los puede utilizar de nuevo, las personas que ellos dirigen nunca disfrutarán el futuro que podrían haber tenido.

Frase memorable: Cuando los líderes pecan, el dolor llega más allá de su familia y se extiende a la familia de Dios.

CONCLUSIÓN

Las tres historias finales de este libro no continúan de manera cronológica la historia de David. Estos son episodios organizados por el narrador para resumir el punto principal de todo el libro.

2 Samuel 21:1-14

Esta es una simple historia cómica que contiene un mensaje no solo familiar sino también importante.

TEMA: ¿Por qué Israel está sufriendo una sequía durante tres años?

COMPLEMENTO: Porque el pecado de Saúl contra los gabaonitas debe ser redimido.

IDEA EXEGÉTICA: Israel sufre una sequía durante tres años porque el pecado de Saúl contra los gabaonitas debe ser redimido.

IDEA HOMILÉTICA:

Tema: ¿Por qué a veces el pueblo de Dios sufre?

Complemento: Debido a los pecados de sus líderes.

Frase memorable: Escuchen líderes: ¡Sus pecados son relevantes![3]

2 Samuel 21:15-23:51

Esta unidad natural es una combinación de dos pasajes de géneros

---

3. Aunque 2 Samuel 23:1-7 no se encuentra inmediatamente al lado de esta narración, las últimas palabras de David resuenan con esta historia al enfatizar el lado positivo de la misma verdad. El pecado de un líder daña al pueblo de Dios, pero

el que gobierne a la gente con justicia,

el que gobierne en el temor de Dios,

diferentes. Esto tiene como resultado dos ideas exegéticas separadas que se combinarán en una sola idea homilética.

Mientras que 2 S 21:15-22 sirve para recordar las proezas militares de David, en el capítulo 22 David reflexiona mediante una canción la razón de su éxito en el campo de batalla. Esto nos da nuestra primera idea exegética:

TEMA: ¿Cómo es que David es capaz de prosperar a pesar de las abrumadoras probabilidades?

COMPLEMENTO: Porque Dios es su libertador.

2 Samuel 21:15-22 y 23:8-39 no son literatura narrativa clásica, sino que son listas seminarrativas de los "hombres valientes" que lucharon al lado de David. Las listas contienen nombres y algunos de los abusos de guerreros fuertes y hábiles cuya valentía permite que David tenga éxito como líder. Este pasaje resume las importantes contribuciones en el campo de batalla por los hombres que pelearon con él y nos da nuestra segunda idea exegética:

TEMA: ¿Cómo es que David vence a sus enemigos?

COMPLEMENTO: Con la ayuda de sus hombres valientes.

Cuando combinamos las ideas de estos dos pasajes, surge la siguiente idea.

TEMA: ¿Cómo logra David tener éxito como líder?

COMPLEMENTO: Con la ayuda del Señor y sus hombres valientes.

IDEA EXEGÉTICA: David puede tener éxito como líder con la ayuda del Señor y sus hombres valientes.

IDEA HOMILÉTICA:

    Tema: ¿Cómo se puede tener éxito como líder del pueblo de Dios?

    Complemento: Solo con el favor de Dios y la ayuda de las personas que Él te da.

    Frase memorable: ¡No solo se trata de usted!

    será como la luz de la aurora en un amanecer sin nubes,
      que tras la lluvia resplandece
  para que brote la hierba en la tierra (23:3-4).
    Yo utilizaría 2 Samuel 23:1-7 en la conclusión del mensaje.

2 Samuel 24

En una época en la que los censos son habituales y todas las fuerzas armadas modernas conocen el número de personal que visten de uniforme, nos podríamos preguntar por qué contar a los soldados sería un pecado. Pero muchas veces en los libros de Samuel hemos visto que los líderes de Dios no salen victoriosos debido al tamaño de sus ejércitos. El secreto del éxito es la bendición de Dios. Como David dice en 2 Samuel 22:28-30:

> Das la victoria a los humildes,
>   pero tu mirada humilla a los altaneros.
> Tú, Señor, eres mi lámpara;
>   tú, Señor, iluminas mis tinieblas.
> Con tu apoyo me lanzaré contra un ejército:
>   contigo, Dios mío, podré asaltar murallas.

La petición de David de realizar un censo está basada en arrogancia y una falta de fe en Dios. En este momento, está confiando en el tamaño de su ejército y no en la fuerza de Dios.

TEMA: ¿Qué ocurre cuando David enfurece a Dios al contar a sus combatientes?

COMPLEMENTO: Israel sufre hasta que David hace un gran sacrificio al Señor.

IDEA EXEGÉTICA: Cuando David enfurece a Dios al contar a sus combatientes, Israel sufre hasta que David hace un gran sacrificio al Señor.

IDEA HOMILÉTICA:

Tema: ¿Qué ocurre cuando un líder confía en sus propios recursos para cumplir las tareas de Dios?

Complemento: El pueblo sufre hasta que sus líderes realmente se arrepienten.

Frase memorable: No podemos cumplir los propósitos de Dios con nuestros propios recursos.

Versículos/pasajes difíciles

Ver el análisis en el libro de 1 Samuel.

Aplicación y perspectiva cultural

Ver el análisis en el libro de 1 Samuel.

FUENTES RECOMENDADAS

Baldwin, Joyce G. *1 and 2 Samuel* [1 y 2 Samuel]. *Tyndale Old Testament Commentaries* [Comentarios del Antiguo Testamento de Tyndale]. Downers Grove, Illinois: InterVarsity, 1988.

---

1 Reyes

STEVEN D. MATHEWSON

El libro de 1 Reyes proporciona una historia teológica de los gobiernos de los reyes de Israel y Judá desde Salomón hasta Acab[1]. El argumento es trágico, pasando de la gloria del reino de Salomón a un reino dividido marcado por la idolatría e inestabilidad. 1 y 2 Reyes eran originalmente un solo libro. Se dividió en dos libros porque su volumen aumentó considerablemente cuando se tradujo del hebreo al griego (la Septuaginta). Por lo tanto, los libros de 1 y 2 Reyes tienen una sola idea.

TEMA: ¿Por qué Israel y Judá terminan en cautiverio?

COMPLEMENTO: Porque sus reyes los condujeron a la idolatría y a la rebelión contra Dios.

IDEA EXEGÉTICA: Israel y Judá terminan en cautiverio porque sus reyes los condujeron a la idolatría y a la rebelión contra Dios.

IDEA HOMILÉTICA: El resultado de la idolatría y la rebelión contra Dios es la esclavitud espiritual.

Un tema relacionado, que surge al final de todo el libro (1 y 2 Reyes), es la necesidad de un nuevo rey davídico que saque al pueblo de Dios del cautiverio.

---

1. Por su puesto, el rey David aparece en 1 Reyes 1-2. Pero, en este momento, David está en su lecho de muerte y tiene el único papel de confirmar a su hijo Salomón como su sucesor. De igual manera, los dos últimos reyes que aparecen en 1 Reyes son Josafat (Judá) y Ocozías (Israel). Sin embargo, Acab es el único personaje principal de este libro. Su historia comienza al final del capítulo 16 hasta casi el final del capítulo 22. La historia de Ocozías, el último rey mencionado en 1 Reyes, comienza en el libro de 2 Reyes.

Selección de pasajes para predicar y enseñar el libro de 1 Reyes

Para predicar y enseñar de manera fiel los textos narrativos se necesita seleccionar unidades de texto más extensas, usualmente un capítulo completo o incluso varios capítulos juntos. Esto refleja la necesidad de predicar toda una historia (o episodio). Comúnmente, los relatos del Antiguo Testamento contienen cuatro elementos de la trama, al igual que las historias de otros tiempos y culturas[2]. Comienzan con el *planteamiento*, término literario que designa la información que establece una historia. El planteamiento puede ser tan corto como un verso o tan largo como muchos versos. Proporciona información acerca de los personajes (nombres, rasgos, apariencia física, relaciones) o sobre el entorno geográfico e histórico. El segundo elemento de la trama es el nudo. Este es el problema o conflicto de la historia. El nudo puede ser un único evento o una serie de eventos. El tercer elemento es el *desenlace*. Aquí la trama desciende rápidamente desde su clímax hasta la solución del nudo original. Por supuesto, los relatos del Antiguo Testamento desafían una clasificación clara y ordenada. A menudo hay una serie de crisis y resoluciones con la tensión subiendo y bajando varias veces antes de que se produzca la resolución final. Esta puede tomar forma de un final feliz o un final triste (lo que sería una comedia en términos literarios). El final de una historia suele estar marcado por el regreso de los personajes a casa. Algunas historias tienen un elemento de la trama adicional llamado *conclusión o resolución*. Este elemento separado resume el resultado de una historia y su influencia en los personajes. Entonces, una unidad de predicación debe contener una historia completa en la que se resuelve una crisis.

¿Pero cómo los predicadores pueden cubrir un capítulo largo o varios capítulos durante una prédica de treinta minutos? La clave está en resumir partes del relato mientras se leen solo versículos o partes clave del texto. Esto significa centrarse en versículos o partes del texto que contengan diálogo (expresión) o declaraciones del narrador que proporcionen información exclusiva que los personajes desconocen[3].

Algunos predicadores y profesores pueden querer centrarse en la historia de Salomón (caps. 1-11) o en la historia de Elías (caps. 17-19, 21). Sin embargo, existe una ventaja de sentir el peso acumulativo del mensaje

---

2. Ver Steven D. Mathewson, *The Art of Preaching Old Testament Narrative* [El arte de predicar la narrativa del Antiguo Testamento], (Grand Rapids: Baker Academic, 2002), págs. 44-47

3. De acuerdo con Robert Alter, en la narrativa bíblica "el diálogo está creado para llevar una gran parte de la carga del significado". Ver *The Art of Biblical Narrative* [El arte de la narración bíblica], (Nueva York: Basic Books, 1981), pág. 37.

en desarrollo del libro mediante la predicación de todo el libro en dieciséis mensajes o lecciones (ver posteriormente). Esto se vuelve más factible al dividirlo en dos partes: una serie de diez partes sobre los capítulos 1-16, seguida eventualmente por una serie de seis partes sobre los capítulos 17-22. Ver el siguiente capítulo sobre 2 Reyes para predicar los relatos de Elías-Eliseo juntos.

Comprensión del tema, complemento, idea exegética e idea homilética

1 Reyes 1-2

TEMA: ¿De qué manera el Señor establece el reino de Salomón?

COMPLEMENTO: Al trabajar y triunfar sobre la cuestionable "sabiduría" de Salomón, según los consejos de su padre David, para eliminar las amenazas políticas contra su trono.

IDEA EXEGÉTICA: El Señor establece el reino de Salomón al trabajar y triunfar sobre la cuestionable "sabiduría" de Salomón, según los consejos de su padre David, para eliminar las amenazas políticas contra su trono.

IDEA HOMILÉTICA: Dios cumple sus propósitos a pesar de que sus siervos actúen en formas moralmente sospechosas[4].

1 Reyes 3

TEMA: ¿Qué se necesita para que Salomón gobierne con sabiduría y discernimiento?

COMPLEMENTO: Un corazón que escuche a la Torá.

IDEA EXEGÉTICA: Salomón necesita un corazón que escuche a la Torá para gobernar con sabiduría y discernimiento.

IDEA HOMILÉTICA: Para poder liderar con sabiduría y discernimiento se necesita un corazón que escuche la Palabra de Dios. O: El mejor regalo que le podemos pedir a Dios es el regalo de un corazón que escucha.

1 Reyes 4-5

TEMA: ¿Qué tipo de condiciones crea la sabiduría de Salomón en su reino?

COMPLEMENTO: Paz y descanso.

IDEA EXEGÉTICA: La sabiduría de Salomón crea condiciones de paz y descanso

---

4. Ver posteriormente "Versículos/pasajes difíciles" para un análisis de las acciones moralmente cuestionables de Salomón al consolidar su reino y para obtener otra posible idea homilética.

en su reino.

IDEA HOMILÉTICA: El pueblo prospera cuando la sabiduría de Dios está presente.

1 Reyes 6-7

TEMA: ¿Qué necesitan Salomón y el pueblo de Israel para experimentar la presencia de Dios?

COMPLEMENTO: Fidelidad al pacto, no solo el magnífico templo que construyó Salomón.

IDEA EXEGÉTICA: Salomón e Israel podrán experimentar la presencia de Dios siendo fieles al pacto, no solo el magnífico templo que construyó Salomón.

IDEA HOMILÉTICA: Para experimentar la presencia de Dios se necesita ser fiel a su pacto.

1 Reyes 8-9

TEMA: ¿De qué manera el pueblo de Israel puede seguir sintiendo la presencia de Dios?

COMPLEMENTO: Al no abandonarlo para servir a otros dioses.

IDEA EXEGÉTICA: El pueblo de Israel podrá seguir sintiendo la presencia de Dios si no lo abandona para servir a otros dioses.

IDEA HOMILÉTICA: El pueblo de Dios podrá sentir su continua presencia si no lo abandona para servir a otros ídolos.

1 Reyes 10

TEMA: ¿Por qué Dios le da sabiduría, riqueza e influencia a Salomón?

COMPLEMENTO: Para que pueda actuar con justicia y rectitud.

IDEA EXEGÉTICA: Dios le da sabiduría, riqueza e influencia a Salomón para que pueda actuar con justicia y rectitud.

IDEA HOMILÉTICA: Dios nos da sabiduría, riqueza e influencia para actuar con justicia, no para servirnos a nosotros mismos.

1 Reyes 11

TEMA: ¿Cuál es el resultado del corazón dividido de Salomón?

COMPLEMENTO: Un reino dividido.

IDEA EXEGÉTICA: El resultado del corazón dividido de Salomón es un reino dividido.

IDEA HOMILÉTICA: Un corazón dividido conduce a una vida destruida.

1 Reyes 12

TEMA: ¿De qué manera Dios se encarga de los fracasos de Roboán y Jeroboán?

COMPLEMENTO: Trabajando por medio de ellos para cumplir su voluntad.

IDEA EXEGÉTICA: Dios se encarga de los fracasos de Roboán y Jeroboán al trabajar por medio de ellos para cumplir su voluntad.

IDEA HOMILÉTICA: Dios obra mediante los fracasos de su pueblo para cumplir su voluntad.

1 Reyes 13-14

TEMA: ¿Cuál es el resultado de que los reyes y profetas desobedezcan la ley de Dios?

COMPLEMENTO: El juicio de Dios.

IDEA EXEGÉTICA: El resultado de que los reyes y profetas desobedezcan la ley de Dios es el juicio de Dios.

IDEA HOMILÉTICA: La desobediencia a la ley de Dios tiene como resultado el juicio de Dios, sin importar quiénes seamos.

1 Reyes 15-16

TEMA: ¿Cuál es el costo de tener reyes cuyos corazones no son totalmente fieles al Señor?

COMPLEMENTO: Un reino inestable.

IDEA EXEGÉTICA: El costo de tener reyes cuyos corazones no son totalmente fieles al Señor es un reino inestable.

IDEA HOMILÉTICA: El resultado de que el pueblo de Dios no sea totalmente fiel a Él es la inestabilidad en la familia de Dios[5].

1 Reyes 17

TEMA: ¿Por qué el pueblo de Israel puede confiar en la Palabra de Dios por medio de Elías?

---

5. Hay otra manera de entender la idea principal de los capítulos 15-16. La idea exegética podría ser que Dios todavía está trabajando en el cumplimiento de su Palabra cuando los corazones de los reyes de Israel y Judá no son totalmente fieles a Él, aunque tarda años en hacerlo. La idea homilética podría ser que Dios todavía está trabajando en el cumplimiento de su Palabra en el peor de los tiempos, aunque tarde años en hacerlo. Este énfasis en la "lentitud de Dios" es evidente en 15:29-30 y en 16:12-13, 34. Como en estos casos la Palabra de Dios es una palabra de juicio, la idea homilética también podría ser: Dios aplica el juicio

COMPLEMENTO: Porque Dios es lo suficientemente poderoso para sostener la vida de una viuda y su hijo, y para resucitarlo de la muerte.

IDEA EXEGÉTICA: El pueblo de Israel puede confiar en la Palabra de Dios por medio de Elías porque Dios es lo suficientemente poderoso para sostener la vida de una viuda y su hijo, y para resucitarlo de la muerte.

IDEA HOMILÉTICA: Podemos confiar en la Palabra de Dios porque Él es lo suficientemente poderoso para sostener y restaurar vida.

1 Reyes 18

TEMA: ¿Por qué el Señor merece toda la lealtad del pueblo de Israel?

COMPLEMENTO: Porque Baal no tiene poder y el único que es Todopoderoso sobre las fuerzas de la naturaleza es el Señor.

IDEA EXEGÉTICA: El Señor merece toda la lealtad del pueblo de Israel porque Baal no tiene poder y el único que es Todopoderoso sobre las fuerzas de la naturaleza es el Señor.

IDEA HOMILÉTICA: El Señor merece toda nuestra lealtad porque Él es único Dios Todopoderoso[6].

1 Reyes 19

TEMA: ¿Por qué Dios le dice a Elías que no se rinda en su misión profética?

COMPLEMENTO: Porque en Israel todavía hay siete mil personas que no han dado su lealtad a Baal.

IDEA EXEGÉTICA: Dios le dice a Elías que no se rinda en su misión profética porque en Israel todavía hay siete mil personas que no le han dado su lealtad a Baal.

IDEA HOMILÉTICA: No se rindan tan rápido porque la misión de Dios está progresando más de lo que creemos[7].

1 Reyes 20

TEMA: ¿Cuál es la consecuencia de que Acab no obedezca la orden de Dios de matar a Ben Adad, el rey pagano de Aram?

---

que promete, aunque se tome su tiempo.

6. Probablemente, los predicadores tengan que usar el nombre personal de Dios, Yahveh (traducido "Señor" en nuestras versiones en español), en relatos como este para destacar la superioridad del Dios de Israel (Yahveh) sobre el dios de la tormenta de los cananeos (Baal).

7. Ver "Versículos/pasajes difíciles" posteriormente para un análisis del estado emocional de Elías cuando huyó de Jezabel.

COMPLEMENTO: La promesa de Dios sobre la muerte de Acab.

IDEA EXEGÉTICA: La desobediencia de Acab a la orden de Dios de matar a Ben Adad, el rey pagano de Aram, provocó la promesa de Dios sobre la muerte de Acab.

IDEA HOMILÉTICA: Cuando desobedecemos el mandato de Dios de matar los deseos pecaminosos, nos condenamos a la destrucción[8].

1 Reyes 21

TEMA: ¿Cuál es el resultado de la codicia del Rey Acab por el viñedo de Nabot?

COMPLEMENTO: La conspiración traicionera de la reina Jezabel contra Nabot y su injusta ejecución.

IDEA EXEGÉTICA: La codicia del rey Acab por el viñedo de Nabot conduce a la reina Jezabel a conspirar de manera traicionera contra él y ejecutarlo injustamente.

IDEA HOMILÉTICA: La injusticia ocurre cuando el pueblo de Dios adora la codicia en vez de a Dios[9].

1 Reyes 22

TEMA: ¿Cuál es el resultado de los esfuerzos de Acab de resistirse a las palabras del profeta Micaías y disfrazarse en batalla?

COMPLEMENTO: De todos modos, Dios lleva a cabo su juicio prometido sobre Acab.

IDEA EXEGÉTICA: El resultado de los esfuerzos de Acab de resistirse a las palabras del profeta Micaías y disfrazarse en batalla es que de todos modos Dios lleva a cabo su juicio prometido sobre él.

IDEA HOMILÉTICA: Dios llevará a cabo su juicio prometido a pesar de los intentos de la humanidad de negarlo o escapar de él.

Versículos/pasajes difíciles

8. Ver "Versículos/pasajes difíciles" posteriormente para un análisis de cómo la idea exegética de este pasaje conduce a esta idea homilética.

9. Algunos predicadores pueden querer centrar la idea principal en la escena final, la humillación de Acab ante Dios y su respuesta bondadosa (21:27-29). Sin embargo, como la mayor parte del relato trata sobre la codicia de Acab y su resultado, parece mejor centrarse en el tema de la humildad como la aplicación adecuada de la idea homilética propuesta.

1 Reyes 1-2

Un par de asuntos cuestionables ocurren en este relato. Primero, ¿realmente David le prometió su trono a Salomón (1 Reyes 1:13)? No existe registro de esto en 2 Samuel, incluyendo el relato del nacimiento de Salomón donde se dice que "el Señor amó al niño" (2 S 12:24). Robert Alter observa: "Probablemente David en realidad hizo un juramento privado a Betsabé prometiéndole que Salomón sería su sucesor". Sin embargo, es posible que "Natán, el hombre de Dios, haya inventado el juramento y pida la ayuda de Betsabé para convencer al senil David de que realmente hizo este compromiso"[10]. Segundo, se debate si Salomón fue demasiado lejos en la eliminación de las amenazas políticas de su reino. Su padre, David, le aconsejó lidiar con Joab: "usa la cabeza y no lo dejes llegar a viejo y morir en paz" (1 Reyes 2:6). Por lo tanto, Salomón mandó a matar a Joab afirmando: "De ese modo me absolverás a mí y a mi familia de la sangre inocente que derramó Joab" (2:31). Sin embargo, Salomón muestra gracia a Simí y le permite vivir con la condición de que se quede en Jerusalén (2:36-38). Salomón lo manda a ejecutar solo cuando incumple su juramento al irse de Jerusalén (2:39-46). En ambos casos, Salomón ve las ejecuciones como el pago del Señor por las malas acciones (Simí en 2:23, Joab en 2:44). El resultado es la consolidación del reino de Salomón (2:46), ¿pero según qué tipo de sabiduría? Es por esto que la idea principal propuesta para 1 Reyes 1-2 trata acerca de maneras moralmente sospechosas. Los predicadores y profesores que ven las acciones de Salomón de manera más positiva pueden preferir la siguiente idea homilética: Dios cumple sus propósitos a pesar de que sus siervos afronten difíciles desafíos de liderazgo.

1 Reyes 3:16-28

A algunos oyentes, la historia de las dos prostitutas que afirman ser la madre del mismo bebé les parecerá bastante inquietante. Tras escuchar su disputa, Salomón dice: "Partan en dos al niño que está vivo, y denle una mitad a esta y la otra mitad a aquella" (3:25). No es difícil mostrar al oyente que esta es una trampa para identificar a la verdadera madre. Sin embargo, hay que hacer algunas observaciones importantes al predicar o enseñar este relato. Primero, al tomar el caso de las dos prostitutas, Salomón demuestra su compromiso de hacer justicia (ver 3:28) incluso para los miembros de la sociedad más bajos y desfavorecidos. Segundo, esta situación ilustra la dificultad que se destaca en las palabras de Salomón en el libro de Proverbios 18:17: "El primero en presentar su caso parece

---

10. Robert Alter, The Hebrew Bible [La Biblia Hebrea], vol. 2, Prophets [Profetas], (Nueva York: Norton, 2019), 435n13.

inocente, hasta que llega la otra parte y lo refuta". Tercero, cabe destacar que si bien la "vieja sabiduría" de Salomón lo lleva a utilizar la espada de maneras cuestionables (ver 1 Reyes 2), su nueva sabiduría lo conduce de una manera más constructiva. Todavía utiliza la espada, pero solo como una amenaza diseñada para lograr la justicia[11]. Por último, este relato sirve como confirmación de que Salomón realmente ha recibido sabiduría por parte de Dios. Es un recordatorio de que lo que necesitamos para superar los retos de la vida no es tener más inteligencia, sino un corazón sabio y prudente (3:12). Para los creyentes del nuevo pacto, la fuente de nuestra sabiduría es el mismísimo Jesús. Él es el único que es más grande que Salomón (Mt 12:42) y en Jesús están escondidos todos los tesoros de la sabiduría y del conocimiento (Col 2:3).

1 Reyes 19

Con frecuencia, los predicadores y maestros representan la huida de Elías de la reina Jezabel como el resultado de cobardía y puro pánico. Después de todo, 19:3 dice: "Elías se asustó y huyó para ponerse a salvo". Sin embargo, Ronald Allen argumenta: "Elías estaba afligido, mas no asustado"[12]. El texto masorético dice "vio", mientras que la Septuaginta y muchos manuscritos hebreos dicen "temió". La diferencia es solo una vocal y hay que recordar que el hebreo se escribía originalmente sin marcadores vocálicos. Entonces, es posible que Elías huya por su vida porque ha visto el espíritu no arrepentido de Jezabel y se da cuenta de que el avivamiento no va a estallar en Israel. Creyendo que su misión ha fracasado, le pide al Señor que le quite la vida (19:4). Independientemente del temor, los predicadores y maestros querrán centrarse en esta preocupación mayor: La creencia de Elías de haber fracasado en su misión y que sea el único que se mantiene fiel al Señor Dios Todopoderoso (19:14).

1 Reyes 20

Siempre que prediquemos a partir de un texto del Antiguo Testamento, debemos analizar de qué manera el mensaje teológico aplica a los creyentes del nuevo pacto que están unidos con Cristo. Esta tarea es mucho más difícil en pasajes como 1 Reyes 20, que trata sobre *herem*, la palabra hebrea para "cosas consagradas" destinadas a la destrucción en vez de utilizarlas para su beneficio (ver Jos 6:17-18; 7:1, 11-13). En 1 Reyes 20:42 el Señor

---

11. Iain W. Provan, *1 and 2 Kings, Understanding the Bible Commentary Series* [1 y 2 Reyes, Serie de comentarios para entender la Biblia] (1995; reimpr., Grand Rapids: Baker Books, 2012), pág. 52.

12. Ronald B. Allen, *"Elijah the Broken Prophet"* ["Elías, el profeta afligido"], Journal of the Evangelical Theological Society 22, nro. 3 (Septiembre 1979): pág. 201.

reprende al rey Acab por liberar a Ben Adad, un "hombre de herem" (según la versión en inglés NIV, "un hombre que yo había condenado a muerte"). La clave para aplicar este relato es entender cómo la "guerra santa", la destrucción del pueblo y objetos considerados *herem*, se cumple en Jesucristo. Mientras que el pueblo de Dios en el Antiguo Testamento conducía una guerra contra oponentes humanos, su pueblo en el Nuevo Testamento lucha contra todo lo que se opone al conocimiento de Dios. Esto significa luchar contra el mundo, la carne, el diablo y sus fuerzas (ver 2 Co 10:3-5; Ef 6:10-18). Por esta razón, es aconsejable pasar de "matar a Ben Adad" en la idea exegética a "matar los deseos pecaminosos" en la idea homilética de 1 Reyes 20. Esto refleja el mandato en Colosenses 3:5 de: "Por tanto, hagan morir todo lo que es propio de la naturaleza terrenal: inmoralidad sexual, impureza, bajas pasiones, malos deseos y avaricia, la cual es idolatría".

Aplicación y perspectiva cultural

Para interpretar y aplicar el libro de 1 Reyes (y 2 Reyes) se necesita algún conocimiento de su contexto histórico y cultural. Los relatos tienen más sentido cuando entendemos la forma en que los reyes del antiguo Medio Oriente consolidaron su poder (ver 1 Reyes 1-2), la importancia y el rol de los templos (ver 1 Reyes 5-8) y la tentación de la idolatría (ver, p. ej., 1 Reyes 11:1-8; 12:25-33).

Los oyentes contemporáneos pueden no considerarse idólatras. Después de todo, no nos inclinamos ante figuritas que tenemos sobre la chimenea o estatuas que están en nuestros jardines. Aun así, el apóstol Pablo se refiere a la avaricia como idolatría en Colosenses 3:5. Por consiguiente, debemos ayudar a los oyentes a darse cuenta de que los ídolos son sustitutos de Dios. Hoy en día, la idolatría es sutil y tortuosa porque podemos tomar fácilmente los regalos de Dios (familia, profesión, deporte, educación) y buscar en ellos la satisfacción y seguridad que solo Dios provee. Como el escritor de himnos Robert Robinson dice en su himno "Ven tú fuente", nosotros como pueblo de Dios estamos "propensos a errar" y "propensos a dejar al Dios que amamos". Las consecuencias son desastrosas. Como Iain Provan dice: "La adoración de algo que no sea Dios inevitablemente conduce a algún tipo de maltrato a las criaturas mortales ante los ojos de Dios"[13]. Un ejemplo de ello es la codicia de Acab sobre el viñedo de Nabot (1 Reyes 21).

Una de las expresiones de idolatría en Israel fue la adoración en

---

13. Provan, *1 and 2 Kings* [1 y 2 Reyes], pág. 12.

"lugares altos". Estos santuarios eran tan abundantes en el mundo antiguo como los restaurantes de comida rápida y las gasolineras en la cultura estadounidense actual. Los lugares altos estaban ubicados en colinas, montañas o valles. Algunos eran sitios al aire libre ubicados bajo un gran árbol y otros eran casas techadas. Eran una amenaza para la adoración de Dios porque usualmente contenían objetos usados en adoración pagana: pilares sagrados, postes de Aserá e imágenes de dioses falsos. Deuteronomio 12:2-5 llama a Israel a destruir estos lugares y en su lugar adorar a Dios en un lugar central escogido por Él.

Los relatos que comienzan en 1 Reyes 18 se deben leer en el contexto de la adoración a Baal. Baal era el dios de la tormenta adorado por los vecinos de Israel ubicados hacia el norte. Ellos creían que él controlaba la lluvia, los truenos y los relámpagos. Por lo tanto, la fertilidad de la tierra dependía de que Baal enviara la lluvia. Incluso la automutilación realizada por los profetas de Baal en 1 Reyes 18:28 refleja el luto por su muerte en el mito de Baal, un texto descubierto en la antigua Ugarit. Se suponía que Baal descendía una vez al año al inframundo, donde se quedaba sin poder hasta que comenzara la temporada de cultivo. Esto nos ayuda a comprender la burla de Elías acerca de que Baal dormía y tenían que despertarlo, incapaz de poder regresar de su encarcelamiento anual (18:27).

Sin embargo, encontramos un aliento para el pueblo de Dios, entonces y ahora. A lo largo de 1 Reyes vemos a Dios mostrando su asombrosa gracia. De manera sorprendente, Acab la recibe en respuesta a su humilde arrepentimiento (21:29). Dios incluso muestra gracia cuando los reyes carecen de una devoción incondicional hacia Él, haciéndolo por el bien del rey David (11:9-13 y 15:1-5).

FUENTES RECOMENDADAS

Alter Robert, *"1 Kings"* ["1 Reyes"]. En Prophets [Profetas], vol. 2 de The Hebrew Bible: A Translation with Commentary [La Biblia hebrea: Una traducción con comentarios], págs. 433-527. Nueva York: Norton, 2019.

Leithart, Peter. *1 & 2 Kings, Brazos Theological Commentary on the Bible* [1 y 2 Reyes, Comentario teológico de Brazos sobre la Biblia]. Grand Rapids: Brazos, 2006.

Provan, Iain W. *1 and 2 Kings, Understanding the Bible Commentary Series* [1 y 2 Reyes, Serie de comentarios para entender la Biblia]. 1995. Reimpreso, Grand Rapids: Baker Books, 2012.

Wray Beal, Lissa M. *1 & 2 Kings, Apollos Old Testament Commentary* [1 y 2 Reyes, Comentario de Apolo sobre el Antiguo Testamento]. Downers Grove, Illinois: InterVarsity, 2014.

2 Reyes

STEVEN D. MATHEWSON

El libro de 2 Reyes continúa la historia teológica de los reinos de los reyes Israel y Judá que comenzaron en el libro de 1 Reyes. Originalmente, el libro de Reyes era uno solo; sin embargo, tras su traducción del hebreo al griego (la Septuaginta), este se dividió en dos partes debido a que su volumen aumentó de manera considerable. El período del libro de 2 Reyes abarca el reino de Ocozías (Israel) hasta el reino de Sedecías (Judá). Al final del libro, tanto el Reino del Norte de Israel como el Reino del Sur de Judá han caído. Israel cayó contra Asiria en 722 a. C. (2 Reyes 17:3-7) y Judá cayó contra Babilonia en 586 a. C. (2 Reyes 25:1-26).

Sin embargo, hay un atisbo de esperanza al final del trágico argumento. En 2 Reyes 25:27-30, se libera a Joaquín, el penúltimo rey de Judá, después de estar encarcelado por treinta y siete años. El rey de Babilonia trata amablemente a Joaquín, le da un puesto de honor, lo deja comer en la mesa del rey y le da una pensión fija por el resto de su vida. Esto provee un sutil indicio de que la historia no ha terminado y que el pueblo de Dios tiene una razón para esperar días mejores. Tal vez toda la nación recibirá este tipo de favor. Está claro que el pueblo de Dios necesita un rey davídico que tenga la fortaleza e integridad divina que le faltaba al rey anterior.

Como se mencionó anteriormente, esta es la idea principal de todo el libro de Reyes (ambos 1 y 2 Reyes).

TEMA: ¿Por qué Israel y Judá terminan en cautiverio?

COMPLEMENTO: Porque sus reyes los condujeron a la idolatría y rebelión contra Dios.

IDEA EXEGÉTICA: Israel y Judá terminan en cautiverio porque sus reyes los condujeron a la idolatría y rebelión contra Dios.

IDEA HOMILÉTICA: El resultado de la idolatría y la rebelión contra Dios es la esclavitud espiritual.

Selección de pasajes para predicar y enseñar el libro de 2 Reyes

Para predicar y enseñar textos narrativos generalmente se necesita seleccionar unidades textuales más largas, usualmente todo un capítulo o incluso varios capítulos juntos. Esto refleja la necesidad de predicar una historia completa (o episodio) con un nudo y un desenlace.

Un método para predicar el libro de 2 Reyes es trabajar el tema en dieciocho mensajes o lecciones (ver posteriormente). Esto ayuda a que los oyentes sientan el peso acumulativo del mensaje en desarrollo del libro y la autodestrucción de los dos reinos.

Otra opción es predicar una serie de catorce partes sobre los relatos de Elías-Eliseo. Los relatos desafían al pueblo de Dios a adorarlo exclusivamente y obedecerlo completamente debido a Su grandeza. Dios mostró Su imponente poder mediante ambos profetas. Este es un desglose de los catorce relatos:

- 1 Reyes 17, 18, 19, 21
- 2 Reyes 1; 2; 3; 4; 5; 6:1-23; 6:24-7:20; 8; 9-10; 13

Comprensión del tema, complemento, idea exegética e idea homilética

2 Reyes 1

TEMA: ¿Por qué es una insensatez por parte de Ocozías vivir como si no existiera Dios en Israel cuando se estaba recuperando de una grave herida?

COMPLEMENTO: Porque su consulta al dios de Ecrón lo ha condenado a no recuperarse.

IDEA EXEGÉTICA: Es una insensatez por parte de Ocozías vivir como si no existiera Dios en Israel cuando se está recuperando de una grave herida porque su consulta al dios de Ecrón lo ha condenado a no recuperarse.

IDEA HOMILÉTICA: Es insensato vivir como si no existiera Dios porque sin Él no tenemos futuro.

2 Reyes 2

TEMA: ¿De qué manera el pasaje de liderazgo desde Elías hasta Eliseo afecta el plan de Dios de crear un pueblo santo y apreciado que demuestra Su grandeza?

COMPLEMENTO: No arruina el plan.

IDEA EXEGÉTICA: El pasaje de liderazgo desde Elías hasta Eliseo no arruina el plan de Dios de crear un pueblo santo y apreciado que demuestra Su grandeza .

IDEA HOMILÉTICA: El pasaje de grandes líderes espirituales no arruina el plan de Dios de crear un pueblo santo y apreciado que demuestra Su grandeza[1].

2 Reyes 3

TEMA: ¿Cuál es el resultado de la limitada obediencia del pueblo de Israel a Dios?

COMPLEMENTO: Una limitada victoria contra Moab.

IDEA EXEGÉTICA: La limitada obediencia del pueblo de Israel a Dios tiene como resultado una limitada victoria contra Moab[2].

IDEA HOMILÉTICA: Una limitada obediencia a Dios conduce a una limitada victoria en la vida.

2 Reyes 4

TEMA: ¿Qué hace Dios a través de Eliseo cuando las personas están amenazadas por la pobreza, la muerte, un guisado nocivo y un escaso suministro de alimentos?

COMPLEMENTO: Él sostiene y restaura la vida.

IDEA EXEGÉTICA: Cuando las personas están amenazadas por la pobreza, la muerte, un guisado nocivo y un escaso suministro de alimentos, Dios, a través de Eliseo, sostiene y restaura la vida.

---

1. La clave exegética para entender este capítulo complejo y extraño es la ruta de Eliseo de Guilgal a Betel y a Jericó para cruzar el río Jordán. Este es un recorrido inverso de la conquista de Josué. Así, al recrear la conquista, Eliseo ("Dios salva") se proclama el nuevo Josué, un sucesor de Elías como Josué fue sucesor de Moisés. Al indicar la idea de crear "un pueblo santo y apreciado que muestra Su grandeza" proviene de pasajes como Deuteronomio 7:6 que establece la visión de Dios de traer a su pueblo a la tierra. Ver "Versículos/ pasajes difíciles" posteriormente para el episodio extraño en 2:23-25, donde Eliseo lanza una maldición a unos muchachos que lo llaman "viejo calvo" y terminan siendo despedazados por osos.

2. El resultado en 3:27 (Israel se vio obligado a retirarse debido a la furiosa lucha de los moabitas) puede remontarse a la situación en 3:2-3 (Jorán, rey de Israel, no fue tan malvado como su padre, Acab, y su madre, Jezabel, sin embargo, continuó en la idolatría). Solo Josafat, rey de Judá, tomó la palabra del Señor con seriedad (3:12). Jorán simplemente quería que sus propios planes se afirmaran.

IDEA HOMILÉTICA: No importa qué tan complicada sea la vida, el poder de Dios que da vida sigue obrando.

2 Reyes 5

TEMA: ¿Por qué Naamán recibe finalmente la gracia de Dios mientras que Guiezi recibe el juicio de Dios?

COMPLEMENTO: Naamán muestra humildad mientras que Guiezi actúa por codicia.

IDEA EXEGÉTICA: Naamán recibe la gracia de Dios una vez que muestra humildad, mientras que Guiezi recibe el juicio de Dios debido a su codicia.

IDEA HOMILÉTICA: Dios muestra Su gracia a los que son humildes y conformes.

2 Reyes 6:1-23

TEMA: ¿De qué manera Eliseo responde a la pérdida de un hacha (un problema pequeño) y a estar rodeado por la tropa siria (un problema mucho más grande)?

COMPLEMENTO: Confía en el poder de Dios para superar ambas circunstancias.

IDEA EXEGÉTICA: Eliseo responde a la pérdida de un hacha (un problema pequeño) y a estar rodeado por la tropa siria (un problema mucho más grande) confiando en el poder de Dios para superar ambas circunstancias.

IDEA HOMILÉTICA: El poder de Dios es más grande que las situaciones imposibles que enfrentamos[3].

2 Reyes 6:24-7:20

TEMA: ¿De qué manera Dios salva a Israel del ataque sirio a Samaria?

COMPLEMENTO: Al ahuyentar a la tropa siria y utilizar a cuatro leprosos que descubren el campamento abandonado de la tropa para compartir las buenas noticias con los desesperados israelitas, que luego saquean el campamento.

IDEA EXEGÉTICA: Dios salva a Israel del ataque sirio a Samaria al ahuyentar a la tropa siria y utilizar a cuatro leprosos que descubren el campamento abandonado de la tropa para compartir las buenas noticias con los

---

3. Desde luego, esta idea debe matizarse teológicamente. Si bien el poder de Dios es más grande que nuestras situaciones imposibles, la forma en que Él usa Su poder no siempre es predecible. Su poder está atado a sus propósitos. A veces Dios no muestra Su poder de la manera en que nosotros pedimos. Incluso al final de este relato, Eliseo extiende la misericordia de Dios a los sirios capturados permitiéndoles vivir.

desesperados israelitas, que luego saquean el campamento.

IDEA HOMILÉTICA: Dios salva al derramar Su gracia sobre los pecadores desesperados que responden con fe a la buena nueva.

2 Reyes 8

TEMA: ¿Cuál es el efecto de la palabra profética de Dios a la mujer sunamita, a Jazael y a Jeroboán?[4]

COMPLEMENTO: Determina el destino de la mujer sunamita y de las naciones de Israel y Judá.

IDEA EXEGÉTICA: La palabra profética de Dios a la mujer sunamita, a Jazael y a Jeroboán determina el destino de la mujer sunamita y de las naciones de Israel y Judá.

IDEA HOMILÉTICA: La Palabra de Dios determina la historia de los individuos y de las naciones.

2 Reyes 9-10

TEMA: ¿De qué manera Dios responde a la casa de Acab por su pecado y a la casa de Jehú por hacer lo que es correcto ante los ojos de Dios?

COMPLEMENTO: Dios finalmente juzga a la primera y honra a la última.

IDEA EXEGÉTICA: La respuesta de Dios a la casa de Acab por su pecado y a la casa de Jehú por hacer lo que es correcto ante los ojos de Dios es que finalmente juzga a la primera y honra a la última[5].

IDEA HOMILÉTICA: Dios hace que los malhechores tengan que pagar algún día por sus malas acciones y honra a los que hacen lo que es correcto ante sus ojos.

2 Reyes 11

TEMA: ¿De qué manera se ve afectada la promesa de Dios de que David tendría un descendiente en el trono por el intento de Atalía de destruir a toda la familia real?

---

4. La promesa de Dios a la cual se refiere 2 Reyes 8:19, "mantener encendida para siempre una lámpara para David y sus descendientes", la hizo Él en Sus palabras a Jeroboán en 1 Reyes 11:36.

5. Sin embargo, una prédica o lección sobre estos capítulos no debe representar a Jehú como un héroe impoluto. El final del relato dice que Jehú "no cumplió con todo el corazón la ley del Señor, Dios de Israel, pues no se apartó de los pecados con que Jeroboán hizo pecar a los israelitas" (10:31).

COMPLEMENTO: No se ve frustrada.

IDEA EXEGÉTICA: La promesa de Dios de que David tendría un descendiente en el trono no se ve frustrada por el intento de Atalía de destruir a toda la familia real.

IDEA HOMILÉTICA: Los malhechores no frustrarán los propósitos de Dios.

2 Reyes 12

TEMA: ¿Qué legado positivo deja el reino de Joás a la nación de Judá?

COMPLEMENTO: La restauración de la adoración pura en el templo.

IDEA EXEGÉTICA: El legado positivo que dejó el reino de Joás a Judá es la restauración de la adoración pura en el templo.

IDEA HOMILÉTICA: Uno de los mejores legados que un líder puede dejar al pueblo de Dios es la restauración de la adoración pura.

2 Reyes 13-14[6]

TEMA: ¿Cuál es la única esperanza para Israel y Judá mientras sufren bajo su pecado?

COMPLEMENTO: La gracia y compasión de Dios.

IDEA EXEGÉTICA: La única esperanza para Israel y Judá mientras sufren bajo su pecado es la gracia y compasión de Dios[7].

IDEA HOMILÉTICA: La única esperanza para aquellos que sufren bajo su pecado es la gracia y compasión de Dios.

2 Reyes 15-17[8]

TEMA: ¿De qué manera Dios juzga al Reino del Norte de Israel por abandonarlo por los ídolos?

---

6. El episodio final acerca de Eliseo en el relato del libro de Reyes podría servir como un texto para predicar, especialmente en una serie sobre Elías y Eliseo. Una idea homilética para 2 Reyes 13:14-21 podría ser: "Nuestra esperanza en el peor de los tiempos está en el poder de Dios para resucitar a Su pueblo". Ver los comentarios en "Versículos/pasajes difíciles" posteriormente.

7. Ver especialmente 2 Reyes 13:23; 14:26-27.

8. El enfoque de esta prédica o lección será el capítulo 17. Los capítulos 15-16 preparan el capítulo 17 catalogando los diversos fracasos de los reyes tanto de Israel como de Judá. Dado que estos fracasos han sido expuestos repetidamente en 2 Reyes, lo mejor es resumir estos capítulos (antes de concentrarse en el capítulo 17), en lugar de dedicarles una prédica aparte.

COMPLEMENTO: Apartándolos de Su presencia y enviándolos al exilio en Asiria[9].

IDEA EXEGÉTICA: Dios juzga al Reino del Norte de Israel por abandonarlo por los ídolos, apartándolos de Su presencia y enviándolos al exilio en Asiria.

IDEA HOMILÉTICA: Dios juzga a aquellos que lo abandonan por ídolos negándoles Su presencia.

2 Reyes 18-19

TEMA: ¿Por qué debería Ezequías confiar en Dios para liberar a la nación de Judá de la amenaza asiria?

COMPLEMENTO: Porque Dios tiene poder supremo sobre los enemigos más fuertes y es fiel a Sus promesas.

IDEA EXEGÉTICA: Ezequías debería confiar en Dios para liberar a la nación de Judá de la amenaza asiria porque Dios tiene poder supremo sobre los enemigos más fuertes y es fiel a Sus promesas.

IDEA HOMILÉTICA: Frente a los oponentes, confíe en Dios por Su poder supremo y la fidelidad a Sus promesas.

2 Reyes 20

TEMA: ¿Qué puede hacer Dios ante la enfermedad de Ezequías y el inminente cautiverio babilónico?

COMPLEMENTO: Extender la vida de Ezequías y la vida de la nación de Judá.

IDEA EXEGÉTICA: Ante la enfermedad de Ezequías y el inminente cautiverio babilónico, Dios puede extender la vida de Ezequías y la vida de la nación de Judá.

IDEA HOMILÉTICA: Dios puede extender la vida ante la muerte inminente[10].

2 Reyes 21

TEMA: ¿Cuál es el resultado de que Manasés abandone a Dios por los ídolos?

COMPLEMENTO: Lo lleva a derramar sangre inocente y así despertar la ira de Dios.

9. Observe las tres menciones de este relato de la pérdida de la presencia de Dios, es decir, Dios los quitó "de Su presencia", en 17:18, 20, 23. Ver los comentarios en "Aplicación y perspectiva cultural" posteriormente.

10. Esta idea homilética proviene de Lissa M. Wray Beal, 1 & 2 Kings, Apollos Old Testament Commentary [1 y 2 Reyes, Comentario de Apolo sobre el Antiguo Testamento] (Downers Grove, Illinois: InterVarsity, 2014), pág. 484.

IDEA EXEGÉTICA: Que Manasés abandonara a Dios por los ídolos lo llevó a derramar sangre inocente y así despertar la ira de Dios.

IDEA HOMILÉTICA: Las personas que abandonan a Dios por los ídolos terminan abusando de otros y, por lo tanto, despertando la ira de Dios.

2 Reyes 22:1-23:30

TEMA: ¿De qué manera Josías responde al libro de la ley?

COMPLEMENTO: Volviéndose a Dios con todo su corazón, alma y fuerza.

IDEA EXEGÉTICA: Josías responde al libro de la ley volviéndose a Dios con todo su corazón, alma y fuerza.

IDEA HOMILÉTICA: La respuesta correcta a la Palabra de Dios es volverse a Él con devoción incondicional.

2 Reyes 23:31-25:30

TEMA: ¿Qué esperanza proporciona a la nación destruida y exiliada de Judá la liberación de Joaquín de la prisión y su ascenso al honor?

COMPLEMENTO: Que Dios los restaurará.

IDEA EXEGÉTICA: La liberación de Joaquín de la prisión y su ascenso al honor provee la esperanza a la nación destruida y exiliada de Judá de que Dios los restaurará.

IDEA HOMILÉTICA: La gracia de Dios provee la esperanza de que Dios restaurará a Su pueblo que sufre las consecuencias de su propio pecado.

Selección de pasajes para predicar y enseñar el libro de 2 Reyes

2 Reyes 2:23-25

Este breve episodio es notoriamente difícil de predicar y enseñar. Parece como si Eliseo fuera un anciano cascarrabias que respondió de manera violenta a los insultos groseros de unos muchachos que no paraban de decir: "¡Anda, viejo calvo!". Sin embargo, estos "muchachos" pueden haber sido adolescentes, o incluso veinteañeros, dada la forma en que esta palabra (na'ar) se utiliza en otra parte de la Biblia Hebrea[11]. El modificador "pequeño" (qaton) puede hacer referencia a insignificancia en lugar de a la edad de alguien. Incluso si "pequeño" se refiere a "pequeño de estatura",

---

11. El término se utiliza en referencia a José cuando tenía diecisiete años (Gn 37:2) y a Absalón por su padre, David (2 S 14:21 y 18:5), cuando Absalón era lo suficientemente mayor para intentar tomar el trono de su padre.

no necesariamente quiere decir que estos eran niños de ocho o nueve años. Además, no debemos ver a Eliseo como un anciano cascarrabias indignado por un insulto personal, sino como un profeta de Dios que los maldice por su rechazo a Dios. Estos muchachos o jóvenes eran comunes de una nación que "se burlaban de los mensajeros de Dios, tenían en poco sus palabras, y se mofaban de sus profetas" (2 Cr 36:16)[12] . Claramente, ser despedazado por osos no es el método de trabajo habitual de Dios, pero sirve como un cruel recordatorio, como las muertes de Nadab y Abiú en Levítico 10:1-3 o de Ananías y Safira en Hechos 5:1-11, de que Dios es totalmente santo y no tolera la rebelión y el pecado. En cualquier caso, es consistente con la advertencia de Dios de que enviaría animales salvajes contra Su pueblo si este se negaba a escucharlo (Lv 26:21-22).

2 Reyes 6:1-7

La historia del rescate del hacha flotante a algunos lectores les puede parecer insignificante. Sin embargo, es un recordatorio de que Dios se preocupa por las necesidades pequeñas al igual que por las grandes (ver Mt 10:29-31). Además, esta necesidad puede ser más grande de lo que parece. El hierro era costoso y el hacha era prestada. Así que es posible que el milagro de Eliseo (hacer flotar el hierro en el agua para poder recuperarlo) salvó a la persona que se prestó el hacha de una deuda que no podría haber pagado al dueño.

2 Reyes 13:14-21

Por lo menos hay dos detalles extraños en la última historia del libro de Reyes acerca del profeta Eliseo. En primer lugar, parece un poco extremo que Eliseo ordene al rey de Israel golpear el suelo con sus flechas y luego se enoje cuando el rey se detiene después de tres veces en lugar de golpear cinco o seis veces (13:18-19). Sin embargo, Eliseo ve en esta acción simbólica una respuesta poco entusiasta del rey. Como resultado, la victoria sobre los sirios solo sería parcial. En segundo lugar, ¿qué debemos deducir del hombre que es arrojado precipitadamente a la tumba de Eliseo cuando una banda de guerrilleros moabitas es descubierta? Este también puede ser un símbolo, una parábola de la vida real, del pueblo de Dios siendo apartado de Su presencia hacia el exilio (ver 17:20). La inesperada resurrección del hombre muerto indica que Dios resucita a Su pueblo a una nueva vida, algo que había hecho por medio del profeta Eliseo. Entonces, la historia anticipa que Dios resucitará a la nación, tanto con el regreso del exilio y,

12. Paul R. House, *1, 2 Kings, The New American Commentary* [1, 2 Reyes, Nuevo comentario americano] (Nashville: Broadman & Holman, 1995), pág. 260.

finalmente, en la resurrección al final de los tiempos.

Un fenómeno cultural necesario para entender el libro de 2 Reyes es la guerra de sitio. Hay dos sitios contra Samaria, uno por los sirios (6:24-7:20) y otro por los asirios, que llevó al cautiverio y exilio del Reino del Norte de Israel (17:5-6/18:9). En Judá, Dios impide que los babilonios bajo Senaquerib sitien Jerusalén (19:32). Sin embargo, después el rey babilónico Nabucodonosor sitia Jerusalén y obliga a Joaquín, rey de Judá, a rendirse (24:10). Finalmente, Nabucodonosor vuelve a Jerusalén y la mantiene sitiada durante más de un año y medio antes de irrumpir en ella y capturar al rey de Judá, Sedequías, y destruir la ciudad y su templo (25:1-21). En una guerra de sitio, un ejército rodea la ciudad y espera a que los retenidos en su interior se rindan antes de quedarse sin comida y agua. Como resultado, se producen hambrunas que causan desde inflación hasta el canibalismo (ver 2 Reyes 6:24-29). Mientras tanto, el ejército atacante hace más que esperar a que una ciudad se rinda. Hacen todo lo posible "para penetrar en los muros utilizando sorpresa, engaño, escaleras, túneles o, muy a menudo, brechas"[13]. Intentan abrir brechas mediante el uso de máquinas de sitio. Se trata de cajas de madera recubiertas de cuero y con ruedas que protegen a los soldados que blanden un ariete montado en un armazón. Normalmente, estas máquinas de sitio tenían torres para proteger a los arqueros que hacían fuego de cobertura, disparando flechas a los defensores en lo alto de la muralla[14]. A veces, el ejército atacante construía rampas de sitio para facilitar el acercamiento a la muralla de la ciudad[15].

La idolatría sigue siendo un problema en el libro de 2 Reyes (ver los comentarios en "Aplicación y perspectiva cultural" en el capítulo sobre el libro de 1 Reyes), y los relatos posteriores sacan a relucir algunas de sus consecuencias más llamativas. Primero, la idolatría tiene como resultado la pérdida de la presencia de Dios. Cuando Israel finalmente cae contra los asirios, el narrador nos dice tres veces que Dios quitó a Su pueblo "de Su presencia", en 17:18, 20 y 23. Dios permite que Nabucodonosor invada la tierra de Judá y haga a Joaquín su vasallo para lograr el mismo propósito, es decir, apartar a Su pueblo "de Su presencia" (24:3). Esto se cumple plenamente cuando la ciudad cae bajo el gobierno de Sedequías (24:20).

---

13. Boyd Seevers, *Warfare in the Old Testament* [Guerra en el Antiguo Testamento] (Grand Rapids: Kregel Academic, 2013), pág. 244.

14. Seevers, *Warfare in the Old Testament*, pág. 234.

15. Seevers, *Warfare in the Old Testament*, pág. 268.

La Biblia es la historia de Dios rescatando a Su pueblo y devolviéndole la vida en Su presencia. Por lo tanto, este es un momento trágico en la trama de la Biblia. Perder la presencia de Dios es perder intimidad con el único que provee alegría (Sal 16:11), consuelo (Sal 23:4), protección (Sal 46:1) y contentamiento (Heb 13:5-6) a Su pueblo.

Un segundo resultado trágico de la idolatría es el abuso. Las personas que se vuelven a la idolatría terminan abusando de otros. Ya vimos esto en 1 Reyes 21 cuando la codicia del rey Acab por el viñedo de Nabot conduce a la conspiración traicionera de la reina Jezabel contra Nabot y su injusta ejecución. Esa tragedia ocurre de nuevo en 2 Reyes 21 con el rey Manasés derramando tanta sangre inocente "que inundó a Jerusalén de un extremo a otro" (v. 16). Hoy en día, las prácticas desenfrenadas de bullying, acoso sexual, abuso sexual y diferentes formas de violencia pueden remontarse a la idolatría, el intento de encontrar satisfacción o seguridad absoluta en cualquier cosa que no sea Dios. La idolatría al dinero, al sexo y al poder conducirá al maltrato de los demás.

Por último, la yuxtaposición de los relatos de Ezequías y Manasés (2 Reyes 19-21), así como los relatos de Josías y los cinco últimos reyes de Judá (2 Reyes 22-25), nos recuerda lo rápido que el pueblo de Dios puede volverse ignorante de las Escrituras. El pueblo de Dios "nunca está a más de una o dos generaciones de la apostasía y el olvido. Solo la gracia es una protección suficiente"[16].

FUENTES RECOMENDADAS

Alter, Robert. *"2 Kings"* ["2 Reyes"]. En Prophets [Profetas], vol. 2 de *The Hebrew Bible: A Translation with Commentary* [La Biblia Hebrea: Una traducción con comentarios], págs. 529-613. Nueva York: Norton, 2019.

Leithart, Peter. *1 & 2 Kings, Brazos Theological Commentary on the Bible* [1 y 2 Reyes, Comentario teológico de Brazos sobre la Biblia]. Grand Rapids: Brazos, 2006.

Provan, Iain W. *1 and 2 Kings, Understanding the Bible Commentary Series* [1 y 2 Reyes, Serie de comentarios para entender la Biblia]. 1995. Reimpreso, Grand Rapids: Baker Books, 2012.

Wray Beal, Lissa M. *1 & 2 Kings, Apollos Old Testament Commentary* [1 y 2 Reyes, Comentario de Apolo sobre el Antiguo Testamento]. Downers Grove, Illinois: InterVarsity, 2014.

---

16. D. A. Carson, *For the Love of God* [Por amor a Dios], vol. 1 (Wheaton: Crossway, 1998), entrada del 9 de noviembre.

1 Crónicas

GREGORY K. HOLLIFIELD

El libro de 1 Crónicas es una historia teológica y muy selectiva de la nación judía unificada, que culmina en el reino de David y se centra en los preparativos para la construcción del templo.

TEMA: ¿Cómo debían verse a sí mismos los judíos posexílicos tras el castigo de Dios a su nación y su posterior regreso a lo que quedaba del que alguna vez fue un próspero estado?

COMPLEMENTO: Como el pueblo de Dios para el cual sus promesas, especialmente a David, seguían vigentes.

IDEA EXEGÉTICA: Tras el castigo de Dios a su nación y su posterior regreso a lo que quedaba del que alguna vez fue un próspero estado, los judíos posexílicos debían verse a sí mismos como el pueblo del Dios para el cual sus promesas, especialmente a David, seguían vigentes.

IDEA HOMILÉTICA: Las promesas misericordiosas de Dios siguen vigentes para aquellos que lo adoran en espíritu y verdad.

Las crónicas, al igual que los libros de Samuel y Reyes, originalmente era un mismo documento que más adelante los traductores de la Septuaginta dividieron en dos libros. El cronista básicamente vuelve a contar la misma historia que se relata en Samuel y Reyes, pero con un énfasis y propósito diferente. Se escribieron esos libros previos para recordar a los judíos que vivían en el exilio que su desobediencia a la palabra profética tuvo como resultado el cautiverio. El cronista no niega ese hecho, por el contrario, hace énfasis en que las promesas de Dios a David (como se encuentran en 1 Cr 17) todavía están vigentes. El trono de David se mantendrá para siempre. Además, el templo que más adelante construyó el hijo de David, Salomón, como se estipula en el pacto de Dios con David, no solo era fundamental para la identidad de la nación, sino que su estado y su adoración en él eran un reflejo de su relación con Dios. Por lo tanto, deberían apreciar todo lo que su templo restaurado representaba, también buscar y servir a su Dios misericordioso, que esperaba su respuesta y escuchaba sus oraciones[1]. Este era el propósito del cronista.

La unidad de "todos los israelitas" se menciona a menudo en las Crónicas y se explica en la historia genealógica desde Adán hasta el retorno de los exiliados en los capítulos 1-9. Israel era su mejor y más verdadero ser cuando estaba unido bajo el hombre de Dios y adorando en su lugar señalado.

Como Saúl no hizo nada para contribuir a la construcción de la casa de Dios, se le olvida después de un solo capítulo (cap. 10). Por otro lado, el reino de David completa el resto del libro (caps. 11-29). Desde su conquista a Jerusalén, donde finalmente se levantaría el templo (11:4-9), hasta el transporte del arca a Jerusalén (caps. 13-16) y desde su pacto con Dios (cap. 17) hasta sus propios esfuerzos de limpiar la tierra de los enemigos de Israel, ordenar su imperio y recoger los materiales que Salomón necesitaría para construir el templo (caps. 18-29), David es representado como ese rey ideal cuyo corazón estaba fijado en Dios.

A pesar de que el cronista describe a David de manera favorable, ya se conocían muy bien sus defectos. David no era perfecto. Los predicadores deben tener cuidado de colocar al monarca en un pedestal demasiado alto. Al mismo tiempo, su dedicación a Dios, como se manifiesta en su compromiso con la casa de Dios, es un modelo para todos.

El libro de 1 Crónicas es casi imposible de analizar capítulo por capítulo. Los primeros nueve capítulos se deben ver desde un punto de vista muy alto, prestando atención a lo siguiente: los temas predominantes del lugar especial que ocupa Israel en toda la historia de la humanidad; la desmedida atención que se prestaba a David, a su familia extendida y a las tribus que se aliaron con él; el papel que desempeñaron los levitas para mantener a Israel conectado con su pasado y con su Dios y los sitiados que regresaron del exilio babilónico preguntándose qué les depararía el futuro.

Es inquietante lo poco que se dice sobre la muerte de Saúl y sus hijos

---

1. Mark A. Throntveit, *"Chronicles, Books of"* ["Crónicas, Libros de"], en *Dictionary for Theological Interpretation of the Bible* [Diccionario para la interpretación teológica de la Biblia], ed. Kevin J. Vanhoozer (Grand Rapids: Baker Academic, 2005), pág. 110.

(10:1-14) cuando se piensa en lo diferente que podrían haber sido las cosas si la primera familia real de Israel hubiera seguido a Dios como lo hizo David. La saga de David (11:1-29:30) es mucho más alentadora. Independientemente del número de secciones en que se divide el libro para la predicación y la enseñanza, constantemente se les debe recordar a los oyentes el panorama general: Jerusalén, el arca, la tierra, los materiales y el pueblo, todo se estaba preparando para la construcción de la casa de Dios.

Comprensión del tema, complemento, idea exegética e idea homilética

1 Crónicas 1-9

TEMA: ¿Qué les estaba diciendo el cronista a los que regresaban del exilio babilónico mediante su recuento de las genealogías en los capítulos 1-9?

COMPLEMENTO: La historia de Israel tuvo una importancia clave para toda la historia de la humanidad y la Casa de David y los levitas fueron clave en la historia de Israel.

IDEA EXEGÉTICA: Mediante su recuento de las genealogías en los capítulos 1-9, el cronista les estaba diciendo a los que regresaban del exilio babilónico que la historia de Israel tuvo una importancia clave para toda la historia de la humanidad y que la Casa de David y los levitas fueron clave en la historia de Israel.

IDEA HOMILÉTICA: En el núcleo de la historia se encuentran un trono y un templo judíos.

1 Crónicas 10

TEMA: ¿Por qué Saúl y sus hijos tuvieron un final humillante, uno que llevó a los filisteos a ocupar algunas ciudades de Israel y exhibir las armas y la cabeza de Saúl en el templo de Dagón y que resultó en que se entregara el reino a David?

COMPLEMENTO: Ocurrió porque Saúl se rebeló al no cumplir los mandatos del Señor y buscar la guía de una adivina en lugar del Señor.

IDEA EXEGÉTICA: Saúl y sus hijos tuvieron un final humillante, uno que llevó a los filisteos a ocupar algunas ciudades de Israel y exhibir las armas y la cabeza de Saúl en el templo de Dagón y que resultó en que se entregara el reino a David, debido a que Saúl se rebeló al no cumplir los mandatos del Señor y buscar la guía de una adivina en lugar del Señor.

IDEA HOMILÉTICA: La rebelión conduce a finales humillantes.

1 Crónicas 11-12[2]

TEMA: ¿Quién apoyó la unción de David como el rey elegido por Dios sobre Israel?

COMPLEMENTO: Los ancianos, los guerreros y "todos los israelitas".

IDEA EXEGÉTICA: Los ancianos, los guerreros y "todos los israelitas" apoyaron la unción de David como el rey elegido por Dios sobre Israel.

IDEA HOMILÉTICA: Ahora o más adelante (Flp 2:9-11), todos nosotros reconoceremos como rey a quien Dios ha designado.

1 Crónicas 13-14

TEMA: ¿Por qué el Señor "estalló" contra Uzá (13:11) y luego contra los filisteos (14:11)?

COMPLEMENTO: Porque, en el caso de Uzá, no se le consultó ni obedeció al Señor, sin embargo, después de que los filisteos se extendieran por Israel sí se le consultó y obedeció.

IDEA EXEGÉTICA: El Señor estalló contra Uzá y luego contra los filisteos porque en el caso de Uzá no se le consultó ni obedeció, sin embargo, después de que los filisteos se extendieran por Israel sí se le consultó y obedeció.

IDEA HOMILÉTICA: Dios estalla contra nosotros cuando no lo consultamos ni obedecemos.

1 Crónicas 15:1-16:42[3]

TEMA: ¿Por qué David guió al pueblo de Israel para transportar el arca del pacto a Jerusalén de la manera en que lo hizo, regocijándose a lo largo y al

---

2. El primer acto de David como rey en la toma de Jerusalén contra los jebuseos (11:4-9) demostró el tipo de líder que era y aseguró la ciudad donde más tarde se levantaría el templo. Las hazañas de los guerreros que lo siguieron (11:10-12:37) dan fe de la profunda devoción que inspiraba. Las prédicas pueden derivarse de estas dos perícopas, pero deben ser impartidos como complementos a la trama principal de la historia si se predica sobre el libro de 1 Crónicas de forma secuencial.

3. El transporte del arca a cargo de David se podría tratar en uno o dos prédicas. El punto de separación natural es 15:1. Incluso si se divide a la mitad, sería sensato que el predicador dé un sermón adicional basado únicamente en el salmo de alabanza de David en 16:8-36, extraído de Sal 96:1-13; 105:1-15 y 106:1, 47-48. "Estos Salmos destacan que el Señor liberara a Israel, especialmente cuando era una nación pequeña y débil. Estas palabras han sido muy alentadoras para el pequeño y oprimido público de 1-2 Crónicas". J. Daniel Hays, *"1-2 Chronicles: Focusing on the Davidic Promise and Worship in the Temple"* ["1-2 Crónicas: Centrándose en la promesa davídica y la adoración en el templo"], en *The Baker Illustrated Bible Handbook* [Manual bíblico ilustrado Baker], ed. J. Daniel Hays y J. Scott Duvall (Grand Rapids: Baker Books, 2011), pág. 217.

final del camino?

COMPLEMENTO: Para alabar al Señor por todo lo que había hecho por el pueblo de Israel.

IDEA EXEGÉTICA: David guió al pueblo de Israel para transportar el arca del pacto a Jerusalén de la manera en que lo hizo, regocijándose a lo largo y al final del camino, para alabar al Señor por todo lo que había hecho por el pueblo de Israel.

IDEA HOMILÉTICA: "Entren por sus puertas con acción de gracias; vengan a sus atrios con himnos de alabanza; denle gracias, alaben su nombre. Porque el Señor es bueno y su gran amor es eterno; su fidelidad permanece para siempre" (Sal 100:4-5).

1 Crónicas 16:43-17:27

TEMA: ¿De qué manera Dios respondió al deseo de David de construirle una casa?

COMPLEMENTO: Le prometió proveer un hogar seguro para Israel y construir la casa de David al establecer para siempre el trono de su hijo, quien al final construiría la casa de Dios, propiciando así la acción de gracias y la alabanza de David.

IDEA EXEGÉTICA: Dios respondió al deseo de David de construirle una casa prometiéndole proveer un hogar seguro para Israel y construir la casa de David al establecer para siempre el trono de su hijo, quien al final construiría la casa de Dios, propiciando así la acción de gracias y la alabanza de David.

IDEA HOMILÉTICA: Un hogar fiel es bendecido con y por un trono eterno

1 Crónicas 18-20

TEMA: ¿Cuál fue el resultado inmediato del pacto de Dios con David?

COMPLEMENTO: Según las versiones RVR1960 y NVI en 18:1; 19:1, "después de estas cosas aconteció que", "pasado algún tiempo" —respectivamente— o "después de esto" (RVR1960, NVI en 20:4) el Señor le dio la victoria a David en todas sus campañas (18:6; 13b), comenzando y terminando con los filisteos en Gat (18:1; 20:4-8)[4].

---

4. El uso repetido de "después de esto" por parte del cronista señala que todas las victorias de David en el campo de batalla se deben ver de manera conjunta como un resultado de la promesa anterior de Dios de proveer a Israel un hogar seguro al someter a sus enemigos (17:9-10). Esta sección de las Crónicas, tomada en su totalidad, retrata a David como un hombre de guerra y que derrama sangre, lo cual lo descalifica de ser el constructor de la casa de Dios (22:8) y un colector de materiales preciosos que Salomón usaría más adelante para

IDEA EXEGÉTICA: El resultado inmediato del pacto de Dios con David fue que "después de estas cosas aconteció que", "pasado algún tiempo" o "después de esto" el Señor le dio la victoria a David en todas sus campañas, comenzando y terminando con los filisteos en Gat.

IDEA HOMILÉTICA: Nosotros libramos las batallas, pero Dios da la victoria.

1 Crónicas 21:1-22:1

TEMA: ¿De qué manera la casa del Señor pasó a ubicarse en el monte donde previamente se encontraba la parcela de Ornán el jebuseo?

COMPLEMENTO: El pecado de David de realizar un censo militar en Israel tuvo como resultado que un ángel del Señor destruyera Israel hasta que Dios detuvo su mano en la parcela de Ornán y luego ordenó a David construir un altar ahí, lo cual hizo después de comprar el lugar.

IDEA EXEGÉTICA: La casa del Señor pasó a ubicarse en el monte donde previamente se encontraba la parcela de Ornán el jebuseo porque el pecado de David de realizar un censo militar en Israel tuvo como resultado que un ángel del Señor destruyera Israel hasta que Dios detuvo su mano en la parcela de Ornán y luego ordenó a David construir un altar ahí, lo cual hizo después de comprar el lugar.

IDEA HOMILÉTICA: La casa de Dios se erige como un monumento perpetuo a su justicia y misericordia.

1 Crónicas 22:2-19

TEMA: ¿Qué preparativos hizo David para la construcción de la casa de Dios después de comprar la parcela de Ornán?

COMPLEMENTO: Reunió metales preciosos y maderas de cedro, encargó a Salomón que la construyera mientras oraba por él y ordenó a los líderes de

construir dicha casa (18:7-8, 10; 20:2).

Es interesante ver que los nobles amonitas malinterpretaron las buenas intenciones de David hacia Janún de los amonitas, tras la muerte de su padre, como si fuera un acto de espionaje en preparación para la guerra. Su reacción y las represalias resultantes (19:1-9) podrían ser un caso de estudio en sí mismo.

La derrota de Rabá a manos de Joab y el reclamo que hace David de la corona del monarca derrotado (20:1-2) y la historia entrelazada de la familia de David y sus siervos con los gigantes de Gat (20:4-8) son igualmente interesantes. La primera evoca recuerdos de ese día en el que los santos arrojarán sus coronas, ganadas con tanto esfuerzo, a los pies de su rey y la última nos recuerda que el pueblo de Dios siempre se enfrentará a gigantes. Sin embargo, está claro que eso no es lo que el cronista pretendía transmitir, por lo que es mejor tomar todo 18:1-20:8 en conjunto como el comienzo del cumplimiento de Dios de su pacto con David.

Israel que ayudaran a Salomón.

IDEA EXEGÉTICA: Los preparativos que hizo David para la construcción de la casa de Dios, después de comprar la parcela de Ornán, fueron reunir metales preciosos y maderas de cedro, encargar a Salomón que la construyera mientras oraba por él y ordenar a los líderes de Israel que ayudaran a Salomón.

IDEA HOMILÉTICA: Es tanto nuestro privilegio como nuestro deber apoyar la construcción de la casa de Dios.

1 Crónicas 23-27

TTEMA: ¿A quién le encargó David el liderazgo de Israel y la casa de Dios cuando estaba viejo y lleno de días?

COMPLEMENTO: A Salomón, a los levitas (a quienes organizó para trabajar en la casa de Dios como ayudantes de los descendientes de Aarón, músicos, porteros, tesoreros y a otros como funcionarios y jueces), a los comandantes militares y a los jefes de las tribus.

IDEA EXEGÉTICA: Cuando David estaba viejo y lleno de días, le encargó a Salomón, a los levitas (a quienes organizó para trabajar en la casa de Dios como ayudantes de los descendientes de Aarón, músicos, porteros, tesoreros y a otros como funcionarios y jueces), a los comandantes militares y a los jefes de las tribus el liderazgo de Israel y del templo.

IDEA HOMILÉTICA: Dios es un Dios de decencia y orden que debe ser adorado y servido de manera decente y ordenada.

1 Crónicas 28:1-29:9

TEMA: ¿De qué manera presentó David a Salomón y a la asamblea de Israel la tarea encomendada de construir el templo del Señor?

COMPLEMENTO: Como (1) el deseo de su corazón que se le negó debido a su pasado sangriento, pero que Dios asignó benévolamente a Salomón, su hijo, cuyo trono perduraría para siempre si perseveraba en la obediencia a los mandamientos de Dios (28:1-10), (2) un proyecto con planes dados por Dios a él (28:11-19) y (3) una gran obra para la cual David había reunido grandes sumas de riquezas y para la que pedía al pueblo contribuir de su propia voluntad (28:11-18; 29:1-9).

IDEA EXEGÉTICA: David presentó a Salomón y a la asamblea de Israel la tarea encomendada de construir el templo del Señor como (1) el deseo de su corazón que se le negó debido a su pasado sangriento, pero que Dios asignó benévolamente a Salomón, su hijo, cuyo trono perduraría para siempre si perseveraba en la obediencia a los mandatos de Dios, (2) un proyecto con planes dados por Dios a él y (3) una gran obra para la cual David había reunido grandes sumas de riqueza y para la que pedía al pueblo contribuir de su propia voluntad.

IDEA HOMILÉTICA: No debemos menospreciar los sacrificios que otros han hecho por el templo del Señor.

1 Crónicas 29:10-22a

TEMA: ¿De qué manera consideró David las ofrendas que él y el pueblo presentaron a Dios para la construcción de Su templo?

COMPLEMENTO: Como que provenían de la mano soberana y bondadosa de Dios y eran agradables para Él porque fueron presentadas por corazones sinceros.

IDEA EXEGÉTICA: David consideró que las ofrendas que él y el pueblo presentaron a Dios para la construcción de Su templo provenían de la mano soberana y bondadosa de Dios y eran agradables para Él porque fueron presentadas por corazones sinceros.

IDEA HOMILÉTICA: Dios recibe con agrado lo que damos con humildad, libertad y sinceridad.

1 Crónicas 29:22b-30

TEMA: ¿En qué estado se encontraba Israel cuando David murió

COMPLEMENTO: Todo Israel estaba unido a favor del rey Salomón, Dios otorgó un reinado glorioso a Salomón como jamás lo tuvo ninguno de los reyes de Israel antes de él y David murió "en buena vejez, lleno de días, de riquezas y de gloria" (29:28 RVR1960).

IDEA EXEGÉTICA: Al momento de la muerte de David, todo Israel estaba unido a favor del rey Salomón, Dios otorgó un reinado glorioso a Salomón como jamás lo tuvo ninguno de los reyes de Israel antes de él y David "murió en buena vejez, lleno de días, de riquezas y de gloria" (29:28 RVR1960).

IDEA HOMILÉTICA: Dios nos regala shalom (paz y bienestar) cuando nuestros corazones están en paz con Él.

Versículos/pasajes difíciles

Hay muchas dificultades para predicar el libro de Crónicas. Para comenzar, ¡tiene muchas listas! Un predicador tendrá que tratarlas con cuidado, revisando solo breves fragmentos a la vez y centrándose en los nombres y eventos más conocidos de esas listas.

En cuanto a los nombres, ¿cuáles son sus significados? Según los eruditos, las listas familiares tienen muchos propósitos, entre ellos, "demostrar la legitimidad de una persona o la afirmación de una familia de tener un rol o rango particular [...] para preservar la pureza de la persona escogida y/o su sacerdocio [...] [y] afirmar la continuidad del pueblo de Dios a pesar de la expulsión de la tierra prometida"[5]. Los oyentes apreciarán más las genealogías cuando entiendan por qué están registradas.

Otra dificultad que enfrenta el maestro es cómo pronunciar todos esos nombres. Una vez más, el camino más seguro es ser selectivo sobre qué nombres leer y después practicar su pronunciación en voz alta antes de subir al púlpito. Si se traba, haga lo mejor que pueda y continúe con el próximo nombre en la lista. Es poco probable que alguien más en la congregación se dé cuenta de su error, ¡mucho menos que tenga una mejor idea de cómo pronunciarlo! Ello no quiere decir que los nombres en las Escrituras se deban tratar de forma irrespetuosa. Después de todo, están en la Biblia, y existe la posibilidad de que algún día usted conozca a algunas de esas personas en el cielo. Solo haga lo mejor que pueda. Todo saldrá bien.

El cronista muestra una tendencia a usar discursos, profecías y oraciones en lugar de extensos relatos para contar la historia. La tentación que enfrentamos es volver a los libros de Samuel y Reyes para llenar esas pequeñas partes de la historia que no ha contado el cronista. ¡Cuídese de esa tentación! Los escritores de los libros de Samuel y Reyes tuvieron sus propias agendas teológicas. Incluir sus textos en su exposición de las Crónicas puede perjudicar más que beneficiar, ya que confunde lo que el cronista quería decir cuando escribió lo que escribió y omitió lo que omitió.

En el anterior análisis de perícopa por perícopa se incluyen algunas sugerencias sobre cómo un predicador puede complementar su exposición sobre el libro de 1 Crónicas al profundizar en textos interesantes (como 11:10-25) y perícopas que contienen citas o resúmenes de otras partes de las Escrituras (como 16:8-36). La mejor manera de hacerlo sería predicar la historia del libro de 1 Crónicas los domingos por la mañana y después regresar a esos pasajes elegidos los domingos o miércoles por la noche.

Afortunadamente, son pocos los eventos en el libro de 1 Crónicas que son difíciles de comprender, con las excepciones de los capítulos 13 y 21. Tomando estos en orden inverso, el cronista informa en el capítulo 21 lo siguiente: "Satanás se levantó contra Israel, e incitó a David a que hiciese

---

5. Larry Richards, *The Bible Reader's Companion* [El acompañamiento del lector de la Biblia], citado por Charles R. Swindoll, *Insight's Old Testament Handbook* [Manual del Antiguo Testamento de Insight] (Plano, Texas: IFL Publishing, 2009), pág. 54.

censo de Israel" (v. 1 RVR 1960) y "esto desagradó a Dios" (v. 7 RVR 1960). Teniendo en cuenta que todo un libro del Pentateuco se llama Números y que hay otros lugares en Crónicas donde aparentemente se cuenta a las personas y objetos sin una influencia satánica ni desaprobación divina, uno se debe preguntar qué tenía de malo que David realizara un censo de su propio pueblo. Además, ¿por qué Joab se dio cuenta rápido de que era un problema mientras que David no lo hizo (vv. 3-4)? ¿Fue una señal de la fe equivocada de David (el número de sus tropas contra su fe en Dios), un indicador de que había orgullo en el corazón de David o algo completamente diferente? El cronista no lo indica.

Si la reacción de Dios al censo de Israel por parte de David parece exagerada ante nuestros ojos modernos, ¿cuánto más lo es el hecho de que Dios abatiera a Uza, quien, según nuestro punto de vista, tuvo la mejor de las intenciones al extender su mano para sostener el arca del pacto cuando esta estuvo a punto de caerse de la carreta de bueyes que la transportaba (13:9-10)? ¿Acaso no era culpa de David usar ese inapropiado medio de transporte? ¿Por qué Dios castigó a Uza?

Las consecuencias de que David realizara un censo y de que Uza tocara el arca fueron tanto rápidas como severas. Ambas apuntan a un inquietante protagonismo de la ira de Dios. En la actualidad, la ira de Dios tiene poco protagonismo siendo casi completamente reemplazada en nuestras prédicas y canciones por una celebración de su amor. Si bien es indudable y afortunadamente cierto que "Dios amó tanto al mundo" (NTV), también es cierto que es un Dios con el que tratamos bajo nuestra responsabilidad. Parafraseando a C. S. Lewis en *The Chronicles of Narnia* [Las Crónicas de Narnia]: "Él es un buen león, pero no es manso".

Para leer el libro de Crónicas, es importante primero leerlo en un contexto general y luego fijarse en los detalles, ya que nos puede llevar a correr el riesgo de perder el mensaje global por perdernos en detalles como, por ejemplo, las listas genealógicas y otros. Esta es, tal vez, la mayor dificultad al leer, enseñar y predicar este libro.

El panorama general del libro de 1 Crónicas se centra en el pacto de Dios con David y los preparativos de David para la construcción del templo de Dios. Es una imagen que el cronista pinta con colores vivos para que quede plasmada en el corazón de los lectores, recordándoles quiénes eran y el futuro prometedor que tenían por delante.

Dentro de este panorama general se encuentran muchísimas personas, algunas muy conocidas en la historia, algunas poco conocidas y otras prácticamente desconocidas, con excepción de Dios. Aunque para nosotros es casi imposible no olvidar a todos los actores, salvo a los más importantes de la gran narración de la historia, el Señor recuerda el nombre de todos y cada uno de nosotros, ¡también los de nuestros padres y abuelos! Nada de lo que hagamos, por pequeño o incomprensible que sea, o incluso bien intencionado pero erróneo, puede escapar de su atención.

Aplicación y perspectiva cultural

El estadounidense promedio presta poca atención al pasado y puede saber aún menos sobre la historia de su propia familia. Eso está cambiando para millones de personas que consultan en algunas páginas web de búsqueda de antepasados, las cuales los ayudan a rastrear sus raíces. Están descubriendo que, después de todo, las genealogías no son necesariamente aburridas. Las genealogías en 1 Crónicas 1-9 tendrán sentido para los oyentes actuales una vez que comprendan por qué el cronista las registró para su público posexílico y aprecien cómo siguen siendo relevantes para el pueblo de Dios.

Al igual que el pueblo de Israel después del exilio, nosotros, los creyentes, tendemos a tomar a la ligera nuestra propia herencia espiritual. Olvidamos quiénes somos. Al no ver a nuestro Rey prometido sentado en un trono visible mientras el mundo que nos rodea se mantiene en ruinas, vamos a su casa semana tras semana sintiéndonos derrotados y apartados del mundo que prometió. El cronista nos recuerda que la casa de Dios permanece como un monumento perpetuo a su misericordia y que la promesa de Dios a David sigue vigente. Al igual que sus lectores posexílicos tuvieron que confiar en que el hijo de David regresaría un día a retomar su trono, nosotros esperamos el regreso de nuestro Rey. Ese día, cuando la nueva Jerusalén, la sala del trono y templo de nuestro Rey, descienda a la tierra, llevaremos su nombre con claridad y orgullo (Ap 22:4). Entonces nadie dudará que Él es nuestro Dios y que nosotros somos su pueblo (Ap 21:3).

Los castigos que el Señor dio a David por hacer el censo a Israel y cuando abatió a Uzá por tocar el arca fueron directos, inmediatos y retributivos. Cuando Dios castiga el pecado directamente, se involucra de manera personal, como cuando confundió los idiomas en Babel al ver la torre que estaban construyendo los hombres (Gn 11) y cuando hizo que cayera lluvia de fuego y azufre del cielo después de determinar que era cierto el informe espantoso de las ciudades gemelas (Gn 19). Cuando Dios castiga el pecado indirectamente, no hace nada y deja que recibamos nuestro merecido, como cuando una persona sexualmente inmoral contrae una enfermedad de transmisión sexual. En dichas circunstancias, la semilla del castigo está en el fruto del pecado. Como con una fresa o un plátano, uno no puede comer la fruta sin comer también la semilla.

Ya sea impartido de manera directa o indirecta, Dios pretende que sus castigos sirvan al menos para uno de los tres propósitos o como una combinación de los tres. Sus castigos tienen un propósito retributivo cuando ocasionan dolor al darle al transgresor su merecido por infringir una de las leyes de Dios. Sus castigos están destinados a ser reparadores cuando se envían para corregir el comportamiento del pecador. A veces, por el bien de los espectadores, el Señor castiga a los desobedientes como advertencia para que no sigan actuando de esa manera. Estos castigos cumplen una función disuasoria[6]. Los dos castigos impartidos en 1 Crónicas 13 y 21, y los muchos otros registrados en el libro de 2 Crónicas, son de las categorías inmediata y retributiva. En la actualidad, los oyentes deben conocer estas y otras formas en que Dios castiga el pecado.

FUENTES RECOMENDADAS

Fee, Gordon D. y Douglas Stuart. *How to Read the Bible Book by Book* [Cómo leer la Biblia libro por libro]. Grand Rapids: Zondervan, 2002.

Hays, J. Daniel y J. Scott Duvall, eds. *The Baker Illustrated Bible Handbook* [Manual bíblico ilustrado Baker]. Grand Rapids: Baker Books, 2011.

Vanhoozer, Kevin J., ed. *Dictionary for Theological Interpretation of the Bible* [Diccionario para la interpretación teológica de la Biblia]. Grand Rapids: Baker Academic, 2005.

---

6. Millard J. Erickson, *Christian Theology* [Teología Cristiana], 2.ª ed. (Grand Rapids: Baker, 1998), págs. 626-28.

2 Crónicas

PAUL A. HOFFMAN

La idea principal del libro de 2 Crónicas

El libro de 2 Crónicas presenta un relato esperanzador, con la intención de dar apoyo e inspirar a los judíos posexílicos hacia la plena restauración del templo y la ciudad de Jerusalén. A lo largo del libro predominan dos temas relacionados: el reino de David y el templo. Dios demuestra su amor leal a la casa de David cuando el rey Salomón construye el templo. Después de este período de felicidad, el libro describe el ascenso y la caída de diecinueve reyes, terminando en que Dios disciplina a su pueblo por su constante maldad (2 Cr 36:15-21). Sin embargo, el libro de 2 Crónicas termina con una trayectoria redentora: Dios "despertó el espíritu de Ciro, rey de Persia" (2 Cr 36:22 RVA-2015) para catalizar la reconstrucción del templo y liberar a los exiliados para que regresen a su hogar.

TEMA: ¿Cuál es el mensaje del cronista para el pueblo quebrantado y desalentado de Dios tras la destrucción de Jerusalén y su exilio?

COMPLEMENTO: A pesar de sus fallas, Dios es fiel al reino de David porque "El Señor es bueno; su gran amor perdura para siempre" (2 Cr 5:13).

IDEA EXEGÉTICA: El mensaje del cronista para el pueblo quebrantado y desalentado de Dios, tras la destrucción de Jerusalén y su exilio, es que, a pesar de sus fallas, Dios es fiel al reino de David porque "El Señor es bueno; su gran amor perdura para siempre" (2 Cr 5:13).

IDEA HOMILÉTICA: A pesar de las fallas de su pueblo, Dios es fiel porque "es bueno; su gran amor perdura para siempre".

Selección de pasajes para predicar y enseñar el libro de 2 Crónicas

Cuando se interpretan los relatos del Antiguo Testamento, un expositor sagaz comprende que cada historia tiene "tres niveles": "*El primer nivel* se refiere a todo el plan universal de Dios. [...] El *segundo nivel* se enfoca en Israel. [...] Al final, está el *tercer nivel*; aquí se encuentran todos los cientos de relatos individuales que conforman los otros dos niveles"[1].

En lo que respecta al libro de 2 Crónicas, es fundamental recordar continuamente su objetivo general: "proveer a la comunidad posexílica esperanza y una necesidad desesperada de sentido de identidad y dirección"[2]. Teniendo ello en mente, Gordon Fee presenta un esquema general que proporciona claridad histórica y temática:

2 Crónicas 1-9   La monarquía unida: La historia de Salomón
2 Crónicas 10-36   La monarquía dividida: La dinastía davídica[3]

A medida que uno estudia 2 Crónicas 1-9, es importante observar "el único punto esencial: fidelidad al templo como el lugar de adoración verdadera". Además, la segunda sección del libro de 2 Crónicas (caps. 10-36) hace "especial énfasis en la intervención directa de Dios para bendecir y juzgar en función de que los reyes 'busquen' o 'se humillen ante' Yahveh o de que 'abandonen' o 'dejen' a Yahveh"[4].

Con respecto a escoger los textos para predicar y enseñar, el intérprete puede utilizar de manera razonable los títulos de los temas presentados en la *New International Version*. Para simplificar, resumí los cincuenta y un títulos de la NIV en treinta perícopas, según cada tema, historia o rey. Los describo en la siguiente sección.

Comprensión del tema, complemento, idea exegética e idea homilética

2 Crónicas 1

TEMA: ¿Cuál es el resultado de que Salomón le pidiera sabiduría a Dios para gobernar al pueblo de Israel?

COMPLEMENTO: Dios le otorga sabiduría para gobernar al pueblo de Israel junto con riquezas, bienes y gloria.

IDEA EXEGÉTICA: El resultado de que Salomón le pidiera sabiduría a Dios para

---

1. Gordon D. Fee y Douglas Stuart, *How to Read the Bible for All Its Worth* [Cómo leer la Biblia por todo lo que vale], 2.ª ed. (Grand Rapids: Zondervan, 1993), pág. 79.

2. David A. Dorsey, *The Literary Structure of the Old Testament* [La estructura literaria del Antiguo Testamento] (Grand Rapids: Baker, 1999), pág. 145.

3. Gordon D. Fee y Douglas Stuart, *How to Read the Bible Book by Book* [Cómo leer la Biblia libro por libro] (Grand Rapids: Zondervan, 2002), págs. 104-5.

4. Fee y Stuart, *How to Read the Bible Book by Book*, pág. 105.

gobernar al pueblo de Israel es que Dios le otorga sabiduría junto con riquezas, bienes y gloria.

IDEA HOMILÉTICA: Dios honra a los líderes que buscan honrarlo.

2 Crónicas 2:1-5:1

TEMA: ¿Por qué Salomón invierte tanto tiempo, atención y recursos para construir el templo?

COMPLEMENTO: Porque "Dios es el más grande de todos los dioses" (2:5).

IDEA EXEGÉTICA: Salomón invierte tanto tiempo, atención y recursos para construir el templo porque "Dios es el más grande de todos los dioses" (2:5).

IDEA HOMILÉTICA: Nuestro Dios es digno de todo nuestro tiempo, atención y recursos porque es el más grande de todos los dioses.

2 Crónicas 5:2-6:11

TEMA: Cuando el arca es trasladada al templo, ¿por qué Salomón alaba al Señor?

COMPLEMENTO: Por cumplir la promesa que le hizo a David.

IDEA EXEGÉTICA: Cuando el arca es trasladada al templo, Salomón alaba al Señor por cumplir la promesa que le hizo a David.

IDEA HOMILÉTICA: Alabe al Señor por cumplir sus promesas.

Crónicas 6:12-7:10

TEMA: ¿Por qué ora Salomón cuando dedica el templo?

COMPLEMENTO: Para que el Señor escuche las oraciones de su pueblo y de los extranjeros que van al templo y que les responda con perdón, justicia y salvación.

IDEA EXEGÉTICA: Cuando Salomón dedica el templo, ora para que el Señor escuche las oraciones de su pueblo y de los extranjeros que van al templo y que les responda con perdón, justicia y salvación.

IDEA HOMILÉTICA: El señor escucha nuestras oraciones y responde con perdón, justicia y salvación.

2 Crónicas 7:11-22

TEMA: ¿Qué le dice el Señor a Salomón?

COMPLEMENTO: Que responderá a la humildad, a la oración sincera y al arrepentimiento, pero que castigará la desobediencia y la idolatría.

IDEA EXEGÉTICA: El Señor le dice a Salomón que responderá a la humildad, a la oración sincera y al arrepentimiento pero que castigará la desobediencia y la idolatría.

IDEA HOMILÉTICA: El Señor responde a la humildad a la oración sincera y al arrepentimiento, pero castiga la desobediencia y la idolatría.

2 Crónicas 8-9

TEMA: ¿Cuál es la consecuencia de que Salomón cuide de manera meticulosa el templo y cumpla con lo prescrito en el sistema de sacrificios?

COMPLEMENTO: Dios lo hizo famoso y "tanto en riquezas como en sabiduría, [...] sobrepasó a los demás reyes de la tierra" (9:22).

IDEA EXEGÉTICA: La consecuencia de que Salomón cuide de manera meticulosa el templo y cumpla con lo prescrito en el sistema de sacrificios es que Dios lo hizo famoso y "tanto en riquezas como en sabiduría, [...] sobrepasó a los demás reyes de la tierra" (9:22).

IDEA HOMILÉTICA: Dios favorece a los que lo adoran de manera apropiada.

2 Crónicas 10-11

TEMA: ¿Cuál es el resultado de que el rey Roboán rechace el consejo de los ancianos que sirvieron a su padre y responda con brusquedad la petición del pueblo de que les alivie el trabajo?

COMPLEMENTO: Diez de las tribus se rebelan contra su reinado, lo cual divide al reino.

IDEA EXEGÉTICA: El resultado de que el rey Roboán rechace el consejo de los ancianos que sirvieron a su padre y responda con brusquedad la petición del pueblo de que les alivie el trabajo es que diez de las tribus se rebelan contra su reinado, lo cual divide al reino.

IDEA HOMILÉTICA: Un liderazgo insensato y duro genera rebelión y división.

2 Crónicas 12

TEMA: ¿Qué ocurre cuando Roboán y su pueblo son infieles al Señor, abandonan la ley y sirven a los reyes de otros países?

COMPLEMENTO: El Señor tiene la intención de destruirlos a menos que el rey y los líderes se humillen; sin embargo, responde con un castigo menor: el saqueo del templo y del palacio.

IDEA EXEGÉTICA: Cuando Roboán y su pueblo son infieles al Señor, abandonan la ley y sirven a los reyes de otros países, el Señor tiene la intención de destruirlos a menos que el rey y los líderes se humillen; sin embargo, responde con un castigo menor: el saqueo del templo y del palacio.

IDEA HOMILÉTICA: Si bien el Señor castiga la infidelidad, responde a la humildad y al arrepentimiento.

2 Crónicas 13:1-14:1

TEMA: ¿Por qué el ejército de Abías derrota al ejército superior de Jeroboán?

COMPLEMENTO: "Confiaron en el Señor" (13:18) y por eso "Dios derrotó a Jeroboán" (13:15).

IDEA EXEGÉTICA: El ejército de Abías derrota al ejército superior de Jeroboán porque "confiaron en el Señor" (13:18) y por eso "Dios derrotó a Jeroboán" (13:15).

IDEA HOMILÉTICA: Dios otorga el triunfo a los que confían en Él.

2 Crónicas 14:2-15

TEMA: ¿Qué demuestra la relación del rey Asá con el Señor?

COMPLEMENTO: Aquellos que confían en el Dios que "puede ayudar al débil contra el poderoso" (14:11 NTV) recibirán descanso y victoria.

IDEA EXEGÉTICA: La relación del rey Asá con el Señor demuestra que aquellos que confían en el Dios que "puede ayudar al débil contra el poderoso" (14:11 NTV) recibirán descanso y victoria.

IDEA HOMILÉTICA: Confíe en el Dios que ayuda al débil contra el poderoso, y recibirá descanso y victoria.

2 Crónicas 15

TEMA: ¿Qué indican las reformas de Asá?

COMPLEMENTO: El Señor "recompensa" (15:7) a aquellos cuyos corazones se mantienen "siempre fieles" (15:17) a Él.

IDEA EXEGÉTICA: Las reformas de Asá indican que el Señor "recompensa" (15:7) a aquellos cuyos corazones se mantienen "siempre fieles" (15:17) a Él.

IDEA HOMILÉTICA: El Señor recompensa a aquellos cuyos corazones se mantienen siempre fieles a Él.

2 Crónicas 16

TEMA: ¿Qué lección se obtiene del fracaso de Asá?

COMPLEMENTO: El Señor fortalece a aquellos que dependen únicamente de Él y debilita a los que dependen de sí mismos.

IDEA EXEGÉTICA: La lección que se obtiene del fracaso de Asá es que el Señor fortalece a aquellos que dependen únicamente de Él y debilita a los que dependen de sí mismos.

IDEA HOMILÉTICA: El Señor fortalece a aquellos que dependen únicamente de Él y debilita a los que dependen de sí mismos.

2 Crónicas 17

TEMA: ¿De qué manera el cronista describe el comienzo del reinado de Josafat?

COMPLEMENTO: Como un período en el cual el Señor le da riqueza, honores y poder porque obedece los mandamientos de Dios y asegura que se enseñen en todo Judá.

IDEA EXEGÉTICA: El cronista describe el comienzo del reinado de Josafat como un período en el cual el Señor le da riqueza, honores y poder porque obedece los mandamientos de Dios y asegura que se enseñen en todo Judá.

IDEA HOMILÉTICA: El Señor "afirma" (17:5) a los que obedecen sus mandamientos y los enseñan a los demás.

2 Crónicas 18:1-19:3; 20:31-21:3[5]

TEMA: ¿Por qué el Señor expresa descontento con Josafat?

COMPLEMENTO: Porque forma alianzas con dos reyes malvados y no quita los santuarios paganos.

IDEA EXEGÉTICA: El Señor expresa descontento con Josafat porque forma alianzas con dos reyes malvados y no quita los santuarios paganos.

IDEA HOMILÉTICA: El Señor desaprueba las alianzas profanas y la obediencia parcial.

2 Crónicas 19:4-20:30

TEMA: ¿Cómo se recupera Josafat después de su alianza pecaminosa con Acab?

COMPLEMENTO: Nombra jueces para impartir justicia y proclama un ayuno cuando Moab y Amón declaran la guerra a Judá.

---

5. Los capítulos 18-21 están divididos por temas: las secciones 18:1-19:3 y 20:31-21:3 describen dos de las mayores fallas que cometió Josafat, mientras que 19:4-20:30 representa dos éxitos. Incluso los mejores y más devotos reyes tuvieron un registro contradictorio al servir al Señor.

IDEA EXEGÉTICA: Después de su alianza pecaminosa con Acab, Josafat se recupera nombrando jueces para impartir justicia y proclamando un ayuno cuando Moab y Amón declaran la guerra contra Judá.

IDEA HOMILÉTICA: El Señor libera a los que practican justicia y sumisión.

2 Crónicas 21:4-20

TEMA: ¿Cómo se define el malvado reinado de Jorán?

COMPLEMENTO: Jorán asesina a sus hermanos e induce al pueblo a la idolatría, por eso el Señor lo hiere por medio de rebelión, guerra, perdida familiar, y una muerte dolorosa y deshonrosa.

IDEA EXEGÉTICA: Lo que define al malvado reinado de Jorán es que asesina a sus hermanos e induce al pueblo a la idolatría, por eso el Señor lo hiere por medio de rebelión, guerra, perdida familiar, y una muerte dolorosa y deshonrosa.

IDEA HOMILÉTICA: El Señor rechaza y deshonra la violencia y la idolatría.

2 Crónicas 22-23[6]

TEMA: ¿De qué manera el Señor responde al malvado reinado de Ocozías?

COMPLEMENTO: Cumpliendo su promesa y preservando a los descendientes de David a través de las acciones valientes de Josaba y Joyadá.

IDEA EXEGÉTICA: El Señor responde al malvado reinado de Ocozías cumpliendo su promesa y preservando a los descendientes de David a través de las acciones valientes de Josaba y Joyadá.

IDEA HOMILÉTICA: El Señor cumple sus promesas a través de acciones valientes de algunos fieles seguidores.

2 Crónicas 24

TEMA: ¿De qué manera la muerte de Joyadá cambia la dirección del reinado de Joás?

COMPLEMENTO: Bajo la guía de Joyadá, Joás restaura el templo y la adoración adecuada; sin embargo, tras la muerte de Joyadá, Joás renuncia al Señor y abandona el templo.

IDEA EXEGÉTICA: La muerte de Joyadá cambia la dirección del reinado de Joás

---

6. He combinado los capítulos 22 y 23 porque tienen un tema en común que es la acción fiel y providencial de Dios. 2 Crónicas 22:10-12 actúa como un puente que conecta los dos capítulos.

debido a que, bajo la guía de Joyadá, Joás restaura el templo y la adoración adecuada; sin embargo, tras la muerte de Joyadá, Joás renuncia al Señor y abandona el templo.

IDEA HOMILÉTICA: La reforma es como una empresa frágil, ya que a veces un solo factor causa que se desintegre.

2 Crónicas 25

TEMA: ¿Qué causa la caída y la muerte de Amasías?

COMPLEMENTO: Su adoración a otros dioses y su orgullo.

IDEA EXEGÉTICA: La caída y la muerte de Amasías fueron causadas por su adoración a otros dioses y su orgullo.

IDEA HOMILÉTICA: "Antes de la destrucción el corazón del hombre es altivo" (Pr 18:12 NBLA).

2 Crónicas 26

TEMA: ¿Qué causa la caída de Uzías?

COMPLEMENTO: Su orgullo e infidelidad.

IDEA EXEGÉTICA: La caída de Uzías fue causada por su orgullo e infidelidad.

IDEA HOMILÉTICA: "Al orgullo [al igual que a la infidelidad] le sigue la destrucción" (Pr 16:18).

2 Crónicas 27

TEMA: ¿De qué manera el cronista resume el reinado de Jotán?

COMPLEMENTO: Al decir: "El rey Jotán se hizo muy poderoso, porque procuró siempre seguir los caminos del Señor su Dios" (27:6 NBV).

IDEA EXEGÉTICA: El cronista resume el reinado de Jotán al decir: "Jotán llegó a ser poderoso porque se propuso obedecer al Señor su Dios" (27:6).

IDEA HOMILÉTICA: El Señor fortalece a los que caminan con firmeza ante Él.

2 Crónicas 28

TEMA: ¿Cuál es el análisis final sobre el reinado del rey Acaz?

COMPLEMENTO: "El Señor humilló a Judá" porque Acaz "permitió el desenfreno" (28:19), incluyendo acciones sin precedentes de idolatría, sacrificios de niños y el cierre del templo.

IDEA EXEGÉTICA: El análisis final sobre el reinado del rey Acaz es que "el Señor humilló a Judá" porque Acaz "permitió el desenfreno" (28:19), incluyendo acciones sin precedentes de idolatría, sacrificios de niños y el cierre del templo.

IDEA HOMILÉTICA: El Señor humilla a los que promueven el desenfreno.

2 Crónicas 29-31

TEMA: Al convertirse en rey, ¿qué cambios promulga Ezequías y cuáles son los resultados?

COMPLEMENTO: Ezequías reabre y purifica el templo, restaura el sacerdocio y vuelve a instituir las fiestas solemnes, incluyendo la Pascua, dando como resultado una importante reforma espiritual y social.

IDEA EXEGÉTICA: Al convertirse en rey, Ezequías promulga los siguientes cambios: reabre y purifica el templo, restaura el sacerdocio y vuelve a instituir las fiestas solemnes, incluyendo la Pascua, dando como resultado una importante reforma espiritual y social.

IDEA HOMILÉTICA: Cuando el pueblo de Dios vuelve a priorizar la adoración adecuada y la obediencia a su Palabra, Dios los renueva y reforma.

2 Crónicas 32:1-23

TEMA: ¿De qué manera Ezequías afronta la invasión de Senaquerib?

COMPLEMENTO: Orando al Señor, el "más poderoso" quien "pelea nuestras batallas" (32:7-8), y Dios extermina al ejército asirio.

IDEA EXEGÉTICA: Ezequías afronta la invasión de Senaquerib orando al Señor, el "más poderoso" quien "pelea nuestras batallas" (32:7-8), y Dios extermina al ejército asirio.

IDEA HOMILÉTICA: Cuando nos encontremos en peligro, oremos al Señor, el "más poderoso" quien "pelea nuestras batallas", y Él nos librará.

2 Crónicas 32:24-33

TEMA: ¿Qué ocurre cuando Ezequías se vuelve orgulloso y malagradecido?

COMPLEMENTO: La santa ira de Dios arremete contra él y el pueblo hasta que se arrepienten.

IDEA EXEGÉTICA: Cuando Ezequías se vuelve orgulloso y malagradecido, la santa ira de Dios arremete contra él y el pueblo hasta que se arrepienten.

IDEA HOMILÉTICA: Incluso los cristianos maduros pueden caer en el orgullo y la ingratitud; por lo tanto, recuerde: "Dios se opone a los orgullosos, pero da gracia a los humildes" (Santiago 4:6).

2 Crónicas 33:1-20

TEMA: ¿Cuál es el análisis final sobre el reinado de Manasés?

COMPLEMENTO: A pesar de que comienza como el rey más malvado de la historia de Judá, cuando Dios lo disciplina, Manasés se arrepiente tan profundamente que Dios lo restaura y cambia sus prioridades.

IDEA EXEGÉTICA: El análisis final sobre el reinado de Manasés es que a pesar de que comienza como el rey más malvado de la historia de Judá, cuando Dios lo disciplina, Manasés se arrepiente tan profundamente que Dios lo restaura y cambia sus prioridades.

IDEA HOMILÉTICA: Nadie es tan malvado como para que Dios no pueda cambiarlo y restaurarlo para su servicio.

2 Crónicas 33:21-25

TEMA: ¿En qué se diferencia Amón de su padre Manasés?

COMPLEMENTO: Se rehúsa a humillarse ante el Señor y sus ministros lo asesinan.

IDEA EXEGÉTICA: Amón se diferencia de su padre Manasés porque se rehúsa a humillarse ante el Señor y sus ministros lo asesinan.

IDEA HOMILÉTICA: Los que se rehúsan a humillarse ante el Señor obtendrán lo que merecen.

2 Crónicas 34-35

TEMA: ¿Por qué el profeta Jeremías "recuerda a Josías" (35:25 DHH)?

COMPLEMENTO: Por buscar fielmente a Dios, al igual que su antepasado David, y por liderar una reforma importante en la cual purifica el templo, promueve leer y obedecer la ley, y vuelve a instituir la Pascua.

IDEA EXEGÉTICA: El profeta Jeremías "recuerda a Josías" (35:25) por buscar fielmente a Dios, al igual que su antepasado David, y por liderar una reforma importante en la cual purifica el templo, promueve leer y obedecer la ley, y vuelve a instituir la Pascua.

IDEA HOMILÉTICA: Dios honra a los fieles seguidores que priorizan la adoración pura, estudiar y obedecer la Palabra de Dios y la sangre del cordero.

2 Crónicas 36:1-14

TEMA: ¿Cuáles son las características comunes de los últimos cuatro reyes de Judá?

COMPLEMENTO: Son "malvados", los reyes enemigos los destituyen y los llevan cautivos, y el templo es saqueado bajo su vigilancia.

IDEA EXEGÉTICA: Las características comunes de los últimos cuatro reyes de Judá son las siguientes: son "malvados", los reyes enemigos los destituyen y los llevan cautivos, y el templo es saqueado bajo su vigilancia.

IDEA HOMILÉTICA: Los líderes malvados sufren las consecuencias de sus actos.

2 Crónicas 36:15-23

TEMA: ¿Cómo concluye el libro de 2 Crónicas?

COMPLEMENTO: Concluye con un juicio y una esperanza: debido al desenfreno de Judá, Dios mandó a los babilonios a destruir el templo y a Jerusalén; sin embargo, el Señor preservó un remanente en el exilio e hizo que Ciro proclamara la reconstrucción del templo.

IDEA EXEGÉTICA: El libro de 2 Crónicas concluye con un juicio y una esperanza: debido al desenfreno de Judá, Dios mandó a los babilonios a destruir el templo y a Jerusalén; sin embargo, el Señor preservó un remanente en el exilio e hizo que Ciro proclamara la reconstrucción del templo.

IDEA HOMILÉTICA: "Aunque [el Señor] causa sufrimiento también tiene compasión y grande es su fiel amor" (Lm 3:32 PDT).

Versículos/pasajes difíciles

Al abordar el libro de 2 Crónicas, el expositor tendrá que considerar tres posibles desafíos. El primero es conciliar las diferencias entre los libros de 1 y 2 Reyes y los libros de 1 y 2 Crónicas. A pesar de que estos libros relatan los mismos eventos históricos, el libro de Reyes proporciona una evaluación más desoladora sobre la desintegración de Israel y Judá que el libro de Crónicas[7]. Por ejemplo, el libro de Reyes enfatiza de manera notoria los ministerios de los profetas Elías y Eliseo (ver 1 Reyes 17 hasta 2 Reyes 8), mientras que el libro de 2 Crónicas menciona una vez a Elías (21:12) y en ningún momento, a Eliseo.

Segundo, parece que el Nuevo Testamento interactúa muy poco con el libro de 2 Crónicas. Debido en gran parte a sus descripciones del templo de Salomón, Apocalipsis hace referencia o alusión a 2 Crónicas 1-9 varias veces. Además, Jesús cita a "la reina del Sur" (es decir, la reina de Sabá en 2 Cr 9:1) como la que juzgaría a los fariseos y maestros de la ley por no reconocer la grandeza de Jesús, quien es "más grande que Salomón" (Mt 12:42; Lucas 11:31). En general, el expositor tiene muy poco material para

---

7. Ver Fee y Stuart, *How to Read the Bible Book by Book* [Cómo leer la Biblia libro por libro], págs. 92-98.

incorporar el Nuevo Testamento como una herramienta para interpretar el libro de 2 Crónicas[8].

Por último, el maestro debe tener cuidado cuando trata textos que indican que Dios recompensa la fidelidad de un rey con "mucha riqueza" (como Salomón, Josafat, Uzías y Ezequías). Hay muchos pastores que apoyan el llamado evangelio de la prosperidad; es decir, que Dios necesariamente bendecirá a los que cumplen los principios bíblicos como el "diezmo" o la "siembra de nuestras propias semillas". Por el contrario, la obediencia al pacto no exige u obliga de manera automática al Señor a bendecir al rey. Los relatos bíblicos son más descriptivos que normativos y, por lo tanto, ofrecen pautas y no promesas inquebrantables.

En cuanto a los pasajes específicos, los siguientes pueden resultar confusos, por lo que necesitan una exégesis meticulosa y una explicación precisa.

2 Crónicas 18:1-19:3

La promesa de Micaías es desconcertante. ¿Por qué el Señor, sentado en su trono, invitaría a un espíritu a "seducir" al rey Acab (18:18-19)? Y, ¿qué significa que el Señor "haya puesto un espíritu mentiroso en la boca de estos profetas" (18:22)?

2 Crónicas 19:4-20:30

Este es un relato fascinante y de múltiples niveles. Después de "proclamar un ayuno en todo Judá" (20:3), Josafat "designó a algunos de ellos para que cantaran al Señor y lo alabaran [...] mientras iban delante del ejército [...] Cuando comenzaron el canto y la alabanza, el Señor puso emboscadas" y derrotó a los enemigos invasores de Judá (20:21-22 RVA-2015). Esta historia merece una profunda reflexión sobre la importancia y el rol de la adoración.

2 Crónicas 28:1-4 y 33:1-6

El cronista relata cómo los reyes Acaz y Manasés se dedican a la horrible práctica pagana del sacrificio de niños, matando a sus propios hijos "en el fuego" para suplicar y apaciguar a sus falsos dioses.

---

8. Los eruditos llaman a este enfoque hermenéutico el sensus plenior, que significa "sentido/significado más completo". Algunos textos del Antiguo Testamento (p. ej., Salmos, Deuteronomio) se cumplen en el Nuevo Testamento con la venida de Jesucristo. Ver Fee y Stuart, How to Read the Bible for All Its Worth [Cómo leer la Biblia por todo lo que vale], págs. 183-85

2 Crónicas 33:6

El rey Manasés no solo sacrificó a sus hijos, también "practicó la magia, la hechicería y la adivinación, y consultó a nigromantes y a espiritistas". Sería prudente que el predicador explique el significado de estas actividades y advierta a su audiencia sobre los peligros de la hechicería y el ocultismo, que son diabólicos.

Aplicación y perspectiva cultural

El libro de 2 Crónicas da un peso significativo a la importancia del templo, del sistema de sacrificios y del sacerdocio (los levitas). Dios exige que su pueblo lo adore y sirva únicamente a Él con pureza y honestidad. A las personas de la cultura occidental usualmente les cuesta comprender conceptos cruciales descritos en el libro de 2 Crónicas, tales como el sacrificio de animales; la santidad de ciertos lugares; la pureza de los rituales; la presencia gloriosa, santa y manifiesta de Dios y la idolatría a dioses paganos, por mencionar algunos. El expositor debe mostrarse sensible a esta dinámica y tener cuidado al explicar estos temas históricos y culturales. Sin embargo, afortunadamente, el libro de Hebreos declara que Jesucristo es nuestro gran sumo sacerdote (Heb 4-5, 8) y sacrificio perfecto que cubre nuestros pecados y nos hace santos, de una vez por todas (Heb 9-10). Por consiguiente, en los cristianos "se está edificando una casa espiritual. De este modo llegan a ser un sacerdocio santo, para ofrecer sacrificios espirituales que Dios acepta por medio de Jesucristo" (1 P 2:5). No obstante, esto no significa que los cristianos deban ignorar la adoración adecuada, como Jesús enseñó: "Dios es espíritu, y quienes lo adoran deben hacerlo en espíritu y en verdad" (Juan 4:24).

Otro concepto que presenta el libro de 2 Crónicas, que confronta la sensibilidad de las personas del siglo XXI, es cómo las estructuras gubernamentales y el liderazgo divino o impío favorecen o perjudican la salud de la sociedad. Aunque Judá existió como una teocracia (un gobierno organizado bajo el reinado, el pacto y las leyes de Dios), las sociedades occidentales modernas son más democráticas por naturaleza. Es decir, están dirigidas por y para el pueblo y no (explícitamente) por y para Dios. Y, si bien algunas leyes se han inspirado y formado en las ideas bíblicas, como constructos humanos en su mayoría, las constituciones no tienen la autoridad de las Sagradas Escrituras. De hecho, la Biblia transmite principios de liderazgo y gobierno que honran a Dios y que contribuyen al bien común y a la prosperidad (la palabra hebrea utilizada con frecuencia es *shalom*) de las sociedades humanas. Tanto los cristianos como los que no lo son se beneficiarán por igual al estudiar y reflexionar sobre los buenos y malos ejemplos presentados en el libro de 2 Crónicas.

Tercero, algunos cristianos de las sociedades modernas tardías se esfuerzan por comprender (o incluso por resistirse a) la idea de que una persona puede afectar el destino de muchos. ¿Cómo es posible que un rey, gobernador o líder pueda causar el surgimiento y la caída de innumerables súbditos (presuntamente) inocentes? En otras palabras, ¿por qué muchas personas deben sufrir por los pecados y fracasos de un líder o grupo de funcionarios? Esto hace que se aplique la idea bíblica de la "jefatura federal", que se expone en Romanos: "Por medio de un solo hombre [Adán] el pecado entró en el mundo, [...] fue así como la muerte pasó a toda la humanidad, porque todos pecaron [...] [Pero] ¡cuánto más el don que vino por la gracia de un solo hombre, Jesucristo, abundó para todos!" (Ro 5:12, 15). John Scott explica que todos pecaron de la siguiente manera: "Solo puede haber una explicación. Todos murieron porque pecaron en y por medio de Adán, el representante o jefe federal de la raza humana"[9] .

Además, los seres humanos —tanto líderes como seguidores— están más interconectados y, por lo tanto, tienen más influencia entre sí de lo que imaginamos. En cierta medida, esto significa que cuando se trata de pecados sociales/comunitarios/nacionales, todos son cómplices y, a menudo, pueden desempeñar varios papeles de manera simultánea; por ejemplo, víctima, perpetrador y beneficiario[10].

En resumen, este libro histórico plantea numerosas aplicaciones:

- Dios es fiel y bondadoso a pesar de la pecaminosidad y el fracaso de los humanos.
- Dios disciplina a su pueblo cuando incurre en una idolatría constante y sin arrepentimiento (ver también Heb 12).
- Dios ordena a su pueblo a orar, adorar y servirlo incondicionalmente en función a sus Santas Escrituras.
- El pacto de Dios con el rey David es eterno. Aunque se haya cumplido con la venida de Jesucristo, Dios no ha abandonado a su amado pueblo (ver también Ro 11).
- Por último, el fracaso de los reyes de Judá hace alusión a Jesucristo, el Rey de reyes santo y libre de pecado. La semilla del evangelio se encuentra dentro de sus reinados malvados.

9. John Scott, *The Message of Romans: God's Good News for the World* [El Mensaje de los Romanos: Las buenas noticias de Dios para el mundo] (Downers Grove, Illinois: IVP Academic, 2001), pág. 152.

10. Ver James E. Beitler III, *Seasoned Speech: Rhetoric in the Life of the Church* [Discurso experimentado: La retórica en la vida de la Iglesia] (Downers Grove, Illinois: IVP Academic, 2019), págs. 128-60.

FUENTES RECOMENDADAS

Dorsey, David A. *The Literary Structure of the Old Testament* [La estructura literaria del Antiguo Testamento]. Grand Rapids: Baker, 1999.

Fee, Gordon D. y Douglas Stuart. *How to Read the Bible Book by Book* [Cómo leer la Biblia libro por libro]. Grand Rapids: Zondervan, 2002.

Ver también las recomendaciones en el libro de 1 Crónicas.

Esdras

TIMOTHY BUSHFIELD

La idea principal del libro de Esdras

El libro de Esdras trata sobre la historia de la obra redentora de Dios que saca a su pueblo del exilio y lo hace regresar a la tierra prometida. El libro de Esdras, que al principio parece que trata sobre una reubicación geográfica, es la historia del llamado de Dios a su pueblo a tener una relación con Él y termina anticipando una redención incluso más grande que está aún por llegar.

TEMA: ¿Qué enseña el libro de Esdras sobre la relación entre Dios y su pueblo en la época de Esdras?

COMPLEMENTO: Dios cumple sus promesas de generación en generación y redime a su pueblo para que puedan gozar de una relación con Él.

IDEA EXEGÉTICA: El libro de Esdras enseña que Dios cumple sus promesas de generación en generación y redime a su pueblo para que puedan gozar de una relación con Él.

IDEA HOMILÉTICA: Dios ha prometido redimirnos y cumplirá esa promesa.

Selección de pasajes para predicar y enseñar el libro de Esdras

Para Esdras, la "renovación" es un concepto útil a partir del cual se puede desarrollar toda la serie de predicación. El libro se puede predicar prácticamente capítulo por capítulo desde el comienzo hasta el final. En algunas partes ayudaría introducir textos adicionales de otros libros bíblicos para completar el relato. Sería beneficioso incluir Jeremías 29 en una primera prédica, ya que en estos versículos iniciales del libro de Esdras se menciona al profeta. Esto ayudará a contextualizar el libro tanto dentro de su historia geopolítica como redentora. Posteriormente, también se sugiere juntar los capítulos 5 y 6 como un relato extendido de la oposición a la reconstrucción del templo, con la recomendación adicional de incluir Hageo 1 para iluminar el corazón del pueblo durante esos años de inactividad. Los capítulos 7 y 8 se pueden tomar juntos como la introducción al libro de Esdras y su ministerio en Jerusalén, conectándolos con Nehemías 8 para completar un ejemplo concreto de cómo era su ministerio. En general, el material bíblico ya está organizado en unidades para predicar. Siguiendo estas recomendaciones, el libro de Esdras se puede predicar de manera eficaz en aproximadamente nueve semanas.

Comprensión del tema, complemento, idea exegética e idea homilética

Esdras 1:1-4

TEMA: ¿De qué manera Dios cumple su promesa a su pueblo?

COMPLEMENTO: Al iniciar una gran renovación en su pueblo, restaurarlo del cautiverio y llamarlo a una relación con Él.

IDEA EXEGÉTICA: Dios cumple su promesa al iniciar una gran renovación en su pueblo, restaurarlo del cautiverio y llamarlo a una relación con Él.

IDEA HOMILÉTICA: Incluso en los momentos más complicados, siempre hay esperanza porque el Señor cumple sus promesas.

Esdras 1:5-11

TEMA: ¿Qué revela Dios sobre la vida con Él mientras organiza la reconstrucción del templo?

COMPLEMENTO: Que Dios es tanto el agente como el objetivo de la renovación.

IDEA EXEGÉTICA: Mientras Dios organiza la reconstrucción del templo, se revela a sí mismo tanto como el agente y el objetivo de la renovación.

IDEA HOMILÉTICA: La renovación en sí no es el objetivo, sino la vida con Dios.

Esdras 2

TEMA: ¿Qué revela Dios sobre sí mismo por medio del censo?

COMPLEMENTO: Que Dios ama y conoce a cada persona de su pueblo por su respectivo nombre, preservándolo de generación en generación, aunque también tiene normas de santidad para el mismo.

IDEA EXEGÉTICA: Por medio del censo, Dios revela sobre sí mismo que conoce y ama a su pueblo por su nombre, preservándolo de generación en generación, aunque también tiene normas de santidad para el mismo.

IDEA HOMILÉTICA: Dios nos recibe por nuestro respectivo nombre, pero nos invita bajo sus condiciones[1] .

Esdras 3

TEMA: ¿Cómo es el comienzo de una relación renovada con Dios antes de que se echen los cimientos del templo?

COMPLEMENTO: El pueblo de Dios comienza a adorar en medio de su temor y de las ruinas de su hogar ancestral.

IDEA EXEGÉTICA: Al comienzo de una relación renovada con Dios y antes de que se echen los cimientos del templo, el pueblo de Dios comienza a adorar en medio de su temor y de las ruinas de su hogar ancestral.

IDEA HOMILÉTICA: En medio del miedo y de la desgracia, la renovación comienza con la adoración.

Esdras 4

TEMA: ¿Qué obstáculos enfrenta el pueblo de Dios al intentar reconstruir el templo?

COMPLEMENTO: El pueblo de Dios se enfrenta a una oposición tanto encubierta como evidente a la reconstrucción del templo y al restablecimiento de la vida con Dios.

IDEA EXEGÉTICA: Los obstáculos que enfrenta el pueblo de Dios al intentar reconstruir el templo son una oposición tanto encubierta como evidente a la reconstrucción del templo y al restablecimiento de la vida con Dios.

IDEA HOMILÉTICA: Si busca renovación, espere oposición.

Esdras 5-6

TEMA: ¿Cuál es el resultado de la oposición que enfrenta el pueblo de Dios al intentar reconstruir el templo?

COMPLEMENTO: A pesar de que hay un gran retraso, el trabajo en el templo se reanuda en el tiempo de Dios cuando su pueblo se concentra en Él una vez más.

IDEA EXEGÉTICA: El resultado de la oposición que enfrenta el pueblo de Dios al

---

1. El censo comienza con una hermosa imagen de Dios conociendo a cada tribu, familia y persona, haciendo énfasis en la continuidad con la comunidad preexílica y el conocimiento personal de Dios sobre su pueblo. Sin embargo, cerca del final del capítulo, los documentos requeridos para el liderazgo nos recuerdan la santidad de Dios y la necesidad de vivir bajo su ley.

intentar reconstruir el templo es que a pesar de que hay un gran retraso, el trabajo en el templo se reanuda en el tiempo de Dios cuando su pueblo se concentra en Él una vez más.

IDEA HOMILÉTICA: Concéntrese en el Señor, porque la renovación se produce según los tiempos de Dios, no los nuestros[2] .

Esdras 7-8[3]

TEMA: Cuando Esdras finalmente aparece en la historia, ¿cuál es la tarea que tiene para con Dios y el pueblo?

COMPLEMENTO: Estudiar y observar la ley del Señor y enseñar los preceptos y normas de Dios en Israel.

IDEA EXEGÉTICA: Cuando Esdras finalmente aparece en la historia, la tarea que tiene para con Dios y el pueblo es estudiar y observar la ley del Señor, y enseñar los preceptos y normas de Dios en Israel.

IDEA HOMILÉTICA: La renovación nos invita a estudiar y obedecer la Ley de Dios, no como un prerrequisito para obtener la redención de Dios, sino en respuesta a ello.

Esdras 9

TEMA: ¿De qué manera responde el pueblo de Dios cuando Esdras llega y enseña la ley de Dios?

COMPLEMENTO: Se da cuenta de su pecado y, por lo tanto, se humilla ante el Señor confesándose y arrepintiéndose.

IDEA EXEGÉTICA: Cuando Esdras llega y enseña la ley de Dios, el pueblo de Dios se da cuenta de su pecado y, por lo tanto, se humilla ante el Señor confesándose y arrepintiéndose.

IDEA HOMILÉTICA: Dios regala confesión a las personas renovadas con el fin de ayudarnos a continuar la relación con Él.

---

2. El incluir Hageo 1 permite que la congregación vea que no solo las circunstancias externas impedían la construcción del templo, sino también los corazones de las personas que se alejaron del Señor; por ello, Dios envía a Hageo a restaurar sus prioridades y volverlas a enfocar en Él y su gloria.

3. Tomando juntos Esdras 7 y 8 desde un punto de vista temático nos permite presentar a Esdras y su ministerio al pueblo de Dios como la idea principal de este texto. Incluir Nehemías 8 en el análisis provee un ejemplo práctico de su ministerio.

Esdras 10[4]

TEMA: ¿Qué revela la situación del pueblo sobre la gran historia redentora de Dios (a pesar de que no sabemos si su respuesta a su pecado fue apropiada)?

COMPLEMENTO: Incluso como personas renovadas, siguen luchando contra el pecado y ningún esfuerzo o sabiduría humana puede mitigar esta relación rota con Dios.

IDEA EXEGÉTICA: Lo que revela la situación del pueblo sobre la gran historia redentora de Dios (a pesar de que no sabemos si su respuesta a su pecado fue apropiada) es que incluso como personas renovadas siguen luchando contra el pecado y ningún esfuerzo o sabiduría humana puede mitigar esta relación rota con Dios.

IDEA HOMILÉTICA: Se necesita una mejor renovación y esta ya está en camino.

Versículos/pasajes difíciles

Una dificultad inicial cuando se predica el libro de Esdras es determinar su relación con el libro de Nehemías. La tradición hebrea, de acuerdo con las versiones más antiguas de la Septuaginta, presenta a Esdras y Nehemías como un solo libro. Sin embargo, Nehemías 1:1 señala el comienzo de un nuevo documento; en la actualidad, tanto la Biblia en español como la hebrea los presentan como dos libros separados. Como predicador, usted tiene que decidir si predicará Esdras como un solo libro o como parte de una serie que abarca a Esdras y Nehemías. La presente obra aborda a Esdras como un libro independiente que al mismo tiempo está estrechamente relacionado con el libro de Nehemías.

Una segunda dificultad se relaciona con la cronología. En algunas partes, Esdras ha reorganizado algunos materiales apartándolos de una estricta línea temporal histórica. Por ejemplo, las obras del templo cesan a mediados de la década de 530 a. C.; sin embargo, Esdras 4 atribuye la razón de esta postergación a una carta enviada por los opositores al rey Artajerjes I, quien no asume el trono hasta pasados unos setenta años. En algunas partes, las fechas de los eventos en el libro de Esdras son específicas ("en el mes segundo del segundo año" [3:8]), mientras que otras veces los datos son sumamente imprecisos ("Después de todo esto" [9:1]). El libro

---

4. Ver "Versículos/pasajes difíciles" posteriormente para un análisis del enfoque de este texto. La presente obra no afirma ni condena la decisión del divorcio colectivo; por el contrario, considera este acontecimiento del divorcio nacional como los efectos del pecado en la comunidad, señalando —incluso al final de la hermosa historia de la renovación— su necesidad de una redención aún mayor lograda por Jesús en la cruz.

de Esdras se debe leer teniendo en cuenta que el autor cambió algunos acontecimientos para presentar una historia teológica en lugar de una estrictamente cronológica.

Los capítulos finales de este libro también son difíciles de enseñar. Esdras 9-10 relata cuando el pueblo se dio cuenta de su pecado (casarse con mujeres extranjeras) y su solución propuesta (divorciarse de ellas). Aunque el texto demuestra que se aplicó alguna medida de discernimiento a cada caso (10:16-17), en estos capítulos hay una notable ausencia de la intervención directa de Dios. El libro comienza con una claridad inequívoca de que el Señor es quien dispone los corazones de su pueblo según su voluntad (1:1 y 1:5). Sin embargo, en estos capítulos finales del libro, Dios se mantiene en silencio. ¿Debemos ratificar la decisión de divorciarse de sus esposas para obedecer la ley o debemos presentar esta solución de divorcio como si el pueblo tratara de resolver el problema de su propio pecado? La diferencia cultural que separa nuestros días de los suyos es considerable, por lo tanto, debemos evitar la aplicación directa a cada caso. En la parte anterior se presenta una tercera alternativa para interpretar estos capítulos; es decir, que a veces no hay buenas soluciones para afrontar las consecuencias sumamente reales del pecado. En esta situación, lo que parece más claro es que la sabiduría y el esfuerzo de las personas no son suficientes para redimirse. El libro no termina con un alegre arrepentimiento y pureza, sino con el problema del pecado destruyendo una comunidad, y la evidente y desesperada necesidad de una mejor solución a la pecaminosidad humana. Desde este punto de vista, el libro de Esdras termina señalando la necesidad que hay de Jesús y de una redención cada vez mejor, ya que Dios redime a su pueblo del pecado y de la muerte de una vez por todas. ¡Podemos predicar sobre esto!

Aplicación y perspectiva cultural

Visto desde la perspectiva de la renovación presentada anteriormente, el libro de Esdras se puede aplicar directamente a la vida en nuestra cultura. Los cristianos de todas las épocas han pasado por momentos en los que se han sentido alejados de Dios, ya sea debido a su pecado o por algún período de distanciamiento percibido, así como lo describe San Juan de la Cruz, como una noche oscura del alma. Las lecciones del libro de Esdras aportan una profunda sabiduría al presentar la renovación como un proceso sin soluciones rápidas que automáticamente nos acerca a Dios. Esdras enseña que la renovación es la iniciativa de Dios y lo que a nosotros nos corresponde es solo responder a la invitación divina. Al igual que las personas de la época de Esdras, usualmente comenzamos nuestro viaje en medio del miedo y de la desgracia; también enfrentaremos oposición y retraso; como también nos daremos cuenta de nuestro pecado y de la necesidad de santidad. Por último, también nos enfrentaremos a nuestra necesidad de que Dios nos redima definitivamente de nuestro pecado por medio de Cristo, precisamente para que podamos gozar de una relación renovada con Él.

Esdras es un libro extraordinario y relevante para enseñar a la iglesia moderna y posmoderna. Sin embargo, se debe tener cuidado al buscar una equivalencia dinámica con nuestro propio contexto cultural. Nuestro anhelo por la renovación no se puede comparar con el de un pueblo entero que vive en cautiverio en un país extranjero. El libro de Esdras presenta un segundo Éxodo para el pueblo de Dios, imitando de muchas formas el primero, siendo al mismo tiempo un anticipo del éxodo definitivo por el pecado en Cristo. Hay que predicar el libro de Esdras teniendo en cuenta que "sentirse alejado de Dios esta semana" es muy diferente a vivir en el exilio debido al pecado de todo un pueblo. Puede haber comparaciones, pero se deben evitar los paralelismos individuales cuando hagamos la adaptación a nuestro tiempo.

Por último, la aplicación de Esdras 9-10 presenta un desafío especial. Cuando estaba enseñando sobre el libro de Esdras en mi iglesia, rápidamente surgió el debate de si el libro provee una justificación bíblica para divorciarse del cónyuge no creyente. Uno debe ser cuidadoso al explicar con claridad las diferencias entre una identidad espiritual de una nación como un grupo étnico en la época anterior a la llegada de Jesús y el alcance transétnico contemporáneo del evangelio tal como lo presentan Jesús y Pablo. En lugar de justificar el divorcio, Jesús nos insta a ser un pueblo que afirma y cumple el pacto, que permanece fiel incluso por encima de lo que parece tener sentido para un mundo no creyente. Pablo ofrece consejos específicos adicionales con respecto a nuestra sexualidad y matrimonio. Si tomamos a Esdras 9-10 de la forma presentada anteriormente (ver "Versículos/pasajes difíciles"), se pueden disipar algunas de las tensiones que pueden crear estos capítulos. Sin embargo, dependiendo de las necesidades específicas de una iglesia, puede ser necesario complementar estos capítulos finales del libro de Esdras con algunas enseñanzas básicas sobre el divorcio y el matrimonio bíblico para aclarar cualquier confusión que pueda surgir. Aunque unas pocas frases en una prédica de este tipo pueden mitigar la mayoría de las preocupaciones, algunas personas pueden necesitar una adicional atención y claridad por parte del pastor en la enseñanza general de la Biblia sobre este tema.

FUENTES RECOMENDADAS

Allen, Leslie C. y Timothy S. Laniak. Ezra, Nehemiah, Esther, *Understanding the Bible Commentary Series* [Esdras, Nehemías y Ester, Serie de comentarios para entender la Biblia]. Grand Rapids: Baker Books, 2003.

Breneman, Mervin. Ezra, Nehemiah, E*sther: An Exegetical and Theological Exposition of Holy Scripture, The New American Commentary* [Esdras, Nehemías y Ester: Una exposición exegética y teológica de las Sagradas Escrituras, Nuevo comentario americano]. Nashville: Broadman & Holman, 1993.

Kidner, Derek. Ezra and Nehemiah. *Tyndale Old Testament Commentaries* [Esdras y Nehemías, Comentarios del Antiguo Testamento de Tyndale]. Downers Grove, Illinois: InterVarsity, 1979.

Nehemías

MATTHEW D. KIM

El libro de Nehemías (que significa "el Señor ha consolado") relata la historia de la fidelidad de Dios a la nación de Israel (aproximadamente 445 a. C.), a pesar de su desobediencia y pecado, cuando están retornando a la ciudad de Jerusalén tras el exilio. Narra el camino de liderazgo de Nehemías (de copero del rey a gobernador) por medio de oposición y conflicto, la eventual reconstrucción de la muralla de Jerusalén y la posterior vida comunitaria de los israelitas.

El libro registra el corazón afectuoso de Nehemías hacia Dios y el pueblo de Dios, y sus esfuerzos sacrificiales por cuidarlos durante un tiempo inestable de corrupción, oposición y circunstancias difíciles. Nehemías es un ejemplo de un líder devoto que está en armonía con el espíritu de Dios, es guiado por la misión de Dios y tiene la iniciativa de satisfacer las condiciones físicas y espirituales del pueblo de Dios.

TEMA: ¿De qué trata el libro de Nehemías?

COMPLEMENTO: Relata la historia del restablecimiento en Jerusalén de los israelitas exiliados siendo guiados por Nehemías, quien reúne a la comunidad de Dios mediante la reconstrucción de la muralla y las puertas, y la reforma del culto.

IDEA EXEGÉTICA: El libro de Nehemías relata la historia del restablecimiento en Jerusalén de los israelitas exiliados siendo guiados por Nehemías, quien reúne a la comunidad de Dios mediante la reconstrucción de la muralla y las puertas, y la reforma del culto.

IDEA HOMILÉTICA: Confíe en el Señor y adórelo bajo cualquier circunstancia y en todo lugar.

Selección de pasajes para predicar y enseñar el libro de Nehemías

Al igual que el libro de Esdras, Nehemías es bastante directo al determinar las perícopas de predicación y enseñanza, es decir, en su mayoría, se puede enseñar o predicar este libro capítulo por capítulo. En el pasado, he predicado todo el libro en doce servicios al combinar los capítulos 7 y 8 en uno solo. Dependiendo de la interpretación y criterio de cada uno, el capítulo 7 puede servir como un capítulo de apoyo, ya que se puede predicar tanto con el capítulo 6 como con el 8. También le puede parecer oportuno predicar el capítulo 6 hasta el 7:3 como una unidad de pensamiento y luego predicar el registro genealógico del 7:4-7:73 como el pasaje de una prédica diferente. Además, tiene sentido predicar Nehemías 11:1-12:26 como un solo texto, ya que se refiere a los descendientes de Judá y Benjamín que se establecieron en Jerusalén junto con los levitas y sacerdotes. Si predicamos capítulo por capítulo, nuestra serie de prédicas o estudios bíblicos se hará de manera directa y durará tres meses. También puede tener en consideración que el capítulo 7 amerita su propia prédica o estudio bíblico. Teniendo esto en cuenta, he incluido el desarrollo de la idea principal del capítulo 7 como un pasaje independiente. Lo que podría hacer más complicada esta estructura es si el predicador elige conectar el libro de Nehemías con alguna parte del libro de Esdras (tal como Timothy Bushfield menciona en el capítulo sobre el libro de Esdras).

Comprensión del tema, complemento, idea exegética e idea homilética

Nehemías 1

TEMA: ¿Qué le pide Nehemías al Señor en nombre de los israelitas que regresan a Jerusalén tras el exilio?

COMPLEMENTO: Alaba a Dios por ser quien es, confiesa sus pecados personales y los pecados colectivos de los israelitas, y le pide a Dios que lo ayude a hablar con el rey.

IDEA EXEGÉTICA: En sus oraciones al Señor en nombre de los israelitas que regresan a Jerusalén tras el destierro, Nehemías alaba a Dios por ser quien es, confiesa sus pecados personales y los pecados colectivos de los israelitas, y le pide a Dios que lo ayude a hablar con el rey.

IDEA HOMILÉTICA: En tiempos difíciles, alabe a Dios, confiese sus pecados y busque la sabiduría de Dios.

Nehemías 2

TEMA: ¿Qué le pide Nehemías al rey Artajerjes?

COMPLEMENTO: Seguridad y provisiones para reconstruir la muralla de Jerusalén, donde se enfrenta a la persecución.

IDEA EXEGÉTICA: Nehemías le pide al rey Artajerjes seguridad y provisiones para reconstruir la muralla de Jerusalén, donde se enfrenta a la persecución.

IDEA HOMILÉTICA: En caso de persecución, confíe en el Dios que logra lo imposible.

Nehemías 3

TEMA: ¿De qué manera el autor explica el proceso de la reconstrucción de la muralla de Jerusalén?

COMPLEMENTO: Nombrando a todas las personas calificadas que desempeñaron un papel específico en su reconstrucción.

IDEA EXEGÉTICA: El autor explica el proceso de la reconstrucción de la muralla de Jerusalén nombrando a todas las personas calificadas que desempeñaron un papel específico en su reconstrucción.

IDEA HOMILÉTICA: Todos participamos en la construcción de la comunidad de Dios.

Nehemías 4

TEMA: ¿De qué manera Nehemías y los israelitas responden a la oposición de Sambalat y otras personas a la reconstrucción de la muralla?

COMPLEMENTO: Orando y confiando en Dios, quien peleará sus batallas.

IDEA EXEGÉTICA: Nehemías y los israelitas responden a la oposición de Sambalat y otras personas a la reconstrucción de la muralla orando y confiando en Dios, quien peleará sus batallas.

IDEA HOMILÉTICA: Confíe en el Dios que pelea a nuestro favor y puede hacer lo que es imposible para nosotros.

Nehemías 5[1]

TEMA: Durante tiempos económicos difíciles, ¿qué muestran las acciones de Nehemías sobre cómo ve a las personas más humildes de la sociedad?

COMPLEMENTO: Los valora como pueblo de Dios y se preocupa de manera

---

1. Puede encontrar el mismo desarrollo de la idea principal en mi modelo de prédica "Revere God by Remembering Others" ["Venere a Dios recordando a los demás"] en la obra de Matthew D. Kim, Preaching with Cultural Intelligence: Understanding the People Who Hear Our Sermons [Predicando con inteligencia cultural: Comprendiendo a las personas que escuchan nuestras prédicas] (Grand Rapids: Baker Academic, 2017), pág. 231.

generosa por sus necesidades.

IDEA EXEGÉTICA: Durante tiempos económicos difíciles, las acciones de Nehemías muestran que él valora a las personas más humildes de la sociedad como pueblo de Dios y se preocupa de manera generosa por sus necesidades.

IDEA HOMILÉTICA: Por reverencia a Dios, cuide de los demás y Dios se acordará de usted.

Nehemías 6

TEMA: ¿De qué manera responde Nehemías al plan constante de sus enemigos de intimidar y detener el trabajo del pueblo judío?

COMPLEMENTO: Pidiéndole a Dios que fortalezca sus manos para completar la misión encomendada por Él de reconstruir la muralla y que recuerde la maldad de sus enemigos.

IDEA EXEGÉTICA: Nehemías responde al plan constante de sus enemigos de intimidar y detener el trabajo del pueblo judío, pidiéndole a Dios que fortalezca sus manos para completar la misión encomendada por Él de reconstruir la muralla y que recuerde la maldad de sus enemigos.

IDEA HOMILÉTICA: La persistencia y la oración completan el llamado de Dios en nuestras vidas.

Nehemías 7:1-73a

TEMA: ¿Qué hace Nehemías después de terminar la muralla?

COMPLEMENTO: Nombra a líderes devotos para que estén a cargo de Jerusalén y los ayuda a establecerse en su nueva comunidad.

IDEA EXEGÉTICA: Después de terminar la muralla, Nehemías nombra a líderes devotos para que estén a cargo de Jerusalén y los ayuda a establecerse en su nueva comunidad.

IDEA HOMILÉTICA: Todo lugar necesita líderes devotos.

Nehemías 7:73b-8:18

TEMA: ¿Cómo reaccionan los israelitas a la lectura de la ley que hace Esdras en el culto comunitario?

COMPLEMENTO: Al inicio lloran, pero después celebran la fidelidad de Dios con alegría y obedecen el mandato de Dios de vivir en enramadas.

IDEA EXEGÉTICA: La reacción que tuvieron los israelitas a la lectura de la ley que hace Esdras en el culto comunitario es que al inicio lloran, pero después celebran la fidelidad de Dios con alegría y obedecen el mandato de Dios de vivir en enramadas.

IDEA HOMILÉTICA: La Palabra de Dios brinda alegría y obediencia a los que responden con fe.

Nehemías 9:1-37

TEMA: ¿Qué le confiesan los israelitas a Dios en sus oraciones?

COMPLEMENTO: Que Dios es digno de alabanza y ha sido fiel, compasivo y justo por generaciones, incluso al permitir sus actuales circunstancias difíciles debido a su continua rebelión, idolatría y pecado.

IDEA EXEGÉTICA: Los israelitas le confiesan a Dios en sus oraciones que Él es digno de alabanza y ha sido fiel, compasivo y justo por generaciones, incluso al permitir sus actuales circunstancias difíciles debido a su continua rebelión, idolatría y pecado.

IDEA HOMILÉTICA: Confiese todos sus pecados al Señor, porque Él es fiel y justo, incluso al permitir que pasemos por momentos difíciles.

Nehemías 9:38-10:39

TEMA: ¿Cuál es el compromiso que hacen con Dios los líderes de Israel, los levitas y los miembros de la comunidad?

COMPLEMENTO: Bajo pena de maldición y bajo juramento, vivir de acuerdo con la ley que Dios les había dado por medio de Moisés y obedecer estrictamente todos los mandamientos, normas y estatutos del Señor.

IDEA EXEGÉTICA: Bajo pena de maldición y juramento, los líderes de Israel, los levitas y los miembros de la comunidad hacen el compromiso con Dios de vivir de acuerdo con la ley que Él les había dado por medio de Moisés y obedecer estrictamente todos los mandamientos, normas y estatutos del Señor.

IDEA HOMILÉTICA: Comprométase ahora a obedecer la Palabra del Señor.

Nehemías 11:1-12:26

TEMA: ¿A quiénes envía Dios a restablecerse en la ciudad de Jerusalén?

COMPLEMENTO: Uno de cada diez israelitas (escogidos por sorteo), entre ellos, sacerdotes, levitas, servidores del templo y descendientes de Judá y Benjamín llamados a cumplir responsabilidades civiles o espirituales.

IDEA EXEGÉTICA: Dios envía a restablecerse en la ciudad de Jerusalén a uno de cada diez israelitas (escogidos por sorteo), entre ellos, sacerdotes, levitas, servidores del templo y descendientes de Judá y Benjamín llamados a cumplir responsabilidades civiles o espirituales.

IDEA HOMILÉTICA: Dondequiera que Dios lo lleve, prepárese para las responsabilidades que Él le ha encomendado.

Nehemías 12:27-47

TEMA: ¿De qué manera los levitas y los ciudadanos dedican la muralla de Jerusalén?

COMPLEMENTO: Celebrando la fidelidad de Dios con alegría por medio de purificaciones, cánticos y contribuciones a la obra del Señor.

IDEA EXEGÉTICA: Los levitas y los ciudadanos dedican la muralla de Jerusalén celebrando la fidelidad de Dios con alegría por medio de purificaciones, cánticos y contribuciones a la obra del Señor.

IDEA HOMILÉTICA: Celebre alegremente purificando, cantando y dando ofrendas al Dios que ha hecho grandes cosas por usted.

Nehemías 13

TEMA: ¿Qué le pide Nehemías al Señor cuando realiza sus difíciles reformas finales?

COMPLEMENTO: Que se acuerde de él y lo favorezca.

IDEA EXEGÉTICA: Cuando realiza sus difíciles reformas finales, Nehemías le pide al Señor que se acuerde de él y lo favorezca.

IDEA HOMILÉTICA: Viva una vida de fidelidad porque Dios recuerda las vidas fieles.

Versículos/pasajes difíciles

Uno de los desafíos al predicar relatos históricos, especialmente aquellos que están conectados a otros libros, es saber qué tanto o qué tan poco incluir en forma de contexto bíblico. Siendo más específico, ¿hasta qué parte la historia de Nehemías se debe relacionar con el libro de Esdras? En algunos pasajes está claro que el personaje de Esdras es fundamental para el relato, por ejemplo, en Nehemías 7:73b-8:18. A nivel cronológico, también es necesario discernir cuándo recurrir al testimonio de Esdras para que haya precisión y los detalles adecuados.

Una segunda dificultad que presenta el libro de Nehemías está relacionada con la historia general y los registros de todos los nuevos residentes en el libro. Al igual que con las genealogías, ¿cuánto debe estudiar un predicador y maestro con respecto a estos nombres? ¿Cuál es el valor agregado de buscar información sobre estos sacerdotes y otros habitantes? ¿Qué se puede obtener de un análisis más detallado de los innumerables nombres presentes en el libro de Nehemías? El estudio de determinados personajes y nombres —entre ellos, el rey Artajerjes, Sambalat el horonita, Tobías el amonita, Guesén el árabe, Eliasib el sumo sacerdote y Nabucodonosor, rey de Babilonia, por nombrar algunos— puede ayudar a los oyentes y a los estudiantes a hacerse una idea más completa de toda la narración.

Aplicación y perspectiva cultural

A grandes rasgos, el libro de Nehemías es bastante abrumador con respecto a la gran cantidad de contextos históricos y culturales que un predicador o maestro eficaz debe entender para interpretar y comunicar las verdades del libro. No solo se trata de la historia de Nehemías sobre el restablecimiento judío y la reconstrucción de la muralla y puertas de Jerusalén. Además de las culturas judías exílicas y posexílicas, un predicador sagaz debe tomar la iniciativa de explorar otras ubicaciones geográficas y culturas bíblicas mencionadas en el libro de Nehemías (e incluso en el libro de Esdras); tales como, Persia, Babilonia, Egipto, río Éufrates, Jaurán, Samaria del siglo V, Amón y el distrito de Queilá, entre muchas otras; además de familiarizarse con los nombres de las personas, como Sambalat, y con los nombres de lugares emblemáticos, como la puerta de Jesaná, la puerta del Valle, la puerta del Basurero y la puerta de la Fuente. Sería más fácil pasar por alto la especificidad de los detalles del autor en favor de la narrativa general, la cual, naturalmente, también se debe relatar de manera adecuada.

Puede ser un reto aplicar cualquier libro histórico, ya que el intérprete debe sopesar si el relato es únicamente descriptivo, normativo o ambos. Si bien algunos elementos de los relatos bíblicos son más específicos en su contexto, en la actualidad, hay algunas aplicaciones paralelas para los oyentes.

Uno de los temas universales que el autor destaca a lo largo del libro es el corazón pastoral y compasivo de Nehemías, incluso como funcionario del gobierno. En Nehemías 1:4 queda claro que la responsabilidad que sentía Nehemías sobre los exiliados en desgracia que regresaban del cautiverio babilónico es intensa y empática. Su lamento por ellos lo condujo a realizar una tierna oración al Señor en su favor.

Una segunda característica de aplicación que uno debería imitar es la identidad comunitaria de Nehemías en lugar de una mentalidad individualista. Él se identifica con los grupos exílicos y se pone en su lugar, guiándolos a confesar su maldad y desobediencia (Neh 1:7). Este es un ejemplo de un líder devoto que se asemeja a lo que dice Pablo de no solo velar por nuestros propios intereses sino también por los de todos los demás (Flp 2:4) y hacerlo incluso con un espíritu de alegría (Neh 8:10).

Una tercera aplicación fundamental se presenta con la profunda confianza de Nehemías en Dios. A lo largo del libro, le pide al Señor que lo guíe y le dé fuerza y poder. En cada momento en que dirige al pueblo de Dios, Nehemías muestra una confianza en el Señor admirable y digna de imitar.

FUENTES RECOMENDADAS

Boice, James Montgomery. *Nehemiah: An Expositional Commentary* [Nehemías: Comentario expositivo]. Grand Rapids: Baker Books, 2006.

Kidner, Derek. Ezra and Nehemiah, *Tyndale Old Testament Commentaries* [Esdras y Nehemías, Comentarios del Antiguo Testamento de Tyndale]. Downers Grove, Illinois: InterVarsity, 2009.

Petter, Donna y Thomas D. Petter. Ezra, Nehemiah. *The NIV Application Commentary* [Esdras y Nehemías, El comentario de la aplicación NIV]. Grand Rapids: Zondervan, 2021.

Ester

SCOTT M. GIBSON

El libro de Ester tiene la particularidad de que "no contiene ni el nombre divino *Yahveh ni 'elohim*, el sustantivo hebreo que significa *Dios*", y la única conexión que tiene con el Antiguo Testamento es que la historia relatada trata sobre el pueblo judío siguiendo el decreto de Ciro en el año 539 a. C., permitiendo que los judíos regresen a Jerusalén tras el exilio en Babilonia[1].

La historia se cuenta en el típico estilo hebreo, con personajes que actúan y hablan, y la historia se relata sin explicaciones e inclusive sin interpretaciones. Como Karen Jobes observa: "En el mejor de los casos, el lector sagaz ve una ambigüedad moral preocupante en la forma en que se representa a Ester y Mardoqueo"[2]. Sin embargo, este relato de la liberación providencial de Dios es una representación minúscula del panorama más amplio de la relación de Dios con su pueblo del pacto.

La historia de Ester trata sobre la providencia, un relato de la obra redentora de Dios, que mueve la historia hacia la redención en Cristo.

TEMA: ¿Qué demuestra la historia de Ester?

COMPLEMENTO: La providencia de Dios de proteger y hacer prosperar a su pueblo mientras los conduce todo el tiempo hacia la redención por medio del Mesías prometido.

IDEA EXEGÉTICA: La historia de Ester demuestra la providencia de Dios de

---

1. Karen H. Jobes, Esther, *The NIV Application Commentary* [Ester, El comentario de la aplicación NIV] (Grand Rapids: Zondervan, 1999), pág. 19.
2. Jobes, *Esther*, pág. 20.

proteger y hacer prosperar a su pueblo mientras los conduce todo el tiempo hacia la redención por medio del Mesías prometido.

IDEA HOMILÉTICA: Las manos de Dios actúan sobre la historia, preparando el camino para el Mesías.

Selección de pasajes para predicar y enseñar el libro de Ester

Debido a que el libro de Ester es un relato de diez capítulos, no es sencillo dividirlo en pequeñas unidades de predicación. El hilo de la historia se puede romper si la serie de predicación avanza capítulo por capítulo. En la parte anterior se sugiere un método para predicar el libro de Ester en una sola prédica, reflejando la idea principal de este. Sin embargo, se puede escoger otro método.

Comprensión del tema, complemento, idea exegética e idea homilética

Ver el análisis anterior

Versículos/pasajes difíciles

Probablemente, el elemento más inquietante del relato es la ambigüedad moral de los personajes, especialmente de Ester y Mardoqueo. Siguiendo el consejo de su tío Mardoqueo, Ester esconde su origen étnico y sus convicciones religiosas hasta mucho después en la historia, lo que supone el incumplimiento de la Torá (2:10). Ella es parte de un harén y finalmente pierde su virginidad con un gentil sin haberse casado (2:15-18). Ester no interviene en la protección de su pueblo hasta que Mardoqueo le insta a hacerlo (cap. 4). Cuando se celebra la victoria sobre Amán, ella prorroga el edicto un día más con el fin de colgar en la estaca a los hijos de Amán, matando a trescientos gentiles más (9:13-17).

Además, Mardoqueo se niega a reconocer la posición de Amán, lo que lo impulsa a sustituirlo. Pero no parece haber ninguna razón para que Mardoqueo no haga una reverencia a Amán (3:5; 5:9). La conversación que tiene con Ester sobre "un momento como este" se puede considerar como una amenaza implícita de revelar su identidad como judía (4:12-14).

El trasfondo de todo el relato es la sensualidad y la crueldad, sin embargo, ninguna de estas dos se explica ni se comenta en la historia. Un lector minucioso debe tener en cuenta la naturaleza y la función de la literatura hebrea de este periodo.

Ante esta ambigüedad, el exégeta debe considerar la historia bíblica. Mardoqueo, el judío (un benjaminita), se enfrenta a Amán, un agagita (otra forma de decir amalecita); ambos pueblos declarados enemigos. Los judíos se salvan de la aniquilación, otra forma de decir guerra santa. En este relato se recuerdan las guerras de Saúl y Quis (1 S 15), especialmente en los capítulos 9-10.

La aplicación de este texto insta al predicador a ayudar a los oyentes a ver la doctrina de la providencia en acción, pues Dios está presente en cada giro del relato.

FUENTES RECOMENDADAS

Duguid, Iain M. Esther and Ruth, *Reformed Expository Commentary* [Comentario expositivo reformado de Ester y Rut]. Phillipsburg, Nueva Jersey: P&R, 2005.

Firth, David G. *The Message of Esther: God Present but Unseen, The Bible Speaks Today* [El mensaje de Ester: Dios presente pero invisible, La Biblia habla hoy]. Downers Grove, Illinois: InterVarsity, 2010.

Jobes, Karen H. Esther, *The NIV Application Commentary* [Ester, El comentario de la aplicación NIV]. Grand Rapids: Zondervan, 1999.

Phillips, Elaine A. *"Esther"* ["Ester"]. En Ezra, Nehemiah, Esther [Esdras, Nehemías y Ester], editado por Tremper Longman III y David E. Garland, págs. 569-674. *The Expositor's Bible Commentary* [Comentario bíblico del expositor]. Grand Rapids: Zondervan, 2010.

Job

KEN SHIGEMATSU

La idea principal del libro de Job

El libro de Job es considerado como uno de los mayores tesoros literarios del mundo. En el primer versículo dice: "Hubo un hombre en la tierra de Uz, que se llamaba Job. Aquel hombre era íntegro y recto" (1:1 RVA-2015). En la antigüedad, las personas hubieran escuchado estas palabras iniciales del mismo modo que nosotros escuchamos "érase una vez" o "en una galaxia muy muy lejana". Nos invitan a ser parte de una historia. Aunque la misma Biblia confirma a Job como una figura histórica (Esdras 14:14; Santiago 5:11), el autor del libro desea que escuchemos a Dios hablándonos a través de la historia y la poesía.

La atemporalidad del libro de Job complementa los otros libros de la literatura sapiencial de la Biblia. Mientras que el libro de Proverbios nos muestra cómo la sabiduría de Dios suele actuar en la vida diaria y el libro de Eclesiastés muestra la excepción a la regla, el libro de Job explora la sabiduría en medio de circunstancias dolorosas y confusas. Al guiarnos a través de las experiencias de Job, el autor nos llama a plantear preguntas sobre Dios en un mundo quebrantado que no siempre tiene sentido. El libro de Job invoca nuestro dolor, ira, preguntas y dudas. En lugar de darnos respuestas simplistas, nos invita a aprender por medio de nuestro mayor sufrimiento que Dios es la única respuesta a nuestras preguntas más difíciles.

Por último, tanto el libro como el personaje de Job nos muestran al gran Job: la única víctima verdaderamente inocente, quien sobrevivió no solo a la agonía física y exclusión social, sino que también cargó con nuestro pecado para que nosotros, los que merecemos sufrir las consecuencias de nuestro pecado, podamos experimentar perdón, redención y restauración.

TEMA: En un mundo donde incluso las personas piadosas sufren, ¿de qué manera pueden los lectores del libro de Job entender la naturaleza del carácter de Dios?

COMPLEMENTO: Dios es todopoderoso y bueno.

IDEA EXEGÉTICA: En un mundo donde incluso las personas piadosas sufren, los lectores del libro de Job pueden entender la naturaleza del carácter de Dios de la siguiente manera: Dios es todopoderoso y bueno.

IDEA HOMILÉTICA: Incluso cuando sufrimos podemos confiar en el poder y la providencia de Dios.

Selección de pasajes para predicar y enseñar el libro de Job

El libro de Job tiene cuarenta y dos capítulos; sin embargo, con el fin de que haya coherencia y concisión —debido a que muchos de los temas se repiten, especialmente en la serie de los discursos— el libro de Job se puede predicar en cinco prédicas o menos. En la siguiente sección, solo se analizarán los pasajes seleccionados dentro de los diferentes capítulos.

El libro de Job tiene tres partes importantes: prólogo, diálogo y epílogo. El diálogo contiene cinco series de conversaciones poéticas entre Job y sus amigos, así como entre Job y Dios.

Comprensión del tema, complemento, idea exegética e idea homilética

Job 1-2

Esta prédica puede presentar a Job como una persona íntegra y recta (1:1-3 RVA-2015) que experimenta una pérdida catastrófica (1:13-2:8). El mensaje se centraría en cómo el sufrimiento le permite a Job —y a nosotros— demostrar que ama a Dios por lo que Él es, no porque conocerlo sea de beneficio para él (1:20-22). Un subtema de la prédica puede ser que no hay respuestas simples al problema del sufrimiento (en el caso de Job, Satanás está involucrado; 1:6-2:7). Este mensaje también puede mostrar cómo incluso las personas que tienen una fe genuina experimentan una profunda angustia y duelo (1:20).

TEMA: ¿Qué oportunidad ofrece el sufrimiento a las personas?

COMPLEMENTO: Demostrar que aman a Dios por lo que Él es, no porque Él los beneficia.

IDEA EXEGÉTICA: El sufrimiento ofrece a las personas la oportunidad de demostrar que aman a Dios por lo que Él es, no porque Él los beneficia.

IDEA HOMILÉTICA: En nuestro sufrimiento podemos demostrar que amamos a Dios por lo que Él es, no por lo que obtenemos de Él.

Job 3-31

Esta prédica puede abordar los discursos de los amigos de Job en Job 4-31. Se puede analizar cómo Job ejerce una fuerza espiritual sobrehumana al alabar a Dios en medio de sus calamidades devastadoras (1:20-21), pero luego comienza a quejarse "¿por qué? ¿por qué? ¿por qué?" y maldice el día en que nació (Job 3). Entonces, el predicador puede explicar por qué está bien que sus amigos lo visiten en medio de sus problemas y reconozcan su dolor por medio de su presencia y llanto (2:11-13). La conclusión es que no debemos evitar a las personas que están sufriendo, sino estar disponibles para ellas, reconocer su dolor y servirles de forma que les demos apoyo, por ejemplo, escuchándolas o dándoles de comer. Por último, el predicador puede tomar un fragmento de los discursos de Elifaz, Bildad y Zofar y demostrar cómo —cuando hablan sobre el sufrimiento de Job— ofrecen respuestas simplistas y de poca ayuda, por ejemplo, que el inocente siempre prospera y el malvado siempre perece (4:7-9).

TEMA: ¿De qué manera responden los amigos de Job a su sufrimiento?

COMPLEMENTO: Ofreciéndole su presencia, acompañándolo en su llanto, y luego dándole respuestas simplistas y de poca ayuda.

IDEA EXEGÉTICA: Los amigos de Job responden a su sufrimiento ofreciéndole su presencia, acompañándolo en su llanto, y luego dándole respuestas simplistas y de poca ayuda.

IDEA HOMILÉTICA: Cuando vea a alguien sufriendo, ofrézcale su presencia, acompáñelo en su llanto y no le dé respuestas simplistas.

Job 32-37

Esta prédica puede abordar fragmentos del discurso de Eliú (Job 32-37). Aunque repite algunos de los mismos argumentos de los tres amigos de Job, quienes afirman que los inocentes prosperan y los malvados sufren, parece que ofrece un punto de vista más acertado. Job refuta los discursos de Elifaz, Bildad y Zofar pero no el de Eliú. Al final del libro de Job, Dios recuerda el sufrimiento de Job y reprende a sus tres amigos Elifaz, Bildad y Zofar pero no a Eliú. Aunque las palabras de Eliú no son perfectas, se puede dar una prédica sobre su análisis de que Dios nos habla y perfecciona por medio del sufrimiento (33:14-19; 36:15).

TEMA: ¿De qué manera responde Eliú a Job?

COMPLEMENTO: Repitiendo algunos de los mismos argumentos simplistas de los tres amigos de Job, pero ofreciéndole un punto de vista más acertado sobre cómo Dios habla a la humanidad y perfecciona a las personas mediante el sufrimiento.

IDEA EXEGÉTICA: Eliú responde al sufrimiento de Job repitiendo algunos de los mismos argumentos simplistas de los tres amigos de Job, pero ofreciéndole un punto de vista más acertado sobre cómo Dios habla a la humanidad y perfecciona a las personas mediante el sufrimiento.

IDEA HOMILÉTICA: Dios se puede revelar a sí mismo y perfeccionarnos mediante el sufrimiento.

Job 38-42

Esta prédica se centra en que Dios rompe su silencio por medio de dos discursos. En su primer discurso, Dios hace más de cincuenta preguntas y demuestra su conocimiento y control sobre el universo y, por otro lado, lo mucho que Job (y nosotros) no sabe. En su segundo discurso, Dios se centra en su poder sobre las criaturas caóticas y poderosas, como Behemot y Leviatán. Es probable que estas criaturas no solo representen al hipopótamo y al cocodrilo, respectivamente, sino que también son símbolos del mal cósmico. Dios tiene poder sobre el mal cósmico. Dios no responde las preguntas de Job ni las de sus amigos, en su lugar otorga su presencia. Mientras que Job probablemente todavía tiene preguntas sobre su sufrimiento y por qué hay maldad en el mundo, cuando "ve" a Dios también experimenta un cierto nivel de paz y se arrepiente de sus acusaciones de que Dios es injusto (42:5-6). De una manera que coincide con el libro de Proverbios, el libro de Job afirma que el temor al Señor es el comienzo de la sabiduría (Job 28:28; Pr 9:10).

TEMA: ¿De qué manera Dios se revela a Job?

COMPLEMENTO: Dios muestra su sabiduría y poder a través de una serie de preguntas que Job no puede responder y al demostrar su poder sobre el mal cósmico.

IDEA EXEGÉTICA: Dios se revela ante Job mostrando su sabiduría y poder a través de una serie de preguntas que Job no puede responder y al demostrar su poder sobre el mal cósmico.

IDEA HOMILÉTICA: La sabiduría de Dios trasciende nuestra comprensión y su poder es más grande que el mal cósmico.

Job 42

Esta prédica se centrará en el epílogo del libro de Job, afirmando que el

Dios que le habla a Job desde la tormenta controla el universo (Job 38-41). Además, el predicador puede recurrir al libro de Apocalipsis y afirmar que el cordero sacrificado está en el trono del universo (Ap 5:6). Aunque tanto en la vida de Job como en el libro de Apocalipsis vemos que hay un gran sufrimiento en el mundo, en parte causado por Satanás, también vemos que Dios tiene el control absoluto. El cordero sacrificado nos muestra que Dios ha derrotado a Satanás (Col 2:13-15); aunque todavía está activo, es un enemigo derrotado que está dominado. La restauración de Job, la cual implica que tenga hijos y una mayor prosperidad material, también nos muestra que Dios es bondadoso y bueno. Aunque puede que no experimentemos el mismo tipo de prosperidad tangible y visible al final de nuestras vidas como lo hizo Job, experimentaremos una redención y restauración final en el mundo venidero, un lugar donde no habrá más lágrimas, ni muerte, ni llanto, ni lamento ni dolor (Ap 21:4).

TEMA: ¿De qué manera Dios provee finalmente a Job?

COMPLEMENTO: Dándole hijos, devolviéndole la prosperidad material y reivindicándolo a los ojos de sus detractores.

IDEA EXEGÉTICA: Dios provee finalmente a Job dándole hijos, devolviéndole la prosperidad material y reivindicándolo a los ojos de sus detractores.

IDEA HOMILÉTICA: Dios es bueno y redimirá nuestro sufrimiento y proveerá la restauración completa en esta vida o la próxima.

Versículos/pasajes difíciles

¿Dios controla el universo?

El libro de Job deja claro que Dios es todopoderoso y tiene el control del universo. Dios es el que puso las bases de la tierra (38:4) y colocó las constelaciones en su lugar (9:9; 38:32). Solo Dios es el que establece los límites del mar (38:8-11) y hace que por sus órdenes el águila remonte el vuelo (39:27). Dios también controla a Behemot (40:15-24) y a Leviatán (41:1-34), que probablemente simbolizan el mal espiritual cósmico. También está claro que aunque Satanás tiene algo de libertad, Dios es el que tiene el control absoluto. Satanás está dominado (1:6-12; 2:1-6).

¿Por qué se le permite a Satanás estar activo en el mundo?

Existe un debate de si Satanás, literalmente "el Satanás" o "el Acusador" (1:6 NTV), es el diablo o un miembro angelical de la corte celestial. La inclusión del artículo definido antes de "Satanás" puede descartar la idea de que se trata de un nombre propio. Una de las razones por las cuales se le permite poner a prueba a Job es para que él pueda demostrar su integridad ante Dios. Sin embargo, como se mencionó anteriormente, la interacción entre Dios y el acusador demuestra la soberanía de Dios y el control que tiene sobre cada parte de la vida de Job y de la nuestra, lo bueno y lo malo.

¿Se nos permite dudar y quejarnos ante Dios?

En el libro de Job, vemos a Job quejándose de su suerte y acusando a Dios (Job 3; 21:4; 23:3-6; 40:8). Sin embargo, al final del libro vemos que se le considera (relativamente) inocente y se le reivindica (42:7-8). Refunfuñar es un pecado y nos aleja de Dios, por ejemplo, cuando los israelitas se quejan de su vida en el desierto (Nm 16:31-35; 21:6-7). Sin embargo, hay un tipo de lamento que está dirigido hacia Dios y nos puede acercar a Él. Las quejas de David y su total honestidad ante Dios (Sal 13, 22), al igual que la de Job al final, crean un puente de conversación con Dios y Él responde (Sal 22:2-4; Job 38-42).

¿Cómo vivimos sabiamente en medio del sufrimiento y el quebrantamiento?

El libro de Job nos muestra que existen propósitos en el sufrimiento de los que tal vez no seamos conscientes (1:6-12; 2:1-6). También está claro que nuestro sufrimiento no es necesariamente el resultado de nuestro pecado (42:7-9). Los "amigos" de Job están usualmente equivocados en su discurso y tono, sin embargo, a veces están en lo cierto. Elifaz, el amigo de Job, dice la verdad cuando afirma que Dios puede usar el sufrimiento para disciplinarnos (5:17; cf. Heb 12:5-6). Eliú también sostiene de manera correcta que a los afligidos, Dios los libra mediante el sufrimiento y los consuela en su aflicción (36:15). También vemos que Dios redimirá nuestro sufrimiento eventualmente; si no lo hace en esta vida, sin duda lo hará en el mundo venidero (42:7-17). En el libro de Santiago (5:10-11) se nos invita a seguir el ejemplo de la paciencia de Job y a vivir con esperanza, viendo lo que el Señor finalmente hizo en la vida de Job. La Escritura afirma en el libro de Job y en otras partes que Dios redime nuestro sufrimiento (Ro 5:3-5; 8:28-30; 1 P 4:12-19; Ap 21:4).

¿A Dios le importa nuestro sufrimiento?

Job no entiende por qué está sufriendo. Siente que a Dios no le importa y no es consciente de su aflicción (Job 3; 23:1-6). Cuando sufrimos, podemos sentir que Dios no nos ve o no le importamos. Sin embargo, en la situación de Job este no es el caso. Él no sabía que era el "protagonista" ante Dios y que Él estaba de su lado (1:6-12). La vida y muerte de Jesús también grita un rotundo "¡Sí!" a la pregunta "¿a Dios le importa nuestro sufrimiento?". Jesús no es indiferente a nuestro sufrimiento; Jesús experimentó el sufrimiento en carne propia durante su vida terrenal (Heb 4:15) y en la cruz experimentó una aflicción como la que ninguno de nosotros tendrá que soportar. En el libro de Apocalipsis, Juan dice que después de haber visto el cielo descender a la tierra, una voz le dijo: "Enjugará Dios toda lágrima de los ojos de ellos; y ya no habrá muerte, ni habrá más llanto, ni clamor, ni dolor; porque las primeras cosas pasaron" (21:4 RVR1960). También sabemos que a Jesús le importamos porque cuando regrese, eliminará nuestro sufrimiento.

Aplicación y perspectiva cultural

¿Cuáles son las aplicaciones que podemos obtener de este antiguo pero eterno libro de Job?

No hay respuestas sencillas al sufrimiento. El libro de Job contradice una concepción kármica de la vida en la que siempre recibimos lo que merecemos. Nuestras vidas no son tan simples como una fórmula matemática en la cual estamos al centro.

Los tres amigos de Job expresan sus pensamientos con gran poesía y algo de verdad, pero generalmente proveen aplicaciones demasiado simplistas. Su presencia en silencio entre lágrimas es ejemplar, pero sus explicaciones de por qué Job está sufriendo en realidad son hirientes. ¿Cómo acompañamos (o no) a los demás en el sufrimiento?

Considere y hable sobre el dolor y los desafíos reales que la gente de su congregación está experimentando; tales como, la pérdida de un ser amado, niños caprichosos, infertilidad, estrés financiero, problemas de salud, aislamiento social, una relación difícil, soltería no deseada, dolor por recuerdos de la niñez, depresión, enfermedades mentales, adicción, problemas de identidad, incapacidad de encontrar trabajo, entre otros.

Recuerde que la sabiduría solamente se puede encontrar en Dios. Aunque entendemos algunas cosas, hay mucho que desconocemos. Nuestra relación con Dios puede ser comparable con la de un perro y su amo —¡solo que nuestra capacidad para entender a Dios puede ser un millón de veces más limitada que la capacidad de nuestro perro para entendernos! La verdadera sabiduría surge del temor al Señor.

Dios está en el trono del universo. Dios es bueno. Dios quiere lo bueno para nosotros y, al final, nuestra historia tiene un buen desenlace, a pesar de que no ocurra necesariamente durante nuestro tiempo en esta tierra.

FUENTES RECOMENDADAS

Andersen, Francis I. Job, *Tyndale Old Testament Commentaries* [Job, Comentarios del Antiguo Testamento de Tyndale]. Downers Grove, Illinois: IVP Academic, 2008.

Longman, Tremper, III. Job, *Baker Commentary on the Old Testament Wisdom and Psalms* [Job, Comentario de Baker sobre la sabiduría y los salmos del Antiguo Testamento]. Grand Rapids: Baker Academic, 2012.

Rohr, Richard. *Job and the Mystery of Suffering: Spiritual Reflections* [Job y el misterio del sufrimiento: Reflexiones espirituales]. Nueva York: Crossroad, 1998.

The Bible Project (https://bibleproject.com/explore/job) ofrece dos videos y tres episodios de pódcast sobre el libro de Job que son útiles para los predicadores que buscan una introducción rápida y fácil a la estructura y temas del libro.

Salmos

KENNETH LANGLEY

La idea principal del libro de los Salmos

Es difícil resumir en una oración un libro tan largo y variado, sin embargo, se refleja a continuación el consenso de los eruditos que consideran que los dos movimientos principales del libro de los Salmos son la alabanza y el lamento.

TEMA: ¿De qué manera estos cánticos y oraciones del libro de los Salmos ayudan al pueblo de Dios a adorarlo de manera adecuada?

COMPLEMENTO: Ofreciendo palabras de alabanza sincera y de lamento honesto y reverente.

IDEA EXEGÉTICA: Estos cánticos y oraciones del libro de los Salmos ayudan al pueblo de Dios a adorarlo de manera adecuada ofreciendo palabras de alabanza sincera y de lamento honesto y reverente.

IDEA HOMILÉTICA: El pueblo de Dios lo adora con una alabanza sincera y un lamento honesto y reverente.

Se han propuesto otras opciones para la idea principal del libro de los Salmos. Algunos creen que todos los salmos tratan exclusivamente sobre Cristo, así que la idea exegética debe hacer referencia a Él. Algunos señalan que el reinado domina la colección, por lo tanto, se podría decir que la idea exegética es "el Señor reina". Otros creen que la sabiduría es incluso más importante que el reinado; ¿quizás la sabiduría es el tema del libro de los Salmos? La idea exegética sugerida anteriormente es lo suficientemente amplia como para incluir estos temas teológicos y tiene la siguiente ventaja: no solo aborda lo que los salmos *dicen*, sino también lo que hacen.

Selección de pasajes para predicar y enseñar el libro de los Salmos

Son pocos los que pasarán tres años predicando de manera directa el libro de los Salmos. Lo más probable es que se utilicen los salmos de forma individual en ocasiones especiales (funerales, dedicaciones y celebraciones comunales, lamentos cuando ocurre una tragedia) o para series breves (salmos sobre el reino del Señor, salmos sobre la ascensión, salmos penitenciales para la Cuaresma o domingos de comunión). Realizar una serie de prédicas sobre el libro de los Salmos durante el verano proporciona continuidad y variedad; debido a que cada prédica se puede presentar de forma independiente, las personas que están de vacaciones no pierden el contexto esencial.

Los indicios de que por acuerdos editoriales se hayan organizado los salmos motiva a que algunos predicadores aborden estos grupos de manera secuencial. Sin embargo, estos poemas pueden servir adecuadamente como textos de prédica individuales sin que hagan referencia a los demás salmos.

No existe un sistema universalmente aceptado para clasificar los salmos y algunos se encuentran en más de una categoría (un salmo real o cántico de Sión también es un himno; un salmo de sabiduría, un lamento; etc.). En esta obra encontrará sugerencias para predicar y enseñar lamentos (Sal 3, 13, 14, 22, 41, 42, 51, 83, 90, 130, 137, 142), himnos y acciones de gracias (Sal 8, 18, 19, 30, 32, 65, 67, 84, 87, 100, 103, 107, 117, 150), salmos de sabiduría (Sal 1, 119, 73, 90, 128, 133, 139), salmos reales y cánticos del reino del Señor (Sal 2, 72, 97, 98, 99, 110) y otros que no se pueden clasificar fácilmente. Se incluyen dos salmos de imprecación (Sal 83, 137). Evite la tentación de solo predicar los salmos alegres; en un tiempo en el cual parece que la celebración es la única forma permitida de adoración, necesitamos recuperar la legitimidad del lamento.

Comprensión del tema, complemento, idea exegética e idea homilética

Salmos 1

La idea exegética está formulada por la ubicación y función de Salmos 1 como una introducción a la colección. La idea homilética está formulada por imaginería: los oyentes deben rechazar vivir como una paja desperdiciada y anhelar que Dios "los haga un árbol".

¿TEMA: ¿Cuáles son los dos tipos de personas que se mencionan en el libro de los Salmos?

COMPLEMENTO: Los malvados (pajas) y los justos (árboles).

IDEA EXEGÉTICA: Los dos tipos de personas que se mencionan en el libro de los

Salmos son los malvados (pajas) y los justos (árboles).

IDEA HOMILÉTICA: Hay dos tipos de personas en el mundo: los que son como árboles y los que son como pajas.

Salmos 2

Nosotros "escuchamos" la risa despectiva de Dios, su advertencia a los rebeldes y sus palabras a su Hijo, lo cual nos alienta. Una prédica sobre Salmos 2 se titula: "La serenidad contagiosa de la risa de Dios".

TEMA: En un mundo donde las personas de poder desprecian al Ungido de Dios, ¿cómo debe vivir el pueblo de Dios?

COMPLEMENTO: Confiando en que Dios, quien se ríe de su resistencia, sigue gobernando.

IDEA EXEGÉTICA: En un mundo donde las personas de poder desprecian al Ungido de Dios, el pueblo de Dios debe vivir confiando en que Dios, quien se ríe de su resistencia, sigue gobernando.

IDEA HOMILÉTICA: Dios no se ve amenazado ni derribado por los poderes terrenales, así como tampoco nosotros que confiamos en su Hijo.

Salmos 3

Este es el primer de muchos lamentos que pide protección contra los enemigos. Sin embargo, estas oraciones no son iguales; ¡no las predique de la misma manera! Este salmo, en especial, nos invita a dormir confiando en que Dios se encargará de nuestros múltiples problemas.

TEMA: ¿De qué manera puede enfrentar el siervo de Dios las amenazas y burlas de muchos enemigos?

COMPLEMENTO: Confiando en que Dios escucha, sostiene y salva.

IDEA EXEGÉTICA: El siervo de Dios puede enfrentar las amenazas y burlas de muchos enemigos confiando en que Dios escucha, sostiene y salva.

IDEA HOMILÉTICA: Incluso cuando estemos rodeados de problemas, podemos dormir profundamente porque Dios nos sostiene.

Salmos 5

Un rasgo característico de esta idea homilética que la diferencia de las propuestas en otros salmos es el pedido inicial más largo de lo habitual a ser escuchado, que concluye con la decisión de esperar.

TEMA: ¿Qué quiere el salmista que Dios haga con los malvados y los justos?

COMPLEMENTO: Que proteja y conceda alegría a los justos y haga caer a los malvados.

IDEA EXEGÉTICA: El salmista quiere que Dios proteja y conceda alegría a los justos y se ocupe de los malvados.

IDEA HOMILÉTICA: Le pedimos a Dios que se ocupe del mal y nos proteja; luego aguardamos con expectativa.

Salmos 8

Evidentemente, Dios es majestuoso; sin embargo, sorprendentemente, también lo son los humanos. Tenemos un rol noble y humilde como líderes y administradores de la creación de Dios. Este salmo prácticamente ruega que se aplique la responsabilidad ecológica y conexión con Cristo (Heb 2).

TEMA: ¿De qué manera se ve la majestuosidad de Dios?

COMPLEMENTO: En su creación y al otorgarle a los humanos responsabilidad sobre ella.

IDEA EXEGÉTICA: La majestuosidad de Dios se ve en su creación y al otorgarle a los humanos responsabilidad sobre ella.

IDEA HOMILÉTICA: La majestuosidad de Dios se ve reflejada en la majestuosidad de los humanos, a quienes Dios ha designado como señores y administradores de la creación.

Salmo 11

¡No huya! Es posible que quiera huir y esconderse. Sus amigos bien intencionados (¿o son enemigos?) pueden aconsejarle que lo haga. Pero teniendo a Dios como refugio, usted puede mantenerse firme de manera confiada

TEMA: ¿De qué manera David se resiste al consejo y a la tentación de huir de los problemas?

COMPLEMENTO: Hallando refugio en su Dios justo y que todo lo ve.

IDEA EXEGÉTICA: David se resiste al consejo y a la tentación de huir de los problemas hallando refugio en su Dios justo y que todo lo ve.

IDEA HOMILÉTICA: Cuando se le aconseje y sienta la tentación de huir, permanezca en Dios, quien es su refugio.

Salmos 12

Los pecados que se mencionan con más frecuencia en los salmos son los pecados de los labios. Se espera que el pueblo de Dios hable con sinceridad y, como en este caso, pida a Dios protección contra las palabras impías.

TEMA: ¿Con respecto a qué problema quiere David la ayuda de Dios?

COMPLEMENTO: Las palabras mentirosas, lisonjeras, jactanciosas y malignas de los malvados.

IDEA EXEGÉTICA: David quiere la ayuda de Dios para el problema de las palabras mentirosas, lisonjeras, jactanciosas y malignas de los malvados[1].

IDEA HOMILÉTICA: Dios, líbranos a nosotros y a nuestra cultura de los efectos devastadores de las palabras impías.

Salmos 13

La idea principal de este capítulo no resume las afirmaciones del texto (el poema consiste en su mayoría de preguntas y peticiones), sino su sentido o intención. Salmos 13 es un ejemplo del lamento reverente; la prédica comunica a los oyentes que pueden hacer lo mismo.

TEMA: ¿De qué manera David maneja la larga espera de la salvación de los problemas?

COMPLEMENTO: Suplicando a Dios de manera honesta y seria.

IDEA EXEGÉTICA: David maneja la larga espera de la salvación de los problemas suplicando a Dios de manera honesta y seria.

IDEA HOMILÉTICA: Si le parece que Dios está tardando en satisfacer sus necesidades, hágaselo saber.

Salmos 14

Las personas malas están en todas partes frustrando y destruyendo al pueblo de Dios. Pero (por fe, v. 5) podemos verlos sobrecogidos (¿ahora mismo o en el futuro?) de miedo hacia Dios.

TEMA: Al estar rodeados por el mal, ¿qué pueden hacer los justos?

COMPLEMENTO: Regocijarse en la presencia y salvación de Dios y darse cuenta de que los malvados son los que deben tener miedo.

IDEA EXEGÉTICA: Al estar rodeados por el mal, los justos deben regocijarse en la presencia y salvación de Dios y darse cuenta de que los malvados son los

---

1. En esta y otras partes, el mencionar a "David" en la idea exegética no supone una afirmación definitiva de que él sea el autor.

que deben tener miedo.

IDEA HOMILÉTICA: Las personas malas son las que deberían temer, por lo tanto, regocijémonos en nuestra salvación.

Salmos 15

Salmos 15 no enseña la justicia de las obras, sino que insiste —y la prédica debe insistir— en que aquellos que por gracia tienen una relación con Dios manifestarán, en cierto grado, un carácter que lo honra. Deje que la idea principal haga su obra de convicción; luego proclame la misericordia al finalizar la oración, el himno o la mesa del Señor.

TEMA: ¿Quién puede habitar con Dios?

COMPLEMENTO: Solo las personas intachables en palabra y obra.

IDEA EXEGÉTICA: Solo las personas intachables en palabra y obra pueden habitar con Dios.

IDEA HOMILÉTICA: Dios solo invita a las personas intachables en palabra y obra a tener una relación con Él.

Salmos 16

El uso del Nuevo Testamento indica que las afirmaciones exageradas de este salmo se aplican incluso de manera más perfecta al gran hijo de David que al propio poeta. David está plenamente satisfecho en Dios, totalmente entregado a Él, seguro para esta vida y la siguiente.

TEMA: ¿Por qué David no se conmueve, ni siquiera ante la idea de morir?

COMPLEMENTO: Confía y valora a Dios por siempre y para la eternidad.

IDEA EXEGÉTICA: David no se conmueve, ni siquiera ante la idea de morir, porque confía y valora a Dios por siempre y para la eternidad.

IDEA HOMILÉTICA: Valore y confíe en Dios para que nada lo conmueva.

Salmos 18

¿Qué es lo que une el testimonio, las afirmaciones y peticiones de este extenso salmo? ¡Dios es nuestra roca! Destaque esta idea en la prédica. Luego cante algunas canciones dedicadas a aquella "roca". En esta parte, "fe" es un mejor término que "confianza", porque sabemos que David no era justo por sus obras, sino por su fe y porque el versículo 25 utiliza el término fidelidad.

TEMA: ¿De qué manera David puede sobrevivir con integridad en situaciones desesperadas?

COMPLEMENTO: Teniendo fe en Dios, su roca.

IDEA EXEGÉTICA: David puede sobrevivir con integridad en situaciones desesperadas teniendo fe en Dios, su roca.

IDEA HOMILÉTICA: ¡Dios es nuestra roca!

Salmos 19

Este salmo es una hermosa lírica que celebra la autorrevelación de Dios en los cielos y en sus leyes/mandatos. Lo que vemos en este capítulo hace que anhelemos vivir de manera intachable ante nuestro maravilloso Creador y Redentor. Este tema se predica con gozo. En el último versículo nos da una oración adecuada para cualquier momento en que prediquemos.

TEMA: ¿En qué lugar Dios se revela a sí mismo ante los ojos humanos?

COMPLEMENTO: En los cielos y en su Palabra.

IDEA EXEGÉTICA: Dios se revela a sí mismo ante los ojos humanos en los cielos y en su Palabra.

IDEA HOMILÉTICA: Conozca a Dios en estos dos libros: el firmamento y las Escrituras.

Salmo 22

El dolor y la alabanza se alternan en este lamento, sin embargo, la alabanza tiene la última palabra. Todo el mundo, incluso las futuras generaciones (incluyendo aquellos que escuchan la prédica), honrará a Dios por cómo Él responde al sufrimiento de su pueblo (incluyendo el sufrimiento inocente de Jesús).

TEMA: ¿De qué manera David manifiesta su experiencia del abandono de Dios?

COMPLEMENTO: Reconociendo que Dios no ha escondido su rostro.

IDEA EXEGÉTICA: David manifiesta su experiencia del abandono de Dios reconociendo que Dios no ha escondido su rostro de su siervo.

IDEA HOMILÉTICA: Dios no nos ha abandonado.

Salmos 24

Dios no está confinado a una caja o carpa (vv. 1-2) y nadie es digno de vivir con Él (vv. 3-6), pero si un Dios grande y bondadoso está en nuestra puerta, ¿qué hacemos? ¡Lo dejamos entrar (vv. 7-10)!

TEMA: ¿Qué debe hacer el pueblo de Dios cuando Él condesciende a habitar con ellos?

COMPLEMENTO: Abrir su ciudad y sus corazones y dejarlo entrar.

IDEA EXEGÉTICA: Cuando Dios condesciende a habitar con su pueblo, ellos deben abrir su ciudad y sus corazones y dejarlo entrar.

IDEA HOMILÉTICA: Cuando el Rey está en la puerta, déjelo entrar.

Salmos 27

"Una sola cosa le pido". Los problemas de David son la guerra (v. 3), calumnia (v. 12), tal vez incluso la traición por parte de sus propios padres (v. 10), pero sigue confiando en que Dios está con él. Y esto es todo lo que pide. El predicador puede hacer eco de lo que dijo David y presentar la idea principal como un testimonio.

TEMA: ¿Qué sostiene a David en tiempos difíciles?

COMPLEMENTO: La confianza en Dios, que es todo lo que necesita o desea.

IDEA EXEGÉTICA: En tiempos difíciles, lo que sostiene a David es la confianza en Dios, que es todo lo que necesita o desea.

IDEA HOMILÉTICA: Todo lo que necesito y deseo es Dios.

Salmos 29

La voz poderosa de Dios se escucha en una tormenta impresionante y real. Las huestes celestiales gritan: "¡Gloria!". Y el Rey, sentado serenamente en su trono encima del tumulto, bendice a su pueblo con paz.

TEMA: ¿Qué motiva a los ángeles y al pueblo de Dios a glorificarlo en medio de la tormenta?

COMPLEMENTO: La voz poderosa de Dios y la paz que Él otorga.

IDEA EXEGÉTICA: Los ángeles y el pueblo de Dios lo glorifican en medio de la tormenta debido a su voz poderosa y la paz que Él otorga.

IDEA HOMILÉTICA: Glorifique a Dios por su voz poderosa y la paz que Él otorga en medio de la tormenta

Salmos 30

David da testimonio de un momento en que Dios lo salvó de peligros no especificados. La prédica puede volver a contar una o más situaciones parecidas y asegurar a los oyentes que "a la mañana vendrá la alegría".

TEMA: ¿Cuál es el testimonio de David sobre lo que aprendió cuando Dios lo salvó de los peligros?

COMPLEMENTO: Los momentos complicados no duran y a la mañana vendrá la alegría.

IDEA EXEGÉTICA: El testimonio de David sobre lo que aprendió cuando Dios lo salvó de los peligros es que los momentos complicados no duran y a la mañana vendrá la alegría.

IDEA HOMILÉTICA: ¡Por la noche durará el lloro, y a la mañana vendrá la alegría!

Salmo 32

No sea obstinado. Aprenda de David el alivio que se siente al confesar sus pecados y conocer la alegría del perdón. La prédica puede ilustrar la miseria del pecado no confesado y la sensación de alivio que sintió David. Tome en cuenta los términos "cubrir" (v. 1 RVR1960) y "encubrir" (v. 5 RVR1960).

TEMA: ¿Qué aprende David de su experiencia de confesión y perdón?

COMPLEMENTO: Encubrir los pecados lleva a la miseria, pero la confesión lleva al regocijo.

IDEA EXEGÉTICA: David aprende de su experiencia de confesión y perdón que encubrir los pecados lleva a la miseria, pero la confesión lleva al regocijo.

IDEA HOMILÉTICA: Dichosos los que no encubren sus pecados, sino que permiten que Dios lo haga.

Salmos 41

La enfermedad de David se hace más dolorosa por el regodeo de sus enemigos y la traición de su amigo. Jesús sabe cómo se siente (Juan 13:18). A pesar de ser un pecador, David es un hombre íntegro; como tal, busca a Dios para que lo cure, perdone y reivindique.

TEMA: ¿Qué hace David cuando lo hostigan, traicionan y está enfermo?

COMPLEMENTO: Confía en que Dios lo sanará, perdonará y reivindicará.

IDEA EXEGÉTICA: Cuando a David lo hostigan, traicionan y está enfermo, confía en que Dios lo sanará, perdonará y reivindicará.

IDEA HOMILÉTICA: Cuando la enfermedad y otras personas lo aflijan, mantenga su integridad y confíe en que Dios lo sanará, perdonará y reivindicará.

Salmos 42

A veces la idea principal no solo plasma lo que el escritor dice, sino lo que hace con lo que dice. En esta parte, que hace referencia a la depresión espiritual, tanto lo que el poeta dice como el mismo hecho y la forma de decirlo son instructivos. Fíjese en el estribillo. Considere predicar los Salmos 42 y 43 juntos.

TEMA: ¿Qué hace el salmista cuando parece que Dios está muy alejado?

COMPLEMENTO: Habla de manera honesta con Dios y consigo mismo.

IDEA EXEGÉTICA: Cuando parece que Dios está muy alejado, el salmista habla de manera honesta con Dios y consigo mismo.

IDEA HOMILÉTICA: Cuando parece que Dios está muy alejado, es tiempo para tener una conversación honesta con Él y con nosotros mismos.

Salmos 51

Este es el salmo penitencial más conocido. David no solo anhela el perdón, sino también la restauración de la alegría, tras lo cual dará testimonio público de la bondad de Dios. No hay razón para dudar o pasar por alto lo sobrescrito en este poema que lo une al amorío con Betsabé.

TEMA: ¿Qué hace David cuando lo condenan por su adulterio con Betsabé?

COMPLEMENTO: Suplica a Dios que lo perdone y renueve, lo cual lo lleva a dar testimonio.

IDEA EXEGÉTICA: Cuando a David lo condenan por su adulterio con Betsabé, le suplica a Dios que lo perdone y renueve, lo cual lo lleva a dar testimonio.

IDEA HOMILÉTICA: El perdón y la alegría restaurada en Dios pueden ser suyos si así lo pide.

Salmos 65

Este poema pasa, de manera un tanto sorprendente, de alabar a Dios por la salvación a celebrar su providencia sobre la creación (especialmente sobre la agricultura). Se debe obtener la idea principal de ambas cosas. Esté atento a otras partes del libro de los Salmos donde los temas de la creación hacen una aparición sorprendente.

TEMA: ¿Por qué el pueblo de Sión debe alabar a Dios?

COMPLEMENTO: Él los ha rescatado y provee para ellos.

IDEA EXEGÉTICA: El pueblo de Sión debe alabar a Dios porque Él los ha liberado y provee para ellos.

IDEA HOMILÉTICA: Démosle la alabanza a Dios por su poderosa liberación y provisión abundante.

Salmos 67

La poética hace que la idea principal de este salmo sea inconfundible: se encuentra en el medio (una estructura quiástica), tiene tres renglones (los otros versículos tienen dos) y se encuentra entre dos estribillos. El poema comienza y termina con la esperanza de que Dios nos bendecirá, sin embargo, esta bendición está sujeta a sus intenciones para todos los pueblos.

TEMA: En este caso, ¿qué se aprende sobre la bendición de Dios sobre todos los pueblos?

COMPLEMENTO: No se puede separar de la alegría y alabanza de las naciones.

IDEA EXEGÉTICA: La bendición de Dios sobre todos los pueblos no se puede separar de la alegría y alabanza de las naciones.

IDEA HOMILÉTICA: Dios, bendícenos —y ¡a todas las naciones!

Salmos 72

No tenemos un rey por el cual orar, sin embargo, al igual que Israel, anhelamos un buen gobierno. Lo obtendremos cuando Cristo regrese (es posible que la conclusión de la prédica exprese este anhelo), pero hasta entonces este es un ejemplo de por qué oramos y trabajamos.

TEMA: En este salmo, ¿qué tipo de rey se le pide a Dios?

COMPLEMENTO: Uno que sea justo, firme, exitoso y que defienda a los débiles.

IDEA EXEGÉTICA: El tipo de rey que este salmo pide es uno que sea justo, firme, exitoso y que defienda a los débiles.

IDEA HOMILÉTICA: Dios, concédenos un buen gobierno —y ¡ven, Señor Jesús!

Salmo 73

Este es un punto de vista muy amplio para evitar que envidiemos a los malvados que prosperan. El poeta se encontraba en la casa de Dios cuando comprendió rápidamente este punto de vista.

TEMA: ¿Por qué el poeta piensa que es en vano ser fiel a Dios y qué le hace cambiar de opinión?

COMPLEMENTO: Él envidia a los malvados que prosperan, sin embargo, se da cuenta de que Dios —su tesoro— los llevará a su destrucción.

IDEA EXEGÉTICA: El poeta piensa que es en vano ser fiel a Dios porque envidia a los malvados que prosperan, sin embargo, se da cuenta de que Dios—su tesoro—los llevará a su destrucción.

IDEA HOMILÉTICA: Cuando a las malas personas les pasen cosas buenas, piense en las consecuencias a largo plazo y mantenga a Dios como su tesoro que todo lo satisface.

Salmos 78

Este salmo extenso cuenta una historia triste con un final feliz. Dios hizo mucho por ellos, pero (¡la palabra clave!) ellos se alejaron varias veces. Pero (¡de nuevo!) Él se mantiene fiel porque les da a David (y —ahora lo sabemos— al gran hijo de David).

TEMA: ¿Cuál es la historia del pueblo de Israel?

COMPLEMENTO: Dios los favorece y ellos siguen siendo rebeldes, sin embargo, Él les da a David.

IDEA EXEGÉTICA: La historia del pueblo de Israel muestra que Dios los favorece y, a pesar de que se rebelan, Él les da a David.

IDEA HOMILÉTICA: A pesar de los fracasos del pueblo de Israel y los nuestros, Dios nos da un Gran Rey.

Salmos 83

Este no es el salmo imprecatorio más inquietante, pero sí ilustra lo que motiva a aquellos que oran de esta manera.

TEMA: ¿Por qué el pueblo de Israel ora por la destrucción de sus enemigos?

COMPLEMENTO: No solo por su propia protección, sino también para que todos los pueblos veneren a Dios.

IDEA EXEGÉTICA: El pueblo de Israel ora por la destrucción de sus enemigos no solo por su propia protección, sino también para que todos los pueblos veneren a Dios.

IDEA HOMILÉTICA: Podemos orar para que Dios destruya el mal, no principalmente a favor nuestro, sino también a favor de Él.

Salmos 84

Represente el anhelo de este poema por Dios en el vocabulario, tono, música y redacción de la idea principal. Este es el único salmo que utiliza la palabra "bienaventurado" (RVR1960) tres veces: bienaventurados los que habitan en tu casa, los que están en tus caminos y todo el que confía en el Jehová de los ejércitos.

TEMA: ¿Qué experiencia se presenta y evoca en este himno?

COMPLEMENTO: El anhelo por la presencia de Dios.

IDEA EXEGÉTICA: En este himno se presenta y evoca el anhelo por la presencia de Dios.

IDEA HOMILÉTICA: Jehová, quiero estar donde te encuentras, en tu morada para siempre.

Salmos 87

Este es uno de los diversos salmos que muestran el corazón misionero de Dios, este cántico visualiza a Dios regocijándose mientras registra en su libro algunos nombres inesperados. El salmo se puede aplicar especialmente a las congregaciones de comunidades en transformación, donde algunos de los nombres en sus listas son nuevos y diferentes.

TEMA: ¿A quién incluirá Dios en su "registro de los redimidos"?

COMPLEMENTO: A los gentiles e incluso a sus enemigos.

IDEA EXEGÉTICA: Dios incluso incluye a los enemigos de Israel en su "registro de los redimidos".

IDEA HOMILÉTICA: Regocíjese con Dios por estos sorprendentes anuncios de nacimiento.

Salmos 90

El versículo 12 expresa nuestra respuesta apropiada cuando nos damos cuenta de que nuestra muy corta vida está en manos de un Dios que no está feliz con nuestro pecado.

TEMA: ¿De qué manera deben orar los mortales (pecadores cuyas vidas están en manos de Dios)?

COMPLEMENTO: Teniendo en cuenta la brevedad de la vida y pidiendo sabiduría y misericordia.

IDEA EXEGÉTICA: Los mortales (pecadores cuyas vidas están en manos de Dios) deben orar teniendo en cuenta la brevedad de la vida y pidiendo sabiduría y misericordia.

IDEA HOMILÉTICA: Señor, ayúdanos a contar y hacer valer nuestros días.

Salmos 91

Este salmo sobre la confianza es tan directo que la idea homilética prácticamente se escribe por sí misma. La dificultad es que puede parecer que promete demasiado. El predicador debe transmitir las fuertes promesas del salmo, pero al mismo tiempo recordar a los oyentes que es una poesía, no algún tipo de contrato.

TEMA: ¿Qué le puede hacer daño al que confía en Dios?

COMPLEMENTO: Nada.

IDEA EXEGÉTICA: Nada le puede hacer daño al que confía en Dios.

IDEA HOMILÉTICA: Nada le puede hacer daño al que confía en Dios.

Salmos 97

Este es uno de los salmos que dice de manera muy clara cómo responder a su mensaje: aquellos que aman al Señor se deben regocijar en su reino y odiar el mal. En los versículos 2-7 no se menciona el temor reverente, sin embargo, está implícito. La idea homilética ofrece una prédica descrita en cuatro puntos.

TEMA: Al igual que todos los pueblos, ¿cómo debe responder Israel al reinado de Dios?

COMPLEMENTO: Con reverencia, regocijo y odio por el mal.

IDEA EXEGÉTICA: Israel, y todos los pueblos, deben responder al reinado de Dios con reverencia, regocijo y odio por el mal.

IDEA HOMILÉTICA: Dios reina, así que regocíjese; tema a Él y odie el mal.

Salmo 98

Este es otro salmo que no deja dudas sobre lo que tenemos que hacer y por qué. Este salmo (de donde procede el himno "Al mundo paz") nos ordena unirnos a toda la creación por medio de una canción, "porque [Él] ha hecho maravillas" (v. 1). Este sería un buen texto navideño; acompañe la prédica con el villancico.

TEMA: ¿De qué manera y por qué todas las personas se deben unir a la creación para alabar a Dios?

COMPLEMENTO: Para cantar con alegría por sus maravillas.

IDEA EXEGÉTICA: Todas las personas se deben unir a la creación para alabar a Dios cantando con alegría por sus maravillas.

IDEA HOMILÉTICA: Cantemos con alegría junto a toda la creación por las maravillas de Dios.

Salmos 99

Los verbos de este salmo se resumen en "adorar". Las razones se resumen en "él es santo". Este vocabulario hace que sea fácil identificar la idea principal del poema (enunciado aquí en dos frases cortas para que haya variedad). "Él es santo" también señala los estribillos y ofrece una descripción clara.

TEMA: ¿Por qué el salmista dice que todos los pueblos, especialmente Israel, deben adorar al Rey?

COMPLEMENTO: Porque Él es santo.

IDEA EXEGÉTICA: El salmista dice que todos los pueblos, especialmente Israel, deben adorar al Rey porque Él es santo.

IDEA HOMILÉTICA: Adore al Rey porque Él es santo.

Salmos 100

Considere la posibilidad de plantear la idea principal como una obligación o una invitación. El indicativo "debemos…" significa lo mismo, sin embargo, pierde valor si se utiliza todas las semanas. También considere utilizar las palabras del mismo texto para plantear la idea; en este caso, la palabra "regocijo" es una opción evidente.

TEMA: ¿Por qué se invita a los que pertenecen a Dios a adorar con regocijo?

COMPLEMENTO: Dios es bueno y los ama.

IDEA EXEGÉTICA: Los que pertenecen a Dios están invitados a adorarlo con regocijo porque Él es bueno y los ama.

IDEA HOMILÉTICA: Adore a Dios con regocijo porque Él es bueno y nos ama.

Salmos 103

Este salmo es un canto de alabanza conocido y optimista. Lo que lo diferencia de himnos parecidos es el llamado a "no olvidar".

TEMA: ¿Por qué todas las personas del mundo deben alabar al Señor?

COMPLEMENTO: Por sus innumerables dones, obras y carácter amoroso.

IDEA EXEGÉTICA: Todas las personas del mundo deben alabar al Señor por sus innumerables dones, obras y carácter amoroso.

IDEA HOMILÉTICA: ¡Alabe al Señor y no olvide ninguno de sus beneficios!

Salmos 107

Este salmo presenta cinco escenarios en los cuales Dios no abandona a su pueblo. Desarrolle cada uno de ellos con relatos imaginativos y situaciones contemporáneas similares. Al final no aparece el esperado estribillo de agradecimiento; el predicador y la congregación lo pueden aportar como un adecuado punto culminante de la prédica.

TEMA: En este salmo, ¿de qué manera Dios demuestra su gran amor?

COMPLEMENTO: Rescatando a las personas de diferentes peligros.

IDEA EXEGÉTICA: En este salmo, Dios demuestra su gran amor rescatando a las personas de diferentes peligros.

IDEA HOMILÉTICA: A través de muchos peligros, dificultades y trampas, confíe en que Dios lo rescatará y agradezca su gran amor.

Salmos 110

Jesús y sus apóstoles consideran a David como un profeta que no habló sobre un descendiente ordinario. La exposición puede comenzar en el escenario antiguo, pero pronto llegará a Cristo, lo cual está autorizado por el Nuevo Testamento.

TEMA: ¿Cuál es la profecía de David sobre el Rey escogido por Dios?

COMPLEMENTO: Dios aplastará a sus enemigos, extenderá su reino y lo hará un sacerdote, así como también un monarca.

IDEA EXEGÉTICA: La profecía de David sobre el Rey escogido por Dios es que este Rey aplastará a sus enemigos, extenderá su reino y lo hará un sacerdote así como también un monarca.

IDEA HOMILÉTICA: Honre a nuestro Rey y Sacerdote, cuyo reino victorioso está asegurado por Dios.

Salmos 111-12

Estos poemas están emparejados, unidos por la estructura acróstica y las similitudes del tema. En conjunto, su idea principal es diferente a la de dos prédicas separadas. Salmos 111 explica cómo es Dios y Salmos 112, cómo es una persona que teme a Dios: ¡es semejante a Dios! El último versículo del capítulo 111 es el enlace literario y teológico.

TEMA: ¿Cómo es una persona que teme a Dios?

COMPLEMENTO: Dios.

IDEA EXEGÉTICA: La persona que teme a Dios es semejante a Él.

IDEA HOMILÉTICA: La persona que teme a Dios es semejante a Él.

Salmos 117

En *Biblical Preaching* [La predicación bíblica], Haddon Robinson utiliza este salmo (el "pequeño gigante" del libro de los Salmos) como un ejemplo de textos que tienen un tema y complemento que no son complicados[2].

TEMA: ¿Por qué todos deben alabar al Señor?

COMPLEMENTO: Porque su amor es grande y su fidelidad, eterna.

IDEA EXEGÉTICA: Todos deben alabar al Señor porque su amor es grande y su fidelidad, eterna.

IDEA HOMILÉTICA: Alabe al Señor por su gran amor y su fidelidad eterna.

Salmo 119

Todas las líneas de esta gigantesca composición acróstica, excepto dos, alaban la Palabra de Dios. En la prédica se puede seleccionar versículos que representan diferentes situaciones y necesidades planteadas o explicar el significado de "ordenanzas", "estatutos", "ley", entre otros.

TEMA: ¿Qué enseña este extenso poema acróstico sobre la Palabra de Dios?

COMPLEMENTO: Aborda de forma integral todas las necesidades y situaciones humanas.

IDEA EXEGÉTICA: Este extenso poema acróstico enseña que la Palabra de Dios aborda de forma integral todas las necesidades y situaciones humanas.

IDEA HOMILÉTICA: La palabra de Dios está dirigida a absolutamente todas las situaciones de la vida.

Salmos 128

El pueblo de Israel valoraba a la familia más de lo que lo hacen muchos cristianos. Pero podemos aprender algo de esto y el anterior salmo sobre el valor que Dios otorga a la familia.

---

2. Ver Haddon W. Robinson, *Biblical Preaching: The Development and Delivery of Expository Messages* [La predicación bíblica: Desarrollo y presentación de mensajes expositivos]

TEMA: ¿Cómo cree el poeta que Dios bendice a los que le temen?

COMPLEMENTO: Con una familia numerosa, una larga vida y poder ver a los nietos.

IDEA EXEGÉTICA: El poeta cree que Dios bendice a los que le temen con una familia numerosa, una larga vida y poder ver a los nietos.

IDEA HOMILÉTICA: ¡Gracias Dios por la bendición de tener hijos y nietos!

Salmos 130

"Las profundidades del abismo" (v. 1) son usualmente los problemas del poeta; el problema aquí es su propio pecado y la desaprobación de Dios. El tipo de misericordia que pide no es para que lo libren de los malvados, sino para restaurar la alegría.

TEMA: ¿Qué hace el salmista cuando no experimenta la sonrisa de Dios sobre su vida?

COMPLEMENTO: Decide confiar y esperar que el sol vuelva a salir.

IDEA EXEGÉTICA: Cuando el salmista no experimenta la sonrisa de Dios sobre su vida, decide seguir confiando, esperando a que el sol vuelva a salir.

IDEA HOMILÉTICA: Espere al Señor y a la mañana.

Salmos 131

David el rey, guerrero y principal influyente es, en las manos de Dios, como un niño —un niño destetado— lo suficientemente mayor como para elegir de manera consciente dejar en manos de Dios lo que le corresponde.

TEMA: ¿De qué manera representa el poeta la confianza en Dios?

COMPLEMENTO: Como un niño destetado, seguro en los brazos de su madre.

IDEA EXEGÉTICA: El poeta representa la confianza en Dios como un niño destetado, seguro en los brazos de su madre.

IDEA HOMILÉTICA: Como un niño que confía, deje en manos de Dios lo que le corresponde.

Salmos 133

Este salmo, que no es complicado, se explica por medio de una serie de palabras conocidas para los oyentes de la época de David, pero no para los nuestros. Puede que necesitemos más ilustraciones contemporáneas sobre la armonía. Podemos optar por plantear la idea homilética como una oración.

TEMA: ¿Por qué el salmista elogia y describe la armonía?

COMPLEMENTO: Dios decide bendecir abundantemente la armonía.

IDEA EXEGÉTICA: El salmista elogia y describe la armonía porque Dios decide bendecirla abundantemente.

IDEA HOMILÉTICA: ¡Dios, únenos!

Salmos 137

No omita ni alegorice este salmo porque Dios lo incluyó aquí por alguna razón. Incluso si no podemos aprobar el sentimiento espantoso de la última línea (en la cual se le pide a Dios hacer lo que Isaías dijo que Él haría), podemos aprender algo sobre el lamento honesto.

TEMA: ¿De qué manera puede responder el pueblo de Israel a la horrible opresión?

COMPLEMENTO: Llorando de manera sincera, recordando a Jerusalén y apelando a Dios para que haga justicia.

IDEA EXEGÉTICA: El pueblo de Israel puede responder a la horrible opresión llorando de manera sincera, recordando a Jerusalén y apelando a Dios para que haga justicia.

IDEA HOMILÉTICA: En una situación de extrema aflicción, llore de manera sincera, recuerde a Jerusalén y confíe en que Dios hará justicia

Salmos 139

En estas estrofas se representa a Dios como el que todo lo ve, el que siempre está presente, el único creador y el único santo. Dios es increíble; presente la prédica de manera impresionante. Que la música y las oraciones de la congregación hagan eco de los dos últimos versos.

TEMA: ¿De qué manera responde David al conocimiento y a la presencia de Dios?

COMPLEMENTO: Con asombro y el deseo de vivir conforme a Dios.

IDEA EXEGÉTICA: David responde al conocimiento íntimo y a la presencia de Dios con asombro y el deseo de vivir conforme a Dios.

IDEA HOMILÉTICA: Dios, eres increíble, ayúdanos a vivir conforme a ti.

Salmos 142

Los lamentos pueden ser muy parecidos, pero si prestamos atención a los detalles y no solo a su forma y tema similares, podremos ver que sus temas e ideas principales son diferentes. En esta oración, los problemas de David empeoran por su sentimiento de *soledad*.

TEMA: ¿A quién puede recurrir David cuando está solo en medio de sus problemas?

COMPLEMENTO: Dios, su refugio.

IDEA EXEGÉTICA: Cuando David está solo en medio de sus problemas, puede recurrir a Dios como su refugio.

IDEA HOMILÉTICA: Con Dios como nuestro refugio, nunca estamos realmente solos.

Salmo 150

Predique al comienzo del servicio esta conclusión exuberante sobre el libro de los Salmos, luego guíe a la congregación a aceptar la invitación del libro. El sentido del texto se mantiene si en la idea homilética no se utiliza la palabra "debería" y se plantea un imperativo cordial y contundente. A continuación, presento un resumen de cuatro pautas: ¿Dónde? En todo el mundo. ¿Por qué? Por todo lo que Él es y hace. ¿Cómo? Con todo lo que tenemos. ¿Quiénes? Todos.

TEMA: ¿Quién debe adorar a Dios?

COMPLEMENTO: Todos en todo el mundo, por lo que Él es y hace, y con todo el corazón.

IDEA EXEGÉTICA: Todos en cualquier parte del mundo deben adorar con sinceridad al Señor por lo que Él es y hace.

IDEA HOMILÉTICA: Todos en cualquier parte del mundo, adoremos a Dios con todo lo que tenemos, ¡por todo lo que Él es y hace!

Versículos/pasajes difíciles

Algunas personas dicen que los salmos son un discurso *para* Dios, no de Dios, por lo que se deben orar o cantar, pero no predicar. ¡Se equivocan! Con sabiduría pastoral, ricos en imaginación, maravillosamente elaborados, si estos poemas no son adecuados para predicar, ¿cuáles lo son?

Sin embargo, esta literatura presenta algunas dificultades. El libro de los Salmos incluye oscuras referencias geográficas y literarias (algunos pueden añadir referencias "mitológicas"). La brevedad del paralelismo hebreo presenta un poco de ambigüedad (tal vez, en algunas partes, una ambigüedad intencional). Los predicadores deben decidir si "de David" siempre supone una autoría davídica. Es imposible determinar con certeza la fecha de la mayoría de los salmos. Los eruditos difieren sobre si la colección es más una antología o un libro que cuenta una historia, y si es así, ¿qué historia? Se pueden mencionar otras dificultades, pero hay cuatro en particular que presentan una dificultad para los expositores.

En primer lugar, los salmos —incluso los salmos didácticos— son poesía. El impacto, las imágenes y la estética son importantes y no se deben pasar por alto en el púlpito. Si se eliminan estas características de la poesía para predicar únicamente el contenido parafraseable, se estará deshonrando al Espíritu que dio estos textos como poesía y a los oyentes se les quita parte del impacto de la intención del Espíritu. En algunos salmos es difícil identificar solo una idea principal; lo que mantiene unido el poema no es una idea general, sino una imagen, un sentimiento o un motivo. Los salmos acrósticos logran unirse mediante una estructura que no se mantiene en la traducción; es difícil encontrar una idea completa en estos textos. A pesar de que este capítulo sugiere ideas exegéticas y homiléticas, las prédicas sobre estos poemas deben comunicar más que solo ideas. En algunas ocasiones la imaginería y las emociones serán tan importantes como los contenidos propositivos. El tipo de análisis realizado a las epístolas no servirá para identificar el sentido de un poema.

En segundo lugar, muchos salmos suenan igual; se repite el vocabulario, la estructura y la imaginería. Pero esto no quiere decir que las ideas homiléticas de, supongamos, diez salmos de lamento serán idénticas; cada una tiene que aportar su propia contribución y las prédicas sobre los salmos no deben ser iguales. Si prestamos mucha atención a la imaginería y al tono emocional de estos textos —no solo las ideas que estos expresan— podremos volverlas a presentar en toda su particularidad y riqueza. Considere utilizar las palabras del mismo salmo para la idea principal (ver, por ejemplo, los análisis de los Salmos 30 y 32).

En tercer lugar, ¿cómo predicamos sobre Jesús utilizando el libro de los Salmos? Algunos (como el Sal 110) son evidentemente mesiánicos. Otros se pueden conectar de manera legítima con Cristo, sin embargo, esta conexión no es el punto principal o no se pasa por alto el significado y los referentes originales con el fin de llegar directamente al tema de Jesús y el Calvario.

En cuarto lugar, sin duda alguna, los salmos más difíciles de predicar son los imprecatorios (como Sal 109 y 137, aunque las "maldiciones" se pueden encontrar en muchas otras partes). Los que seguimos al que dijo: "Amen a sus enemigos", ¿debemos orar de esta manera? Para algunos, la respuesta está clara. Sin embargo, la iglesia y sus predicadores pueden argumentar a favor de una apropiación cuidadosa y teológicamente matizada de estos textos problemáticos[3].

Estos himnos y oraciones eran del antiguo Israel, pero también son nuestros. Al igual que el pueblo de Israel, nosotros gozamos de una relación de pacto con el Rey bondadoso que fue revelado y adorado en los Salmos. De la misma manera que el pueblo de Israel, nosotros adoramos a Dios por quién es Él y lo que ha hecho. También presentamos nuestro dolor y desasosiego ante Dios con un lamento honesto y reverente. Asimismo, necesitamos la sabiduría, la esperanza, la alegría, la reprensión y la consolación que se expresan en este libro. También debemos aprender a orar. En varios salmos, las circunstancias previas son inciertas. En realidad, esta es una ventaja para los predicadores, ya que estos textos se pueden adaptar a diversas situaciones. En la mayoría de los casos, los predicadores no deberían tener problemas para aplicar los salmos a las congregaciones contemporáneas.

En la mayoría de los casos. Algunos salmos expresan amor por Jerusalén o el templo; nosotros sentimos algo parecido por la iglesia, sin embargo, no es exactamente lo mismo. Algunos salmos describen la bendición como un éxito material, agrícola y militar; ¿cómo es el favor de Dios para los creyentes del Nuevo Testamento? Algunos oran o alaban al rey; ¿la apropiación cristiana de estos salmos se debe centrar en el Rey Jesús, en el gobierno humano o en ambos?

¿Qué ocurre con los salmos que mencionan enemigos? No trivialice estas agónicas oraciones al comparar a los enemigos de los salmistas con los vecinos que escuchan la radio a todo volumen o los compañeros de clase que se burlan de nosotros por asistir a la iglesia. Si nuestra vida o sustento no se ven amenazados, es mejor relacionar estos salmos con enemigos demoníacos o la persecución de nuestros hermanos y hermanas alrededor del mundo.

Los cristianos occidentales pueden ser muy individualistas al momento de leer la Biblia preguntándose: ¿de qué manera se aplica esto a *mí*? Busque también aplicaciones colectivas, por ejemplo: ¿de qué manera se dirige este salmo a *nosotros*, a nuestra iglesia y a la iglesia mundial?

Parece que algunos salmos hacen promesas irreales y de gran envergadura, por ejemplo: "Ningún mal habrá de sobrevenirte" (Sal 91:10). ¿De verdad? Procure no prometer demasiado; recuerde a los oyentes que

3. Ver Daniel Michael Nehrbass, *Praying Curses* [Orando maldiciones] (Eugene, Oregón: Pickwick, 2013).

esto es poesía, no un contrato.

Y como se trata de poesía, apelaremos a la emoción, la imaginación y el sentido estético de los oyentes.

- *Emoción*. Aprenda a realizar una exégesis de los sentimientos, no solo de las ideas. ¿Este lamento es un clamor o una queja? ¿El estado de ánimo es de enfado o de cansancio? Identifique la emoción de un texto con la misma precisión con la que identifica las ideas.
- *Imaginación*. No mencione de manera fugaz la imaginería con el fin de poder continuar con la explicación y la teología. No convierta la imagen de Dios como roca en conceptos abstractos como la fiabilidad o la fuerza; predique que "Dios es la roca".
- *Estética*. Los salmistas elaboraron una literatura artística, así que elogiemos la belleza de estos textos y la visión que proyectan. Los oyentes no solo deben pensar "Me doy cuenta de que esto es cierto" o "así es cómo se aplica", sino también "¡qué hermosa manera de vivir!".

No olvide que los salmos son oraciones y cánticos —textos de adoración. Ore y cante su texto de prédica; utilícelo como una invitación a la adoración o a la bendición. Formule su idea principal como una invitación a alabar. Ayude a su congregación a hacer de los salmos su lenguaje de adoración. Cultive el amor por los salmos y su Señor. En *Reflections on the Psalms* [Reflexiones sobre los salmos], C. S. Lewis dijo que a él le parece que lo mejor que había hecho el libro de los Salmos por él fue expresar el mismo deleite en Dios que hizo bailar a David.

FUENTES RECOMENDADAS

Para una buena introducción al libro de los Salmos:

Anderson, Bernhard W., *Out of the Depths: The Psalms Speak for Us Today* [De las profundidades: los salmos nos hablan hoy]. 3.ª ed. Louisville: Westminster John Knox, 2000.

Fuentes orientadas específicamente a cómo predicar y enseñar Salmos:

Ash, Christopher, *Teaching Psalms: From Text to Message* [Enseñando los salmos: Desde el texto hasta el mensaje]. 2 vols. Fearn, Reino Unido: Christian Focus, 2017-18.

Futato, Mark D., *Interpreting the Psalms: An Exegetical Handbook* [Interpretación de los salmos: Un manual exegético]. Grand Rapids: Kregel, 2007.

Mays, James L., *Preaching and Teaching the Psalms* [Predicando y enseñando los salmos]. Louisville: Westminster John Knox, 2006.

McCann, J. Clinton y James C. Howell, *Preaching the Psalms* [Predicando los salmos]. Nashville: Abingdon, 2001.

Nehrbass, Daniel Michael, *Praying Curses* [Orando maldiciones]. Eugene, Oregón: Pickwick, 2013.

Proverbios

STEVEN D. MATHEWSON

El libro de los Proverbios ofrece a sus lectores el regalo de la sabiduría. La palabra "sabiduría" en el Antiguo Testamento es en realidad el término "habilidad". Puede referirse a la habilidad de los confeccionistas, los artesanos, los orfebres, los marineros e incluso los plañideros profesionales. En el libro de los Proverbios, la sabiduría es la habilidad de vivir de una manera que honra a Dios y que se adapta a la forma en que Dios hizo funcionar la vida. Este libro argumenta la superioridad de la sabiduría sobre la insensatez (Pr 1-9) y luego explica cómo es el estilo de vida de la sabiduría (Pr 10-31). Esta es la idea principal de todo el libro:

TEMA: ¿Cuál es el resultado de vivir de manera sabia?

COMPLEMENTO: Tener éxito en el mundo de Dios en lugar de la ruina.

IDEA EXEGÉTICA: El resultado de vivir de manera sabia es tener éxito en el mundo de Dios en lugar de la ruina.

IDEA HOMILÉTICA: La sabiduría genera individuos que triunfan en el mundo de Dios.

Es relativamente fácil predicar Proverbios 1-9. Estos capítulos contienen una serie de "pequeñas prédicas" diseñadas para convencer al lector de que siga un estilo de vida de sabiduría y no de insensatez. Las invitaciones están personificadas por dos mujeres: Señorita Sabiduría y Señora Necedad.

Sin embargo, todo el "infierno homilético" se desata en los capítulos 10-31. La mayoría de estos capítulos contienen dichos que parecen haber sido sacados uno a uno por sorteo. Aquí tenemos un debate. Algunos eruditos del Antiguo Testamento creen que los proverbios de los capítulos 10-29 simplemente aparecen en orden aleatorio[1]. Por ello es necesario buscar de manera exhaustiva los dichos que tratan sobre un tema en particular. A pesar de que el Espíritu de Dios pudo haber guiado a los escritores a utilizar un formato más comprensible (p. ej., ubicando todos los dichos sobre la ira en el cap. 10, todos los dichos sobre la riqueza en el cap. 11, etc.), la dispersión de estos dichos nos obliga a buscar la sabiduría. La búsqueda se asemeja a la extracción de la plata (ver 2:4) en lugar de recoger rocas de la superficie. Otros eruditos ven en estos capítulos una composición más hábil y no una recopilación aleatoria[2]. Aun así hay otros que adoptan una postura de reflexión, defendiendo la "agrupación temática" (en la que se agrupan dos o más dichos por tema o palabra clave), pero descartando estructuras complejas más amplias[3].

¿Entonces qué debe hacer un predicador o maestro con los capítulos 10-29? Las ideas principales que se presentan más adelante reflejan ambos enfoques. Es posible predicar secciones de versículos consecutivos (p. ej., 25:1-15 y 26:16-28) siempre y cuando se reconozca que la idea principal será un poco más general. Sin embargo, esto no supone un problema porque la idea principal no es una prédica. El tesoro todavía se encuentra en los dichos individuales. En este caso, la idea principal sintetiza la enseñanza del texto en una declaración resumida que aporta un borrador para todos los dichos individuales. Más adelante también hay cinco ideas principales que desarrollan temas. Estas ideas principales están basadas en juntar los diversos problemas que abordan un tema específico, tales como el conflicto, el discurso, la riqueza, la toma de decisiones y la paternidad.

Todo el libro de los Proverbios se puede predicar en cuarenta y un lecciones (a partir de las ideas principales propuestas más adelante), las cuales se dividen en once prédicas sobre los capítulos 1-9 y treinta prédicas

1. Tremper Longman III, *Proverbs, Baker Commentary on the Old Testament Wisdom and Psalms* [Proverbios, Comentario de Baker sobre la sabiduría y los salmos del Antiguo Testamento] (Grand Rapids: Baker Academic, 2006), pág. 40.

2. Ver el comentario de Bruce K. Waltke, dividido en dos volúmenes, que posiblemente sea la investigación más detallada y convincente de la estructuración editorial de Proverbios 10-29: The Book of Proverbs, *The New International Commentary on the Old Testament* [Proverbios, Nuevo comentario internacional sobre el Antiguo Testamento] Grand Rapids: Eerdmans, 2004-5), especialmente 1:9-28.

3. Michael V. Fox, *Proverbs 10-31, Anchor Yale Bible* [Proverbios 10-31, Comentarios bíblicos de Anchor Yale] (New Haven: Yale University Press, 2009), págs. 478-82.

sobre los capítulos 10-31. Los predicadores y maestros pueden separar las prédicas en series de dos partes (caps. 1-9 y 10-31) o tres partes (caps. 1-9, 10-22a y 22b-31). Por supuesto, puede ser útil seleccionar algunos textos representativos de cada sección para proporcionar un resumen del libro de los Proverbios para predicarlo en ocho o doce semanas.

Otra opción es abordar el material de los capítulos 10-29 por temas (como en los cinco ejemplos finales que se presentan más adelante) y predicar o enseñar de cinco a diez temas. Independientemente del enfoque, los predicadores y maestros pueden utilizar las ideas principales que se exponen en esta obra como punto de partida para las prédicas y lecciones sobre este extraordinario libro de sabiduría.

Comprensión del tema, complemento, idea exegética e idea homilética

Proverbios 1:1-7

TEMA: ¿En qué tipo de persona nos convierte la sabiduría?

COMPLEMENTO: Una persona exitosa (vv. 1-3a, 4-6), una persona éticamente buena (v. 3b) y una persona temerosa de Dios (v. 7).

IDEA EXEGÉTICA: La sabiduría nos convierte en personas exitosas, éticamente buenas y temerosas de Dios.

IDEA HOMILÉTICA: La sabiduría es buena para producir personas exitosas, buenas y piadosas[4].

Proverbios 1:8-33

TEMA: ¿Qué ocurre con las personas que rechazan la sabiduría por una vida de insensatez?

COMPLEMENTO: Terminan destruyendo sus vidas.

IDEA EXEGÉTICA: Aquellos que rechazan la sabiduría por una vida de insensatez terminan destruyendo sus vidas.

IDEA HOMILÉTICA: El resultado de rechazar la sabiduría es la autodestrucción.

Proverbios 2

TEMA: ¿Cuáles son los beneficios que recibimos por buscar la sabiduría?

COMPLEMENTO: El conocimiento de Dios (vv. 5-8), una brújula moral (vv. 9-15),

---

4. Otra manera de formular la idea homilética es la siguiente: La manera de mejorar la calidad de su vida es adquiriendo la habilidad de vivir de una manera que honre a Dios.

protección contra la inmoralidad (vv. 16-19) y una vida estable (vv. 20-22).

IDEA EXEGÉTICA: Los beneficios que recibimos por buscar la sabiduría son el conocimiento de Dios, una brújula moral, protección contra la inmoralidad y una vida estable.

IDEA HOMILÉTICA: La búsqueda de la sabiduría nos lleva a Dios y a la buena vida que Él quiere para nosotros.

Proverbios 3:1-12

TEMA: ¿Qué recompensas proporciona la sabiduría?

COMPLEMENTO: Paz (vv. 1-2), favor (vv. 3-4), éxito (vv. 5-6), sanación (vv. 7-8), prosperidad (vv. 9-10) y disciplina amorosa (vv. 11-12).

IDEA EXEGÉTICA: Las recompensas que proporciona la sabiduría son las siguientes: paz, favor, éxito, sanación, prosperidad y disciplina amorosa.

IDEA HOMILÉTICA: Dios se asegura de que las personas que viven de manera sabia vivan bien.

Proverbios 3:18-35

TEMA: ¿Cómo debemos vivir ante la bendición y seguridad que proporciona la sabiduría?

COMPLEMENTO: Haciendo el bien a nuestro prójimo (vv. 27-30) y no envidiando a los necios (vv. 31-35).

IDEA EXEGÉTICA: La manera de vivir ante la bendición y seguridad que proporciona la sabiduría es haciendo el bien a nuestro prójimo y no envidiando a los necios.

IDEA HOMILÉTICA: Los dones de la sabiduría nos obligan a hacer el bien a los demás.

Proverbios 4

TEMA: ¿Qué le enseña un padre sabio a su hijo sobre lo que debe hacer con la sabiduría?

COMPLEMENTO: Adquirirla (vv. 5-9), atesorarla (vv. 10-19) y protegerla (vv. 20-27).

IDEA EXEGÉTICA: Un padre sabio le enseña a su hijo a adquirir, atesorar y proteger la sabiduría.

IDEA HOMILÉTICA: Los padres sabios les enseñan a sus hijos a adquirir, atesorar y proteger la sabiduría.

Proverbios 5

TEMA: ¿De qué manera un joven honra a Dios en el modo en que satisface sus deseos sexuales?

COMPLEMENTO: Viéndose cautivado únicamente por el amor de su esposa.

IDEA EXEGÉTICA: Un joven honra a Dios en el modo en que satisface sus deseos sexuales viéndose cautivado únicamente por el amor de su esposa.

IDEA HOMILÉTICA: Las personas que honran a Dios buscan únicamente a su cónyuge para obtener satisfacción sexual.

Proverbios 6

TEMA: ¿Qué estilos de vida dañinos la sabiduría ayuda a evitar?

COMPLEMENTO: Endeudamiento (vv. 1-5), pereza (vv. 6-11), inutilidad (vv. 12-15), discordia (vv. 16-19) y adulterio (vv. 20-35).

IDEA EXEGÉTICA: La sabiduría ayuda a evitar los siguientes estilos de vida dañinos: endeudamiento, pereza, inutilidad, discordia y adulterio.

IDEA HOMILÉTICA: La sabiduría ayuda a evitar estilos de vida dañinos.

Proverbios 7

TEMA: ¿Por qué un joven debe evitar la casa de la Señora Necedad?

COMPLEMENTO: Porque lleva derecho al sepulcro.

IDEA EXEGÉTICA: Un joven debe evitar la casa de la Señora Necedad porque lleva derecho al sepulcro.

IDEA HOMILÉTICA: Es sabio resistirse a la tentación de un estilo de vida insensato porque conduce a la muerte[5].

Proverbios 8

TEMA: ¿Qué obtienen las personas que aceptan lo que ofrece la Señorita Sabiduría?

COMPLEMENTO: Las bendiciones de la vida y el favor.

IDEA EXEGÉTICA: Las personas que aceptan lo que ofrece la Señorita Sabiduría obtienen las bendiciones de la vida y el favor.

IDEA HOMILÉTICA: Los que aceptan el regalo de Dios de la sabiduría reciben los dones de Dios de la vida y el favor.

---

5. Con el fin de mantener las vívidas imágenes en la idea homilética, formúlela de esta manera: es sabio evitar la casa de la Señora Necedad porque lleva derecho a la muerte.

Proverbios 9

TTEMA: ¿De quién es la invitación que ofrece la mejor vida posible?

COMPLEMENTO: La invitación de la Señorita Sabiduría, no la de la Señora Necedad.

IDEA EXEGÉTICA: La invitación que ofrece la mejor vida posible proviene de la Señorita Sabiduría, no de la Señora Necedad.

IDEA HOMILÉTICA: En la sabiduría encontraremos la mejor forma de vivir, no en la insensatez.

Proverbios 10:1-16

TEMA: ¿Cuál es la diferencia entre un hijo sabio y uno necio?

COMPLEMENTO: En la forma en que usan sus riquezas (vv. 2-5, 15-16) y sus palabras (vv. 6-14).

IDEA EXEGÉTICA: La diferencia entre un hijo sabio y uno necio se encuentra en la forma en que usan sus riquezas y sus palabras.

IDEA HOMILÉTICA: La diferencia entre una persona sabia y una necia se encuentra en la forma en que usa sus riquezas y sus palabras.

Proverbios 10:17-32

TEMA: ¿Adónde conduce un estilo de vida insensato y uno justo?

COMPLEMENTO: A los necios los conduce a la perversión y a la ruina; a los justos, a la alegría y seguridad.

IDEA EXEGÉTICA: El estilo de vida insensato lleva a la perversión y a la ruina, mientras que el estilo de vida justo lleva a la alegría y seguridad.

IDEA HOMILÉTICA: El camino a la alegría y seguridad es por medio de un estilo de vida justo.

Proverbios 11

TEMA: ¿Dónde se encuentra la seguridad?

COMPLEMENTO: En la honestidad (vv. 1-2), en la justicia (vv. 3-8), en el discurso sabio (vv. 9-15) y en la generosidad (vv. 16-31).

IDEA EXEGÉTICA: La seguridad se encuentra en la honestidad, en la justicia, en el discurso sabio y en la generosidad.

IDEA HOMILÉTICA: Podemos crear una vida segura por medio de la honestidad, la integridad, el discurso sabio y la generosidad.

Proverbios 12

TEMA: ¿Quiénes experimentan una buena vida?

COMPLEMENTO: Aquellos que son sabios en su discurso (vv. 1-14) y en sus actos (vv. 15-28).

IDEA EXEGÉTICA: Aquellos que experimentan una buena vida son sabios en su discurso y en sus actos.

IDEA HOMILÉTICA: Para vivir la buena vida se debe actuar y hablar con sabiduría.

Proverbios 13

TEMA: ¿Cómo se puede alimentar una persona de lo que es materialmente bueno?

COMPLEMENTO: Al buscar una enseñanza y un comportamiento moralmente buenos.

IDEA EXEGÉTICA: Una persona se puede alimentar de lo que es materialmente bueno al buscar una enseñanza y un comportamiento moralmente buenos.

IDEA HOMILÉTICA: Si queremos alimentarnos de cosas buenas, debemos tener apetito por una enseñanza y un comportamiento buenos[6].

Proverbios 14

TEMA: ¿Cuál es la característica de los que van por buen camino en el temor al Señor?

COMPLEMENTO: Muestran sabiduría en su forma de vivir.

IDEA EXEGÉTICA: La característica de los que van por buen camino en el temor al Señor es que muestran sabiduría en su forma de vivir[7].

IDEA HOMILÉTICA: La vida íntegra es una vida de sabiduría.

Proverbios 15

TEMA: ¿En qué se diferencian los sabios de los malvados?

6. Esta idea principal se centra en los vv. 2 y 25, que encierran la sección. Los dos versículos contienen las mismas dos palabras hebreas: *'akal* (traducida por la versión en inglés NIV como "disfrutar" en el versículo 2 y "alimentar" en el versículo 25) y nepesh (traducida por la versión en inglés NIV como "apetito" en el versículo 2 y "estómago" en el versículo 25).

7. El tema surge del énfasis continuo del temor al Señor (vv. 2, 16, 26, 27), mientras que el complemento surge de los vv. 8 y 15, donde el prudente "puede discernir sus caminos/por dónde va". El término hebreo traducido como "discernir" comúnmente se traduce como "entender". Una prédica o lección sobre este texto mostrará cómo el discernimiento conduce a virtudes como la verdad (vv. 3, 7, 25), la aplicación (vv. 4, 23), la paciencia (v. 29), la alegría (v. 30) y la bondad (v. 31).

COMPLEMENTO: En su forma de hablar (vv. 1-8), en su respuesta a la corrección (vv. 9-12, 31-33) y en su disposición (vv. 13-30)[8].

IDEA EXEGÉTICA: La diferencia entre los sabios y los malvados es evidente en su forma de hablar, en su respuesta a la corrección y en su disposición.

IDEA HOMILÉTICA: Podemos detectar a una persona sabia por su buena actitud.

Proverbios 16

TEMA: ¿De qué manera los reyes y otras personas sabias alcanzan el éxito?

COMPLEMENTO: Al someterse al control supremo de Dios sobre sus vidas.

IDEA EXEGÉTICA: Los reyes y las personas sabias alcanzan el éxito al someterse al control supremo de Dios sobre sus vidas[9].

IDEA HOMILÉTICA: Las personas que se someten a Dios en todas las áreas de su vida alcanzan el éxito.

Proverbios 17

TEMA: ¿Cuál es la diferencia entre el impacto de los necios y de las personas sabias en la comunidad?

COMPLEMENTO: Los necios generan conflictos, mientras que las personas sabias preservan la unidad.

IDEA EXEGÉTICA: La diferencia entre el impacto de los necios y de las personas sabias en la comunidad es que los necios generan conflictos, mientras que las personas sabias preservan la unidad.

IDEA HOMILÉTICA: Los necios generan conflictos en una comunidad, mientras que las personas sabias preservan su unidad.

Proverbios 18

TEMA: ¿Cuál es el efecto que tiene el discurso de un necio y de una persona sabia sobre una comunidad?

COMPLEMENTO: El discurso del necio la debilita, mientras que el discurso de la

---

8. La "disposición" del sabio comprende actitudes como la felicidad (vv. 15, 30), el amor (v. 17), la paciencia (v. 18) y la pureza (v. 26). Por consiguiente, la prédica o la lección tendrá que desarrollar alguna de ellas.

9. Observe que la idea de la soberanía o el control supremo de Dios encierran este capítulo. Está desarrollada en los "dichos de Yahveh" de los vv. 1-9, reforzada en el v. 20 y luego resumida al final del capítulo en el v. 33. En la prédica o lección se debe recurrir a los diversos dichos de este capítulo para encontrar las formas específicas en que el sabio debe someterse al control supremo de Dios sobre su vida.

persona sabia la fortalece.

IDEA EXEGÉTICA: El discurso de un necio debilita una comunidad, mientras que el discurso de una persona sabia la fortalece.

IDEA HOMILÉTICA: Las palabras necias destruyen comunidades, mientras que las palabras sabias las construyen.

Proverbios 19

TEMA: ¿Dónde puede encontrar el hombre la verdadera riqueza?

COMPLEMENTO: En relaciones formadas en el temor a Dios.

IDEA EXEGÉTICA: El hombre puede encontrar la verdadera riqueza en relaciones formadas en el temor a Dios.

IDEA HOMILÉTICA: El lugar donde podemos encontrar la verdadera riqueza se encuentra en las relaciones que honran a Dios[10].

Proverbios 20

TEMA: ¿Qué hace un rey justo?

COMPLEMENTO: Erradica el mal y a los malvados (vv. 8, 26).

IDEA EXEGÉTICA: Un rey justo erradica el mal y a los malvados.

IDEA HOMILÉTICA: Un líder piadoso erradica el mal[11].

Proverbios 21

TTEMA: ¿De qué manera pueden tener éxito los planes de un rey?

COMPLEMENTO: Mediante una búsqueda devota de la rectitud y la justicia.

IDEA EXEGÉTICA: Los planes de un rey pueden tener éxito mediante una búsqueda devota de la rectitud y la justicia.

IDEA HOMILÉTICA: Nuestros planes pueden tener éxito únicamente cuando reflejan una búsqueda devota de la rectitud y la justicia.

---

10. Esta idea principal toma en cuenta la forma en que el capítulo alterna entre la integridad del discurso y la relación entre la riqueza y los amigos —así como también el temor al Señor; ver Paul E. Koptak, Proverbs, *The NIV Application Commentary* [Proverbios, El comentario de la aplicación NIV] (Grand Rapids: Zondervan, 2003), pág. 466. En la prédica o lección se debe recurrir a los diversos dichos para definir las características de las relaciones que honran a Dios.

11. Evidentemente hay muchos dichos "positivos" como negativos en este capítulo. Parte de la erradicación del mal es perseguir el amor fiel y defender lo que es correcto.

Proverbios 22:1-16

TEMA: ¿Qué exige la soberanía de Dios sobre la riqueza?

COMPLEMENTO: Prudencia (v. 3), humildad (v. 4), integridad (v. 5), instrucción de niños (v. 6), generosidad (vv. 7-9), pureza (vv. 10-12), diligencia (v. 13), disciplina (vv. 14-15) y justicia (v. 16).

IDEA EXEGÉTICA: La soberanía de Dios sobre la riqueza exige prudencia, humildad, integridad, instrucción de niños, generosidad, pureza, diligencia, disciplina y justicia.

IDEA HOMILÉTICA: La soberanía de Dios sobre la riqueza nos obliga a manejarla con integridad.

Proverbios 22:17-23:11[12]

TEMA: ¿Cuál es la manera correcta de obtener riqueza?

COMPLEMENTO: Mediante la diligencia, no el fraude[13].

IDEA EXEGÉTICA: La manera correcta de obtener riqueza es mediante la diligencia, no el fraude.

IDEA HOMILÉTICA: Las personas sabias obtienen riqueza siendo diligentes, no engañando[14].

Proverbios 23:12-24:2

TEMA: ¿Cómo un hijo sabio puede dar alegría a sus padres?

COMPLEMENTO: Al desarrollar un corazón sabio.

IDEA EXEGÉTICA: Un hijo sabio puede dar alegría a sus padres al desarrollar un corazón sabio.

IDEA HOMILÉTICA: Podemos alegrar a nuestros padres al desarrollar corazones

---

12. Esta unidad de predicación es la primera parte de una colección conocida como: "Los treinta dichos de los sabios" (ver 22:20). Es probablemente una adaptación creativa de un texto de sabiduría egipcia —Instructions of Amenemope [Instrucciones de Amenemope]— bajo la inspiración del Espíritu de Dios. Ver la NVI para el desglose de esta sección en treinta dichos. Hay demasiado material para predicar en un solo servicio, por ello, el desglose de esta sección en unidades de predicación sigue los temas básicos desarrollados. Toda la sección puede servir como una breve serie de prédicas, tal vez combinándola con 24:23-34 —"Otros dichos de los sabios".

13. El complemento procede de 22:29 —el único dicho "positivo" de esta sección. Los restantes (después de la introducción de los treinta dichos en 22:17-21) son prohibiciones.

14. Otra posible idea homilética es la siguiente: uno progresa gracias a la competencia y la integridad, no a la malicia ni al arribismo. Ver Koptak, *Proverbs* [Proverbios], pág. 536.

sabios.

Proverbios 24:3-22

TEMA: ¿De qué manera la sabiduría protege a los sabios?

COMPLEMENTO: Fortaleciéndolos en situaciones difíciles (vv. 2-12) y guardándolos de personas y hábitos destructivos (vv. 13-22).

IDEA EXEGÉTICA: La sabiduría protege a los sabios fortaleciéndolos en situaciones difíciles y guardándolos de personas y hábitos destructivos.

IDEA HOMILÉTICA: La sabiduría nos da fuerza en la angustia y discernimiento en la tentación.

Proverbios 24:23-34

TEMA: ¿De qué manera prospera en la vida una persona sabia?

COMPLEMENTO: Trabajando duro y siendo honesto, no siendo parcial ni calumniando.

IDEA EXEGÉTICA: Una persona sabia prospera en la vida trabajando duro y siendo honesto, no siendo parcial ni calumniando.

IDEA HOMILÉTICA: Nuestro camino al éxito es a través del trabajo duro y la honestidad.

Proverbios 25:1-15

TEMA: ¿Qué deben hacer los príncipes para tener éxito en la corte real?

COMPLEMENTO: Relacionarse con los reyes de manera adecuada (vv. 2-7), manejar los conflictos de manera cuidadosa (vv. 8-10) y utilizar las palabras de manera estratégica (vv. 11-13).

IDEA EXEGÉTICA: Para tener éxito en la corte real, los príncipes deben relacionarse con los reyes de manera adecuada, manejar los conflictos de manera cuidadosa y utilizar las palabras de manera estratégica.

IDEA HOMILÉTICA: La verdadera adoración en el lugar de trabajo requiere habilidad para relacionarse con líderes poderosos de manera adecuada, manejar los conflictos de manera cuidadosa y utilizar las palabras de manera estratégica.

Proverbios 25:16-28

TEMA: ¿De qué manera pueden los príncipes honrar a Dios en diferentes situaciones sociales?

COMPLEMENTO: Practicando la inteligencia social.

IDEA EXEGÉTICA: Los príncipes pueden honrar a Dios en diferentes situaciones sociales practicando la inteligencia social.

IDEA HOMILÉTICA: Una mayor inteligencia social conducirá a un mayor honor a Dios[15].

Proverbios 26

TEMA: ¿Cómo se puede practicar la sagacidad en las relaciones?

COMPLEMENTO: Tratando a los necios con prudencia (vv. 1-12), reconociendo las características del perezoso (vv. 13-16)[16], protegiéndose de los alborotadores (vv. 17-22) y cuidándose de los embusteros (vv. 23-28).

IDEA EXEGÉTICA: Uno puede practicar la sagacidad en las relaciones tratando a los necios con prudencia, reconociendo las características del perezoso, protegiéndose de los alborotadores y cuidándose de los embusteros.

IDEA HOMILÉTICA: Evitaremos daños graves en nuestras vidas si nos protegemos del lado oscuro del comportamiento humano.

Proverbios 27

TEMA: ¿Qué necesitan las amistades sanas que honran a Dios?

COMPLEMENTO: Discernimiento, compromiso y cuidado.

IDEA EXEGÉTICA: Las amistades sanas que honran a Dios necesitan discernimiento, compromiso y cuidado.

IDEA HOMILÉTICA: Las amistades sanas se deben tratar con cuidado[17].

---

15. Una vez más, la idea de honrar a Dios proviene de la responsabilidad más grande del libro, es decir, que la verdadera sabiduría se basa en el temor al Señor (ver también Pr 1:7; 9:10). El concepto de practicar la inteligencia social es una forma de resumir una colección de dichos bastante imprecisa. Practicar la inteligencia social significa entender que los límites son necesarios (vv. 16-17), la calumnia crea graves heridas (v. 18), las personas poco fiables te decepcionarán cuando más las necesites (v. 19), decirle a un corazón herido que "sea feliz" es hiriente y duro (v. 20), la misericordia es la mejor venganza contra el enemigo (vv. 21-22), los chismes generan problemas inesperados (v. 23), es difícil vivir con una persona que siempre está buscando discutir (v. 24), las buenas noticias de los que están lejos son reconfortantes (v. 25), las personas justas que se entregan a la maldad crean un desastre (v. 26), es deshonroso acaparar el honor para ti mismo (v. 27) y la falta de autocontrol conduce a la autodestrucción (v. 28). Como se ha indicado, cada uno de estos once dichos pueden ser predicados de manera individual en una serie de prédicas sobre la inteligencia social.

16. Los perezosos encuentran cualquier tipo de excusa para postergar el trabajo (v. 13), dejan que el placer impida la producción (v. 14) e ignoran la sabiduría de otros (v. 16).

17. La noción del trato cuidadoso (o el discernimiento, el compromiso y el cuidado) debe complementarse con el desarrollo de siete ideas específicas que se analizan en este capítulo.

Proverbios 28:1-11

TEMA: ¿Por qué la mejor manera de vivir es mediante un estilo de vida justo?

COMPLEMENTO: Porque los justos viven confiados como un león.

IDEA EXEGÉTICA: La mejor manera de vivir es mediante un estilo de vida justo porque los justos viven confiados como un león[18].

IDEA HOMILÉTICA: La justicia es el mejor camino porque los justos gozan de una confianza como la de un león.

Proverbios 28:12-28

TEMA: ¿Qué ocurre cuando los justos triunfan y los impíos pierden poder?

COMPLEMENTO: Las personas justas celebran y prosperan.

IDEA EXEGÉTICA: Cuando los justos triunfan y los impíos pierden poder, las personas justas celebran y prosperan[19].

IDEA HOMILÉTICA: Las personas prosperan cuando sus líderes son justos.

Proverbios 29:1-14

TEMA: ¿Cuál es el resultado de ser justos?

COMPLEMENTO: Nos beneficia (vv. 1-6) y también a los miembros de nuestra comunidad (vv. 7-14).

IDEA EXEGÉTICA: El ser justo nos beneficia y también a los miembros de nuestra comunidad.

IDEA HOMILÉTICA: Hacer lo correcto da poder —para usted y para los demás.

Estas ideas son las siguientes: la alabanza se debe tratar con cuidado (vv. 2, 21), el amor reprende y no adula (vv. 5-6, 9), el hogar es donde está el apoyo (v. 8), la lealtad es necesaria en tiempos difíciles (v. 10), los amigos de verdad tienen un impacto duradero (v. 17), tener más nunca satisface el deseo (v. 20) y uno debe tener mucho cuidado con sus bienes más grandes (vv. 23-27).

18. El resto de los dichos de esta unidad de predicación dan validez a esta idea. Proveen muchas razones por las cuales los justos pueden vivir tan confiados como un león: el discernimiento trae estabilidad (vv. 2, 7), la opresión de los pobres lleva a la ruina (vv. 3, 8), el abandono a la ley hace que seamos patéticos y estemos desamparados (vv. 4, 9), los malvados se pierden el conocimiento y la herencia (vv. 5, 10) y los justos que son pobres terminan teniendo más que los ricos que son perversos (vv. 6, 11).

19. Esta idea surge del primer y el último dicho de esta unidad de predicación (vv. 12, 28). Los dichos que se encuentran en los extremos describen a un líder justo (vv. 13-27). Los líderes justos abren sus corazones a Dios (vv. 13-14), conducen a la integridad (vv. 15-18), trabajan duro por lo que tienen (vv. 19-22) y tratan bien a las personas (vv. 23-27).

Proverbios 29:15-28

TEMA: ¿Cuál es el valor de corregir y obedecer?

COMPLEMENTO: Trae bendiciones y paz.

IDEA EXEGÉTICA: El valor de corregir y obedecer es que trae bendiciones y paz.

IDEA HOMILÉTICA: El camino a la bendición y a la paz es por medio de la corrección y la obediencia

Proverbios 30:1-14

TEMA: ¿Cómo se pueden superar las limitaciones del discernimiento humano y la inhabilidad de tener acceso a la sabiduría ilimitada de Dios?

COMPLEMENTO: Refugiándose en las palabras de Dios.

IDEA EXEGÉTICA: Las limitaciones del discernimiento humano y la inhabilidad de tener acceso a la sabiduría ilimitada de Dios se pueden superar refugiándose en las palabras de Dios[20].

IDEA HOMILÉTICA: Podemos superar la enorme diferencia entre nuestro discernimiento y la sabiduría de Dios refugiándonos en las palabras de Dios.

Proverbios 30:15-33

TEMA: ¿De qué manera se puede vivir sabiamente para obtener el honor de Dios y el bien propio?

COMPLEMENTO: Recordando que la avaricia nunca sacia (vv. 15-17), tratando el regalo de Dios de tener relaciones sexuales con admiración (vv. 18-20), protegiéndose de las personas que consiguen acceso al poder (vv. 21-23), aprendiendo a superar las propias limitaciones (vv. 24-31) y evitando provocar la ira (vv. 32-33).

IDEA EXEGÉTICA: Se puede vivir sabiamente para obtener el honor de Dios y el bien propio recordando que la avaricia nunca sacia, tratando el regalo de Dios de tener relaciones sexuales con admiración, protegiéndose de las personas que consiguen acceso al poder, aprendiendo a superar las propias limitaciones y evitando provocar la ira.

IDEA HOMILÉTICA: Si prestamos atención a las reglas básicas de la vida, podremos

---

20. Esta idea surge principalmente de los vv. 1-6. Los versículos 7-9 contribuyen al argumento al pedirle a Dios que perdone nuestros pecados y circunstancias que nos alejan de Él y sus palabras. Luego los vv. 10-14 cierran la sección con una advertencia, la cual consiste de una imagen de una generación corrupta —aquellos que rechazan las palabras de Dios.

tener éxito en la vida que Dios nos ha dad[21].

Proverbios 31:1-9

TEMA: ¿Qué le enseñó al rey Lemuel su madre sobre el uso de sus privilegios?

COMPLEMENTO: Servir al pueblo en lugar de satisfacer sus propios deseos.

IDEA EXEGÉTICA: La madre del rey Lemuel le enseñó a usar sus privilegios para servir al pueblo en lugar de satisfacer sus propios deseos.

IDEA HOMILÉTICA: Las madres piadosas les enseñan a sus hijos a usar sus privilegios para servir a las personas en necesidad en lugar de satisfacer sus propios deseos[22].

Proverbios 31:10-31

TEMA: ¿Qué caracteriza a las mujeres fuertes?

COMPLEMENTO: Son ejemplo de sabiduría en cada área de su vida.

IDEA EXEGÉTICA: Las mujeres fuertes son ejemplo de sabiduría en cada área de su vida.

IDEA HOMILÉTICA: Las madres poderosas y otras personas fuertes son ejemplo de sabiduría en cada área de su vida[23].

---

21. Observe que la idea exegética presenta varios complementos. La idea homilética simplemente los resume como "reglas básicas de la vida". En la prédica se debe abordar cada punto con cierto detalle. Haddon Robinson realizó una prédica muy conocida sobre Pr 30:24-28. Su idea principal fue la siguiente: podemos aprender la sabiduría al prestar atención a cuatro criaturas pequeñas. Luego desarrolló la lección enseñada para cada criatura pequeña: (1) la hormiga nos enseña el valor que tiene estar preparados para el futuro, (2) el conejo nos enseña dónde encontrar seguridad, (3) la langosta nos enseña a trabajar en grupo y (4) la lagartija nos enseña la incongruencia de la gracia. Ver Haddon Robinson, "The Wisdom of Small Creatures" ["La sabiduría de las criaturas pequeñas"], Preaching Today, https://www.preachingtoday.com/sermons/sermons/2007/july/wisdomofsmallcreatures.html.

22. Este texto puede parecer un poco quisquilloso cuando se lee por primera vez, sin embargo, dice mucho de la manera en que las madres les enseñan a sus hijos a usar sus privilegios para la justicia social y no para la autocomplacencia. Es una buena prédica para el Día de la Madre como una inesperada alternativa a Pr 31:10-31, el texto que muchos oyentes esperan escuchar. Incluso nos podemos referir a la madre del rey Lemuel como "la otra mujer de Proverbios 31".

23. Los predicadores y maestros deben explicar qué significa ser ejemplo de sabiduría en cada área de la vida. En este poema acróstico, es evidente que las madres poderosas (del hebreo 'eshet hayil, "una mujer fuerte") ayudan a sus familias a prosperar (vv. 13-19, 21-22, 27), se preocupan por los pobres y los necesitados (v. 20) y encuentran el éxito en el Señor y no en la apariencia física (v. 30). La decisión de incluir a "otras personas fuertes" en la idea homilética se debe a la función de este poema al final del libro de los Proverbios. Ver "Versículos/pasajes difíciles" posteriormente para un análisis de este texto.

Selección de los Proverbios sobre el conflicto

TEMA: ¿De qué manera se maneja el conflicto?

COMPLEMENTO: Reconozca cuánto odia Dios a aquellos que lo provocan (6:16, 19), detenga las peleas antes de que comiencen (17:14), escoja sus batallas sabiamente (26:17; 29:9) y elija el perdón antes que la venganza (24:29).

IDEA EXEGÉTICA: Los conflictos se deben manejar reconociendo cuánto odia Dios a aquellos que los provocan, deteniendo las peleas antes de que comiencen, escogiendo nuestras batallas sabiamente y eligiendo el perdón antes que la venganza.

IDEA HOMILÉTICA: Podemos manejar el conflicto de manera sabia al despreciarlo, detenerlo, evitarlo y al elegir perdonar.

Selección de los Proverbios sobre el discurso

TEMA: ¿Por qué las personas deben tener cuidado con lo que dicen?

COMPLEMENTO: Porque las palabras tienen el poder de destruir o de brindar alivio (12:18; 15:4)[24].

IDEA EXEGÉTICA: Las personas deben tener cuidado con lo que dicen porque las palabras tienen el poder de destruir o de brindar alivio.

IDEA HOMILÉTICA: Debemos tener cuidado con lo que decimos porque nuestras palabras pueden destruir o brindar alivio.

Selección de los Proverbios sobre la riqueza

TEMA: ¿De qué manera podemos manejar sabiamente la riqueza material?

COMPLEMENTO: Considérela como un regalo de Dios y no como un ídolo (10:22; 30:8-9), reconozca sus limitaciones (11:4, 28; 15:16-17; 16:16; 17:1; 20:25), aprenda a protegerla y hacerla crecer (11:15; 17:18; 20:16; 21:13, 17, 20; 22:7, 16, 26 y 28:8) y practique la generosidad (11:24-26; 22:9; 28:22, 27).

IDEA EXEGÉTICA: Manejamos de manera sabia la riqueza material cuando la consideramos como un regalo de Dios y no como un ídolo, reconocemos sus limitaciones, aprendemos a protegerla y hacerla crecer y practicamos la generosidad.

---

24. En la prédica se desarrollarán varios proverbios que entran en una de las dos categorías. Los dichos que se relacionan al "discurso sanador" son los siguientes: 12:25; 15:1, 23; 16:24; 24:26; 25:12, 15 y 27:5. Los dichos que se relacionan al "discurso destructor" son los siguientes: 10:19; 12:19, 22; 13:3; 17:28; 18:8; 21:23; 26:20, 22 y 27:1-2

IDEA HOMILÉTICA: Para realizar una administración sabia de la riqueza debemos considerar que esta es un regalo, reconocer sus limitaciones, manejarla adecuadamente y compartirla generosamente.

Selección de los Proverbios sobre la toma de decisiones

TEMA: ¿Cuál es la fuente de las decisiones sabias?

COMPLEMENTO: La búsqueda de consejos sabios (11:14; 15:22; 20:18; 24:6) y el sometimiento al plan de Dios para nuestra vida (3:5-6; 16:1, 3, 9, 33; 19:21; 30:5-6).

IDEA EXEGÉTICA: La fuente de las decisiones sabias es la búsqueda de consejos sabios y el sometimiento al plan de Dios para nuestra vida.

IDEA HOMILÉTICA: Usted puede tomar decisiones sabias cuando busca consejos sabios y se somete al plan de Dios para su vida.

Selección de los Proverbios sobre la crianza de los hijos

TEMA: ¿Cuáles son los regalos que los padres sabios les dan a sus hijos?

COMPLEMENTO: El regalo de la dirección (1:8; 22:16), el regalo de la disciplina (13:24; 19:18; 22:15; 23:13-14; 29:15, 17) y el regalo de un ejemplo de temor a Dios (14:26-27).

IDEA EXEGÉTICA: Los padres sabios les dan a sus hijos los regalos de la dirección, la disciplina y un ejemplo de temor a Dios.

IDEA HOMILÉTICA: Los mejores regalos que los padres les pueden dar a sus hijos son la dirección, la disciplina y la devoción a Dios.

Versículos/pasajes difíciles

Proverbios 3:9-10

Los dichos como este pueden parecer un apoyo al "evangelio de la prosperidad". Este enfoque de la vida afirma que, si honramos a Dios por medio del ofrecimiento de nuestros recursos materiales, siempre rebosaremos de bendiciones financieras. Evidentemente, se está pasando por alto el hecho de que los dichos proverbiales no son promesas (ver "Aplicación y perspectiva cultural" posteriormente). También se pasa por alto el hecho de que las bendiciones más grandes de Dios no son materiales (ver 15:17; 22:1).

Proverbios 26:4-5

Este pasaje provocó un debate entre los antiguos eruditos judíos sobre la autenticidad del libro. ¿Cómo el versículo 5 puede contradecir abiertamente lo que se acaba de decir en el versículo 4? El hecho de que esta supuesta contradicción se produzca en dichos contiguos nos da la respuesta. ¡La "contradicción" es intencionada! El punto es el siguiente: conozca al necio. Hay momentos en los que hay que guardar silencio e ignorar al necio (v. 4), pero hay otros momentos en los que es correcto dar una opinión (v. 5). La intención del versículo 4 es proteger al sabio de involucrarse en una discusión insensata. La intención del versículo 5 es proteger al necio de su propia sabiduría sesgada.

Proverbios 31:10-31

Los predicadores han dejado de usar este texto, especialmente en el Día de la Madre. No es de extrañar que las oyentes digan: "Si escucho otra prédica sobre la mujer de Proverbios 31, ¡voy a gritar!". Es probable que el título de un libro de Marcia Drake plasme cómo se sienten muchas mujeres con respecto a este texto: *The Proverbs 31 Lady and Other Impossible Dreams* [La mujer de Proverbios 31 y otros sueños imposibles]. Sin embargo, el problema no está en el texto, sino en la forma en que se ha malinterpretado y utilizado. Hay tres hechos que debemos considerar. Primero, Proverbios 31:10-31 es un poema alfabético que va de aleph a tav —de la A a la Z— con la primera palabra de cada versículo comenzando con la siguiente letra del alfabeto hebreo (v. 10 —*aleph*, v. 11 —*bet*, etc.). De este modo, el argumento no se desarrolla de forma lineal, de un párrafo a otro. Segundo, este poema es el final de un libro diseñado originalmente para preparar a los príncipes para ser reyes sabios. Por lo tanto, el poema afirma que la sabiduría es tanto para las mujeres como para los hombres. La Biblia estaba adelantada a su tiempo por su gran visión y trato a las mujeres. Tercero, este poema ofrece algo para todas las personas. Provee un modelo de sabiduría para los hombres y las mujeres. El mejor ejemplo de la sabiduría resulta ser una esposa y madre que realiza todo lo que se ha enseñado en el libro de los Proverbios. Los jóvenes que declaran querer casarse con "una mujer de Proverbios 31" se deben preguntar si son "hombres de Proverbios 1 a 30". Entonces, este poema no establece un estándar imposible; más bien, presenta a una mujer como un auténtico ejemplo de lo que es la sabiduría en la vida cotidiana. Ella es una 'eshet hayil, "una mujer poderosa". Entonces, la sabiduría es la que genera mujeres u hombres fuertes.

Aplicación y perspectiva cultural

Tal vez el punto de vista más importante que debemos adoptar cuando predicamos el libro de los Proverbios es que los dichos proverbiales no son promesas. No son fórmulas que garanticen el éxito. No se trata de quitarle fuerza al dicho proverbial, sino de entender su función. Los dichos proverbiales hacen observaciones sobre la forma en que la vida funciona una vez tras otra. Felizmente, Dios nos ha dado los libros de Eclesiastés y Job para evitar malinterpretar el libro de los Proverbios. En Job se indagan los misterios de la vida y en Eclesiastés se exploran las frustraciones de la vida.

Además, dadas las invitaciones contrapuestas que ofrecen la Señorita Sabiduría y la Señora Necedad en los capítulos 1-9, es preciso preguntarse si las advertencias contra el adulterio se refieren al pecado sexual real o a la búsqueda de un estilo de vida representado por una mujer adúltera. Parece que la respuesta es "ambos". Es difícil entender Proverbios 5 como algo distinto a una advertencia contra el adulterio físico y una exhortación a la fidelidad conyugal. Sin embargo, Proverbios 7 parece más bien la personificación de la necedad como una mujer adúltera. No obstante, no hay ninguna contradicción en leer estos capítulos de ambas maneras. Las personas sabias deben evitar tanto la tentación de la inmoralidad sexual como el estilo de vida insensato que esta personifica.

Por último, una de las enseñanzas de Proverbios más difíciles de aplicar es el uso de la vara para disciplinar a los hijos (13:24; 22:15; 23:13-14; 29:15). Los predicadores y maestros deben expresar adecuadamente su preocupación por el abuso físico de los niños. También deben indicar el daño que causa no disciplinarlos (13:24). Los predicadores y maestros hacen bien al informar a los oyentes que deben utilizar la disciplina física con moderación y nunca aplicarla cuando estén enojados. La disciplina física nunca se debe convertir en una paliza.

FUENTES RECOMENDADAS

Fox, Michael V. Proverbs 1-9, *Anchor Yale Bible* [Proverbios 1-9, Comentarios bíblicos de Anchor Yale]. New Haven: Yale University Press, 2000.

---- Proverbs 10-31, *Anchor Yale Bible* [Proverbios 10-31, Comentarios bíblicos de Anchor Yale]. New Haven: Yale University Press, 2009.

Koptak, Paul E. *Proverbs, The NIV Application Commentary* [Proverbios, El comentario de la aplicación NIV]. Grand Rapids: Zondervan, 2003.

Longman, Tremper, III. *Proverbs, Baker Commentary on the Old Testament Wisdom and Psalms* [Proverbios, Comentario de Baker sobre la sabiduría y los salmos del Antiguo Testamento]. Grand Rapids: Baker Academic, 2006.

Waltke, Bruce K. T*he Book of Proverbs: Chapters 1-15, The New* International Commentary on the Old Testament [El libro de los Proverbios: Capítulos 1-15, Nuevo comentario internacional del Antiguo Testamento]. Grand Rapids: Eerdmans, 2004.

---- *The Book of Proverbs: Chapters 15-31, The New International Commentary on the Old Testament* [El libro de los Proverbios: Capítulos 15-31, Nuevo comentario internacional del Antiguo Testamento]. Grand Rapids: Eerdmans, 2005.

Eclesiastés

CALVIN W. CHOI

El libro de Eclesiastés contiene las memorias de Salomón en su desesperada búsqueda por el sentido y significado de la vida, la cual se resume en una dolorosa y pesarosa frase: "Vanidad de vanidades, todo es vanidad" (1:2 RVR1960). Esta frase describe su profunda frustración ante la futilidad de la vida y advierte acerca de cómo perseguir objetivos erróneos en la vida puede resultar insignificante. Por lo tanto, Salomón comprende que solo es posible tener una vida con significado y sentido si llevamos una vida de respeto a Dios.

TEMA: ¿Cuál es el mensaje que Salomón quiere transmitir a su audiencia?

COMPLEMENTO: No importa cuán rápido, difícil y cuánto uno logre obtener de lo que la vida ofrece bajo el sol, sea conocimiento, sabiduría, placer, una carrera profesional, felicidad, trabajo, riqueza, honor y fama; una vida sin una relación viva y de fe en Dios es insignificante y desesperanzadora.

IDEA EXEGÉTICA: Salomón quiere transmitir a su audiencia que no importa cuán rápido, difícil y cuánto uno logre obtener de lo que la vida ofrece bajo el sol, sea conocimiento, sabiduría, placer, una carrera profesional, felicidad, riqueza y fama; una vida sin una relación viva y de fe en Dios es insignificante y desesperanzadora.

IDEA HOMILÉTICA: La vida bajo el sol es insignificante si no se vive en la fe y en obediencia a Dios.

Tal vez no haya ningún otro libro que resuene con tanta intensidad o que se refleje de manera tan profunda en la vida de las personas como el libro de Eclesiastés, en la forma en que encara a los lectores con la cruda y verdadera realidad de la vida sin filtros. Este libro cubre casi todos los ámbitos de la vida desde la cuna a la sepultura: juventud, educación, conocimiento, riqueza, entretenimiento, carrera profesional, compañerismo, sufrimiento, justicia social, política, jubilación y vejez. Salomón invita a los lectores a embarcarse en una búsqueda con él mientras los lleva a revivir las experiencias que él vivió, de manera que las personas puedan reconocer, procesar e identificarse con su vida.

El primer capítulo presenta el dilema de Salomón en su búsqueda por darle sentido a su vida. Los capítulos 2-11 transmiten el descontento de Salomón por sus descubrimientos bajo el sol. Aunque la solución a su dilema sobre el sentido de la vida se explica al final del capítulo 12, el desafío para algunos predicadores y maestros ha de ser el mantener el suspenso sin mencionar o referirse muy pronto a la conclusión en el 12:13–14. En cambio, se debe ir a lo largo del libro, capítulo por capítulo, para lidiar y valorar el dilema y frustración de Salomón, que conllevan a la cúspide del descubrimiento al final. Usted podría considerar algunos de los temas secundarios desarrollados por Salomón en Eclesiastés que lo guiarán a elegir los textos para la prédica y enseñanza de este libro

Comprensión del tema, complemento, idea exegética e idea homilética

Eclesiastés 1:1-11

TEMA: ¿Qué gana el pueblo después de todo su trabajo bajo el sol?

COMPLEMENTO: Absolutamente nada.

IDEA EXEGÉTICA: El pueblo no gana absolutamente nada después de todo su trabajo bajo el sol.

IDEA HOMILÉTICA: Mientras más pronto comprendamos la vanidad de la vida bajo el sol, estaremos mejor preparados para abrazar la vida.

Eclesiastés 2:1-11

TEMA: ¿Por qué el placer y el éxito nunca podrán brindarnos satisfacción en la vida?

COMPLEMENTO: Porque todo es insignificante si no se realiza en Dios.

IDEA EXEGÉTICA: El placer y el éxito nunca podrán brindarnos satisfacción en la vida porque todo es insignificante si no se realiza en Dios.

IDEA HOMILÉTICA: Todo placer y éxito disfrutado correctamente da gloria a

Dios.

Eclesiastés 3:1-15

TEMA: ¿Por qué la vida es tan frustrante e impredecible?

COMPLEMENTO: Porque hay un tiempo divino para todo.

IDEA EXEGÉTICA: La vida es tan frustrante e impredecible, porque hay un tiempo divino para todo.

IDEA HOMILÉTICA: Confía en Dios para todo en la vida.

Eclesiastés 3:16-4:3

TEMA: ¿Por qué es mejor estar muerto que estar vivo?

COMPLEMENTO: Porque al menos cuando estamos muertos no tenemos que experimentar la injusticia y la opresión.

IDEA EXEGÉTICA: Es mejor estar muerto que estar vivo, porque al menos cuando estamos muertos no tenemos que experimentar la injusticia y la opresión.

IDEA HOMILÉTICA: La muerte en Jesús es el primer paso para alcanzar la gloria.

Eclesiastés 5:1-7

TEMA: ¿Por qué los lectores tienen que cuidar sus pasos cuando alaban al Señor?

COMPLEMENTO: Porque no tiene sentido alabar sin obedecer.

IDEA EXEGÉTICA: Los lectores tienen que cuidar sus pasos cuando alaban al Señor, porque no tiene sentido alabar sin obedecer.

IDEA HOMILÉTICA: Nuestra obediencia refleja nuestras alabanzas y nuestras alabanzas determinan el significado de nuestra vida.

Eclesiastés 6:1-12

TEMA: ¿Por qué ni la riqueza ni los hijos ni la longevidad pueden traer felicidad duradera?

COMPLEMENTO: Porque la vida es pasajera y al final llega la muerte.

IDEA EXEGÉTICA: Ni la riqueza ni los hijos ni la longevidad pueden traer felicidad duradera, porque la vida es pasajera y al final llega la muerte.

IDEA HOMILÉTICA: Solo Dios puede satisfacernos eternamente.

Eclesiastés 7:1-14

TEMA: ¿Por qué es mejor ir a un funeral que ir a un festival?

COMPLEMENTO: Porque las personas encuentran a Dios en el quebranto.

IDEA EXEGÉTICA: Es mejor ir a un funeral que ir a un festival, porque las personas encuentran a Dios en el quebranto.

IDEA HOMILÉTICA: Habrá un verdadero festival sin sufrimientos en el cielo.

Eclesiastés 8:2-9

TEMA: ¿Por qué el autor le dice al lector que se comporte apropiadamente ante el rey?

COMPLEMENTO: Porque él no se comportó apropiadamente ante el supremo rey antes.

IDEA EXEGÉTICA: El autor le dice al lector que se comporte apropiadamente ante el rey, porque él no se comportó apropiadamente ante el supremo rey antes.

IDEA HOMILÉTICA: Sométase a su Rey.

Eclesiastés 9:1-10

TEMA: ¿Por qué los lectores deberían disfrutar la vida hoy?

COMPLEMENTO: Porque mañana llegará la muerte.

IDEA EXEGÉTICA: Los lectores deberían disfrutar la vida hoy, porque mañana llegará la muerte.

IDEA HOMILÉTICA: Jesús dice que mañana llegará la gloria, así que hoy disfrute de la vida como su testigo.

Eclesiastés 10:1-7

TEMA: ¿Por qué es muy importante tomar decisiones sabias?

COMPLEMENTO: Porque una sola mala decisión puede arruinar la vida de uno y a la sociedad.

IDEA EXEGÉTICA: Es muy importante tomar decisiones sabias, porque una sola mala decisión puede arruinar la vida de uno y a la sociedad.

IDEA HOMILÉTICA: Tome sus decisiones por Cristo, en Cristo y para Cristo, y nunca se arrepentirá.

Eclesiastés 11:1-10

TEMA: ¿Cómo supera uno la incertidumbre de la vida?

COMPLEMENTO: Sabiendo que la vida es efímera, así que no pierda la oportunidad de bendecir e influir de manera positiva en los demás sembrando semillas.

IDEA EXEGÉTICA: Uno supera la incertidumbre de la vida sabiendo que la vida es efímera, así que no pierda la oportunidad de bendecir e influir de manera positiva en los demás sembrando semillas.

IDEA HOMILÉTICA: Uno cosecha lo que siembra.

Eclesiastés 12:8-14

TEMA: ¿Cuál es el fin de este asunto?

COMPLEMENTO: Temerle a Dios y cumplir sus mandamientos, porque ese es el deber que tenemos todos.

IDEA EXEGÉTICA: El fin de todo es temerle a Dios y cumplir sus mandamientos, porque ese es el deber que tenemos todos.

IDEA HOMILÉTICA: Temerle a Dios y obedecer sus mandamientos.

Versículos/pasajes difíciles

Mientras que la concepción tradicional respalda la autoría de Salomón, es verdad que muchos investigadores piensan lo contrario.[1] Sin embargo, incluso quienes rechazan la autoría salomónica no pueden negar el hecho de que las experiencias mencionadas en el libro reflejan la vida de Salomón. Independientemente de la autoría, el mensaje fundamental del libro y su impacto no disminuyen ni se ven afectados.

Como suele ocurrir con la literatura poética o sapiencial, el reto consiste en descifrar y revelar los pasajes y doctrinas figurativas, metafóricas, a veces con frases ambiguas y aparentemente contradictorias, que se enseñan en la Biblia. El libro de Eclesiastés no es la excepción, ya que contiene un gran número de pasajes difíciles de interpretar debido a la falta de contexto, a la complejidad en traducir algunas palabras del hebreo, y al carácter figurativo y críptico de algunos versículos. Por ejemplo, 7:17 dice: "No hagas mucho mal, ni seas insensato" (RVR1960). ¿Entonces significa que ser un poco malo es aceptable?

Si bien podría ser importante señalar estas dificultades lingüísticas, es necesario asegurar que la interpretación sea vista dentro de un contexto mucho más amplio, tomando en cuenta la intención y propósito del autor, y sobre todo el mensaje completo del libro. Un estudio o revisión de los recursos literarios sapienciales servirá de ayuda para aclarar las ambigüedades presentes en el pasaje.

---

1. Por ejemplo, Longman considera que el autor es el narrador quien recopiló el monólogo de Qohelet (un sabio maestro). Ver Tremper Longman III, *The Book of Ecclesiastes* [El libro del Eclesiastés] (Grand Rapids: Eerdmans, 1998), pág. 9.

Aplicación y perspectiva cultural

El libro de Eclesiastés es tan relevante y aplicable porque no hace falta un puente muy largo para conectar los dos mundos de la cultura antigua y moderna. Esto se debe principalmente a que, a lo largo del libro, el autor lidia con aquello que refleja nuestra propia experiencia y lo que deseamos universalmente como humanidad: el vacío, la decepción, la futilidad de la vida, y la búsqueda constante de una vida mejor, significativa y satisfactoria.

No obstante, el desafío consiste en demostrar cómo podemos seguir identificándonos con la búsqueda y la lucha del autor por un significado en diferentes ámbitos de nuestra vida e incluso demostrar por qué tal búsqueda resulta pasajera. Además, tenemos que explicar lo que eso dice de Salomón y de nosotros.

Otra consideración importante es aferrarse al evangelio, especialmente cuando se trata con temas de sabiduría, muerte y la vida eterna. Eclesiastés es un libro de carácter tanto evangélico como apologético.

Algunas posibles aplicaciones son las siguientes:

- Tenga cuidado con lo que busca, evite los deseos pasajeros y enfóquese en la esperanza eterna.
- Si no tiene esperanza en la eternidad, nunca podrá disfrutar verdaderamente la vida bajo el sol.
- El don que Dios le dio puede ser una maldición si es usado fuera de Él.
- Lo que usted ya posee en Dios por medio de Cristo vale más que todo lo que el mundo le ofrece.

FUENTES RECOMENDADAS

Eaton, Michael A. *Ecclesiastes. Tyndale Old Testament Commentaries* [Eclesiastés. Comentarios del Antiguo Testamento de Tyndale]. Leicester, Reino Unido: InterVarsity, 1983.

Kidner, Derck. *The Message of Ecclesiastes* [El mensaje de Eclesiastés]. Leicester, Reino Unido: InterVarsity, 1984.

Longman, Tremper, III. *The Book of Ecclesiastes. The New International Commentary on the Old Testament* [El libro de Eclesiastés. El nuevo comentario internacional sobre el Antiguo Testamento]. Grand Rapids: Eerdmans, 1997.

Cantares

PABLO A. JIMÉNEZ

La idea principal del libro de Cantares

Existen diferentes maneras de interpretar el libro de Cantares: con alegoría, como una metáfora acerca de la relación entre Dios y el pueblo de Israel o Jesús y la iglesia, de forma dramática, como una obra; y literalmente como un poema de amor marital.

TEMA: ¿De qué manera el libro de Cantares es una oda al amor marital o una alegoría sobre la iglesia?

COMPLEMENTO: El libro de Cantares es una recopilación de poemas que celebra la belleza del amor marital, y también puede comprenderse como una metáfora sobre la relación entre Dios y el pueblo de Dios, entre Jesús y la iglesia.

IDEA EXEGÉTICA: El libro de Cantares es una oda al amor marital y una alegoría sobre la iglesia en cuyos poemas se celebra la belleza del amor marital, y también puede comprenderse como una metáfora sobre la relación entre Dios y el pueblo de Dios, entre Jesús y la iglesia.

IDEA HOMILÉTICA: El matrimonio representa una poderosa metáfora para explicar la relación entre Dios y la humanidad.

Selección de pasajes para predicar y enseñar el libro de Cantares

Después del título (1:1), el libro de Cantares incluye un gran número de poemas que llega a su cúspide en el canto sobre el poder del amor (8:5–14):

La esposa y las hijas de Jerusalén (1:2-6 RVR1960)

La esposa y el esposo (1:7-2:17 RVR1960)

El ensueño de la esposa (3:1-5 RVR1960)

El cortejo de bodas (3:6-5:1 RVR1960)

El tormento de la separación (5:2-6:3 RVR1960)

La esposa alaba al esposo (6:4-8:4 RVR1960)

El poder del amor (8:5-14 RVR1960)

Comprensión del tema, complemento, idea exegética e idea homilética

Cantares 1:2-6

La esposa y las hijas de Jerusalén

TEMA: ¿Quién es el personaje principal en el libro de Cantares?

COMPLEMENTO: Una mujer a quien llamamos "la esposa", quien anhela a un hombre al que llamamos "el esposo".

IDEA EXEGÉTICA: El personaje principal en el libro de Cantares es una mujer a quien llamamos "la esposa", quien anhela a un hombre al que llamamos "el esposo".

IDEA HOMILÉTICA: Las personas de fe deben buscar la presencia de Dios como una esposa enamorada busca la compañía de un esposo.

Cantares 1:7-2:17

La esposa y el esposo

TEMA: ¿Cómo expresa el autor el amor marital?

COMPLEMENTO: De la misma manera en que una esposa y un esposo expresan su admiración mutua, usando un lenguaje romántico e íntimo.

IDEA EXEGÉTICA: El autor expresa el amor marital de la misma manera en que una esposa y un esposo expresan su admiración mutua, usando un lenguaje romántico e íntimo.

IDEA HOMILÉTICA: Nuestra relación con Dios debe ser igual de íntima como la relación entre una pareja que se ama.

Cantares 3:1-5

El ensueño de la esposa

TEMA: ¿Por qué la esposa se siente tan ansiosa?

COMPLEMENTO: Ella busca a su esposo incluso en sus sueños.

IDEA EXEGÉTICA: La esposa se siente tan ansiosa porque busca a su esposo incluso en sus sueños.

IDEA HOMILÉTICA: Las personas de fe anhelan la presencia de Dios, quien los ama.

Cantares 3:6-5:1

■ *El cortejo de bodas*

TEMA: ¿Cuál es el significado de la visión?

COMPLEMENTO: El esposo ve el cortejo de bodas y elogia la belleza de su esposa.

IDEA EXEGÉTICA: El significado de la visión es que el esposo ve el cortejo de bodas y elogia la belleza de su esposa.

IDEA HOMILÉTICA: De la misma manera como un matrimonio es un pacto solemne, nosotros estamos unidos por un pacto solemne con Dios.

Cantares 5:2-6:3

■ *El tormento de la separación*

TEMA: ¿Por qué la amada rechaza a su esposo tan solo para buscarlo a mitad de la noche?

COMPLEMENTO: Porque el amor es voluble y el autor así lo representa por medio del rechazo y la desesperación por el mismo esposo.

IDEA EXEGÉTICA: La esposa rechaza a su esposo tan solo para seguir buscándolo a mitad de la noche, porque el amor es voluble y el autor así lo representa por medio del rechazo y la desesperación por el mismo amado.

IDEA HOMILÉTICA: El pueblo de Dios debe ocuparse en su salvación con temor y temblor (cf. Flp 2:12).

Cantares 6:4-8:4

■ *La esposa alaba al esposo*

TEMA: ¿Por qué el tono en este pasaje es más alegre en comparación a la perícopa anterior?

COMPLEMENTO: La esposa y su esposo consumen y celebran su amor. (La esposa es llamada "sulamita" en 6:13. Sunén era una ciudad en la costa sur de Isacar [Jos 19:18], al otro lado de la ciudad de Jezrel)[1].

IDEA EXEGÉTICA: El tono en este pasaje es más alegre en comparación a la perícopa anterior porque la esposa y su esposo consumen y celebran su amor.

---

1. Nancy L. Lapp "Shunem" ["Sunén"] en *Harper's Bible Dictionary* [Diccionario bíblico Harper], ed. Paul J. Achtemeier et al. (San Francisco: Harper & Row, 1985), pág. 948.

IDEA HOMILÉTICA: Jesús ama a la iglesia como un esposo a su esposa (cf. Ef 5:25).

Cantares 8:5-14

■ *El poder del amor*

TEMA: ¿Qué enseña el libro de Cantares a los lectores sobre el amor?

COMPLEMENTO: El amor es una fuerza poderosa y peligrosa[2].

IDEA EXEGÉTICA: El libro de Cantares enseña a los lectores que el amor es una fuerza poderosa y peligrosa.

IDEA HOMILÉTICA: Considere el valor de amar a Dios por sobre todas las cosas.

Versículos/pasajes difíciles

Cantares 1:9

El texto compara a la esposa con una yegua. Esta comparación probablemente se refiere a la costumbre egipcia de enviar una yegua para distraer al caballo de los carros conducidos por los enemigos. La conclusión es que la esposa es tan atractiva como una yegua en celo[3].

Cantares 5:7

El manto despojado es probablemente una referencia a una violación. Esta alusión sexual es perturbadora. Los intérpretes deben tener cuidado al momento de exponer este texto, ya que se estima que el 25 % de mujeres ha sufrido algún tipo de abuso sexual[4].

Aplicación y perspectiva cultural

Es un misterio determinar el carácter social del libro de Cantares. Por un lado, el personaje principal del poema es una mujer pobre que trabajaba como cuidadora de viñedos, lo cual nos lleva a pensar en un contexto rural. Por otro lado, las referencias a Jerusalén y al rey Salomón nos llevan a pensar en una corte real. Cualquiera sea el caso, el libro de Cantares es un escrito sofisticado, compuesto en Jerusalén en una corte real. El libro de Cantares es un poema que celebra la sexualidad humana y el amor

---

2. Renita J. Weems, *"Song of Songs"*, [Cantares] en el libro *The New Interpreter 's Bible* [La Biblia del nuevo intérprete] vol. 5, ed. Leander E. Keck (Nashville: Abingdon, 1997), pág. 430.

3. Weems, *"Song of Songs"* págs. 386–87.

4. Weems, *"Song of Songs"* pág. 412.

marital. A pesar de que no se menciona a Dios, se puede entender como una metáfora de la relación entre Dios y su pueblo, entre Jesús y su iglesia.

────────────────── **FUENTES RECOMENDADAS** ──────────────────

Pope, Marvin. *Song of Songs* [Cantares]. Anchor Bible. [El Ancla de la Biblia] New York: Doubleday, 1977.

Weems, Renita J. *"Song of Songs"* [Cantares]. En *The New Interpreter's Bible,* [La Biblia del nuevo intérprete] editado por Leander E. Keck, 5:361–431. Nashville: Abingdon, 1997.

Isaías

ANDREW C. THOMPSON

La idea principal del libro de Isaías

Isaías, hijo de Amoz, fue el profeta de Jerusalén y Judá durante el periodo del reino del sur, bajo los monarcas Uzías, Jotán, Acaz y Ezequías (Is 1:1). Como profeta, trabaja para hacer cumplir el pacto con Dios. Isaías le recuerda al pueblo de Judá sobre la fidelidad del Señor, los acusa de ser infieles (sobre todo por la idolatría e injusticias), los llama a ser obedientes, y les hace ver las consecuencias tanto del arrepentimiento como de la rebelión.

Su mensaje y ministerio se dirige a las personas de Judá de su época hasta durante el periodo del asedio asirio en el año 701 a. C. también les habla a las futuras generaciones en exilio y predice su regreso y el glorioso establecimiento del Reino eterno de Dios. A pesar de que sus palabras se refieren a eventos de su época y de un futuro cercano, Isaías también ve realidades que tienen lugar en el nuevo pacto: el nacimiento, ministerio, muerte y resurrección de Cristo; el derramamiento del Espíritu; la misión universal de la Iglesia; y el regreso del Hijo de Dios al fin de nuestros días. La magnitud y alcance de su mensaje son impresionantes.

TEMA: ¿Qué hizo el Señor a los pueblos de Judá y Jerusalén a través de la palabra de Isaías?

COMPLEMENTO: Él regañó a la nación, los llamó al arrepentimiento, endureció sus corazones, advirtió la destrucción, perdonó a los arrepentidos, acogió a los exiliados en el hogar, y afirmó que Él establecería su reino eterno.

IDEA EXEGÉTICA: A través de la palabra de Isaías a los pueblos de Judá y Jerusalén, el Señor regañó a la nación, los llamó al arrepentimiento, endureció sus corazones, advirtió la destrucción, perdonó a los arrepentidos, acogió a los exiliados en el hogar, y afirmó que Él establecería su reino eterno.

IDEA HOMILÉTICA: A través de las palabras de Isaías, Dios hace un llamado

Selección de pasajes para predicar y enseñar el libro de Isaías

Seleccionar un pasaje en los libros de Profetas Mayores es sencillo y difícil a la vez. Suele ser fácil ver dónde empiezan y terminan las unidades de pensamiento. La mayoría de las transiciones están marcadas por frases introductorias ("Escuchen la palabra del Señor", "En aquel día", etc.) o por cambios de tiempo o persona. Las divisiones de los capítulos son con frecuencia (pero no siempre) indicadores confiables, pero muchos capítulos tendrán más de una sola unidad de pensamiento.

La dificultad no reside en identificar las ideas para predicarlas, sino en acomodar el gran número de pasajes en una guía de prédica de Isaías. Como Isaías es uno de los Profetas Mayores, el libro representa un enorme desafío al momento de llevarlo a la prédica debido a su gran extensión. Contiene 66 capítulos, incluso uno a la semana, tomaría más de un año para predicarlos. Además, los predicadores probablemente no escojan un solo capítulo por sermón, ya que suceden demasiados acontecimientos en algunos capítulos. La selección de pasajes que se muestra a continuación reconoce 86 unidades para la prédica. Si se sigue la división natural en el material, ¡una serie de sermones de Isaías podría durar hasta dos años!

Existen varias opciones para predicar libros proféticos extensos. Para la primera opción, los predicadores pueden ir paso a paso, empezar por el capítulo 1 e ir pasaje por pasaje. En algunas iglesias, es normal que las series de sermones duren de dos años a más, la temporada de Navidad o Pascuas, o las vacaciones de verano pueden servir para evitar la monotonía. ¡Los miembros de su iglesia le agradecerán por el descanso!

Para la segunda opción, los predicadores pueden elegir ciertos pasajes que representan los temas principales del libro. Esto podría reducir un libro, como el de Isaías, a diez o quince semanas.

Y para la tercera opción, los predicadores pueden usar una sección de Isaías en la misma temporada cada año. En un otoño se podría abordar Isaías 1-6 y en el siguiente otoño, Isaías 9-11, y así sucesivamente. Este es mi enfoque preferido para los libros extensos, porque se puede cubrir todo el material sin alargarse mucho. Cada vez que se retoman los pasajes, los predicadores pueden hacerles recordar a su iglesia la idea principal del libro y en dónde se quedaron el año anterior. Se debería también tener en cuenta (en especial en una iglesia en crecimiento) que habrá muchas personas de la congregación que no participaron en los años anteriores y comenzarán en la mitad del libro.

En cualquier enfoque, otro desafío será ayudar a la congregación a familiarizarse con el libro completo sin perderse en el desarrollo de los pasajes. Isaías no está organizado como una narración, sino está ligeramente agrupado por temas. Los oyentes necesitarán que se les recuerde regularmente en qué parte del libro se encuentran y lo que Isaías dijo previamente del pasaje en particular.

Comprensión del tema, complemento, idea exegética e idea homilética[1]

Isaías 1:1-20

TEMA: ¿Qué debe hacer Judá al borde de un terrible juicio?

COMPLEMENTO: Judá debe arrepentirse genuinamente por rebelarse.

IDEA EXEGÉTICA: Judá, al borde de un terrible juicio, debe arrepentirse genuinamente por rebelarse.

IDEA HOMILÉTICA: Sin arrepentimiento, los pecados como escarlata no se volverán blancos como la nieve.

Isaías 1:21-31

TEMA: ¿Qué hará Dios con Judá ahora que lo mejor de la ciudad se convirtió en lo peor?

COMPLEMENTO: Dios purificará Jerusalén purgándola de líderes corruptos.

IDEA EXEGÉTICA: Debido a que lo mejor de Judá se convirtió en lo peor, Dios purificará a Jerusalén purgándola de líderes corruptos.

IDEA HOMILÉTICA: Cuando lo mejor de nosotros se convierte en lo peor, invocamos la corrección divina para mejorar.

---

1. Una nota sobre los tiempos verbales: Isaías, como cualquier otro profeta del Antiguo Testamento, habla de eventos futuros utilizando un tiempo verbal en pasado o presente. A veces, él cambia los tiempos dentro del mismo oráculo. En las ideas exegéticas aquí presentadas se intenta adoptar una selección de tiempo verbal propia de Isaías. No obstante, en las ideas homiléticas se adopta un tiempo verbal desde la perspectiva contemporánea. Pero incluso así, la redacción resulta complicada, ya que algunos acontecimientos (como el perdón de los pecados y la llegada de un juicio divino) son narrados por Isaías como si se tratara de uno solo, mientras que según nuestra perspectiva actual, se sabe que algunos aspectos de estos eventos están en pasado (la resurrección), otros en presente (la fe individual y arrepentimiento), y otros en futuro (el regreso de Cristo). En lugar de considerarlos como una dificultad, los tiempos verbales pueden ser una oportunidad para que los predicadores analicen cuándo suceden exactamente los hechos narrados por Isaías y su significado para la iglesia hoy en día.

Isaías 2:1-5

TEMA: Debido a la futura elevación de Sión por parte de Dios que va a cambiar al mundo, según las promesas de Abraham, ¿qué debería hacer el pueblo de Judá?

COMPLEMENTO: Debe caminar ahora en la luz del Señor.

IDEA EXEGÉTICA: Debido a la futura elevación de Sión por parte de Dios que va al mundo según las promesas de Abraham, el pueblo Judá debe caminar ahora en la luz del Señor.

IDEA HOMILÉTICA: Caminemos en la luz del Señor.

Isaías 2:6-22

TEMA: ¿Qué pasará en el día del Señor?

COMPLEMENTO: El verdadero Dios será exaltado y los hombres serán humillados, incluso su propio pueblo, quienes buscan ídolos.

IDEA EXEGÉTICA: En el día del Señor, el verdadero Dios será exaltado y los hombres humillados, incluso su propio pueblo, quienes buscan ídolos.

IDEA HOMILÉTICA: Llegará el día en que solo Dios será exaltado.

Isaías 3:1-15

TEMA: ¿Qué hará el Señor por el bien de su pueblo oprimido?

COMPLEMENTO: Él destituirá a los líderes corruptos de Sión.

IDEA EXEGÉTICA: El Señor, por el bien de su pueblo oprimido, destituirá a los líderes corruptos de Sión.

IDEA HOMILÉTICA: En el reino de Dios, los líderes son fundamentales.

Isaías 3:16-4:1

TEMA: ¿Por qué el Señor advierte a los seguidores de sistemas corruptos?

COMPLEMENTO: Porque el juicio llegará a ellos también.

IDEA EXEGÉTICA: El Señor advierte a los seguidores de sistemas corruptos porque el juicio llegará a ellos también.

IDEA HOMILÉTICA: En el reino de Dios, los líderes son fundamentales, pero los seguidores son llamados.

Isaías 4:2-6

TEMA: ¿Cómo afectarán los juicios venideros al pueblo de Dios?

COMPLEMENTO: Prepararán el camino para una recreación perfecta del pueblo de Dios bajo el retoño del Señor y el Espíritu.

IDEA EXEGÉTICA: Los juicios venideros prepararán el camino para una recreación perfecta del pueblo de Dios bajo el retoño del Señor y por medio del Espíritu.

IDEA HOMILÉTICA: La ira del Padre no trajo la destrucción total, pero preparó a su pueblo para vivir en comunión perfecta con el Hijo y por medio del Espíritu

Isaías 5:1-7

TEMA: ¿Qué hará el Señor frente al espíritu corrompido de su pueblo, como respuesta al perfecto cuidado que les brindó?

COMPLEMENTO: Él traerá la ruina sobre él.

IDEA EXEGÉTICA: Frente al espíritu corrompido de su pueblo, como respuesta al perfecto cuidado que les brindó, el Señor traerá la ruina sobre él.

IDEA HOMILÉTICA: La fe da buenos frutos.

Isaías 5:8-30

TEMA: ¿Por qué sufren aquellos que pecan en contra del Señor?

COMPLEMENTO: Porque Él castigará inexorablemente al pueblo de Judá con desastres naturales y con su abandono.

IDEA EXEGÉTICA: Aquellos que pequen en contra del Señor sufrirán, porque Él castigará inexorablemente al pueblo de Judá con desastres naturales y con su abandono.

IDEA HOMILÉTICA: Ay de aquellos que claman el nombre de Cristo, pero viven en rebeldía.

Isaías 6:1-7

TEMA: ¿Qué puede brindar la expiación del pecado requerida por la presencia del Señor?

COMPLEMENTO: La presencia del Señor.

IDEA EXEGÉTICA: Solo la presencia del Señor puede brindar la expiación del pecado requerida por la presencia del Señor.

IDEA HOMILÉTICA: El único remedio para la presencia de Dios es la presencia de Dios.

Isaías 6:8-13

TEMA: ¿Qué le encargó predicar Dios a Isaías?

COMPLEMENTO: Un mensaje para los idólatras con corazón endurecido sobre cómo la idolatría terminará en una devastación que solo dejará un remanente santo.

IDEA EXEGÉTICA: Dios le encargó a Isaías predicar un mensaje para los idólatras con corazón endurecido sobre cómo la idolatría terminará en una devastación que solo dejará un remanente santo.

IDEA HOMILÉTICA: Nosotros, la iglesia, somos un símbolo.

Isaías 7:1-9

TEMA: ¿Qué hizo el Señor cuando los sirios e israelitas planearon un ataque a Judá?

COMPLEMENTO: Él mandó a Isaías a invocar al rey Acaz y a su pueblo a confiar en Él.

IDEA EXEGÉTICA: Cuando los sirios e israelitas planearon un ataque a Judá, el Señor mandó a Isaías a invocar al rey Acaz y a su pueblo a confiar en Él.

IDEA HOMILÉTICA: Si no nos mantenemos firmes en nuestra fe, no podremos permanecer firmes en absoluto.

Isaías 7:10-25

TEMA: ¿Qué hizo Dios por Acaz?

COMPLEMENTO: Él le dio una señal de que apoyaría a Judá y destruiría Siria e Israel por medio de Asiria.

IDEA EXEGÉTICA: Dios le dio una señal a Acaz de que apoyaría a Judá y destruiría Siria e Israel por medio de Asiria.

IDEA HOMILÉTICA: En Cristo, Dios nos ha dado una señal —Emanuel— de que está con nosotros.

Isaías 8:1-15

TEMA: ¿Qué sucedió con Isaías a causa de la solución sorpresiva de Dios a la problemática en Siria?

COMPLEMENTO: Lo instó a temerle solo al Señor.

IDEA EXEGÉTICA: La solución sorpresiva de Dios a la problemática en Siria instó a Isaías a temerle solo al Señor.

IDEA HOMILÉTICA: Hay que temerle solo al Señor.

Isaías 8:16-22

TEMA: ¿Qué hizo Isaías cuando el pueblo no escuchaba la Palabra de Dios, sino que consultaba a los nigromantes?

COMPLEMENTO: Él sella la sagrada Palabra de Dios entre sus seguidores.

IDEA EXEGÉTICA: Cuando el pueblo no escuchaba la Palabra de Dios, sino que consultaba a los nigromantes, Isaías sella la sagrada Palabra de Dios entre sus seguidores.

IDEA HOMILÉTICA: La Palabra de Dios se guarda entre Su pueblo.

Isaías 9:1-7

TEMA: ¿Qué hará el Rey Divino?

COMPLEMENTO: Él vendrá, traerá luz a los lugares oscuros de Israel y establecerá su reino eterno.

IDEA EXEGÉTICA: El Rey Divino vendrá, traerá luz a los lugares oscuros de Israel y establecerá su reino eterno.

IDEA HOMILÉTICA: Nuestro Rey Divino ha venido a traer luz a los lugares oscuros y establecer su reino eterno.

Isaías 9:8-10:4

TEMA: ¿Qué hará el Señor en respuesta a la persistente rebeldía de Israel?

COMPLEMENTO: Él les impartirá disciplina persistentemente hasta su destrucción.

IDEA EXEGÉTICA: En respuesta a la persistente rebeldía de Israel, el Señor les impartirá disciplina persistentemente hasta su destrucción.

IDEA HOMILÉTICA: Nuestro Dios nos corregirá tanto como sea necesario.

Isaías 10:5-19

TEMA: ¿En qué se equivoca Asiria?

COMPLEMENTO: Aunque piense que es invencible, Asiria es solo una herramienta en las manos del Señor para dejar el remanente justo.

IDEA EXEGÉTICA: Asiria se equivoca al pensar que es invencible, cuando en realidad es solo una herramienta en las manos del Señor para dejar el remanente justo.

IDEA HOMILÉTICA: Los poderes existentes son herramientas en las buenas manos de Dios.

Isaías 10:20-34

TEMA: ¿Cómo debería ver Israel la pronta invasión de Asiria?

COMPLEMENTO: Como una forma de confiar en que Asiria está en manos del Señor y que no tomará Jerusalén.

IDEA EXEGÉTICA: Israel debería ver la pronta invasión de Asiria como una forma de confiar en que este pueblo está en manos del Señor y no tomará Jerusalén.

IDEA HOMILÉTICA: Dios no permitirá que sus fieles caigan en la ruina final.

Isaías 11

TEMA: ¿Qué sucederá con la Casa de David?

COMPLEMENTO: Gobernará por medio del Espíritu del Señor, trayendo paz y redención a todo el mundo.

IDEA EXEGÉTICA: La Casa de David gobernará por medio del Espíritu del Señor, trayendo paz y redención a todo el mundo.

IDEA HOMILÉTICA: Por medio del Espíritu, Cristo trae su reino universal.

Isaías 12

TEMA: ¿Cómo responderá el pueblo de Dios a su salvación?

COMPLEMENTO: Con canciones de gozosa gratitud.

IDEA EXEGÉTICA: El pueblo de Dios responderá a su salvación con canciones de gozosa gratitud.

IDEA HOMILÉTICA: ¡Cantemos al Señor, nuestro salvador!

Isaías 13

TEMA: ¿Qué sucederá con el día del Señor?

COMPLEMENTO: Llegará de la mano de Babilonia, pero Babilonia se destruirá por sí sola.

IDEA EXEGÉTICA: El día del Señor llegará de la mano de Babilonia, pero Babilonia se destruirá por sí sola.

IDEA HOMILÉTICA: Puede que el Padre use a los rebeldes para lograr sus propósitos, pero al final, solo Cristo reinará.

Isaías 14:1-23

TEMA: ¿De qué forma afectará la caída de Babilonia al pueblo de Israel?

COMPLEMENTO: Dios restaurará el remanente de una manera tan gloriosa que burlará a sus antiguos opresores.

IDEA EXEGÉTICA: Luego de la caída de Babilonia, Dios restaurará el remanente de una manera tan gloriosa que burlará a sus antiguos opresores.

IDEA HOMILÉTICA: Un día satirizaremos a aquellos que hoy nos satirizan.

Isaías 14:24-27

TEMA: ¿Qué nos mostrará la derrota de Asiria a manos del Señor?

COMPLEMENTO: Nos mostrará que la obra del Señor no puede detenerse.

IDEA EXEGÉTICA: La derrota de Asiria a manos del Señor, nos mostrará que la obra de Dios no puede detenerse.

IDEA HOMILÉTICA: No hay nadie más poderoso que el Señor.

Isaías 14:28-32

TEMA: ¿Cómo debe reaccionar el pueblo de Israel a las burlas de los filisteos por la muerte del rey Acaz?

COMPLEMENTO: Debe saber que ellos tienen una descendencia, en cambio Filistea llegará a su fin.

IDEA EXEGÉTICA: Pese a las burlas de los filisteos por la muerte del rey Acaz, los israelitas deben saber que ellos tienen una descendencia, en cambio Filistea llegará a su fin.

IDEA HOMILÉTICA: Hay pueblos que se levantan solo para caer, pero el pueblo de Cristo solo cae para levantarse.

Isaías 15-16

TEMA: ¿Cómo debe reaccionar el pueblo de Israel frente a la destrucción de Moab a manos del Señor?

COMPLEMENTO: Debe llorar la destrucción de la nación y acoger a los refugiados en su tierra.

IDEA EXEGÉTICA: Frente a la destrucción de Moab a manos del Señor, el pueblo de Israel debe llorar la destrucción de la nación y acoger a los refugiados en su tierra.

IDEA HOMILÉTICA: Cuando Dios trae destrucción, su pueblo debe llorar por aquellos afectados e invitarlos al reino de Cristo.

Isaías 17

TEMA: ¿Qué harán Israel y Siria cuando el Señor les traiga la destrucción?

COMPLEMENTO: Israel recordará al Señor y Siria lo buscará.

IDEA EXEGÉTICA: Cuando el Señor traiga destrucción al pueblo israelita y al pueblo sirio, Israel recordará al Señor y Siria lo buscará.

IDEA HOMILÉTICA: El desastre llama al pueblo de Dios a volver e invita a otros a ir con ellos.

Isaías 18

TEMA: ¿Qué sucederá cuando el Señor lleve destrucción a Cus?

COMPLEMENTO: El pueblo llevará ofrendas al Señor en el monte Sión.

IDEA EXEGÉTICA: Cuando el Señor lleve destrucción a Cus, el pueblo llevará ofrendas al Señor en el monte Sión.

IDEA HOMILÉTICA: Nuestro Dios puede acercar a las personas hacia Él, incluso por medio del desastre.

Isaías 19:1-16

TEMA: ¿Qué hará el Señor con Egipto?

COMPLEMENTO: Él traerá desconcierto al sabio y confundirá su sabiduría para su propia destrucción.

IDEA EXEGÉTICA: En Egipto, el Señor traerá desconcierto a los sabios y confundirá su sabiduría para su propia destrucción.

IDEA HOMILÉTICA: Dios puede triunfar sobre el fuerte, usando su mayor fortaleza.

Isaías 19:17-25

TEMA: ¿Cuál es el plan de Dios para los perversos imperios de Egipto y Asiria?

COMPLEMENTO: Convertirlos en su pueblo, tal como lo hizo con Israel.

IDEA EXEGÉTICA: El plan de Dios para los perversos imperios de Egipto y Asiria es convertirlos en su pueblo, tal como lo hizo con Israel.

IDEA HOMILÉTICA: El plan de Dios para las naciones es hacerlas su pueblo, así como lo hizo con nosotros.

Isaías 20

TEMA: ¿Por qué el Señor le ordenó a Isaías andar desnudo?

COMPLEMENTO: Significó un símbolo de que los pueblos de Egipto y de Cus, en quienes muchas personas de Judá confiaban, serían tomados en cautiverio.

IDEA EXEGÉTICA: El Señor le ordenó a Isaías andar desnudo como símbolo de que los pueblos de Egipto y de Cus, en quienes muchas personas de Judá confiaban, serían tomados en cautiverio.

IDEA HOMILÉTICA: Tenga cuidado en dónde deposita su fe.

Isaías 21

TEMA: ¿Cuál es el destino de las naciones que no siguen al Señor?

COMPLEMENTO: Es la oscuridad y el fracaso.

IDEA EXEGÉTICA: El destino de las naciones que no siguen al Señor es la oscuridad y el fracaso.

IDEA HOMILÉTICA: El destino de aquellos reinos que estén en contra del eino de Dios es la oscuridad y el fracaso.

Isaías 22

TEMA: ¿Qué hará el Señor si Jerusalén se rehúsa a arrepentirse y a lamentarse por sus pecados?

COMPLEMENTO: Él traerá invasores que arrasarán incluso con los hombres honorables.

IDEA EXEGÉTICA: Si Jerusalén se rehúsa a arrepentirse y a lamentarse por sus pecados, el Señor traerá invasores que arrasarán incluso con los hombres honorables.

IDEA HOMILÉTICA: ¡Atienda el llamado de Dios al arrepentimiento!

Isaías 23

TEMA: ¿Por qué Tiro será destruida?

COMPLEMENTO: Porque el Señor humillará al soberbio.

IDEA EXEGÉTICA: Tiro será destruida porque el Señor humillará al soberbio.

IDEA HOMILÉTICA: Dios humillará al soberbio.

Isaías 24

TEMA: ¿Qué hará el Señor sobre la tierra en el fin de los tiempos?

COMPLEMENTO: Él juzgará a toda la tierra.

IDEA EXEGÉTICA: En el fin de los tiempos, el Señor juzgará a toda la tierra.

IDEA HOMILÉTICA: El regreso de Cristo traerá el juicio a toda la tierra.

Isaías 25

TEMA: ¿Qué hará el Señor sobre la tierra en el fin de los tiempos?

COMPLEMENTO: Él destruirá la muerte y dará un gran banquete de manjares especiales a su pueblo.

IDEA EXEGÉTICA: En el juicio universal, el Señor destruirá la muerte y dará un gran banquete de manjares especiales a su pueblo.

IDEA HOMILÉTICA: El regreso de Cristo traerá el fin a la muerte y regocijo eterno a su pueblo.

Isaías 26

TEMA: ¿Qué hará el Señor por quienes se regocijan en Él?

COMPLEMENTO: Él los cuidará dándoles refugio en medio del juicio.

IDEA EXEGÉTICA: El Señor cuidará de quienes se regocijan en Él dándoles refugio en medio del juicio.

IDEA HOMILÉTICA: Quienes esperan al Señor en la senda durante sus juicios, encontrarán refugio.

Isaías 27

TEMA: ¿Qué pasará en el día del Señor?

COMPLEMENTO: Él derrotará el mal, dará vida a su pueblo purificado, dejará a los soberbios de lado y reunirá a los perdidos de todas las naciones.

IDEA EXEGÉTICA: En el día del Señor, Él derrotará el mal, dará vida a su pueblo purificado, dejará a los soberbios de lado y reunirá a los perdidos de todas las naciones.

IDEA HOMILÉTICA: En Cristo, Dios ha hecho y hará estas cosas: derrotar el mal, dar vida a su pueblo purificado, dejar de lado a los soberbios y reunir a los perdidos de todas las naciones.

Isaías 28:1-13

TEMA: ¿Qué hará el Señor con los soberbios?

COMPLEMENTO: Él los abatirá con un juicio perfecto e irónico.

IDEA EXEGÉTICA: El Señor abatirá a los soberbios con un juicio perfecto e irónico.

IDEA HOMILÉTICA: Aquellos que no escuchen no entenderán.

Isaías 28:14-29

TEMA: ¿Qué le dice el Señor a su pueblo?

COMPLEMENTO: Él es el cimiento firme y el único refugio para salvarse de su extraña e inevitable destrucción.

IDEA EXEGÉTICA: El Señor le dice a su pueblo que Él es el cimiento firme y el único refugio de su extraña e inevitable destrucción.

IDEA HOMILÉTICA: El que tenga oídos, que oiga la Palabra del Señor.

Isaías 29

TEMA: ¿Qué hará el Señor con el pueblo de Judá por haber abandonado la fe viva por una tradición muerta?

COMPLEMENTO: Hará cambios maravillosos para recordarles que solo Él es Dios.

IDEA EXEGÉTICA: Debido a que el pueblo de Judá abandonó la fe viva por una tradición muerta, el Señor hizo cambios maravillosos para recordarles que solo Él es Dios.

IDEA HOMILÉTICA: Cristo ha resucitado, así que debemos abandonar la tradición muerta por la fe viva.

Isaías 30-31

TEMA: ¿A quién debe volverse Israel?

COMPLEMENTO: Al Señor, quien se exalta a sí mismo en el juicio para mostrar misericordia a aquellos que corren hacia Él.

IDEA EXEGÉTICA: Israel debe volverse al Señor, quien se exalta a sí mismo en el juicio para mostrar misericordia a aquellos que corren hacia Él.

IDEA HOMILÉTICA: Vuélvase a Dios, quien se exalta a sí mismo en el juicio para mostrarnos misericordia.

Isaías 32:1-8

TEMA: ¿Qué ocurrirá cuando reine el Rey justo?

COMPLEMENTO: El poder de la humanidad será abatido, pero el pueblo de Dios será liderado por Él.

IDEA EXEGÉTICA: Cuando el Rey justo reine, el poder de la humanidad será abatido, pero el pueblo de Dios tendrá un liderazgo piadoso.

IDEA HOMILÉTICA: Los que siguen al Rey Jesús encontrarán el buen reinado de Dios.

Isaías 32:9-20

TEMA: ¿Qué pasará cuando Dios derrame su Espíritu?

COMPLEMENTO: La destrucción por la que las mujeres indolentes de Judá lloraron se convertirá en gozo y en paraíso.

IDEA EXEGÉTICA: Cuando Dios derrame su Espíritu, la destrucción por la que las mujeres indolentes de Judá lloraron se convertirá en gozo y en paraíso.

IDEA HOMILÉTICA: El Espíritu convierte nuestra ruina e indolencia en gozo humilde.

Isaías 33

TEMA: ¿Por qué el temor al Señor es el tesoro de Sión?

COMPLEMENTO: Porque Él siempre les brindará seguridad.

IDEA EXEGÉTICA: El temor al Señor es el tesoro de Sión, porque Él siempre les brindará seguridad.

IDEA HOMILÉTICA: El temor al Señor es nuestro tesoro, porque Él siempre nos brindará seguridad.

Isaías 34

TEMA: ¿Qué hará el Señor con las naciones?

COMPLEMENTO: Él convertirá las hermosas naciones en un desierto.

IDEA EXEGÉTICA: El Señor convertirá las hermosas naciones en un desierto.

IDEA HOMILÉTICA: El completo reinado de Cristo representará la ruina para los rebeldes.

Isaías 35

TEMA: ¿Cómo llevará el Señor a los cautivos a su hogar?

COMPLEMENTO: Él convertirá el desierto en un paraíso que tendrá un camino santo que guiará a los cautivos de regreso a Sión.

IDEA EXEGÉTICA: El Señor llevará a los cautivos a su hogar al convertir el desierto en un paraíso que tendrá un camino santo que los guiará de regreso a Sión.

IDEA HOMILÉTICA: En Cristo, el Padre nos salva y nos lleva a nuestro hogar por el camino de la santidad.

Isaías 36-37

TEMA: ¿Qué hizo el Señor en respuesta a las oraciones de su pueblo?

COMPLEMENTO: Él liberó milagrosamente a Jerusalén de Senaquerib de Asiria.

IDEA EXEGÉTICA: En respuesta a las oraciones de su pueblo, Dios liberó milagrosamente a Jerusalén de Senaquerib de Asiria.

IDEA HOMILÉTICA: El Señor escucha nuestras oraciones y nos salvará del mal.

Isaías 38–39

TEMA: ¿Qué hizo el rey Ezequías en respuesta a la gracia del Señor?

COMPLEMENTO: Él rechazó al Señor rápidamente y buscó la protección de un aliado extranjero.

IDEA EXEGÉTICA: En respuesta a la gracia del Señor, el rey Ezequías rechazó al Señor rápidamente y buscó la protección de un aliado extranjero.

IDEA HOMILÉTICA: A diferencia de Ezequías, Cristo, nuestro rey, confió en el Padre tan profundamente que no tuvo miedo a la muerte y entregó su vida para que las futuras generaciones puedan vivir.

Isaías 40:1-11

TEMA: ¿Qué debe hacer el pueblo de Israel en el exilio?

COMPLEMENTO: Ellos deben preparar el camino para el Señor, quien, según su Palabra, los guiará a su hogar.

IDEA EXEGÉTICA: En el exilio, el pueblo de Israel debe preparar el camino para el Señor, quien según su Palabra los guiará a su hogar.

IDEA HOMILÉTICA: Jesús de Nazaret ha venido a guiar a su pueblo de regreso a su hogar.

Isaías 40:12-31

TEMA: ¿Por qué el pueblo de Judá puede encontrar consuelo?

COMPLEMENTO: Porque no hay nadie que se compare con la grandeza del Señor.

IDEA EXEGÉTICA: El pueblo de Judá puede encontrar consuelo, porque no hay nadie que se compare con la grandeza del Señor.

IDEA HOMILÉTICA: Podemos encontrar consuelo, porque no hay nadie que se compare con la grandeza de nuestro Dios.

Isaías 41:1-20

TEMA: ¿Por qué el pueblo de Israel no debe temer a las amenazas a diferencia de otras naciones?

COMPLEMENTO: Porque el Señor, quien controla esas amenazas, está con su pueblo.

IDEA EXEGÉTICA: Israel, a diferencia de otras naciones, no debe temer a las amenazas porque el Señor, quien controla esas amenazas, está con su pueblo.

IDEA HOMILÉTICA: A diferencia del mundo, los creyentes no deben temer a las amenazas que pueden matar el cuerpo pero no dañar el alma.

Isaías 41:21-29

TEMA: ¿Cómo son los ídolos?

COMPLEMENTO: Los ídolos, que no pueden predecir ni controlar lo que sucede, no tienen poder, a diferencia del Dios soberano.

IDEA EXEGÉTICA: Los ídolos, que no pueden predecir ni controlar lo que sucede, no tienen poder, a diferencia del Dios soberano.

IDEA HOMILÉTICA: Nosotros alabamos al Dios que conoce el fin desde el principio.

Isaías 42:1-17

TEMA: ¿Para qué usará el Señor a su siervo?

COMPLEMENTO: Para traer justicia a las naciones y guiar a los ciegos a casa.

IDEA EXEGÉTICA: El Señor usará a su siervo para traer justicia a las naciones y guiar a los ciegos a casa.

IDEA HOMILÉTICA: Cristo trajo mucha justicia a las naciones y guía a los ciegos a casa.

Isaías 42:18-25

TEMA: ¿Quién es el más ciego de todos?

COMPLEMENTO: Israel, el siervo del Señor.

IDEA EXEGÉTICA: El más ciego de todos es Israel, el siervo del Señor.

IDEA HOMILÉTICA: A pesar de que somos su pueblo, no somos capaces de hacer su obra separados de Cristo.

Isaías 43:1-44:5

TEMA: ¿Qué han logrado el castigo, la protección y la redención con el pueblo de Israel?

COMPLEMENTO: Han convertido a Israel en testigo de la gloria del Señor, quien los redimió por su propia voluntad.

IDEA EXEGÉTICA: El castigo, la protección y la redención a Israel lo han convertido en testigo de la gloria del Señor, quien los redimió por su propia voluntad.

IDEA HOMILÉTICA: La salvación de Cristo nos ha hecho testigos del único que nos redimió por su propia voluntad.

Isaías 44:6-28

TEMA: ¿Qué debe hacer Israel a diferencia de los idólatras ilusos?

COMPLEMENTO: Debe recordar que el Señor es quien ha ejecutado su plan.

IDEA EXEGÉTICA: Israel, a diferencia de los idólatras ilusos, debe recordar que el Señor es quien ha ejecutado su plan.

IDEA HOMILÉTICA: Recuerde que solo Dios es el único quien ha forjado sus propósitos en nuestras vidas.

Isaías 45:1-13

TEMA: ¿Cómo cumplirá el Señor su propósito de restaurar Israel?

COMPLEMENTO: A través del accionar del gobernante pagano Ciro.

IDEA EXEGÉTICA: El Señor cumplirá su propósito de restaurar Israel a través del accionar del gobernante pagano Ciro.

IDEA HOMILÉTICA: Nuestro Dios puede utilizar a cualquier persona para hacer su voluntad.

Isaías 45:14-25

TEMA: ¿Qué hace el Señor por las naciones?

COMPLEMENTO: Él invita a las naciones, que son capaces de ver cómo ha ejecutado sus planes soberanos, a ir hacia Él para su salvación.

IDEA EXEGÉTICA: El Señor invita a las naciones, que son capaces de ver cómo ha ejecutado sus planes soberanos, a ir hacia Él para su salvación.

IDEA HOMILÉTICA: Dios invita a todas las personas, quienes son capaces de ver cómo ha ejecutado sus planes soberanos por medio de Cristo, a ir hacia Él para que sean salvas.

Isaías 46

TEMA: ¿Cuál es la diferencia entre el Señor y los ídolos?

COMPLEMENTO: El pueblo de Israel debe sostener a sus ídolos; en cambio, el Señor sostiene a su pueblo.

IDEA EXEGÉTICA: La diferencia entre el Señor y los ídolos es que el pueblo de Israel debe sostener a sus ídolos; en cambio, el Señor sostiene a su pueblo.

IDEA HOMILÉTICA: Las personas sostienen a sus ídolos, pero el Padre sostiene a su pueblo.

Isaías 47

TEMA: ¿Qué pasará con Babilonia como instrumento en manos del Señor para juzgar a su pueblo?

COMPLEMENTO: Al final, será humillada por sí misma.

IDEA EXEGÉTICA: Babilonia como instrumento en manos del Señor para juzgar a su pueblo, al final, será humillada por sí misma.

IDEA HOMILÉTICA: Puede que Dios use poderosos intermediarios para llevar a cabo sus mandatos, pero, al final, Él los humillará.

Isaías 48:1-11

TEMA: ¿Por qué el Señor continúa haciendo nuevas obras en medio de un pueblo obstinado?

COMPLEMENTO: Para Su propia gloria.

IDEA EXEGÉTICA: El Señor continúa haciendo nuevas obras en medio de un pueblo obstinado para Su propia gloria.

IDEA HOMILÉTICA: Dios nos trata con paciencia por su propia gloria.

Isaías 48:12-22

TEMA: ¿Qué le ordena el Señor al pueblo de Israel?

COMPLEMENTO: Que escuche Su Palabra, que guía al mundo, para que pueda encontrar la paz.

IDEA EXEGÉTICA: El Señor le ordena al pueblo de Israel que escuche Su Palabra, que guía al mundo, para que pueda encontrar la paz.

IDEA HOMILÉTICA: Dios nos llama a escuchar su Palabra, que guía al mundo, para que encontremos la paz.

Isaías 49:1-7

TEMA: ¿Qué pasará con el siervo del Señor?

COMPLEMENTO: A pesar de ser despreciado, él será honrado por el mundo a causa del Señor.

IDEA EXEGÉTICA: El siervo del Señor, a pesar de ser despreciado, será honrado por el mundo a causa del Señor.

IDEA HOMILÉTICA: Cristo, el siervo del Señor, a pesar de haber sido despreciado, será honrado por el mundo.

Isaías 49:8-26

TEMA: ¿Puede el Señor olvidar a su pueblo?

COMPLEMENTO: No; al contrario, Él los restaurará y traerá a las naciones a sus pies.

IDEA EXEGÉTICA: El Señor no puede olvidar a su pueblo; al contrario, Él los restaurará y traerá a las naciones a sus pies.

IDEA HOMILÉTICA: En Cristo, Dios no puede olvidarnos.

Isaías 50

TEMA: ¿Cuál es la diferencia entre el siervo y el pueblo de Israel?

COMPLEMENTO: Mientras el pueblo de Israel no confió en el Señor cuando lo llamó, el siervo del Señor lo escucha y sostiene.

IDEA EXEGÉTICA: El siervo se diferencia de Israel en que, mientras el pueblo de Israel no confió en el Señor cuando lo llamó, el siervo del Señor lo escucha y sostiene.

IDEA HOMILÉTICA: Aunque nosotros hemos ignorado la voz de Dios, Cristo obedeció al Padre y ahora confiamos en Él.

Isaías 51

TEMA: ¿Qué oirá el pueblo de Israel si escucha al Señor?

COMPLEMENTO: Descubrirá que Dios le ha quitado de las manos la copa de su furia y se la ha dado a quienes lo atormentan.

IDEA EXEGÉTICA: Si el pueblo de Israel escucha al Señor, descubrirá que Dios le ha quitado de las manos la copa de su furia y se la ha dado a quienes lo atormentan.

IDEA HOMILÉTICA: Si escuchamos, Dios nos dará buenas nuevas.

Isaías 52:1-12

TEMA: ¿Qué pasará con Jerusalén y con los exiliados?

COMPLEMENTO: Jerusalén será restaurada y el Señor reunirá a su pueblo para que regrese del exilio.

IDEA EXEGÉTICA: Jerusalén será restaurada y el Señor reunirá a su pueblo para que regrese del exilio.

IDEA HOMILÉTICA: Dios está estableciendo su reino e invita a las personas a entrar en él.

Isaías 52:13-53:12

TEMA: ¿Cómo el siervo del Señor, aun siendo humilde y despreciado, hizo la voluntad de Dios?

COMPLEMENTO: Cargando con los pecados de la nación; por lo tanto, será exaltado después de derramar su vida hasta la muerte.

IDEA EXEGÉTICA: El siervo del Señor, aun siendo humilde y despreciado, hizo la voluntad de Dios cargando con los pecados de la nación; por lo tanto, será exaltado después de derramar su vida hasta la muerte.

IDEA HOMILÉTICA: Jesucristo, aun siendo humilde y despreciado, hizo la voluntad de Dios cargando con los pecados del mundo, por lo que fue exaltado al resucitar de entre los muertos.

Isaías 54

TEMA: ¿Qué le pasará al pueblo de Israel considerándolo como la esposa estéril y abandonada del Señor?

COMPLEMENTO: Será restablecida en un pacto eterno con su Dios y criará a sus hijos en paz.

IDEA EXEGÉTICA: Considerándolo como la esposa estéril y abandonada del Señor, Israel, será restablecida en un pacto eterno con su Dios y criará a sus hijos en paz.

IDEA HOMILÉTICA: La iglesia, la esposa de Cristo, pese a que sufre, vivirá en un pacto eterno con su esposo.

Isaías 55

TEMA: ¿Por qué el Señor ofrece un perdón abundante y generoso a los pecadores?

COMPLEMENTO: Porque Su manera de actuar está por encima de Israel.

IDEA EXEGÉTICA: El Señor ofrece un perdón abundante y generoso a los pecadores, porque Su manera de actuar está por encima de Israel.

IDEA HOMILÉTICA: Dios ofrece un perdón abundante y generoso a los pecadores porque Su manera de actuar está por encima de nosotros.

Isaías 56:1-8

TEMA: ¿Qué hará el Señor con los fieles eunucos y extranjeros?

COMPLEMENTO: Él los acogerá en su pueblo redimido.

IDEA EXEGÉTICA: El Señor acogerá a los fieles eunucos y extranjeros en su pueblo redimido.

IDEA HOMILÉTICA: Dios acoge a los marginales y los incluye en su familia.

Isaías 56:9-57:21

TEMA: ¿Cuál es la diferencia entre el destino del que no se arrepiente y del contrito?

COMPLEMENTO: Mientras que no habrá paz para el que no se arrepiente, el Señor restablecerá a los pecadores contritos.

IDEA EXEGÉTICA: La diferencia entre el destino del que no se arrepiente y del contrito recae en que, mientras que no habrá paz para el que no se arrepiente, el Señor restablecerá a los pecadores contritos.

IDEA HOMILÉTICA: Aunque para los que no se arrepienten no habrá paz, Dios restablecerá a los pecadores contritos en Cristo.

Isaías 58

TEMA: ¿Qué le ordena Dios al pueblo de Israel?

COMPLEMENTO: Cambiar el ayuno hipócrita por un ayuno verdadero que consista en hacer justicia y honrar al Señor.

IDEA EXEGÉTICA: Dios le ordena al pueblo de Israel que cambie el ayuno hipócrita por un ayuno verdadero que consista en hacer justicia y honrar al Señor.

IDEA HOMILÉTICA: Dios nos ordena que cambiemos el ayuno hipócrita por un ayuno verdadero que consista en hacer justicia y honrar al Señor.

Isaías 59:1-15

TEMA: ¿Por qué el pueblo de Israel no encuentra la salvación?

COMPLEMENTO: No es porque el Señor no pueda salvarlo, sino porque sus pecados lo han alejado de Dios.

IDEA EXEGÉTICA: La razón por la que el pueblo de Israel no encuentra la salvación no es porque el Señor no pueda salvarlo, sino porque sus pecados lo han alejado de Dios.

IDEA HOMILÉTICA: Considere la idea de que el dolor puede representar disciplina y no, abandono.

Isaías 59:16-21

TEMA: ¿Qué hará el Señor ahora que los pecados graves del pueblo de Israel lo han alejado de su Dios, y lo ha dejado sin alguien que interceda?

COMPLEMENTO: Él mismo les brindará la salvación y pondrá su Espíritu en su pueblo.

IDEA EXEGÉTICA: Debido a que los pecados graves del pueblo de Israel lo han alejado de su Dios, y lo ha dejado sin alguien que interceda, el Señor mismo les brindará la salvación y pondrá su Espíritu en su pueblo.

IDEA HOMILÉTICA: Pese a que nuestros pecados nos alejan de Dios, Él mismo nos salva dándonos su Espíritu y su Palabra.

Isaías 60

TEMA: ¿Qué hará el Señor con su pueblo y las naciones?

COMPLEMENTO: Él llevará a su pueblo a un estado de gloria y las naciones vendrán a Jerusalén.

IDEA EXEGÉTICA: El Señor llevará a su pueblo a un estado de gloria y las naciones vendrán a Jerusalén.

IDEA HOMILÉTICA: El Señor glorificará a su iglesia y las personas de todas las naciones lo alabarán.

Isaías 61

TEMA: ¿Qué sucederá debido a que el Espíritu de Dios está sobre el siervo del Señor?

COMPLEMENTO: El siervo anunciará el favor del Señor y su venganza.

IDEA EXEGÉTICA: Debido a que el Espíritu de Dios está sobre el siervo del Señor, el siervo anunciará el favor del Señor y su venganza.

IDEA HOMILÉTICA: Debido a que el Espíritu de Dios recae sobre Cristo, solo Él trae el favor y la venganza de Dios.

Isaías 62

TEMA: ¿Qué les pide hacer Isaías a los fieles?

COMPLEMENTO: No dejar descansar a Dios hasta que convierta a Jerusalén en la alabanza de la tierra.

IDEA EXEGÉTICA: Isaías les pide a los fieles no dejar descansar a Dios hasta que convierta a Jerusalén en la alabanza de la tierra.

IDEA HOMILÉTICA: Oremos sin cesar por la venida del reino de Dios.

Isaías 63:1-6

TEMA: ¿Qué hizo el siervo al darse cuenta de que nadie lo apoyó?

COMPLEMENTO: Él mismo ejecutó la venganza sobre las naciones.

IDEA EXEGÉTICA: Al darse cuenta de que nadie estuvo con él, el mismo siervo ejecutó la venganza sobre las naciones.

IDEA HOMILÉTICA: Solo Cristo es el único que traerá justicia a la tierra.

Isaías 63:7-64:12

TEMA: En vista del cuidado incondicional de Dios a su pueblo y a los pecados de dicho pueblo como respuesta, ¿qué le clama Isaías a Dios?

COMPLEMENTO: "¡Ojalá rasgaras los cielos, y descendieras!" (64:1).

IDEA EXEGÉTICA: En vista del cuidado incondicional de Dios a su pueblo y a los pecados de dicho pueblo como respuesta, Isaías clama a Dios: "¡Ojalá rasgaras los cielos, y descendieras!".

IDEA HOMILÉTICA: ¡Ven, Señor!

Isaías 65:1-16

TEMA: ¿Qué hará el Señor cuando llegue el día del juicio?

COMPLEMENTO: Él hará una distinción entre sus verdaderos siervos y los rebeldes obstinados.

IDEA EXEGÉTICA: Cuando llegue el día del juicio, el Señor hará una distinción entre sus verdaderos siervos y los rebeldes obstinados.

IDEA HOMILÉTICA: Cristo conoce a aquellos que son sus verdaderos siervos y puede separar a los verdaderos de los falsos.

Isaías 65:17-25

TEMA: ¿Cómo serán el cielo nuevo y la tierra nueva que Dios creará?

COMPLEMENTO: Serán un lugar de vida y paz.

IDEA EXEGÉTICA: El cielo nuevo y la tierra nueva que Dios creará serán un lugar de vida y paz.

IDEA HOMILÉTICA: El cielo nuevo y la tierra nueva que Dios creará serán un lugar de vida y paz.

Isaías 66:1-14

TEMA: ¿Qué hará el Señor por el remanente humilde cuando Él venga a establecer su reino?

COMPLEMENTO: Él liberará a sus fieles de sus enemigos y los acogerá en su reino.

IDEA EXEGÉTICA: Cuando el Señor venga a establecer su reino, liberará a sus fieles de sus enemigos y los acogerá en su reino.

IDEA HOMILÉTICA: Mientras Dios anuncia su reino en Cristo, libera a sus fieles de sus enemigos y los acoge en su reino.

Isaías 66:15-17

TEMA: ¿Qué hará el Señor con los idólatras cuando venga a establecer su reino?

COMPLEMENTO: Él los juzgará.

IDEA EXEGÉTICA: Cuando el Señor venga a establecer su reino, Él juzgará a los idólatras.

IDEA HOMILÉTICA: Cuando el Señor consuma su reino en Cristo, Él juzgará a quienes rechazaron su gracia.

Isaías 66:18-24

TEMA: ¿Qué hará el Señor por las personas de todas las naciones cuando venga a establecer su reino?

COMPLEMENTO: Él enviará a sus fieles a esas naciones para traer a aquellos que aún no lo conocen.

IDEA EXEGÉTICA: Cuando el Señor venga a establecer su reino, enviará a sus fieles a todas las naciones para traer a aquellos que aún no lo conocen.

IDEA HOMILÉTICA: Mientras Dios anuncia su reino en Cristo, Él envía a sus fieles a las naciones para traer a aquellos que aún no lo conocen.

Versículos/pasajes difíciles

El libro de Isaías está lleno de retos para predicar. Cuatro de los más comunes ameritan ser mencionados.

El primer reto. Existen problemas históricos. Por lo general, es complicado ubicar los oráculos de Isaías en su contexto original. Por ejemplo, su predicción de la caída de Babilonia en el capítulo 21 puede referirse a varios momentos de la derrota de esta ciudad. Y, aunque el mejor candidato es un evento ocurrido durante el reino de Merodac-Baladán en el año 689 a. C., la duda (y controversia) aún persiste[2].

No obstante, aun si el contexto histórico fuera claro, será un reto para los predicadores hacer que ese contexto sea relevante para los oyentes contemporáneos, especialmente si dichos oyentes no están familiarizados

---

2. Para analizar, ver J. Alec Motyer, *The Prophecy of Isaiah* [La profecía de Isaías] (Downers Grove, Illinois: Inter-Varsity, 1993), pág.172.

con la Biblia. La historia de Israel es rica, compleja y teológicamente muy cargada. Por ello, planteará preguntas muy complicadas para los principiantes: ¿Por qué Asiria invade Judá? ¿Por qué hay dos reinos en Israel? ¿Por qué el Señor le da más atención a este pueblo que a los edomitas o egipcios? Los predicadores tendrán que encontrar una forma de explicar toda esta historia sin perderse en ella.

El segundo reto. Predicar los oráculos de Isaías presenta también desafíos literarios. Las palabras del profeta eran muy efectivas a oídos de los hablantes de hebreo debido a sus recursos literarios: juegos de palabras, aliteración, alusiones, repetición de frases, ironía fuerte, imágenes vívidas y cambios dramáticos que servían para captar la atención y ganar el corazón del pueblo rebelde de Judá. En Isaías 5:7, Dios "esperaba juicio [mishpat], y he aquí vileza [mispah]; justicia [*tsedaqah*], y he aquí clamor [*tsa'aqah*]" (RVR1960). Los juegos de palabras que Isaías hace, no se traducen correctamente al español, pero esto es parte del oráculo: tal como las uvas silvestres parecen una fruta buena pero no lo son, las acciones de Judá también parecían justas para ellos pero no lo eran.

Los predicadores tienen la tarea de usar su preparación y medios para comprender esos recursos originales. Además, tienen la responsabilidad de ayudar a los oyentes a que también los entiendan. Para lograrlo, pueden explicar cada recurso o intentar reproducirlos en un lenguaje más contemporáneo. El peligro de explicar los juegos de palabras u otros recursos, por supuesto, es que se arruina el efecto; mientras que el riesgo de reproducir estos oráculos raros y confusos es que se predicará sermones raros y confusos. Por lo tanto, los predicadores tienen que caminar por la cuerda floja entre el aburrimiento y la confusión para que su iglesia pueda experimentar un poco de la sutil belleza del lenguaje de Isaías.

El tercer reto consiste en que hay varios pasajes en los que parece hacerse referencia a Cristo. Se debe respetar el significado original de las palabras de Isaías y, al mismo tiempo, hablar de cómo el advenimiento de Cristo ha cumplido y, quizás, mejorado el significado de las palabras de Isaías en formas que ni él mismo entendía. Por ejemplo, cuando en el capítulo 7, Isaías dice que una virgen o mujer joven concibe a un niño llamado Emmanuel, este acontecimiento era (para Isaías) una señal para el rey Acaz de que ya no tendría enemigos tan pronto el niño haya crecido. La liberación llegaría en pocos años. Sin embargo, quienes escribieron el Nuevo Testamento toman el nacimiento virginal de Jesús de Nazaret como el cumplimiento de la palabra de Isaías. Por lo tanto, los predicadores deben guiar a los oyentes a respetar ambos contextos. Si se manejan bien, las prédicas de estos pasajes no afectarán su fe en los caminos de Dios, sino que la profundizarán. (Ver las fuentes recomendadas al final del capítulo para encontrar ayuda para este tema complejo).

Finalmente, los predicadores del corpus profético deben tener en cuenta la monotonía profética: aunque los oráculos de los profetas demuestran una variedad de *estrategias* comunicativas, su *contenido* es completamente inalterable. Los oráculos le recuerdan al pueblo de Israel la fidelidad de Dios al pacto, le piden, como respuesta, ser fieles al pacto y anuncian las consecuencias de la obediencia y desobediencia. La constante repetición de estos temas refleja los corazones endurecidos del pueblo de Israel y la persistencia de los profetas. No obstante, predicar a través de decenas de oráculos como estos puede poner a prueba la paciencia de los miembros de la iglesia.

La solución para los predicadores es que no solo se involucren profundamente en lo que Isaías dijo, sino también en cómo lo dijo. ¿Cómo logró persuadir? ¿Cómo logró cautivar, intimidar e infundir esperanza? Si los predicadores son capaces de abordar las escrituras al nivel de su estrategia retórica, entonces sus prédicas podrán revelar la misma variedad de fidelidad que logró Isaías.

Aplicación y perspectiva cultural

Con el fin de aplicar el material profético, resulta útil primero aclarar el propio enfoque para interpretar a los profetas. Una vez que el enfoque general esté definido para los predicadores, tendrán una mayor claridad para enfrentar los problemas de aplicación.

Mi enfoque consiste en interpretar el material profético según el contexto del pacto[3]. Los profetas trabajan conscientemente bajo los términos de los pactos que Dios ha hecho con el pueblo de Israel. Las acusaciones, advertencias y promesas no son algo nuevo, y tampoco fueron inventadas por los profetas. Los profetas simplemente repiten y vuelven a aplicar los términos de los pactos que Dios ya ha establecido, tales como los pactos con Noé, Abraham, Moisés y David.

La iglesia se encuentra bajo los términos del nuevo pacto en Cristo. Este nuevo pacto tiene conexiones profundas y diferencias significativas con los pactos anteriores. La manera en que los predicadores entiendan las similitudes y diferencias determinará la manera en que apliquen los oráculos bajo otros pactos a una comunidad bajo el pacto nuevo.

---

3. Lo siguiente se basa en Andrew C. Thompson, *"Community Oracles: A Model for Applying and Preaching the Old Testament Prophets,"* ["Oráculos comunitarios: un modelo para la aplicación y predicación de los profetas del Antiguo Testamento"] *Journal of the Evangelical Homiletics Society 10, nro. 1* (marzo 2010): págs. 31-57.

Por ejemplo, el Señor del pacto es el mismo Señor, Dios no cambia. Cualquier oráculo en Isaías que hable de la grandeza o de la santidad de Dios puede aplicarse directamente a la iglesia. No obstante, puede que se observen diferentes exigencias del pacto. Isaías 58 elogia el cumplimiento del día de reposo, mientras que otros consideran que el día de reposo se dejó de lado con la venida de Cristo. ¿Por qué el día de reposo se ha cumplido o destituido con la venida de Cristo? Las respuestas para esta pregunta guiarán al predicador en la aplicación de los oráculos de Isaías.

Y lo más relevante es que *las consecuencias del pacto* pueden no ser las mismas. Isaías puede predecir eventos históricos que ya han transcurrido (como la invasión de Asiria al pueblo de Israel en el siglo VIII a. C.). Los predicadores pueden señalar que el cumplimiento de estos eventos confirma la fidelidad de Dios o que hay consecuencias paralelas que aplican la iglesia en la actualidad. Por lo general, las ideas principales expuestas previamente adoptan este último enfoque.

Una ventaja de reflexionar a través de un marco como el de los contextos históricos de los pactos es que cuando los predicadores intentan aplicar las palabras de Isaías a los cristianos contemporáneos, evitarán convertir cada pasaje en una moraleja individualista. Cuando Dios aparece frente a Isaías y lo llama en el capítulo 6, cuando Isaías anda desnudo en el capítulo 20, cuando Ezequías está enfermo en el capítulo 38, cuando el siervo del Señor es enviado a las naciones en el capítulo 49, no se tratan de patrones que se repiten en vidas individuales. Son realidades del pacto que se aplican de manera colectiva al pueblo de Dios y luego de manera individual a personas miembros de esa comunidad del pacto. En otras palabras, no es que nosotros seamos como Isaías o Ezequías, sino que somos (colectivamente) como el pueblo a quien Isaías predicó.

Pasar del texto al contexto del pacto, de ese contexto a la iglesia, y de la iglesia a los individuos es un camino más largo que una interpretación individualista. Sin embargo, así surgen preguntas útiles que darán frutos en prédicas que conecten de manera mucho más profunda al pueblo de Dios con su carácter y sus promesas.

Entonces, con este contexto en mente, Isaías les hablará a los creyentes como a aquellos que estén en pacto con Dios en Cristo. Sus palabras nos guiarán como a aquellos que han sido rescatados por la gracia, que viven bajo las demandas del pacto de nuestro Señor, y que tienen promesas preciosas en el mismo Señor. Las palabras de Isaías también les hablarán a los no creyentes como a aquellos que no están dentro del círculo del pacto, los llamará de vuelta a casa con duras advertencias y hermosas promesas.

FUENTES RECOMENDADAS

Beale, G. K. y D. A. Carson. *Commentary on the New Testament Use of the Old Testament* [Comentario sobre el uso del Antiguo Testamento en el Nuevo Testamento]. Grand Rapids: Baker Academic, 2007.

Motyer, J. Alec. *The Prophecy of Isaiah: An Introduction and Commentary* [La profecía de Isaías: introducción y comentario]. Downers Grove, Illinois: InterVarsity, 1993.

Scitz, Christopher R. Isaiah 1-39. *Interpretation*. [Isaías 1-39. Interpretación] Louisville: Westminster John Knox, 2012.

Jeremías

JULIAN R. GOTOBED

La idea principal del libro de Jeremías

El libro de Jeremías es un mensaje de juicio dirigido al reino de Judá en una época de crisis social, política y religiosa, cuando el Imperio de Babilonia amenaza hasta la misma existencia de la nación. El libro ofrece una perspectiva de esperanza al pueblo de Judá en forma de un pequeño remanente que sobrevive en el exilio.

TEMA: ¿Cuál es el mensaje que Dios le dio al profeta Jeremías para el pueblo de Judá?

COMPLEMENTO: Dios está obrando a través de los acontecimientos en la generación de Jeremías para juzgar al pueblo de Judá por su desobediencia, pero Dios preservará un remanente de la nación por medio del exilio en Babilonia para continuar su propósito divino.

IDEA EXEGÉTICA: El mensaje que Dios le dio al profeta Jeremías para el pueblo de Judá es que Él está obrando a través de los acontecimientos en su generación para juzgar al pueblo por su desobediencia, pero Dios preservará un remanente de la nación por medio del exilio en Babilonia para continuar su propósito divino.

IDEA HOMILÉTICA: Dios juzga a su pueblo debido a sus transgresiones, pero siempre busca una forma para que vuelvan a la plenitud de la comunidad divina.

Selección de pasajes para predicar y enseñar el libro de Jeremías

El libro de Jeremías es una composición literaria extensa que describe su vida y los acontecimientos históricos más importantes del pueblo de Judá en el siglo VII a. C., lleno de poesía y oráculos proféticos. Los 52 capítulos del libro varían considerablemente en extensión. La división de capítulos no siempre coincide con el flujo del texto. Los temas claves aparecen con frecuencia. Aunque la prédica y enseñanza del libro de Jeremías se prestan más a un enfoque temático para la selección de los pasajes que a una exposición de capítulo por capítulo, he intentado ser comprensivo y, por lo tanto, he propuesto ideas principales para cada capítulo y versículo. Por ejemplo, con un enfoque temático se pueden abordar los siguientes pasajes:

> El llamamiento de Jeremías para proclamar la palabra del Señor (1:1-19)
> Dios llama a Israel al arrepentimiento (2:1-25)
> Hablar con la verdad ante el poder tiene un costo (6:1-12)
> Israel y Judá violan el pacto (11:1-17)
> ¿Cómo es un verdadero rey? (21:11-22:19)
> Cuidado con los falsos profetas y sacerdotes (23:1-22)
> Carta a los exiliados: esperanza en medio de la angustia (29:1-10)
> Promesa de un nuevo pacto (31:31-34)
> Juicio contra las naciones: Babilonia (51:1-19)

Ernest Nicholson divide los capítulos de manera práctica como aparece a continuación:

> El juicio a la nación (caps. 1-25)
> El rechazo a la palabra de Dios (caps. 26-36)
> El misterio de Jeremías durante el sitio y la caída de Jerusalén (caps. 37-45)
> Oráculos contra las naciones [Conclusión] (caps. 46-51 [52])[1]

Comprensión del tema, complemento, idea exegética e idea homilética

Jeremías 1

TEMA: ¿Cuál fue el propósito del Señor para Jeremías?

COMPLEMENTO: Jeremías sería el profeta que anuncie el juicio sobre el pueblo de Judá por abandonar al Señor por dioses falsos y violar el pacto; además, tendría confianza en la fiel presencia del Señor al enfrentar a los opositores.

IDEA EXEGÉTICA: El propósito del Señor para Jeremías consistía en que él sería el profeta que anuncie el juicio sobre el pueblo de Judá por abandonar

---

1. Ernest W. Nicholson, The Book of the Prophet Jeremiah: Chapters 1–25 [El libro del profeta Jeremías: capítulos 1-25] (Cambridge: Cambridge University Press, 1973), págs. 14–15

al Señor por dioses falsos y violar el pacto; además, Jeremías tendría confianza en la fiel presencia del Señor al enfrentar a los opositores.

IDEA HOMILÉTICA: Dios empodera a los profetas para hablar de la verdad y les promete sostenerlos con su presencia

Jeremías 2

TEMA: ¿Cuál fue la consecuencia para el pueblo de Israel por perseguir a dioses falsos, por buscar protección en otras naciones que no podían ayudarlo, por tratar injustamente al pobre y por protestar que era inocente cuando —en realidad— era pecador?

COMPLEMENTO: La nación se lamentó ante el Señor, rompió su relación especial con Él e incurrió en un juicio merecido.

IDEA EXEGÉTICA: La consecuencia para el pueblo de Israel por perseguir a dioses falsos, por buscar protección en otras naciones que no podían ayudarlo, por tratar injustamente al pobre y por protestar que era inocente cuando —en realidad— era pecador, fue que la nación se lamentó ante el Señor, rompió su relación especial con Él e incurrió en un juicio merecido.

IDEA HOMILÉTICA: Rechazar a Dios es un acto autodestructivo.

Jeremías 3:1-5

TEMA: ¿Qué esperanza había para el pueblo de Israel de volver al Señor luego de haber violado el pacto en repetidas ocasiones y abusar de su generosidad?

COMPLEMENTO: El Señor ha obrado en el juicio para persuadir al pueblo de Israel para que vuelva a confiar y obedecer.

IDEA EXEGÉTICA: Había esperanza para el pueblo de Israel de volver al Señor luego de haber violado el pacto en repetidas ocasiones y abusar de su generosidad, porque Él ha obrado en el juicio para persuadir al pueblo de Israel para que vuelva a confiar y obedecer.

IDEA HOMILÉTICA: Dios busca el retorno de todos aquellos que se alejaron de la comunión con Él.

Jeremías 3:6-25

TEMA: ¿Cómo exhortó el Señor a las personas de Judá y de Israel por haber buscado a dioses falsos?

COMPLEMENTO: Ellos debían arrepentirse y luego el Señor levantaría líderes íntegros y reuniría a ambas naciones en la tierra de sus antepasados.

IDEA EXEGÉTICA: El Señor exhortó a las personas de Judá y de Israel a arrepentirse por haber buscado dioses falsos, y luego Él levantaría líderes íntegros y reuniría a ambas naciones en la tierra de sus antepasados.

IDEA HOMILÉTICA: Dios nos exhorta a apartarnos de sus sustitutos y a volvernos a Él para experimentar su misericordia y bondad.

Jeremías 4:1-4

TEMA: ¿Cómo llamó el Señor al pueblo de Israel a volverse a Él?

COMPLEMENTO: Si el pueblo se volvía a Él, las naciones serían bendecidas como el pueblo de Israel, pero si este no enmendaba su actitud y comportamiento, el Señor lo juzgaría como al pueblo de Judá.

IDEA EXEGÉTICA: El Señor llamó al pueblo de Israel a volverse a Él, para que las naciones sean bendecidas como Israel, pero si este no enmendaba su actitud y comportamiento, el Señor lo juzgaría como al pueblo de Judá.

IDEA HOMILÉTICA: Dios busca nuestro retorno a la comunidad divina para bendecir a todas las personas.

Jeremías 4:5-31

TEMA: ¿Por qué la visión que tuvo Jeremías sobre la invasión del norte le preocupó profundamente?

COMPLEMENTO: Le confirmó que el juicio era definitivo debido a la rebelión y a la maldad del pueblo de Judá, pero había una luz de esperanza si el pueblo se volvía al Señor.

IDEA EXEGÉTICA: La visión que tuvo Jeremías sobre la invasión del norte le preocupó profundamente porque le confirmó que el juicio era definitivo debido a la rebelión y a la maldad del pueblo de Judá, pero había una luz de esperanza si el pueblo se volvía al Señor.

IDEA HOMILÉTICA: Un auténtico mensaje de juicio y de esperanza nace de un corazón afligido y de la compasión por los demás.

Jeremías 5:1-19

TEMA: ¿Por qué fue desconcertante la ausencia de personas que practicaban la justicia y buscaban la verdad en Jerusalén?

COMPLEMENTO: Esto significaba que la población era corrupta y necia, ameritaba un juicio, y dependía de la bondad del Señor para sobrevivir a los problemas venideros.

IDEA EXEGÉTICA: La ausencia de personas que practicaban la justicia y buscaban la verdad en Jerusalén era desconcertante porque significaba que la población era corrupta y necia, ameritaba un juicio, y dependía de la bondad del Señor para sobrevivir a los problemas venideros.

IDEA HOMILÉTICA: Las personas que niegan la verdad y la justicia deben esperar el juicio; sin embargo, pueden encontrar esperanza al saber que Dios las cuida.

Jeremías 5:20-31

TEMA: ¿Por qué el pueblo resistió al Señor y persistió con terquedad en practicar el mal y explotar a los pobres?

COMPLEMENTO: Les gustaba, y los profetas y sacerdotes promovían la religión falsa, lo cual reforzaba las nociones distorsionadas que tenían del Señor y el comportamiento opresivo en la sociedad.

IDEA EXEGÉTICA: El pueblo se resistió al Señor y persistió con terquedad en practicar el mal y explotar a los pobres porque les gustaba y los profetas y sacerdotes promovían la religión falsa, lo cual reforzaba las ideas distorsionadas que tenían del Señor y el comportamiento opresivo en la sociedad.

IDEA HOMILÉTICA: Las malas ideas reforzadas por una falsa religión insertan el mal y la injusticia en una comunidad.

Jeremías 6:1-15

TEMA: ¿Cómo afectó a Jeremías el rechazo del pueblo al mensaje de juicio del Señor que proclamó el profeta?

COMPLEMENTO: Lo desanimó y le hizo intentar contener el mensaje para sí mismo, lo cual fue agotador.

IDEA EXEGÉTICA: El rechazo del pueblo al mensaje de juicio del Señor que proclamó Jeremías desanimó al profeta y le hizo intentar contener el mensaje para sí mismo, lo cual fue agotador.

IDEA HOMILÉTICA: Hablar la verdad de Dios es incómodo y tiene un costo.

Jeremías 6:16-30

TEMA: ¿Qué le pasaría al pueblo de Judá como resultado de ignorar la ley del Señor (“senderos antiguos”) y a los profetas (“atalayas” o “centinelas”)?

COMPLEMENTO: Una nación del norte, de la cual no hay escapatoria, marcharía contra Judá y la derrotaría.

IDEA EXEGÉTICA: Como resultado de ignorar la ley del Señor (“senderos antiguos”) y a los profetas (“atalayas” o “centinelas”), una nación del norte, de la cual no hay escapatoria, marcharía contra Judá y la derrotaría.

IDEA HOMILÉTICA: Ignorar persistentemente la dirección y corrección de Dios para vivir en armonía como una comunidad de fe conlleva consecuencias dañinas para todos.

Jeremías 7:1-15

TEMA: ¿Cuál es el mensaje que el Señor quería que Jeremías proclame en el templo?

COMPLEMENTO: El pueblo debe decidir entre la adoración falsa y la explotación de los pobres, lo que conlleva al juicio, o la adoración verdadera que abandona a los dioses falsos y actúa con justicia, que conlleva a la comunión con el Señor.

IDEA EXEGÉTICA: El mensaje que el Señor quería que Jeremías proclame en el templo es que el pueblo debe decidir entre la adoración falsa y la explotación de los pobres, lo que conlleva al juicio, o la adoración verdadera que abandona a los dioses falsos y actúa con justicia, que conlleva a la comunión con el Señor.

IDEA HOMILÉTICA: Elija la verdadera adoración en lugar de la falsa adoración y la justicia en lugar de la opresión.

Jeremías 7:16-8:17

TEMA: ¿Por qué Jeremías no debía orar al Señor por las personas de Judá?

COMPLEMENTO: Las personas persistían obstinadamente en adorar a otros dioses desde que fueron liberados de Egipto e ignoraban a los profetas enviados para llamarlos a volver, así que ahora el Señor planeó actuar bajo juicio.

IDEA EXEGÉTICA: Jeremías no debía orar al Señor por las personas de Judá, ya que persistían obstinadamente en adorar a otros dioses desde que fueron liberados de Egipto e ignoraban a los profetas enviados para llamarlos a volver, así que ahora el Señor planeó actuar bajo juicio.

IDEA HOMILÉTICA: La desobediencia persistente exaspera a Dios.

Jeremías 8:18-9:3

TEMA: ¿Por qué Jeremías estaba de luto por su pueblo?

COMPLEMENTO: La adoración de ídolos los había alejado del Señor y corrompió las vidas de todos dentro de la sociedad.

IDEA EXEGÉTICA: Jeremías estaba de luto por su pueblo porque la adoración de ídolos los había alejado del Señor y corrompió las vidas de todos dentro de la sociedad.

IDEA HOMILÉTICA: Elegir un sustituto de Dios interrumpe nuestra relación vertical con Dios y distorsiona las relaciones horizontales que tenemos con las demás personas.

Jeremías 9:4-11

TEMA: ¿Qué sucedió con la sociedad en la que vivió Jeremías que le hizo experimentar y expresar un profundo dolor?

COMPLEMENTO: Las personas constantemente conspiraban, mentían y cometían actos de violencia para aprovecharse y oprimir a sus prójimos, comportamiento que el Señor condenó y juzgó.

IDEA EXEGÉTICA: La sociedad en la que vivió Jeremías le hizo experimentar y expresar un profundo dolor porque las personas constantemente conspiraban, mentían y cometían actos de violencia para aprovecharse y oprimir a sus prójimos, comportamiento que el Señor condenó y juzgó.

IDEA HOMILÉTICA: El mal comportamiento que permite la injusticia ofende a Dios y nos debe llenar el corazón de dolor e inspirar a decir la verdad al poder en favor de la justicia.

Jeremías 9:12-26

TEMA: ¿Por qué el pueblo debería lamentarse por el juicio del Señor?

COMPLEMENTO: La vivencia del juicio venidero como consecuencia del corazón obstinado que se niega a abandonar a los ídolos, sería severa.

IDEA EXEGÉTICA: El pueblo debería lamentarse por el juicio del Señor como consecuencia de la terquedad de su corazón que se niega a abandonar a los ídolos, porque el juicio venidero sería severo.

IDEA HOMILÉTICA: El lamento es legítimo cuando es provocado por una concientización profunda sobre el pecado y la desobediencia a Dios.

Jeremías 10:1-16

TEMA: ¿Por qué era un problema para el Señor que el pueblo de Israel adoptara ídolos?

COMPLEMENTO: El pueblo de Israel negaba la realidad de que estos dioses no existían ni podían obrar, a diferencia del Señor quién es el único Dios que creó el cosmos y llamó al pueblo de Israel a una relación única.

IDEA EXEGÉTICA: Para el Señor era un problema que el pueblo de Israel adoptara ídolos porque negaba la realidad de que estos dioses no existían ni podían obrar, a diferencia del Señor quién es el único Dios que creó el cosmos y llamó al pueblo de Israel a una relación única.

IDEA HOMILÉTICA: Reconozca al Dios verdadero, no a un sustituto inútil.

Jeremías 10:17-25

TEMA: ¿Cuál fue la situación difícil por la que atravesó la nación debido al fracaso de sus líderes?

COMPLEMENTO: La nación se encontraba abandonada por el Señor, incapaz de controlar su destino, pronto sería llevada al exilio, y necesitaba reconocer su dependencia en el Señor para sobrevivir.

IDEA EXEGÉTICA: La situación difícil por la que atravesó la nación debido al fracaso de sus líderes fue que se encontraba abandonada por el Señor, incapaz de controlar su destino, pronto sería llevada al exilio, y necesitaba reconocer su dependencia en el Señor para sobrevivir.

IDEA HOMILÉTICA: Un líder apartado de Dios guía de forma incorrecta al pueblo que está bajo su cuidado.

Jeremías 11:1-17

TEMA: ¿Cuál era el mensaje que el Señor quería que Jeremías proclame a Judá y Jerusalén?

COMPLEMENTO: Israel y Judá habían roto el pacto con el Señor; en consecuencia, el juicio era inevitable y no había escapatoria para el desastre inminente.

IDEA EXEGÉTICA: El mensaje que el Señor quería que Jeremías proclame a Judá y Jerusalén era que Israel y Judá habían roto el pacto con el Señor; en consecuencia, el juicio era inevitable y no había escapatoria para el desastre inminente.

IDEA HOMILÉTICA: Somos responsables ante Dios por la manera en que vivimos.

Jeremías 11:18-23

TEMA: ¿Cómo respondió el Señor al clamor de Jeremías en retribución a aquellos que amenazaban su vida a causa de su ministerio profético?

COMPLEMENTO: El Señor proclamó juicio sobre aquellos que se oponían a Jeremías y de esta manera lo reivindicó.

IDEA EXEGÉTICA: El Señor respondió al clamor de Jeremías en retribución a aquellos que amenazaban su vida a causa de su ministerio profético proclamando juicio sobre aquellos que se oponían a él y de esta manera lo reivindicó.

IDEA HOMILÉTICA: Dios confirma el llamado de sus siervos fieles cuando estos enfrentan hostilidad y oposición.

Jeremías 12

TEMA: ¿Qué le dijo el Señor a Jeremías en respuesta a la realidad de que los malvados prosperaban más que los fieles, y creían que el Señor era indiferente a su comportamiento?

COMPLEMENTO: Las dificultades de ese momento no se comparaban en nada con el juicio venidero, y, al final, el Señor tendría compasión de su pueblo en el futuro.

IDEA EXEGÉTICA: En respuesta a la realidad de que los malvados prosperaban más que los fieles, y creían que el Señor era indiferente a su comportamiento, el Señor le dijo a Jeremías que las dificultades de ese momento no se comparaban en nada con el juicio venidero, y, al final, el Señor tendría compasión de su pueblo en el futuro.

IDEA HOMILÉTICA: La compasión de Dios sostiene a los fieles en los momentos más difíciles.

Jeremías 13:1-14

TEMA: ¿Qué significaba para la generación de Jeremías un cinturón de lino podrido?

COMPLEMENTO: El rechazo del pueblo de Israel a escuchar al Señor los volvía tan inservibles para Él como un cinturón de lino podrido para un ser humano.

IDEA EXEGÉTICA: Para la generación de Jeremías, un cinturón de lino podrido significaba que el rechazo del pueblo de Israel a escuchar al Señor los volvía tan inservibles para Él como un cinturón de lino podrido a un ser humano.

IDEA HOMILÉTICA: Escuche a Dios para que sea útil en el servicio a Dios.

Jeremías 13:15-27

TEMA: ¿Qué iba a suceder con el pueblo de Judá si no escuchaba ni se volvía al Señor?

COMPLEMENTO: Se enfrentaba una futura amenaza del norte; sería humillado y llevado al exilio.

IDEA EXEGÉTICA: Si el pueblo de Judá no escuchaba ni se volvía al Señor, se enfrentaba a una futura amenaza del norte; sería humillado y llevado al exilio.

IDEA HOMILÉTICA: La esperanza de los que se apartan de Dios recae en la bondad y el amor de Dios, que es quien persevera en busca de su regreso.

Jeremías 14:1-12

TEMA: ¿Cómo respondió el Señor a los clamores de ayuda por parte del pueblo de Judá cuando la sequía ponía en peligro a la humanidad?

COMPLEMENTO: El Señor lamentó la maldad del pueblo y manifestó su reticencia a atender su adoración insincera.

IDEA EXEGÉTICA: El Señor respondió a los clamores de ayuda por parte del pueblo de Judá, cuando la sequía ponía en peligro a la humanidad, lamentando la maldad del pueblo y manifestando su reticencia a atender su adoración insincera.

IDEA HOMILÉTICA: Las adoraciones insinceras y la maldad en una comunidad de fe alejan a Dios.

Jeremías 14:13-22

TEMA: ¿Qué respondió el Señor a los mensajes de falsos profetas que decían que ningún desastre llegaría al pueblo Judá?

COMPLEMENTO: No fueron enviados por el Señor, ni tenían verdaderos conocimientos sobre cuestiones divinas y, al final, los hechos finalmente probarían que estaban equivocados.

IDEA EXEGÉTICA: La respuesta del Señor a los mensajes de falsos profetas, que decían que ningún desastre llegaría al pueblo de Judá, es que ellos no fueron enviados por el Señor, ni tenían verdaderos conocimientos sobre cuestiones divinas y, al final, los hechos probarían que estaban equivocados.

IDEA HOMILÉTICA: El paso del tiempo evidencia las afirmaciones falsas hechas en nombre de Dios.

Jeremías 15:1-9

TEMA: ¿Cuán probable y a qué magnitud sería el juicio del Señor sobre el pueblo de Judá anunciado por Jeremías?

COMPLEMENTO: Sería inevitable y severo.

IDEA EXEGÉTICA: El juicio del Señor sobre el pueblo de Judá anunciado por Jeremías sería inevitable y severo.

IDEA HOMILÉTICA: El propósito de Dios siempre es decisivo y lo abarca todo.

Jeremías 15:10-21

TEMA: ¿Cómo le demostró el Señor su confianza a Jeremías cuando el profeta se quejó del trato recibido por proclamar el mensaje del Señor?

COMPLEMENTO: El Señor prometió sostener a Jeremías y liberarlo de las manos de sus enemigos.

IDEA EXEGÉTICA: Cuando Jeremías se quejó del trato recibido por proclamar el mensaje del Señor, Él le demostró su confianza al prometerle que lo sostendría y liberaría de las manos de sus enemigos.

IDEA HOMILÉTICA: Dios sostiene y salva a los siervos fieles cuando ellos hacen lo correcto.

Jeremías 16:1-13

TEMA: ¿Qué costo tendría que asumir Jeremías por proclamar el juicio sobre el pueblo de Judá?

COMPLEMENTO: Sería mejor para él que no se case ni tenga hijos debido a la destrucción y muerte que recaerá sobre la nación.

IDEA EXEGÉTICA: El costo que tendría que asumir Jeremías por proclamar el juicio sobre el pueblo de Judá es no casarse ni tener hijos, lo cual sería lo mejor para él, debido a la destrucción y muerte que recaerá sobre la nación.

IDEA HOMILÉTICA: El llamado a proclamar la Palabra de Dios en algunos contextos puede requerir que el mensajero piense cuidadosamente antes de casarse y empezar una familia.

Jeremías 16:14-21

TEMA: ¿Qué esperanza había para la nación después de que el Señor llevó al pueblo de Israel al exilio?

COMPLEMENTO: El Señor prometió al pueblo de Israel que en el futuro los haría volver a la tierra que les dio a sus antepasados.

IDEA EXEGÉTICA: La esperanza para el pueblo de Israel después de que el Señor llevó a la nación al exilio es que, en el futuro, Él los haría volver a la tierra que les dio a sus antepasados.

IDEA HOMILÉTICA: La promesa de Dios es una fuente de esperanza para su pueblo.

Jeremías 17

TEMA: ¿Cómo explicó Jeremías la idolatría y desobediencia persistentes por parte del pueblo de Judá?

COMPLEMENTO: El pecado estuvo grabado en lo profundo del corazón humano, y, según ello, el Señor lo discernió y juzgó.

IDEA EXEGÉTICA: Jeremías explicó que la idolatría y desobediencia persistentes por parte del pueblo de Judá se debían a que el pecado estuvo grabado en lo profundo del corazón humano y, según ello, el Señor lo discernió y juzgó.

IDEA HOMILÉTICA: Dios discierne y se toma en serio el hecho de que el pecado esté arraigado en lo profundo del corazón humano, lo cual nos lleva a desobedecerlo y desconfiar de Él.

Jeremías 18:1-11

TEMA: ¿Qué le enseñó a Jeremías sobre el Señor el observar a un alfarero trabajando?

COMPLEMENTO: El Señor moldeaba la historia del pueblo de Israel y respondía a los acontecimientos, tal como un alfarero moldeaba el barro conforme a su propósito y cambiaba de parecer para crear algo nuevo.

IDEA EXEGÉTICA: Observar a un alfarero trabajando le enseñó a Jeremías que el Señor moldeaba la historia del pueblo de Israel y respondía a los acontecimientos, tal como un alfarero moldeaba el barro conforme a su propósito y cambiaba de parecer para crear algo nuevo.

IDEA HOMILÉTICA: Dios obra con flexibilidad según sus propósitos y su naturaleza divina.

Jeremías 18:12-23

TEMA: ¿Qué hicieron sus contemporáneos tras la denuncia de Jeremías sobre la idolatría y el abandono del pacto ("sendas antiguas", v. 15 RVR1960)?

COMPLEMENTO: Ellos conspiraron para presentar cargos en contra del profeta para silenciarlo.

IDEA EXEGÉTICA: Tras la denuncia de Jeremías sobre la idolatría y el abandono del pacto ("sendas antiguas", v. 15 RVR1960), sus contemporáneos conspiraron para presentar cargos en contra del profeta para silenciarlo.

IDEA HOMILÉTICA: Las personas que creen falsas ideas de Dios y son indiferentes a la injusticia en la sociedad se oponen a aquellos que señalan al Dios verdadero y luchan por la justicia.

Jeremías 19

TEMA: ¿Qué tipo de desastre traería el Señor sobre Jerusalén como juicio por el sacrificio de los hijos de Baal?

COMPLEMENTO: El Señor planeaba hacer pedazos al pueblo de Judá, así como cuando Jeremías rompió un cántaro de barro que nadie podía reparar.

IDEA EXEGÉTICA: El desastre que el Señor planeaba traer sobre Jerusalén como juicio por el sacrificio de los hijos de Baal haría pedazos al pueblo de Judá, así como cuando Jeremías rompió un cántaro de barro que nadie podía reparar.

IDEA HOMILÉTICA: Dios no es indiferente al terrible mal causado por la mano del hombre y tiene en cuenta a los perpetradores.

Jeremías 20

TEMA: ¿Cómo se sintió Jeremías al ser perseguido por proclamar fielmente el mensaje del Señor?

COMPLEMENTO: Le produjo una mezcla de profundo pesar y confianza en la presencia del Señor para enfrentar a quienes se le oponen.

IDEA EXEGÉTICA: Ser perseguido por proclamar fielmente el mensaje del Señor produjo en Jeremías una mezcla de profundo pesar y confianza en la presencia del Señor para enfrentar a quienes se le oponen.

IDEA HOMILÉTICA: Ser perseguidos por ser leales a Dios puede llevarnos a la desesperación, pero saber que la presencia de Dios está con nosotros nos da esperanza.

Jeremías 21:1-22:19

TEMA: ¿Qué cualidades requería un rey de Judá para gobernar la nación por dentro y protegerla de los enemigos de afuera?

COMPLEMENTO: Impartir justicia imparcialmente y guiar a su pueblo para alabar solo al Señor o, sino, esperar el juicio.

IDEA EXEGÉTICA: Las cualidades que requería un rey de Judá para gobernar la nación por dentro y protegerla de los enemigos por fuera eran impartir justicia imparcialmente y guiar a su pueblo para alabar solo al Señor o, sino, esperar el juicio.

IDEA HOMILÉTICA: Un líder sabio actúa con justicia y reconoce a Dios en todos los ámbitos de su vida personal y comunitaria.

Jeremías 22:20-23:8

TEMA: ¿Cuál era la diferencia entre los buenos y malos líderes de Judá?

COMPLEMENTO: Los buenos líderes leales al Señor se preocupaban por su pueblo, mientras que los malos líderes desleales al Señor eran indiferentes a su pueblo.

IDEA EXEGÉTICA: La diferencia entre los buenos y malos líderes de Judá era que los buenos líderes leales al Señor se preocupaban por su pueblo, mientras que los malos líderes desleales al Señor eran indiferentes a su pueblo.

IDEA HOMILÉTICA: La actitud de los líderes hacia Dios y el cuidado de las personas determina si son de ayuda o si son obstáculos para los propósitos de Dios.

Jeremías 23:9-40

TEMA: ¿Cuál era la verdad acerca de los profetas que proclamaban falsas esperanzas de paz y prosperidad?

COMPLEMENTO: Ellos nunca hablaron por el Señor; en cambio, declararon sus propios pensamientos, negaron cualquier amenaza a la nación y alentaron al pueblo a cometer actos de maldad.

IDEA EXEGÉTICA: La verdad acerca de los profetas que proclamaban falsas esperanzas de paz y prosperidad era que nunca hablaron por el Señor; en cambio, declararon sus propios pensamientos, negaron cualquier amenaza a la nación y alentaron al pueblo a cometer actos de maldad.

IDEA HOMILÉTICA: Persuadir a las personas a creer en mentiras en el nombre de Dios arruina vidas.

Jeremías 24

TEMA: ¿Qué significaban las dos canastas de higos, una con higos buenos y otra con higos malos, tras la victoria de Babilonia?

COMPLEMENTO: Los higos buenos representaban el favor del Señor y la promesa de regresar a Judá a los exiliados en Babilonia, y los higos malos representaban el juicio del Señor sobre los judeanos en Judá y Egipto.

IDEA EXEGÉTICA: Tras la victoria de Babilonia, las dos canastas de higos, una con higos buenos y otra con higos malos, significaban —respectivamente— el favor del Señor y la promesa de regresar a Judá a los exiliados en Babilonia, y el juicio del Señor sobre los judeanos en Judá y Egipto.

IDEA HOMILÉTICA: Una comunidad de fe debe elegir entre estar a favor o en contra de los propósitos de Dios aquí y ahora.

Jeremías 25

TEMA: ¿Qué significaba la visión de Jeremías del Señor entregando una copa de vino de su ira a todos los gobernantes de todas las naciones?

COMPLEMENTO: La soberanía del Señor abarcaba todo, cada líder y cada nación le rendía cuentas a Él y serían juzgados.

IDEA EXEGÉTICA: La visión de Jeremías del Señor entregando una copa de vino de su ira a todos los gobernantes de todas las naciones significaba que la soberanía del Señor abarcaba todo, cada líder y cada nación le rendía cuentas a Él y serían juzgados.

IDEA HOMILÉTICA: Todas las naciones le rinden cuentas a Dios y son juzgadas por Él.

Jeremías 26

TEMA: ¿Cuál fue el mensaje que el Señor le pidió a Jeremías proclamar en público en el templo?

COMPLEMENTO: Si el pueblo no abandonaba su mal camino, ni se ceñía nuevamente a su ley, el Señor traería el juicio sobre ellos.

IDEA EXEGÉTICA: El mensaje que el Señor le pidió a Jeremías proclamar en público en el templo fue que, si el pueblo no abandonaba su mal camino, ni se ceñía nuevamente a su ley, el Señor traería el juicio sobre ellos.

IDEA HOMILÉTICA: Es controversial y poco popular un mensaje que llama a una nación al arrepentimiento y le advierte sobre el juicio.

Jeremías 27

TEMA: ¿Qué significaba el yugo que el Señor le ordenó a Jeremías hacer y ponerse?

COMPLEMENTO: El Señor, creador de la tierra y los hombres, había escogido a Babilonia como su agente; todas las naciones, incluida Judá, debían someterse al poder de Babilonia, de lo contrario enfrentarían el juicio.

IDEA EXEGÉTICA: El yugo que el Señor le ordenó a Jeremías hacer y ponerse significaba que el Señor, creador de la tierra y los hombres, había escogido a Babilonia como su agente; todas las naciones, incluida Judá, debían someterse al poder de Babilonia, de lo contrario enfrentarían el juicio.

IDEA HOMILÉTICA: Discierne y trabaje con los agentes que Dios escoja para cumplir con su propósito divino en el mundo.

Jeremías 28

TEMA: ¿Qué respondió Jeremías tras el mensaje de Jananías a Sedequías sobre la derrota de Babilonia a manos del Señor y el regreso del pueblo y los utensilios de la casa del Señor que fueron exiliados?

COMPLEMENTO: Jananías había dicho mentiras en nombre del Señor y moriría por haber engañado al pueblo.

IDEA EXEGÉTICA: Tras el mensaje de Jananías a Sedequías sobre la derrota de Babilonia a manos del Señor y el regreso del pueblo y los utensilios de la casa del Señor que fueron exiliados, Jeremías respondió a Jananías que este había dicho mentiras en nombre del Señor y moriría por haber engañado al pueblo.

IDEA HOMILÉTICA: Dios expone los mensajes falsos profetizados en nombre del Señor.

Jeremías 29:1-23

TEMA: ¿Cuál fue el mensaje de Jeremías a los exiliados de Judá en Babilonia?

COMPLEMENTO: El Señor los regresaría a Judá, pero mientras tanto ellos debían establecerse en Babilonia y buscar el bienestar de la ciudad en la que ahora vivían.

IDEA EXEGÉTICA: El mensaje de Jeremías a los exiliados en Babilonia fue que el Señor los regresaría a Judá, pero mientras tanto ellos debían establecerse en Babilonia y buscar el bienestar de la ciudad en la que ahora vivían.

IDEA HOMILÉTICA: Trabaje por el bien común de la comunidad en la que vive.

Jeremías 29:24-30:24

TEMA: ¿Qué esperanza había para el pueblo de Judá e Israel, disperso entre todas las naciones por sus pecados?

COMPLEMENTO: El Señor prometió restaurar al pueblo a la tierra de sus antepasados y curar sus heridas, una vez concluido el juicio sobre él.

IDEA EXEGÉTICA: La esperanza que había para el pueblo de Judá e Israel, disperso entre todas las naciones por sus pecados, era que el Señor prometió restaurarlo a la tierra de sus antepasados y curar sus heridas, una vez concluido el juicio sobre él.

IDEA HOMILÉTICA: Dios mira más allá del juicio para restaurar las relaciones y hacer que las vidas vuelvan a estar completas.

Jeremías 31

TEMA: ¿Cómo transformaría el Señor su relación con Israel luego de que el pueblo regrese del exilio?

COMPLEMENTO: El Señor prometió hacer un nuevo pacto, a través del cual el pueblo experimentaría el perdón de los pecados y un conocimiento nuevo e íntimo del Señor.

IDEA EXEGÉTICA: El Señor transformaría su relación con Israel luego de que el pueblo regrese del exilio, por medio de la promesa de un nuevo pacto, a través del cual el pueblo experimentaría el perdón de los pecados y un conocimiento nuevo e íntimo del Señor.

IDEA HOMILÉTICA: Dios promete rehacer el corazón humano para que nosotros conozcamos tanto el perdón como la comunión divina.

Jeremías 32

TEMA: ¿Por qué Jeremías compró un terreno en Judá mientras que Jerusalén era sitiada por Babilonia?

COMPLEMENTO: Representó una señal de esperanza que, a pesar de que la ciudad debía caer, el Señor haría que en el futuro el pueblo volviera y retomara un modo de vida estable.

IDEA EXEGÉTICA: Jeremías compró un terreno en Judá mientras que Jerusalén era sitiada por Babilonia como una señal de esperanza que, a pesar de que la ciudad debía caer, el Señor haría que en el futuro el pueblo volviera y retomara un modo de vida estable.

IDEA HOMILÉTICA: Las señales fieles a la palabra de Dios inspiran esperanza.

Jeremías 33

TEMA: ¿Cómo ayudaría el Señor al pueblo de Judá y Jerusalén tras la derrota ante Babilonia y el castigo por la desobediencia del pueblo?

COMPLEMENTO: Él perdonaría y sanaría al pueblo y levantaría a un descendiente de David para hacer justicia y proteger a Jerusalén.

IDEA EXEGÉTICA: Tras la derrota ante Babilonia y el castigo por la desobediencia del pueblo, el Señor ayudaría al pueblo de Judá y Jerusalén con su perdón y sanación, y levantaría a un descendiente de David para hacer justicia y proteger a Jerusalén.

IDEA HOMILÉTICA: Dios mira más allá del juicio por la desobediencia para perdonarnos, completarnos y promover justicia.

Jeremías 34

TEMA: ¿Cómo vio el Señor la acción de Sedequías de hacer y romper un pacto con el pueblo de Judá para liberar a los esclavos hebreos?

COMPLEMENTO: El acto inicial de arrepentimiento fue bueno, pero retractarse fue profundamente injusto y ofendió al Señor.

IDEA EXEGÉTICA: El Señor vio la acción de Sedequías de hacer y romper un pacto con el pueblo de Judá para liberar a los esclavos hebreos inicialmente como un acto de arrepentimiento que fue bueno, pero el retractarse fue profundamente injusto y ofendió al Señor.

IDEA HOMILÉTICA: Dios juzga la libertad ofrecida falsamente y cruelmente revocada.

Jeremías 35

TEMA: ¿Qué enseñó la fidelidad de los recabitas a su voto de no beber vino a Judá, quién había sido infiel al Señor en repetidas ocasiones?

COMPLEMENTO: El Señor elogiaba la lealtad de los recabitas y les prometió sostener la línea de sus descendientes.

IDEA EXEGÉTICA: La fidelidad de los recabitas a su voto de no beber vino le enseñó a Judá, quien en repetidas ocasiones le había sido infiel al Señor, que Él elogiaba la lealtad de los recabitas y les prometió mantener la línea de sus descendientes.

IDEA HOMILÉTICA: El Señor honra a aquellos que confían en Él y lo obedecen.

Jeremías 36

TEMA: ¿Por qué el rey Joacim quemó el rollo de Jeremías, donde se declaraba que Babilonia destruiría a Judá?

COMPLEMENTO: La acción simbolizó la rebeldía del rey y del pueblo hacia las exigencias del pacto del Señor sobre Judá y el mensaje correctivo anunciado por el profeta.

IDEA EXEGÉTICA: El rey Joacim quemó el rollo de Jeremías, donde se declaraba que Babilonia destruiría a Judá, como símbolo de su rebeldía y la del pueblo hacia las exigencias del pacto del Señor sobre Judá y el mensaje correctivo anunciado por el profeta.

IDEA HOMILÉTICA: Rechazar la Palabra de Dios no invalida su verdad ni disminuye su resiliencia.

Jeremías 37-38

TEMA: ¿Por qué Jeremías fue interrogado por el rey Sedequías y, en varias ocasiones, encarcelado, echado en una cisterna y liberado?

COMPLEMENTO: Su experiencia refleja las diversas reacciones a la Palabra del Señor en su generación, incluyendo la curiosidad, el rechazo hostil y la recepción positiva.

IDEA EXEGÉTICA: Jeremías fue interrogado por el rey Sedequías y, en varias ocasiones, encarcelado, echado en una cisterna y liberado como resultado de las diversas reacciones a la Palabra del Señor en su generación, incluyendo la curiosidad, el rechazo hostil y la recepción positiva.

IDEA HOMILÉTICA: La Palabra de Dios provoca diferentes reacciones en distintas personas.

Jeremías 39

TEMA: ¿Qué le prometió el Señor a Jeremías cuando se cumplió el mensaje del profeta sobre la caída de Jerusalén y el rey Sedequías?

COMPLEMENTO: El Señor mantendría a salvo a Jeremías, lo cual se hizo realidad a través del rey de Babilonia, quien lo trató con respeto.

IDEA EXEGÉTICA: Cuando el mensaje del profeta Jeremías sobre la caída de Jerusalén y del rey Sedequías se cumplieran, el Señor le prometió a Jeremías que lo mantendría a salvo, lo cual se hizo realidad a través del rey de Babilonia, quien lo trató con respeto.

IDEA HOMILÉTICA: Dios cumple sus promesas de maneras sorprendentes.

Jeremías 40-41

TEMA: ¿Qué caracterizó a la sociedad de Judá que estaba bajo el dominio de Babilonia durante el gobierno de Guedalías?

COMPLEMENTO: Los agentes principales actuaron al margen del Señor y compitiendo unos con otros, creando un ambiente marcado por el engaño y la violencia.

IDEA EXEGÉTICA: La sociedad de Judá que estaba bajo Babilonia durante el gobierno de Guedalías se caracterizó por agentes principales que actuaron al margen del Señor y compitiendo unos con otros, creando un ambiente marcado por el engaño y la violencia.

IDEA HOMILÉTICA: Una sociedad en la que los líderes actúan al margen de Dios y en pos de metas individuales se hunde rápidamente en la violencia y el caos.

Jeremías 42

TEMA: ¿Por qué Jeremías aconsejó a los sobrevivientes en Judá que permanecieran donde estaban y que no huyan a Egipto?

COMPLEMENTO: El desastre les esperaba en Egipto, pero el Señor prometió ayudar al pueblo a prosperar bajo el dominio de Babilonia.

IDEA EXEGÉTICA: Jeremías aconsejó a los sobrevivientes en Judá que permanecieran donde estaban y que no huyan a Egipto porque el desastre les esperaba en Egipto, pero el Señor prometió ayudar al pueblo a prosperar bajo el dominio babilónico.

IDEA HOMILÉTICA: La sabiduría de Dios algunas veces es contraria al sentido común, pero representa la mejor estrategia para prosperar como comunidad aquí y ahora.

Jeremías 43

TEMA: ¿Qué hizo que la decisión de Johanán de huir a Egipto con el remanente del pueblo de Judá para escapar de Babilonia fuera errónea?

COMPLEMENTO: Era contraria a la voluntad del Señor y habría un juicio en forma de destrucción por parte de Babilonia.

IDEA EXEGÉTICA: La decisión de Johanán de huir a Egipto con el remanente del pueblo Judá para escapar de Babilonia fue errónea porque era contraria a la voluntad del Señor y habría un juicio en forma de destrucción por parte de Babilonia.

IDEA HOMILÉTICA: La sabiduría de Dios nos guía a refugios seguros mientras que la insensatez humana nos lleva a campos minados.

Jeremías 44

TEMA: ¿Cuál sería la consecuencia de que la gente de Judá que vivía en Egipto persista en la idolatría?

COMPLEMENTO: El Señor los castigaría por sus malas acciones.

IDEA EXEGÉTICA: La consecuencia de que la gente de Judá que vivía en Egipto persista en la idolatría sería que el Señor los castigaría por sus malas acciones.

IDEA HOMILÉTICA: Recurrir a sustitutos de Dios termina en un desastre.

Jeremías 45

TEMA: ¿Cómo respondió el Señor a la desesperación de Baruc por el mensaje de Jeremías sobre el juicio contra Judá?

COMPLEMENTO: El Señor prometió preservar la vida de Baruc en medio del desastre que sufrió Judá.

IDEA EXEGÉTICA: La manera en que el Señor respondió a la desesperación de Baruc por el mensaje de Jeremías sobre el juicio contra Judá fue prometiéndole preservar su vida en medio del desastre que sufrió Judá.

IDEA HOMILÉTICA: Dios sostiene a los mensajeros fieles en tiempos difíciles.

Jeremías 46-52

TEMA: ¿Cuál fue el mensaje de Jeremías a Judá, a los pueblos vecinos y especialmente a Babilonia, el cual actuó como agente del Señor contra las naciones?

COMPLEMENTO: Eran responsables ante el Señor y debían esperar juicio como resultado de su arrogancia, idolatría y conducta injusta.

IDEA EXEGÉTICA: El mensaje de Jeremías a Judá, a los pueblos vecinos y especialmente a Babilonia, el cual actuó como agente del Señor contra las naciones, fue que eran responsables ante el Señor y debían esperar juicio como resultado de su arrogancia, idolatría y conducta injusta.

IDEA HOMILÉTICA: Todas las naciones del mundo son responsables ante Dios y están sujetas a juicio.

Versículos/pasajes difíciles

El propósito de Jeremías es anunciar un mensaje de juicio sobre su propia nación, es decir, Judá, y las naciones extranjeras cercanas a ella. Este tema principal se reitera una y otra vez. Afortunadamente, este no es el único tema que se trata en el libro. La esperanza hace acto de presencia en varias ocasiones. No obstante, el juicio es dominante de principio a fin (ver especialmente los capítulos 1–25 y 46–51). ¡Por lo tanto, todo el libro, y no solamente algunos pasajes aislados, es un desafío para el predicador o maestro! Para ayudar a las personas a entender a Jeremías, es importante aclarar a qué se refiere el profeta por "juicio".

Primero, se refiere al castigo de Judá por el abandono a su obligación de pacto con el Señor. Segundo, el juicio se concibe como medida disciplinaria diseñada para persuadir a Judá e Israel a abandonar los dioses falsos y que vuelvan a confiar y obedecer al Señor. Ambos sentidos del juicio suponen un reconocimiento de que Judá es debidamente responsable ante el Señor (como todas las naciones lo son) y que la forma como viven las personas en relación con el Señor y en su relación entre ellos es legítimamente un asunto de gran preocupación para el Señor. Jeremías deja en claro que la forma en que vivimos ante Dios y cómo nos tratamos unos a otros tiene consecuencias. Dios no es indiferente a la injusticia y nos pide cuentas.

Jeremías señala que el juicio como elemento de corrección para volver a encarrilar al pueblo de Judá no ha dado el resultado deseado. Él hace la pregunta: ¿por qué a pesar del juicio diseñado para impulsar a Judá a volver a Dios, no lo hizo? Jeremías atribuye esta resistencia a una terquedad profunda en el corazón humano que elige el mal y se resiste a volver a Dios. El profeta señala la necesidad de una transformación más profunda (31:31–34) debido a la naturaleza misteriosa y auto engañosa del corazón humano (17:9–10). Israel parece incapaz de recordar el pasado (el éxodo y lo que Dios ha hecho), o al menos de interpretarlo correctamente, y aprender las lecciones de la historia más reciente. ¡Judá sufre de un caso grave de amnesia histórica! ¿Por qué hoy en día también muchos olvidan el pasado y creen en las mentiras del presente?

Finalmente, la condición humana que sorprende tanto a Jeremías requiere la iniciativa y acción bondadosa de Dios para transformar el corazón humano. La esperanza de Jeremías se basa en el amor fiel y la bondad de Dios que obliga a las personas a rendir cuentas, pero se niega a abandonar a un pueblo recalcitrante y busca continuamente encontrar caminos para guiarlos nuevamente a la comunidad divina y buscar una calidad de vida en la que verdaderamente puedan florecer.

Aplicación y perspectiva cultural

En la cultura occidental, el nombre de Jeremías se asocia a una disposición inclinada hacia la miseria y la desolación. Un "Jeremías" es una persona que ve en la experiencia humana y en las circunstancias un vaso medio vacío, nunca uno medio lleno. Por lo tanto, un "Jeremías" suele percibir los obstáculos de la vida y le cuesta reconocer las oportunidades. Un "Jeremías" no suele ser optimista. Leer atentamente el libro de Jeremías en la Biblia aclara por qué se planteó y persiste tal caracterización negativa. El profeta señala inexorablemente la realidad tal y como es y cuestiona las suposiciones falsas e ideas engañosas. Esta característica resulta positiva en sí misma, ya que evita caer en el autoengaño y someterse a la fantasía. El juicio comienza cuando uno ve las cosas como son y no como uno imagina que pueden ser. Sin embargo, pese a que el libro de Jeremías trata principalmente sobre el juicio, no habla exclusivamente de ello. Así pues, los pasajes sobre el juicio (19:1–15; 46:1–51:64) deben leerse junto a los pasajes que señalan esperanza y renovación (16:14–21; 31:1–34), sino se corre el riesgo de que el predicador o el maestro del libro de Jeremías asimile y defienda una versión distorsionada de Dios.

Walter Brueggemann tiene razón al afirmar que "el texto requiere muy poca 'aplicación' explícita" en relación con los temas principales del libro[2]. El mensaje de Jeremías deja en claro que Dios pide cuentas a todas las naciones, incluida Judá. En efecto, Jeremías declara: "¡Que Dios maldiga al pueblo de Judá!". ¡No es de extrañar que el profeta provocara reacciones fuertes y hostiles! Cuando las circunstancias y los acontecimientos indican que una nación se está comportando de manera injusta y malvada, ¿cómo damos una prédica contra nuestra propia nación y contra sus principales actores o líderes? Jeremías indica que es necesario e inevitablemente costoso hablarle al poder con la verdad. Es poco probable que aquellos que declaran "que Dios maldiga a _____" (completar el espacio en blanco) y se

---

2. Walter Brueggemann, *A Commentary on Jeremiah: Exile and Homecoming* [Comentario sobre Jeremías: exilio y regreso a casa] (Grand Rapids: Eerdmans, 1998), pág. 14.

atreven a pedirle cuentas a su propia nación sean aplaudidos por la prensa sensacionalista y las redes sociales.

FUENTES RECOMENDADAS

Adeyemo, Tokunboh, ed. *Africa Bible Commentary*. [Comentario Bíblico Africano] Grand Rapids: Zondervan, 2006.

Brueggemann, Walter. *A Commentary on Jeremiah: Exile and Homecoming*. [Comentario sobre Jeremías: exilio y regreso a casa] 4.a ed. Grand Rapids: Eerdmans, 1998.

Goldingay, John. *Jeremiah for Everyone*. [Jeremías para todos] London: SPCK, 2015.

Lamentaciones

CASEY C. BARTON

La idea principal del libro de Lamentaciones

El libro de Lamentaciones comprende una serie de cinco oraciones poéticas que lamentan la destrucción de Jerusalén y el exilio del pueblo de Dios. Estas oraciones manifiestan el dolor y la tragedia que ha experimentado el pueblo de Dios. El autor se enfoca principalmente en la destrucción, conmemora y expone la pena y el sufrimiento, y desea que Dios vea este sufrimiento[1].

TEMA: ¿Cuál es el pedido de oración del autor del libro de Lamentaciones tras la destrucción de Jerusalén y el exilio del pueblo?

COMPLEMENTO: Que Dios vea la destrucción de su pueblo y recuerde las promesas que le hizo.

IDEA EXEGÉTICA: Tras la destrucción de Jerusalén y el exilio del pueblo, el pedido de oración del autor del libro de Lamentaciones es que el Señor observe la destrucción de su pueblo y recuerde las promesas que le hizo.

IDEA HOMILÉTICA: Cuando la tierra bajo nosotros colapsa, nos aferramos a las promesas de Dios.

Selección de pasajes para predicar y enseñar el libro de Lamentaciones

El libro de Lamentaciones se divide de forma natural en cinco unidades de prédica separadas por capítulos. Los primeros cuatro capítulos son

---

1. Adele Berlin, *Lamentations: A Commentary* [Lamentaciones: Comentario] (Louisville: Westminster John Knox, 2002), pág. 1.

acrósticos alfabéticos que resaltan la unidad literaria de cada poema.

El capítulo 5 mantiene el estilo de poesía lírica, pero sin la estructura alfabética. Adele Berlin destaca que cada poema señala la calamidad de la invasión y la destrucción desde un punto de vista diferente[2] .

Comprensión del tema, complemento, idea exegética e idea homilética

Lamentaciones 1

TEMA: ¿Qué es lo que el autor le pide en oración a Dios tras la caída de Jerusalén?

COMPLEMENTO: Que Dios vea y consuele a su pueblo en su calamidad mientras confiesan y se arrepienten de sus pecados.

IDEA EXEGÉTICA: Tras la caída de Jerusalén, el autor le pide a Dios que vea y consuele a su pueblo en su calamidad mientras confiesan y se arrepienten de sus pecados.

IDEA HOMILÉTICA: En la calamidad del pecado, nos confesamos y oramos por el consuelo de Dios.

Lamentaciones 2

TEMA: ¿Qué le dice el autor al pueblo de Dios a raíz de la caída de Jerusalén?

COMPLEMENTO: Relata toda la caída y la desesperación del pueblo de Dios y los llama al arrepentimiento.

IDEA EXEGÉTICA: A raíz de la caída de Jerusalén, el autor relata toda la caída y la desesperación del pueblo de Dios y los llama al arrepentimiento.

IDEA HOMILÉTICA: En la ruina del pecado, nos arrepentimos y oramos por la misericordia de Dios.

Lamentaciones 3

TEMA: ¿Qué esperanza tiene para su futuro aquel que experimenta la destrucción de Jerusalén?

COMPLEMENTO: Que incluso en el juicio justo de Dios, cuando invoque al Señor en busca de ayuda, el Señor responderá con su amor perdonando y enderezando al mundo nuevamente.

IDEA EXEGÉTICA: Aquel que experimenta la destrucción de Jerusalén tiene la esperanza para su futuro que incluso en el juicio justo de Dios, cuando

2. Berlin, Lamentations, pág. 7.

invoque al Señor en busca de ayuda, Él responderá con su amor perdonando y enderezando al mundo nuevamente.

IDEA HOMILÉTICA: En el juicio por el pecado, el perdón y el amor de Dios se levantará nuevamente.

Lamentaciones 4

TEMA: ¿Qué observa el autor al encontrarse en las ruinas de Jerusalén, viendo la destrucción de la ciudad?

COMPLEMENTO: Que el mundo entero ha sido puesto de cabeza; sin embargo, esto terminaría pronto y Dios arreglaría las cosas.

IDEA EXEGÉTICA: Al encontrarse en las ruinas de Jerusalén y viendo la destrucción de la ciudad, el autor observa que el mundo entero ha sido puesto de cabeza; sin embargo, esto terminaría pronto y Dios arreglaría las cosas.

IDEA HOMILÉTICA: En medio de las dificultades del pecado, Dios volverá a restaurar el mundo.

Lamentaciones 5

TEMA: ¿Cuáles son las últimas palabras del autor tras la caída del pueblo de Dios?

COMPLEMENTO: Él clama a Dios para que se acuerde del pueblo y lo salve.

IDEA EXEGÉTICA: Tras la caída del pueblo de Dios, las últimas palabras del autor son clamar a Dios para que se acuerde del pueblo y lo salve.

IDEA HOMILÉTICA: Dios es nuestra esperanza para renovarnos.

Versículos/pasajes difíciles

En general, el libro de Lamentaciones es un texto difícil, por lo tanto, el predicador debe tener en cuenta muchas consideraciones importantes. Para predicar con las palabras apropiadas al pueblo de Dios de hoy en día, se debe considerar que el libro de Lamentaciones representa un escrito ocasional que lamenta los horrores de un suceso en específico en la historia del pueblo de Dios: la destrucción de Jerusalén y el exilio del pueblo. Este suceso cambia el curso de la fe y de la vida tanto para aquellos que lo experimentaron como para todos los que vendrán después[3]. La obra homilética no debe trivializar la gravedad de dicho suceso y debe evitar

---

3. Berlin, *Lamentations* [Lamentaciones], pág. 1.

minimizar la intensidad y desesperanza de la historia.

Asimismo, el libro de Lamentaciones debe considerarse como *poesía lírica* a lo largo de la obra exegética y homilética. F. W. Dobbs-Allsopp señala que en este género "nunca se trata de reducir el *poema lírico* a lo esencial, sino de experimentarlo por lo que hace tal como lo hace"[4]. Además de la idea del texto, las consideraciones de este género deben influenciar en cómo el predicador identifica las experiencias creadas por el texto y en cómo puede crear la experiencia de la prédica.

Aplicación y perspectiva cultural

Estos poemas exponen la realidad de la tragedia y el sufrimiento de manera cruel y creativa, y van en contra de las preferencias culturales contemporáneas de historias con un final feliz. El libro de Lamentaciones no busca ofrecer una gran cantidad de esperanza. Aunque es una tendencia natural alejarse rápidamente del dolor, ese no es el objetivo de esta obra.

El autor intenta mostrar el sufrimiento del pueblo de Dios y les pide a todos, especialmente a Dios, que observen ese sufrimiento. Para lograr este propósito, el autor utiliza escenas que constituyen "unos de los escritos más violentos y crueles de la Biblia [...] llenos de imágenes terriblemente oscuras y agresivas de dolor y sufrimiento humano"[5]. El predicador debe explorar a fondo estas escenas y así reflexionar para predicarlas al pueblo de Dios de hoy en día.

Además, el libro de Lamentaciones presenta a Dios como juez, una imagen con la cual no muchos se sienten cómodos en la actualidad. Ya que vivimos al otro lado de la resurrección de Cristo, se vuelve más fácil enfocarnos en la gracia y el amor de Dios y olvidamos de su juicio sobre el pecado. El libro de Lamentaciones deja en claro que la destrucción que sufre el pueblo es el resultado del juicio de Dios debido a la infidelidad al pacto. Hoy en día, el pueblo de Dios declara con seguridad que no existe condena alguna para aquellos que están en Cristo (Ro 8:1), pero también es cierto que hay tiempo para corregir al mundo (Mt 13:24-30). Este puede ser un camino difícil de recorrer.

A pesar de que el libro de Lamentaciones no esté lleno de buenas noticias, la prédica del evangelio sí debe contenerlas. Actualmente, se predica en un contexto después de la crucifixión de Cristo, y en este contexto se debe incorporar la gracia de Dios en Cristo, quien es principalmente la respuesta

---

4. F. W. Dobbs-Allsopp, *Lamentations, Interpretation* [Lamentaciones: interpretación] (Louisville: Westminster John Knox, 2002), pág. 13.

5. Dobbs-Allsopp, *Lamentations*, pág. 2

a estas oraciones. El predicador debe sentirse cómodo con la tristeza del mundo y ser capaz de mantenerla en tensión con la gracia y la esperanza dadas en Cristo.

FUENTES RECOMENDADAS

Berlin, Adele. *Lamentations: A Commentary*. [Lamentaciones: comentario]. Louisville: Westminster John Knox, 2002.

Dobbs-Allsopp, F. W. Lamentations. Interpretation. [Lamentaciones: interpretación] *Louisville: Westminster John Knox, 2002.*

Goldingay, John. Lamentations and Ezekiel for Everyone. [Lamentaciones y Ezequiel para todos] Louisville: Westminster John Knox, 2016.

Ezequiel

ANDREW C. THOMPSON

La idea principal del libro de Ezequiel

Ezequiel, hijo de Buzí, un sacerdote entre las personas de Judá exiliadas en Babilonia fue enviado como profeta por el Señor poco antes de la caída de Jerusalén y del fin de la esperanza de Israel como nación.

Tiempos difíciles exigen medidas extremas. La misión de Ezequiel era sacudir la confianza de los exiliados con respecto a su futuro inmediato. Ellos creían que Dios no perdonaría a Jerusalén ni haría volver a los exiliados a su tierra natal en el futuro inmediato. Más bien, se decretaba la destrucción irrevocable de su capital, y la muerte y el exilio aguardaban a los que quedaban en Israel. Con el fin de cambiar una creencia tan perversa pero arraigada, el Señor (a través de Ezequiel) emplea un lenguaje extremo y una emoción violenta. Los mensajes de Ezequiel son extraños, desagradables, sangrientos, algunas veces abiertamente eróticos y cargados de declaraciones de una condena inevitable.

Sin embargo, tras la caída de Jerusalén, Ezequiel tuvo la misión contraria: inspirar a las personas de Judá conmovidos a que contemplaran al Señor para una restauración futura, más gloriosa que cualquiera que hubieran imaginado. Por ello, la primera mitad del libro es tan terrible y oscura, mientras que la segunda mitad es magnífica e incluso desafía la imaginación.

TEMA: ¿Qué les dice el Señor a los exiliados en Babilonia a través de Ezequiel?

COMPLEMENTO: Que el presente es peor de lo que pueden imaginar, pero el futuro será mejor de lo que ellos podrían esperar.

IDEA EXEGÉTICA: A través de Ezequiel, el Señor les dice a los exiliados en Babilonia que el presente es peor de lo que pueden imaginar, pero el futuro será mejor de lo que ellos podrían esperar.

IDEA HOMILÉTICA: El presente es peor de lo que imaginamos, pero el futuro es mejor de lo que esperamos.

Selección de pasajes para predicar y enseñar el libro de Ezequiel

Ver la selección de pasajes en el capítulo sobre el libro de Isaías en este volumen. Todo el material de esa sección se aplica aquí también.

Comprensión del tema, complemento, idea exegética e idea homilética[1]

Ezequiel 1:1-28a

TEMA: ¿Qué le sucede a Ezequiel cuando la mano del Señor se posa sobre él junto a orillas del río Quebar?

COMPLEMENTO: Ezequiel contempla visiones gloriosas de Dios en su trono.

IDEA EXEGÉTICA: Cuando la mano del Señor se posa sobre Ezequiel junto a orillas del río Quebar, él contempla visiones gloriosas de Dios en su trono.

IDEA HOMILÉTICA: Nuestro Dios es más glorioso de lo que podemos imaginar..

Ezequiel 1:28b-3:11

TEMA: ¿Cómo encomienda el Señor la misión a Ezequiel?

COMPLEMENTO: Poniendo sus palabras en la boca del profeta para que las divulgue sin temor al pueblo rebelde de Israel.

IDEA EXEGÉTICA: El Señor encomienda la misión a Ezequiel poniendo sus palabras en la boca del profeta para que las divulgue sin temor al pueblo rebelde de Israel.

IDEA HOMILÉTICA: Dios le habla a su pueblo incluso cuando este está en rebelión.

Ezequiel 3:12-15

TEMA: ¿Qué le sucede a Ezequiel después de haber sido encomendado?

---

1. El lector notará que, en muchos casos, lo que Ezequiel predice como futuro para los exiliados ya es pasado para la iglesia. En tales casos, con frecuencia es conveniente, cuando se predica, encontrar promesas y advertencias similares en nuestro contexto actual del nuevo pacto. A menudo, las ideas homiléticas de esta sección indican cómo se hizo esto. Asimismo, mi propio punto de vista sobre la escatología e Israel se hará evidente en las ideas homiléticas. Las personas con diferentes puntos de vista pueden hacer cambios significativos.

COMPLEMENTO: Regresa a su pueblo amargado y enardecido.

IDEA EXEGÉTICA: Después de haber sido encomendado, Ezequiel regresa a su pueblo amargado y enardecido.

IDEA HOMILÉTICA: No siempre es grato ser un mensajero de Dios.

Ezequiel 3:16-21

TEMA: ¿Qué implica el hecho que el Señor convierta a Ezequiel en un centinela para el pueblo de Israel?

COMPLEMENTO: Lo hace responsable por la vida del pueblo, en caso de que no logre transmitir el mensaje del Señor.

IDEA EXEGÉTICA: La implicancia de que el Señor convierta a Ezequiel en un centinela para el pueblo de Israel es que él sería responsable por la vida de la gente, en caso de que no logre transmitir el mensaje del Señor.

IDEA HOMILÉTICA: ¡Ay de nosotros si no predicamos el evangelio!

Ezequiel 3:22-27

TEMA: ¿Qué hace el Señor con el profeta Ezequiel?

COMPLEMENTO: Lo ata para evitar que se asocie o interceda por el pueblo de Israel antes del momento indicado.

IDEA EXEGÉTICA: El Señor ata a Ezequiel para evitar que se asocie o interceda por el pueblo de Israel antes del momento indicado.

IDEA HOMILÉTICA: Un día será demasiado tarde para el arrepentimiento.

Ezequiel 4

TEMA: ¿Por qué el Señor deja que Ezequiel realice acciones tan extrañas y desagradables ante los exiliados?

COMPLEMENTO: Para que comprendan la magnitud del pecado y el castigo resultante de Jerusalén.

IDEA EXEGÉTICA: El Señor deja que Ezequiel realice acciones extrañas y desagradables para que los exiliados comprendan la magnitud del pecado y el castigo resultante de Jerusalén.

IDEA HOMILÉTICA: Dios advierte claramente sobre el juicio venidero.

Ezequiel 5

TEMA: ¿Qué simboliza la división del cabello de Ezequiel?

COMPLEMENTO: Simboliza la muerte y destrucción del pueblo del pacto del

Señor, como respuesta a su iniquidad sin precedentes.

IDEA EXEGÉTICA: La división del cabello de Ezequiel simboliza la muerte y destrucción del pueblo del pacto del Señor, como respuesta a su iniquidad sin precedentes.

IDEA HOMILÉTICA: En la justicia perfecta de Dios, ningún rebelde quedará impune.

Ezequiel 6

TEMA: ¿Qué dice Ezequiel que pasaría en los montes y los lugares de culto idolátrico de Israel?

COMPLEMENTO: El Señor traerá destrucción a los santuarios idólatras, dará muerte a los idólatras y avergonzará a los exiliados sobrevivientes.

IDEA EXEGÉTICA: Ezequiel dice que en los montes y los lugares de culto idolátrico de Israel, el Señor traerá destrucción a los santuarios idólatras, dará muerte a los idólatras y avergonzará a los exiliados sobrevivientes.

IDEA HOMILÉTICA: El Señor no tolera la lealtad a otros dioses.

Ezequiel 7

TEMA: ¿Cuál es el mensaje del Señor para el pueblo de Israel?

COMPLEMENTO: Que el fin de la nación ha llegado y que, después de una irremediable derrota, permanecerán en cautiverio.

IDEA EXEGÉTICA: El mensaje del Señor para el pueblo de Israel es que el fin de la nación ha llegado y que, después de una irremediable derrota, permanecerán en cautiverio.

IDEA HOMILÉTICA: Cuando Dios dice que llegó la hora, significa que en verdad llegó la hora.

Ezequiel 8

TEMA: ¿Qué ve Ezequiel en su visión del templo?

COMPLEMENTO: Él ve escena tras escena de blasfemias religiosas secretas.

IDEA EXEGÉTICA: En su visión del templo, Ezequiel ve escena tras escena de blasfemias religiosas secretas.

IDEA HOMILÉTICA: Dios ve nuestros secretos.

Ezequiel 9

TEMA: En la visión de Ezequiel, ¿qué hace el Señor en respuesta a la idolatría secreta del pueblo de Jerusalén?

COMPLEMENTO: Él ordena la ejecución de los malvados y la protección de los fieles.

IDEA EXEGÉTICA: En la visión de Ezequiel, en respuesta a la idolatría secreta del pueblo de Jerusalén, el Señor ordena la ejecución de los malvados y la protección de los fieles.

IDEA HOMILÉTICA: Dios es capaz de castigar con justicia y de proteger de manera perfecta.

Ezequiel 10

TEMA: ¿Cómo concluye la visión de Ezequiel sobre el juicio de Jerusalén?

COMPLEMENTO: El Señor esparce brasas sobre la ciudad y su presencia se aleja del templo.

IDEA EXEGÉTICA: La visión de Ezequiel sobre el juicio de Jerusalén concluye cuando el Señor esparce brasas sobre la ciudad y su presencia se aleja del templo.

IDEA HOMILÉTICA: La presencia y el poder de Dios no están unidos incondicionalmente a un lugar o pueblo.

Ezequiel 11:1-13

TEMA: ¿Cuál es el mensaje de Ezequiel para los líderes rebeldes de Jerusalén?

COMPLEMENTO: Que ellos no están protegidos como creen y que serán echados de la ciudad y asesinados, pero los cadáveres permanecerán dentro de la ciudad.

IDEA EXEGÉTICA: El mensaje de Ezequiel para los líderes rebeldes de Jerusalén es que no están protegidos como creen y que serán echados de la ciudad y asesinados, pero los cadáveres permanecerán dentro de la ciudad.

IDEA HOMILÉTICA: La iglesia no es un "santuario" para las personas violentas.

Ezequiel 11:14-25

TEMA: ¿Cuál es el mensaje del Señor para los israelitas exiliados?

COMPLEMENTO: Que Él los traerá de regreso del exilio y purificará sus corazones, para que ellos purifiquen la tierra.

IDEA EXEGÉTICA: El mensaje del Señor para los israelitas exiliados es que los traerá de regreso del exilio y purificará sus corazones, para que ellos purifiquen la tierra.

IDEA HOMILÉTICA: A los ojos de Dios, la disciplina en el presente no significa que habrá un desastre en el futuro.

Ezequiel 12:1-20

TEMA: ¿Por qué Ezequiel se va de su hogar y vive con miedo?

COMPLEMENTO: Para ser símbolo del exilio del príncipe de Israel y del terror del pueblo de Jerusalén.

IDEA EXEGÉTICA: Ezequiel se va de su hogar y vive con miedo para ser símbolo del exilio del príncipe de Israel y del terror del pueblo de Jerusalén.

IDEA HOMILÉTICA: A los ojos de Dios, el placer del presente no significa que habrá un paraíso en el futuro.

Ezequiel 12:21-28

TEMA: ¿Qué dice el Señor en respuesta a la creencia de los exiliados de que sus palabras son para un futuro distante?

COMPLEMENTO: Él dice que cumplirá su palabra mientras ellos aún tengan vida.

IDEA EXEGÉTICA: En respuesta a la creencia de los exiliados de que las palabras del Señor son para un futuro distante, Él dice que cumplirá su palabra mientras ellos aún tengan vida.

IDEA HOMILÉTICA: El reino de Dios está avanzando ahora y su Hijo vendrá pronto.

Ezequiel 13

TEMA: ¿Qué hará el Señor en respuesta a los falsos profetas entre los exiliados?

COMPLEMENTO: Él se pondrá en contra de ellos y destruirá su obra.

IDEA EXEGÉTICA: En respuesta a los falsos profetas entre los exiliados, el Señor se pondrá en su contra y destruirá su obra.

IDEA HOMILÉTICA: Dios se pone en contra de aquellos que hablan falsedades en su nombre.

Ezequiel 14:1-11

TEMA: ¿Cuál fue la respuesta del Señor a la consulta de los jefes idólatras del pueblo de Israel?

COMPLEMENTO: Él dijo que se enfrentará a ellos y los castigará para que el pueblo de Israel sepa que Él es el Señor.

IDEA EXEGÉTICA: La respuesta del Señor a la consulta de los jefes idólatras del pueblo de Israel fue que Él se enfrentará a ellos y los castigará para que el pueblo de Israel sepa que Él es el Señor.

IDEA HOMILÉTICA: El Padre pide nuestra completa fidelidad a Cristo.

Ezequiel 14:12-23

TEMA: ¿Puede la presencia de algunas personas justas salvar a los pecadores de Jerusalén del juicio del Señor?

COMPLEMENTO: No, las personas justas solo se pueden salvar a sí mismas.

IDEA EXEGÉTICA: La presencia de algunas personas justas no puede salvar al pueblo de Jerusalén del juicio del Señor porque las personas justas solo se pueden salvar a sí mismas.

IDEA HOMILÉTICA: Nadie puede evitar el juicio de Dios, pero podemos salvarnos de él en Cristo.

Ezequiel 15

TEMA: ¿Cuál es el carácter y el destino de los habitantes de Jerusalén?

COMPLEMENTO: Son tan inútiles como la madera de la vid y serán consumidos por el fuego de la destrucción.

IDEA EXEGÉTICA: El carácter y el destino de los habitantes de Jerusalén consisten en que son tan inútiles como la madera de la vid y serán consumidos por el fuego de la destrucción.

IDEA HOMILÉTICA: Apartados de Cristo, no somos nada valiosos para el Señor y solo merecemos el juicio.

Ezequiel 16:1-43

TEMA: ¿Con qué compara el Señor la idolatría del pueblo de Jerusalén?

COMPLEMENTO: Con la maldad de la esposa del Señor que comete adulterio con muchos amantes, algo nunca antes visto.

IDEA EXEGÉTICA: El Señor compara la idolatría del pueblo de Jerusalén con la maldad de la esposa del Señor que comete adulterio con muchos amantes, algo nunca antes visto.

IDEA HOMILÉTICA: Cristo ama a su esposa, la iglesia, e insiste en que ella sea fiel.

Ezequiel 16:44-63

TEMA: Debido a que el pueblo de Israel se ha vuelto más corrupto que las naciones vecinas, ¿qué hará el Señor?

COMPLEMENTO: Él las restablecerá a todas, a Israel y las naciones vecinas, con un pacto eterno, para su recuerdo vergonzoso.

IDEA EXEGÉTICA: Debido a que el pueblo de Israel se ha vuelto más corrupto que las naciones vecinas, el Señor las restablecerá a todas, a Israel y las naciones vecinas, con un pacto eterno, para su recuerdo vergonzoso.

IDEA HOMILÉTICA: El pacto de Dios con nosotros en Cristo nos humilla y a la vez nos salva.

Ezequiel 17

TEMA: ¿Qué significa la parábola de las dos águilas y la vid para Sedequías y el futuro del pueblo de Israel?

COMPLEMENTO: Que Sedequías acudió al rey de Egipto y se alejó de las órdenes del Señor de someterse a Babilonia, por ello él será destruido y el Señor pondrá un nuevo rey en Israel.

IDEA EXEGÉTICA: La parábola de las dos águilas y la vid significa que Sedequías acudió al rey de Egipto y se alejó de las órdenes del Señor de someterse a Babilonia, por ello él será destruido y el Señor pondrá un nuevo rey en Israel.

IDEA HOMILÉTICA: Dios desarraiga a los líderes infieles y ha puesto a su Hijo fiel en el trono.

Ezequiel 18

TEMA: ¿Qué dice el Señor como respuesta a la visión fatalista de los exiliados?

COMPLEMENTO: Que deben apartarse de sus maldades y vivir.

IDEA EXEGÉTICA: Como respuesta a la visión fatalista de los exiliados, el Señor les dice que deben apartarse de sus maldades y vivir.

IDEA HOMILÉTICA: ¡Dios nos llama a apartarnos de nuestras maldades y vivir!

Ezequiel 19

TEMA: ¿Qué significa el lamento satírico de Ezequiel por los príncipes del pueblo de Israel?

COMPLEMENTO: Que el reinado de David en Jerusalén ha llegado a su fin.

IDEA EXEGÉTICA: El lamento satírico de Ezequiel por los príncipes del pueblo de Israel significa que el reinado de David en Jerusalén ha llegado a su fin.

IDEA HOMILÉTICA: Solo el Rey Jesús, el fiel descendiente de David, se sentará en su trono.

Ezequiel 20:1-31

TEMA: ¿Por qué el Señor se rehúsa a ser consultado por los jefes del pueblo de Israel que acuden a Ezequiel?

COMPLEMENTO: Porque toda su historia como nación se ha tratado de una constante desobediencia, frente a la cual solo la preocupación por su santo nombre ha retrasado el juicio.

IDEA EXEGÉTICA: El Señor se rehúsa a ser consultado por los jefes del pueblo de Israel que acuden a Ezequiel, porque toda su historia como nación se ha tratado de una constante desobediencia, frente a la cual solo la preocupación por su santo nombre ha retrasado el juicio.

IDEA HOMILÉTICA: Nuestra maldad es mucho más profunda de lo que creemos, y por ello, nuestra salvación en Cristo es mucho más grande de lo que podemos imaginar.

Ezequiel 20:32-44

TEMA: ¿Por qué Israel nunca podrá ser como las otras naciones?

COMPLEMENTO: Por la voluntad incontenible del Señor.

IDEA EXEGÉTICA: Israel nunca podrá ser como las otras naciones por la voluntad incontenible del Señor.

IDEA HOMILÉTICA: Cristo será nuestro rey.

Ezequiel 20:45-21:7

TEMA: ¿Qué mensaje predica Ezequiel contra el pueblo de Israel?

COMPLEMENTO: El Neguev arderá y la espada del Señor estará en contra de Jerusalén.

IDEA EXEGÉTICA: El mensaje que Ezequiel predica contra el pueblo de Israel es que el Neguev arderá y la espada del Señor estará en contra de Jerusalén.

IDEA HOMILÉTICA: El Señor vendrá a juzgar con fuego y espada.

Ezequiel 21:8-17

TEMA: ¿Por qué el Señor traerá la espada en contra de Jerusalén según la palabra de Ezequiel?

COMPLEMENTO: Porque su pueblo ha despreciado el cetro de madera de la disciplina.

IDEA EXEGÉTICA: El Señor traerá la espada en contra de Jerusalén según la palabra de Ezequiel porque su pueblo ha despreciado el cetro de madera de la disciplina.

IDEA HOMILÉTICA: No desprecie la disciplina del Señor.

Ezequiel 21:18-32

TEMA: ¿De qué manera se producirá la destrucción presagiada para Judá?

COMPLEMENTO: El señor guiará al rey de Babilonia hacia Judá por medio de adivinanzas paganas.

IDEA EXEGÉTICA: La destrucción presagiada de Judá se producirá cuando el Señor guíe al rey de Babilonia hacia Judá por medio de adivinanzas paganas.

IDEA HOMILÉTICA: Todos podemos ser instrumentos en manos del Señor incluso aquellos que no lo conocen.

Ezequiel 22:1-16

TEMA: ¿Por qué el pueblo de Israel no puede ser fuerte en el día del juicio?

COMPLEMENTO: Debido a su violenta injusticia y su persistente idolatría.

IDEA EXEGÉTICA: El pueblo de Israel no puede ser fuerte en el día del juicio debido a su violenta injusticia y su persistente idolatría.

IDEA HOMILÉTICA: La violenta injusticia y la persistente idolatría nos roban la confianza de que estamos en Cristo.

Ezequiel 22:17-22

TEMA: ¿Con qué compara el Señor la casa de Israel?

COMPLEMENTO: Con la escoria que se funde y extrae en el horno de Jerusalén.

IDEA EXEGÉTICA: El Señor compara la casa de Israel con la escoria que se funde y extrae en el horno de Jerusalén.

IDEA HOMILÉTICA: La plata y el estaño son parecidos, pero tienen destinos diferentes.

Ezequiel 22:23-31

TEMA: ¿Qué dice el Señor que ve cuando busca líderes que intercedan por el pueblo y protejan la tierra?

COMPLEMENTO: Ve que hay violencia, opresión y mentiras.

IDEA EXEGÉTICA: El Señor dice que busca líderes que intercedan por el pueblo y protejan la tierra, pero lo que ve es que hay violencia, opresión y mentiras.

IDEA HOMILÉTICA: Así como Cristo sacó cara por nosotros, los líderes también deben sacar cara por su pueblo.

Ezequiel 23

TEMA: ¿Qué significa para Judá el relato sexualmente explícito de Ezequiel sobre Aholibá y su pasión insaciable?

COMPLEMENTO: Que las alianzas políticas de Judá infringen su pacto con el

Señor y este se entregará a la ira y la violencia de aquellos de quienes se enamoró perdidamente.

IDEA EXEGÉTICA: El relato sexualmente explícito sobre Aholibá y su pasión insaciable significa que las alianzas políticas de Judá infringen su pacto con el Señor y este se entregará a la ira y la violencia de aquellos de quienes se enamoró perdidamente.

IDEA HOMILÉTICA: El Señor es fiel y pide fidelidad a cambio.

Ezequiel 24:1-14

TEMA: ¿Cómo responde el Señor a la creencia de las personas de Jerusalén de que eran cortes elegidos de la mejor carne, protegidos en una olla hirviendo?

COMPLEMENTO: Les dice que son carne sangrienta e impura que ha corrompido la olla, por ello, el fuego del Señor destruirá tanto la carne (el pueblo) como la olla (Jerusalén).

IDEA EXEGÉTICA: El Señor responde a la creencia de las personas de Jerusalén de que eran cortes elegidos de la mejor carne, protegidos en una olla hirviendo, diciéndoles que son carne sangrienta e impura que ha corrompido la olla, por ello, el fuego del Señor destruirá tanto la carne (el pueblo) como la olla (Jerusalén).

IDEA HOMILÉTICA: El Señor está preparando algo especial, pero puede que no sea lo que pensamos.

Ezequiel 24:15-27

TEMA: ¿Por qué el Señor le ordena a Ezequiel que no haga duelo por la repentina muerte de su esposa?

COMPLEMENTO: Para que sirva de señal a los exiliados de que ni siquiera ante la repentina caída de Jerusalén se arrepentirán y lamentarán sus pecados adecuadamente.

IDEA EXEGÉTICA: El Señor le ordena a Ezequiel no lamentar la repentina muerte de su esposa para que sirva de señal a los exiliados de que ni siquiera ante la repentina caída de Jerusalén se arrepentirán y lamentarán sus pecados adecuadamente.

IDEA HOMILÉTICA: El verdadero arrepentimiento, no solo la pena, conducirá a la redención.

Ezequiel 25:1-7

TEMA: ¿Qué dice el Señor que hará en respuesta al aplauso de los amonitas por la caída de Jerusalén?

COMPLEMENTO: Les mostrará que Él es el Señor extendiendo su mano contra ellos.

IDEA EXEGÉTICA: En respuesta al aplauso de los amonitas por la caída de Jerusalén, el Señor les mostrará que Él es el Señor extendiendo su mano contra ellos.

IDEA HOMILÉTICA: No aplauda la desgracia, porque las manos del Señor son más grandes que las nuestras.

Ezequiel 25:8-11

TEMA: ¿Qué hará el Señor en respuesta a que Moab y los amonitas dijeron que Israel es igual a todas las naciones?

COMPLEMENTO: Les mostrará que Él es el Señor haciendo que no quede ni el recuerdo de ellos.

IDEA EXEGÉTICA: En respuesta a que Moab y los amonitas dijeron que Israel es igual a todas las naciones, el Señor les mostrará que Él es el Señor haciendo que no quede ni el recuerdo de ellos.

IDEA HOMILÉTICA: Dios no reconocerá a aquellos que no lo reconocen a Él.

Ezequiel 25:12-17

TEMA: ¿Qué hará el Señor en respuesta a la venganza de Edom y los filisteos sobre Judá cuando Jerusalén cayó?

COMPLEMENTO: Él mismo se vengará de ellos.

IDEA EXEGÉTICA: En respuesta a la venganza de Edom y los filisteos sobre Judá cuando Jerusalén cayó, el Señor mismo se vengará de ellos.

IDEA HOMILÉTICA: La venganza es mía, dice el Señor.

Ezequiel 26

TEMA: ¿Qué hará el Señor con la orgullosa Tiro, la rica ciudad junto al mar?

COMPLEMENTO: Hará que Nabucodonosor, rey de Babilonia, la destruya completamente.

IDEA EXEGÉTICA: El Señor hará que Nabucodonosor, rey de Babilonia, destruya la orgullosa Tiro, la rica ciudad junto al mar.

IDEA HOMILÉTICA: La riqueza y el esplendor no protegerán a nadie de la justicia de Dios.

Ezequiel 27

TEMA: ¿Qué significa para el mundo la destrucción de Tiro, que guarda en sí misma la gloria de las naciones?

COMPLEMENTO: Que el Señor juzgará a las naciones.

IDEA EXEGÉTICA: La destrucción de Tiro, que guarda en sí misma la gloria de las naciones, significa para el mundo que el Señor juzgará a las naciones.

IDEA HOMILÉTICA: Cuando Cristo venga juzgará a todas las naciones.

Ezequiel 28:1-19

TEMA: ¿Qué significa para el mundo la ruina del poderoso príncipe de Tiro, quien ha sido glorificado por encima de la escala mortal?

COMPLEMENTO: Que el Señor juzga a los gobernantes, reinos, dominios y autoridades.

IDEA EXEGÉTICA: La ruina del poderoso príncipe de Tiro, quien ha sido glorificado por encima de la escala mortal, significa que el Señor juzga a los gobernadores, reinos, dominios y autoridades.

IDEA HOMILÉTICA: Cristo juzgará a los gobernadores, reinos, dominios y autoridades.

Ezequiel 28:20-26

TEMA: ¿De qué manera Sidón e Israel sabrán que el Señor es Dios?

COMPLEMENTO: Cuando Dios revele su terrible santidad a Sidón y su misericordia salvadora a Israel.

IDEA EXEGÉTICA: Sidón e Israel sabrán que el Señor es Dios cuando Él revele su terrible santidad a Sidón y su misericordia salvadora a Israel.

IDEA HOMILÉTICA: Dios se da a conocer en el juicio y la salvación.

Ezequiel 29

TEMA: ¿Qué hará el Señor con Egipto en respuesta a la soberbia del faraón y a la falsa sensación de fuerza que ha otorgado al pueblo de Israel por haberse aliado con ellos?

COMPLEMENTO: Por medio de su siervo Nabucodonosor, el Señor destruirá la tierra de Egipto y la dejará como un reino humilde para siempre.

IDEA EXEGÉTICA: En respuesta a la soberbia del faraón y a la falsa sensación de fuerza que le ha otorgado al pueblo de Israel por haberse aliado con ellos, por medio de su siervo Nabucodonosor, el Señor destruirá la tierra de Egipto y la dejará como un reino humilde para siempre.

IDEA HOMILÉTICA: No hay poder ni plan que pueda prevenir el juicio de nuestro Dios.

Ezequiel 30

TEMA: ¿Qué hará el Señor con la orgullosa tierra de Egipto y con los que se apoyan en ella?

COMPLEMENTO: Hará pedazos su fuerza.

IDEA EXEGÉTICA: El Señor hará pedazos la fuerza de la orgullosa tierra de Egipto y de todos los que se apoyan en ella.

IDEA HOMILÉTICA: Cuanto más grandes sean, más dura será su caída.

Ezequiel 31

TEMA: ¿Con qué compara el Señor al faraón, rey de Egipto?

COMPLEMENTO: Asiria, que en su grandeza selló su propia ruina.

IDEA EXEGÉTICA: El Señor compara al faraón, rey de Egipto, con Asiria, que en su grandeza selló su propia ruina.

IDEA HOMILÉTICA: Humíllese bajo la poderosa mano de Dios, para que a su debido tiempo Él pueda exaltarlo.

Ezequiel 32:1-16

TEMA: ¿Qué logrará el Señor con el juicio sobre Egipto?

COMPLEMENTO: La eliminación total del poder de Egipto, llevando a las naciones el temor del poder del Señor.

IDEA EXEGÉTICA: El juicio del Señor sobre Egipto logrará la eliminación total del poder de Egipto, llevando a las naciones el temor del poder del Señor.

IDEA HOMILÉTICA: Dios derriba los poderes de la tierra para despertarnos de nuestro sueño.

Ezequiel 32:17-32

TEMA: ¿Cuál será el consuelo del faraón cuando llegue al Seol con su multitud derrotada?

COMPLEMENTO: La presencia de muchos otros imperios caídos, a quienes el Señor ha enviado.

IDEA EXEGÉTICA: Cuando el faraón llegue al Seol con su multitud derrotada, se consolará con la presencia de muchos otros imperios caídos, a quienes el

Señor ha enviado.

IDEA HOMILÉTICA: Los poderes malignos del presente son solo uno más en la larga lista de enemigos condenados a la destrucción.

Ezequiel 33:1-20

TEMA: ¿Por qué el Señor nuevamente le dice al pueblo de Israel que Ezequiel es el centinela y que es el Señor quien juzgará a cada uno de ellos según su conducta?

COMPLEMENTO: Para reforzar la idea de que Él invita al pueblo de Israel a la salvación en medio del juicio.

IDEA EXEGÉTICA: El Señor nuevamente le dice al pueblo de Israel que Ezequiel es el centinela y que es el Señor quien juzgará a cada uno de ellos según su conducta para reforzar la idea de que Él invita al pueblo de Israel a la salvación en medio del juicio.

IDEA HOMILÉTICA: ¡Vuelva, vuelva!

Ezequiel 33:21-29

TEMA: ¿Qué les dice el Señor a los habitantes que quedaron en la tierra tras la caída de Jerusalén?

COMPLEMENTO: Dado que las promesas a Abraham no eliminan los requisitos para la santidad, incluso los que quedan morirán en sus pecados.

IDEA EXEGÉTICA: El Señor les dice a los habitantes que quedaron en la tierra tras la caída de Jerusalén que dado que las promesas a Abraham no eliminan los requisitos para la santidad, incluso los que quedan morirán en sus pecados.

IDEA HOMILÉTICA: La postergación de un juicio no evita su ejecución.

Ezequiel 33:30-33

TEMA: ¿Por qué los exiliados se presentan como el pueblo de Dios y escuchan a Ezequiel?

COMPLEMENTO: Simplemente porque sienten gozo al escuchar sus palabras.

IDEA EXEGÉTICA: Los exiliados se presentan como el pueblo de Dios y escuchan a Ezequiel simplemente porque sienten gozo al escuchar sus palabras.

IDEA HOMILÉTICA: No solo escuche la palabra, también llévela a la práctica.

Ezequiel 34:1-24

TEMA: ¿Qué hará el Señor frente a los pastores corruptos y a las ovejas fuertes del rebaño de Israel, quienes se aprovechan de los débiles?

COMPLEMENTO: A los pastores les quitará la responsabilidad, cuidará de las ovejas a través de un rey davídico y juzgará entre los fuertes y los débiles.

IDEA EXEGÉTICA: Frente a los pastores corruptos y a las ovejas fuertes del rebaño de Israel, quienes se aprovechan de los débiles, el Señor les quitará la responsabilidad a los pastores, cuidará de las ovejas a través de un rey davídico y juzgará entre los fuertes y los débiles.

IDEA HOMILÉTICA: El Señor nos pastorea a través de su Hijo Jesucristo.

Ezequiel 34:25-31

TEMA: ¿Cómo es el pacto que el Señor hará con el pueblo de Israel?

COMPLEMENTO: Es un pacto de paz por el que el Señor será su Dios y ellos serán su pueblo.

IDEA EXEGÉTICA: El pacto que el Señor hará con el pueblo de Israel es un pacto de paz por el que el Señor será su Dios y ellos serán su pueblo.

IDEA HOMILÉTICA: Tenemos un nuevo pacto de paz en Cristo.

Ezequiel 35

TEMA: ¿De qué manera el Señor juzgará a Edom por su sed de sangre, el furor y el regocijo por la caída de Israel?

COMPLEMENTO: El Señor decreta que la muerte no les dará tregua, la furia los encontrará y otros se regocijarán por su caída.

IDEA EXEGÉTICA: Frente a la sed de sangre, el furor y el regocijo de Edom por la caída de Israel, el Señor decreta que la muerte no les dará tregua, la furia los encontrará y otros se regocijarán por su caída.

IDEA HOMILÉTICA: Con la misma vara que medimos, seremos medidos.

Ezequiel 36:1-15

TEMA: ¿Qué les dice el Señor a los montes de Israel?

COMPLEMENTO: Él juzgará a aquellos que los desprecian y les traerá la redención.

IDEA EXEGÉTICA: El Señor les dice a los montes de Israel que Él juzgará a aquellos que los desprecian y les traerá la redención.

IDEA HOMILÉTICA: Tenemos un Salvador que juzgará a aquellos que nos desprecian y nos traerá la redención.

Ezequiel 36:16-38

TEMA: ¿Qué puede esperar el pueblo de Israel del Señor, quien actúa por causa de su santo nombre?

COMPLEMENTO: No solo los restaurará a la tierra, sino también los purificará por dentro y fuera y les concederá un profundo arrepentimiento.

IDEA EXEGÉTICA: El pueblo de Israel puede esperar que el Señor, quien actúa por causa de su santo nombre, no solo los restaure a la tierra, sino que también los purificará por dentro y fuera y les concederá un profundo arrepentimiento.

IDEA HOMILÉTICA: Debido a que nuestra salvación es para la gloria de Dios, debe traer cambios profundos tanto por dentro como por fuera.

Ezequiel 37:1-14

TEMA: ¿Es muy tarde para la redención de los israelitas, que sienten que sus propios huesos se han secado en el exilio?

COMPLEMENTO: No, porque Dios incluso puede revivir los huesos secos y les soplará su Espíritu para darles nueva vida.

IDEA EXEGÉTICA: No es muy tarde para la redención de los israelitas, que sienten que sus propios huesos se han secado en el exilio, porque Dios incluso puede revivir los huesos secos y les soplará su Espíritu para darles nueva vida.

IDEA HOMILÉTICA: No es muy tarde para vivir.

Ezequiel 37:15-28

TEMA: ¿Qué significa para los dos reinos caídos la redención de Israel por parte del Señor?

COMPLEMENTO: Él restituirá los dos pueblos divididos como uno solo.

IDEA EXEGÉTICA: La redención de Israel por parte del Señor significa que los dos reinos caídos y divididos se restituirán como a uno solo.

IDEA HOMILÉTICA: El evangelio rompe las barreras y hace que las personas que antes estaban divididas se conviertan en una sola.

Ezequiel 38:1-39:24

TEMA: ¿De qué manera el Señor se glorificará ante las naciones de los últimos tiempos después de que Israel haya sido restaurada?

COMPLEMENTO: Convocará una guerra y vencerá de manera milagrosa al superejército de Gog, príncipe de Magog.

IDEA EXEGÉTICA: El Señor se glorificará ante las naciones de los últimos tiempos, después de que Israel haya sido restaurada, convocando una guerra y venciendo de manera milagrosa al superejército de Gog, príncipe de Magog.

IDEA HOMILÉTICA: Ese día las naciones sabrán que Él es el Señor.

Ezequiel 39:25-29

TEMA: ¿Qué quiere el Señor hacer saber al pueblo de Israel?

COMPLEMENTO: Que Él tiene un plan para su gloria y para el bien del pueblo.

IDEA EXEGÉTICA: El Señor quiere que el pueblo de Israel sepa que Él tiene un plan para su gloria y para el bien del pueblo.

IDEA HOMILÉTICA: El Señor tiene un plan para su gloria y para nuestro bien.

Ezequiel 40-42

TEMA: ¿Qué le muestra el Señor a Ezequiel en esta visión?

COMPLEMENTO: El futuro templo restaurado, donde todo está completamente planeado, perfectamente proporcionado y listo para la presencia del Señor.

IDEA EXEGÉTICA: En esta visión, el Señor le muestra a Ezequiel el futuro templo restaurado, donde todo está completamente planeado, perfectamente proporcionado y listo para la presencia del Señor.

IDEA HOMILÉTICA: Dios construye el templo del nuevo pacto como el lugar perfecto para su presencia.

Ezequiel 43:1-12

TEMA: ¿Qué ve Ezequiel cuando sale de la puerta del oriente?

COMPLEMENTO: Ve al Señor entrando a habitar en el templo para siempre.

IDEA EXEGÉTICA: Cuando Ezequiel sale de la puerta del oriente, ve al Señor entrando a habitar en el templo para siempre.

IDEA HOMILÉTICA: Dios está con nosotros para siempre.

Ezequiel 43:13-27

TEMA: ¿Qué aprende Ezequiel sobre el nuevo altar?

COMPLEMENTO: Aprende cómo debe consagrarlo para que el Señor acepte ofrendas en él.

IDEA EXEGÉTICA: Ezequiel aprende cómo debe consagrar el nuevo altar para que el Señor acepte ofrendas en él.

IDEA HOMILÉTICA: En Cristo, Dios provee el camino para que nuestros sacrificios sean aceptables para Él.

Ezequiel 44:1-14

TEMA: ¿Cuáles son las restricciones impuestas para los que antes eran privilegiados en el nuevo templo?

COMPLEMENTO: Son las siguientes: la puerta del oriente está cerrada, el nuevo príncipe solo puede sentarse junto a la puerta para comer y los levitas están excluidos de dar ofrendas.

IDEA EXEGÉTICA: Las restricciones impuestas para los que antes eran privilegiados en el nuevo templo son las siguientes: la puerta del oriente está cerrada, el nuevo príncipe solo puede sentarse junto a la puerta para comer y los levitas están excluidos de dar ofrendas.

IDEA HOMILÉTICA: El nuevo pacto tiene un nivel de santidad más alto.

Ezequiel 44:15-31

TEMA: ¿Quiénes servirán al Señor en el nuevo templo?

COMPLEMENTO: Los sacerdotes descendientes de Sadoc servirán al Señor en santidad.

IDEA EXEGÉTICA: Los sacerdotes descendientes de Sadoc servirán al Señor en santidad en el nuevo templo.

IDEA HOMILÉTICA: Dios ha instituido un nuevo sacerdocio en su Sumo Sacerdote, Jesucristo.

Ezequiel 45-46

TEMA: ¿Cómo serán la tierra, el gobierno, la economía y la adoración en el nuevo templo?

COMPLEMENTO: Se regirán por la justicia para que todos tengan lo suficiente.

IDEA EXEGÉTICA: La tierra, el gobierno, la economía y la adoración en el nuevo templo se regirán por la justicia para que todos tengan lo suficiente.

IDEA HOMILÉTICA: En la economía de Dios, hay justicia y abundancia.

Ezequiel 47:1-12

TEMA: ¿Qué fluye del templo?

COMPLEMENTO: El río milagroso dando vida, alimento y sanidad a la tierra.

IDEA EXEGÉTICA: El río milagroso fluye del templo, dando vida, alimento y sanidad a la tierra.

IDEA HOMILÉTICA: En la nueva creación, la presencia de Dios concederá vida abundante y sanidad al mundo.

Ezequiel 47:13-48:29

TEMA: ¿De qué manera el Señor repartirá la tierra prometida cuando restaure Israel?

COMPLEMENTO: En partes iguales a las tribus, a los forasteros, a los príncipes, a los levitas, a los sacerdotes y a los habitantes de la ciudad.

IDEA EXEGÉTICA: Cuando el Señor restaure Israel, repartirá la tierra prometida en partes iguales a las tribus, a los forasteros, a los príncipes, a los levitas, a los sacerdotes y a los habitantes de la ciudad.

IDEA HOMILÉTICA: Un día el mundo entero será gobernado por la bondad y las órdenes de Dios.

Ezequiel 48:30-35

TEMA: ¿Cómo será la nueva ciudad?

COMPLEMENTO: Será un cuadrado perfecto, con puertas para todo el pueblo de Dios y su nombre señalará la presencia permanente del Señor.

IDEA EXEGÉTICA: La nueva ciudad será un cuadrado perfecto, con puertas para todo el pueblo de Dios y su nombre señalará la presencia permanente del Señor.

IDEA HOMILÉTICA: En el siglo venidero, todo el pueblo de Dios tendrá acceso abierto y permanente a Él por medio de Cristo.

Versículos/pasajes difíciles

AUna vez más, vea mi análisis en el capítulo del libro de Isaías, el cual analiza cuatro desafíos de la predicación relacionados con los Profetas Mayores y las formas de afrontar esos desafíos. Aquí menciono dos dificultades adicionales que pertenecen al libro de Ezequiel.

El primero es que algunos pasajes son tan raros y ofensivos que el impacto del contenido puede amenazar con opacar el sentido del pasaje. Pensamos en Ezequiel, quien estuvo acostado de lado durante más de trescientos días y preparó su comida sobre excremento (cap. 4), en su parábola de Israel y Judá como hermanas prostitutas (cap. 23) o en su exhaustiva (y agotadora) descripción del nuevo templo (caps. 40-46), entre otros pasajes. En casi todas las páginas, Ezequiel se excede. A pesar de que los comentarios son útiles para interpretar el significado de este contenido, el reto sigue siendo el siguiente: ¿cómo lo predicaremos?

Los predicadores deben recordar que Ezequiel tuvo una tarea demasiado difícil, la cual fue socavar las esperanzas de la nación cimentadas en cientos de años de historia y luego hacerlas renacer tras su colapso. La intensidad de su lenguaje refleja la importancia de su tarea. Los predicadores pueden ayudar a las congregaciones dejando clara esta tarea histórica. Se trata de un ministerio de crisis y utiliza un lenguaje de crisis.

Segundo, el libro de Ezequiel es una obra extensa. Si lo leemos hasta el final es como si escucháramos rock pesado a todo volumen en los altoparlantes durante horas. El libro agotará a los lectores y las prédicas, a los oyentes. Realizar semana a semana una serie de prédicas sobre el libro de Ezequiel podría tomar años y la mayor parte de ella será profundamente inquietante.

Los predicadores pueden considerar utilizar pasajes de Ezequiel junto con otros libros o utilizarlo en algunas épocas del año. El libro de Ezequiel será un recurso útil cuando los predicadores tengan la necesidad de enfrentar los valores de la congregación que son contrarios al Evangelio, pero con los que los feligreses están profundamente comprometidos. En esos casos, una "dosis" de Ezequiel —una prédica o una serie corta— puede sacar a los feligreses de su complacencia. Sin embargo, a menos que un predicador crea que la iglesia en su totalidad está en grave crisis debido a su infidelidad y necesita una reorientación radical, el libro de Ezequiel puede ser muy difícil de asimilar a la primera.

Además de estos desafíos generales, algunos pasajes específicos del libro de Ezequiel son difíciles de manera emocional y teológica. Daniel Block argumenta con firmeza que en el capítulo 13 Ezequiel se resiste a su llamada y sufre por ello[2]. Al parecer, la tarea encomendada era tan despreciable que trató de rechazarla. En el capítulo 10 la gloria del Señor sale del templo, lo cual deja a los creyentes preguntándose sobre la ausencia de nuestro fiel Dios. Y en el capítulo 24 la esposa de Ezequiel fallece, pero se le prohíbe hacer duelo como una señal para la casa de Israel. Se debe reflexionar sobre esos temas y pasajes inquietantes, no pasarlos por alto o justificarlos. Reflejan los tiempos difíciles en los que Ezequiel ejerció su ministerio.

Aplicación y perspectiva cultural

Recomiendo que los predicadores interpreten y apliquen el material profético del Antiguo Testamento según el *contexto del pacto* de los

---

2. Daniel Block, *The Book of Ezekiel* [El libro de Ezequiel], vol. 2, Chapters 1-24, *New International Commentary on the Old Testament* [Capítulos 1-24, Nuevo comentario internacional del Antiguo Testamento] (Grand Rapids: Eerdmans, 1998), pág. 126.

pasajes bíblicos y la congregación actual. Ver mi explicación en el capítulo de este volumen sobre Isaías.

El libro de Ezequiel presenta profecías que tratan principalmente de la inminente caída de Jerusalén en el 586 a. C. y de la gloriosa restauración de la nación en el futuro. Estas son las *consecuencias del pacto*, muchas de las cuales corresponden al Pacto de Moisés.

La destrucción de Jerusalén es una consecuencia *futura* para los exiliados, pero para nosotros en la actualidad es *pasada*. En este caso, los predicadores pueden hablar sobre el colapso del 586 a. C. y recordar a los oyentes que Dios es fiel a sus promesas y advertencias. De manera más fructífera, pueden señalar las consecuencias futuras del nuevo pacto en Cristo. Porque si bien Cristo nos da promesas gloriosas, también da severas advertencias para los que se avergüenzan de Él (Marcos 8:38) o para los que constantemente se rehúsan a obedecer (Mt 18:15-20).

Según mi punto de vista teológico, la restauración es *futura* para Ezequiel y *futura* para la iglesia. Por lo tanto, es apropiado dirigir la atención de la iglesia a la gloria venidera del reino de Dios consumado, el regreso de Cristo y la nueva creación. ¡Alimente su esperanza!

En ambos casos, la aplicación del mensaje de Ezequiel a la iglesia puede formularse en términos del nuevo pacto (como hago en muchos casos anteriores). Esta manera de formularlo puede hacer que las extrañas palabras y el mundo de Ezequiel resulten más familiares a los oídos contemporáneos.

Sin embargo, no es suficiente traducir el mensaje básico de Ezequiel; los predicadores deben tratar de preservar su intensidad. Predicar el libro de Ezequiel debe ser como sus palabras: estruendoso, aterrador, abrumador y emocionante. Podemos ampliar la variedad e intensidad de nuestras emociones en el púlpito; podemos gritar, llorar o susurrar; podemos inventar imágenes contemporáneas impactantes para que sean similares a las suyas. Debemos aprovechar todo lo que tenemos cuando predicamos el libro de Ezequiel. Para ayudar a los oyentes a experimentar el poder de su mensaje, tendremos que esforzarnos al máximo al construir prédicas adecuadas al carácter urgente del libro.

FUENTES RECOMENDADAS

Blenkinsopp, Joseph. *Ezekiel, Interpretation* [Ezequiel, Interpretación]. Louisville: Westminster John Knox, 1990.

Block, Daniel I. *The Book of Ezekiel* [El libro de Ezequiel], 2 volúmenes, *The New International Commentary on the Old Testament* [Nuevo comentario internacional del Antiguo Testamento] Grand Rapids: Eerdmans, 1997, 1998.

Duguid, Iain M. Ezekiel, *The NIV Application Commentary* [Ezequiel, El comentario de la aplicación NIV]. Grand Rapids: Zondervan, 1999.

Daniel

SCOTT A. WENIG

Llamado así por su protagonista, el libro de Daniel consta de dos partes. La primera cuenta la historia de la fidelidad espiritual de Daniel y sus tres amigos Ananías, Misael y Azarías (más conocidos como Sadrac, Mesac y Abednego) en una cultura pagana y extranjera tras el traslado forzoso de los hebreos durante el exilio en Babilonia (605-586 a.C.). La segunda parte presenta una serie de complejas visiones dadas a Daniel que giran en torno a la futura restauración de Dios a su pueblo, que se encuentra en medio de la opresión por una serie de imperios mundiales malévolos.

TEMA: ¿Cómo revela el Dios soberano su gracia y propósito a su exiliado pueblo que sufre la opresión de los imperios extranjeros?

COMPLEMENTO: A través del testimonio fiel de sus devotos siervos, él muestra su control sobre sus vidas, su futuro y toda la historia de la humanidad.

IDEA EXEGÉTICA: El Dios soberano revela su gracia y su propósito a su pueblo exiliado que sufre la opresión de los imperios extranjeros a través del testimonio fiel de sus siervos devotos para mostrar su control sobre sus vidas, su futuro y toda la historia de la humanidad.

IDEA HOMILÉTICA: Nuestro Dios soberano y bondadoso controla la historia y el futuro de la humanidad, así como nuestros propios destinos individuales.

La mayoría de los predicadores y profesores podrían dedicar once o doce semanas a Daniel. Algunos podrían tener la tentación de leer los relatos y saltarse los textos proféticos debido a su complejo simbolismo. Sin embargo, para captar el propósito soberano de Dios en nuestras vidas y en toda la historia, es mejor hacer un análisis de todo el libro. Así, cada una de las narraciones de la primera mitad de Daniel puede ser cubierta en un sermón, mientras que las secciones apocalípticas pueden completarse en cinco o seis mensajes.

Comprensión del tema, complemento, idea exegética e idea homilética

Daniel 1

TEMA: ¿Qué sucede cuando Daniel y sus tres amigos se integran en la cultura de la sociedad babilónica pero deciden evitar contaminarse con la comida y el vino del rey Nabucodonosor?

COMPLEMENTO: Dios los bendice y los utiliza en el nivel más alto de esa cultura.

IDEA EXEGÉTICA: Cuando Daniel y sus tres amigos se integran en la cultura de la sociedad babilónica, pero deciden evitar contaminarse con la comida y el vino de Nabucodonosor, Dios los bendice y los utiliza en el nivel más alto de esa cultura.

IDEA HOMILÉTICA: Cristo nos llama a involucrarnos en la cultura sin ser contaminados por ella para que él pueda usarnos para impactar en la cultura.

Daniel 2

TEMA: ¿Qué sucede cuando el inquietante sueño de Nabucodonosor sobre la gran estatua destruida por una enorme roca crea una crisis mortal en la corte?

COMPLEMENTO: Al utilizar con gracia a Daniel para resolver la crisis, el soberano Dios revela que su reino sobrepasará a todos los demás.

IDEA EXEGÉTICA: Cuando el inquietante sueño de Nabucodonosor sobre la gran estatua destruida por una enorme roca crea una crisis mortal en la corte, el Dios soberano usa con gracia la vida de Daniel para resolver la crisis revelando que su reino sobrepasará a todos los demás.

IDEA HOMILÉTICA: Dios se revela por gracia como soberano de nuestras crisis personales y de la historia de la humanidad, mientras extiende su reino.

Daniel 3

TEMA: ¿Qué sucede cuando Sadrac, Mesac y Abednego son arrojados al horno de fuego por negarse a inclinarse ante la estatua de Nabucodonosor?

COMPLEMENTO: Son rescatados milagrosamente por el Hijo de Dios reencarnado.

IDEA EXEGÉTICA: Cuando Sadrac, Mesac y Abednego son arrojados al horno de fuego por negarse a inclinarse ante la estatua de Nabucodonosor, son milagrosamente rescatados por el Hijo de Dios reencarnado.

IDEA HOMILÉTICA: La devoción a Cristo puede hacer que nos arrojen al horno, pero él nos encontrará allí para nuestro bien y su gloria.

Daniel 4

TEMA: ¿Qué sucede cuando Nabucodonosor rechaza la advertencia de Daniel para que se arrepienta de su orgullo?

COMPLEMENTO: Es humillado por la enfermedad de la licantropía, pero finalmente reconoce a Dios como soberano y es restaurado por gracia en su trono.

IDEA EXEGÉTICA: Cuando Nabucodonosor rechaza la advertencia de Daniel de arrepentirse de su orgullo, es humillado por la enfermedad de la licantropía, pero finalmente reconoce a Dios como soberano y es restaurado por gracia en su trono.

IDEA HOMILÉTICA: Dios se opone a los orgullosos, pero da gracia a los humildes.

Daniel 5

TEMA: ¿Qué sucede cuando el rey Belsasar desafía blasfemamente al Dios soberano?

COMPLEMENTO: A pesar de conocer el arrepentimiento de Nabucodonosor, éste se niega a hacer lo mismo y en consecuencia, es destruido.

IDEA EXEGÉTICA: Cuando el rey Belsasar blasfema contra el soberano Dios, a pesar de conocer el arrepentimiento de Nabucodonosor, se niega a hacer lo mismo y en consecuencia, es destruido.

IDEA HOMILÉTICA: Ante el juicio de Dios, esté dispuesto a aprender y busque el arrepentimiento.

Daniel 6

TEMA: ¿Qué sucede cuando el anciano Daniel es arrojado al foso de los leones por violar la ley de los medos y persas al orar?

COMPLEMENTO: Es rescatado milagrosamente por el Dios vivo, quien es glorificado en todo el Imperio Persa.

IDEA EXEGÉTICA: Cuando el anciano Daniel es arrojado al foso de los leones por orar en violación de la ley de los medos y persas, es rescatado milagrosamente por el Dios vivo, quien es glorificado en todo el imperio persa.

IDEA HOMILÉTICA: Independientemente de la situación, podemos confiar en nuestro Salvador porque él es el Dios vivo, quien nos rescata y resucita para su gloria.

Daniel 7

TEMA: ¿Qué esperanza hay para el pueblo de Dios dado que la historia suele estar llena de imperios horribles?

COMPLEMENTO: Que al final el reino mesiánico de Dios los sustituirá a todos.

IDEA EXEGÉTICA: Dado que la historia está a menudo llena de imperios horribles, el pueblo de Dios tiene la esperanza de que, al final, su reino mesiánico los sustituirá a todos.

IDEA HOMILÉTICA: Dado que el mundo está infectado de maldad, esperen el sufrimiento ahora pero sepan que el reino de Dios triunfará.

Daniel 8

TEMA: ¿Qué sucede cuando el malvado Antíoco Epífanes llega misteriosamente al poder desde la gloria de la civilización helenística?

COMPLEMENTO: Se promueve a sí mismo como dios y persigue al pueblo de Dios.

IDEA EXEGÉTICA: Cuando el malvado Antíoco Epífanes llega misteriosamente al poder de la gloria de la civilización helenística, se promueve a sí mismo como Dios y persigue al pueblo de Dios.

IDEA HOMILÉTICA: Las cosas buenas se vuelven malas cuando se convierten en nuestros dioses.

Daniel 9

TEMA: ¿Cómo responde Dios a la confesión del pecado de Israel y a la oración por su redención?

COMPLEMENTO: Envía a Gabriel con la promesa del Mesías, quien será sacrificado para su liberación.

IDEA EXEGÉTICA: Dios responde a la confesión de Daniel sobre el pecado de Israel y a la de Israel y la oración por su redención, enviando a Gabriel con la promesa del Mesías, quien será sacrificado para su liberación.

IDEA HOMILÉTICA: Somos profundamente pecadores, pero Dios nos salva mediante la muerte sacrificial de Cristo.

Daniel 10-11

TEMA: ¿Cómo se anima al pueblo de Dios a responder a la misteriosa visión sobre los acontecimientos violentos y las figuras malévolas que se involucran constantemente en conflicto?

COMPLEMENTO: Deben resistir hasta que el Señor elimine toda esta actividad fútil.

IDEA EXEGÉTICA: El pueblo de Dios debe responder a la misteriosa visión sobre los acontecimientos violentos y las figuras malévolas que se involucran constantemente en el conflicto, resistiendo hasta que el Señor elimine toda esta actividad fútil.

IDEA HOMILÉTICA: La historia es un largo viaje y una batalla brutal, pero podemos soportar porque nuestro Salvador acabará eliminando las causas pecaminosas del sufrimiento.

Daniel 12

TEMA: ¿Qué puede fortalecer al pueblo de Dios para resistir ante el horrible sufrimiento y confusión?

COMPLEMENTO: La promesa de su gracia ahora y su resurrección posterior.

IDEA EXEGÉTICA: El pueblo de Dios puede ser fortalecido para soportar el horrible sufrimiento y la confusión por la promesa de su gracia ahora y su resurrección posterior.

IDEA HOMILÉTICA: En medio de la miseria, encontramos fuerza en la gracia de Dios ahora y la esperanza en nuestra resurrección posterior.

Versículos/pasajes difíciles

Daniel presenta algunos desafíos interpretativos únicos debido a su composición literaria. Las seis narraciones históricas que cubren casi setenta años de exilio hebreo en Babilonia son seguidas por los seis capítulos de material apocalíptico. Los predicadores y maestros deben explicar lo que Dios estaba haciendo con su pueblo durante esa difícil época de su historia, así como discernir sus promesas para su futuro.

El capítulo 2 es el más desafiante de los relatos por su extensión y capas de contenido. Los predicadores y maestros deben contar la historia, incorporando los elementos clave de la revelación de los planes de Dios para la historia de la humanidad y la forma en que su soberanía se extiende sobre los creyentes y los incrédulos por igual. Además, deben limitar su discusión de la estatua (los reinos del mundo) del sueño de Nabucodonosor y centrarse en "la piedra cortada sin manos" (el reino de Dios) y lo que esto significa para la vida de sus oyentes.

Un segundo relato difícil es la historia de la destrucción de Belsasar. Esta es una historia del juicio de Dios sobre los no arrepentidos (no es un tema popular en la sociedad actual). Entonces, ¿cómo podemos comunicar esto? En primer lugar, lo mejor es abordar el tema del juicio al principio del mensaje de manera que genere interés y no hostilidad. En segundo lugar, es importante demostrar que Belsasar conocía el arrepentimiento de Nabucodonosor y, sin embargo, eligió desafiar descaradamente al Dios de Israel bebiendo de los vasos sagrados. ¡Si se enseña bien, esta narración puede despertar algunas conciencias adormecidas!

Todos los textos apocalípticos presentan desafíos interpretativos. Aprovechar un buen libro de hermenéutica sería útil para entender estos pasajes. Los predicadores deben tratar de mostrar cómo las profecías encajan en la historia antigua de Israel. Por último, deben destacar la teología de las visiones: lo que revelan sobre Dios, su obra en la historia humana, la naturaleza de la humanidad, la forma misteriosa en que se manifiesta el mal, y cómo Dios está trabajando para llevar a cabo la redención de su pueblo.

Por ejemplo, Daniel 7 presenta un espectáculo aterrador de la historia humana llena de sufrimiento y opresión. Aunque no es una realidad que muchos en el Occidente contemporáneo hayan experimentado, muchos cristianos de todo el mundo lo hacen a diario. Los predicadores no deben rehuir esta verdad incómoda, sino comunicar la soberanía de Dios sobre estos angustiosos acontecimientos. Además, esta visión muestra que al final de la historia habrá un enfrentamiento climático entre el anticristo y el hijo del hombre, Jesús. El primero será destruido por el poder de nuestro Salvador, que nunca nos deja ni nos abandona y nos llevará a su reino celestial.

Daniel 9 es una desafiante mezcla de literatura narrativa y apocalíptica. El capítulo comienza con la sincera confesión de Daniel sobre el pecado de Israel (vv. 1-19), seguida de la visita del ángel Gabriel (vv. 20-23), quien entrega la enigmática profecía de las "Setenta semanas" (vv. 24-27). Aunque se han dedicado libros enteros para interpretar esta extraña visión, parece ser de naturaleza mesiánica (v. 26). Los predicadores deben tener cuidado de no perder el bosque por los árboles. El texto comunica que, a pesar de los fracasos de su pueblo, Dios está actuando en la historia para su redención. Esto implica la expiación sacrificial del ungido (Jesús) y una larga obediencia por parte de los santos[1].

---

1. Dale Ralph Davis, *The Message of Daniel: His Kingdom* Cannot Fail [El mensaje de

Debido a su aparentemente interminable cantidad de extraños detalles históricos, la larga sección apocalíptica de los capítulos 10-11 es difícil de interpretar, difícil de predicar, y es tentador esquivarlo. Sin embargo, dado que es parte de la Palabra inspirada de Dios, estamos llamados a ello "A fin de que el siervo de Dios esté enteramente capacitado para toda buena obra." (2 Tim. 3:17). ¿Cómo podemos hacerlo? En primer lugar, tomar este texto en sus propios términos. Fue dado para instruir a los judíos sobre las dificultades que enfrentarían en los siglos venideros bajo el gobierno opresivo de los seléucidas. En segundo lugar, muestra que la historia está llena de maníacos egocéntricos comprometidos con sus propias agendas arraigadas en una terrible opresión[2]. En tercer lugar, muestra que algún día Dios pondrá fin a todo este comportamiento pecaminosamente insensato. La aplicación es de fe y perspectiva. Debemos hacer todo lo posible por comunicar que en este mundo tendremos tribulación (Juan 16:33). Teniendo en cuenta eso, debemos permanecer centrados en Cristo y no en las causas de la tribulación, pues serán eliminadas. Si el Señor quiere, esa realidad "pondrá acero en nuestros huesos, en caso de que tengamos que enfrentarnos al último azote de la historia"[3].

Aplicación y perspectiva cultural

La aplicación fiel del libro de Daniel implica una serie de componentes. Uno de los más importantes es la relación del cristiano con la cultura. Daniel y sus amigos se vieron obligados a aprender una nueva lengua y nuevas costumbres, encajar en un sistema educativo pagano, y luego servir en algunas monarquías del antiguo Cercano Oriente que no tenían ningún concepto de libertad religiosa. Sin embargo, no sólo sobrevivieron en ese entorno, sino que se encontraron con que eran instrumentos de la gracia, el poder y la gloria del Señor (caps. 1-3, 6). Lo hicieron gracias a una combinación de disciplina espiritual, un comportamiento convincente y una humilde dependencia del Dios que salva. Aunque los diferentes contextos culturales exigen diferentes respuestas de compromiso, estas historias y visiones nos muestran cómo el pueblo de Dios puede navegar incluso en los entornos más difíciles.

Daniel: Su reino no puede fallar], *The Bible Speaks Today* [La Biblia habla hoy] (Downers Grove, Illinois: InterVarsity, 2013), 138.

2. Para una manifestación contemporánea de esto, véase Paul Johnsonn, *Modern Times: The World from the Twenties to the Nineties* [Tiempos modernos: El mundo de los años veinte a los noventa], (New York: Harper Perennial, 1992).

3. Davis, *Message of Daniel* [Mensaje de Daniel], 160.

Un segundo punto de aplicación gira en torno a la confianza en Dios. Una y otra vez el libro de Daniel enfatiza el control total de Dios sobre las naciones, las personas y los acontecimientos, y su capacidad insuperable de obrar a través de ellos para su gloria y nuestro bien (cf. Rom. 8:28-30). La fe de nuestros oyentes, y quizás la nuestra como predicadores, al señalar el cuidado soberano y tierno de Dios hacia su pueblo, incluso en medio del sufrimiento (caps. 3, 6, 7 y 12).

Una tercera aplicación se refiere a la práctica de la oración, especialmente como se ve en la vida de Daniel. La crisis provocada por el sueño de Nabucodonosor en el capítulo 2 se resolvió sólo porque Daniel y sus amigos oraron juntos, pidiéndole a Dios por su ayuda y liberación. La respuesta de Daniel al decreto del rey Darío de muerte para cualquiera que orara a cualquier otro dios se enfrentó con su práctica de la oración tres veces al día. Su larga y específica oración de confesión por el pecado de Israel y la petición de la redención de Dios en el capítulo 9 es un modelo que puede ser aprovechado para la salud espiritual tanto de los individuos como de las iglesias.

Un cuarto ámbito de aplicación es el de la percepción teológica. Daniel revela un Dios que no sólo es omnipotente y omnisciente, sino también misterioso en su trato con los creyentes y los incrédulos. Permite que su pueblo sufra persecución, pero también los rescata de reyes furiosos, hornos de fuego y leones hambrientos. Permite que surjan gobernantes malvados, aparentemente ayudados por fuerzas espirituales malévolas, pero promete extender su reino por toda la tierra. Y no es un Dios que se pueda tomar a la ligera o con el que se pueda jugar, como el notorio y blasfemo rey Belsasar de los babilonios que descubrió hasta su propia muerte.

Por último, los predicadores deben insistir en nuestra necesidad de resistencia. El libro de Daniel revela que la restauración de su pueblo por parte de Dios y la implantación de su reino es mucho más compleja, matizada y más lejana en la historia de lo que a menudo pensamos. Por lo tanto, estamos llamados a permanecer centrados en él tanto a través de los buenos y malos momentos de la vida. Como dijo el propio Jesús, los que se mantengan firmes hasta el fin serán salvos (Marcos 13:7, 13).

FUENTES RECOMENDADAS

Davis, Dale Ralph. *The Message of Daniel: His Kingdom Cannot Fail* [El mensaje de Daniel: Su reino no puede fallar]. The Bible Speaks Today [La Biblia habla hoy]. Downers Grove, Illinois: InterVarsity, 2013.

Wallace, Ronald. *The Message of Daniel: The Lord Is King* [El mensaje de Daniel: El Señor es Rey]. The Bible Speaks Today [La Biblia habla hoy]. Downers Grove, Illinois: InterVarsity, 1979.

Widder, Wendy L. Daniel. *The Story of God Bible Commentary* [La historia de Dios, comentario bíblico]. Grand Rapids: Zondervan, 2016.

Oseas

CHRIS RAPPAZINI

En una época de agitación política e incertidumbre internacional, el profeta Oseas (que significa "salvación") aborda la rebeldía e idolatría de Israel profetizando las graves consecuencias que cosecharán, y también revela el corazón y la mente del Señor, que ofrece amor, misericordia y, en última instancia, restauración al pueblo elegido por Dios.

TEMA: ¿Qué amonestación y esperanza transmite el profeta Oseas al Reino del Norte de Israel?

COMPLEMENTO: Serán juzgados y desterrados por romper su pacto con el Señor mediante la prostitución y la idolatría, pero Dios acabará restaurando su relación, pues él es fiel a su parentela.

IDEA EXEGÉTICA: La amonestación y la esperanza que el profeta Oseas transmite al el Reino del Norte de Israel es que serán juzgados y desterrados por romper su pacto con el Señor mediante la prostitución y la idolatría, pero Dios acabará por restablecer su relación, pues es fiel a su parentela.

IDEA HOMILÉTICA: El corazón amoroso de Dios persigue continuamente a su corazón pecador.

El primer tema, "La familia de Oseas" (capítulos 1 a 3), revela la condición de la relación del Señor con Israel a través del matrimonio de Oseas con una prostituta y de su relación con su descendencia. Aunque este tema fue la metáfora elegida para retratar la naturaleza adúltera de Israel y la idolatría del pueblo, esta era la realidad de Oseas.

El segundo tema, "Dios y su familia" (caps. 4-14), expone las acusaciones del Señor contra Israel como un fiscal; sin embargo, su destello de reconciliación anula los procesos judiciales tradicionales. La reflexión de esta unidad permite a los lectores registrar los gritos del Señor a través de Oseas. El objetivo es sacar a relucir la pasión y el auténtico dolor relacional, pero también la esperanza del Señor para el futuro.

Comprensión del tema, complemento, idea exegética e idea homilética

Oseas 1-3

TEMA: ¿Por qué relata Oseas el camino de sufrimiento y dolor de ser traicionado por su mujer?

COMPLEMENTO: Para revelar el propio sufrimiento y dolor del Señor debido a la idolatría de Israel, que tiene graves consecuencias, y para revelar que el amor y la misericordia de uno conducen a la restauración.

IDEA EXEGÉTICA: Oseas relata el camino de sufrimiento y dolor al ser traicionado por su esposa para revelar el propio sufrimiento y dolor del Señor debido a la idolatría de Israel, que tiene graves consecuencias, y también para revelar que el amor y la misericordia de uno conducen a la restauración.

IDEA HOMILÉTICA: La restauración puede ser complicada, pero es necesaria para una nueva relación.

Oseas 4-11

TEMA: ¿Cuál es la consecuencia de la hipocresía de Israel y de su confianza en las alianzas políticas con otras naciones, según Oseas?

COMPLEMENTO: El Señor está desgarrado emocionalmente porque su "hijo" se ha rebelado, pero su amor por Israel permanece.

IDEA EXEGÉTICA: Oseas dice que la consecuencia de la hipocresía de Israel y de su confianza en las alianzas políticas con otras naciones es que el Señor está desgarrado emocionalmente que su "hijo" se ha rebelado, pero su amor por Israel permanece.

IDEA HOMILÉTICA: La gracia de Dios es más grande que las consecuencias del pecado.

Oseas 12-14

TEMA: ¿Por qué Oseas recuerda a sus lectores las mentiras, la rebelión y el egoísmo de Israel?

COMPLEMENTO: Para ilustrar que Israel ha pecado repetidamente contra el

Señor, pero el Señor promete perdonar a los que se arrepienten y se vuelven a él.

IDEA EXEGÉTICA: Oseas recuerda a sus lectores las mentiras, la rebeldía y el egoísmo de Israel para ilustrar que han pecado repetidamente contra el Señor, pero el Señor promete perdonar a los que se arrepienten y se vuelven a él.

IDEA HOMILÉTICA: Algunas cosas nunca cambian, y afortunadamente el amor y las promesas de Dios tampoco cambian.

Versículos/pasajes difíciles

Oseas está plagado de referencias al rico pasado del antiguo Israel, a conceptos del Oriente y lugares geográficos significativos. Estas categorías contienen temas que van desde la historia de Israel como nación, las historias de las naciones circundantes, el desierto, el baalismo, los modismos agrícolas y la influencia de Baal-Peor, Samaria, Gilgal, Siquem, Betel, Mizpa y Galaad. Si el predicador o maestro se sumerge en estos temas, los oyentes experimentarán una nueva profundidad y magnitud de cómo y por qué el Señor se ha relacionado con su pueblo y posiblemente, todavía lo hace de manera similar hoy en día.

Un tema difícil es el de la infidelidad y su relación con los hombres y las mujeres. Aunque Dios creó al hombre y a la mujer a su imagen y semejanza, ¿por qué la ilustración inicial del libro de Oseas presenta a Israel como una mujer inmoral? ¿Fue para imponer el patriarcado abusivo? Probablemente no, pero seguramente los hombres también son pecadores y por lo tanto son capaces de infidelidad. ¿Por qué la masculinidad es a menudo como el vehículo de la brújula moral de Israel?

Otro tema espinoso es la elección por parte de Dios de una raza preferida, el pueblo de Israel. Tal vez sea necesario dedicar algún espacio en los sermones a desentrañar cómo Dios eligió al pueblo de Israel y por qué decidió quedarse con él, a pesar de que se rebelaron continuamente.

Por último, ¿cuáles son los efectos de exponer el juicio de Dios *antes* que su misericordia? ¿Cómo predicar algo que va a contracorriente del cristianismo y la cultura de la "hipergracia"? Puede parecer extraño a los oyentes que Dios permita el mal y el sufrimiento intenso tanto en individuos como en grupos de personas. Pero, sin embargo, el carácter de Dios es de justicia y gracia. Por lo tanto, es vital recordar a los oyentes que los atributos y la voluntad de Dios no cambian, sino que tiene la misión de preparar el camino para el Mesías, que es la encarnación del juicio, la misericordia, la justicia y la gracia.

Aplicación y perspectiva cultural

¿Qué debemos saber sobre el estilo de vida y la mentalidad del antiguo Israel para comprender mejor a Oseas? ¿Cómo funcionaba la política del antiguo Cercano Oriente y cuál era su relación con las divinidades? ¿Cuáles son las implicaciones del libro de Oseas? Por defecto, algunos predicadores modernos resumen y aplican popularmente el libro de Oseas como "Confiesa con un corazón contrito y sálvate" o "Jesús es nuestro perdón". Sin embargo, es importante tener en cuenta el contexto del libro.

El cristianismo occidental se siente incómodo y poco informado sobre el juicio de Dios y se apresura a encontrar y aferrarse a la gracia de Dios, a la aplicación individual más que a la corporativa y a la victoria en Cristo. A pesar de que, sobre la base de Dios mismo, este es el resultado, gran parte del texto de Oseas está dedicado a delinear y nombrar el dolor de Dios, la infidelidad de Israel y la inminente disciplina; por lo tanto, deberíamos exponer adecuadamente toda la gama de de emociones de Dios antes de llegar rápidamente a su gracia incondicional.

Cuando nos tomamos el tiempo necesario para analizar Oseas en su conjunto, descubrimos que sus implicaciones son multifacéticas:

- Rendirse a Dios y a su disciplina y redención, o en otras palabras, a su juicio (Oseas 2; 3; 5:13; 6:1-3).
- Dios es relacional y busca la reconciliación con su pueblo rebelde (2:18; 7:13-14; 11:1-11).
- Sólo Dios es nuestra salvación (13:4; 14:1-3).

FUENTES RECOMENDADAS

Andersen, Francis I y David Noel Freedman. *Oseas, Biblia de anclaje.* Garden City, Nueva York: Doubleday, 1980.

McComiskey, Thomas Edward. *"Oseas", en Los Profetas Menores,* editado por Thomas Edward McComiskey, 1-238. Grand Rapids: Baker Academic, 2009.

Stuart, Douglas. Oseas-Jonás. *Comentario Bíblico de la Palabra.* Nashville: Thomas Nelson, 1987.

Joel

ANDREW C. THOMPSON

Aparte de lo que podemos deducir de sus escritos, no sabemos prácticamente nada sobre el profeta Joel, ni siquiera el siglo en que vivió. Sin embargo, sí sabemos esto: sus oráculos hablan de desastres. Joel mira hacia atrás, a una reciente plaga de langostas, y mira hacia adelante para advertir a Jerusalén del inminente día del Señor. Ese día, por desastroso que sea, cumplirá importantes funciones redentoras para el pueblo de Dios.

TEMA: ¿Qué le quiere decir Dios a Israel y a Jerusalén sobre el día del Señor?

COMPLEMENTO: Que es una catástrofe que se avecina y que Él la utilizará para rescatar a su pueblo.

IDEA EXEGÉTICA: Dios le quiere decir a Israel y a Jerusalén que el día del Señor es una catástrofe que se avecina y que Él la utilizará para rescatar a su pueblo.

IDEA HOMILÉTICA: El desastre nos libera.

El enfoque más sencillo para predicar el libro de Joel es una serie de tres semanas que sigue las divisiones de los capítulos en español, como se muestra aquí. Sin embargo, es posible predicar una serie más larga subdividiendo los capítulos 2 y 3.

El capítulo 2 puede dividirse en tres secciones. Los versículos 1-17 llaman al arrepentimiento ante un ejército invasor que amenaza con la destrucción final. Los versículos 18-27 contienen la promesa de la respuesta bondadosa de Dios al arrepentimiento genuino del pueblo. Y los versículos 28-32 prometen el don del Espíritu antes del juicio final.

El capítulo 3 puede dividirse en dos secciones. Los versículos 1-16 prometen que Dios traerá el juicio final sobre las naciones rebeldes, mientras que los versículos 17-21 predicen el restablecimiento del pueblo de Dios en el paraíso.

Comprensión del tema, complemento, idea exegética e idea homilética

Joel 1

TEMA: ¿Qué debe hacer Israel en respuesta al día del Señor, cuando las langostas invadan el país y consuman el suministro de alimentos?

COMPLEMENTO: Israel debe arrepentirse de sus pecados

IDEA EXEGÉTICA: En respuesta al día del Señor, cuando las langostas invadan el país y consuman el suministro de alimentos, Israel debe arrepentirse de sus pecados.

IDEA HOMILÉTICA: El desastre nos disciplina.

Joel 2

TEMA: ¿Qué debe hacer Israel anticipando el futuro día del Señor, cuando llegue el juicio final?

COMPLEMENTO: Israel debe volver a Dios con la esperanza de recibir el sustento espiritual y el rescate final.

IDEA EXEGÉTICA: Anticipando el futuro día del Señor, cuando llegue el juicio final, Israel debe volver a Dios con la esperanza de recibir el sustento espiritual y el rescate final.

IDEA HOMILÉTICA: El desastre nos llama.

Joel 3

TEMA: ¿Qué debe hacer Israel anticipando el futuro día del Señor, cuando Él venga a juzgar a la multitud de naciones y a restaurar a su pueblo en el paraíso?

COMPLEMENTO: Israel debe esperar en el rescate que Dios proveerá cuando venga.

IDEA EXEGÉTICA: Anticipando el futuro día del Señor, cuando Él venga a juzgar a la multitud de naciones y a restaurar a su pueblo en el paraíso, Israel debe esperar en el rescate que Dios proveerá cuando venga.

IDEA HOMILÉTICA: El desastre nos rescatará.

Versículos/pasajes difíciles

El capítulo 2 presenta dos grandes dificultades para la predicación. En primer lugar, la descripción de la invasión en los versículos 3-11 parece vacilar entre una infestación literal de langostas y una horda humana de invasores. Joel parece mezclar imágenes intencionadamente, de modo que una reciente plaga de langostas sirve de metáfora de una futura invasión militar. El efecto es una mezcla de dos catástrofes, de modo que el acontecimiento de una de ellas permite a los lectores recordar la otra. Aunque es difícil de explicar, la idea de que el sufrimiento actual nos recuerda el juicio final tiene un enorme valor pastoral para los discípulos[1].

En segundo lugar, el famoso pasaje sobre Dios derramando su Espíritu en Joel 2:28-32 (citado en Hechos 2:17-21) plantea importantes cuestiones teológicas. Los predicadores deberían, desde sus propias perspectivas teológicas, pensar cuidadosamente cómo abordar cuestiones como la relación entre el Antiguo y el Nuevo Testamento, el don (y los dones) del Espíritu Santo y la relación entre Pentecostés y la parusía.

Aplicación y perspectiva cultural

Joel habla de desastres de diversas índoles. A pocos nos gusta pensar en este tema. Pero el libro merece un estudio cuidadoso, porque muestra que el motivo del día del Señor se presenta en diversas formas y desempeña varios papeles. El profeta nos muestra catástrofes naturales, ejércitos invasores, trastornos cósmicos y el juicio divino.

Si profundizamos en el libro de Joel, descubriremos una profunda sabiduría teológica para la iglesia. De hecho, nuestros propios desastres pueden convertirse en una herramienta en manos de nuestro Padre. Si tenemos ojos para ver y oídos para oír, podemos recibir del desastre los dones de la represión, la disciplina, la instrucción —e incluso la esperanza. En una cultura que a menudo busca la autoprotección por encima de todo (y se la exige a Dios), Joel hace sonar una nota contraria para el bien del pueblo de Dios.

---

1. Ver, por ejemplo, Lucas 13:1-5.

FUENTES RECOMENDADAS

Barton, John. *Joel and Obadiah. The Old Testament Library* [Joel y Abdías. Biblioteca del Antiguo Testamento]. Louisville: Westminster John Knox, 2001.

Dillard, Raymond Bryan. *"Joel"* ["Joel"]. En *The Minor Prophets* [Los profetas menores], editado por Thomas Edward McComiskey, págs. 239–314. Grand Rapids: Baker Academic, 2009.

Stuart, Douglas. Hosea–Jonah. *Word Biblical Commentary* [Oseas-Jonás. Comentario Bíblico de la Palabra]. Waco: Word, 1997.

Amós

JOEL C. GREGORY

La idea principal del libro de Amós

Dios pretende juzgar a su propio pueblo cuando participen en negocios, política y prácticas religiosas corruptas.

TEMA: ¿Cuál es el mensaje de Amós a las tribus del norte del pueblo desobediente y no arrepentido de Dios?

COMPLEMENTO: Dios está preparando un superpoder amenazador para destruir a su pueblo escogido, Israel, que se ha rehusado a arrepentirse luego de las intercesiones, advertencias y apelaciones.

IDEA EXEGÉTICA: El mensaje de Amós a las tribus del norte del pueblo desobediente y no arrepentido de Dios es que Él está preparando un superpoder amenazador para destruir a su pueblo escogido, Israel, que se ha rehusado a arrepentirse luego de las intercesiones, advertencias y apelaciones

IDEA HOMILÉTICA: Arrepiéntase mientras aún tiene la oportunidad.

Selección de pasajes para predicar y enseñar el libro de Amós

He dividido las perícopas de predicación/enseñanza con algunas descripciones de sus significados.

Tiempo de terremotos (Amós 1:1.2)

Amós presenta el contexto histórico del libro entre los otros profetas del siglo VIII a. C. Hubo un terremoto alrededor del año 760 según las excavaciones. Él describe su nombre, hogar y vocación durante mediados del siglo VIII. Amós se presentó como un sureño en el norte y proveyó un repentino y estremecedor mensaje de juicio inminente.

De circunferencia a centro (Amós 1:3-2:5)

Amós usa un recurso geográfico/retórico inteligente para sorprender a Israel con su mensaje. Circunscribe a Israel con mensajes de juicio por la injusticia de sus vecinos gentiles históricos que la rodean. Recibiría un cordial "amén" por cada oráculo contra moabitas, edomitas y similares. Es recto cuando condena a Judá. El profeta finalmente da en el blanco con el juicio contra Israel. Luego, se detienen los "amén".

Cuando el pueblo de Dios se cuenta entre sus enemigos (Amós 2:6-16)

Luego de pronunciar la destrucción de todos los enemigos históricos de Israel, Amós va contra la misma Israel. Debido a la injusticia económica, la inmoralidad sexual insolente, la explotación sistemática, el olvido de las misericordias pasadas de Dios, la corrupción de sus propios santos y rehusarse a escuchar la profecía, la nación perecerá en un juicio del que nadie podrá escapar.

Elegidos para la responsabilidad (Amós 3)

El favor electivo de Dios a Israel no fue por un excepcionalismo superficial arraigado en prácticas corruptas, sino por una responsabilidad especial como su propio pueblo. La gentil elección de Dios no brinda una excepción, sino una alta expectativa de su parte. Así como en la naturaleza existe la causa y el efecto, también hay un juicio de causa y efecto por la injusticia. Amós llama a las naciones paganas a actuar como testigos de las infidelidades de su propio pueblo. El pueblo malcriado, afluente e injusto de Dios experimentará un juicio sin escapatoria.

Perturbado y perturbador (Amós 4)

Las mujeres llenas de lujos de la capital afluente enfrentarán juicio por sus vidas indulgentes a pesar de la injusticia. Su adoración no vale la pena y su liturgia solo apila sus pecados. Dios actuó en naturaleza para advertirles de la inminente catástrofe. Les mostró ejemplos de su propia historia sobre su voluntad de juzgar. El Dios de la naturaleza está almacenando su juicio contra una nación que era más pequeña que Nueva Jersey.

Dejar que la justicia corra como el agua (Amós 5)

El clamor profético de Amós que representa el libro surge en el versículo 5:24. Este clamor resume el libro y representa la profecía. Amós clama ante la idolatría desenfrenada, la injusticia, el caso omiso a las advertencias, la despistada esperanza de la intervención de Dios en cada área de su propia corrupción y la imposibilidad de escapar de Dios. El juicio viene sin piedad.

Tranquilos en Sión (Amós 6)

Amós confronta a una generación que no tiene ni idea de su estilo de vida injusto y lleno de lujos. Representa en colores brillantes una sociedad indulgente que vive la gran vida en la capital. En una narración exagerada, se burla de los holgazanes y ociosos que se perfuman mientras comen ternera selecta y beben vino de los tazones del templo dedicados a Dios. ¿Quieren ser los primeros? Serán los primeros, los primeros en ser juzgados. De manera sarcástica, Amós representa a los ociosos afluentes en medio de la necesidad. Sus grandes casas colapsarán y su estilo de vida se revertirá.

Intercesión en tiempos críticos (Amós 7:1-9)

Amós revela una compasión por las personas que confrontó más allá de lo que podrían saber. Se presentó ante Dios por el pueblo antes de presentarse ante el pueblo por Dios. Tuvo un ministerio oculto de intercesión. Sus singulares oraciones retrasaron el juicio de Dios sobre Israel. Advirtió dos veces sobre la catástrofe nacional mediante sus oraciones. En uno de los pasajes biográficos de Amós vemos el gran corazón del profeta intercediendo por el pueblo, incluso mientras lo confronta con su palabra profética. Asimismo, vemos a Dios como alguien que responde a las oraciones de un predicador que ora y se retracta de lo que pretendía hacer. Esto es tanto un misterio como una revelación.

Medio día en Betel (Amós 7:10-17)

En la auténtica presencia de Amós, el clero profesional inauténtico del rey Amasías se enfrentó a la realidad. Amós había alterado el equilibrio religioso-político en el santuario religioso personal del rey. En el religioso profesional, Amasías, queda expuesto el predicador que identifica el reino de Dios con el actual gobernante. Jeroboán II personificó la cooptación de la religión para sus propios fines. Amós predijo la destrucción sobre esta combinación tóxica de política y religión. Anunció famosamente su propia independencia del gremio profético profesional. No se graduó de su escuela. Fue un hombre de negocios agrícolas, no un profeta profesional. Amasías cínicamente quiere darle a Amós una franquicia en el sur solo para sacarlo del santuario del rey. Amós le dice a Amasías a dónde puede ir con su dinero.

Hambre de la Palabra de Dios (Amós 8)

Israel está lista para el juicio. Su liturgia religiosa divorciada de la justicia revela un núcleo podrido en la nación. Se sientan en el santuario para tramar cómo arrebatar lo poco que tiene el pobre. Dios promete un tiempo apocalíptico en Israel. Irónicamente, aquellos que no querían escuchar ni una palabra de Dios llegarán al punto de la hambruna por ella. Buscarán la palabra divina con hambre famélica, pero no podrán encontrarla. Toda la armadura de su falsa y cismática religión será expuesta como la cosa vacía que es.

Una palabra final de esperanza (Amós 9:11-15)

Cómo un rayo de sol que atraviesa las nubes luego de que la tormenta se calme, una palabra de esperanza atraviesa las gruesas capas del juicio. Luego del juicio viene la gracia increíble. Dios reestablecerá su ciudad. Incluso los gentiles reconocerán la obra de Dios. Una fertilidad sorprendente producirá un crecimiento sin precedentes en los viñedos. El ciclo de siembra y cosecha colapsará al mismo tiempo. Una nueva seguridad caracterizará al pueblo de Dios, que se establecerá en su tierra para nunca ser removido de nuevo. La última palabra de Amós es una rotunda palabra de esperanza que sale de la nada. El juicio es un pasillo que Israel debe atravesar, no una habitación en donde se quedará para siempre.

Comprensión del tema, complemento, idea exegética e idea homilética

Amós 1:1-2

TEMA: ¿Qué caracteriza los tiempos y al hombre Amós?

COMPLEMENTO: La generación de Amós vivió un terremoto físico, pero Amós, un profeta no profesional de otro lugar, predice un terremoto nacional de juicio.

IDEA EXEGÉTICA: Lo que caracteriza los tiempos y al hombre Amós es que su generación vivió un terremoto físico, pero él, un profeta no profesional de otro lugar, predice un terremoto nacional de juicio.

IDEA HOMILÉTICA: Dios nos puede dar a través de una persona improbable una palabra que dirija su juicio sobre nuestros propios tiempos.

Amós 1:3-2:5

TEMA: ¿Por qué usó Amós el recurso de pronunciar juicio sobre las naciones vecinas antes de confrontar a Israel?

COMPLEMENTO: El mismo Dios, quien sin favoritismo juzga a las naciones no creyentes, será implacable en el juicio de su propio pueblo.

IDEA EXEGÉTICA: Amós usó el recurso de pronunciar juicio sobre las naciones vecinas antes de confrontar a Israel para mostrar que el mismo Dios, quien sin favoritismo juzga a las naciones no creyentes, será implacable en el juicio de su propio pueblo.

IDEA HOMILÉTICA: El mismo Dios que juzga a las naciones que nos rodean nos juzgará bajo los mismos estándares y con mayor intensidad.

Amós 3

TEMA: ¿Por qué escoge Dios a su pueblo?

COMPLEMENTO: Para que demuestren una justicia y una rectitud que sobrepase la de los que los rodean.

IDEA EXEGÉTICA: Dios escoge a su pueblo para que demuestren una justicia y una rectitud que sobrepase la de los que los rodean.

IDEA HOMILÉTICA: El hecho de que Dios nos haya escogido para ser suyos implica un juicio más estricto que una tolerancia suave.

Amós 4

TEMA: ¿Cuál es el resultado de que Israel viva de manera egoísta y negligente mientras que es el escogido de Dios?

COMPLEMENTO: A pesar de muchas advertencias, Israel enfrentará un juicio definitivo.

IDEA EXEGÉTICA: Como resultado de vivir de manera egoísta y negligente mientras que es el escogido de Dios y a pesar de muchas advertencias, Israel enfrentará un juicio definitivo.

IDEA HOMILÉTICA: Si vive una vida religiosa egoísta y vacía en medio de la necesidad, las advertencias preliminares de Dios conducirán al juicio final.

Amós 5

TEMA: ¿Cuál es el resultado de un estilo de vida corrupto que ignora las disparidades obvias para todos y no responde a la advertencia de Dios?

COMPLEMENTO: Amós le recuerda a Israel que no hay manera de escapar de una vida egoísta.

IDEA EXEGÉTICA: Cómo resultado de un estilo de vida corrupto que ignora las disparidades obvias para todos y no responde a la advertencia de Dios, Amós le recuerda a Israel que no hay manera de escapar de una vida egoísta.

IDEA HOMILÉTICA: Dios nos puede fortalecer para buscar la justicia en un mundo corrupto que se dirige a un juicio inevitable.

Amós 6

TEMA: ¿Cuál es el resultado de una vida afluente y lujosa en medio de la necesidad extrema?

COMPLEMENTO: El deseo de Israel de ser el primero en experimentar lo mejor de todas las cosas materiales lo llevará a ser el primero en ser enjuiciado.

IDEA EXEGÉTICA: El resultado de una vida afluente y lujosa en medio de la necesidad extrema es que el deseo de Israel de ser el primero en experimentar lo mejor de todas las cosas materiales lo llevará a ser el primero en ser enjuiciado.

IDEA HOMILÉTICA: Debemos renunciar a una vida obsesionada con la comodidad por una vida arraigada en hacer la justicia de Dios.

Amós 7:1-9

TEMA: ¿Cuál es la vida secreta del portavoz de Dios?

COMPLEMENTO: El que proclama el mensaje de Dios se presenta ante Él por el pueblo del mismo modo en que se presenta ante el pueblo por Dios.

IDEA EXEGÉTICA: La vida secreta del portavoz de Dios es que el que proclama el mensaje de Dios se presenta ante Él por el pueblo del mismo modo en que se presenta ante el pueblo por Dios.

IDEA HOMILÉTICA: Tenemos que pedir a Dios que tenga misericordia de los demás en un lugar privado antes de confrontar a los demás en un lugar público.

Amós 7:10-17

TEMA: ¿A quién puede usar Dios para que proclame su palabra contra la corrupción y la injusticia en la religión y la vida?

COMPLEMENTO: Personas poco probables de lugares inusuales.

IDEA EXEGÉTICA: Dios puede usar personas poco probables de lugares inusuales para que proclamen su palabra contra la corrupción y la injusticia en la religión y la vida.

IDEA HOMILÉTICA: Dios nos puede usar, a pesar de nuestro contexto e historia personal poco probables, para hablar de su palabra en lugares inesperados.

Amós 8

TEMA: ¿Cómo lidia Dios con personas que se engañan sobre su relación con Él?

COMPLEMENTO: Dios usa imágenes metafóricas y calamidades reales para juzgar a su pueblo hasta que tenga hambre de una palabra del más allá.

IDEA EXEGÉTICA: Dios lidia con las personas que se engañan sobre su relación con Él usando imágenes metafóricas y calamidades reales para juzgar a su pueblo hasta que tenga hambre de una palabra del más allá.

IDEA HOMILÉTICA: Dios puede confrontarnos en el mismo centro de nuestra vida egoísta con advertencias estremecedoras del futuro.

Amós 9:11-15

TEMA: ¿Hay alguna esperanza para el pueblo desesperado de Dios?

COMPLEMENTO: Sí, ya que más allá de toda expectativa, solo Dios puede dar una palabra de esperanza en una situación desesperada.

IDEA EXEGÉTICA: Hay esperanza para el pueblo desesperado de Dios porque, más allá de toda expectativa, solo Dios puede dar una palabra de esperanza en una situación desesperada.

IDEA HOMILÉTICA: Cuando sintamos que no hay escapatoria de la desesperanza debido a nuestra culpa, Dios puede sorprendernos con un nuevo mensaje de esperanza.

Versículos/pasajes difíciles

La misma idea del juicio de Dios en la historia desafía el principal entendimiento cultural elitista de Dios, incluso la noción de la existencia de Dios. Leo Tolstoy enfatizaba que el momento hace grandes hombres. Thomas Carlyle insistía que los grandes hombres creaban grandes momentos. Los dos hombres se referían a hombres. Para los humanos seculares posmodernos, la propia idea de que un Dios justo intervendrá en la historia para juzgar pertenece a un pasado ignorante y remoto. El Dios de la Biblia es un Dios de ira. La ira es el fluído que el amor sangra cuando lo cortas. Uno no puede ser alguien totalmente bueno y enojarse por nada, incluso como un ser humano. La ira de Dios no es el enojo humano.

Amós 6 incomodará a la gente acomodada suburbana que vive una vida afluente. Confronta toda comodidad construída sobre una explotación injusta de los débiles y marginados. A menudo, las iglesias en tales comunidades han bautizado la cultura secular del consumismo. Amós está directamente en contra de eso.

Amós 7:1-9 presenta la desafiante relación entre la oración y la intención de Dios. Dios pretende juzgar a Israel con una plaga de langostas y fuego. Amós ora y Dios cede en lo que pretendía hacer. Esto demuestra la tensión dinámica entre la intención soberana de Dios y la intercesión humana. Aún hay un misterio teológico inexplicable en Amós 7. Dios tiene la intención de hacer algo. Amós ora. Dios lo posterga. La idea de que la oración humana puede causar que Dios ceda es un hecho, pero no es explicable para simples mentes humanas que no pueden entender la libertad humana ni la soberanía divina.

Amós 9 repentinamente sorprende al lector con una esperanza inesperada del otro lado del juicio. Es tan impactante que algunos críticos bíblicos creen erróneamente que fue añadido por otra mano. Un predicador puede explorar la relación en Amós y en otras escrituras entre el juicio y la esperanza. En Amós, como en Isaías y en Jeremías, más allá del juicio inmediato está el brillante amanecer de la esperanza. El juicio es un pasillo para pasar, no una habitación para vivir.

Aplicación y perspectiva cultural

El mundo actual, que cuenta con muchos recursos, vive con innumerables ejemplos de injusticia desatendida. Desde trabajadores migrantes hasta agricultores de café que reciben una miseria por su labor, hay un excedente interminable de ejemplos de injusticia para el predicador. El reto es nombrar aquellos cercanos al hogar, debajo de las mismas narices de la congregación. Toda enseñanza profética debe ser específica del lugar. Un Amós moderno tiene abundancia de blancos, desde fabricantes de opioides que disfrutan del estatus de multimillonarios hasta los políticos que separan a familias inmigrantes.

La religión corrupta se expone a sí misma encubriendo los abusos del clero, que ya se cuentan por miles. Los simples profesionales religiosos que viven sin una experiencia personal vital de Dios son prácticamente capaces de cualquier conducta corrupta. El proclamador valiente aborda esto en lugares específicos.

FUENTES RECOMENDADAS

Garland, D. David. *Amos: A Study Guide Commentary* [Amós: Un comentario de estudio bíblico]. Grand Rapids: Zondervan, 1966.

Mays, James Luther. *Amos: A Commentary* [Amós: Un comentario]. Filadelfia: Westminster, 1969.

Paul, Shalom M. A*mos: A Commentary on the Book of Amos* [Amós: Un comentario del libro de Amós]. Hermeneia. Minneapolis: Fortress, 1991.

Abdías

MATTHEW D. KIM

La idea principal del libro de Abdías

El libro de Abdías contiene una profecía de juicio sobre la nación de Edom (actualmente el suroeste de Jordania) y la eventual restauración de la nación de Judá por parte de Dios[1].

TEMA: ¿Cuál es el mensaje que Dios quiere que el profeta Abdías dé a Edom y a Judá?

COMPLEMENTO: Edom será juzgada en el día del Señor y destruida por su violencia hacia Jacob y su arrogancia, pero Dios salvará un remanente de Judá ya que el reino le pertenece a Él.

IDEA EXEGÉTICA: El mensaje que Dios quiere que el profeta Abdías dé a Edom y a Judá es que Edom será juzgada en el día del Señor y destruida por su violencia hacia Jacob y su arrogancia, pero Dios salvará un remanente de Judá ya que el reino le pertenece a Él[2].

IDEA HOMILÉTICA: Todos seremos juzgados en el día del Señor, pues la salvación solo le pertenece a Dios.

Selección de pasajes para predicar y enseñar el libro de Abdías

La mayoría de los predicadores y maestros abordarán el libro de Abdías en

---

1. Un posible significado del nombre Abdías es "adorador de Yahveh". Ver Charles Swindoll, *"Obadiah"* ["Abdías"], Insight for Living Ministries, https://www.insight.org/resources/bible/the-minor-prophets/obadiah.

2. Charles Swindoll explica la idea principal de Abdías de esta manera: "Cuando las personas se alejan del pueblo de Dios o se oponen a este, pueden esperar ser juzgados y no ser restaurados cuando llegue el final de la vida". Ver Swindoll, "Obadiah" ["Abdías"].

una sola lección, ya que este libro, el más corto del Antiguo Testamento, solo contiene veintiún versículos. Sin embargo, dado que hay muchos detalles proféticos y mucho contexto histórico en este libro, se podría optar por separar el libro en dos partes: versículos 1-9 y versículos 10-21.

El primer segmento expone el disgusto de Dios con los edomitas. Y la segunda parte predice el juicio de Dios y la inminente restauración de Judá.

Comprensión del tema, complemento, idea exegética e idea homilética

Ver anteriormente.

Versículos/pasajes difíciles

En este breve libro profético hay una serie de detalles históricos, personas y lugares que necesitan ser explorados por el predicador o el maestro, tales como Temán (v. 9), el Néguev (v. 19), Efraín y Samaria (v. 19), Galaad (v. 19), Sarepta (v. 20), los cananeos (v. 20) y el monte Sión (vv. 17, 21). Sería fácil para los predicadores pasar por alto estos detalles. Pero, en vez de hacer ello, dedíquele un tiempo a explicar el contexto.

Los edomitas son descendientes de Esaú. ¿Por qué Dios está tan molesto con Esaú a pesar de que parece que Dios lo bendice abundantemente en Génesis 33? En el relato del Génesis, Esaú es la víctima del engaño de Jacob. Entonces, ¿por qué Dios favorece a Jacob sobre Esaú/Edom? Será beneficioso reconocer y contemplar con los oyentes o estudiantes una comprensión adecuada de la teología del favoritismo/elección de Dios. Además, ¿qué significa predicar el juicio y la gracia al mismo tiempo? Debemos considerar cómo matizar este delicado equilibrio teológico para nuestros oyentes en particular.

Aplicación y perspectiva cultural

Cómo podemos aplicar fielmente el libro de Abdías? ¿Qué debemos saber sobre las culturas judía y edomita? La tentación de predicar a los profetas, en este caso a un profeta menor, es que cada mensaje suene igual y tenga la misma aplicación. Una aplicación común por defecto podría ser "arrepiéntanse y serán restaurados". Pero debemos ser más específicos y considerar los contextos culturales, así como nombrar el disgusto de Dios con determinadas prácticas edomitas, formas de idolatría y actitudes perjudiciales.

Está claro que este texto tiene un enfoque de comportamiento. Nuestras acciones y actitudes tienen consecuencias importantes y pueden provocar el juicio de Dios. Sin embargo, ¿es ésta la aplicación de Abdías? No estoy muy seguro.

Estas son algunas de las posibles aplicaciones: vivir humildemente ante Dios (v. 3), Dios es quien humilla y exalta (v. 4), recordar el día del Señor y su juicio por nuestros actos (v. 15), reconocer la gracia de Dios (v. 17) y recordar que nuestra salvación le pertenece a Dios (v. 21).

FUENTES RECOMENDADAS

Baker, David W. *Joel, Obadiah, Malachi. The NIV Application Commentary* [Joel, Abdías, Malaquías. Comentario de la aplicación NVI]. Grand Rapids: Zondervan Academic, 2006.

Block, Daniel I. *Obadiah: A Discourse Analysis of the Hebrew Bible.* Zondervan Exegetical Commentary on the Old Testament. [Abdías: Un análisis del discurso de la Biblia hebrea. Comentario exegético de Zondervan sobre el Antiguo Testamento]. Grand Rapids: Zondervan, 2015.

Jonás

MATTHEW D. KIM

El libro de Jonás narra la historia de la orden y el llamado de Dios a Jonás para que predique un mensaje de arrepentimiento y perdón a la ciudad de Nínive, en la nación de Asiria. El libro de Jonás, uno de los Profetas Menores, ilustra la actitud reacia de Jonás a predicar un mensaje de arrepentimiento, actitud que contrasta claramente con el corazón misericordioso de Dios, incluso con los enemigos de Israel.

TEMA: ¿Por qué Dios envía a Jonás a los ninivitas?[1]

COMPLEMENTO: Porque muestra compasión y misericordia a quien Él desea, incluso a los enemigos de Jonás, y desea la obediencia de Jonás para compartir las buenas nuevas con ellos para que se arrepientan.

IDEA EXEGÉTICA: Dios envía a Jonás a los ninivitas porque muestra compasión y misericordia a quien Él desea, incluso a los enemigos de Jonás, y desea la obediencia de Jonás para compartir las buenas nuevas con ellos para que se arrepientan.

IDEA HOMILÉTICA: A los cristianos les importa lo que a Dios le importa.

Las selecciones naturales de texto para el mensaje de Jonás son los

---

1. Analizo el mismo proceso para determinar la idea principal de Jonás en el cap. 4 de A Little Book of New Preachers: Why and How to Study Homiletics [Un pequeño libro para nuevos predicadores: por qué y cómo estudiar la homilética] (Downers Grove, Illinois: IVP Academic, 2020), págs. 67-71.

cuatro capítulos individuales, lo que convertiría a Jonás en una serie de cuatro mensajes. Sin embargo, dependiendo del alcance del predicador, la historia completa de Jonás podría predicarse en uno o dos mensajes. Otra opción es dedicar una o dos semanas únicamente a la oración de Jonás, diseccionándola en busca de sabiduría teológica. Para el propósito de este capítulo, asumiré que el predicador preparará una prédica para cada capítulo individual.

Comprensión del tema, complemento, idea exegética e idea homilética

Jonás 1

TEMA: ¿Cómo responde Jonás a la orden de Dios de predicar un mensaje de arrepentimiento a los ninivitas?

COMPLEMENTO: Trata de huir del Señor subiéndose a un barco hacia Tarsis, pero es arrojado al mar por marineros paganos y tragado por un gran pez.

IDEA EXEGÉTICA: Jonás responde a la orden de Dios de predicar un mensaje de arrepentimiento a los ninivitas tratando de huir del Señor subiéndose a un barco hacia Tarsis, pero es arrojado al mar por marineros paganos y tragado por un gran pez.

IDEA HOMILÉTICA: Cuando Dios nos llame a compartir las buenas nuevas con los demás, elija obedecer.

Jonás 2

TEMA: ¿Cuál es la oración de Jonás a Dios mientras espera en el estómago del pez?

COMPLEMENTO: Ora pidiendo la ayuda de Dios en su angustia y reconoce que Dios trae la salvación a quien Él desea.

IDEA EXEGÉTICA: Mientras espera en el estómago del pez, Jonás ora pidiendo la ayuda de Dios en su angustia y reconoce que Dios trae la salvación a quien Él desea.

IDEA HOMILÉTICA: El Señor es nuestra ayuda en los momentos difíciles y ofrece la salvación a su pueblo.

Jonás 3

TEMA: ¿Cómo responde Jonás a la segunda orden de Dios de predicar a la ciudad de Nínive sobre el arrepentimiento?

COMPLEMENTO: Jonás obedece a Dios y Él cambia de parecer con respecto a su castigo y juicio.

IDEA EXEGÉTICA: Jonás responde a la segunda orden de Dios de predicar sobre el arrepentimiento a la ciudad de Nínive obedeciendo a Dios y Él cambia de parecer con respecto a su castigo y juicio.

IDEA HOMILÉTICA: Cuéntele a todos la historia del Evangelio y pídale a Dios que los salve.

Jonás 4

TEMA: ¿Cuál es la respuesta de Jonás a la misericordia y compasión de Dios hacia los ninivitas?

COMPLEMENTO: Se enfurece con Dios hasta el punto de morirse de rabia.

IDEA EXEGÉTICA: En respuesta a la misericordia y compasión de Dios hacia los ninivitas, Jonás se enfurece con Dios hasta el punto de morirse de rabia.

IDEA HOMILÉTICA: Corresponda a la misericordia y la compasión de Dios, porque las personas son preciosas para Él.

Versículos/pasajes difíciles

El primer tema de importancia es teológico y se refiere a la relación entre la soberanía de Dios y la responsabilidad humana[2]. ¿Dios realmente le da a Jonás la opción de obedecerlo? ¿Presionó Dios a Jonás hasta el punto de someterlo? ¿Podría haber utilizado Dios a cualquier otra persona para que lo sirviera como profeta? ¿Por qué Jonás y no otro?

Un segundo tema es el de la vida y la muerte, que es —por supuesto— bastante común en el Antiguo Testamento. James Bruckner nos recuerda que la vida y la muerte es un tema clave en todo el libro de Jonás. Cada uno de los capítulos describe de alguna manera este continuo (p. ej., la vida y la muerte física del ser humano, la vida y la muerte espiritual, la vida y la muerte de los animales y la vida y la muerte de las plantas)[3]. Quizá sea más difícil hablar de la actitud de uno con respecto a la vida y la muerte de los demás, especialmente de nuestros enemigos. La insensibilidad de Jonás hacia los ninivitas es desconcertante, porque requiere una cierta indagación cultural y un conocimiento de la hostilidad entre judíos y asirios. Habrá que explicar el cruel tratamiento que recibió Israel a manos de los asirios.

Tercero, especialmente para nuestra cultura escéptica, el caso de

---

2. Kim, *Little Book of New Preachers* [Un pequeño libro para nuevos predicadores], págs. 50-51.

3. James Bruckner, Jonah, Nahum, Habakkuk, Zephaniah, *The NIV Application Commentary* [Jonás, Nahúm, Habacuc, Sofonías, Comentarios bíblicos con aplicación NVI] (Grand Rapids: Zondervan, 2004), pág. 18.

Jonás requerirá un cierto nivel de investigación científica para explorar su estancia de tres días dentro del vientre del gran pez. No podemos pasar por alto demasiado rápido su significado biológico. Incluso el oyente poco perspicaz se preguntará: "¿Es físicamente posible permanecer vivo dentro de un pez durante tres días y tres noches?" o "¿Fue un milagro sobrenatural?". Ciertos campos teológicos pueden argumentar que Jonás es literatura de fantasía y que no puede ser una historia real con un pez también real.

Aplicación y perspectiva cultural

Jonás plantea un par de diferentes desafíos con respecto a las perspectivas culturales. El primero, sería útil estudiar los contextos geográficos, culturales y religiosos de Nínive, Tarsis y Asiria, así como la variedad de dioses adorados por los marineros en Jonás 1:5-7. El segundo, como ya se ha mencionado, el miedo u odio de Jonás a los asirios, en este caso a los ninivitas, requiere una mayor indagación. El libro nos indica claramente que Jonás se niega a predicar un mensaje de arrepentimiento y perdón, y que se disgustó mucho con Dios por su misericordia y compasión. Aunque finalmente accede en 3:4, ¿qué le impidió hacerlo? ¿Es que Jonás le tenía miedo a los ninivitas? ¿Fue su etnocentrismo? ¿Es que odiaba a los ninivitas por las torturas infligidas a los israelitas? Podría tratarse de una o varias de estas actitudes culturales o incluso de algo diferente según su estudio y convicción. Explique qué perspectiva o perspectivas ha adoptado. La interpretación que usted haga aquí es importante a la hora de aplicar fielmente el texto.

En cuanto a la aplicación del libro de Jonás, se me ocurren varias. Primera aplicación, ¿en qué áreas de la vida estamos huyendo de la voluntad de Dios? Como segunda aplicación tenemos el tema de nuestra obediencia directa a Dios en cuanto a la predicación de las buenas nuevas. Esta es una responsabilidad universal para todos los creyentes en Cristo. Somos llamados por Dios a compartir el mensaje de arrepentimiento, perdón y salvación a todas las personas. Para la tercera aplicación, relacionado con este corazón evangelizador, está el hecho de que somos llamados a amar a los demás, especialmente a nuestros enemigos. Podríamos preguntar a nuestros oyentes a quiénes les cuesta amar. Una cuarta aplicación —para los occidentales— se refiere a desear la comodidad (4:6) por encima de escuchar y obedecer a Dios. Jonás se enfadó más por perder su comodidad a causa de la muerte de la vid que por el hecho de que la gente pereciera sin creer en las buenas nuevas. Y como quinta aplicación, ¿qué podemos aprender de la oración de Jonás en el capítulo 2? ¿Cómo nos lleva esta oración a una mayor conciencia teológica sobre lo que desea el corazón humano y lo que Dios desea en última instancia?

FUENTES RECOMENDADAS

Bruckner, James. *Jonah, Nahum, Habakkuk, Zephaniah. The NIV Application Commentary* [Jonás, Nahúm, Habacuc, Sofonías, Comentarios bíblicos con aplicación NVI]. Grand Rapids: Zondervan, 2004.

Keller, Timothy. *The Prodigal Prophet: Jonah and the Mystery of God's Mercy* [El profeta pródigo: Jonás y el misterio de la misericordia de Dios]. New York: Viking, 2018.

Youngblood, Kevin J. *Jonah: A Discourse Analysis of the Hebrew Bible.* Exegetical Commentary on the Old Testament [Jonás: Un análisis del discurso de la Biblia hebrea. Comentario exegético del Antiguo Testamento]. Grand Rapids: Zondervan, 2015.

Miqueas

BRANDON R. CASH

La idea principal del libro de Miqueas

El contexto del ministerio profético de Miqueas corresponde a la segunda mitad del siglo VIII a. C. El Imperio Asirio ha tomado el control de gran parte del antiguo Cercano Oriente, y tiene a Israel (Reino del Norte) y a Judá (Reino del Sur) bajo opresión. Miqueas proclama que la invasión que se avecina es el juicio de Dios sobre su pueblo. En el norte, Israel será aplastada por Sargón II, rey de Asiria, en el año 721 a.C. En el sur, Judá será derrotado por Senaquerib (hijo de Sargón II) en el año 701 a.C. El ataque a Israel es el fin del Reino del Norte, y para el Reino del Sur el precio fue la pérdida de cuarenta y seis ciudades.[1] El juicio de Dios es severo.

No obstante, el ministerio profético de Miqueas tiene otra dimensión. Además de las proclamaciones de juicio, hay proclamaciones de salvación y recordatorios de que Dios ha hecho una promesa a su pueblo y se ha comprometido a cumplirla. Dios traerá la salvación mediante el perdón de los pecados y la restauración mediante el establecimiento de un rey justo del linaje de David. Este es el trasfondo del mensaje alternativo de juicio y salvación de Miqueas.

TEMA: ¿Cómo puede Dios usar a Israel como medio de bendición para las naciones cuando Israel es un pueblo pecador?

COMPLEMENTO: Juzgando a Israel a través de los asirios y luego salvando a un remanente de su pueblo, perdonando sus pecados y dándoles un rey justo que vencerá todas las amenazas y establecerá un reino de paz.

---

1. D. Winton Thomas, ed., Documents from Old Testament Times [Documentos del Antiguo Testamento] (Nueva York: Harper & Row, 1958), pág. 67.

IDEA EXEGÉTICA: Dios puede utilizar a Israel como medio de bendición para las naciones, a pesar de que Israel es un pueblo pecador, juzgando a Israel a través de los asirios y salvando a un remanente de su pueblo, perdonando sus pecados y dándole un rey justo que vencerá todas las amenazas y establecerá un reino de paz.

IDEA HOMILÉTICA: Los extremos a los que llega Dios para salvarnos son mucho mayores comparados con lo que nosotros llegamos a pecar contra él.

Selección de pasajes para predicar y enseñar el libro de Miqueas

Hay múltiples maneras de abordar el libro de Miqueas. Algunos dividen el libro en dos secciones (caps. 1-5 y 6-7) porque cada sección comienza con la exhortación "Escuchen". Otros dividen el libro en tres secciones (caps. 1-2, 3-5, y 6-7), en las que cada sección contiene un pronunciamiento de juicio seguido de una bendición. Otros dividen el libro en cuatro secciones (caps. 1-3, 4-5, 6 y 7). Aunque cada una de estas divisiones tiene su razón de ser, no se prestan fácilmente a unidades de predicación lógicamente relacionadas.

Creo que la estructura quiástica de David Dorsey es la más adecuada para la predicación del libro de Miqueas. Él sugiere la siguiente disposición estructural:

A. La derrota y la destrucción que se avecinan (1:1-16)
  B. Corrupción del pueblo (2:1-13)
    C. Corrupción de los líderes (3:1-12)
      D. Sección central— Gloriosa restauración del futuro (4:1-5:15)
    C'. Corrupción de la ciudad y sus líderes (6:1-16)
  B'. Corrupción del pueblo (7:1-7)
A'. Futuro retroceso de la derrota y la destrucción (7:8-20)[2]

Esta estructura divide muy bien el libro en siete unidades de predicación. Aunque la sección central (4:1-5:15) es un pasaje extenso, el tema es consistente y se presta a un solo sermón. Sin embargo, dependiendo de su contexto y de la longitud de su serie de sermones, puede optar por dividirlo en dos o tres sermones.

No obstante, si usted está predicando una serie sobre los Profetas

---

2. David A. Dorsey, *The Literary Structure of the Old Testament: A Commentary on Genesis–Malachi* [La estructura literaria del Antiguo Testamento: Un comentario sobre Génesis-Malaquías] (Grand Rapids: Baker, 1999), págs. 296-300.

Menores y necesita tomar menos tiempo para terminar con Miqueas, esta estructura se presta a una serie de cuatro semanas en la que se combinan los pasajes paralelos.

Comprensión del tema, complemento, idea exegética e idea homilética

Miqueas 1

TEMA: ¿Cuáles son las consecuencias de la rebelión pecaminosa de Israel y Judá contra Dios?

COMPLEMENTO: Dios vendrá en juicio y serán derrotados, humillados y llevados al exilio.

IDEA EXEGÉTICA: Las consecuencias de la rebelión pecaminosa de Israel y Judá contra Dios son que Dios vendrá en juicio y serán derrotados, humillados y llevados cautivos.

IDEA HOMILÉTICA: Un día Dios vendrá a juzgar, y todos tendrán que responder por sus pecados de rebeldía.

Miqueas 2

TEMA: ¿Cuáles son los delitos que Dios imputa a los ricos y que los hacen merecedores de juicio?

COMPLEMENTO: Robar propiedades, aprovecharse de los pobres y débiles, escuchar falsas enseñanzas y violencia desenfrenada.

IDEA EXEGÉTICA: Los delitos que Dios imputa a los ricos y que los hacen merecedores de juicio son el robo de propiedades, el aprovechamiento de los pobres y débiles, la escucha de falsas enseñanzas y la violencia desenfrenada.

IDEA HOMILÉTICA: Donde están la codicia y la explotación, allí estará también el juicio de Dios.

Miqueas 3

TEMA: ¿Qué sucede cuando los gobernantes odian el bien y aman el mal, los profetas conducen al pueblo por el mal camino, los sacerdotes enseñan por dinero y los jueces pervierten la justicia?

COMPLEMENTO: Experimentan el juicio de Dios, son despojados de su posición, su tierra es devastada y su comunidad es destruida.

IDEA EXEGÉTICA: Cuando los gobernantes odian el bien y aman el mal, los profetas conducen al pueblo por el mal camino, los sacerdotes enseñan por dinero y los jueces pervierten la justicia, experimentan el juicio de Dios, son despojados de su posición, su tierra es devastada y su comunidad es destruida.

IDEA HOMILÉTICA: Cuando los líderes pierden de vista a Dios, se destruyen a sí mismos y a su comunidad.

Miqueas 4:1-5:15

TEMA: ¿Qué sucederá cuando el Señor de toda la tierra establezca a su rey sobre su pueblo en su reino?

COMPLEMENTO: Todo será como Dios quiso que fuera en su reino; los vulnerables serán atendidos, la justicia será la norma, y habrá paz en la tierra.

IDEA EXEGÉTICA: Cuando el Señor de toda la tierra establezca a su rey sobre su pueblo en su reino, todo será como Dios quiso que fuera; los vulnerables serán atendidos, la justicia será la norma y habrá paz en la tierra.

IDEA HOMILÉTICA: Tengan esperanza, porque se acerca el día en que todo lo malo será corregido.

Miqueas 6

TEMA: ¿Por qué es justo que Dios juzgue a su pueblo por sus pecados?

COMPLEMENTO: Porque les dio la instrucción que necesitaban para vivir una vida agradable a él.

IDEA EXEGÉTICA: Es justo que Dios juzgue a su pueblo por sus pecados porque les ha dado la instrucción que necesitaban para vivir una vida agradable a él.

IDEA HOMILÉTICA: En su Palabra, y con su Espíritu, Dios nos ha dado todo lo que necesitamos para vivir una vida agradable a él.

Miqueas 7:1-7

TEMA: ¿Por qué Miqueas está totalmente desesperado?

COMPLEMENTO: Porque al mirar el estado de su nación, solo ve problemas: no hay rectitud, no hay justicia, nadie puede confiar en su prójimo, y los miembros de la familia son enemigos.

IDEA EXEGÉTICA: Miqueas está totalmente desesperado porque, al mirar el estado de su nación, solo ve problemas: no hay rectitud, no hay justicia, nadie puede confiar en su prójimo y los miembros de la familia son enemigos.

IDEA HOMILÉTICA: Está bien llamar al mal maldad, y afligirse por lo que vemos.

Miqueas 7:8-20

TEMA: ¿Por qué la salvación tendrá la última palabra?

COMPLEMENTO: Porque Dios perdona la iniquidad, no toma en cuenta las transgresiones, se deleita en la misericordia, se caracteriza por la compasión y es fiel a sus promesas.

IDEA EXEGÉTICA: La salvación tiene la última palabra porque Dios perdona la iniquidad, no toma en cuenta las transgresiones, se deleita en la misericordia, se caracteriza por la compasión y es fiel a sus promesas.

IDEA HOMILÉTICA: La salvación triunfa sobre el juicio gracias a la misericordia de Dios.

Versículos/pasajes difíciles

El libro de Miqueas crea un retrato impresionante del poder de Dios. El profeta se deleita en la soberanía de Dios ("Señor de toda la tierra"), tiembla ante su poder ("A su paso se derriten las montañas"), se regocija en su amor misericordioso y en su perdón, y ensalza su incomparabilidad ("¿Que Dios hay como tú?"). Así que, por un lado, el libro es fácilmente comprensible. Sin embargo, en otro nivel, la belleza y el mensaje de Miqueas se pierden porque las metáforas y alusiones del siglo VIII a.C. no son familiares para un cristiano del siglo XXI. Además, los oráculos de Miqueas están repletos de valiosas metáforas. Dedique el tiempo necesario a estudiar la representación de la idea para que pueda mostrar a sus oyentes el significado de las mismas.

Por ejemplo, sería tentador pasar por alto la lista de ciudades que se encuentra en 1:10-16. Pero si uno se toma el tiempo de investigarla, descubrirá que se trata de las ciudades que rodeaban la ciudad natal de Miqueas, Moreset-gat. Es como si él estuviera de pie en un tejado mirando las ciudades que le rodean y que están a punto de caer. Esto, junto con el oráculo de 7:1-7, ayuda a explicar claramente la naturaleza personal del libro. Miqueas no era un observador poco apasionado; lo tomó como algo personal. Además de la geografía, Miqueas hace un juego de palabras con el nombre de cada ciudad. [3] Captar y comprender este tipo de conexiones le ayudará a entender algunos de los versículos más difíciles del libro.

---

3. Para una lista de las ciudades y los juegos de palabras, ver Thomas J. Finley, *Joel, Obadiah and Micah* [Joel, Abdías y Miqueas] (Chicago: Moody, 1996), págs. 126-27.

Al predicar acerca del libro de Miqueas, deberás tener en cuenta la visión estereotipada del "Dios del Antiguo Testamento" que pueden tener muchos de tus oyentes. Miqueas no es tímido a la hora de presentar a Dios como juez, y describe gráficamente los efectos del juicio de Dios. ¿Merece la gente realmente un juicio? ¿Acaso los pecados son realmente tan graves? ¿Cómo puede un Dios amoroso hacer tales cosas? Este es el tipo de preguntas que su audiencia se planteará a medida que trabaje en el libro, y por lo que tendrá que mostrarles por qué el juicio de Dios es justo. Para ello, tendrá que dedicar tiempo a ayudarles a entender lo que es realmente el pecado de rebeldía.

Otro tema al que conviene prestar atención es sobre si Dios juzgará a los creyentes, y si es así, cómo lo hará. Para muchos es fácil descartar la amenaza del juicio de Dios debido a la muerte, sepultura y resurrección de Jesús. Ciertamente somos declarados justos por gracia a través de la fe solamente. Sin embargo, si nos precipitamos demasiado rápido hacia Jesús, nos perdemos uno de los puntos principales de Miqueas que es la advertencia. Miqueas está incluido en el canon no solo para los israelitas y judíos del siglo VIII. También está ahí para nosotros. Las exigencias de Dios no han cambiado; Él todavía quiere que hagamos justicia, que amemos la bondad y que caminemos humildemente con él. Si no lo hacemos, habrá consecuencias.

En cuanto a la relevancia, uno de los puntos de conexión más significativos entre aquel entonces y ahora es la relación entre los ricos y los pobres. Los que tienen están siempre en condición de aprovecharse de los que no tienen. La cuestión no es tener; la cuestión es cómo lo obtenemos y qué hacemos con él. ¿Somos tacaños o generosos? El hecho de hacer un puño es como si invitáramos al juicio de Dios hacia nosotros. Necesitamos que se nos recuerde constantemente esta verdad, y Miqueas es una gran oportunidad para guiar a la gente en esta área.

Por último, una de las razones de la popularidad de Miqueas es la referencia de Mateo a Jesús como el cumplimiento de Miqueas 5:2 (Jesús también alude a Miqueas cuando enseña sobre las contiendas familiares en Mateo 10:35-36). Aunque 5:2 sea la única referencia específica citada en el Nuevo Testamento, Miqueas está presente en todo el ministerio de Jesús. No es necesario recurrir al libro de Miqueas cada semana en un sermón. Sin embargo, no tenga reparo en permitir que este libro de Miqueas señale a la gente la esperanza que tenemos en el rey Jesús.

FUENTES RECOMENDADAS

Allen, Leslie C. *The Books of Joel, Obadiah, Jonah. The New International Commentary on the Old Testament* [Los libros de Joel, Abdías y Jonás, El Nuevo Comentario Internacional sobre el Antiguo Testamento]. Grand Rapids: Eerdmans, 1976.

Dorsey, David A. *The Literary Structure of the Old Testament: A Commentary on Genesis–Malachi* [La estructura literaria del Antiguo Testamento: Un comentario sobre Génesis-Malaquías]. Grand Rapids: Baker, 1999.

Walton, John H., ed. *Zondervan Illustrated Bible Backgrounds Commentary: Old Testament* [Comentario de trasfondo bíblico ilustrado de Zondervan: Antiguo Testamento]. Grand Rapids: Zondervan, 2009.

Nahúm

FRANCE B. BROWN JR.

La idea principal del libro de Nahúm

Más de un siglo después del avivamiento espiritual originado por la predicación de Jonás que se extendió por Nínive, la capital imperial de Asiria, Nahum profetizó el juicio de Dios contra la ciudad pagana y prometió la restauración por el pacto del pueblo de Dios, Judá.

TEMA: ¿Cuál es el mensaje de Dios para Nínive y Judá a través del profeta Nahúm?

COMPLEMENTO: Debido a su maldad, Nínive sufrirá la destrucción total y Judá disfrutará de la restauración de Dios.

IDEA EXEGÉTICA: El mensaje de Dios para Nínive y Judá a través del profeta Nahúm es que, a causa de su maldad, Nínive sufrirá la destrucción total y Judá disfrutará de la restauración de Dios[1].

IDEA HOMILÉTICA: Reconocer que Dios destruirá a sus enemigos y liberará a su pueblo del pecado.

---

1. Como discurso de juicio, el libro de Nahum es una proclamación del juicio de Dios en respuesta a actitudes y acciones pecaminosas. En concreto, es un discurso de juicio contra una nación extranjera. Este tipo de discurso profético anuncia el juicio contra los que oprimen al pueblo del pacto de Dios y anima a su pueblo con el mensaje de su fidelidad perpetua. Estos anuncios presentan proclamaciones relacionadas con el pecado pasado y la destrucción futura. Ver William W.Klein, Craig L. Blomberg y Robert L. Hubbard Jr., Introduction to Biblical Interpretation [Introducción a la interpretación bíblica], 2ª ed. (Nashville: Thomas Nelson, 2004), págs. 368-69.

Selección de pasajes para predicar y enseñar el libro de Nahúm

El libro de Nahum presenta un mensaje intenso, vívido y contundente de muerte, destrucción y devastación para los enemigos de Dios, a la vez que proporciona consuelo y consolación al pueblo de Dios[2]. Se divide en tres grandes apartados: la declaración de la destrucción de Nínive (1:1-15), la descripción de la destrucción de Nínive (2:1-13), y la destrucción que merecía Nínive (3:1-19). La designación y el alcance de las unidades de sermón/lección varían a medida que los predicadores o profesores utilizan diferentes marcadores exegéticos y temáticos para identificar el distinto material[3]. En este capítulo se presentan cuatro unidades de predicación o enseñanza

Comprensión del tema, complemento, idea exegética e idea homilética

Nahúm 1

TEMA: ¿Cuál es el mensaje que Dios quiere que Nahúm dé a Nínive y a Judá?

COMPLEMENTO: Él es el Dios guerrero todopoderoso que destruirá a sus enemigos y liberará a su pueblo.

IDEA EXEGÉTICA: El mensaje que Dios quiere que Nahum dé a Nínive y a Judá es que Él es Dios guerrero todopoderoso que destruirá a sus enemigos y liberará a su pueblo.

IDEA HOMILÉTICA: Tengan consuelo al saber que Dios es el guerrero todopoderoso que destruirá a sus enemigos y liberará a su pueblo.

Nahúm 2

TEMA: ¿Cuál es el mensaje que Dios quiere que Nahum dé a Nínive y a Judá?

COMPLEMENTO: Él restaurará a Judá y causará el asedio, la derrota y el saqueo de Nínive.

IDEA EXEGÉTICA: El mensaje que Dios quiere que Nahum dé a Nínive y a Judá es que restaurará a Judá y causará el asedio, la derrota y el saqueo de Nínive.

IDEA HOMILÉTICA: Tengan confianza en Dios, quien soberanamente lleva a cabo la restauración de su pueblo y la destrucción de su enemigo.

---

2. El nombre Nahum significa "consuelo" o "consolación".

3. Algunas posibles formas de predicación/enseñanza se encuentran en 1:1-8; 1:9-15; 2:1-2; 2:3-13; 3:1-7; 3:8-15; 3:16-19.

Nahúm 3 :1-7

TEMA: ¿Cuál es el mensaje que Dios quiere que Nahum dé a Nínive y a Judá?

COMPLEMENTO: La razón por la que traerá devastación, humillación y rechazo a Nínive es su maldad desenfrenada.

IDEA EXEGÉTICA: El mensaje que Dios quiere que Nahum dé a Nínive y a Judá es que traerá devastación, humillación y rechazo a Nínive a causa de su maldad desenfrenada[4].

IDEA HOMILÉTICA: La maldad atrae la ira de Dios.

Nahúm 3 :8-19

TEMA: ¿Cuál es el mensaje que Dios quiere que Nahúm dé a Nínive y a Judá?

COMPLEMENTO: Nínive sufrirá desesperación, devastación y destrucción a causa de su maldad hacia otras naciones.

IDEA EXEGÉTICA: El mensaje que Dios quiere que Nahúm dé a Nínive y a Judá es que Nínive sufrirá desesperación, devastación y destrucción a causa de su maldad hacia otras naciones[5].

IDEA HOMILÉTICA: Alégrate de que Dios avergonzará a los malvados a causa de su maldad.

Versículos/pasajes difíciles

Los principales retos interpretativos de Nahum tienen que ver con la naturaleza de su escritura, el uso de formas literarias y el significado de los términos. Para empezar, el mensaje del profeta se denomina massa, que puede traducirse como "oráculo" o "carga" (1:1). Un oráculo se refiere a la proclamación de Dios emitida a través de su profeta. Una carga se refiere a la pesada responsabilidad del profeta al transmitir el mensaje del juicio de Dios o el devastador juicio que sufrirán los ninivitas. Se debaten al menos tres opiniones sobre la llamada forma acróstica de 1:2-8. Una opinión rechaza la existencia de un acróstico, la segunda defiende un acróstico parcial y la tercera sostiene que el capítulo 1 es un acróstico completo que ha sufrido una alteración textual. [6]Además, hay varias referencias posibles

---

4. Este pasaje es un oráculo del "ay", que expresa la indignación profética y el pronunciamiento de la fatalidad.

5. Este pasaje es una "canción de burla", que es una mofa formalizada de un oponente con la intención de humillar y censurar públicamente.

6. Tremper Longman III, *"Nahum"*, en *The Minor Prophets* [Los profetas menores], ed. Thomas Edward McComiskey (Grand Rapids: Baker Academic, 2009), págs. 773–75.

a las "compuertas de los ríos" en 2:6. Pueden ser puentes fortificados, puertas de ciudad, compuertas, brechas de muralla o compuertas[7].

Aplicación y perspectiva cultural

Nahúm profetizó en el contexto de una fuerte opresión. Asiria destruyó a Israel y dominó a Judá durante más de un siglo. Asiria fue un imperio sádico y poderoso caracterizado por la crueldad sin límites, la crueldad militar, y la adoración idólatra. Levantaron pilares con las cabezas cortadas de los soldados enemigos, construyeron pirámides con los cadáveres de los enemigos conquistados, despellejaron las pieles de sus enemigos y las extendieron en los muros de la ciudad, cortaron las manos y los miembros de sus enemigos y quemaron vivos a jóvenes y mujeres.

Estas son las posibles formas de aplicarlas: buscar refugio en Dios (1:1-15), reconocer el poder de Dios (1:1-8) y rechazar la maldad (3:1-7).

FUENTES RECOMENDADAS

Johnson, Elliott E. *"Nahum"* ["Nahúm"]. En *The Bible Knowledge Commentary: An Exposition of the Scriptures* [El Comentario sobre el Conocimiento de la Biblia: Una exposición de las Escrituras], editado por J. F. Walvoord y R. B. Zuck, 1:1493-504. Wheaton: Victor, 1985.

Leggett, Donald A. *"How to Preach from the Prophets"* ["Predicar en base al mensaje de los profetas]". Predicación 8, no. 5 (marzo-abril 1993): págs. 25-32.

Longman, Tremper, III. *"Nahum"* ["Nahúm"]. En *The Minor Prophets* [Los profetas menores], editado por Thomas Edward McComiskey, págs. 765-830. Grand Rapids: Baker Academic, 2009.

7. Elliott E. Johnson, *"Nahum"*, en *The Bible Knowledge Commentary: An Exposition of the Scriptures* [El Comentario sobre el Conocimiento de la Biblia: Una exposición de las Escrituras] , ed. J. F. Walvoord y R. B. Zuck (Wheaton: Victor, 1985), 1:1500.

Habacuc

HEATHER JOY ZIMMERMAN

Habacuc es un libro profético que proclama la soberanía y la bondad de Dios a través de diálogos entre Habacuc y el Señor en medio de la maldad de Judá y el aterrador juicio inminente a través de Babilonia. Habacuc concluye con una expresión de confianza y seguridad en la fidelidad de Dios.

TEMA: ¿Cuál fue el mensaje que Dios dio a Habacuc para Judá en medio de la violencia, la injusticia y el juicio del presente y futuro?

COMPLEMENTO: Habacuc y el pueblo de Judá deben caminar rectamente por fe porque Dios hará justicia juzgando a Judá a través de Babilonia y hará responsable a Babilonia de su propia maldad.

IDEA EXEGÉTICA: El mensaje de Dios a Habacuc para Judá en medio de la violencia, la injusticia y el juicio del presente y futuro es que Judá debe caminar rectamente por fe porque Dios traerá la justicia juzgando a Judá a través de Babilonia y hará responsable a Babilonia de su propia maldad.

IDEA HOMILÉTICA: Perseverar en fe frente a la injusticia violenta.

Habacuc puede enseñarse en un solo mensaje que capta la idea central del libro: ante la violencia y la injusticia, podemos presentar nuestros problemas a Dios, alabar su naturaleza, y decidir a permanecer fieles y confiar en Dios mientras esperamos que Él haga justicia.
Asimismo, se podría dividir el libro en tres mensajes: Habacuc 1:1-11; 1:12-2:20; 3:1-19. El primer mensaje (1:1-11) analiza el ciclo de diálogo entre

Habacuc y Dios, centrándose en el tema "¿Dónde está Dios ante la violencia y la injusticia?" El segundo mensaje (1:12-2:20) explica los dos siguientes ciclos de diálogo entre Dios y Habacuc, haciendo hincapié en cómo Dios obra su justicia de maneras que uno no puede ver o entender. El tercer mensaje (3:1-19) recorre el salmo de confianza de Habacuc, proclamando la alabanza y confianza en Dios en medio de circunstancias inciertas.

Comprensión del tema, complemento, idea exegética e idea homilética[1]

Habacuc 1:1-11

TEMA: ¿Cómo puede Dios ser bueno y justo cuando parece indiferente a la maldad de Judá?

COMPLEMENTO: Dios hará justicia a través del juicio llevado a cabo por los babilonios.

IDEA EXEGÉTICA: Dios puede ser bueno y justo aún cuando parece indiferente ante la maldad de Judá porque Dios hará justicia a través del juicio llevado a cabo por los babilonios.

IDEA HOMILÉTICA: En medio de la violencia y la injusticia sin esperanza, el Dios que ve la injusticia hará la justicia en sus formas perfectas pero misteriosas.

Habacuc 1:12-2:20

TEMA: ¿Cómo puede ser justo el método de Dios para hacer justicia cuando utiliza incluso a los babilonios más malvados para juzgar a Judá?

COMPLEMENTO: Implicará que los justos vivan por su fidelidad y todos los malvados (incluyendo a los que usa para juzgar a Judá) sean llevados a juicio.

IDEA EXEGÉTICA: El método de Dios para hacer justicia puede ser justo, aún cuando utiliza a los babilonios más malvados, para juzgar a Judá, porque implicará que los justos que viven por su fidelidad y todos los malvados (incluidos los que usa para juzgar a Judá) sean llevados a juicio.

IDEA HOMILÉTICA: Cuando los caminos de Dios parecen poco claros, confíe en que Dios protege a los fieles y juzga a todos los violentos e injustos.

Habacuc 3

TEMA: ¿Cómo debe responder Habacuc ante la espera de la justicia del Señor?

COMPLEMENTO: Mediante un salmo de confianza y seguridad.

IDEA EXEGÉTICA: Habacuc debe responder ante la espera de la justicia del Señor mediante un salmo de confianza y seguridad.

IDEA HOMILÉTICA: En medio de la angustia y la ansiedad ante la espera por la justicia, resuelva confiar en Dios.

Versículos/pasajes difíciles

El libro de Isaías está lleno de retos para predicar. Cuatro de los más comunes ameritan ser mencionados.

Aunque la idea general de Habacuc es clara, muchos detalles de este breve libro requieren una explicación. Proporcione un breve resumen de la situación histórica de Judá desde la época del rey Josías hasta el cautiverio babilónico (609-538 a.C.). Explique los géneros literarios/teológicos del lamento y los oráculos del "ay". Ayude a los oyentes a ver cómo cambia el interlocutor entre Dios y Habacuc a lo largo del libro. Habacuc 2:4 es un reto para predicar considerando las citas del Nuevo Testamento (Ro 1:17; Gl 3:11; Heb 10:38).

Habacuc es un gran libro para abordar la teodicea, el problema del mal. Como en el caso de Job, Dios da a Habacuc espacio para ser honesto y vulnerable. Dios no siempre responde directamente a las preguntas de Habacuc; Dios es la respuesta a las preguntas de Habacuc. Predique acerca de la angustia a lo largo de Habacuc 3. Este no es un clamor "agradable", sino un clamor para encontrar respuesta aunque no haya respuesta.

Aplicación y perspectiva cultural

Primero debemos contextualizar el escenario de Habacuc. Ayude a la audiencia a ver el libro a través de una perspectiva del movimiento #MeToo, la violencia que asoló Alepo, el horror de la Zona Cero del 11 de septiembre. Deje espacio para que las personas entren en la intensidad emocional de Habacuc para que puedan encontrar la fe y la sanidad, incluso si no experimentan una respuesta aquí y ahora. En medio de la oración por la justicia (ya sea para nosotros o para los que nos rodean), Habacuc 3 ofrece un modelo de oración de confianza para orar mientras esperamos que Dios aparezca.

Aquí hay varias posibles aplicaciones: clamar a Dios en la crudeza del dolor (1:2-4; 1:12-2:1); confiar en que Dios está haciendo más de lo que uno puede ver o entender (1:5); no confiar en nuestras propias fuerzas (1:12-17; 2:18-20); esperar en el Señor (2:1); tener confianza en la fe de uno pero estar abiertos a cómo Dios puede actuar (3:1-19).

FUENTES RECOMENDADAS

Bruce, F. F. *"Habakkuk"* ["Habacuc"]. En *The Minor Prophets* [Los profetas menores], editado por Thomas Edward McComiskey, págs. 831-96. Grand Rapids: Baker Academic, 2009.

Bruckner, James. *Jonah, Nahum, Habakkuk, Zephaniah. The NIV Application Commentary* [Jonás, Nahúm, Habacuc, Sofonías, Comentario bíblico con aplicación NVI]. Grand Rapids: Zondervan, 2004.

Goldingay, John, y Pamela J. Scalise. *Minor Prophets II. New International Bible Commentary* [Profetas menores II, Nuevo Comentario Bíblico Internacional]. Peabody, Massachusetts: Hendrickson, 2009.

Sofonías

FRANCE B. BROWN JR.

La idea principal del libro de Sofonías

Durante el período crucial del reinado de Josías (640-609 a.C.), Sofonías proclama el día del Señor en el que Dios proporciona una restauración universal para el remanente de creyentes después de juzgar a Judá y a las naciones gentiles[1].

TEMA: ¿Cuál es el mensaje de Dios a Judá a través del profeta Sofonías?

COMPLEMENTO: Sométase a Dios porque el día del Señor traerá juicio a los injustos y restauración a quienes le adoran y sirven.

IDEA EXEGÉTICA: El mensaje de Dios a través del profeta Sofonías a Judá es que se someta a Dios porque el día del Señor traerá el juicio a los injustos y la restauración a quienes le adoran y sirven.[2]

IDEA HOMILÉTICA: Sométanse a Dios porque el día del Señor traerá el juicio a los injustos y el favor a quienes le adoran y sirven.

---

1. Los posibles significados de Sofonías son: "Yahvé se esconde", "Yahvé ha escondido", "Escondido en Yahvé", "Vigilante de Yahvé" o "Yahvé atesora".

2. El libro de Sofonías se compone de los dos tipos de relatos que constituyen la preponderancia de los discursos proféticos: el juicio y la salvación. Los discursos de juicio son proclamaciones del juicio de Dios en respuesta a actitudes y acciones pecaminosas. Los discursos de salvación se refieren a las proclamaciones que se centran en la liberación de Dios de su pueblo. Andreas J. Köstenberger y Richard Patterson, Invitation to Biblical Interpretation: Exploring the Hermeneutical Triad of History, Literature, and Theology [Invitación a la interpretación bíblica: Explorando la tríada hermenéutica de Historia, Literatura y Teología] (Grand Rapids: Kregel Academic, 2011), págs. 321-37.

Selección de pasajes para predicar y enseñar el libro de Jeremías

Este libro presenta cincuenta y tres versículos con una imagen vívida y convincente del día del Señor y proporciona descripciones convincentes de los principales temas de la profecía. Por ello, se le conoce como un compendio de profecías, así como el "Reader's Digest" ["Selecciones"] del discurso profético del Antiguo Testamento. Sofonías consta de dos grandes divisiones: el juicio del día del Señor (1:1-3:7) y la salvación del día del Señor (3:8-20). Al menos diez formas de predicación/enseñanza pueden ser identificadas.[3] En este capítulo se presentan cuatro.

Comprensión del tema, complemento, idea exegética e idea homilética

Sofonías 1:1-2:3

TEMA: ¿Cuál es el mensaje que Dios quiere que Sofonías dé a Judá?

COMPLEMENTO: Para evitar el juicio de Dios deben someterse a él.

IDEA EXEGÉTICA: El mensaje que Dios quiere que Sofonías dé a Judá es que para evitar su juicio deben someterse a él.[4]

IDEA HOMILÉTICA: Someterse a Dios para evitar su juicio.

Sofonías 2:4-3:7

TEMA: ¿Cuál es el mensaje que Dios quiere que Sofonías dé a Judá?

COMPLEMENTO: Judá y las naciones gentiles sufrirán el juicio de Dios.

IDEA EXEGÉTICA: El mensaje que Dios quiere que Sofonías dé a Judá es que Judá y las naciones gentiles sufrirán el juicio de Dios.[5]

IDEA HOMILÉTICA: Comprender que los injustos sufrirán el juicio de Dios.

Sofonías 3:8-13

TEMA: ¿Cuál es el mensaje que Dios quiere que Sofonías dé a Judá?

---

3. Posibles formas de predicación o enseñanza: 1:1; 1:2-6; 1:7-13; 1:14-18; 2:1-3; 2:4-15; 3:1-7; 3:8; 3:9-13; 3:14-20.

4. La sección 2:1-3 es una "llamada al arrepentimiento" diseñada para animar al pueblo de Dios a rechazar sus malos caminos y vivir en fidelidad al pacto. Son entregados a modo de advertencia, promesa y amenaza.

5. La sección 2:4-15 contiene discursos de juicio contra las naciones extranjeras, anunciando el juicio sobre los que oprimieron al pueblo del pacto de Dios y animando a su pueblo con el mensaje de su fidelidad perpetua. La sección 3:1-7 es un oráculo del "ay" que expresa la indignación profética y el pronunciamiento de la perdición y la destrucción.

COMPLEMENTO: El día del Señor debe inspirar esperanza a los justos porque trae consigo su restauración.

IDEA EXEGÉTICA: El mensaje que Dios quiere que Sofonías dé a Judá es que el día del Señor debe inspirar esperanza a los justos porque trae consigo su restauración.

IDEA HOMILÉTICA: Siéntase confortado en el juicio eterno de Dios sobre el pecado porque trae restauración a los que son fieles.

Sofonías 3:14-20

TEMA: ¿Cuál es el mensaje que Dios quiere que Sofonías dé a Judá?

COMPLEMENTO: El día del Señor debe infundir gozo a los justos porque trae consigo su restauración.

IDEA EXEGÉTICA: El mensaje que Dios quiere que Sofonías dé a Judá es que el día del Señor debe infundir gozo a los justos porque trae consigo su restauración.

IDEA HOMILÉTICA: Regocíjate en el juicio eterno de Dios sobre el pecado porque trae restauración a los que son fieles.

Versículos/pasajes difíciles

Los desafíos de interpretación en el libro de Sofonías incluyen la genealogía del profeta, el momento exacto de su profecía, y la naturaleza resumida de la profecía, así como las referencias temáticas y los elementos estructurales dentro de la profecía. En concreto, ¿era Sofonías descendiente del rey Ezequías? ¿En qué momento del reinado de Josías ministró Sofonías -al principio, antes, durante o después de sus reformas religiosas? ¿Cómo se extiende la profecía de Sofonías más allá de su contexto histórico inmediato? ¿Se refiere Sofonías 1: 9 "saltan sobre el umbral" (NASB) al culto idolátrico, a la superstición o al saqueo violento? ¿Qué función cumple Sofonías 3:8, concluye la sección anterior (3:1-7), introduce la sección que sigue (3:9-13), o cumple ambas funciones?

Aplicación y perspectiva cultural

Sofonías profetizó en el contexto y en un clima de decadencia espiritual y social. Durante más de cincuenta años antes del reinado de Josías, sus predecesores inmediatos, el rey Manasés (695-642 a.C.) y su hijo el rey

Amón (642-640 a.C.), transfirieron la idolatría y la maldad a la religión de la nación y la vida ciudadana. Judá se dedicó a prácticas malignas como la adoración de dioses paganos; adoración del sol, la luna y las estrellas, sacrificios de niños, astrología, colocación de ídolos en el templo de Dios, el rechazo y la violación de las prescripciones del pacto, la corrupción social, y la opresión socioeconómica de los pobres.

Los siguientes pasajes son posibles aplicaciones: hablar a los incrédulos sobre el juicio de Dios (2:4-3:7), tener cuidado con el juicio de Dios (3:1-7), esperar en Dios (3:8), permanecer fieles (3:8-13), y regocijarse en el Señor (3:14-20).

FUENTES RECOMENDADAS

Chisholm, Robert B., *Jr. Interpreting the Minor Prophets* [Interpretación de los Profetas Menores]. Grand Rapids: Zondervan, 1990.

Constable, Thomas. *"Notes on Zephaniah"* ["Notas sobre Sofonías"]. https://planobiblechapel.org/tcon/notes/pdf/zephaniah.pdf.

Motyer, J. Alec. *"Zephaniah"* ["Sofonías"]. En *The Minor Prophets* [Los profetas menores], editado por Thomas Edward McComiskey, págs. 897-962. Grand Rapids: Baker Academic, 2009.

Hageo

KENNETH LANGLEY

Los judíos que regresaron a Jerusalén después del exilio empezaron a reconstruir el templo, pero lo dejaron por la oposición (Esdras 4). Han pasado 16 años. Ahora el problema no es la oposición sino la apatía, y Dios dice que es hora de volver a trabajar. Así que le da a su mensajero Hageo cuatro oráculos durante cuatro meses en el año 520 a.C.: "¡Reconstruyan mi casa!" (1:8).

TEMA: ¿Cuál es el mensaje de Dios a través de Hageo a los exiliados que han regresado?

COMPLEMENTO: "Es hora de reexaminar sus prioridades y construir el templo".

IDEA EXEGÉTICA: El mensaje de Dios a través de Hageo a los exiliados que retornaron es: "Es hora de reexaminar sus prioridades y construir el templo"[1].

IDEA HOMILÉTICA: Reexaminen sus prioridades y pongan la "casa" de Dios en primer lugar.

El mensaje de Hageo llegó en cuatro oráculos datados:

---

1. Las afirmaciones fundamentales de Hageo nos ayudan a llegar a esta idea exegética. En 1:4 el Señor pregunta cómo pueden estar contentos con sus bellas casas cuando la suya está en ruinas. Luego, dice cuatro veces: "Reflexionen sobre su proceder" (1:5, 7; 2:15, 18); es decir, que tengan claras sus prioridades. "Reconstruyan mi casa" (1:8).

1:1-15: día 1 del sexto mes
2:1-9: día 21 del séptimo mes
2:10-19: día 24 del noveno mes
2:20-23: día 24 del noveno mes

Uno podría predicar cuatro sermones, uno sobre cada uno de ellos. Sin embargo, el último pasaje, al menos, puede no parecer el texto de sermón más adecuado. Un sermón de todo el libro funciona bien porque su mensaje está bien enfocado. Este es un plan para dos sermones sobre Hageo.

Comprensión del tema, complemento, idea exegética e idea homilética

Hageo 1

El tema, el complemento y las ideas identificadas anteriormente para todo el libro también sirven para un sermón sobre el capítulo 1. Ver el párrafo introductorio y la explicación de las "afirmaciones clave" en la nota 1. Considere la posibilidad de que la congregación cante "Levántate, oh Iglesia de Dios" o "Dios de Gracia y Dios de Gloria".

TEMA: ¿Cuál es el mensaje de Dios a través de Hageo a los exiliados que retornaron?

COMPLEMENTO: "Es hora de reexaminar sus prioridades y construir el templo".

IDEA EXEGÉTICA: El mensaje de Dios a través de Hageo a los exiliados que retornaron es: "Es hora de reexaminar sus prioridades y construir el templo".

IDEA HOMILÉTICA: Reexaminen sus prioridades y pongan la "casa" de Dios en primer lugar.

Hageo 2

El versículo 4 es clave: "Ánimo... manos a la obra, que yo estoy con ustedes" (un hilo conductor en toda la Biblia). Dios glorificará su casa, hará prosperar sus cosechas y sacudirá el mundo para establecer su reinado.

TEMA: ¿Cómo motiva Dios a los judíos para que se pongan manos a la obra?

COMPLEMENTO: Les promete una mayor gloria y prosperidad para venir y estar con ellos.

IDEA EXEGÉTICA: Dios motiva a los judíos para que se pongan manos a la obra prometiendo una mayor gloria y prosperidad para venir y estar con ellos..

IDEA HOMILÉTICA: ¡Ánimo y manos a la obra, que yo estoy con ustedes!

Hageo no es complicado. Surgen menos dificultades en la interpretación de los enigmas que de la teología mal entendida. ¿Acaso Dios dice en el libro:"Hoy por mí y mañana por ti"? No, pero el favor de la gracia de Dios conlleva obligaciones de pacto. ¿El hambre y la sequía son siempre un castigo? No, pero Dios puede utilizarlas para llamar nuestra atención. ¿Promete Dios hacer rey al nieto de Jeconías? No, pero el gobierno de Zorobabel es parte del plan de Dios para poner en el trono a su Ungido. ¿Contradice Hageo a los profetas anteriores que minimizaron la importancia del templo? No. Jeremías y otros dijeron que el templo y el culto sin justicia e integridad repugnaban a Dios. Ahora Dios quiere restaurar ese poderoso símbolo de su presencia con su pueblo que ha sido castigado.

El deseo de las naciones en 2:7 probablemente no es el Mesías sino la plata y el oro que son mencionados a continuación. Sin embargo, el Mesías sí cumplió la promesa de mayor gloria del versículo 8 cuando agració el segundo templo con su presencia.

Es posible que su congregación no sea culpable de la grave idolatría e injusticia que condenaron los profetas anteriores. Sin embargo, pueden estar preocupados por sus propios asuntos y ser apáticos respecto a los asuntos de Dios. Cada generación necesita el conmovedor llamado de Hageo para repriorizar y terminar con las cosas de menor importancia.

La prosperidad es un regalo de Dios. Es más probable que la disfrutemos si perseguimos al Dador. La gente necesitaba esta palabra en el año 520 a.C., y la necesita hoy. "Más bien, busquen primeramente el reino de Dios y su justicia, y todas estas cosas les serán añadidas" (Mt 6:33).

Algunas personas pueden sentir que el presente está muy lejos de los buenos tiempos, así como los ancianos en Hageo 2:2-5. La gente de las principales denominaciones que cada vez son menos, y los ciudadanos de las comunidades en desgracia, tal vez necesiten centrarse menos en el pasado y más en la promesa: les espera una mayor gloria, Dios sacudirá la tierra y establecerá el gobierno del Mesías, ya que él está con nosotros (Hg 1:14; 2:4, 5).

FUENTES RECOMENDADAS

Achtemeier, Elizabeth. *Nahum–Malachi. Interpretation* [Nahúm-Malaquías, Interpretación]. Louisville: Westminster John Knox, 1986.

———. Preaching from *the Minor Prophets* [Predicación de los Profetas Menores]. Grand Rapids: Eerdmans, 1998.

Boda, Mark J. Zechariah, Malachi. *The NIV Application Commentary* [Zacarías, Malaquías, Comentario Bíblico con aplicación NVI]. Grand Rapids: Zondervan, 2004.

Hill, Andrew. *Haggai, Zechariah, and Malachi. Tyndale Old Testament Commentaries* [Hageo, Zacarías y Malaquías, Comentarios de Tyndale sobre el Antiguo Testamento]. Downers Grove, Illinois: InterVarsity.

Zacarías

GREGORY K. HOLLIFIELD

Zacarías (que significa "Yahvé se acuerda") es una profecía de ánimo para la comunidad postexílica recién retornada, en la que se informa de los planes próximos y futuros de Dios para Jerusalén, sus enemigos y el Mesías venidero.

TEMA: ¿Cuál fue el mensaje visual y audible que recibió Zacarias de parte de Dios para los judíos exiliados recién retornados de Babilonia?

COMPLEMENTO: El Señor va regresar por misericordia para habitar en Jerusalén, donde su templo será reconstruido y las naciones se reunirán para adorarle.

IDEA EXEGÉTICA: El mensaje visual y audible que recibió Zacarías de parte de Dios, para los judíos exiliados recién retornados del cautiverio babilónico fue que el Señor va a regresar por misericordia para habitar en Jerusalén, donde su templo será reconstruido y las naciones se reunirán para adorarle.

IDEA HOMILÉTICA: Un día las naciones adorarán al Señor en una Jerusalén totalmente restaurada.

El libro de Zacarías se divide naturalmente en tres secciones. La primera sección consta de ocho visiones (capítulos 1-6). La segunda sección contiene cuatro respuestas a una pregunta sobre el ayuno (capítulos 7-8). La tercera sección concluye con dos grandes oráculos sin fecha (capítulos 9-14). Con estas divisiones tan claras, uno podría llegar a la conclusión de que el libro debería predicarse en catorce sermones separados. Sin embargo, si se examina con más detenimiento, se detectará una estructura quiástica en la primera sección: con las visiones 1 y 8, las visiones 2-3 y 6-7, y las visiones 4 y 5 que se corresponden entre sí. Por lo tanto, esta primera sección podría predicarse en tan solo tres sermones, si no en uno (porque las ocho visiones se dieron en una sola noche y habrían tenido un efecto conjunto sobre Zacarías y su audiencia inicial).

Las exhortaciones éticas y religiosas relativas al ayuno de la segunda sección podrían dividirse en cuatro sermones o tomarse como un todo. Un solo sermón sobre estos dos capítulos condenaría el ritualismo vacío (aquí, el ayuno sin obediencia [7:4 -14]) y, en cambio, animaría a mostrar la misericordia y la justicia como el camino para agradar a Dios (8:14-17).

Los dos oráculos finales del libro, sin fecha, dada su extensión y su orientación inmediata y más lejana, sugieren al menos dos sermones. Sin embargo, las numerosas profecías cristológicas de esta sección podrían estar reunidas en un solo sermón temático.

Comprensión del tema, complemento, idea exegética e idea homilética

Zacarías 1:1-6

TEMA: ¿Cuál fue el mensaje que el Señor le dio a Zacarías para que anunciara al pueblo?

COMPLEMENTO: Vuelvan a mí para que yo vuelva a ustedes, a diferencia de sus padres que se apartaron de mi palabra y sufrieron las consecuencias.

IDEA EXEGÉTICA: El Señor le dijo a Zacarías que anunciara al pueblo: Vuelvan a mí para que yo vuelva a ustedes, a diferencia de sus padres, que se apartaron de mi palabra y sufrieron las consecuencias.

IDEA HOMILÉTICA: El Señor nos invita a volver a él ahora, antes de que nos alcancen las consecuencias de la desobediencia futura.

Zacarías 1:7-17

■ *Visión 1*

TEMA: ¿Qué significado tuvo la visión de Zacarías acerca de un hombre montado en un caballo rojo?

COMPLEMENTO: La tierra parecía estar en reposo, pero el Señor que regresaba a Jerusalén estaba celoso y enojado con las naciones y restauraría la fortuna de sus ciudades.

IDEA EXEGÉTICA: La visión de Zacarías de un hombre montado en un caballo rojo significaba que, aunque la tierra parecía estar en reposo, el Señor que regresaba a Jerusalén estaba celoso y enojado con las naciones y restauraría la fortuna de sus ciudades.

IDEA HOMILÉTICA: Nuestro celoso y enojado Señor volverá para bendecir a los suyos.

Zacarías 1:18-21

■ *Visión 2*

TEMA: ¿Cuál fue el significado de la visión de Zacarías acerca de los cuatro cuernos y los herreros?

COMPLEMENTO: Las naciones que atacaron y dispersaron a Judá, Israel y Jerusalén experimentarían una aterradora derrota.

IDEA EXEGÉTICA: La visión de Zacarías de los cuatro cuernos y los herreros significaba que las naciones que atacaron a Judá, Israel y Jerusalén experimentarían una aterradora derrota.

IDEA HOMILÉTICA: Aquellos que abusan de los hijos de Dios están destinados a la derrota.

Zacarías 2

■ *Visión 3*

TEMA: ¿Cuál fue el significado de la visión de Zacarías acerca de un hombre con un cordel de medir?

COMPLEMENTO: Jerusalén estaría habitada por una multitud que había regresado de Babilonia y de otros lugares y sería protegida por su Dios en medio de ella.

IDEA EXEGÉTICA: La visión de Zacarías de un hombre con un cordel de medir significaba que Jerusalén estaría habitada por una multitud que había regresado de Babilonia y de otros lugares, y que sería protegida por su Dios en medio de ella.

IDEA HOMILÉTICA: Nuestro Dios que habita entre nosotros es nuestra fuente de protección y prosperidad.

Zacarías 3

■ *Visión 4*

TEMA: ¿Cuál fue el significado de la visión de Zacarías sobre el sumo sacerdote Josué?

COMPLEMENTO: El Señor estaba limpiando y restaurando el sacerdocio en la persona de Josué como anticipo de la venida del Renuevo, que señalaría la eliminación de la iniquidad y la restauración de la tranquilidad.

IDEA EXEGÉTICA: La visión de Zacarías del sumo sacerdote Josué significaba que el Señor estaba limpiando el sacerdocio como anticipo de la venida de la Renuevo, que señalaría la eliminación de la iniquidad y la restauración de la tranquilidad.

IDEA HOMILÉTICA: El Señor nos limpia a nosotros pecadores para que sirvamos como sus sacerdotes, dando a conocer a los demás a nuestro gran Sumo Sacerdote (ver 1 Pe 2:9)

Zacarías 4

■ *Visión 5*

TEMA: ¿Cuál es el significado de la visión de Zacarías sobre un candelero de oro?

COMPLEMENTO: El Señor había ungido a Zorobabel y Josué para que lideraran la restauración de Jerusalén y del templo, y nada los detendría.

IDEA EXEGÉTICA: La visión de Zacarías de un candelabro de oro significaba que el Señor había ungido a Zorobabel y Josué para que lideraran la restauración de Jerusalén y del templo, y nada los detendría.

IDEA HOMILÉTICA: El Señor unge a quien él elige para el liderazgo eficaz .

Zacarías 5:1-4

■ *Visión 6*

TEMA: ¿Cuál fue el significado de la visión de Zacarías sobre un rollo que volaba?

COMPLEMENTO: Una maldición iba a caer tanto para el ladrón como para el que jura en falso por el nombre del Señor, para eliminarlos a ellos y a sus casas de la tierra.

IDEA EXEGÉTICA: La visión de Zacarías sobre un rollo que volaba significaba que una maldición iba a caer tanto para el ladrón como para el que jura en falso por el nombre del Señor, para eliminarlos a ellos y a sus casas de la tierra.

IDEA HOMILÉTICA: En ese lugar donde habita Dios no hay lugar para el que agravia al prójimo o a Dios (ver 1 Co 6:9-10).

Zacarías 5:5-11

■ *Visión 7*

TEMA: ¿Cuál fue el significado de la visión de Zacarías sobre una mujer en una canasta?

COMPLEMENTO: La maldad sería eliminada de la tierra y reubicada en su propia casa en Shinar (Babilonia).

IDEA EXEGÉTICA: La visión de Zacarías sobre una mujer en una canasta significaba que la maldad sería eliminada de la tierra y reubicada en su propia casa en Shinar.

IDEA HOMILÉTICA: La maldad no tiene cabida en el lugar donde mora Dios (ver 2 Co 6:16-18).

Zacarías 6

■ Visión 8

TEMA: ¿Cuál fue el significado de la visión de Zacarías sobre los cuatro carros?

COMPLEMENTO: Con el Espíritu de Dios en calma y la tierra sometida bajo su ojo vigilante, Josué podría ser coronado como su sacerdote príncipe, el Renuevo, que reconstruiría el templo y gobernaría en paz.

IDEA EXEGÉTICA: La visión de Zacarías sobre los cuatro carros significaba que con el Espíritu de Dios en calma y la tierra sometida bajo su ojo vigilante, Josué podría ser coronado como su sacerdote príncipe, el Renuevo, que reconstruiría el templo y gobernaría en paz.

IDEA HOMILÉTICA: El sacerdote príncipe de Dios, el Renuevo, gobernará en paz cuando el Espíritu de Dios esté finalmente en calma.

Zacarías 7:1-7

■ Preguntas y respuestas 1

TEMA: ¿Los que hemos regresado del exilio debemos seguir respetando los ayunos que conmemoran la destrucción de Jerusalén?[1]

COMPLEMENTO: Ustedes respetaron esos ayunos, al igual que sus fiestas anteriores, para sus propios propósitos.

IDEA EXEGÉTICA: A la pregunta de la comunidad postexílica sobre si debían seguir respetando los ayunos que conmemoraban la destrucción de Jerusalén, el Señor respondió: Ustedes respetaron esos ayunos, al igual que sus fiestas anteriores, para sus propios propósitos.

IDEA HOMILÉTICA: Ya sea que ayunemos o festejemos, debemos hacerlo todo para la gloria de Dios (ver 1 Co 10:31; Ro 14).

Zacarías 7:8-14

■ Respuestas 2

TEMA: ¿Los que hemos regresado del exilio debemos seguir respetando los ayunos que conmemoran la destrucción de Jerusalén?

COMPLEMENTO: Actúen con justicia y amor misericordioso a diferencia de sus

---

1. Por lo general, nos abstendríamos de referirnos a "nosotros" en la pregunta sobre el tema, el complemento y la idea exegética. Sin embargo, como estamos hablando desde la perspectiva de los exiliados judíos, esto es permisible.

padres que no lo hicieron y por ello fueron dispersados a otras naciones.

IDEA EXEGÉTICA: Ante la pregunta de la comunidad postexílica sobre si debían seguir respetando los ayunos que conmemoraban la destrucción de Jerusalén, el Señor respondió: Actúen con justicia y amor misericordioso, a diferencia de sus padres, que no lo hicieron y por ello fueron dispersados a otras naciones.

IDEA HOMILÉTICA: El Señor desea de nosotros justicia y misericordia, no meros rituales (ver Miq 6:1-8).

Zacarías 8:1-17

■ *Respuestas 3*

TEMA: ¿Los que hemos regresado del exilio debemos seguir respetando los ayunos que conmemoran la destrucción de Jerusalén?

COMPLEMENTO: La prosperidad será restaurada a toda Jerusalén y a la casa de Judá (eliminando así el motivo de sus ayunos), así que practique la justicia.

IDEA EXEGÉTICA: Ante la pregunta de la comunidad postexílica de si debían seguir respetando los ayunos que conmemoran la destrucción de Jerusalén, el Señor respondió: La prosperidad será restaurada a toda Jerusalén y la casa de Judá (eliminando así el motivo de sus ayunos), así que practique la justicia.

IDEA HOMILÉTICA: Aquellos a quienes el Señor ha hecho el bien deben hacer el bien a todos.

Zacarías 8:18-23

■ *Respuestas 4*

TEMA: ¿Los que hemos regresado del exilio debemos seguir cumpliendo los ayunos que conmemoran la destrucción de Jerusalén?

COMPLEMENTO: Sus ayunos se convertirán en fiestas, y bendiciones del Señor hacia ustedes que aman la verdad y la paz, atraerá a las naciones.

IDEA EXEGÉTICA: Ante la pregunta de la comunidad postexílica de si debían seguir cumpliendo los ayunos que conmemoraban la destrucción de Jerusalén, el Señor respondió: Sus ayunos se convertirán en fiestas, y bendiciones del Señor hacia ustedes, que aman la verdad y la paz, atraerá a las naciones.

IDEA HOMILÉTICA: Dios nos bendice para atraer a los demás hacia él.

Zacarías 9-11

■ *Oráculo 1*

TEMA: ¿Cuál fue el mensaje del primer gran oráculo de Zacarias que no llevaba fecha?

COMPLEMENTO: Los enemigos de un Israel reunificado serán juzgados, el rey y la tierra de Israel serán restaurados (caps. 9-10), y el propio Israel será castigado por rechazar el cuidado pastoral del Señor (cap. 11).

IDEA EXEGÉTICA: El mensaje del primer gran oráculo de Zacarías que no llevaba fecha consistía en que los enemigos de un Israel reunificado serán juzgados, el rey y la tierra de Israel serán restaurados, y el propio Israel será castigado por rechazar el cuidado pastoral del Señor.

IDEA HOMILÉTICA: Todos los que rechazan al verdadero Pastor acabarán sufriendo las consecuencias de su decisión.

Zacarías 12-14

■ *Oráculo 2*

TEMA: ¿Cuál fue el mensaje del segundo gran oráculo de Zacarías que no llevaba fecha?

COMPLEMENTO: El Señor liberará finalmente a Israel, después de que este se haya arrepentido de su anterior rechazo hacia él (caps. 12-13), y establecerá su reino universal con su trono en Jerusalén (cap. 14).

IDEA EXEGÉTICA: El mensaje del segundo gran oráculo de Zacarías que no llevaba fecha fue que el Señor liberará finalmente a Israel, después de que este se haya arrepentido de su anterior rechazo hacia él, y establecerá su reino universal con su trono en Jerusalén.

IDEA HOMILÉTICA: Se acerca el día en que el pueblo de Dios por fin descansará y la tierra será plenamente suya.

Versículos/pasajes difíciles

Los comentaristas de todas las épocas coinciden en que el libro de Zacarías es uno de los más difíciles de interpretar de la Biblia. La complejidad abunda en cada página. La primera sección (caps. 1-6) consiste en extrañas visiones y oráculos que a veces parecen sin conexión. La segunda sección (caps. 7-8) se abre con una extraña pregunta cuyo significado (ver 2 Reyes 25) es probable que el lector moderno pase por alto y concluye con un puñado de respuestas divinas. Una vez más, la conexión entre las preguntas del pueblo y las respuestas de Dios no siempre son claras. La tercera sección (caps. 9-14) presenta un "caleidoscopio de amenazas y promesas divinas sobre el futuro de Jerusalén, las naciones y el cosmos, pero a menudo sin referentes históricos claramente identificables"[2].

2. William J. Webb, *"Zechariah, Book of,"* ["Libro de Zacarías"] en *Dictionary for Theo-*

El lector debe tener siempre presente que el objetivo principal del profeta era la restauración de Jerusalén, su templo (con la presencia de Dios) y su pueblo. Zacarías pretendía recordar a su público original que se encontraban en una situación difícil debido a la desobediencia de sus antepasados; sin embargo, el Señor no se había olvidado de ellos ni de su pacto con ellos. El Señor mismo estaba volviendo a ellos, restaurando su antigua gloria, y esperando su fiel obediencia. Toda esta plática de una Jerusalén restaurada (o nueva), las descripciones de lo que Zacarías vio en algunas de sus visiones (como cuatro caballos y sus jinetes), la mención de uno llamado "el Renuevo", y las numerosas predicciones mesiánicas (especialmente en la sección final del libro) pueden hacer que el lector pase por alto o subestime el escenario histórico del libro y su importancia para esa primera generación de judíos que había regresado del exilio y la dispersión babilónica.

La forma repetitiva en que se presentan los temas clave del libro puede ocultar las formas matizadas en que Zacarías reitera esos temas y cómo los aplica. Por ejemplo, el relato de los jinetes de que la tierra parecía "en reposo" en 1:11 desmentía la realidad de la ira de Dios en ese momento contra las naciones que se habían aprovechado indebidamente de su pueblo, pero su relato de que el Espíritu de Dios estaba "en calma" en el país del norte en 6:8 era una declaración verdadera de cómo Dios se sentía entonces. Su ira hacia Babilonia estaba apaciguada.

La presentación quiástica de las ocho visiones en la primera sección crea su propia serie de dificultades. Si bien es posible analizar cada visión por separado (como se indica más arriba), las visiones exteriores (1 y 8) guardan claramente cierta correspondencia entre sí, al igual que las visiones 2 y 3 con las visiones 6 y 7, dejando las visiones 4 y 5 juntas como punto central. ¿Cómo debían corresponder con exactitud estas visiones emparejadas? ¿Estaban las visiones 4 y 5 destinadas a enaltecer a Josué y Zorobabel por igual, presagiando así la llegada de dos mesías (como creían algunos eruditos judíos)? Si no es así, ¿cómo se explica la visión 8, que presenta a Josué como un sacerdote príncipe que tipifica a un mesías? Estas son solo tres preguntas que podrían plantearse sobre esta sección.

La ubicación de los enemigos de Israel que se mencionan en 9:1-8, así como su papel en la historia de Israel, serán desconocidas para muchos lectores. Se debería dedicar tiempo a identificar a estos enemigos en un mapa, a resumir su maltrato al pueblo de Dios y a contar cómo encontraron su propia muerte.

logical Interpretation of the Bible [Diccionario para la interpretación teológica de la Biblia], ed. Kevin J. Vanhoozer (Grand Rapids: Baker Academic, 2005), pág. 862.

El segundo gran oráculo de Zacarías (caps. 12-14) se refiere a un futuro lejano, planteando naturalmente preguntas de carácter escatológico. El predicador querrá evitar quedarse estancado en especulaciones innecesarias en este punto y concentrarse, en cambio, en el claro mensaje de la victoria final y el gobierno eterno de Dios.

Aplicación y perspectiva cultural

El Señor disciplina a sus hijos desobedientes, pero ¿cómo respondemos nosotros a esta forma de su cuidado amoroso? ¿Dejamos que los sentimientos de culpa nos derroten o que el resentimiento nos limite para no volver humildemente a su lado y a su servicio? ¿O confesamos nuestro pecado, aceptamos su perdón, le damos las gracias por habernos apartado de nuestros propios caminos destructivos y volvemos a seguirle? Fue en esta encrucijada decisiva donde se encontraban los exiliados recién retornados, y fue aquí donde Dios colocó a Zacarías como un referente que apuntaba a un futuro más brillante para aquellos que se sometieran a su Dios.

El mensaje de Zacarías a los retornados abatidos era este: El Señor se acuerda. El Señor regresa. El Señor restaura. No importa lo que parezca, él no ha olvidado su pacto. Él regresa a su pueblo. Él hará que todas las cosas vuelvan a estar bien. ¿Cuántas veces olvidamos eso? ¿Cuánto necesitamos que Zacarías nos lo recuerde?

La restauración final de Jerusalén es la salvación definitiva del mundo. Su tan esperado Renuevo ha cargado con los pecados de toda la humanidad. Primero vino para ser rechazado por Israel (6:12; 11:12-13; 12:10); regresa para gobernar sobre todo (2:11; 6:15; 8:23; 14:16, 20-21).

Algunas de las lecciones de Zacarías son las siguientes:

- La reconstrucción de la casa de Dios es una condición imprescindible de una época mejor (1:16)[3].
- El Señor vigila la tierra y permanece como Dios sobre todas las naciones (1:11–15; 2:11; 4:10; 6:5–8; 8:20–23; 9:1–8; 14:13–21).
- Satanás es el principal adversario del pueblo de Dios (3:1).
- No es por el poder, ni por la fuerza, sino por su Espíritu que el Señor hace la obra (4:6).
- Los rituales religiosos no sustituyen a la justicia, la misericordia, la verdad y la rectitud (8:16-17).
- El Renuevo rechazado es el rey que regresa y que marcará el comienzo

---

3. George L. Robinson, *The Twelve Minor Prophets* [Los doce profetas menores] (Grand Rapids: Baker, 1984), págs.153–55.

de un nuevo día (14:6-9).
- Las promesas de Dios sobre un templo, un sacerdote, un rey y un pueblo restaurados, así como de un pastor rechazado y un soberano universal en un futuro escatológico se cumplen en Jesucristo.

FUENTES RECOMENDADAS

Baldwin, Joyce G. *Haggai, Zechariah, Malachi. Tyndale Old Testament Commentaries* [Hageo, Zacarías, Malaquías, Comentarios de Tyndale sobre el Antiguo Testamento]. Downers Grove, Illinois: InterVarsity, 1972.

Fee, *Gordon D., and Douglas Stuart. How to Read the Bible Book by Book.* [Cómo leer la Biblia libro por Libro. Grand Rapids: Zondervan, 2002

Malaquías

TIMOTHY BUSHFIELD

El libro de Malaquías (que significa "mi mensajero") está escrito para el pueblo del pacto de Dios, no en una época de crisis, sino en una época de decadencia espiritual. Consiste en una serie de disputas o argumentos iniciados por Dios al lanzar acusaciones contra su pueblo, porque se ha alejado del pacto y ha descuidado la experiencia plena de la vida con su Dios.

TEMA: ¿Qué enseña el mensaje general del libro de Malaquías sobre la relación entre Dios y su pueblo en la comunidad postexílica?

COMPLEMENTO: En una época de decadencia espiritual, Dios se enfrenta a los caminos errantes del pueblo, a la vez que les invita a volver a su relación de pacto con su Dios.

IDEA EXEGÉTICA: El mensaje general del libro de Malaquías enseña sobre la relación entre Dios y su pueblo en la comunidad postexílica cuando Dios confronta los caminos equivocados de su pueblo, a la vez que lo invita a volver a su relación de pacto con su Dios, durante un tiempo de decadencia espiritual.

IDEA HOMILÉTICA: Dios nos confronta para cuidarnos mientras nos llama de vuelta hacia Él.

Malaquías consta de seis disputas que se evidencian claramente en el texto. Este libro, en la primera semana de presentación se proporciona el contexto histórico y bíblico necesario. A partir de ahí, si se dedica una semana a cada disputa, se obtienen seis semanas más de estudio. La última semana proviene del capítulo 4. Al revisar Miqueas 3:16 durante esta última semana, se puede incluir un espacio para la respuesta de la congregación, ya que el texto apunta al Mesías prometido. De este modo siguiendo la estructura del propio texto, el libro de Malaquías puede predicarse eficazmente durante ocho semanas.una serie de cuatro semanas en la que se combinan los pasajes paralelos.

Comprensión del tema, complemento, idea exegética e idea homilética

Malaquías 1:1

TEMA: ¿Cuál es el propósito del libro de Malaquías?

COMPLEMENTO: Para que Dios envíe a su mensajero para llamar a su pueblo a una relación restaurada con Él durante un tiempo de declive espiritual.

IDEA EXEGÉTICA: El propósito del libro de Malaquías es que Dios envíe a su mensajero para llamar a su pueblo a una relación restaurada con Él durante una época de declive espiritual.

IDEA HOMILÉTICA: A pesar de las palabras duras, Dios nos ama demasiado como para dejar que nos alejemos demasiado de Él.

Malaquías 1:2-5

TTEMA: ¿Qué es lo primero que establece Dios al confrontar a su pueblo?

COMPLEMENTO: Que Dios los ama y ha elegido obrar entre ellos y a través de ellos, no por su mérito, sino por su gracia.

IDEA EXEGÉTICA: Lo que Dios establece primero al confrontar a su pueblo es que Dios los ama y ha elegido obrar entre ellos y a través de ellos, no por su mérito, sino por su gracia.

IDEA HOMILÉTICA: Vuelva al Señor, porque su amor no se basa en nuestra bondad sino en su gracia[1] .

Malaquías 1:6–2:9

TEMA: ¿Qué revela la segunda disputa sobre el honor de Dios entre su pueblo?

COMPLEMENTO: Que los sacerdotes estaban mostrando desprecio por Dios al permitir el uso de animales mutilados para los sacrificios en la adoración.

---

1. Ver "Versículos /pasajes difíciles" para una explicación de cómo los términos "amor" y "odio" se utilizan de forma conjunta y no emocional en Malaquías y en toda la Escritura.

IDEA EXEGÉTICA: En la segunda disputa, sobre el honor de Dios en su pueblo se manifiesta que los sacerdotes mostraban desprecio por Dios al permitir el uso animales mutilados para los sacrificios en la adoración.

IDEA HOMILÉTICA: Dios es grande, y por consecuencia debemos adorarle.

Malaquías 2:10-16[2]

TEMA: ¿Qué enseña esta tercera disputa sobre el carácter de Dios?

COMPLEMENTO: Que Dios es un Dios fiel, que hace pactos, y su pueblo debe reflejar esto en sus propias relaciones, especialmente en el matrimonio.

IDEA EXEGÉTICA: Esta tercera disputa enseña que Dios es un Dios fiel, que hace pactos, y que su pueblo debe reflejar esta fidelidad en sus propias relaciones, especialmente en el matrimonio.

IDEA HOMILÉTICA: Dios es fiel, por lo que el matrimonio debe ser un reflejo de su fidelidad.

Malaquías 2:17-3:5

TEMA: ¿Qué revela la cuarta disputa sobre la justicia de Dios?

COMPLEMENTO: Aunque se retrase por un tiempo, ciertamente llegará, y el propio pueblo de Dios no estará ajeno a la justicia por la que clama.

IDEA EXEGÉTICA: La cuarta disputa revela que la justicia de Dios, aunque se retrase por un tiempo, ciertamente llegará, y el propio pueblo de Dios no estará ajeno de la justicia por la que clama.

IDEA HOMILÉTICA: Dios es justo y su justicia viene, y nosotros no estamos ajenos a ello.

Malaquías 3:6-12

TEMA: ¿Que transmite esta quinta disputa sobre el regreso al Señor?

COMPLEMENTO: Involucra todos los aspectos de la vida, incluyendo traer el diezmo completo al Señor en lugar de robarle a Dios reteniéndolo.

IDEA EXEGÉTICA: La quinta disputa transmite acerca del regreso al Señor que involucra todos los aspectos de la vida, incluyendo traer el diezmo completo al Señor en lugar de robarle a Dios reteniéndolo.

IDEA HOMILÉTICA: Dios es inmutable, por lo que toda nuestra vida debe estar orientada en torno a su gracia, incluyendo nuestras finanzas.

---

2. Malaquías 2:16 es uno de los versículos hebreos más difíciles de traducir de toda la Biblia. Existe una gran variedad interpretativa entre las distintas traducciones.

Malaquías 3:13-15, 17-18

TEMA: ¿Qué revela esta disputa final?

COMPLEMENTO: Que al ver que el mal prosperaba, el pueblo de Dios había perdido la esperanza en los propósitos redentores de Dios, a pesar de que Él había prometido que en un día futuro actuaría y reivindicaría a su pueblo como su posesión más preciada.

IDEA EXEGÉTICA: Esta disputa final revela que el pueblo ve prosperar el mal y perdió la esperanza en los propósitos redentores de Dios, a pesar que Él había prometido que en un día futuro actuaría y reivindicaría a su pueblo como su posesión más preciada.

IDEA HOMILÉTICA: Dios es bueno, así que tengamos esperanza en el futuro de Dios porque el presente pronto será pasado.

Malaquías 3:16 y 4:1-6

TEMA: ¿Qué revela la conclusión del libro de Malaquías sobre los últimos propósitos redentores de Dios?

COMPLEMENTO: Con una alusión mesiánica, Dios invita a su pueblo a volver a comprometerse con su vida en pacto con él, prometiendo que el gran día de la sanidad y la reivindicación efectivamente llegará.

IDEA EXEGÉTICA: La conclusión del libro de Malaquías revela sobre los últimos propósitos redentores de Dios que con la alusión mesiánica Dios invita a su pueblo a volver a comprometerse con su vida en pacto con él, prometiendo que el gran día de la sanidad y la reivindicación efectivamente llegará.

IDEA HOMILÉTICA: Vuelva al Señor, porque la sanidad y la reivindicación se encuentran solo en el nombre de Jesús.

Versículos/pasajes difíciles

En Malaquías 1:2-3, mientras Dios le recuerda a su pueblo su condición de elegido como pueblo del pacto de Dios, el texto dice que amó a Jacob pero "aborrecí a Esaú". La idea de que Dios aborrece a alguien debe ser explicada mediante el contexto del pacto para estas ideas, en contraste con las connotaciones emocionales que conllevan en la actualidad.

También encontrará una gran variedad de traducciones para Malaquías 2:16. Este es uno de los versículos en hebreo más difíciles de toda la Biblia. Lea varias traducciones de este versículo para comprender las diversas opciones interpretativas, y predique con humildad no hablando con más convicción de la que permite la claridad del texto.

Aplicación y perspectiva cultural

Malaquías es un libro fresco y práctico. Cuando usted enseñe a través de este libro, señale la expectativa de Dios de que el comportamiento externo debe ser un reflejo de la condición interna del corazón. Ya sea que Malaquías se refiera a la adoración, el diezmo, los sacrificios o el matrimonio, el texto destaca una expresión pragmática de la fe al tomar decisiones significativas que reflejen exteriormente nuestra relación íntima con Dios.

También hay numerosas referencias a lo largo del libro en las que el pueblo de Dios no ve su justicia o su influencia o su bendición alrededor de ellos. Esto es claramente algo con lo que los oyentes contemporáneos pueden identificarse. El profeta subraya que viene un día prometido de sanidad y reivindicación, incluso cuando la vida actual parece sin esperanza. Si bien es cierto que Jesús ya ha venido, seguimos esperando su glorioso regreso, y podemos compartir esta postura de espera expectante y confiada.

FUENTES RECOMENDADAS

Baker, David W. Joel, *Obadiah, Malachi, The NIV Application Commentary* [Joel, Abdías, Malaquías, Comentario bíblico con aplicación NVI]. Grand Rapids: Zondervan, 2006.

Clendenin, Ray E. Haggai, Malachi, *The New American Commentary* [Hageo, Malaquías, Nuevo Comentario Bíblico Americano]. Nashville: Broadman & Holman, 2004.

Hugenberger, Gordon P. *Marriage as Covenant: Biblical Law and Ethics as Developed from Malachi* [El matrimonio como pacto: La ley y la ética Bíblica desarrolladas a partir de Malaquías]. Grand Rapids: Baker, 1994.

Stuart, Douglas. *"Malachi"* ["Malaquías"]. En *The Minor Prophets* [Profetas menores], editado por Thomas Edward McComiskey, págs. 1245–396. Grand Rapids: Baker Academic, 2009.

EL NUEVO TESTAMENTO

Mateo

SCOTT A. WENIG

El evangelio de Mateo es un relato biográfico del nacimiento, el ministerio, la muerte y la resurrección de Jesús, escrito originalmente para los cristianos hebreos. Demuestra que Jesús es el Mesías prometido por Dios que sirve como salvador, rey y Señor tanto de Israel como del mundo. Tras una genealogía inicial que identifica a Jesús como hijo de David y Abraham (1:1-17), Mateo destaca su inusual nacimiento, su bautismo por Juan y su tentación satánica para mostrar que ha venido a salvar a la humanidad de sus pecados. Jesús comenzó su ministerio público enseñando sobre el reino de Dios y realizó sanidades, alimentación y exorcismos sobrenaturales para demostrar que el reino había llegado por medio de él. Su ministerio culminó con un juicio a prueba por los líderes judíos, que lo entregaron a las autoridades romanas para que lo condenaran. Esto dio lugar a su horrible muerte en la crucifixión, pero tres días después se produjo su promesa de resurrección de entre los muertos. El primero expió los pecados de la humanidad, mientras que el segundo demostró su deidad y señorío. Los que eligen seguir a Jesús como rey deben llevar su mensaje de salvación a todo el mundo, haciendo discípulos de toda tribu, lengua y nación.

TEMA: ¿Cómo se cumplen en Jesús las promesas de Dios sobre un Mesías que proporciona la salvación a judíos y gentiles por igual?

COMPLEMENTO: Jesús inició el reino de Dios por medio de su linaje judío, su ministerio a judíos y gentiles, su muerte expiatoria en la cruz y su resurrección física de entre los muertos.

IDEA EXEGÉTICA: Las promesas de Dios sobre un Mesías que proporciona la salvación a judíos y gentiles por igual se cumplen en Jesús por medio de su linaje judío, su ministerio a judíos y gentiles, su muerte expiatoria en la cruz y su resurrección física de entre los muertos, por medio de la cual Jesús inició el reino de Dios.

IDEA HOMILÉTICA: El Mesías prometido por Dios es el rey Jesús, que con su muerte por el pecado y su resurrección de entre los muertos proporciona la salvación a todo tipo de personas.

Selección de pasajes para predicar y enseñar el libro de Mateo

Una forma de predicar el libro de Mateo es a través de una serie expositiva sobre todos o la mayoría de los capítulos de este evangelio, la cual podría durar varios meses. Si los predicadores y profesores optan por este enfoque, los temas de cada sección principal se muestran en los siguientes esquemas.

Esquema 1

    I. La genealogía y el nacimiento de Jesús el Mesías (caps. 1-2)
    II. La proclamación del Reino de Dios por parte de Jesús (caps. 3-4)
    III. El estilo de vida para aquellos que pertenecen al Reino (caps. 5-7)
    IV. La expansión del Reino (caps. 8-10)
    V. La creciente oposición al Reino (caps. 11-12)
    VI. Parábolas sobre la naturaleza del Reino (cap. 13)
    VII. Milagros del rey ante la creciente oposición (caps. 14-17)
    VIII. Las obligaciones de los que pertenecen al Reino (caps. 18-22)
    IX. La religión engañosa y el llamado a vivir fielmente en el Reino (caps. 23-25)
    X. La pasión, crucifixión y resurrección del rey y su llamado a la Expansión del Reino (caps. 26-28)

Esquema 2

    I. La identidad de Jesús el Mesías y el Ethos de Su misión (caps. 1-7)
    II. La misión mesiánica de Jesús en Israel frente a la oposición (caps. 8-12)
    III. El crecimiento y la difusión de la misión mesiánica de Jesús ilustrada por parábolas (cap. 13)
    IV. El ministerio de Sanidad, Alimentación y Enseñanza de Jesús ante la condena y el rechazo (caps. 14-18)
    V. La misión mesiánica de Jesús avanza hacia su culminación (caps. 19-25)
    VI. Jesús es rechazado como Mesías y sufrió cruelmente hasta la muerte (caps. 26-27)
    VII. La resurrección de Jesús de entre los muertos lo confirma como el

Mesías y empodera su llamamiento a hacer discípulos de todas las naciones (cap. 28)

Para aquellos pastores y profesores que no se sienten tan seguros como para dedicarle un año al evangelio de Mateo, puede ser mejor recorrer diferentes secciones en diferentes momentos. Por ejemplo, una serie de sermones sobre la identidad, el nacimiento y el ministerio inicial de Jesús, que comprende los capítulos 1-4, podría comenzar después de Acción de Gracias y continuar hasta enero. A esto podría seguirle una segunda serie sobre el Sermón del Monte (caps. 5-7). Un año después, una tercera serie podría centrarse en las parábolas del reino de Jesús (caps. 13, 18, 24 y 25). Una cuarta serie podría comenzar en algún momento del año siguiente, cubriendo la naturaleza y la expansión del ministerio mesiánico de Jesús (capítulos 8-22). Una quinta y última serie, que exponga todos los capítulos 26-28, podría predicarse durante el tiempo de Cuaresma, y culminar después de la Pascua con un mensaje sobre la gran comisión.

Independientemente de cómo se predique este evangelio, el hecho de que Mateo tiene una composición literaria diversa presenta algunas opciones interesantes para la enseñanza. Dado que contiene una genealogía, una cantidad significativa de narrativa, un gran número de parábolas y la sección didáctica conocida como el Sermón del Monte, los predicadores y maestros pueden plantearlo de diversas maneras. Dada su diversidad literaria, a continuación se ofrecen once textos con sus correspondientes ideas exegéticas y homiléticas. Cada uno de los cuatro géneros se utiliza en estos ejemplos, los cuales incluyen algunos comentarios introductorios sobre cada tipo.

Comprensión del tema, complemento, idea exegética e idea homilética

GENEALOGÍAS

Las genealogías registran la descendencia de un individuo o grupo desde tiempo atrás, vinculándolo con el pueblo de Dios y su obra en generaciones anteriores. En conformidad con su herencia hebrea, Mateo ofrece la genealogía de Jesús para demostrar su vínculo familiar con Abraham, el padre del pueblo de Dios, y más concretamente con David, de quien procedería el Mesías de Israel. Mateo también demuestra que los planes de Dios en la historia se cumplirán a su tiempo y a su manera (de ahí los 3 grupos de 14 generaciónes) y que Jesús es el Salvador de toda clase de personas: Judíos y gentiles, hombres y mujeres, plebeyos y reyes, así como adúlteros, fornicarios, mentirosos, espías, idólatras y aquellos que buscaban vivir para Dios.

Mateo 1:1-17

TEMA: ¿Qué revela la genealogía de Mateo sobre Cristo acerca de los planes y propósitos de Dios y cómo él ha obrado en la historia hebrea?

COMPLEMENTO: Los planes y propósitos de Dios se han cumplido en Jesús el Mesías, el hijo de David, para que toda clase de personas sean bendecidas con la salvación.

IDEA EXEGÉTICA: La genealogía de Mateo sobre Cristo revela que los planes y propósitos de Dios, tal como ha obrado en la historia hebrea, han llegado a realizarse en Jesús el Mesías, el hijo de David, para que toda clase de personas puedan ser bendecidas con la salvación.

IDEA HOMILÉTICA: Dios tiene un plan para bendecir a la humanidad mediante la salvación en Cristo, y sus planes siempre se cumplen.

LITERATURA DIDÁCTICA

La literatura didáctica proporciona tanto instrucción teológica como directrices para una vida piadosa. En el Sermón del Monte, Jesús revela la naturaleza del reino de Dios y cómo sus discípulos deben vivir estos valores. Como señala Jesús, solo aquellos cuyos corazones han sido tocados por la gracia de Dios pueden vivir en el camino del reino. Su gracia nos lleva más allá de la conformidad aparente a las obligaciones religiosas y morales para amar a Dios y a los demás con todo nuestro corazón. Esta es la puerta estrecha construida en Jesús y su palabra que conduce a la salvación y nos ayuda a navegar por las tormentas de la vida.

Mateo 6:19-34

TEMA: ¿Qué características tienen los que buscan estar totalmente dedicados a Dios y a su reino?

COMPLEMENTO: Centrarse en Dios y en sus valores en lugar de las preocupaciones materiales, ya que acumulan tesoros en el cielo, confiando en que Él proveerá sus necesidades diarias.

IDEA EXEGÉTICA: Aquellos que buscan estar totalmente dedicados a Dios y a su reino se caracterizan por centrarse en Dios y en sus valores más que en las preocupaciones materiales, ya que acumulan tesoros en el cielo, confiando en que Él proveerá sus necesidades diarias.

IDEA HOMILÉTICA: Los que centran su vida en Jesús y su reino serán cuidadosamente atendidos ahora y recompensados sorprendentemente en el futuro.

Mateo 7:1-5

TEMA: ¿Cómo deben actuar los que siguen a Jesús con respecto a los demás?

COMPLEMENTO: Siendo reacios a condenar a los demás mientras se vive de forma autocrítica.

IDEA EXEGÉTICA: Los que siguen a Jesús deben ser reacios en condenar a los demás y deben vivir de forma autocrítica.

IDEA HOMILÉTICA: Los que siguen a Jesús no son exigentes con los demás, pero sí con ellos mismos.

Mateo 7:24-27

TEMA: ¿Cuál es la diferencia entre los que construyen su vida sobre Jesús y su palabra y los que no lo hacen?

COMPLEMENTO: Los primeros resistirán las tormentas de la vida y el juicio, mientras que los segundos serán arrasados.

IDEA EXEGÉTICA: La diferencia entre los que construyen su vida sobre Jesús y su palabra y los que no lo hacen es que los primeros resistirán las tormentas de la vida y el juicio, mientras que los segundos serán arrasados.

IDEA HOMILÉTICA: Construir nuestra vida sobre Jesús y su palabra proporciona un fundamento seguro para la vida actual y el juicio posterior.

LAS PARÁBOLAS

Los relatos de Jesús, conocidos como parábolas, se encuentran entre las piezas literarias más famosas de la historia de la civilización occidental. Una parábola puede ser una figura retórica (por ejemplo, una ciudad en lo alto de una colina), una similitud (por ejemplo, el reino de Dios es como un agricultor que [...]) o una historia (por ejemplo, la parábola del sembrador). Jesús empleó todas estas tres formas en su enseñanza para comunicar los misterios del reino de Dios. Mateo presenta sistemáticamente las parábolas de Jesús como explicaciones e ilustraciones de la naturaleza, los valores y la llegada definitiva de este reino. Estas fueron diseñadas no solo para revelar la verdad teológica y las ideas desafiantes, sino también para suscitar una respuesta de los oyentes1. Dada nuestra sociedad orientada a lo visual y a

---

1. Gordon D. Fee y Douglas Stuart, *How to Read the Bible for All Its Worth* [Cómo leer la Biblia en su totalidad], 3ª ed. (Grand Rapids: Zondervan, 2003), 152.

los medios de comunicación de principios del siglo XXI, la predicación y la enseñanza de estas historias pueden ayudarnos a entender y comunicar lo que el inicio del reino de Jesús significa para nosotros y para nuestros oyentes.

Mateo 13:24-30, 36-43

TEMA: ¿Cómo actúa el reino de Dios en medio de un mundo caído y marcado por el mal?

COMPLEMENTO: Convive con el mal y aumenta hasta el final de la era, cuando Jesús erradicará el mal y permitirá que reine su justicia.

IDEA EXEGÉTICA: En medio de un mundo caído marcado por el mal, el reino de Dios convive con el mal y aumenta hasta el final de la era, cuando Jesús erradicará el mal y permitirá que reine su justicia.

IDEA HOMILÉTICA: Mientras vivimos en medio de la maleza de este mundo, Jesús nos llama a plantar trigo y a esperar su cosecha con esperanza.

Mateo 18:15-35

TEMA: ¿De qué manera los seguidores del rey deben tratar a los que pecan contra ellos?

COMPLEMENTO: Debe perdonar a los demás sus pecados porque el rey ha perdonado sus innumerables pecados en contra de él.

IDEA EXEGÉTICA: Los seguidores del rey deben tratar a los que pecan contra ellos perdonando a los demás sus pecados porque el rey ha perdonado sus innumerables pecados en contra de él.

IDEA HOMILÉTICA: Ya que el reino de Dios se basa en su perdón, sus seguidores aprenden a perdonar a los demás.

Mateo 25:14-30

TEMA: ¿Cómo demuestran la fe salvadora los que dicen seguir a Jesús como Rey?

COMPLEMENTO: Arriesgando los bienes que él les ha confiado para hacer avanzar su reino.

IDEA EXEGÉTICA: La fe salvadora la demuestran los que dicen seguir a Jesús como Rey arriesgando los bienes que él les ha confiado para hacer avanzar su reino.

IDEA HOMILÉTICA: Arriesgar nuestros recursos demuestra nuestra pasión.

LAS NARRACIONES

Los evangelios son biografías históricamente precisas y basadas en hechos sobre la vida, las enseñanzas y el ministerio de Jesús. Como biografías contienen numerosas narraciones centradas en Jesús que incluyen lo siguiente: entorno, personajes, trama, punto de vista, curso del tiempo y diversos detalles[2]. Los autores de los evangelios a menudo organizaban su material por temas para comunicar la verdad teológica a sus lectores iniciales. Así, los evangelios son ejemplos de historia teológica, no necesariamente narraciones a la manera de los historiadores modernos. Las narraciones evangélicas son biográficas en el sentido de que siempre son cristocéntricos; se centran singularmente en Jesús y en su obra redentora en el advenimiento del reino de Dios.

El evangelio de Mateo gira en torno al inicio del reino de Dios por parte de Jesús, es decir, el gobierno y el reinado de Dios en la vida de las personas y, en la plenitud de los tiempos, sobre toda la creación. Aunque el reino no se consumó durante la vida de Jesús, se extendió por medio de su ministerio en Judea, Galilea y más allá. No podemos leer o interpretar con exactitud las narraciones del evangelio de Mateo ni entender la misión redentora de Jesús sin comprender el reino[3]. Este debe ser nuestro marco de referencia al leer, predicar y enseñar estas narraciones.

Mateo 15:21-28

TEMA: ¿Qué ocurre cuando Jesús pone a prueba la fe que tiene la mujer cananea en él y el amor de los discípulos por quienes no pertenecen a Israel?

COMPLEMENTO: La mujer cananea persevera y responde con "una gran fe", mientras que los discípulos flaquean en su compasión hacia quienes ellos consideran como "perros".

IDEA EXEGÉTICA: Cuando Jesús pone a prueba la fe que tiene la mujer cananea en él y el amor de los discípulos por quienes no pertenecen a Israel, la mujer cananea persevera y responde con "una gran fe", mientras que los discípulos flaquean en su compasión hacia quienes ellos consideran como "perros".

IDEA HOMILÉTICA: Cuando Jesús nos ponga a prueba en cuanto a la resistencia, respondamos con fe; cuando Jesús nos ponga a prueba en cuanto a

---

2. Para un análisis profundo de cada uno de estos elementos, ver Jeffrey D. Arthurs, *Preaching with Variety: How to Re-create the Dynamics of Biblical Genres* [Predicando con variedad: Cómo reproducir la dinámica de los géneros literarios usados en la Biblia] (Grand Rapids: Kregel, 2007), págs. 68-82.

3. Fee y Stuart, *How to Read the Bible* [Cómo leer la Biblia], pág. 145.

relacionarnos, respondamos con amor[4].

Mateo 19:16-29

TEMA: ¿Qué impide al joven rico unirse a Jesús y obtener vida eterna?

COMPLEMENTO: A pesar de su concepción religiosa, no renuncia a su fortuna económica a cambio de la gracia de Dios.

IDEA EXEGÉTICA: El joven rico se ve impedido de unirse a Jesús y obtener la vida eterna a pesar de su concepción religiosa porque no quiere renunciar a su fortuna económica a cambio de la gracia de Dios.

IDEA HOMILÉTICA: Confiemos en la gracia de Dios cada día para poder seguir a Jesús y administrar nuestra riqueza sabiamente.

Mateo 27:32-56

TEMA: ¿Qué ocurre histórica y espiritualmente mientras Jesús es colgado en la cruz?

COMPLEMENTO 1: Él fue maltratado por toda clase de pecadores, abandonado por el Padre y entregado a muerte.

COMPLEMENTO 2: Su sufrimiento pagó el precio del pecado y trajo la salvación a todos los que creyeron en él.

IDEA EXEGÉTICA: Histórica y espiritualmente, mientras Jesús es colgado en la cruz, fue maltratado por toda clase de pecadores, abandonado por el Padre y entregado a la muerte, y con su sufrimiento pagó el precio del pecado y trajo la salvación a todos los que creen en él.

IDEA HOMILÉTICA: El peor día de Jesús es nuestro mejor día si confiamos en lo que él hizo por nosotros en la cruz.

Mateo 28:16-20

TEMA: ¿Cuáles son las últimas instrucciones dadas por Jesús resucitado a sus once discípulos?

COMPLEMENTO: Confiando en las promesas de su autoridad divina y su propia presencia, deberán hacer más discípulos de todas las naciones para el reino de Dios.

IDEA EXEGÉTICA: Las últimas instrucciones dadas por Jesús resucitado a sus once discípulos son que, confiando en las promesas de su autoridad divina

---

4. John Ortberg, *Everybody's Normal Till You Get to Know Them* [Todos somos normales hasta que nos conocen] (Grand Rapids: Zondervan, 2003), págs. 185 203

y su propia presencia, deberán hacer más discípulos de todas las naciones para el reino de Dios.

IDEA HOMILÉTICA: Los que siguen a Jesús resucitado están llamados al ministerio de hacer discípulos, confiando en su poder y presencia mientras su reino se extiende a todas las naciones.

Versículos/pasajes difíciles

Este evangelio, como reconocen los predicadores y maestros del libro de Mateo, es a la vez un gozo y un reto de predicar. Una de las dificultades iniciales, como ya se ha señalado, reside en su gran tamaño (veintiocho capítulos). Además, varias secciones e incluso versículos específicos exigen una atención particular debido a su dificultad inherente. El más importante es el Sermón del Monte. El mensaje de Jesús nos sorprende con sus ideales revolucionarios y sus exigencias aparentemente imposibles. Numerosos maestros y pastores han reflexionado y se han preocupado por cómo comunicar estos capítulos. Un enfoque útil es ver el sermón como una expresión de la gracia de Dios a sus criaturas caídas, atrapadas por los pecados del mundo y de la carne y bajo el ataque del diablo. Además, si consideramos que el mensaje de Jesús contiene promesas para la vida venidera, así como para revertir las estructuras a menudo opresivas de toda sociedad y luego promover la salud psicológica y emocional, nuestra tarea como predicadores y maestros se vuelve un poco más clara, por no decir más fácil[5].

Una segunda dificultad presentada por Mateo se refiere a las narraciones de la genealogía y del nacimiento de Jesús. La primera ya ha sido tratada anteriormente; la segunda nos concierne tratarla aquí. Los relatos sobre la indecisión de José para casarse con María al enterarse de su embarazo y la llegada de los magos son dos narraciones directas sobre la misteriosa obra de Dios al proporcionar la redención a todo tipo de personas, incluidos los astrólogos gentiles. El mayor desafío viene con la interacción de los magos con Herodes y su posterior "Matanza de los inocentes" (Mt 2). A continuación, tres observaciones. En primer lugar, esta sección debe abordarse de una manera directa que se centre en la naturaleza caída de nuestro mundo y en el terrible peligro de la depravación humana. Herodes y su destrucción de los niños hebreos ilustran esas desafortunadas realidades. En segundo lugar, esta narración revela que el evangelio crea enemistad. Jesús nace para traer la salvación, sin duda una buena noticia y,

5. Philip Yancey, *The Jesus I Never Knew* [El Jesús que nunca conocí] (Grand Rapids: Zondervan, 1995), págs. 105-44.

sin embargo, un hombre conocido como "el Grande" estalla en una violenta oposición. Tenemos que asumir el hecho de que Jesús y el advenimiento de su reino a veces crean conflicto, división y persecución. En tercer lugar, estos relatos demuestran que el plan soberano de Dios llegará a buen término. Incluso ante la limpieza étnica y el genocidio, Jesús no pudo ser asesinado hasta que llegó su hora (Mt 26-27). Esto nos permite predicar la esperanza incluso en los momentos de mayor angustia.

Algunos otros desafíos homiléticos que presenta este evangelio giran en torno a encuentros específicos que Jesús tiene con diferentes personas. Uno de ellos es el que narra acerca de la mujer cananea que suplica a Jesús que sane a su hija endemoniada (15:21-28). A primera vista, se trata de un pasaje inquietante, porque Jesús parece distante y duro de corazón ante el sufrimiento de la mujer. Al principio, ignora su petición, justo cuando los discípulos le animan a "despedirla". Entonces, Jesús se muestra tajante al afirmar que fue enviado solo al pueblo de Israel, mientras ve la situación de su hija desesperadamente enferma. El encuentro se convierte en una especie de debate entre Jesús y la mujer sobre el valor de ella para recibir su ayuda, ya que es considerada un "perro" gentil. Finalmente, la narración concluye con Jesús alabando su "gran fe" y posteriormente sanando a su hija. ¿Qué hacer con todo esto? Kenneth Bailey ha hecho un gran trabajo al explicar los detalles históricos, culturales e implícitos de la narración para proporcionar una comprensión directa de lo que Jesús estaba haciendo en este encuentro tanto con la mujer *como* con los discípulos[6]. Según la interpretación de Bailey, el trabajo exegético y la idea homilética presentados en la sección anterior reflejan la intención de Mateo en esta perícopa. Aunque desafiante a primera vista, posee un poder homilético y de estímulo para vivir fielmente como discípulo de Jesús.

Otro desafío homilético, especialmente para el público norteamericano contemporáneo, se encuentra en la petición del joven rico a Jesús para obtener la vida eterna (19:16-29). El conflicto en el centro de este encuentro es el deseo del joven de aferrarse a su riqueza frente a la exhortación de Jesús de entregarla y unirse a su grupo de apóstoles. Se va con su riqueza intacta, lo que provoca que Jesús señale que es difícil que los ricos entren en el reino de Dios. Parece claro que Jesús está haciendo un comentario definitivo sobre la relación entre el dinero y la salvación, dado que lo dice dos veces (vv. 23 y 24). Asimismo, en vista de la piedad judía proverbial que dice que los ricos eran bendecidos por Dios, Pedro habla en nombre

---

6. Kenneth E. Bailey, *Jesus through Middle Eastern Eyes: Cultural Studies in the Gospels* [Jesús a través de los ojos del Medio Oriente: Estudios culturales de los Evangelios] (Downers Grove, Illinois: IVP Academic, 2008), págs. 217–26.

de todos los discípulos cuando pregunta: "Si este no puede entrar, ¿quién puede?". Esta perícopa nos obliga a los occidentales contemporáneos a confrontar nuestra relación con el dinero. Vivimos en la civilización más próspera que ha visto el mundo, y el dinero es uno de sus valores fundamentales. Además, el dinero tiene un poder significativo en nuestras vidas. Como predicadores y maestros de la palabra de Dios, debemos abordar esta realidad a nivel personal, emocional y espiritual, ¡tal y como hizo Jesús!. Luego debemos pasar a la esencia de su enseñanza de que la salvación es imposible para nosotros, "pero para Dios todo es posible" (v. 26). La salvación viene solamente a través de la obra de gracia de Dios en nuestras vidas, y si eso ocurre, el dinero se convierte en una herramienta para el avance del reino en lugar de una medida de autoestima o el fin de nuestra existencia terrenal. Aunque es difícil a primera vista, esta sugerente narración puede aprovecharse eficazmente para enseñar el poder del dinero, la gracia de Dios y su cuidado providencial por nosotros cuando le seguimos con sacrificio (vv. 27-29).

La enseñanza de Jesús sobre el perdón suele ser elogiada incluso por los no creyentes, pero si la tomamos en serio crea algunos dilemas importantes para los predicadores y los maestros. Para empezar, Jesús deja muy claro que el perdón tiene un elemento condicional: si no perdonamos a los demás, nuestro Padre celestial no nos perdonará (6:14-15; 18:35). Dada su autoridad como hijo de Dios, no es prudente eludir estas declaraciones o racionalizarlas apelando a la doctrina de la justificación por la fe. Si bien es cierto que Jesús no quiere decir que nos ganemos el perdón o la salvación por nuestra disposición a perdonar a los demás, las personas genuinamente arrepentidas que son honestas sobre la magnitud de su propia deuda con Dios buscarán, por su gracia, tener un espíritu de perdón hacia los demás. Este enfoque nos obliga, como comunicadores, a imitar a nuestro Señor y a hablar de la condición del corazón humano. Un corazón genuinamente impactado por el perdón y la gracia de Dios no puede, a la larga, permanecer endurecido hacia otros pecadores, incluso hacia aquellos que han cometido cosas horribles. A pesar de algunos pensamientos erróneos contrarios, el perdón no implica necesariamente una reconciliación relacional. Por el contrario, el perdón significa abrir nuestros corazones para dejar a los demás libres de culpa. El error del siervo que no perdona en la parábola de Jesús de Mateo 18 fue su incapacidad para hacer exactamente eso. Como predicadores y maestros, deseamos hacernos entender a nosotros mismos y a nuestros oyentes la necesidad de ver la profundidad de nuestro pecado y la magnitud de la gracia de Dios. Si esto se puede comunicar claramente, es posible que los corazones sean impactados por el Espíritu Santo, que se dé y se reciba el perdón, y que el reino de Dios avance.

Los extensos ataques verbales de Jesús contra los líderes religiosos judíos en Mateo 23 puede parecer a los cristianos contemporáneos como irrelevante, innecesariamente intolerante, o simplemente un ejemplo de Jesús teniendo un mal día. Esto crea una tentación inherente de saltarse este texto y pasar a su enseñanza sobre la segunda venida en el capítulo 24. Pero minimizar o ignorar las duras críticas de Cristo a los líderes religiosos hace un daño a nuestros oyentes. En primer lugar, esta sección retrata a Cristo al modo de los profetas hebreos, completando así su promesa de cumplir todo lo establecido en el Antiguo Testamento (5:17-20). En segundo lugar, la crítica de Cristo a la falsa religión nos invita a examinarnos a nosotros mismos y a nuestra propia práctica del evangelio o la falta de ella. En tercer lugar, esta sección demuestra la realidad de que Jesús trajo vino nuevo para odres nuevos (9:16-17). Su airada y contundente reprimenda en este texto demuestra que había terminado con las complejas e irrelevantes tradiciones religiosas desarrolladas por los líderes judíos durante las décadas anteriores y que un nuevo comienzo centrado en Él como salvador y Señor era el único camino para avanzar espiritual y moralmente. Por lo tanto, existe una relación directa entre la enérgica acusación de Jesús registrada aquí y su "Sermón sobre el fin del mundo", pronunciado en los capítulos 24 y 25.

Es necesario hacer algunos comentarios finales sobre la dificultad de predicar los pasajes de Mateo 11 y 25 que describen el juicio y el infierno. En el primero, Jesús denuncia de manera vívida a las ciudades de Corazín, Betsaida y Capernaúm por su falta de voluntad de arrepentimiento ante sus milagros. Este último capítulo contiene la parábola de Jesús acerca de los talentos y de las ovejas y las cabras, las cuales terminan con advertencias funestas de oscuridad, llanto y crujir de dientes, y castigo eterno (25:30, 46). A nadie le gusta la idea del juicio o del infierno, pero Jesús habla de estos temas más que nadie en las Escrituras. Por lo tanto, es necesario enseñarlos, aunque con sabiduría y sensibilidad. Para lograr esto, sugiero exponer los temas principales de estos textos y luego aplicar las excelentes observaciones que hace Timothy Keller al enseñar sobre estos temas[7]. Puede que este enfoque no logre superar la incredulidad escéptica de algunos de nuestros oyentes, pero podría contribuir en gran medida a aumentar el temor reverencial hacia el Cristo resucitado, soberano y glorificado.

Aplicación y perspectiva cultural

La aplicación fiel del libro de Mateo implica una serie de componentes. Uno

---

7. Timothy Keller, *The Reason for God: Belief in an Age of Skepticism* [La razón de Dios: Creer en una época de escepticismo] (Nueva York: Penguin, 2008), págs. 70-86.

de los más importantes es comprender claramente la naturaleza del reino de Dios para el que Jesús vino a instaurar (4:17, 23). Este reino, centrado en Cristo y en su obra redentora, llegó presente en su persona y en su ministerio, pero no completamente. Asimismo, este reino no se consumará hasta su segunda venida, pero se está extendiendo misteriosamente a lo largo de la historia humana para promover el gobierno y el reinado de Dios en la vida de las personas (13:1-52). Aunque incluye a la iglesia, el reino es más grande que la iglesia y le exige todo a los que forman parte de él (Mateo 5-7). Está arraigado en la justicia de Dios, y sus habitantes deben brillar como luces en la oscuridad (5:14-16). Además, el reino de Dios se difunde mediante una ferviente actividad evangelizadora y se refleja en una vibrante preocupación social de ministerio compasivo hacia los más necesitados (25:31-45; 28:18-20). En un nivel práctico, la realidad del reino de Dios tal como lo proclamó Jesús permite a los predicadores y maestros promover el ministerio activo de todos los creyentes tanto dentro como fuera de los muros de la iglesia.

Un segundo punto para la aplicación de este libro tiene que ver con el estilo de vida que se exige a los que quieren formar parte del reino de Dios. Como se ha señalado anteriormente, esto se refleja más claramente en el Sermón del monte de Jesús. Aunque la aplicación específica de esta enseñanza ha sido y seguirá siendo debatida por los líderes y maestros de la iglesia, no hay duda de que cada discípulo debe tomar estas advertencias a conciencia y, por la gracia de Dios, vivirlas a diario. Los cristianos deben ser personas humildes y pacíficas, conocidas por su buen carácter, sus relaciones sanas y su amor a los demás, más que por su riqueza, estatus, logros y religiosidad. Citando a un famoso expositor, el pueblo de Dios debe constituir una "contracultura cristiana"[8]. Aunque lleva tiempo mover a un grupo o iglesia en esta dirección, un predicador o maestro comprometido con la enseñanza y aplicación de Mateo 5-7 será utilizado por Dios para crear tal cultura.

Una tercera aplicación tiene que ver con el llamamiento de Jesús a la fidelidad a la luz de su segunda venida. Nuestro modo de actuar por defecto como humanos, incluso como cristianos, es perder nuestro fervor espiritual y volvernos negligentes en nuestra devoción. En los pasajes de Mateo 24 y 25, conocido por algunos como el Sermón del fin del mundo, puede ser aprovechado por predicadores y maestros para promover la renovación y el compromiso espiritual. En una época en la que muchos tienen miedo de

---

8. John R. W. Stott, *Christian Counter-Culture: The Message of the Sermon on the Mount* [El Sermón del Monte: Contracultura Cristiana], *The Bible Speaks Today* [La Biblia habla hoy] (Downers Grove, Illinois: InterVarsity, 1978).

los acontecimientos mundiales o de ser "dejados atrás", los expositores fieles pueden demostrar que los seguidores de Cristo están llamados a ser vigilantes tanto en su relación con él como en su ministerio a los demás (24:42-25:46). Dado que el momento del regreso del Señor es desconocido para todos menos para el Padre (24:36), el servicio fiel para el reino de Cristo a través de los altibajos de la vida es lo que importa al final (25:21-23).

Un cuarto ámbito de aplicación es la expiación del pecado por parte de Cristo. Sin descartar la enorme importancia de la resurrección de Jesús y de su gran comisión (ver más adelante), es teológicamente significativo que Mateo dedique una gran parte de la sección final de su evangelio a la pasión y muerte de Cristo (129 versículos de los 141 de los capítulos 26 y 27). En una época plagada de mensajes contradictorios sobre la naturaleza de la humanidad, el amplio enfoque de Mateo sobre la muerte de Cristo señala nuestra naturaleza pecaminosa, así como nuestro valor innato para Dios. Cualquier exposición que se precie de este gran evangelio señalará, tarde o temprano, esta gran verdad.

Una quinta aplicación del evangelio de Mateo gira en torno al llamado de Cristo a llevar las buenas nuevas del reino al mundo. Esta llamada se inició en los capítulos 10 y 11, donde Jesús envía a los doce a ministrar a "las ovejas perdidas de Israel". Esta era una misión de esperanza y ayuda centrada en la sanidad y la proclamación, y sin embargo se les dice que esperen tribulación y persecución. Además, a medida que Mateo construye su narración, vemos que el propio Jesús encuentra una creciente oposición a medida que avanza hacia Jerusalén (cap. 21 y siguientes). Después de su pasión, muerte y resurrección, Jesús imparte la gran comisión de hacer discípulos a todas las naciones (cap. 28). ¿Cómo podemos predicar estos textos de forma que instruyan, animen y motiven sin inducir miedo o culpa? En primer lugar, debemos reconocer que lo específico de estos mandatos hacia los primeros discípulos no es aplicable a la gran mayoría de nuestros oyentes. Ellos eran apóstoles de Cristo, y nosotros no; ellos estaban siendo entrenados para una vida de actividad evangelística, y nosotros no; ellos eran jóvenes con la capacidad de vivir con poco y viajar mucho, y nosotros no. Sin embargo, el llamamiento de Jesús a sus seguidores para que se dediquen a la actividad evangelizadora es transcultural y debe exponerse claramente y aplicarse a nuestros diversos entornos congregacionales. Esto podría hacerse motivando a nuestros oyentes a construir relaciones en casa, en la escuela, en el vecindario y en el trabajo con aquellos que aún no conocen a Jesús. Este primer paso puede complementarse con un estímulo para orar por aquellos con los que entablamos amistad, para que el Espíritu toque sus corazones. A continuación, podemos motivar a nuestros feligreses a vivir en el amor, incluso cuando se enfrentan a la presión o la oposición. Finalmente, podemos enseñar a nuestra gente a compartir las buenas noticias en los momentos y lugares apropiados con los que se han hecho amigos. Nada de esto será fácil, y llevará tiempo. Sin embargo, el llamamiento de Cristo a todos sus seguidores al ministerio del evangelio y a la misión no es negociable.

--- FUENTES RECOMENDADAS ---

Bruner, Frederick Dale. *Matthew, vol. 1. The Christbook: Matthew 1-12* [Mateo, vol.1, El libro de Cristo: Mateo 1-12]. Waco: Word, 1987.

———. *Matthew*, vol. 2. *The Churchbook: Matthew 13-28* [Mateo, vol.2, El Libro de la Iglesia: Mateo 13-28]. Dallas: Word, 1990.

Stott, John R. W. *Christian Counter-Culture: The Message of the Sermon on the Mount* [Contracultura cristiana: El mensaje del Sermón del Monte]. *The Bible Speaks Today* [La Biblia habla hoy]. Downers Grove, Illinois: InterVarsity, 1978.

Wilkins, Michael J. Matthew. *The NIV Application Commentary* [Mateo, Comentario bíblico con aplicación NVI]. Grand Rapids: Zondervan, 2004.

Marcos

PATRICIA M. BATTEN

El evangelio de Marcos, basado en el relato del apóstol Pedro, es una invitación a escuchar y responder a las buenas nuevas de Jesucristo, el hijo de Dios.

TEMA: ¿Qué evidencia el evangelio de Marcos sobre la identidad de Jesús?

COMPLEMENTO: Jesús es el Mesías, el hijo de Dios, que marca el inicio del reino de Dios y exige una respuesta.

IDEA EXEGÉTICA: El evangelio de Marcos evidencia que Jesús es el Mesías, el hijo de Dios, que marca el inicio del reino de Dios y que exige una respuesta.

IDEA HOMILÉTICA: Jesús es el Mesías, el hijo de Dios, que nos invita a darle una respuesta

Los pastores y predicadores podrán beneficiarse de la lectura del evangelio de Marcos como una historia única y unificada[1]. Por ello, es difícil esbozar el evangelio y determinar una estructura general. La mayoría de los estudiosos reconocen que Marcos 8:29 es una división importante en el evangelio donde Pedro reconoce a Jesús como el Mesías y Jesús anuncia su misión. A partir de este momento, el relato se aleja de Galilea y se traslada

---

1. Una herramienta útil para estudiar el evangelio es el libro de David Rhoads, Joanna Dewey y Donald Michie, *Mark as Story: An Introduction to the Narrative of a Gospel* [Marcos como relato: Introducción a la narrativa de un evangelio], 3ª ed. (Minneapolis: Fortress 2012). (Minneapolis: Fortress, 2012).

a Jerusalén. Muchos comentaristas dividen el libro geográficamente en tres secciones: Galilea, *hacia* Jerusalén y *en* Jerusalén. El estudioso del Nuevo Testamento R. T. France considera artificial la división geográfica y prefiere pensar en la estructura de Marcos en términos de una obra dramática de tres actos[2].

Utilizaremos la estructura de un obra dramática de tres actos de France (con algunos pequeños cambios):

Prólogo (1:1-13)[3]
Acto I: Galilea (1:14-8:21)
Acto II: De camino a Jerusalén (8:22-10:52)
Acto III: Jerusalén (11:1-16:8)

Aunque solo son dieciséis capítulos, el libro de Marcos puede dividirse en casi cincuenta pasajes de predicación y enseñanza. Algunos pasajes tienen más de un tema posible, y algunos pasajes son superpuestos a otros.

Comprensión del tema, complemento, idea exegética e idea homilética[1]

Marcos 1:1-8

TEMA: ¿De qué manera Juan prepara al pueblo para la venida de Jesús el Mesías, el hijo de Dios, el que bautizará con el Espíritu Santo, según

---

2. R. T. France escribe:
   Todo esto sugiere que el simple esquema de Marcos de un amplio ministerio en Galilea y sus alrededores, seguido de un largo y claramente marcado viaje hacia el sur que termina con una única visita a Jerusalén, se debe más a su dramática remodelación de la historia que a un ingenuo registro de los acontecimientos tal y como sucedieron. Más adelante consideraremos si este esquema de "Galilea y Jerusalén" puede entenderse adecuadamente como de significado simbólico para Marcos; pero incluso como dato puramente geográfico parece una estructura impuesta deliberadamente al relato. (*The Gospel of Mark: A Commentary on the Greek Text, The New International Greek Testament Commentary* [El Evangelio de Marcos: un comentario sobre el texto griego, El nuevo comentario internacional al testamento griego] [Grand Rapids: Eerdmans, 2002], 12)

   Por eso parece adecuado leer Marcos como una obra dramática de tres actos. Esto no quiere suponer que Marcos lo diseñó para su "representación" en tres secciones, ni que sea posible discernir pausas claras entre los "actos". Es una observación sobre el modo en que discierne el desarrollo de la trama, no sobre ninguna indicación que Marcos pueda haber dado de cómo planificó la estructura de su texto.

3. Algunos comentaristas terminan el prólogo con el versículo 15, formando así un inclusio con la frase "buenas nuevas" en 1:1 y 1:15. Otros comentaristas prefieren terminar con el versículo 13 para marcar la distinción entre el panorama general, Dios haciendo algo nuevo -toma nota de las palabras en gran medida exclusivas del prólogo, como "Espíritu Santo" y "desierto"-, y Jesús comenzando realmente el ministerio sobre el terreno en el versículo 14.

Marcos?

COMPLEMENTO: Predicando un bautismo de arrepentimiento para el perdón de los pecados.

IDEA EXEGÉTICA: Marcos dice que Juan prepara al pueblo para la venida de Jesús el Mesías, el hijo de Dios, el que bautizará con el Espíritu Santo, predicando un bautismo de arrepentimiento para el perdón de los pecados.

IDEA HOMILÉTICA: Un nuevo comienzo empieza con una mente y un corazón arrepentidos.

Marcos 1:9-13

TEMA: ¿Quién es Jesús, a quien el Espíritu lleva al desierto para enfrentarse a los poderes del mal?

COMPLEMENTO: Él es el rey ("Tú eres mi hijo" [cf. Sal 2]), el amado de Dios ("amado"), el siervo que sufre y trae justicia ("estoy muy complacido contigo"), lleno del Espíritu reconciliador de Dios ("se abría" [cf. Isa. 64:1])[4]; Jesús es Dios que se enfrentará y vencerá a todos los poderes del mal.

IDEA EXEGÉTICA: Jesús, a quien el Espíritu lleva al desierto para enfrentarse a los poderes del mal, es el Rey, el amado de Dios, el siervo que sufre y trae la justicia, lleno del Espíritu reconciliador de Dios; Jesús es Dios que se enfrentará y vencerá a todos los poderes del mal.

IDEA HOMILÉTICA: Jesús está perfectamente equipado por Dios para vencer al pecado y a Satanás.

Marcos 1:14-20

TEMA: ¿Qué nos dice Marcos sobre la respuesta de Simón, Andrés, Santiago y Juan a la noticia de que el reino de Dios está cerca?

COMPLEMENTO: Se arrepienten y creen en las buenas nuevas y siguen a Jesús.

IDEA EXEGÉTICA: Marcos afirma que Simón, Andrés, Santiago y Juan responden a la noticia de que el reino de Dios está cerca arrepintiéndose, creyendo en la buenas nuevas y siguiendo a Jesús.

---

4. El verbo "abrir" también aparece en Isaías 64:1, donde el profeta pide a Dios que abra los cielos y baje a reconstruir el reino desolado. Isaías 64 es una angustiosa súplica para que Dios perdone los pecados del pueblo de Judá, asegure su prosperidad y establezca la justicia en el mundo. R. J. Kernaghan, Mark, *The IVP New Testament Commentary* [Marcos, Comentario del Nuevo Testamento del IVP] (Downers Grove, Illinois: InterVarsity, 2007), pág. 35.

IDEA HOMILÉTICA: Respondan al llamado del reino de Dios en su vida y háganlo Señor sobre todo.

Marcos 1:21-39

TEMA: ¿Qué nos indica la enseñanza, el exorcismo y la sanidad que realiza Jesús en el día de reposo?

COMPLEMENTO: Que Jesús tiene el poder y la autoridad para instaurar el descanso en el día de reposo (el reino)

IDEA EXEGÉTICA: La enseñanza, el exorcismo y la sanidad que realiza Jesús en el día de reposo indican que Jesús tiene el poder y la autoridad para instaurar el descanso en el día de reposo (el reino).

IDEA HOMILÉTICA: Cuando Cristo reina en nuestras vidas, el dominio de Satanás es destruido y el reino echa raíces.

Marcos 1:40-45

TEMA: ¿Cómo responde Jesús a la fiel petición del hombre de quedar limpio, según Marcos?

COMPLEMENTO: Sanándolo con compasión y con ira y diciéndole que vaya tranquilamente al sacerdote para que lo declare limpio.

IDEA EXEGÉTICA: Marcos señala que Jesús responde a la fiel petición del hombre de quedar limpio, sanándolo con compasión y con ira, y diciéndole que vaya tranquilamente al sacerdote para que lo declare limpio.

IDEA HOMILÉTICA: El toque de Dios está presente en lo externo.

Marcos 2:1-12

TEMA: ¿Por qué Marcos dice que Jesús sana al paralítico?

COMPLEMENTO: Para mostrar que Él es el que tiene la autoridad para perdonar pecados (es Dios).

IDEA EXEGÉTICA: Marcos señala que Jesús sana al paralítico para mostrar que es Él quien tiene autoridad para perdonar pecados (es Dios).

IDEA HOMILÉTICA: Cuando Jesús dice "perdonado", somos transformados.

Marcos 2:13-17

TEMA: ¿A quién dice Jesús que ha venido a llamar?

COMPLEMENTO: A los pecadores que reconocen que están enfermos, a diferencia de los justos que no creen estarlo.

IDEA EXEGÉTICA: Jesús dice que ha venido a llamar a los pecadores que reconocen que están enfermos, a diferencia de los justos que no creen estarlo.

IDEA HOMILÉTICA: El reino de Dios está lleno de sorpresas porque está lleno de pecadores perdonados.

Marcos 2:18-22

TEMA: ¿Por qué los discípulos no ayunan como lo hacen los otros movimientos de renovación religiosa?

COMPLEMENTO: Porque el comienzo de una nueva relación es un momento para festejar y no para ayunar.

IDEA EXEGÉTICA: Los discípulos no ayunan como los otros movimientos de renovación religiosa porque el comienzo de una nueva relación es un momento para festejar y no para ayunar.

IDEA HOMILÉTICA: ¡Ya sea que su religión se trate de reglas o de una relación, una nueva relación es una razón para alegrarse!

Marcos 2:23-3:6

TEMA: ¿Cómo responde Jesús a los fariseos cuando le interrogan sobre la cosecha de grano y la sanidad en el día de reposo?

COMPLEMENTO: Diciéndoles que, como Señor del día de reposo, sabe que el día de reposo fue hecho para beneficiar a la gente (para hacer el bien y salvar la vida), no para doblegarla.

IDEA EXEGÉTICA: Cuando los fariseos cuestionan a Jesús sobre la cosecha de grano y la sanidad en el día de reposo, Jesús les responde diciéndoles que, como Señor del día de reposo, sabe que el día de reposo se hizo para beneficiar a la gente, no para doblegarla.

IDEA HOMILÉTICA: Cada día es un día para hacer el bien y salvar vidas (Marcos 3:4; Mt 12:12; Lucas 6:9).

Marcos 3:7-35

TEMA: ¿Quién dice Jesús que es su familia?

COMPLEMENTO: El que hace la voluntad de Dios.

IDEA EXEGÉTICA: Jesús dice que su familia es quien hace la voluntad de Dios.

IDEA HOMILÉTICA: Los miembros de la familia siguen la voluntad de Dios.

Marcos 4:1-25

TEMA: ¿Por qué es importante la forma en que los oyentes escuchan la palabra?

COMPLEMENTO: Porque los oyentes corren el peligro de perderla.

IDEA EXEGÉTICA: La forma en que los oyentes escuchan la palabra es importante porque los oyentes corren el peligro de perderla.

IDEA HOMILÉTICA: Utiliza la Palabra de Dios en tu vida o la perderás.

Marcos 4:26-34

TEMA: ¿Qué dice Jesús sobre el reino de Dios?

COMPLEMENTO: Dios está obrando para hacerlo crecer mucho más allá de lo que los discípulos pueden hacer o imaginar.

IDEA EXEGÉTICA: Jesús dice que Dios está obrando para hacer crecer su reino mucho más allá de lo que los discípulos pueden hacer o imaginar.

IDEA HOMILÉTICA: Construir el reino de Dios y reconocer que Dios está obrando.

Marcos 4:35-41

TEMA: ¿A qué le tienen miedo los discípulos?

COMPLEMENTO: Que hayan entregado sus vidas a un rey y un reino que está condenado.

IDEA EXEGÉTICA: Los discípulos temen haber entregado sus vidas a un rey y a un reino que está condenado.

IDEA HOMILÉTICA: Podemos confiar en que el reino de Dios saldrá victorioso por medio de Jesús, a quien se le ha dado toda la autoridad.

Marcos 5:1-20

TEMA: ¿Qué demuestra la sanidad del endemoniado?

COMPLEMENTO: Que Jesús tiene autoridad sobre el mal y se preocupa por aquellos que están sometidos a él.

IDEA EXEGÉTICA: La sanidad del endemoniado demuestra que Jesús tiene autoridad sobre el mal y se preocupa por aquellos que están sometidos a él.

IDEA HOMILÉTICA: Podemos suplicar a Jesús que se quede y libere a los que están atados por el mal.

Marcos 5:21-43

TEMA: ¿Qué sucede cuando un Jairo temeroso y la mujer con flujo de sangre se acercan a Jesús con fe en una situación desesperada?

COMPLEMENTO: Se desata el poder salvador de Dios.

IDEA EXEGÉTICA: Cuando el temeroso Jairo y la mujer con flujo de sangre se acercan a Jesús con fe en una situación desesperada, se desata el poder salvador de Dios.

IDEA HOMILÉTICA: El poder de Dios se desata cuando olvidamos el miedo y confiamos en que Él actúa en una situación desesperada.

Marcos 6:1-6a

TEMA: ¿Por qué la gente de la ciudad natal de Jesús, que se asombra de su enseñanza, se ofende con él?

COMPLEMENTO: Porque no creen que Dios pueda hacer cosas increíbles a través de un hombre ordinario (un pobre carpintero del pueblo).

IDEA EXEGÉTICA: La gente de la ciudad natal de Jesús, que se asombra de su enseñanza, se ofende porque no cree que Dios pueda hacer cosas asombrosas a través de un hombre ordinario (un pobre carpintero del pueblo).

IDEA HOMILÉTICA: Creer que Dios hace lo extraordinario a través de lo ordinario.

Marcos 6:6b-13

TEMA: ¿Cómo envía Jesús a sus discípulos?

COMPLEMENTO: Con fe, como pastores, con poder y autoridad y con un mensaje de arrepentimiento.

IDEA EXEGÉTICA: Jesús envía a sus discípulos con fe, como pastores, con poder y autoridad y con un mensaje de arrepentimiento.

IDEA HOMILÉTICA: Lleve su bastón y se acordará de las ovejas.

Marcos 6:14-44

TEMA: ¿Qué enseña Jesús a sus discípulos a través del milagro de los panes y los peces?

COMPLEMENTO: Que él es el verdadero rey, pastor de un nuevo Israel, opuesto a Herodes, y que sus discípulos deben ser pastores que actúan en fe para pastorear el rebaño.

IDEA EXEGÉTICA: Jesús está enseñando a sus discípulos, a través del milagro de los panes y los peces, que él es el verdadero rey, pastor de un nuevo Israel, opuesto a Herodes, y que sus discípulos deben ser pastores que actúen en fe para pastorear el rebaño.

IDEA HOMILÉTICA: Cuando confiemos que Jesús es el rey, actuaremos en fe, incluso cuando tengamos poco que dar.

Marcos 6:45-56

■ *Opción 1*

TEMA: ¿Cuáles son las consecuencias del milagro de los panes?

COMPLEMENTO: Jesús necesita orar porque la gente, incluidos sus discípulos, no entienden su misión e identidad.

IDEA EXEGÉTICA: La consecuencia del milagro de los panes es que Jesús necesita orar porque la gente, incluidos sus discípulos, no entienden su misión e identidad.

IDEA HOMILÉTICA: No dejes que la comida desplace al cocinero/ al Hacedor.

■ *Opción 2*

TEMA: ¿Cómo responden los discípulos a la revelación de Jesús?

COMPLEMENTO: Con corazones duros, llenos de miedo y cansancio, dejando de lado la revelación de Jesús.

IDEA EXEGÉTICA: Los discípulos responden a la revelación de Jesús con corazones duros, llenos de miedo y cansancio, dejando de lado la revelación de Jesús.

IDEA HOMILÉTICA: Cuando actuamos con miedo en vez de con fe nos perdemos la obra de Dios en medio de nosotros.

Marcos 7:1-23

TEMA: ¿Cómo responde Jesús a los fariseos y escribas que le critican por permitir a sus discípulos romper con las tradiciones (leyes de pureza) de los ancianos?

COMPLEMENTO: Reprendiéndolos por dejar de lado los mandatos de Dios y enfatizando una religión de ritual (exterior) en lugar de una religión del corazón (interior).

IDEA EXEGÉTICA: Jesús responde a los fariseos y escribas que le critican por permitir que sus discípulos rompan con las tradiciones (leyes de pureza) de los ancianos, reprendiéndoles por dejar de lado los mandatos de Dios y enfatizando una religión de ritual (exterior) en lugar de una religión del corazón (interior).

IDEA HOMILÉTICA: Solo un cambio de corazón cambiará nuestra condición del corazón.

Marcos 7:24-30

TEMA: ¿Cómo responde Jesús ante una forastera impura que suplica la sanidad de su hija endemoniada?

COMPLEMENTO: Con un insulto orientado a probar su fe y enseñar a sus discípulos que incluso los forasteros (impuros) tienen acceso a la misericordia de Dios cuando admiten (como deberían hacer tanto judíos como gentiles) que no la merecen.

IDEA EXEGÉTICA: Jesús responde a una forastera impura que suplica la sanidad de su hija endemoniada con un insulto destinado a probar su fe y a enseñar a sus discípulos que incluso los forasteros (impuros) tienen acceso a la misericordia de Dios cuando admiten (como deberían hacer judíos y gentiles por igual) que no la merecen.

IDEA HOMILÉTICA: Mantenga una gran fe porque Dios tiene misericordia de los forasteros (los que no lo merecen).

Marcos 7:31-37

TEMA: ¿Por qué Marcos afirma que Jesús viaja a territorio extranjero donde sana a un hombre sordo y mudo, lo que da lugar a la proclamación de Jesús en esa región?

COMPLEMENTO: Como cumplimiento de las profecías de Isaías (29:17-18; 35:6) de que los forasteros serán incluidos en el reino de Dios.

IDEA EXEGÉTICA: Marcos afirma que Jesús viaja a territorio extranjero donde sana a un hombre sordo y mudo, lo que da lugar a la proclamación de Jesús en esa región, como cumplimiento de las profecías de Isaías (29,17-18; 35,6) de que los forasteros serán incluidos en el reino de Dios.

IDEA HOMILÉTICA: El reino de Dios está abierto a todos los que lo reconocen como rey.

Marcos 8:1-13

TEMA: ¿Por qué los discípulos no están preocupados en dar de comer a los cuatro mil, mientras los fariseos exigen una señal milagrosa?

COMPLEMENTO: Porque los discípulos no creen que ellos deban recibir nada de Dios al ser una multitud predominantemente gentil, mientras que los fariseos exigen una señal que demuestre por qué los gentiles deben recibir la bendición de Dios.

DEA EXEGÉTICA: Los discípulos no están preocupados en alimentar a los cuatro mil porque no creen que ellos deban recibir algo de Dios, al ser una multitud predominantemente gentil, y los fariseos exigen una señal que demuestre por qué los gentiles deben recibir la bendición de Dios.

IDEA HOMILÉTICA: El reino de Dios atraviesa las fronteras raciales, étnicas y culturales.

Marcos 8:14-21

TEMA: ¿Qué deben entender los discípulos sobre la levadura de los fariseos y de Herodes?

COMPLEMENTO: Que su pecado de no aceptar a los gentiles y de no reconocer a Jesús como rey se introducirá en su pensamiento si no tienen cuidado (una respuesta de doble ánimo a la palabra de Dios y la hipocresía).

IDEA EXEGÉTICA: Lo que los discípulos deben entender sobre la levadura de los fariseos y de Herodes es que su pecado de no aceptar a los gentiles y de no reconocer a Jesús como rey se introducirá en su pensamiento si no tienen cuidado.

IDEA HOMILÉTICA: Un pecado aparentemente pequeño puede llevar a rechazar a Cristo.

Marcos 8:22-26

TEMA: ¿Por qué Jesús realiza un milagro en dos etapas para que el ciego recupere totalmente la vista?

COMPLEMENTO: Para demostrar que a quién, cómo y qué ven los discípulos es de crucial importancia en el reino de Dios (cómo uno ve a Jesús y cómo ve a otras personas).

IDEA EXEGÉTICA: Jesús realiza un milagro en dos etapas para que el ciego recupere totalmente la vista, para demostrar que a quién, cómo y qué ven los discípulos es de crucial importancia en el reino de Dios (cómo uno ve a Jesús y cómo ve a otras personas).

IDEA HOMILÉTICA: Busque la perspectiva de Dios en cada situación.

Marcos 8:27-30

TEMA: ¿Quién dice Pedro que es Jesús?

COMPLEMENTO: El Cristo.

IDEA EXEGÉTICA: Pedro dice que Jesús es el Cristo.

IDEA HOMILÉTICA: Toda persona debe afrontar y responder a la pregunta de quién es Jesús.

Marcos 8:31-9:1

TEMA: ¿Qué se requiere a los discípulos del Cristo que sufre, es rechazado, asesinado y resucitado?

COMPLEMENTO: Deben negarse a sí mismos, tomar su cruz y seguir a Jesús.

IDEA EXEGÉTICA: Los discípulos del Cristo que sufre, es rechazado, asesinado y resucitado deben negarse a sí mismos, tomar su cruz y seguir a Jesús.

IDEA HOMILÉTICA: Seguir a Jesús implica sacrificio.

■ *Marcos 8:33*

TEMA: ¿De qué manera se comporta Pedro en el papel de Satanás?

COMPLEMENTO: Tentando a Jesús para evitar lo que Dios quiere que haga y sea.

IDEA EXEGÉTICA: Pedro se comporta en el papel de Satanás tentando a Jesús para evitar lo que Dios quiere que haga y sea.

IDEA HOMILÉTICA: La muerte de Jesús es crucial para el plan de Dios.

Marcos 9:1-13

TEMA: ¿Qué ocurre cuando Jesús se aparece con Moisés y Elías al transfigurarse ante Pedro, Santiago y Juan y se oye la voz de Dios?

COMPLEMENTO: Se revela un nuevo pacto que consiste en las buenas nuevas del reino de Dios en la persona de Jesucristo, el Hijo de Dios.

IDEA EXEGÉTICA: Cuando Jesús aparece con Moisés y Elías al transfigurarse ante Pedro, Santiago y Juan y se escucha la voz de Dios, se revela un nuevo pacto que consiste en las buenas nuevas del reino de Dios en la persona de Jesucristo, el Hijo de Dios.

IDEA HOMILÉTICA: Si usted desea tener una relación con Dios, escuche a su Hijo.

Marcos 9:14-32

TEMA: ¿Por qué los discípulos no pueden sanar al muchacho con el espíritu maligno?

COMPLEMENTO: Porque no están alineados con la voluntad de Dios en la oración y han dejado de confiar en el poder de Jesús.

IDEA EXEGÉTICA: Los discípulos no pueden sanar al muchacho con el espíritu maligno porque no están alineados con la voluntad de Dios en la oración y han dejado de confiar en el poder de Jesús.

IDEA HOMILÉTICA: Cuando oramos, nos alineamos con la voluntad de Dios y la palabra de Dios y estamos dispuestos a marcar la diferencia en la vida de otras personas.

Marcos 9:33-37

TEMA: ¿Quién dice Jesús que es el más grande?

COMPLEMENTO: Aquel que sirve y no anhela y trabaja para ser el primero en esta vida, recibiendo así a Dios.

IDEA EXEGÉTICA: Jesús dice que el más grande es aquel que sirve y no anhela y trabaja para ser el primero en esta vida, recibiendo así a Dios.

IDEA HOMILÉTICA: Reciba a Dios por medio de la grandeza y el servicio.

Marcos 9:38-50

TEMA: ¿De qué manera los seguidores de Jesús deben usar su poder y posición?

COMPLEMENTO: Sirviendo a todas las personas sin apartar a ninguna de Jesús.

IDEA EXEGÉTICA: Los seguidores de Jesús deben usar su poder y posición sirviendo a todas las personas sin apartar a ninguna de Jesús.

IDEA HOMILÉTICA: No apartes a la gente de Jesús por la forma en que usas tu poder y posición.

Marcos 10:1-12

TEMA: ¿Cómo responde Jesús a la prueba que le hicieron los fariseos sobre el divorcio?

COMPLEMENTO: Apelando a Génesis 1 para mostrar el valor de la mujer y a Génesis 2 para mostrar que el matrimonio es como una nueva creación que no se puede deshacer fácilmente.

IDEA EXEGÉTICA: Jesús responde a la prueba que le hicieron los fariseos sobre el divorcio apelando a Génesis 1 para mostrar el valor de la mujer y a Génesis 2 para mostrar que el matrimonio es como una nueva creación que no se puede deshacer fácilmente.

IDEA HOMILÉTICA: Cuando vemos que todos son valiosos para Dios, entonces vemos que recibimos a Dios cuando recibimos a nuestro cónyuge para servirle.

Marcos 10:13-45

TEMA: ¿Qué es lo que muestra Jesús en su interacción con los niños pequeños, el joven rico así como con Santiago y Juan?

COMPLEMENTO: Que los valores del mundo se invierten en el reino de Dios.

IDEA EXEGÉTICA: Jesús muestra en su interacción con los niños pequeños, el joven rico así como con Santiago y Juan que los valores del mundo se invierten en el reino de Dios.

IDEA HOMILÉTICA: La muerte y la resurrección de Jesús cambian la forma en que pensamos sobre todo el mundo y la forma en que vemos la vida.

Marcos 10:46-52

TEMA: ¿De qué manera fue sanado el ciego que pedía misericordia, según Jesús?

COMPLEMENTO: Por fe.

IDEA EXEGÉTICA: Jesús dice que el ciego que pedía misericordia fue sanado por fe.

IDEA HOMILÉTICA: Contemplar el reino de Dios (una perspectiva del reino) significa que conocemos nuestra necesidad de misericordia y que confiamos en que Jesús nos dará la misericordia que necesitamos.

Marcos 11:1-26

TEMA: ¿Cómo Jesús, un rey como no ha habido antes, incomprendido e ignorado, dice que el sistema disfuncional de la religión que no da fruto será eliminado?

COMPLEMENTO: Por medio de la confianza en Dios en oración.

IDEA EXEGÉTICA: Jesús, un rey como no ha habido antes, incomprendido e ignorado, dice que el sistema disfuncional de la religión que no da frutos será eliminado por medio de la confianza en Dios en oración.

IDEA HOMILÉTICA: Confíe en el rey Jesús cuando dice que el cambio puede producirse, y de hecho se produce, cuando confiamos en Dios en oración.

Marcos 11:1-11

TEMA: ¿De qué manera entró Jesús a Jerusalén?

COMPLEMENTO: Como un rey como no ha habido antes, que es incomprendido e ignorado.

IDEA EXEGÉTICA: Jesús entró a Jerusalén como un rey como no ha habido antes, que es incomprendido e ignorado.

IDEA HOMILÉTICA: Asegúrese de comprender a Jesús.

Marcos 11:27-12:12

TEMA: ¿Cómo responde Jesús a los que cuestionan su autoridad?

COMPLEMENTO: Diciendo una parábola en la que él es la piedra angular amada por Dios que es rechazada por los líderes judíos que utilizan la adoración a Dios para sus propios fines.

IDEA EXEGÉTICA: Jesús responde a los que cuestionan su autoridad diciendo una parábola en la que él es la piedra angular amada por Dios que es rechazada por los líderes judíos que utilizan la adoración para sus propios fines.

IDEA HOMILÉTICA: Dios construye su iglesia sobre Jesús para aquellos que reconocen que la adoración solo le pertenece a Dios.

Marcos 12:13-17

TEMA: ¿De qué manera Jesús les devuelve la trampa a los fariseos y herodianos?

COMPLEMENTO: Utilizando una moneda con la imagen del César para demostrarles que han cometido la mayor ofensa al no dar a Dios la adoración que merece.

IDEA EXEGÉTICA: Jesús les devuelve la trampa a los fariseos y herodianos al utilizar una moneda con la imagen del César para demostrarles que han cometido la mayor ofensa al no dar a Dios la adoración que merece.

IDEA HOMILÉTICA: Antes de cuestionar a otra persona sobre su devoción a Dios, asegúrese de que la suya esté correctamente alineada, porque solo Dios merece nuestra adoración.

Marcos 12:18-34

TEMA: ¿Qué es lo que saben las personas que están cerca del reino de Dios que no saben los que están "muy equivocados"?

COMPLEMENTO: En el centro de la adoración hay una relación con Dios que perdura por la eternidad y se manifiesta en la tierra en el amor a los demás.

IDEA EXEGÉTICA: Las personas que están cerca del reino de Dios saben que los que están "muy equivocados" no saben que en el centro de la adoración hay una relación con Dios que perdura por la eternidad y se manifiesta en la tierra en el amor a los demás.

IDEA HOMILÉTICA: Cuando tenemos una relación con Dios en este momento, la tenemos con él para siempre.

Marcos 12:35-37

TEMA: ¿Por qué cita Jesús el Salmo 110:1 para refutar la interpretación errónea de las Escrituras por parte de los maestros de la ley?

COMPLEMENTO: Para mostrar a sus oyentes que el Mesías es el Señor.

IDEA EXEGÉTICA: Jesús cita el Salmo 110:1 para refutar la interpretación errónea de las Escrituras por parte de los maestros de la ley y mostrar a sus oyentes que el Mesías es el Señor.

IDEA HOMILÉTICA: ¡Jesús, el Mesías, es el Señor!

Marcos 12:38-44

TEMA: ¿Cómo responde Jesús a los maestros de la ley que tergiversan la ley de Dios para su propio beneficio y abusan de los demás en el proceso?

COMPLEMENTO: Mediante una severa advertencia de castigo.

IDEA EXEGÉTICA: Jesús responde a los maestros de la ley que tergiversan la ley de Dios para su propio beneficio y abusan de los demás en el proceso, mediante una severa advertencia de castigo.

IDEA HOMILÉTICA: Utilice a las personas y su posición para la gloria de Dios, no para sí mismo.

Marcos 13

TEMA: ¿Cómo se supone que deben vivir los discípulos, en respuesta a los engaños sobre el fin del mundo y la persecución?

COMPLEMENTO: Manteniéndose concentrado en la tarea, permaneciendo vigilantes y predicando el evangelio.

IDEA EXEGÉTICA: Los discípulos, en respuesta a los engaños sobre el fin del mundo y la persecución, deben vivir manteniéndose concentrado en la tarea, permaneciendo vigilantes y predicando el evangelio.

IDEA HOMILÉTICA: ¡Manténgase enfocado en la proclamación de las buenas nuevas de Jesús!

Marcos 14:1-52

TEMA: ¿Qué dice Marcos sobre la extrema lealtad de la mujer del frasco de alabastro y la extrema traición de Judas?

COMPLEMENTO: La negación y la deserción de los discípulos.

IDEA EXEGÉTICA: Marcos dice que entre la extrema lealtad de la mujer del frasco de alabastro y la extrema traición de Judas está la negación y la deserción de los discípulos.

IDEA HOMILÉTICA: Podemos negar, desertar o ser desleales a Jesús y a su misión, pero solo es elogiable la lealtad a él y a su misión.

Marcos 14:1-11

TEMA: ¿De qué manera elogió Jesús la lealtad de una mujer que sabe a dónde se dirigía Jesús y responde en adoración?

COMPLEMENTO: Asegurándole a ella y a la multitud que su historia de lealtad nunca será olvidada.

IDEA EXEGÉTICA: Jesús elogia la lealtad de una mujer que sabe a dónde se dirigía

Jesús y responde en adoración asegurándole a ella y a la multitud que su historia de lealtad nunca será olvidada.

IDEA HOMILÉTICA: Jesús exige nuestra devoción, rompa el frasco y derrame su adoración sobre él, el único que vence la muerte y da vida.

■ *Marcos 14:12-26*

TEMA: ¿De qué manera dice Marcos que Jesús instituye un nuevo pacto?

COMPLEMENTO: A través de un acto de traición de alguien de adentro, que resulta en la muerte de Jesús pero que termina en su resurrección.

IDEA EXEGÉTICA: Marcos dice que Jesús instituye un nuevo pacto a través de un acto de traición de alguien de adentro, que resulta en la muerte de Jesús, pero que termina en su resurrección.

IDEA HOMILÉTICA: La muerte y la resurrección de Jesús transforman lo viejo en algo totalmente nuevo.

Marcos 14:53-65

TEMA: ¿Por qué el sumo sacerdote y los miembros del Sanedrín creen que Jesús debe morir?

COMPLEMENTO: Porque los ofende enormemente al afirmar que es el Mesías, al invocar el nombre divino y al afirmar que los sumos sacerdotes y los ancianos serán juzgados (sentado a la derecha del todo Poderoso en Sal 110:1; "aspecto humano" y "nubes del cielo" en Dan 7:13).

IDEA EXEGÉTICA: El sumo sacerdote y los miembros del Sanedrín creen que Jesús debe morir porque les ofende enormemente al afirmar que es el Mesías, al invocar el nombre divino y al afirmar que los sumos sacerdotes y los ancianos serán juzgados.

IDEA HOMILÉTICA: No podemos ver a Jesús y su agenda cuando no podemos ver más allá de nosotros mismos y de nuestras propias agendas.

Marcos 14:66-72

TEMA: ¿Cómo responde Pedro al hecho de haber negado a Jesús?

COMPLEMENTO: Echándose a llorar.

IDEA EXEGÉTICA: Pedro responde al hecho de haber negado a Jesús echándose a llorar

IDEA HOMILÉTICA: Dios construye su reino sobre las lágrimas de hombres y mujeres quebrantados que han fallado a Cristo.

Marcos 15:1-15:32

TEMA: ¿Quién fue inocente en la muerte de Jesús, según Marcos?

COMPLEMENTO: Nadie.

IDEA EXEGÉTICA: Marcos dice que nadie fue inocente en la muerte de Jesús.

IDEA HOMILÉTICA: Todos tuvimos un papel en la muerte de Jesús.

Marcos 15:21-41

TEMA: ¿Qué nos relata Marcos sobre lo que ocurre en la muerte de Jesús?

COMPLEMENTO: La oscuridad cubre la tierra, la cortina del templo se rasga en dos y el centurión confiesa a Jesús como el hijo de Dios mientras las mujeres observan desde la distancia.

IDEA EXEGÉTICA: Marcos nos relata que a la muerte de Jesús las tinieblas cubren la tierra, la cortina del templo se rompe en dos, y el centurión confiesa a Jesús como hijo de Dios mientras las mujeres observan desde la distancia.

IDEA HOMILÉTICA: El juicio de Dios cayó sobre Jesús mientras se percibía lo más insólito de Dios.

Marcos 15:42-16:8

TEMA: ¿Cómo responden las mujeres a la escena del sepulcro vacío?

COMPLEMENTO: Huyendo, temblando de miedo y en confusión.

IDEA EXEGÉTICA: Las mujeres responden a la escena del sepulcro vacío huyendo, temblando de miedo y en confusión.

IDEA HOMILÉTICA: El sepulcro vacío exige nuestra respuesta.

Versículos/pasajes difíciles

Marcos es un evangelio corto, pero no es fácil de desmenuzar, empezando por el prólogo. Marcos plantea temas amplios y contundentes que se entrelazan a lo largo del resto del relato.

Muchos de los pasajes de Marcos confunden al lector. Las respuestas no son fáciles. A menudo utiliza escenas con Jesús como "parábolas representadas" que obligan al lector a reflexionar profundamente sobre quién es Jesús y qué es importante para él.

El capítulo 13 es un reto porque trata del fin del mundo y de la caída de Jerusalén. Los estudiosos no se ponen de acuerdo sobre qué pasajes se refieren a qué acontecimientos. El predicador puede quedarse rápidamente atascado en los detalles.

Aplicación y perspectiva cultural

Un público moderno necesita entender cómo funcionan las parábolas. Los predicadores tienen que ayudar al público a ver los prejuicios profundos que tenían los discípulos contra los gentiles en particular. Los discípulos y el pueblo judío de la época de Jesús pensaban que el reino les pertenecía a ellos y solo a ellos.

Los predicadores también son sabios al señalar cómo el reino de Dios incluye a las personas más inesperadas (mujeres, niños, gentiles) y cómo las personas más inesperadas tienen una visión del reino de Dios, mientras que los seguidores más cercanos de Jesús luchan por ver quién es realmente Jesús.

Finalmente, el evangelio de Marcos obliga a decidir por uno mismo quién es Jesús.

FUENTES RECOMENDADAS

France, R. T. *The Gospel of Mark: A Commentary on the Greek Text, The New International Greek Testament Commentary* [El evangelio de Marcos: un comentario sobre el texto griego]. *The New International Greek Testament Commentary,*Comentario del Nuevo Testamento Griego Internacional]. Grand Rapids: Eerdmans, 2002.

Kernaghan, R. J. Mark. The IVP New Testament Commentary [Marcos, Comentario del Nuevo Testamento IVP]. Downers Grove, Illinois: InterVarsity, 2007.

Rhoads, David, Joanna Dewey y Donald Michie. *Mark as Story: An Introduction to the Narrative of a Gospel* [Marcos como relato: Introducción a la narrativa de un evangelio]. 3ª ed. Minneapolis: Fortress, 2012.

Lucas

JULIAN R. GOTOBED

Lucas es el primer volumen de un obra divida en dos partes, que describe el nacimiento, la vida, el ministerio, la muerte, la resurrección y la ascensión de Jesús de Nazaret y su importancia para Israel. Hechos es el segundo volumen, que narra la historia de la comunidad reunida en torno a Jesús resucitado y da testimonio de su importancia para todos los pueblos del mundo.

TEMA: ¿Qué importancia tenía Jesús de Nazaret para el pueblo de Israel?

COMPLEMENTO: Él fue el cumplimiento de la promesa de Dios en el Antiguo Testamento para redimir a su pueblo Israel, proclamando y demostrando la llegada repentina del gobierno de Dios a través de su vida, ministerio, enseñanza, muerte, resurrección y ascensión.

IDEA EXEGÉTICA: La importancia de Jesús de Nazaret para el pueblo de Israel era que él era el cumplimiento de la promesa de Dios en el Antiguo Testamento de redimir a su pueblo Israel, proclamando y demostrando la llegada repentina del gobierno de Dios a través de su vida, ministerio, enseñanza, muerte, resurrección y resurrección y ascensión.

IDEA HOMILÉTICA: En Jesús, Dios cumple la promesa que hizo en el pasado de abrir un camino para redimir a las personas en el presente.

Los predicadores de las denominaciones que siguen un leccionario o plan de tres años de lecturas bíblicas utilizadas en el servicio de adoración a lo largo del año cristiano (desde el Adviento hasta Cristo Rey) encontrarán

448

textos seleccionados para ellos en el año dedicado a Lucas y en las estaciones anuales (por ejemplo, el Adviento), cuando se suelen incluir pasajes de Lucas. Algunas denominaciones siguen un esquema básico del año cristiano (por ejemplo, Adviento-Navidad, Cuaresma-Pascua, Ascensión-Pentecostés). Se puede seleccionar los pasajes de Lucas que corresponden al momento clave de la vida de Jesús celebrado en cualquier momento del año cristiano. El año cristiano se basa en la vida de Jesús, y Lucas se adapta especialmente a la forma del año cristiano.

El predicador que está acostumbrado a una mayor libertad en la selección de textos y en la planificación de series de sermones puede aprovechar la estructura del relato de Lucas:

Introducción (1:1-4)
La infancia y la niñez (1:5-2:52)
La preparación de Jesús para el ministerio (3:1-4:13)
Jesús en Galilea (4:14-9:50)
Viaje a Jerusalén (9:51-19:28)
Jesús en Jerusalén (19:29-21:38)
La Pasión (22:1-23:56)
La resurrección (24:1-53)[1]

Comprensión del tema, complemento, idea exegética e idea homilética

Lucas 1:1-4

TEMA: ¿Por qué el autor del Evangelio según Lucas escribió un relato cuidadosamente investigado y ordenado sobre Jesús de Nazaret?

COMPLEMENTO: Para confirmar la veracidad y exactitud del mensaje que Teófilo, el receptor, había recibido previamente.

IDEA EXEGÉTICA: El autor del Evangelio según Lucas escribió un relato cuidadosamente investigado y ordenado sobre Jesús de Nazaret para confirmar la veracidad y exactitud del mensaje que Teófilo, el receptor, había recibido previamente.

HOMILETICAL IDEA: Lucas confirma los relatos fieles del testimonio cristiano de Jesús en cada generación.

Lucas 1:5-25

TEMA: ¿En quién se convertiría el hijo prometido por Dios a Zacarías y a su

---

1. Fred B. Craddock, *Luke, Interpretation* [Lucas, Interpretación] (Louisville: Westminster John Knox, 2009), IX-XI.

esposa Elisabet?

COMPLEMENTO: Un profeta lleno del Espíritu Santo que proclamó el mensaje de Dios a Israel e hizo que muchos se volvieran a Dios.

IDEA EXEGÉTICA: El hijo prometido por Dios a Zacarías y a su esposa Elisabet, crecería hasta convertirse en un profeta lleno del Espíritu Santo que proclamó el mensaje de Dios a Israel e hizo que muchos se volvieran a Dios.

IDEA HOMILÉTICA: Una persona llena del Espíritu Santo que declara el mensaje de Dios hace que otros vuelvan a Dios.

Lucas 1:26-45

TTEMA: ¿Qué hizo María cuando supo que iba a concebir siendo virgen y por obra del Espíritu Santo a un niño que crecería para servir a Dios?

COMPLEMENTO: Ofreció su vida a Dios, confiada en que la promesa se cumpliría.

IDEA EXEGÉTICA: Cuando María supo que iba a concebir siendo virgen y por obra del Espíritu Santo, a un niño que crecería para servir a Dios, ofreció su vida a Dios, confiada en que la promesa se cumpliría.

IDEA HOMILÉTICA: El carácter del verdadero servicio a Dios es la confianza y la obediencia en respuesta a la Palabra de Dios y al Espíritu Santo.

Lucas 1:46-80

TEMA: ¿Cómo respondieron María y Zacarías a la noticia de tener un hijo (María teniendo a Jesús y Zacarías teniendo a Juan, respectivamente)?

COMPLEMENTO: Respondiendo María inicialmente creyendo y alabando, mientras que Zacarías responde con incredulidad inicial y alabanza final.

IDEA EXEGÉTICA: María y Zacarías responden a la noticia de tener un hijo (María teniendo a Jesús y Zacarías teniendo a Juan, respectivamente) Respondiendo María inicialmente creyendo y alabando, mientras que Zacarías responde con una incredulidad inicial y una alabanza final.

IDEA HOMILÉTICA: Confía plenamente en Dios y alábale.

Lucas 2

TEMA: ¿Por qué fue importante el nacimiento de Jesús?

COMPLEMENTO: Era el Mesías prometido según el propósito soberano de Dios en el Antiguo Testamento, quien sería el agente de salvación de Dios para Israel y, en última instancia, para todos los pueblos del mundo.

IDEA EXEGÉTICA: El nacimiento de Jesús fue importante porque era el Mesías prometido según el propósito soberano de Dios en el Antiguo Testamento, quien sería el agente de salvación de Dios para Israel y, en última instancia, para todos los pueblos del mundo.

IDEA HOMILÉTICA: Jesús es el Salvador de todos los pueblos del mundo.

Lucas 3:1-20

TEMA: ¿Cuál fue el mensaje de Juan el Bautista?

COMPLEMENTO: La salvación de Israel prometida por Dios en Isaías se había hecho realidad en el Mesías, por lo que la gente debía acudir a Dios en busca de perdón, bautizarse y vivir una vida digna de Dios.

IDEA EXEGÉTICA: El mensaje de Juan el Bautista fue que la salvación de Israel prometida por Dios en Isaías se había hecho realidad en el Mesías, por lo que la gente debía acudir a Dios en busca de perdón, bautizarse y vivir una vida digna de Dios.

IDEA HOMILÉTICA: Vuelva a Dios, bautícese y en consecuencia transforme su vida.

Lucas 3:21-4:13

TEMA: ¿De qué manera Jesús, fortalecido por el Espíritu Santo en su bautismo, resistió posteriormente a varias tentaciones para desobedecer a Dios?

COMPLEMENTO: Discernió las falsas ideas en las tentaciones que se le presentaron con la ayuda del Antiguo Testamento.

IDEA EXEGÉTICA: Jesús, fortalecido por el Espíritu Santo en su bautismo, resistió posteriormente a varias tentaciones para desobedecer a Dios porque discernió las falsas ideas de las tentaciones que se le presentaron con la ayuda del Antiguo Testamento.

IDEA HOMILÉTICA: Depender del Espíritu Santo, que nos fortalece, y estar atento a la Escritura, que nos guía, para elegir bien por Dios.

Lucas 4:14-44

TEMA: ¿Por qué Jesús fue expulsado de Nazaret por sus oyentes después de afirmar que lo dicho por Isaías se había cumplido ante ellos?

COMPLEMENTO: Les recordó que Israel había rechazado anteriormente a los profetas y que Dios había mostrado compasión a los gentiles en esos momentos.

IDEA EXEGÉTICA: Jesús fue expulsado de Nazaret por sus oyentes después de que afirmara que lo dicho por Isaías se había cumplido ante ellos, porque les recordó que Israel había rechazado anteriormente a los profetas y que Dios había demostrado su compasión con los gentiles en esos momentos.

IDEA HOMILÉTICA: Jesús anuncia las buenas nuevas de la redención y nos enfrenta a verdades duras que no queremos admitir.

Lucas 5

TEMA: ¿Cómo llegó Simón a ser discípulo de Jesús?

COMPLEMENTO: Confió en él y le obedeció, reconoció su propia indignidad, cambió su forma de vida y siguió a Jesús para compartir en su obra de llevar a las personas a Dios.

IDEA EXEGÉTICA: Simón se convirtió en discípulo de Jesús al confiar y obedecerle, reconociendo su propia indignidad, cambiando su forma de vida y siguiendo a Jesús para compartir en su obra de llevar a las personas hacia Dios.

IDEA HOMILÉTICA: Seguir a Jesús, confiar en Dios, imitar el modelo de vida de Jesús y llevar a otros hacia Dios.

Lucas 6-7

TEMA: ¿Cómo se relacionó Jesús con las personas a las que encontró en su ministerio?

COMPLEMENTO: Compartió la bondad y el desafío de Dios, pertinentes para sus historias de vida particulares, para conectarlos con Dios y cambiar la forma en que se veían a sí mismos, a los demás y a Dios.

IDEA EXEGÉTICA: Jesús se relacionó con las personas a las que encontró en su ministerio compartiendo la bondad y el desafío de Dios, pertinentes para sus historias de vida particulares, para conectarlos con Dios y cambiar la forma en que se veían a sí mismos, a los demás y a Dios.

IDEA HOMILÉTICA: Conocer a Jesús es vernos a nosotros mismos, a los demás y a Dios de forma diferente, y ser transformados.

Lucas 8:1-21

TEMA: ¿Cómo utilizó Jesús las parábolas para enseñar el reino de Dios?

COMPLEMENTO: Se basó en experiencias de la vida cotidiana para subvertir las nociones distorsionadas de Dios y la religión, y también para transmitir nuevas posibilidades redentoras del poder y la presencia de Dios.

IDEA EXEGÉTICA: Jesús utilizó las parábolas para enseñar el reino de Dios basándose en experiencias de la vida cotidiana para subvertir las nociones distorsionadas de Dios y la religión, y también para transmitir nuevas posibilidades redentoras del poder y la presencia de Dios.

IDEA HOMILÉTICA: Las historias que contó Jesús subvierten y rehacen nuestra visión de Dios y nuestra relación con él.

Lucas 8:22-56

TEMA: ¿Qué cambio hizo Jesús en la gente con la que se encontró?

COMPLEMENTO: Los liberó del peligro físico, del mal demoníaco, de la enfermedad que los incapacitaba y de la muerte, por lo que les dio motivos para celebrar y dar testimonio con discreción de la bondad de Dios.

IDEA EXEGÉTICA: Jesús hizo un cambio en las personas que encontró al liberarlas del peligro físico, del mal demoníaco, de la enfermedad que las incapacitaba y de la muerte, y así dio motivos para celebrar y dar testimonio con discreción de la bondad de Dios.

IDEA HOMILÉTICA: Cuando Dios, en Jesús, hace que las vidas quebradas estén completas, celebremos con alegría y digamos a los demás con sobriedad y sabiduría lo que Dios ha hecho.

Lucas 9:1-20

TEMA: ¿Qué conclusión obtuvo Pedro sobre Jesús a la luz de su proclamación del reino de Dios, la preocupación que le causó a Herodes y el hecho de que alimentara a una multitud hambrienta?

COMPLEMENTO: El Mesías prometido por Dios a Israel en el Antiguo Testamento.

IDEA EXEGÉTICA: Pedro llegó a la conclusión de que Jesús, a la luz de su proclamación del reino de Dios, la preocupación que causó a Herodes y el hecho de que alimentara una multitud hambrienta, era el Mesías prometido por Dios a Israel en el Antiguo Testamento.

IDEA HOMILÉTICA: Jesús es el siervo ungido de Dios que trae el poder redentor de Dios a nuestras vidas.

Lucas 9:21-27

TEMA: ¿Cuál era la consecuencia de seguir a Jesús, quien anticipó el rechazo, el sufrimiento y la muerte, y ser resucitado de entre los muertos?

COMPLEMENTO: La probabilidad de experimentar el sufrimiento y la muerte con el conocimiento de la vindicación final.

IDEA EXEGÉTICA: Seguir a Jesús, quien anticipó el rechazo, el sufrimiento y la muerte, y ser resucitado de entre los muertos, implicaba la probabilidad de experimentar el sufrimiento y la muerte con el conocimiento de la vindicación final.

IDEA HOMILÉTICA: Seguir a Jesús puede ser costoso, pero la lealtad será reivindicada.

Lucas 9:28-62

TEMA: ¿Qué demostró la transfiguración de Jesús sobre su identidad?

COMPLEMENTO: Que era el Señor y el Hijo de Dios.

IDEA EXEGÉTICA: La transfiguración de Jesús confirmó su identidad como Señor e Hijo de Dios.

IDEA HOMILÉTICA: En virtud de quién es Jesús, él tiene el primer y último derecho sobre nuestras vidas.

Lucas 10:1-24

TEMA: ¿Qué encomendó Jesús a sus seguidores?

COMPLEMENTO: Anunciar el reino de Dios y aceptar la hospitalidad ofrecida cuando el mensaje era recibido, pero que avanzaran a un nuevo territorio cuando era rechazado.

IDEA EXEGÉTICA: Jesús encargó a sus seguidores que anunciaran el reino de Dios y que aceptaran la hospitalidad ofrecida cuando el mensaje era recibido, pero que avanzaran a un nuevo territorio cuando era rechazado.

IDEA HOMILÉTICA: Los seguidores de Jesús están llamados a anunciar las buenas nuevas del reino de Dios, pase lo que pase.

Lucas 10:25-42

TEMA: ¿Qué enseñó Jesús sobre el amor al prójimo?

COMPLEMENTO: Exigía que uno mostrara intencionadamente buena voluntad hacia las personas diferentes a uno mismo, incluso si eso significaba asumir riesgos, superando las costumbres sociales, y ofreciendo asistencia práctica y cuidados a largo plazo.

IDEA EXEGÉTICA: Jesús enseñó sobre el amor al prójimo que requería mostrar buena voluntad intencional hacia las personas diferentes de uno mismo, incluso si eso significaba asumir riesgos, superando las costumbres sociales, y ofreciendo asistencia práctica y cuidados a largo plazo.

IDEA HOMILÉTICA: No muestre ninguna parcialidad al ser compasivo con los demás.

Lucas 11:1-13

TEMA: ¿Cuál fue la enseñanza de Jesús a sus discípulos sobre la oración?

COMPLEMENTO: Orar era adorar a Dios, desear el reino de Dios, pedir a Dios lo esencial para vivir y el perdón de los pecados, y resistir la tentación; enseñó la perseverancia en la oración.

IDEA EXEGÉTICA: Jesús enseñó a sus discípulos que orar era adorar a Dios, desear el reino de Dios, pedir a Dios lo esencial para vivir y el perdón de los pecados, y resistir la tentación; enseñó la perseverancia en la oración.

IDEA HOMILÉTICA: En la oración orientamos nuestra vida hacia Dios y persistimos para conseguirlo.

Lucas 11:14-54

TEMA: ¿Por qué las multitudes, los fariseos y expertos de la ley cuestionaron la autoridad y la enseñanza de Jesús?

COMPLEMENTO: No lograron discernir la fuente divina de su autoridad para expulsar el mal y priorizaron las apariencias externas a costa de la disposición interior del corazón.

IDEA EXEGÉTICA: Las multitudes, los fariseos y expertos de la ley cuestionaban la autoridad y la enseñanza de Jesús porque no discernían la fuente divina de su autoridad para expulsar el mal y priorizaron las apariencias externas a costa de la disposición interior del corazón.

IDEA HOMILÉTICA: Las falsas nociones de Dios y de la piedad se ven amenazadas por la verdad y el poder de Dios en Jesús.

Lucas 12:1-12

TEMA: ¿Por qué los seguidores de Jesús no deben tener miedo de confesar su fe en él cuando son perseguidos y amenazados de muerte?

COMPLEMENTO: Jesús prometió que el Espíritu capacitaría su testimonio y, en última instancia, serían reivindicados por Dios.

IDEA EXEGÉTICA: Los seguidores de Jesús no deben tener miedo de confesar su fe en él cuando son perseguidos y amenazados de muerte, ya que Jesús prometió que el Espíritu capacitaría su testimonio y, en última instancia, serían reivindicados por Dios.

IDEA HOMILÉTICA: No teman ante la oposición contra Jesús, porque el Espíritu nos ayuda a dar testimonio y Dios nos reivindicará al final.

Lucas 12:13-21

TEMA: ¿Qué enseñó Jesús sobre la acumulación de riquezas materiales antes que todo lo demás?

COMPLEMENTO: Daba lugar a una falsa confianza en los planes y posesiones humanas que ensombreció la rendición de cuentas a Dios.

IDEA EXEGÉTICA: Jesús enseñó que acumular riquezas materiales antes que todo lo demás daba lugar a una falsa confianza en los planes y posesiones humanas que ensombreció la rendición de cuentas a Dios.

IDEA HOMILÉTICA: Dar prioridad a los bienes materiales distorsiona nuestra visión de Dios y tiene consecuencias nefastas para nosotros.

Lucas 12:22-48

TEMA: ¿Cuáles son, según Jesús, las actitudes apropiadas, para la preocupación y la vigilancia respectivamente?

COMPLEMENTO: No preocuparse (ya que no añade a la vida nada de calidad ni de longevidad) y, por el contrario, confiar en Dios, y ser vigilante o diligente en el discipulado, dispuestos a rendir cuentas de forma satisfactoria a Jesús.

IDEA EXEGÉTICA: Jesús dijo que las actitudes apropiadas, ante la preocupación y la vigilancia respectivamente, son no preocuparse (ya que no añade a la vida nada de calidad ni de longevidad) y, por el contrario, confiar en Dios, y ser vigilante o diligente en el discipulado, dispuestos a rendir cuentas de forma satisfactoria a Jesús.

IDEA HOMILÉTICA: No se preocupe, confíe en Dios y sea vigilante para servir a Jesús.

Lucas 12:49-59

TEMA: ¿Cuál fue el impacto de Jesús en sus contemporáneos?

COMPLEMENTO: Dividió la opinión, incluso en las familias; la gente elige estar a favor o en contra de él.

IDEA EXEGÉTICA: El impacto de Jesús en sus contemporáneos fue que dividió la opinión, incluso en las familias; la gente elige estar a favor o en contra de él.

IDEA HOMILÉTICA: Nadie puede quedarse de brazos cruzados con respecto a Jesús.

Lucas 13:1-9

TEMA: ¿Por qué el arrepentimiento era fundamental en el mensaje de Jesús?

COMPLEMENTO: No arrepentirse tenía consecuencias fatales que era mejor evitar.

IDEA EXEGÉTICA: El arrepentimiento era fundamental en el mensaje de Jesús, porque no arrepentirse tenía consecuencias fatales que era mejor evitar.

IDEA HOMILÉTICA: Volver a Dios no es opcional si realmente queremos una vida plena.

Lucas 13:10-17

TEMA: ¿Por qué era correcto para Jesús sanar a una mujer lisiada en el día de reposo?

COMPLEMENTO: Hacer que una persona estuviera sana honraba verdaderamente a Dios.

IDEA EXEGÉTICA: Fue correcto que Jesús sanara a una mujer lisiada en el día de reposo porque hacer que una persona estuviera sana honraba verdaderamente a Dios.

IDEA HOMILÉTICA: Mejorar la calidad de vida de una persona es parte de la verdadera adoración.

Lucas 13:18-21

TEMA: ¿Cómo es el reino de Dios?

COMPLEMENTO: Un grano de mostaza o levadura, aparentemente pequeño e insignificante, pero cargado de vida crece de tal manera hasta hacerse vasto e impresionante.

IDEA EXEGÉTICA: El reino de Dios es como un grano de mostaza o levadura, aparentemente leve e insignificante, pero cargado de vida crece de tal manera hasta hacerse vasto e impresionante.

IDEA HOMILÉTICA: El reino de Dios está oculto a la vista, pero está presente, es activo e importante para todos los pueblos, en todas partes.

Lucas 13:22-30

TEMA: ¿Quiénes eran los que se salvarían?

COMPLEMENTO: Aquellos que aceptaron las costosas exigencias de seguir a Jesús y cooperaron con el reino de Dios.

IDEA EXEGÉTICA: Los que se salvarían eran aquellos que aceptaron las costosas exigencias de seguir a Jesús y cooperaron con el reino de Dios.

IDEA HOMILÉTICA: Para salvarse, hay que seguir a Jesús y colaborar con el reino de Dios.

Lucas 13:31-35

TEMA: ¿Por qué se lamentó Jesús por Jerusalén?

COMPLEMENTO: La ciudad tenía antecedentes de rechazar y matar a los profetas enviados por Dios para declarar la palabra del Señor, y Jesús anticipó que él también sería rechazado y asesinado por la misma razón.

IDEA EXEGÉTICA: Jesús se lamenta por Jerusalén porque la ciudad tenía antecedentes de rechazar y matar a los profetas enviados por Dios para declarar la palabra del Señor, y Jesús anticipó que él también sería rechazado y asesinado por la misma razón.

IDEA HOMILÉTICA: Decir la verdad de Dios ante la autoridad conlleva el riesgo de sufrimiento y muerte.

Lucas 14:1-6

TEMA: ¿Por qué preguntó Jesús a un fariseo si era lícito sanar a una persona en el día de reposo?

COMPLEMENTO: Exponer la inhumanidad sobre una interpretación que impedía sanar en el día de reposo pero permitía rescatar a un animal o a una persona de un pozo.

IDEA EXEGÉTICA: Jesús preguntó a un fariseo si era lícito sanar a una persona en el día de reposo para exponer la inhumanidad sobre una interpretación que impedía sanar en el día de reposo pero permitía rescatar a un animal o a una persona de un pozo.

IDEA HOMILÉTICA: Dios se deleita en sanar y restablecer a las personas.

Lucas 14:7-24

TEMA: ¿Qué enseñó Jesús sobre la humildad y la hospitalidad?

COMPLEMENTO: Que uno no debe presumir de ser más importante que nadie, porque ante los ojos de Dios otros pueden ser dignos de más honor.

IDEA EXEGÉTICA: Jesús enseñó sobre la humildad y la hospitalidad y que uno no debe presumir de ser más importante que nadie, porque ante los ojos de Dios otros pueden ser dignos de más honor.

IDEA HOMILÉTICA: No hay lugar para el orgullo ante Dios; más bien, sea humilde para que le sorprenda la bondad y la generosidad de Dios.

Lucas 14:25-35

TEMA: ¿Por qué era importante considerar las consecuencias de convertirse en seguidor de Jesús antes de elegir hacerlo?

COMPLEMENTO: Seguir a Jesús como su discípulo era costoso; implicaba estar dispuesto a renunciar a la seguridad material y a morir por su causa.

IDEA EXEGÉTICA: Era importante considerar las consecuencias de convertirse en seguidor de Jesús antes de elegir hacerlo porque seguir a Jesús como su discípulo era costoso; implicaba estar dispuesto a renunciar a la seguridad material y a morir por su causa.

IDEA HOMILÉTICA: Piense bien antes de decidir seguir a Jesús, porque puede costarle la vida.

Lucas 15

TEMA: ¿Cómo desafió Jesús la condenación por parte de los maestros de la ley por mezclarse con recaudadores de impuestos y pecadores, considerados como marginados de la sociedad y alejados de Dios?

COMPLEMENTO: Enseñó que Dios se preocupaba profundamente por ellos y buscaba intencionadamente encontrarlos y recuperarlos.

IDEA EXEGÉTICA: Jesús desafió la condenación por parte de los maestros de la ley por mezclarse con los recaudadores de impuestos y pecadores, considerados como marginados de la sociedad y alejados de Dios, enseñando que Dios se preocupaba profundamente por ellos y buscaba intencionadamente encontrarlos y recuperarlos.

IDEA HOMILÉTICA: El juicio humano es desafiado por el amor de Dios y transformado en compasión que comparte las buenas nuevas.

Lucas 16:1-13

TEMA: ¿Por qué Jesús elogió a un administrador que fue despedido por la mala gestión de los recursos de su amo y que actuó conforme a su propio interés?

COMPLEMENTO: Fue astuto al cancelar la comisión que le debían los acreedores de su amo para asegurarse la ayuda de estos en el futuro.

IDEA EXEGÉTICA: Jesús elogió a un administrador que fue despedido por la mala gestión de los recursos de su amo y que actuó conforme a su propio interés porque fue astuto al cancelar la comisión que le debían los acreedores de su amo para asegurarse la ayuda de estos en el futuro.

IDEA HOMILÉTICA: Ser prudente en situaciones difíciles para tomar decisiones sabias y estratégicas para preparar el futuro.

Lucas 16:14-31

TEMA: ¿Cómo desafió Jesús las actitudes complacientes hacia el dinero?

COMPLEMENTO: Enseñó que la riqueza debe utilizarse para aliviar la pobreza y la decisión de hacerlo debe basarse en el Antiguo Testamento, no en una exigencia arbitraria de una señal sobrenatural.

IDEA EXEGÉTICA: Jesús desafió las actitudes complacientes hacia el dinero cuando enseñó que la riqueza debe usarse para aliviar la pobreza y la decisión de hacerlo debe basarse en el Antiguo Testamento, no en una exigencia arbitraria de una señal sobrenatural.

IDEA HOMILÉTICA: Utilice la riqueza para aliviar la pobreza como se exige en las Escrituras, y no ponga excusas exigiendo una señal sobrenatural para confirmarlo.

Lucas 17

TEMA: ¿Qué afirmó la enseñanza de Jesús sobre los últimos tiempos?

COMPLEMENTO: El reino ya estaba presente y la intervención de Dios en el futuro sería repentina e inesperada, por lo que la gente no debería tratar de predecirlo; lo importante es permanecer fiel a Dios.

IDEA EXEGÉTICA: Jesús afirmó sobre la enseñanza de los últimos tiempos que el reino ya estaba presente y la intervención de Dios en el futuro sería repentina e inesperada, por lo que la gente no debería tratar de predecirlo; lo importante es permanecer fiel a Dios.

IDEA HOMILÉTICA: No pierda el tiempo tratando de predecir la acción de Dios en el futuro; más bien concéntrese en seguir fielmente a Jesús en el presente.

Lucas 18:1-19:27

TEMA: ¿De qué manera las palabras y los hechos de Jesús sobre el reino de Dios subvierten las nociones generalizadas de las relaciones humanas divinas?

COMPLEMENTO: Mostró que Dios se preocupaba por los vulnerables, los marginados sociales y los pecadores, y rechazó las espiritualidades de bendición basadas en el mérito humano.

IDEA EXEGÉTICA: Las palabras y los hechos de Jesús sobre el reino de Dios subvierten las nociones generalizadas de las relaciones humanas divinas, ya que mostró que Dios se preocupaba por los vulnerables, los marginados sociales y los pecadores, y rechazó las espiritualidades de bendición basadas en el mérito humano.

IDEA HOMILÉTICA: Jesús subvierte las ideas de espiritualidad basadas en el mérito y proclama la bondad inmerecida pero gratuita de Dios que cambia vidas

Lucas 19:28-22:6

TEMA: ¿Por qué la entrada de Jesús en Jerusalén y su enseñanza en el templo provocó la resistencia de los sacerdotes y fariseos?

COMPLEMENTO: Subvirtió su enseñanza, cuestionó la explotación económica dentro del templo y predijo la destrucción del templo y de Jerusalén.

IDEA EXEGÉTICA: La entrada de Jesús en Jerusalén y su enseñanza en el templo provocó la resistencia de los sacerdotes y fariseos porque subvertía su enseñanza, cuestionó la explotación económica dentro del templo y predijo la destrucción del templo y de Jerusalén.

IDEA HOMILÉTICA: Las buenas noticias de Jesús cuestionan las ideas erróneas que se tienen de Dios, la espiritualidad humana, las instituciones religiosas y las sociedades, y por eso provocan oposición.

Lucas 22:7-23:25

TEMA: ¿Qué mostraron las últimas horas de Jesús en la cena y en la traición, el arresto y el juicio sobre su vida y su ministerio?

COMPLEMENTO: Sirvieron al propósito de Dios para redimir a Israel en la realización de un nuevo pacto a través de su muerte.

IDEA EXEGÉTICA: Las últimas horas de Jesús en la cena y en la traición, el arresto y el juicio sobre su vida y su ministerio sirvieron al propósito de Dios de redimir a Israel en la realización de un nuevo pacto a través de su muerte.

IDEA HOMILÉTICA: Acontecimientos que parecen insignificantes ahora pueden servir al propósito de Dios en formas que solo se comprenden con el beneficio de la retrospectiva.

Lucas 23:26-49

TEMA: ¿Qué le pidió Jesús a Dios que hiciera por aquellos que lo crucificaron?

COMPLEMENTO: Que los perdone, porque no entendieron lo que habían hecho.

IDEA EXEGÉTICA: Jesús pidió a Dios que perdone a aquellos que lo crucificaron, porque no entendieron lo que habían hecho.

IDEA HOMILÉTICA: Perdonar a los enemigos está en el corazón de aquel que sigue a Jesús.

Lucas 24:1-12

TEMA: ¿Cuál fue la explicación de la tumba vacía?

COMPLEMENTO: Jesús había resucitado de entre los muertos.

IDEA EXEGÉTICA: La explicación de la tumba vacía fue que Jesús había resucitado de entre los muertos.

IDEA HOMILÉTICA: ¡Jesús está vivo!

Lucas 24:13-53

TEMA: ¿De qué manera Jesús confirmó que había resucitado de entre los muertos?

COMPLEMENTO: Se apareció a dos discípulos en el camino de Emaús, a Simón, y en una reunión de sus discípulos.

IDEA EXEGÉTICA: Jesús confirmó que había resucitado de entre los muertos cuando se apareció a dos discípulos en el camino de Emaús, a Simón y en una reunión de sus discípulos.

IDEA HOMILÉTICA: Jesús se encuentra con la gente para demostrar que está vivo.

Versículos/pasajes difíciles

Las dificultades para predicar a partir de Lucas surgen de varias maneras. Lucas es uno de los cuatro retratos biográficos de Jesús en el Nuevo Testamento. Lucas comparte con Mateo una parte del material sobre Jesús que, según la mayoría de los estudiosos, procede de Marcos. Lucas y Mateo comparten un bloque de material que se encuentra en ambos relatos, pero no en Marcos. Además, Lucas y Mateo incluyen material sobre Jesús que es propio de cada uno de sus Evangelios. Los Evangelios narran versiones diferentes de los mismos episodios. Un sermón no es el lugar adecuado para entablar complejas discusiones sobre las relaciones textuales entre los Evangelios sinópticos, pero muchos de los asistentes a un servicio de adoración de la congregación o a un estudio bíblico estarán familiarizados con las versiones alternativas del mismo episodio. Al escuchar un sermón o una enseñanza bíblica pueden surgir preguntas sobre estas diferencias en sus procesos de pensamiento. Al predicar y enseñar a partir de Lucas, es importante no pasar por alto ni ignorar los retos que plantean los relatos alternativos de Marcos y Mateo (¡y Juan!).

Dos temas de Lucas merecen un comentario especial. En primer lugar, el perdón es un tema en el relato de Lucas sobre el ministerio de Jesús (que comparte con Marcos y Mateo) y es un requisito especialmente destacado del discipulado. Es interesante que, aunque Jesús en la cruz pide a Dios Padre que perdone los pecados de las personas que lo crucificaron (sin exigir el arrepentimiento), en ninguna parte de Lucas se relaciona la muerte de Jesús en la cruz con el perdón de los pecados de la humanidad. En Lucas no hay una doctrina de expiación. Por lo tanto, un desafío clave es evitar leer una doctrina de expiación en Lucas, pero al mismo tiempo es vital descifrar el ejemplo y la enseñanza de Jesús para practicar el perdón.

En segundo lugar, Lucas destaca la importancia del Espíritu Santo en la concepción, el bautismo y el ministerio de Jesús. El Espíritu Santo también se ve como vital en la vida y el testimonio de sus seguidores. Es importante reconocer en Lucas que el Espíritu Santo y la palabra de Dios en la Escritura se mantienen unidos. El Espíritu no se ve aislado de las Escrituras. La iniciativa de Dios en y a través del Espíritu registrada en los relatos de la infancia se interpreta con referencia al Antiguo Testamento. En su bautismo, Jesús recibe el poder del Espíritu y es conducido al desierto. Su enfrentamiento con el diablo se produce en el contexto de la vida en el Espíritu viviendo con referencia a la Escritura (es decir, el Antiguo Testamento).

Aplicación y perspectiva cultural

Quizá el mayor obstáculo para que el predicador o el maestro comuniquen el mensaje de Lucas (o de cualquiera de los Evangelios canónicos) de forma clara y eficaz dentro y fuera de las comunidades cristianas en un contexto occidental en el siglo XXI sea la sensación de familiaridad. Jesús es el centro de la fe y la práctica cristiana, por lo que pensamos que lo conocemos y que hay poco más que descubrir. De ahí que las posibilidades de sorprenderse y cuestionarse puedan parecer limitadas. El Jesús que leemos en Lucas encontró repetidamente formas de llamar la atención de su audiencia y de perturbar sus nociones establecidas sobre Dios y sobre lo que significa vivir en relación con Dios y con los demás. F. F. Bruce señala: "Es demasiado fácil creer en un Jesús que es en gran medida producto de nuestra imaginación, una persona inofensiva a la que nadie se molestaría en crucificar"[2] . Una vez que profundizamos detrás de la fachada del Jesús que conocemos, podemos descubrir que es más desconcertante e incómodo de lo que creíamos.

Dos obstáculos prácticos para entender a Jesús en Lucas se derivan de la disposición de las traducciones de la Biblia en inglés. En primer lugar, es importante reconocer que la división de los libros de la Biblia en capítulos y versículos es un medio sencillo y eficaz para orientarse en las Escrituras. Sin embargo, estos arreglos artificiales no siempre ayudan al lector o al oyente que observa las Escrituras a captar y seguir el flujo del texto. En segundo lugar, muchos relatos y episodios de Lucas (al igual que los cuatro relatos del Evangelio) aparecen bajo títulos que oscurecen más que iluminan el pasaje (por ejemplo, la parábola del administrador deshonesto). Tales títulos funcionan como una abreviatura conveniente para identificar lo que vamos a leer o escuchar. Al mismo tiempo, interpretan el pasaje

2. F. F. Bruce, *The Hard Sayings of Jesus, The Jesus Library* [Las duras palabras de Jesús, Biblioteca de Jesús] (Londres: Hodder & Stoughton, 1983), pág. 15.

para el lector o el oyente de manera que pueden iluminar u oscurecer su significado.

En Lucas, Jesús ejemplifica y encarna el amor buscador de Dios (4:14-8:6) que busca al pecador alejado de la comunión divina (15:1-32). Ese amor es costoso y conduce a una cruz, pero avanza en la esperanza inspirada por la promesa de resurrección de Dios (9:21-27). Tal vida es la que Dios llama a adoptar al discípulo de Jesús.

FUENTES RECOMENDADAS

Adeyemo, Tokunboh, ed. *Africa Bible Commentary* [Comentário Bíblico Africano]. Grand Rapids: Zondervan, 2006.

Craddock, Fred B. Luke. *Interpretation* [Lucas. Interpretación]. Louisville: Westminster John Knox, 1990.

Trites, Allison A. *The Gospel of Luke.* Cornerstone Biblical Commentary [El Evangelio de Lucas. Comentario Bíblico de la Piedra Angular]. Carol Stream, Illinois: Tyndale, 2006.

Juan

MARY S. HULST

La idea principal del libro de Juan

Juan es un evangelio inusual en el sentido de que el 92% de lo que se encuentra en Juan no se encuentra en los otros tres evangelios, lo que nos permite comprender mejor quién es Jesús en comparación con lo que sucedería si solo tuviéramos a Mateo, Marcos y Lucas. Juan utiliza varios temas a lo largo de su Evangelio, como la luz y las tinieblas, la ceguera y la vista, la gracia y la verdad, y rechazar o recibir. Dado que quiere enfatizar estos temas, Juan se toma el tiempo de contar historias largas y detalladas (por ejemplo, en los capítulos 3, 4, 9 y 11). Juan expresa su esperanza para los que escuchan su mensaje cuando dice: "Pero estas se han escrito para que ustedes crean que Jesús es el Cristo, el Hijo de Dios, y para que al creer en su nombre tengan vida." (20:31).

TEMA: ¿Por qué escribió Juan su Evangelio?

COMPLEMENTO: Para revelar que Jesús es el Hijo de Dios, totalmente humano, totalmente divino, y que quien crea en él tendrá vida en su nombre.

IDEA EXEGÉTICA: Juan escribió su Evangelio para revelar que Jesús es el Hijo de Dios,totalmente humano, totalmente divino, y que quien crea en él tendrá vida en su nombre.

IDEA HOMILÉTICA: Juan escribió su Evangelio para que creamos que Jesús es el Hijo de Dios y al creer tengamos vida en su nombre.

Selección de pasajes para predicar y enseñar el libro de Juan

Para ayudar de la mejor manera al predicador, se ha seleccionado para este volumen al menos un pasaje de cada capítulo de Juan. La mayoría de las veces el pasaje seleccionado es un relato que no se encuentra en ninguno de los otros evangelios.

Juan utiliza temas fuertes en su evangelio y los expone ya en el prólogo. Un predicador podría utilizar los temas presentados en el prólogo para desarrollar múltiples series. Por ejemplo, Juan describe a Jesús como "lleno de gracia y de verdad". Sería interesante una serie sobre las historias en las que Jesús extiende la gracia y trae la verdad. En Juan 5, por ejemplo, Jesús sana al hombre junto a la estanque (gracia), pero también le advierte que deje de pecar (verdad). En Juan 6, Jesús alimenta a los cinco mil (gracia), pero también les advierte que no piensen que todo se trata de pan y no de Dios (verdad). Él perdona a la mujer sorprendida en adulterio (lo cual plantea la pregunta: ¿Dónde estaba el hombre que fue sorprendido en adulterio?) diciendo la verdad a sus acusadores, concediendo la gracia a ella, y luego también extendiendo la verdad a ella: "Vete y no vuelvas a pecar".

Juan también aborda los temas sobre la luz y la oscuridad, incluyendo historias que tienen lugar en determinados momentos del día: Nicodemo, que quiere permanecer oculto, llega de noche (Juan 3). Jesús se encuentra con la mujer en el pozo a mediodía (Juan 4). En Juan 19, José y Nicodemo corren para sepultar a Jesús antes de que se ponga el sol (¡un momento significativo para un hombre que antes quería estar oculto por la oscuridad!). La luz y la oscuridad también entran en escena cuando se trata de quién es realmente capaz de ver: el ciego de nacimiento puede ver, pero los fariseos que pueden ver están espiritualmente ciegos. ¿En qué relatos del Evangelio de Juan la luz resplandece en las tinieblas y las tinieblas no han podido extinguirla (cf. 1:5)?

Otro tema importante es el concepto de la hora, como en "Todavía no ha llegado mi hora" (2:4) y "Viene la hora, y ahora es" (5:25 RVR1960). El término surge primero en Juan 2, pero vuelve a aparecer en Juan 4, 5, 7, 8, 12, 13, 16, 17 y 19. Jesús está comunicando un sentido tanto del cumplimiento del tiempo (Él está aquí) como de la espera del cumplimiento (Él aún no está glorificado). Recorrer estos pasajes durante el tiempo de Cuaresma, en previsión de la Semana Santa, daría lugar a una serie de sermones muy provechosos.

Los comentaristas suelen dividir el libro en "Libro de las señales" (caps. 1-12) y "Libro de la gloria" (caps. 13-21), o "El ministerio público de Jesús" y "La glorificación personal de Jesús". Organizar una serie en torno a las dos mitades del libro (quizás la primera mitad durante la Epifanía y la segunda durante la Cuaresma) tendría mucho sentido.

Para los pasajes que no se abordan a continuación, consulte uno de los excelentes comentarios a los que se hace referencia al final del capítulo.

Comprensión del tema, complemento, idea exegética e idea homilética

Juan 1:1-18

TEMA: ¿Quién dice Juan que es Jesús?

COMPLEMENTO: El Verbo hecho hombre.

IDEA EXEGÉTICA: Juan dice que Jesús es el Verbo hecho hombre.

IDEA HOMILÉTICA: Juan menciona a Jesús como el Verbo hecho hombre, lleno de gracia y de verdad, el que estaba al principio de todas las cosas. (Ver "Aplicación y perspectiva cultural" más adelante).

Juan 2:1-12

TEMA: ¿Por qué dice Juan que los discípulos pusieron su fe en Jesús?

COMPLEMENTO: Porque Jesús reveló su gloria en el milagro de convertir el agua en vino.

IDEA EXEGÉTICA: Juan dice que los discípulos pusieron su fe en Jesús porque Jesús reveló su gloria en el milagro de convertir el agua en vino.

IDEA HOMILÉTICA: La provisión de vino por parte de Jesús cumple la profecía y proporciona un panorama para cuando él vuelva. (Ver "Versículos/pasajes difíciles" más adelante).

Juan 3:1-21

TEMA: ¿Por qué afirma Juan que Dios envió a Jesús al mundo?

COMPLEMENTO: Porque Dios ama al mundo y quiere que todos los que crean en Jesús tengan vida eterna.

IDEA EXEGÉTICA: Juan afirma que Dios envió a Jesús al mundo porque Dios ama al mundo y quiere que todos los que crean en Jesús tengan vida eterna.

IDEA HOMILÉTICA: Dios nos ama y quiere que tengamos vida eterna por medio de Jesús: "porque tanto amó Dios al mundo" (3:16) ¡nos incluye!

Juan 3:22-30

TEMA: ¿De qué manera se cumple la alegría de Juan el Bautista, según Juan?

COMPLEMENTO: Preparó el camino para el novio.

IDEA EXEGÉTICA: Juan dice que la alegría de Juan el Bautista se cumple porque él preparó el camino para el novio.

IDEA HOMILÉTICA: Juan el Bautista nos recuerda que todos apuntamos a Jesús, "A Él le toca crecer, y a mí menguar," y en esto se cumplirá nuestra alegría.

Juan 4:1-42

TEMA: ¿Por qué dice Juan que Jesús tuvo una conversación con una mujer samaritana, rompiendo todas las normas sociales?

COMPLEMENTO: Para revelarle a ella que Él es el Mesías.

IDEA EXEGÉTICA: Juan dice que Jesús tuvo una conversación con una mujer samaritana, rompiendo todas las normas sociales, para revelarle a ella que Él es el Mesías.

IDEA HOMILÉTICA: Las normas sociales no limitarán a Jesús: Él hablará a quien tenga que hablar y utilizará a quien quiera para compartir las buenas nuevas, ¡incluidos nosotros! (Ver "Versículos/pasajes difíciles" más adelante).

Juan 5:1-18

TEMA: ¿Por qué Jesús sanó en el día de reposo, según Juan?

COMPLEMENTO: Porque su Padre sigue trabajando, así que Jesús también trabaja, porque él y el Padre son uno.

IDEA EXEGÉTICA: Juan dice que Jesús sanó en el día de reposo porque su Padre sigue trabajando, así que Jesús también trabaja, pues él y el Padre son uno.

IDEA HOMILÉTICA: Jesús se alinea con Dios como alguien que sigue haciendo cosas nuevas, incluso en el día de reposo.

Juan 6:16-21

TEMA: ¿Por qué los discípulos no tienen que tener miedo incluso en la tormenta, según Juan?

COMPLEMENTO: Porque Jesús está allí con ellos.

IDEA EXEGÉTICA: Juan dice que los discípulos no tienen que tener miedo incluso en la tormenta, porque Jesús está allí con ellos.

IDEA HOMILÉTICA: Incluso en la tormenta Jesús está con nosotros y no tenemos que tener miedo.

Juan 6:22-50

TEMA: Según Juan, ¿cuál es el verdadero pan del cielo?

COMPLEMENTO: Jesús, quien desciende del cielo y da vida al mundo.

IDEA EXEGÉTICA: Juan dice que el verdadero pan del cielo es Jesús, quien desciende del cielo y da vida al mundo.

IDEA HOMILÉTICA: Jesús es el verdadero pan de vida, suficiente para el día de hoy (como el maná o el pan de cada día), pero también suficiente para nuestra eternidad. (Ver "Versículos/pasajes difíciles" más adelante).

Juan 7:10-31

TEMA: ¿Quién dice Juan que es Jesús?

COMPLEMENTO: No es un impostor, sino que es el Mesías enviado por Dios, que es verdadero.

IDEA EXEGÉTICA: Juan dice que Jesús se revela no como un impostor, sino como el Mesías enviado por Dios, que es verdadero.

IDEA HOMILÉTICA: Creemos que Jesús es el Mesías enviado por el único Dios verdadero, incluso cuando no dice o hace lo que queremos.

Juan 8:31-59

TEMA: ¿De qué manera todas las personas son liberadas del pecado, según Juan?

COMPLEMENTO: Por el Hijo que los libera.

IDEA EXEGÉTICA: Juan dice que todas las personas son liberadas del pecado por el Hijo que los libera.

IDEA HOMILÉTICA: "Todo el que peca es esclavo del pecado" es la razón por la que vino Jesús, y es su gozo liberarnos.

Juan 9

TEMA: ¿Por qué el hombre nació ciego, según Juan?

COMPLEMENTO: No como resultado de un pecado personal, sino para que Jesús pudiera revelar la gloria de Dios en él.

IDEA EXEGÉTICA: Juan dice que el hombre nació ciego no como resultado de un pecado personal sino para que Jesús pudiera revelar la gloria de Dios en él.

IDEA HOMILÉTICA: Nada nos inhabilita para ser utilizados por Dios para revelar su gloria y llevar a más personas hacia él. (Ver "Aplicación y perspectiva cultural" más adelante).

Juan 10:1-21

TEMA: ¿Qué dice Juan sobre lo que hace Jesús, el buen pastor?

COMPLEMENTO: Da su vida por sus ovejas.

IDEA EXEGÉTICA: Juan dice que Jesús, el buen pastor, da su vida por sus ovejas.

IDEA HOMILÉTICA: Jesús nos cuida con el amor tierno y atento de un pastor por sus ovejas, ¡quienes la mayoría de las veces no saben lo que el pastor hace por ellas!

Juan 11:1-44

TEMA: ¿Por qué Jesús resucitó a Lázaro, según Juan?

COMPLEMENTO: Para revelar la gloria de Dios y revelarse a sí mismo como la resurrección y la vida.

IDEA EXEGÉTICA: Juan dice que Jesús resucitó a Lázaro para revelar la gloria de Dios y revelarse a sí mismo como la resurrección y la vida.

IDEA HOMILÉTICA: Ni la misma muerte puede vencer cuando el Mesías está presente, porque él mismo es resurrección y vida. (También es importante señalar que Jesús se aflige, aunque sabe que la historia de Lázaro no termina así. Los cristianos somos libres de afligirnos, aunque sepamos que la muerte no gana).

Juan 12:1-8

TEMA: ¿Qué dice Juan sobre el hecho de que María ungió a Jesús?

COMPLEMENTO: Para prepararlo para la sepultura.

IDEA EXEGÉTICA: Juan dice que María ungió a Jesús para prepararlo para la sepultura.

IDEA HOMILÉTICA: Jesús acoge el don de la unción como una forma de prepararse para lo que está por venir: sabe lo que le espera.

Juan 12:12-19

TEMA: ¿Qué dice Juan sobre la alabanza de las multitudes hacia Jesús?

COMPLEMENTO: Porque habían visto u oído hablar de las señales que había hecho.

IDEA EXEGÉTICA: Juan dice que las multitudes alabaron a Jesús porque habían visto u oído hablar de las señales que había hecho.

IDEA HOMILÉTICA: Cuando vemos y oímos lo que Jesús ha hecho, no podemos dejar de alabarlo.

Juan 12:20-36

TEMA: Según Juan, ¿qué hora ha llegado?

COMPLEMENTO: La hora de que Jesús, el Hijo del hombre, sea glorificado y el príncipe de este mundo sea expulsado.

IDEA EXEGÉTICA: Juan dice que ha llegado la hora de que Jesús, el Hijo del hombre, sea glorificado y el príncipe de este mundo sea expulsado.

IDEA HOMILÉTICA: Contrariamente a las ideas del mundo sobre la gloria, la glorificación de Jesús viene a través de la muerte, al igual que un grano de trigo solo da fruto una vez que muere, y cuando sea glorificado el príncipe de este mundo será expulsado.

Juan 13:1-20

TEMA: ¿Por qué Jesús lavó los pies de los discípulos, según Juan?

COMPLEMENTO: Para mostrarles cómo amar y servir a los demás.

IDEA EXEGÉTICA: Juan dice que Jesús lavó los pies de los discípulos para mostrarles cómo amar y servir a los demás.

IDEA HOMILÉTICA: El acto de servicio de Jesús es un modelo de amor y servicio para nosotros, así que "lavemos los pies" de nuestros amigos, familiares y miembros de la iglesia.

Juan 14:1-7

TEMA: ¿De qué manera los discípulos pueden llegar al Padre, según Juan?

COMPLEMENTO: Solo a través de Jesús, el camino, la verdad y la vida.

IDEA EXEGÉTICA: Juan dice que los discípulos pueden llegar al Padre solo a través de Jesús, el camino, la verdad y la vida.

IDEA HOMILÉTICA: Aunque nos incomode esa exclusividad, Jesús ofrece la cálida invitación de que el camino hacia una relación con el Padre solo está disponible a través de él. (Ver "Versículos/pasajes difíciles" más adelante).

Juan 15:1-11

TEMA: ¿Cómo darán fruto los seguidores de Jesús, según Juan?

COMPLEMENTO: Solo permaneciendo en Jesús, la vid.

IDEA EXEGÉTICA: Juan dice que los seguidores de Jesús darán fruto solo permaneciendo en Jesús, la vid.

IDEA HOMILÉTICA: Jesús quiere que tengamos alegría y demos fruto para glorificar a Dios, y la·única manera de hacerlo es permaneciendo en su amor.

Juan 15:12-17

TEMA: Según Jesús, ¿cuál es el mayor acto de amor?

COMPLEMENTO: Dar la vida por los amigos.

IDEA EXEGÉTICA: Jesús dice que el mayor acto de amor es dar la vida por los amigos.

IDEA HOMILÉTICA: Jesús nos llama amigos y da su vida por nosotros.

Juan 16:25-33

TEMA: ¿Cómo encontrarán los seguidores de Jesús la paz en un mundo que los odia, según Juan?

COMPLEMENTO: Recordando que Jesús ha conquistado el mundo.

IDEA EXEGÉTICA: Juan dice que los seguidores de Jesús encontrarán la paz en un mundo que los odia recordando que Jesús ha conquistado el mundo.

IDEA HOMILÉTICA: Incluso cuando seamos perseguidos por nuestra fe, encontraremos la paz recordando que Jesús ha vencido al mundo.

Juan 17

TEMA: ¿Por qué ora Jesús por sus seguidores, según Juan?

COMPLEMENTO: Porque quiere que sean uno, así como él y el Padre son uno, para que el mundo vea su unidad como testimonio de Dios.

IDEA EXEGÉTICA: Juan dice que Jesús ora por sus seguidores porque quiere que sean uno, así como él y el Padre son uno, para que el mundo vea su unidad como testimonio de Dios.

IDEA HOMILÉTICA: Jesús ora por nosotros para que estemos unidos como testimonio de un mundo quebrado.

Juan 18:15-18, 25-27 (Pasaje de fondo: Juan 13:36-38)

TEMA: Según la descripción de Juan, ¿Que hace Pedro?

COMPLEMENTO: Negando a Jesús y con ello cumpliendo la profecía de Jesús de que lo haría.

IDEA EXEGÉTICA: Juan describe a Pedro negando a Jesús y con ello cumpliendo la profecía de Jesús de que lo haría.

IDEA HOMILÉTICA: Pedro era uno de los amigos más íntimos de Jesús, pero Jesús sabe que, en las circunstancias adecuadas, incluso los que profesan amarlo lo negarán, incluidos nosotros.

Juan 18:28-19:16

TEMA: ¿Quién escucha la voz de Jesús, según Juan?

COMPLEMENTO: Todos los que pertenecen a la verdad.

IDEA EXEGÉTICA: Juan dice que todo el que escucha la voz de Jesús pertenece a la verdad.

IDEA HOMILÉTICA: Escuchar la voz de Jesús nos unirá cada vez más a la verdad, hasta el punto de que anhelemos la verdad y pertenezcamos a la verdad.

Juan 19:38-42

TEMA: ¿Quién sepultó a Jesús, según Juan?

COMPLEMENTO: José y Nicodemo, dos fariseos ricos, a la luz del día antes de que se ponga el sol.

IDEA EXEGÉTICA: Juan dice que Jesús fue sepultado por José y Nicodemo, dos fariseos ricos, a la luz del día, antes de que se ponga el sol.

IDEA HOMILÉTICA: La muerte de Jesús motiva a José y a Nicodemo a gastar generosamente en el sepulcro de Jesús, a pesar de lo que les pueda costar socialmente como fariseos el realizar estas acciones a plena luz del día. (Ver "Aplicación y perspectiva cultural" más adelante).

Juan 20:1-10

TEMA: ¿Por qué dice Juan que el discípulo (probablemente el mismo Juan) creyó?

COMPLEMENTO: Porque vio las vendas de lino tendidas y el sudario que había estado sobre la cabeza de Jesús estaba enrollado.

IDEA EXEGÉTICA: Juan dice que el discípulo (probablemente el mismo Juan) creyó porque vio las vendas de lino tendidas y el sudario que había estado sobre la cabeza de Jesús estaba enrollado.

IDEA HOMILÉTICA: Podemos sentirnos motivados, como lo hizo el discípulo, a creer en el asombroso poder de Dios, evidenciado en la tumba vacía.

Juan 20:24-29

TEMA: ¿Quiénes según Jesús son los bienaventurados?

COMPLEMENTO: Los que no han visto y sin embargo creen.

IDEA EXEGÉTICA: Jesús dice que los bienaventurados son los que no han visto y sin embargo creen.

IDEA HOMILÉTICA: Jesús bendice a aquellos (¡como nosotros!) que no han visto y sin embargo creen.

Juan 21

TEMA: ¿Qué significa amar a Jesús, según Juan?

COMPLEMENTO: Apacentar sus ovejas.

IDEA EXEGÉTICA: Juan dice que amar a Jesús es apacentar sus ovejas.

IDEA HOMILÉTICA: Jesús no solo restablece su relación con Pedro; también lo restablece con un propósito, que es también lo que Jesús hace por nosotros.

Versículos/pasajes difíciles

Juan 2

¿Por qué Jesús es grosero con su madre? "Mujer, [...] todavía no ha llegado mi hora" (v. 4) puede sonar grosero para nosotros, pero mira la respuesta de María: "Hagan lo que él les ordene" (v. 5). María no parece molestarse en absoluto por las palabras de Jesús hacia ella. En este pasaje, María da la impresión de que entiende quién es Jesús y lo que está haciendo. María sabe que Jesús no le responde ya a ella.

Juan quiere que tengamos claro que Jesús no se limita a hacer algo que le ha pedido su madre. Si Jesús hace algo, será porque Dios el Padre le indica que lo haga. Jesús dice esencialmente: "No te respondo a ti, mamá. Ahora recibo órdenes de otra persona", y María dice: "Entiendo. Que se haga la voluntad de Dios". Ese es el punto de este debate. Jesús es obediente a un ser, y ese es su Padre celestial.

Además, ¿por qué el agua convertida en vino es el primer milagro y por qué los discípulos confían en Jesús por ello? La provisión milagrosa de vino por parte de Jesús es el cumplimiento de una profecía de Amós 9:13-15. Un vino realmente bueno producido muy rápidamente es una señal de que el reino de Dios está en camino, de que éste es el Hijo de Dios, de que el Mesías está en la casa. ¡Y por eso los discípulos creen! Porque Dios se ha mostrado, allí mismo, en medio de una boda en la pequeña aldea de Caná.

La señal aquí es también el anticipo de todos los milagros de Jesús, porque todos ellos hacen avanzar a la gente hacia los nuevos cielos y la nueva tierra. Cuando Jesús sana a alguien, es un anticipo de la restauración de todas las cosas que vendrá cuando él regrese. Cuando Jesús regrese, todos los ciegos verán y todos los cojos bailarán y todas las personas que no pueden comer gluten tendrán pizza y cerveza.

Juan 4

¿Por qué Jesús habla extensamente con una mujer samaritana? La manera radical en que Jesús interactúa con esta persona no puede ser exagerada. Es mujer, es samaritana, es una mujer de la que se han aprovechado muchos hombres, y todos estos rasgos hacen que Jesús no deba hablar con ella, y mucho menos beber de uno de sus recipientes. Él rompe todas las reglas sociales y hace que los discípulos se sientan increíblemente incómodos. Pero la mujer se convierte en la primera evangelizadora, yendo a su pueblo e invitando a todo el mundo a venir a ver a Jesús: "¿No será éste el

Cristo?" (v. 29). Para entender el impacto de este pasaje, el predicador debe abordar las cuestiones de raza y género y la forma en que Jesús rompe las normas sociales contemporáneas, tratando a esta mujer como una valiosa compañera de conversación teológica y proclamadora del evangelio.

Juan 6

¿Por qué hablaba Jesús tanto del pan? La gente consideraba a Moisés como el portador del maná, como si hubiera un almacén de pan en el cielo y como si Moisés pudiera pedir a Dios que lo trajera cuando quisiera. Si Moisés podía hacer eso, la multitud quiere saber, ¿por qué no puede hacerlo Jesús? La multitud dice: "Vamos, Jesús, muéstranos lo que tienes". Pero Jesús no juega a ese partido, porque el partido es a corto plazo. Jesús está jugando el partido a largo plazo. Jesús está jugando el partido de la eternidad. Jesús sabe que si da a la multitud lo que quiere, nunca pedirán lo que necesitan. Seguirán pidiendo más. Si les da pan, querrán dinero. Si les da dinero, querrán sexo. Si les da sexo, querrán poder. Seguirán pidiendo más, y las cosas que pedirán nunca les satisfacerán. Por eso dice esto: Yo soy el pan de vida. He bajado del cielo. El Padre me ha enviado a vosotros, y a todos los que me envíe los recibiré con los brazos abiertos. Porque tú no necesitas un bocadillo, me necesitas a mí. Necesitas esperanza. Necesitas un propósito. Necesitas vida. Yo soy el pan de vida.

Juan 14

¿Realmente Jesús quiso decir: "Nadie viene al Padre sino por mí" (v. 6)? La exclusividad de Cristo es un reto en un mundo de pluralismo religioso. A lo mejor C. S. Lewis puede ayudar:

> He aquí otra cosa que solía dejarme perplejo. ¿No es terriblemente injusto que esta nueva vida esté circunscrita a la gente que ha escuchado acerca de Cristo y ha podido creer en Él? Pero la verdad es que Dios no nos ha dicho cuáles son sus disposiciones en relación a otras personas. Sabemos que nadie puede salvarse si no es a través de Cristo; no sabemos que solo aquellos que lo conocen pueden salvarse a través de Él. Entre tanto, si a alguien le preocupa la gente que está afuera, lo menos razonable que puede hacer es quedarse también afuera. Los cristianos son el cuerpo de Cristo, el organismo a través del cual Él opera. Cada agregado a ese cuerpo le permite hacer más. Si se quiere ayudar a los de afuera, hay que agregar nuestra propia pequeña célula al cuerpo de Cristo, el único que puede ayudarlos[1].

1. C. S. Lewis, *Mere Christianity* [Mero cristianismo] (Nueva York: HarperOne, 2001), pág. 64.

Aplicación y perspectiva cultural

El autor del evangelio de Juan fue Juan, hijo de Zebedeo, hermano de Santiago y uno de los doce discípulos de Jesús. Probablemente fue el discípulo al que se le llamó el discípulo amado, ya que fue a Juan a quien Jesús le pidió que cuidara de la madre de Jesús, María, cuando Jesús estaba en la cruz. Es posible que Juan fuera el más joven de todos los discípulos, ya que su evangelio se escribió después que los demás y al parecer también vivió más que los otros discípulos.

Juan escribió su Evangelio a los cristianos, y a los cristianos judíos en particular. Menciona las costumbres y las fiestas judías más que nadie, y anima a los cristianos a seguir creyendo aunque la gente les diga que no deben hacerlo.

Desde el primer versículo, Juan aborda una herejía con la que la iglesia ha estado lidiando desde que Jesús ascendió. Había gente que decía que Jesús era una buena persona pero no el Hijo de Dios. Jesús era inusual pero no divino. Decían que era humano, pero con una medida especial del espíritu de Dios. Sin embargo, Juan comienza su Evangelio no con el nacimiento de Jesús, como hacen Mateo y Lucas, y no con el bautismo, como hace Marcos, sino con el principio del tiempo mismo: "En el principio". Juan está declarando: "Jesús era Dios, en el principio, participando en la creación. No fue creado al principio, sino que fue antes de todas las cosas". (Juan también aclara que Juan el Bautista es el que predice al Mesías pero no es el Mesías mismo).

A partir del prólogo, Juan también desarrolla el tema de la luz y la oscuridad. En Juan 1 la luz brilla en las tinieblas y las tinieblas no la vencen. En Juan 3 Nicodemo se acerca a Jesús de noche porque tiene miedo y no quiere ser visto, pero Juan también muestra que Nicodemo no está preparado para ver quién es realmente Jesús. En Juan 4 la mujer samaritana se encuentra con Jesús al mediodía, y es capaz de ver claramente que es el Mesías. En Juan 8 Jesús declara que es la luz del mundo. En Juan 9 un ciego es sanado y puede ver de forma real y espiritual. En Juan 19, dos seguidores de Jesús, antes secretos, preparan su cuerpo y lo entierran a la luz del día, antes de que se ponga el sol. En Juan 19, dos antiguos seguidores en secreto de Jesús preparan su cuerpo y lo entierran a la luz del día, antes de que se ponga el sol.

La identidad de Jesús se debate a lo largo de este evangelio: ¿Es el Mesías o no lo es? Juan quiere que sus lectores vean la verdad (la verdad es otro tema importante en Juan) y respondan a la pregunta con un sí definitivo. Como lo afirma Juan tan claramente después de escribir sobre las apariciones posteriores a la resurrección "Estas [cosas] se han escrito para que creáis que Jesús es el Mesías, el Hijo de Dios, y para que creyendo tengáis vida en su nombre" (20:31). Juan quiere que sus lectores vean.

El Evangelio de Juan nos llama a prestar atención a quién es realmente Jesús, no a quién nos gustaría que fuera. ¿Cómo se revela Jesús a sí mismo y a su gloria? ¿Cómo podemos saber? ¿Cómo podemos ver? ¿A qué nos llama Jesús cuando pasamos de las tinieblas a la luz? ¿Qué está en juego si lo perdemos, o lo rechazamos, o no lo vemos? En el Evangelio de Juan, recibir a Jesús o rechazarlo es una cuestión de vida o muerte.

FUENTES RECOMENDADAS

Bruner, Dale. *The Gospel of John: A Commentary* [El Evangelio de Juan: un comentario]. Grand Rapids: Eerdmans, 2012.

Card, Michael. *John: The Gospel of Wisdom* [Juan: El Evangelio de la Sabiduría]. Downers Grove, Illinois: InterVarsity, 2014.

Keener, Craig. *The Gospel of John: A Commentary* [El Evangelio de Juan: un comentario]. 2 vols. Peabody, Massachusetts: Hendrickson, 2003.

Hechos

BRANDON R. CASH

La idea principal del libro de Hechos

Lucas trata de mostrar en el libro de los Hechos que el gran plan de salvación de Dios se ha cumplido en la vida, la muerte, la resurrección y la ascensión de Jesús el Mesías, y continúa desarrollándose a medida que la iglesia llena del Espíritu lleva el mensaje de salvación desde Jerusalén a Judea, a Samaria y hasta lo último de la tierra.

TEMA: ¿Por qué la iglesia primitiva podía confiar en que había un nuevo pueblo de Dios, formado por judíos y gentiles por igual, que estaba siendo facultado por el Espíritu Santo para dar testimonio del Señor Jesús resucitado en Jerusalén, Judea y Samaria y hasta lo último de la tierra en medio de la persecución, los obstáculos y las dificultades aparentemente insuperables?

COMPLEMENTO: Debido a las señales y prodigios realizados por los apóstoles llenos del Espíritu y el creciente número de convertidos llenos del Espíritu desde Jerusalén hasta Roma.

IDEA EXEGÉTICA: La iglesia primitiva podía confiar en que había un nuevo pueblo de Dios, formado por judíos y gentiles por igual, que estaba siendo facultado por el Espíritu Santo para dar testimonio del Señor Jesús resucitado en Jerusalén, Judea y Samaria y hasta lo último de la tierra en medio de la persecución, los obstáculos y las dificultades aparentemente insuperables debido a las señales y los prodigios realizados por los apóstoles llenos del Espíritu y el creciente número de convertidos llenos del Espíritu desde Jerusalén hasta Roma.

IDEA HOMILÉTICA: El Espíritu Santo nos empodera, nos une y nos envía con el mensaje de salvación que está abierto para todos.

Selección de pasajes para predicar y enseñar el libro de Joel

Predicar veintiocho capítulos de narración histórica puede ser una tarea abrumadora, no solo para los predicadores, sino también para las congregaciones. Recomiendo elaborar los sermones en torno a las pausas naturales de los relatos, para mantener el enfoque de Lucas como nuestro centro de atención y no quedarnos atascados en detalles innecesarios. A menudo esto significará predicar un capítulo, a veces significará centrarse en un párrafo (por ejemplo, 2:42-47), y a veces significará extenderse y cubrir más de dos capítulos (por ejemplo, 21:15-23:35). He descubierto que una forma útil de pensar en ello es comparar el libro de los Hechos con una película que se ha trasladado del cine a la televisión; es una gran historia, pero, para que las cadenas puedan tener ingresos de publicidad, incorporan pausas publicitarias. En general, los productores hacen un trabajo admirable para encontrar las pausas necesarias. En ocasiones se equivocan y los espectadores se sienten frustrados porque una escena se ha cortado. Nuestro trabajo como predicadores es prestar atención a las claves del texto y averiguar dónde están las pausas necesarias; acortar una historia puede frustrar a nuestros oyentes.

Afortunadamente, Lucas nos ha hecho un favor y nos ha dado algunas señales claras sobre dónde podemos hacer un "corte publicitario". Por ejemplo, Lucas suele terminar una sección con una frase resumen. En el siguiente ejemplo, observe que la distancia entre las frases de resumen es bastante pequeña:

- 2:41: "Así que, los que recibieron su palabra fueron bautizados; y se añadieron aquel día como tres mil personas"[1].
- 2:47: "Y el Señor añadía cada día a la iglesia los que habían de ser salvos".
- 5:42: "Y todos los días, en el templo y por las casas, no cesaban de enseñar y predicar a Jesucristo".
- 6:7: "Y crecía la palabra del Señor, y el número de los discípulos se multiplicaba grandemente en Jerusalén; también muchos de los sacerdotes obedecían a la fe".

Sin embargo, en los cuatro ejemplos siguientes, las unidades son bastante amplias:

---

1. Las citas bíblicas de este capítulo son de la RVR-1960.

- 8:40: "Pero Felipe se encontró en Azoto; y pasando, anunciaba el evangelio en todas las ciudades, hasta que llegó a Cesarea".
- 9:31: "Entonces las iglesias tenían paz por toda Judea, Galilea y Samaria; y eran edificadas, andando en el temor del Señor, y se acrecentaban fortalecidas por el Espíritu Santo".
- 12:24: "Pero la palabra del Señor crecía y se multiplicaba".
- 13:52: "Y los discípulos estaban llenos de gozo y del Espíritu Santo".

He tratado de dividir las unidades de predicación de acuerdo con los puntos en los que percibo las pausas necesarias de Lucas. Muchas de ellas son bastante claras; otras no. Si decide dividir una de las unidades más amplias en dos unidades más pequeñas, asegúrese de hacer la división donde haya un tema/complemento apropiado en ambas unidades. He dividido los veintiocho capítulos en treinta y cuatro unidades de predicación.

Comprensión del tema, complemento, idea exegética e idea homilética

Hechos 1:1-14

TEMA: ¿Cómo debían los discípulos de Jesús llevar a cabo la misión que se les había encomendado?

COMPLEMENTO: De acuerdo con la línea de tiempo de Dios a través del poder del Espíritu Santo.

IDEA EXEGÉTICA: Los discípulos de Jesús debían llevar a cabo la misión que se les había encomendado de acuerdo con la línea de tiempo de Dios a través del poder del Espíritu Santo.

IDEA HOMILÉTICA: Jesús nos capacita para llevar a cabo sus planes en su tiempo.

Hechos 1:15-26

TEMA: ¿Cómo debían reemplazar los discípulos a Judas para que hubiera doce apóstoles que dirigieran la misión de Dios?

COMPLEMENTO: A través de la oración y echando suertes, ellos elegían entre los que habían seguido a Jesús desde su bautismo.

IDEA EXEGÉTICA: Los discípulos debían reemplazar a Judas, para que hubiera doce apóstoles que dirigieran la misión de Dios, a través de la oración y echando suertes, ellos elegían entre los que habían seguido a Jesús desde su bautismo.

IDEA HOMILÉTICA: Podemos confiar en que Dios ya ha preparado a los líderes que necesitamos para lograr lo que él quiere.

Hechos 2:1-41

TEMA: ¿Qué sucedió cuando los discípulos de Jesús fueron llenos del Espíritu Santo el día de Pentecostés?

COMPLEMENTO: Se cumplieron las Escrituras; se proclamó a Cristo crucificado, resucitado y exaltado; y se salvaron y bautizaron tres mil personas.

IDEA EXEGÉTICA: Cuando los discípulos de Jesús fueron llenos del Espíritu Santo en el día del Pentecostés, se cumplieron las Escrituras; se proclamó a Cristo crucificado, resucitado y exaltado; y tres mil personas se salvaron y bautizaron.

IDEA HOMILÉTICA: Dios nos llena de su Espíritu para que Cristo pueda ser proclamado con poder y convicción.

Hechos 2:42-47

TEMA: ¿Qué sucedió cuando los discípulos de Jesús perseveraban en las doctrinas de los apóstoles, en la comunión unos con otros, las comidas compartidas y las oraciones?

COMPLEMENTO: Se mantuvieron unidos, su testimonio se fortaleció, sus necesidades materiales fueron satisfechas, Dios recibió alabanzas y más personas se salvaron.

IDEA EXEGÉTICA: Cuando los discípulos de Jesús perseveraban en las doctrinas de los apóstoles, la comunión unos con otros, las comidas compartidas y las oraciones, se mantuvieron unidos, su testimonio se fortaleció, sus necesidades materiales fueron satisfechas, Dios recibió alabanzas y la gente se salvó.

IDEA HOMILÉTICA: Cuando buscamos a Dios y unas relaciones sanas entre nosotros, nuestro alcance misionero crece.

Hechos 3

TEMA: ¿Cómo confirmó Dios que los discípulos habían sido facultados para llevar a cabo el ministerio de Jesús?

COMPLEMENTO: La sanidad del hombre lisiado en el nombre de Jesús y el ofrecimiento del perdón de los pecados a los judíos de Jerusalén.

IDEA EXEGÉTICA: Dios confirmó que los discípulos habían sido facultados para llevar a cabo el ministerio de Jesús mediante la sanidad del hombre lisiado en el nombre de Jesús y el ofrecimiento del perdón de los pecados a los judíos de Jerusalén.

IDEA HOMILÉTICA: La misión de Dios se lleva a cabo cuando ministramos en el nombre de Jesús.

Hechos 4:1-31

TEMA: ¿Qué sucedió cuando los discípulos proclamaron con valentía a Jesús como el Mesías y Salvador?

COMPLEMENTO: Enfrentaron a la oposición y el arresto y fueron empoderados para seguir proclamando con valentía la verdad.

IDEA EXEGÉTICA: Cuando los discípulos proclamaron con valentía a Jesús como el Mesías y Salvador, se enfrentaron a la oposición y al arresto, y fueron empoderados para seguir proclamando con valentía la verdad.

IDEA HOMILÉTICA: Dios nos da lo que necesitamos para proclamar con valentía lo que él quiere.

Hechos 4:32-5:11

TEMA: ¿De qué manera Dios proveyó a los necesitados y protegió la unidad de su iglesia?

COMPLEMENTO: A través de la generosidad de otros y la exposición y expulsión de los mentirosos.

IDEA EXEGÉTICA: Dios proveyó a los necesitados y protegió la unidad de su iglesia a través de la generosidad de otros y la exposición y expulsión de los mentirosos.

IDEA HOMILÉTICA: Dios protege poderosamente y provee con gracia a su iglesia.

Hechos 5:12-42

TEMA: ¿Qué sucedió cuando los discípulos desafiaron a las autoridades locales y continuaron anunciando a Jesús con alegría y valentía?

COMPLEMENTO: Fueron arrestados y liberados divinamente para que pudieran seguir dando testimonio de Jesús resucitado.

IDEA EXEGÉTICA: Cuando los discípulos desafiaron a las autoridades locales y continuaron anunciando a Jesús con alegría y valentía, fueron arrestados y liberados divinamente para que pudieran seguir dando testimonio de Jesús resucitado.

IDEA HOMILÉTICA: Cuando nuestro testimonio trae problemas, podemos proclamar a Jesús con valentía y alegría porque Dios está con nosotros.

Hechos 6:1-7

TEMA: ¿Cómo resolvieron sabiamente los apóstoles las complejidades del crecimiento para poder seguir concentrándose en sus responsabilidades primordiales de la oración y el ministerio de la palabra?

COMPLEMENTO: Nombrando nuevos líderes para que se concentraran en las nuevas responsabilidades que eran necesarias para la unidad de la iglesia.

IDEA EXEGÉTICA: Los apóstoles resolvieron sabiamente las complejidades del crecimiento para poder seguir concentrándose en sus responsabilidades primordiales de la oración y el ministerio de la palabra, nombrando nuevos líderes para que se concentraran en las nuevas responsabilidades que eran necesarias para la unidad de la iglesia.

IDEA HOMILÉTICA: El ministerio compartido protege la unidad de la iglesia y el ministerio de la palabra.

Hechos 6:8-8:3

TEMA: Cuando los líderes religiosos judíos trataron de detener el ministerio empoderado por el Espíritu de Esteban, arrestándolo, juzgándolo y apedreándolo, ¿cómo respondió él?

COMPLEMENTO: Proclamó incansablemente a Jesús y pidió a Dios que perdonara a los que lo estaban asesinando.

IDEA EXEGÉTICA: Cuando los líderes religiosos judíos trataron de detener el ministerio empoderado por el Espíritu de Esteban, arrestándolo, juzgándolo y apedreándolo, él proclamó incansablemente a Jesús y pidió a Dios que perdonara a los que lo estaban asesinando.

IDEA HOMILÉTICA: El Espíritu nos empodera para estar firmes en el evangelio y perdonar a nuestros enemigos.

Hechos 8:4-25

TEMA: ¿Cómo rompió el evangelio las barreras étnicas y alcanzó a la cultura hostil de Samaria?

COMPLEMENTO: Dios dio poder a sus discípulos y su Espíritu.

IDEA EXEGÉTICA: El evangelio rompió las barreras étnicas y alcanzó a la cultura hostil de Samaria, ya que Dios dio poder a sus discípulos y su Espíritu.

IDEA HOMILÉTICA: La hostilidad puede convertirse en hospitalidad mediante el poder del evangelio.

Hechos 8:26-40

TEMA: ¿Cómo llegó el evangelio a un eunuco etíope?

COMPLEMENTO: Dios preparó soberanamente el camino para que un Felipe obediente pudiera compartirlo.

IDEA EXEGÉTICA: El evangelio llegó a un eunuco etíope cuando Dios preparó soberanamente el camino para que Felipe pudiera compartirlo.

IDEA HOMILÉTICA: Dios nos pone en el lugar y momento adecuado para ser su testigo.

Hechos 9:1-31

TEMA: ¿De qué manera Saulo, un celoso perseguidor de la iglesia, se convirtió en un apasionado discípulo de Jesús y fue acogido en el nuevo pueblo de Dios?

COMPLEMENTO: Jesús se reveló a Saulo, y sus planes para Saulo a Ananías, a través de visiones.

IDEA EXEGÉTICA: Saulo, un celoso perseguidor de la iglesia, se convirtió en un apasionado discípulo de Jesús y fue acogido en el nuevo pueblo de Dios porque Jesús se reveló a Saulo, y sus planes para Saulo a Ananías, a través de visiones.

IDEA HOMILÉTICA: Dios es capaz de convertir a los peores enemigos en los más firmes aliados.

Hechos 9:32-43

TEMA: ¿Por qué Dios obró a través de Pedro para sanar a Eneas y resucitar a Tabita de entre los muertos?

COMPLEMENTO: Para dar autenticidad a la predicación del evangelio por parte de Pedro.

IDEA EXEGÉTICA: Dios actuó a través de Pedro para sanar a Eneas y resucitar a Tabita de entre los muertos para dar autenticidad a la predicación del evangelio por parte de Pedro.

IDEA HOMILÉTICA: El poder de Dios actúa a través de nosotros para dar autenticidad a su mensaje.

Hechos 10:1-11:18

TEMA: ¿De qué manera reveló Dios que la salvación está disponible para todas las personas?

COMPLEMENTO: A través de las visiones a Cornelio y Pedro y el don de su Espíritu Santo a los gentiles.

IDEA EXEGÉTICA: Dios reveló que la salvación está disponible para todas las personas a través de visiones a Cornelio y Pedro y el don del Espíritu Santo a los gentiles.

IDEA HOMILÉTICA: No hay "ellos" en la familia de Dios.

Hechos 11:19-30

TEMA: ¿Cómo empoderó Dios a sus discípulos para llevar a cabo su misión cada vez más lejos de Jerusalén?

COMPLEMENTO: A través de la predicación de la palabra, las alianzas ministeriales y la solidaridad de las iglesias.

IDEA EXEGÉTICA: Dios empoderó a sus discípulos para llevar a cabo su misión cada vez más lejos de Jerusalén mediante la predicación de la palabra, las alianzas ministeriales y la solidaridad de las iglesias.

IDEA HOMILÉTICA: Dios utiliza la predicación y las alianzas para llegar al mundo.

Hechos 12

TEMA: ¿Cómo se frustró el intento del poderoso Herodes de impedir la difusión de la Palabra de Dios?

COMPLEMENTO: Dios liberó milagrosamente a Pedro y juzgó a Herodes.

IDEA EXEGÉTICA: El poderoso intento de Herodes de impedir la difusión de la palabra de Dios fue frustrado, pues Dios liberó milagrosamente a Pedro y juzgó a Herodes.

IDEA HOMILÉTICA: Los líderes más poderosos de la tierra no pueden detener la expansión del cielo.

Hechos 13

TEMA: ¿Qué sucedió cuando Pablo y Bernabé fueron enviados en su primer viaje misionero a aquellos que eran receptivos a su mensaje?

COMPLEMENTO: El Espíritu Santo les dio poder a través de la iglesia de Antioquía que los envió, y los judíos se opusieron a ellos mientras que los gentiles recibieron con alegría la palabra del Señor.

IDEA EXEGÉTICA: Cuando Pablo y Bernabé fueron enviados en su primer viaje misionero a aquellos que eran receptivos a su mensaje, el Espíritu Santo les dio poder a través de la iglesia de Antioquía que los envió, y los judíos se opusieron a ellos mientras los gentiles recibieron con alegría la palabra del Señor.

IDEA HOMILÉTICA: Dios nos envía a todos, pero solo algunos aceptan la entrega.

Hechos 14

TEMA: ¿Cómo respondieron Pablo y los suyos a una oposición cada vez más hostil?

COMPLEMENTO: Llevando a la gente a Dios con una perseverancia implacable.

IDEA EXEGÉTICA: Pablo y los suyos respondieron a una oposición cada vez más hostil llevando a la gente hacia Dios con una perseverancia implacable.

IDEA HOMILÉTICA: Ser fiel es nuestra responsabilidad, pero los frutos dependen de Dios.

Hechos 15:1-33

TEMA: ¿Qué determinó la iglesia primitiva sobre la necesidad de que los gentiles se hicieran judíos para ser cristianos?

COMPLEMENTO: La fe en Jesús y la gracia de Dios es lo que hace que todas las personas sean cristianas, y esto fue confirmado por el don del Espíritu Santo a los gentiles.

IDEA EXEGÉTICA: La iglesia primitiva determinó que los gentiles no necesitaban convertirse en judíos para ser cristianos porque la fe en Jesús y la gracia de Dios son lo que hace que todas las personas sean cristianas, y esto fue confirmado por el don del Espíritu Santo a los gentiles.

IDEA HOMILÉTICA: La gracia que recibimos es la gracia que debemos dar.

Hechos 15:35-16:5

TEMA: ¿Qué sucedió cuando la misión se vio amenazada por una diferencia irreconciliable sobre la estrategia entre Pablo y Bernabé?

COMPLEMENTO: Dios proporcionó un nuevo compañero para que Pablo llevara a cabo su misión.

IDEA EXEGÉTICA: Cuando la misión se vio amenazada por una diferencia irreconciliable sobre la estrategia entre Pablo y Bernabé, Dios proporcionó un nuevo compañero para que Pablo llevara a cabo su misión.

IDEA HOMILÉTICA: A veces es necesario separarse para conquistar.

Hechos 16:6-40

TEMA: ¿Qué sucedió cuando la misión se trasladó de Asia Menor a Europa, ya que la creciente persecución y las dificultades impedían la difusión del evangelio?

COMPLEMENTO: Dios sostuvo a Pablo y Silas en medio de las dificultades sociales, culturales, demoníacas, políticas y legales.

IDEA EXEGÉTICA: Cuando la misión se trasladó de Asia Menor a Europa, ya que la creciente persecución y las dificultades impedían la difusión del evangelio, Dios sostuvo a Pablo y a Silas en medio de las dificultades sociales, culturales, demoníacas, políticas y legales.

IDEA HOMILÉTICA: El poder de las tinieblas no es rival para el poder de Dios.

Hechos 17:1-15

TEMA: ¿Cómo llegó la palabra del Señor a la clase socioeconómica alta y educada del pueblo?

COMPLEMENTO: Dios actuó a través de la predicación argumentada y persuasiva de Pablo.

IDEA EXEGÉTICA: La palabra del Señor llegó a la clase socioeconómica alta y educada del pueblo, ya que Dios actuó a través de la predicación argumentada y persuasiva de Pablo.

IDEA HOMILÉTICA: El evangelio no solo es verdadero; también es razonable.

Hechos 17:16-34

TEMA: ¿Cómo se dirigió Pablo a las mentes filosóficas más brillantes de Grecia?

COMPLEMENTO: Hablando la verdad sobre Dios, los seres humanos, el mundo y el evangelio.

IDEA EXEGÉTICA: Pablo se dirigió a las mentes filosóficas más brillantes de Grecia hablando la verdad sobre Dios, los seres humanos, el mundo y el evangelio.

IDEA HOMILÉTICA: Un retrato culturalmente relevante de Dios es una poderosa apologética.

Hechos 18:1-23

TEMA: ¿Cómo animó Dios a Pablo después de llegar solo a Corinto?

COMPLEMENTO: Dándole tres señales específicas y alentadoras (18:2, 8, 9).

IDEA EXEGÉTICA: Dios animó a Pablo después de que llegó solo a Corinto dándole tres señales específicas y alentadoras.

IDEA HOMILÉTICA: Dios nos da el ánimo que necesitamos para perseverar en su misión.

Hechos 18:24-20:1

TEMA: ¿De qué manera Lucas revela a Pablo como un misionero modelo en la última obra misionera de Pablo en Éfeso antes de ser arrestado?

COMPLEMENTO: Fue alguien que, empoderado por el Espíritu Santo, corrigió una teología inadecuada, predicó con valentía y superó la oposición, y cuyo ministerio sigue teniendo un impacto en la sociedad en general[2].

IDEA EXEGÉTICA: Lucas revela a Pablo como un misionero modelo en la última obra misionera de Pablo en Éfeso antes de ser arrestado, en el sentido de que fue alguien que, empoderado por el Espíritu Santo, corrigió una teología inadecuada, predicó con valentía y superó la oposición, y cuyo ministerio sigue teniendo un impacto en la sociedad en general.

IDEA HOMILÉTICA: Nuestra misión es desalentadora, pero el impacto es duradero gracias al poder del Espíritu Santo.

Hechos 20:2-38

TEMA: ¿Cómo animó Pablo a los que había amado y formado en Cristo cuando se acercaba su arresto?

COMPLEMENTO: Encomendándolos a Dios y a la palabra de su gracia, que era capaz de edificarlos y sostenerlos.

IDEA EXEGÉTICA: Pablo animó a los que había amado y formado en Cristo cuando se acercaba su arresto, encomendándolos a Dios y a la palabra de su gracia, que era capaz de edificarlos y sostenerlos.

IDEA HOMILÉTICA: Lo mejor que podemos hacer por los que amamos es dirigirlos hacia Dios que los ama aún más.

Hechos 21:1-14

TEMA: ¿Cómo respondió Pablo cuando se enteró de que le esperaba el arresto y la prisión en Jerusalén?

COMPLEMENTO: Con una decidida disposición a sufrir por el nombre de Jesús.

IDEA EXEGÉTICA: Cuando Pablo se enteró de que le esperaba el arresto y la prisión en Jerusalén, respondió con una decidida disposición a sufrir por el nombre de Jesús.

IDEA HOMILÉTICA: Cuando el ministerio signifique sacrificio podemos seguir adelante con valentía, sabiendo que la misión de Dios no se detendrá.

Hechos 21:15-26

TEMA: ¿Por qué Pablo se sometió a la petición de los líderes de la iglesia de

---

2. Eckhard Schnabel, Acts, Zondervan Exegetical Commentary on the New Testament [Hechos, Comentario exegético de Zondervan sobre el Nuevo Testamento] (Grand Rapids: Zondervan, 2012), pág. 773.

Jerusalén de mostrar públicamente su cumplimiento de la ley?

COMPLEMENTO: Para preservar la unidad de la iglesia.

IDEA EXEGÉTICA: Pablo se sometió a la petición de los líderes de la iglesia de Jerusalén de mostrar públicamente su cumplimiento de la ley para preservar la unidad de la iglesia.

IDEA HOMILÉTICA: La unidad se impone a las libertades individuales por el bien del evangelio.

Hechos 21:27-23:35

TEMA: ¿Cómo usó Dios el arresto de Pablo en Jerusalén para cumplir sus planes?

COMPLEMENTO: Se convirtió en una oportunidad para que Pablo predicara el evangelio a los judíos que vivían en Jerusalén.

IDEA EXEGÉTICA: Dios usó el arresto de Pablo en Jerusalén para cumplir sus planes, ya que se convirtió en una oportunidad para que Pablo predicara el evangelio a los judíos que vivían en Jerusalén.

IDEA HOMILÉTICA: Como Dios tiene el control en última instancia, nuestra mayor oposición puede convertirse en nuestra mayor oportunidad.

Hechos 24

TEMA: ¿Cómo respondió Pablo al trato injusto y al encarcelamiento en Cesarea?

COMPLEMENTO: Aprovechando la oportunidad de predicar el evangelio a un gobernador romano, Félix.

IDEA EXEGÉTICA: Pablo respondió al trato injusto y al encarcelamiento en Cesarea aprovechando la oportunidad de predicar el evangelio a un gobernador romano, Félix.

IDEA HOMILÉTICA: Si buscamos una manera de compartir el evangelio, Dios nos abrirá puertas inesperadas.

Hechos 25-26

TEMA: ¿Qué quería Pablo, que la gente sepa sobre Dios y Jesús en su último discurso?

COMPLEMENTO: Que Dios resucita a la gente de entre los muertos, controla la historia y ofrece la salvación a todos, y que Jesús es el Cristo resucitado.

IDEA EXEGÉTICA: Pablo quería que la gente sepa en su discurso final que Dios resucita a la gente de entre los muertos, controla la historia y ofrece la salvación a todos, y que Jesús es el Cristo resucitado.

IDEA HOMILÉTICA: Con confianza y claridad podemos hablar a la gente de Dios y de lo que ha hecho por medio de Jesús.

Hechos 27:1-28:16

TEMA: ¿Qué reveló sobre Dios el accidentado viaje de Pablo a Roma?

COMPLEMENTO: Dios es soberano sobre la naturaleza, fiel a sus promesas y comprometido con sus misioneros y el mensaje que proclaman.

IDEA EXEGÉTICA: El accidentado viaje de Pablo a Roma revela que Dios es soberano sobre la naturaleza, fiel a sus promesas y comprometido con sus misioneros y el mensaje que proclaman.

IDEA HOMILÉTICA: Cuanto más experimentemos la fidelidad de Dios, más comprometidos estaremos con su misión.

Hechos 28:17-31

TEMA: ¿Por qué los discípulos de Jesús podían estar seguros que su testimonio llegaría hasta los confines de la tierra?

COMPLEMENTO: Dios cumplió su promesa de que Pablo llegaría con tranquilidad a Roma, el corazón del Imperio Romano, donde podría proclamar el reino de Dios y enseñar acerca del Señor Jesucristo con toda valentía y sin impedimentos.

IDEA EXEGÉTICA: Los discípulos de Jesús podían estar seguros que su testimonio llegaría hasta los confines de la tierra porque Dios cumplió su promesa de que Pablo llegaría con tranquilidad a Roma, el corazón del Imperio Romano, donde podría proclamar el reino de Dios y enseñar acerca del Señor Jesucristo con toda valentía y sin impedimentos.

IDEA HOMILÉTICA: Mientras estemos dispuestos, Dios nos permitirá ser sus testigos.

Versículos/pasajes difíciles

El libro de los Hechos contiene muchos pasajes difíciles, como cualquier buen comentario podría señalar. La principal dificultad interpretativa que da lugar a muchas de estas dificultades es decidir si Hechos es en general *prescriptivo o descriptivo*. ¿Acaso la preocupación principal de Lucas es contarnos lo que ha sucedido o de contarnos lo que sucede? Obviamente, hay elementos de ambos. Sin embargo, a la luz del propósito de Lucas me inclino por la opinión de que Hechos es principalmente *descriptivo*.

Por ejemplo, veamos la representación acerca de las lenguas en Hechos. Si consideramos Hechos como *prescriptivo*, entonces se podría argumentar que a menos que uno hable en lenguas, uno no está lleno del Espíritu (aunque esto es un problema a la luz de Hechos 8, donde el Espíritu ha sido dado y no hay registro de lenguas habladas). Sin embargo, si tomamos los Hechos como descriptivos, entonces las lenguas son una señal de autenticidad dada en un ambiente particular. En cada uno de los tres casos en los que se mencionan las lenguas, se confirma que un grupo diferente de personas forma parte del pueblo del nuevo pacto de Dios: en Hechos 2, en el Pentecostés, son los apóstoles y los discípulos en el aposento alto; en Hechos 10 son los gentiles; en Hechos 19 son los discípulos de Juan[3].

Además, está el asunto de qué papel deben desempeñar nuestras convicciones teológicas (analogía de la fe) en nuestra interpretación del texto. Aunque es imposible llegar a los Hechos con total objetividad, queremos dar prioridad al texto en la medida de nuestras posibilidades. Ya sea que uno sea calvinista o arminiano, dispensacional o del pacto, carismático o pentecostal, se debe buscar el mensaje del texto.

Para abordar algunas de las problemáticas teológicas que surgen en Hechos, es aceptable, incluso preferible, predicar algunos sermones sobre algunas de las problemáticas más difíciles y controversiales, como por ejemplo el papel de los dones milagrosos en la iglesia actual. Esto le permitirá predicar el punto principal de un pasaje sin desviarse de cuestiones tangenciales.

Aplicación y perspectiva cultural

En el corazón de los Hechos está la presencia del Espíritu Santo. El Espíritu da poder al pueblo de Dios, une al pueblo de Dios y envía al pueblo de Dios. Para que la gente entienda el significado de esto, un predicador deberá ayudarles a comprender cuán intensos eran los problemas étnicos entre los judíos y los samaritanos y entre los judíos y los gentiles. Por muy milagrosas que fueran las sanidades, las liberaciones y las resurrecciones, quizá el mayor milagro fue que judíos y gentiles fueran un solo pueblo en Cristo. ¡Este es un mensaje oportuno y pertinente para nuestra cultura actual!

Otro punto clave de aplicación (y una corrección de ciertas perspectivas

---

3. No estoy defendiendo aquí el cesacionismo; mi punto es simplemente que en Hechos las lenguas parecen servir a un propósito específico de autentificación con respecto a la identificación de grupos de personas que son recibidas completamente en el nuevo pueblo de Dios.

generalizadas en nuestra cultura actual) es que el Espíritu Santo no se da para obtener beneficios personales. De hecho, cuando se hace esa petición, la persona está a punto de perecer (8:18-24). El Espíritu de Dios se ocupa de las prioridades de Dios. Las personas reciben poder para la misión, no para la magia o la fama o la realización.

Además de empoderar a la iglesia para la misión, el Espíritu Santo trae la unidad a la iglesia. La historia de Ananías y Safira (5:1-11) es aterradora. Lo que estaba en juego era la unidad de la iglesia primitiva. El Concilio de Jerusalén (Hechos 15) y el regreso de Pablo a Jerusalén en Hechos 21 son otras dos historias centradas en la unidad. Una iglesia unida tiene la oportunidad de ser una contracultura atractiva para el mundo fracturado y contencioso que nos rodea.

Por último, uno de los temas clave que recorre el libro de los Hechos es el del ánimo. Parece que la función principal de Bernabé en la historia es destacar el poder del ánimo. Y Pablo, en sus diversos viajes, se esmeraba en visitar a sus hermanos y hermanas en diversas ciudades para animarlos. Seguir a Jesús es como un equipo de deporte, y los mejores compañeros son los que animan. No dejes escapar la oportunidad de destacar ese mensaje.

FUENTES RECOMENDADAS

Barton, John. *Joel and Obadiah. The Old Testament Library* [Joel y Abdías. Biblioteca del Antiguo Testamento]. Louisville: Westminster John Knox, 2001.

Dillard, Raymond Bryan. *"Joel"* ["Joel"]. En *The Minor Prophets* [Los profetas menores], editado por Thomas Edward McComiskey, págs. 239–314. Grand Rapids: Baker Academic, 2009.

Stuart, Douglas. *Hosea–Jonah. Word Biblical Commentary* [Oseas-Jonás. Comentario Bíblico de la Palabra]. Waco: Word, 1997.

Romanos

CALVIN W. CHOI

El tema central de Romanos es la justicia de Dios (1:16-17). Pablo pasa el resto del libro definiendo y elaborando este tema y explicando cómo se puede obtener la justicia de Dios en Cristo (caps. 1-11) y experimentarla en la vida de los creyentes (caps. 12-16).

TEMA: ¿Cuál es el evangelio que Pablo quiere que crean los romanos?

COMPLEMENTO: La obra redentora de Dios se planifica, se realiza y se aplica en la fe de los creyentes por la gracia, mediante la cual la justicia de Dios es impuesta a través de Cristo por la fe para que los creyentes elegidos, en respuesta, vivan una vida guiada por el amor y la humilde obediencia a Cristo.

IDEA EXEGÉTICA: El evangelio que Pablo quiere que los romanos crean es que la obra redentora de Dios se planifica, se realiza y se aplica en la fe de los creyentes por la gracia, mediante la cual la justicia de Dios es impuesta a través de Cristo por la fe para que los creyentes, en respuesta, vivan una vida guiada por el amor y la humilde obediencia a Cristo.

IDEA HOMILÉTICA: La sana doctrina resulta en una vida sana en Cristo.

En Romanos se trata toda la gama de la doctrina cristiana. Por esta razón, tiene una gran riqueza de material homilético.

El libro de Romanos suele dividirse en tres secciones. En la primera sección (caps. 1-8), Pablo explica por qué la justificación de Dios mediante la fe en Cristo es indicador de la salvación de judíos y gentiles. Términos como *justificación y justicia de Dios* desempeñan un papel clave en la comprensión del marco evangélico de Pablo. En la segunda sección (caps. 9-11), Pablo profundiza en la justicia de Dios en Cristo a la luz de la misteriosa y continua obra redentora de Dios entre Israel y los gentiles. En la última sección (caps. 12-16) Pablo demuestra el fruto de la justicia de Dios en la vida del creyente.

Romanos está saturado de doctrinas cristianas clave, y cada capítulo también está repleto de aplicaciones relevantes y prácticas para la vida. Aunque el libro puede ser predicado temáticamente, se prefiere la predicación expositiva. La clave es no apresurarse a través del libro, sino tener las principales porciones de las escrituras bien divididas. Es casi imposible cubrir un capítulo en una sola sesión.

Comprensión del tema, complemento, idea exegética e idea homilética

Romanos 1:1-7

TEMA: ¿Dónde encuentra Pablo la identidad y el llamado de los creyentes?

COMPLEMENTO: Enraizado en el evangelio de Cristo.

IDEA EXEGÉTICA: Pablo encuentra la identidad y el llamado de los creyentes enraizado en el evangelio de Cristo.

IDEA HOMILÉTICA: Estamos llamados a pertenecer, ser amados y ser sus santos.

Romanos 2: 1-16

TEMA: ¿Qué hace que el juicio de Dios sea justo?

COMPLEMENTO: Ninguna justicia humana puede estar a la altura de la santidad de Dios.

IDEA EXEGÉTICA: El juicio de Dios es justo porque ninguna justicia humana puede estar a la altura de la santidad de Dios.

IDEAHOMILÉTICA: A menos que nos enfrentemos a nuestra propia pecaminosidad, nunca llegaremos a comprender su asombrosa gracia.

Romanos 2:17-3:20

TEMA: ¿Cuál es el mensaje de Pablo a los judíos?

COMPLEMENTO: Nadie es justo y está exento del juicio de Dios.

IDEA EXEGÉTICA: El mensaje de Pablo a los judíos es que nadie es justo y está exento del juicio de Dios.

IDEA HOMILÉTICA: A excepción de Cristo, todo lo demás es arena que se hunde.

Romanos 4: 1-17

TEMA: ¿Por qué le preocupa a Pablo la creencia de los judíos sobre la salvación?

COMPLEMENTO: Los judíos creían que había un camino de salvación para ellos y otro para los gentiles.

IDEA EXEGÉTICA: Pablo está preocupado por la creencia de los judíos sobre la salvación porque ellos creían que había un camino de salvación para ellos y otro para los gentiles.

IDEA HOMILÉTICA: La justicia de Dios por medio de Cristo es el único camino para ser salvo.

Romanos 5:1-2

TEMA: ¿Qué tienen los creyentes romanos como resultado de la justificación por fe en Cristo?

COMPLEMENTO: Paz y acceso a su presencia.

IDEA EXEGÉTICA: Los creyentes romanos tienen, como resultado de la justificación por la fe en Cristo, paz y acceso a su presencia.

IDEA HOMILÉTICA: ¿Forma usted parte del "nosotros" de Pablo?

Romanos 6:1-11

TEMA: ¿Cómo están los creyentes romanos unidos a Cristo?

COMPLEMENTO: En su muerte y resurrección.

IDEA EXEGÉTICA: Los creyentes romanos están unidos a Cristo en su muerte y resurrección.

IDEA HOMILÉTICA: Estamos bajo una nueva dirección en Cristo.

Romanos 7:1-6

TEMA: ¿Cuál es el papel de la ley para el creyente?

COMPLEMENTO: La ley no es un prerrequisito para la salvación sino una motivación para la santificación.

IDEA EXEGÉTICA: Para el creyente, el papel de la ley no es un prerrequisito para la salvación, sino una motivación para la santificación.

IDEA HOMILÉTICA: La ley nos da convicción y nos orienta hacia Cristo, nuestro redentor.

Romanos 8:1-4

TEMA: ¿Por qué los que están en Cristo nunca son condenados?

COMPLEMENTO: Porque la trinidad de Dios-Padre, Hijo y Espíritu Santo- ha realizado la obra de salvación.

IDEA EXEGÉTICA: Los que están en Cristo nunca son condenados, porque la trinidad de Dios-Padre, Hijo y Espíritu Santo- ha realizado la obra de salvación.

IDEA HOMILÉTICA: La redención es dispuesta por el Padre, realizada por el Hijo y aplicada por el Espíritu Santo.

Romanos 9:1-5

TEMA: ¿Por qué Pablo siente tanta carga por sus compatriotas?

COMPLEMENTO: Porque quiere que reconozcan a Jesús como su Mesías.

IDEA EXEGÉTICA: Pablo siente carga por sus compatriotas porque quiere que reconozcan a Jesús como su Mesías.

IDEA HOMILÉTICA: Tenemos un gran dolor por las almas perdidas.

Romanos 10:14-21

TEMA: ¿Por qué no hay excusa para que los judíos no crean en el evangelio?

COMPLEMENTO: Porque Dios ha enviado a los predicadores para que prediquen las buenas nuevas generación tras generación, para que puedan responder en fe, no con rebeldía.

IDEA EXEGÉTICA: No hay excusa para que los judíos no crean en el evangelio porque Dios ha enviado a los predicadores para que prediquen la buena noticia generación tras generación para que puedan responder con fe, no con rebeldía.

IDEA HOMILÉTICA: No hay excusa para no creer y compartir las buenas noticias de Cristo.

Romanos 11:1-5

TEMA: ¿Ha terminado Dios con Israel?

COMPLEMENTO: No, hay un remanente elegido por la voluntad soberana de Dios.

IDEA EXEGÉTICA: Dios no ha terminado con Israel porque hay un remanente elegido por la voluntad soberana de Dios.

IDEA HOMILÉTICA: Por gracia, Dios nos ha elegido para responder con fe.

Romanos 12:17-21

TEMA: ¿Cómo deben responder los creyentes cuando los no creyentes los persiguen?

COMPLEMENTO: No vengarse, sino hacer el bien para dar testimonio.

IDEA EXEGÉTICA: Los creyentes deben responder cuando los incrédulos los persiguen no vengándose, sino haciendo el bien para dar testimonio.

IDEA HOMILÉTICA: "La venganza es mía", dice Dios, "Ustedes paguen con el evangelio".

Romanos 13:1-7

TEMA: ¿Cómo deben responder los creyentes a la autoridad gubernamental?

COMPLEMENTO: Sometiéndose como buenos ciudadanos porque Dios ha autorizado a los líderes,a los que Dios hará responsables, a llevar a cabo la justicia.

IDEA EXEGÉTICA: Los creyentes deben responder a la autoridad gubernamental sometiéndose como buenos ciudadanos porque Dios ha autorizado a los líderes,a los que Dios pedirá cuentas, a llevar a cabo la justicia.

IDEA HOMILÉTICA: Someterse y orar por los líderes, porque Dios les pedirá cuentas.

Romanos 14:1-4

TEMA: ¿Por qué los creyentes están llamados a no juzgar a otros creyentes?

COMPLETA: Porque el Señor es su juez.

IDEA EXEGÉTICA: Los creyentes están llamados a no juzgar a otros creyentes porque el Señor es su juez.

IDEA HOMILÉTICA: No juzgues para no ser juzgado.

Romanos 15:1-7

TEMA: ¿Por qué dice Pablo que es importante permanecer unidos?

COMPLEMENTO: Para promover el amor, el desinterés y la humildad de Cristo poniendo a los demás en primer lugar.

IDEA EXEGÉTICA: Pablo dice que es importante permanecer unidos para promover el amor, el desinterés y la humildad de Cristo poniendo a los demás en primer lugar.

IDEA HOMILÉTICA: Seamos una iglesia "primero Jesús, segundo los demás, tercero yo" para la gloria de Dios.

Romanos 16:1-16

TEMA: ¿Por qué Pablo enumera estos nombres al final?

COMPLETA: Para mostrar que lo que hizo posible su ministerio fue la gracia de Dios manifestada a través del cuerpo colectivo de estos fieles y humildes servidores que lo acompañaban.

IDEA EXEGÉTICA: Pablo enumera estos nombres al final para mostrar que lo que hizo posible su ministerio fue la gracia de Dios manifestada a través del cuerpo colectivo de servidores fieles y humildes que lo acompañaban.

IDEA HOMILÉTICA: Dios utiliza lo ordinario para hacer lo extraordinario por su reino.

Versículos/pasajes difíciles

Para Pablo, el evangelio no es un fenómeno del Nuevo Testamento, sino que encuentra su rastro en el Antiguo Testamento. Pablo muestra cómo el evangelio ya se realizó en el Antiguo Testamento a través de la gracia soberana y la elección de Dios. Las doctrinas de la soberanía y la elección de Dios son las dos doctrinas que sustentan y que algunos predicadores y maestros pueden encontrar difícil de comprender. Dedique tiempo a explicar y explorar cómo estas doctrinas son clave y consistentes en toda la Escritura.

Los eruditos están divididos en cuanto a si la persona mencionada en 7:13-25 es el propio Pablo o algún otro creyente. En cualquier caso, está claro que la lucha del creyente con el pecado continúa incluso después de la conversión. Debemos huir constantemente del pecado y permanecer en Cristo.

Pablo contrasta detalladamente los roles de la ley y el evangelio, y será útil estudiar el uso que hace Pablo de la ley en sus otras epístolas.

Muchos podrían pensar que conocemos el evangelio lo suficiente. Romanos es un libro que nos demuestra que estamos equivocados. Pablo nos invita a darnos cuenta de lo limitada y superficial que es nuestra comprensión, y cuán profunda, cuán inmensa y cuán increíble es la gracia de Dios, que nunca conoceremos del todo, al menos en esta vida.

Aplicación y perspectiva cultural

En una época de pluralismo cultural en la que se predicaban y enseñaban diferentes "evangelios" en Roma, como en los tiempos actuales, el libro de los Romanos presenta el verdadero evangelio con claridad y convicción y descarta nuestra comprensión parroquial e individualista del evangelio. Para Pablo, el evangelio no trata tanto del amor de Dios como nuestra cultura actual tiende a enfatizar. Sin duda, el amor de Dios forma parte de él. Pero el evangelio es la justicia de Dios, por la que somos reconciliados con él.

Pablo no se apresura a utilizar las palabras "amor de Dios" hasta que demuestra cómo se manifiesta ese amor en el acto de justificación de Dios.

Romanos es un libro que nos confronta a todos, incluidos los escépticos y los ateos y declara sin pudor que nadie es justo. Sin embargo, no nos deja ahí, sino que nos llama a un Dios justo que proporciona los medios de salvación a través de su amado Hijo, Jesucristo.

Ningún otro libro aborda la doctrina cristiana de forma más sistemática y eficaz que Romanos. En una época de pragmatismo, Romanos enseña por qué la sana doctrina es esencial para una vida cristiana sana.

Algunas aplicaciones son las siguientes: una vida de libertad en Cristo no es la ausencia de obediencia, sino una vida de obediencia a Cristo (6:15-23); cuanto más nos damos cuenta de lo pecadores que somos, más nos damos cuenta de lo asombrosa que es la gracia de Dios para nosotros (7:1-12); y cómo podemos imitar a Dios al elegir ser misericordiosos y compasivos con otros que quizás no "merecen" esa gracia (9:14-18).

FUENTES RECOMENDADAS

Moo, Douglas J. *The Epistle to the Romans. The New International Commentary on the New Testament.* [La Epístola a los Romanos, El nuevo comentario al Nuevo Testamento.] Grand Rapids: Eerdmans, 1996.

Morris, Leon. *The Epistle to the Romans. The Pillar New Testament Commentary.* [La epístola a los Romanos, El comentario pilar del Nuevo Testamento] Grand Rapids: Eerdmans, 1988.

1 Corintios

JOEL C. GREGORY

La atribulada pero triunfante iglesia de Dios puede y avanzará hacia la madurez en Cristo a través de medidas correctivas conferidas por el Espíritu y reveladas en la Palabra.

TEMA: ¿Cuál es el mensaje del apóstol Pablo a la iglesia de Corinto?

COMPLEMENTO: Frente a los desafíos doctrinales y de comportamiento, una iglesia dispuesta puede encontrar el camino hacia la madurez cristiana.

IDEA EXEGÉTICA: El mensaje del apóstol Pablo a la iglesia de Corinto es que frente a los desafíos doctrinales y de comportamiento una iglesia dispuesta puede encontrar el camino hacia la madurez cristiana.

IDEA HOMILÉTICA: La iglesia triunfante avanza hacia la madurez.

Analizar toda la carta de 1 Corintios perícopa por perícopa para una serie de prédicas o enseñanzas sería muy extenso. Por lo tanto, recomendaría predicar en un sermón los primeros cuatro capítulos de la carta en relación con la desunión en la iglesia y luego predicar/enseñar cada capítulo de las partes restantes de la carta de manera completa. Reconozco que hay mucho material por cubrir si se analiza un capítulo entero a la vez, pero las instrucciones de Pablo son directas y podrá presentarle los principios generales a su audiencia.

Comprensión del tema, complemento, idea exegética e idea homilética

1 Corintios 1-4

TEMA: ¿Qué revelan las divisiones en la iglesia de Corinto?

COMPLEMENTO: Un malentendido fundamental de los hechos más básicos de la experiencia cristiana.

IDEA EXEGÉTICA: Las divisiones en la iglesia de Corinto revelan un malentendido fundamental de los hechos más básicos de la experiencia cristiana.

IDEA HOMILÉTICA: Cuando una iglesia está dividida, demuestra un malentendido básico de la cruz y la sabiduría cristiana.

1 Corintios 5

TEMA: ¿Cómo Pablo le dice a la iglesia de Corinto que debe manejar el caso de inmoralidad inconcebible?

COMPLEMENTO: Cortando toda relación con el infractor y orando para que la restauración sea el resultado.

IDEA EXEGÉTICA: Pablo le dice a la iglesia de Corinto que maneje el caso de inmoralidad inconcebible cortando toda relación con el infractor y orando para que la restauración sea el resultado.

IDEA HOMILÉTICA: La iglesia de hoy necesita recuperar la disciplina bíblica para evitar tanto que se contamine a sí misma ni ofenda a la vez incluso al mundo exterior.

1 Corintios 6

TEMA: ¿Cómo les dice Pablo a los cristianos de Corinto que resuelvan los agravios entre ellos?

COMPLEMENTO: Dentro de la iglesia mediante arbitraje cristiano, en vez de recurrir a un tribunal civil público y avergonzar la causa de Cristo.

IDEA EXEGÉTICA: Pablo les dice a los cristianos de Corinto que resuelvan los agravios dentro de la iglesia mediante arbitraje cristiano, en vez de recurrir a un tribunal civil público y avergonzar la causa de Cristo.

IDEA HOMILÉTICA: Debe relacionarse con el cuerpo de Cristo de tal manera que los asuntos entre los miembros se resuelvan dentro de la iglesia y no en un litigio civil público.

1 Corintios 7

TEMA: ¿Cuáles son los principios del matrimonio y la soltería para los cristianos que Pablo indica a la iglesia de Corinto?

COMPLEMENTO: Es mejor que los cristianos permanezcan tal como son cuando vienen a Cristo, pero si carecen de autocontrol es mejor que se casen solo con cristianos.

IDEA EXEGÉTICA: En cuanto al matrimonio y la soltería para los cristianos, Pablo dice a la iglesia de Corinto que es mejor que los cristianos permanezcan tal como son cuando vienen a Cristo, pero si carecen de autocontrol es mejor que se casen solo con cristianos.

IDEA HOMILÉTICA: Si usted tiene el don del celibato, puede quedarse soltero por el bien del servicio cristiano. Aquellos que no poseen tal don deben casarse con otros cristianos.

1 Corintios 8

TEMA: ¿Cómo debería comportarse un cristiano maduro cuando se ve enfrentado a participar en un acto que le causaría un trauma espiritual a un cristiano más débil, según Pablo?

COMPLEMENTO: El cristiano debe ejercer discreción para renunciar al derecho de hacer algo que pueda perjudicar a otra persona.

IDEA EXEGÉTICA: Pablo dice que un cristiano maduro, cuando se ve enfrentado a participar en un acto que le causaría un trauma espiritual a un cristiano más débil, debe ejercer discreción para renunciar al derecho de hacer algo que pueda perjudicar a otra persona.

IDEA HOMILÉTICA: Nuestra libertad como cristianos se limita por el impacto que tiene en un cristiano más débil que observa nuestro comportamiento.

1 Corintios 9

TEMA: ¿De qué manera instruye Pablo a la iglesia de Corinto sobre el servicio que debe prestar un cristiano disciplinado?

COMPLEMENTO: Como alguien que renuncia a derechos y privilegios con el fin de edificar al creyente que lucha y ganar a los que están fuera de la fe, como el mismo Pablo lo hizo.

IDEA EXEGÉTICA: Pablo instruye a la iglesia de Corinto que un cristiano disciplinado debería servir como alguien que renuncia a derechos y privilegios con el fin de edificar al creyente que lucha y ganar a los que están fuera de la fe, como el mismo Pablo lo hizo.

IDEA HOMILÉTICA: Podemos permitirnos renunciar a nuestros privilegios con el objetivo de ser siervos que construyen el cuerpo de Cristo.

1 Corintios 10

TEMA: ¿Cuál es el objetivo de todo comportamiento cristiano que Pablo le dice a la iglesia de Corinto?

COMPLEMENTO: Vivir una vida realizando cosas que solo glorifiquen a Dios.

IDEA EXEGÉTICA: Pablo le dice a la iglesia de Corinto que el objetivo de todo comportamiento cristiano es vivir una vida realizando cosas que solo glorifiquen a Dios.

IDEA HOMILÉTICA: Su vida debe diferenciarse de la de los demás en todo lo que de gloria a Dios.

1 Corintios 11

TEMA: ¿Cuál es el principio que rige la conducta cuando la iglesia se reúne, según Pablo indica a la iglesia de Corinto?

COMPLEMENTO: Los miembros del cuerpo deben vestirse de forma adecuada a la cultura, sin ofender y deben ser sensibles a las necesidades de todos los miembros.

IDEA EXEGÉTICA: Pablo le dice a la iglesia de Corinto que el principio que rige la conducta cuando la iglesia se reúne es que los miembros del cuerpo deben vestirse de forma adecuada a la cultura, sin ofender y deben ser sensibles a las necesidades de todos los miembros.

IDEA HOMILÉTICA: Podemos vivir con la sensibilidad de vestirnos y comportarnos con el adecuado respeto por las necesidades de todos cuando la iglesia se reúne.

1 Corintios 12

TEMA: ¿Qué le enseña Pablo a la iglesia de Corinto en cuanto a la naturaleza de los dones espirituales y las funciones en la iglesia?

COMPLEMENTO: Dios otorga dones de manera soberana a todos los creyentes para edificar la iglesia y ningún creyente tiene todos o ningún don.

IDEA EXEGÉTICA: En cuanto a la naturaleza de los dones espirituales y las funciones en la iglesia, Pablo le enseña a la iglesia de Corinto que Dios otorga dones de manera soberana a todos los creyentes para edificar la iglesia y que ningún creyente tiene todos o ningún don.

IDEA HOMILÉTICA: Dios ha dado al menos un don para edificar el cuerpo de Cristo, pero no se poseen todos los dones.

1 Corintios 13

TEMA: ¿Cuál es la definición de la naturaleza del amor cristiano que Pablo le dice a la iglesia de Corinto?

COMPLEMENTO: No es una emoción, sino buscar siempre lo mejor para la otra persona.

IDEA EXEGÉTICA: Pablo le dice a la iglesia de Corinto que el amor cristiano no es una emoción, sino buscar siempre lo mejor para la otra persona.

IDEA HOMILÉTICA: Podemos demostrar nuestro amor cristiano buscando siempre lo mejor para la otra persona, independientemente de las emociones o circunstancias.

1 Corintios 14

TEMA: ¿De qué manera instruye Pablo a los corintios en cuanto a la naturaleza de la adoración ordenada?

COMPLEMENTO: Los dones espirituales se deben ejercer con la intención de promover el orden y la paz entre el pueblo de Dios.

IDEA EXEGÉTICA: En cuanto a la naturaleza de la adoración ordenada, Pablo instruye a los corintios que los dones espirituales se deben ejercer con la intención de promover el orden y la paz entre el pueblo de Dios.

IDEA HOMILÉTICA: Use sus dones espirituales cuando el pueblo de Dios se reúne para que pueda reflejar orden bíblico y autocontrol.

1 Corintios 15

TEMA: ¿Qué le dice Pablo a la iglesia de Corinto en cuanto al cuerpo resucitado del creyente?

COMPLEMENTO: Solo se puede explicar mediante el poder de Dios, quien le dará a cada creyente un cuerpo adecuado para la vida eterna.

IDEA EXEGÉTICA: En cuanto al cuerpo resucitado del creyente, Pablo le dice a la iglesia de Corinto que solo se puede explicar mediante el poder de Dios, quien le dará a cada creyente un cuerpo adecuado para la vida eterna.

IDEA HOMILÉTICA: En la resurrección se nos dará cuerpos adecuados para la eternidad, así como Dios nos dio cuerpos apropiados para el tiempo en que vivimos.

1 Corintios 16

TEMA: ¿Cuál es la voluntad de Dios sobre la administración de la vida y el tiempo que Pablo le dice a los corintios?

COMPLEMENTO: Dios quiere que las personas que creen en la resurrección ofrenden de manera oportuna y proporcionada.

IDEA EXEGÉTICA: En cuanto a la voluntad de Dios sobre la administración de la vida y el tiempo, Pablo le dice a los corintios que Dios quiere que las personas que creen en la resurrección ofrenden de manera oportuna y proporcionada.

IDEA HOMILÉTICA: Gestione su dinero y minutos de manera adecuada.

Versículos/pasajes difíciles

Primera de Corintios 7 presenta varios desafíos. ¿Cuál es la naturaleza de la convivencia platónica y célibe? Puede ser que algunos creyentes hayan asumido una falsa disciplina de negarse la satisfacción sexual pensando que esto agradaría a Dios. Pablo lo aborda claramente de manera negativa. Asimismo, hay un misterio en la referencia de Pablo sobre la "presente aflicción" (7:26 LBLA). Esto se refiere a alguna prueba, persecución o situación relacionada a la iglesia en general o a la iglesia de Corinto.

Primera de Corintios 15 se debe entender desde el contexto de la perspectiva griega sobre la inmortalidad del alma. La palabra griega para cuerpo es sōma y la palabra para tumba es sēma. Los griegos tenían un dicho: "Sōma sēma". En la muerte, el objetivo era sacar el alma buena del cuerpo malo. La perspectiva cristiana sobre la resurrección del cuerpo era una tontería para los griegos. Se necesitaba nada menos que el poder de Dios para llevarla a cabo.

Aplicación y perspectiva cultural

Ninguna carta de Pablo toca con tanta plenitud el espectro de los problemas de la iglesia que existían en principio tanto en aquel entonces como ahora. Las divisiones sobre el liderazgo, el tratamiento de la inmoralidad en la disciplina de la iglesia, las preguntas persistentes sobre el matrimonio, las áreas dudosas de conducta, el uso de los dones espirituales y la posibilidad de la resurrección del cuerpo siguen siendo objeto de gran interés como en aquel entonces.

Por ejemplo, piense en el consumo de alcohol. Hay denominaciones cristianas enteras que se caracterizan por la abstinencia o el consumo moderado de alcohol. Existe una aplicación sencilla de los principios de Pablo: si está en presencia de alguien más que tiene problemas o que puede caer por el consumo de alcohol, incluso si no es un problema para usted, rechace beber en su presencia.

┌─ **FUENTES RECOMENDADAS** ─┐

Blomberg, Craig L. 1 *Corinthians, The NIV Application Commentary* [1 Corintios, Comentario bíblico con aplicación NVI]. Grand Rapids: Zondervan, 1995.

Garland, David E. *1 Corinthians, Baker Exegetical Commentary on the New Testament* [1 Corintios, Comentario exegético de Baker sobre el Nuevo Testamento]. Grand Rapids: Baker Academic, 2003.

Vang, Preben. *1 Corinthians, Teach the Text Commentary Series* [1 Corintios, Serie de comentarios expositivos]. Grand Rapids: Baker Books, 2014.

2 Corintios

CASEY C. BARTON

La idea principal del libro de 2 Corintios

Dentro del corpus de las cartas de Pablo, 2 Corintios quizá sea la más profundamente personal y dolorosa. El apóstol le escribe a una iglesia que estableció y que ama. Luego de su partida, los opositores de Pablo intervinieron y desviaron a la iglesia criticando a Pablo específicamente como alguien cuya vida, ministerio, discurso y sufrimiento era débil y falso, invalidando así su evangelio. Como resultado, una gran parte de la iglesia abandonó a Pablo y al evangelio que predicaba en favor de una versión de la fe que reforzaba la cultura que lo rodeaba en lugar de exigir la transformación de la vida fuera de ella. En el tiempo que 2 Corintios fue redactado y difundido, la mayoría de los que abandonaron el evangelio de Pablo se arrepintió gracias al desgarrador ministerio de Pablo desde lejos y de Tito en su presencia. Pablo escribe esta carta con el corazón roto y con tres objetivos específicos: defender su ministerio como un apóstol de Jesucristo precisamente por el poder de Dios, mostrado a través de su debilidad, para animar a los corintios arrepentidos en su regreso a la fe y para llamar a sus opositores y aquellos que aún los seguían a arrepentirse antes de su llegada. Pablo escribe con emoción, dolor y sin tapujos mientras busca que la iglesia vuelva al evangelio[1].

TEMA: ¿Por qué escribe Pablo esta segunda carta a la iglesia de Corinto?

COMPLEMENTO: Para defender su ministerio apostólico del poder de

---

1. Ver Scott J. Hafemann, *2 Corinthians, The NIV Application Commentary* [2 Corintios, Comentario bíblico con aplicación NVI] (Grand Rapids: Zondervan, 2000), págs. 19–36; Ernest Best, *Second Corinthians, Interpretation* [Segunda de Corintios, Interpretación] (Louisville: Westminster John Knox, 1987), págs. 1–6.

Dios mostrado a través de la debilidad, llamando a sus opositores al arrepentimiento y a los arrepentidos a la fidelidad en Cristo.

IDEA EXEGÉTICA: Pablo escribe esta segunda carta a la iglesia de Corinto para defender su ministerio apostólico del poder de Dios mostrado a través de la debilidad, llamando a sus opositores al arrepentimiento y a los arrepentidos a la fidelidad en Cristo.

IDEA HOMILÉTICA: El evangelio es el poder de Dios a través de la debilidad humana para los arrepentidos y los rebeldes.

SSelección de pasajes para predicar y enseñar el libro de 2 Corintios

Scott Hafemann en su libro, *2 Corinthians* [2 Corintios], presenta el libro siguiendo a grandes rasgos las líneas textuales de los argumentos principales de Pablo. Después de un saludo personalizado y un prólogo (1:1-11), Pablo relata su historia con los corintios (1:12-2:11) y luego comienza con el cuerpo de su apologética para su ministerio y su aplicación en la iglesia. Su argumento procede en una apologética de su propia autoridad apostólica por debilidad (2:12-7:1), una aplicación de su apologética para los arrepentidos (7:2-9:15) y en una aplicación de su apologética para los rebeldes (10:1-13:14)[2]. Dentro de este esquema más amplio el predicador debe definir los aspectos del pensamiento de Pablo, ya que busca entenderlo en su contexto y a la congregación actual.

Comprensión del tema, complemento, idea exegética e idea homilética

2 Corintios 1:1-11

TEMA: ¿Por qué alaba el apóstol Pablo a Dios al comienzo de su carta a los corintios?

COMPLEMENTO: Porque a través de su participación en el sufrimiento de Cristo experimentó el consuelo de Dios quien resucita a los muertos.

IDEA EXEGÉTICA: El apóstol Pablo alaba a Dios al comienzo de su carta a los corintios porque a través de su participación en el sufrimiento de Cristo experimentó el consuelo de Dios quien resucita a los muertos.

IDEA HOMILÉTICA: El sufrimiento en Cristo se satisface con el consuelo de Dios

---

2. Hafemann, *2 Corinthians* [2 Corintios], págs. 37–39.

2 Corintios 1:12-2:11

TEMA: ¿Por qué dice Pablo que cambió sus planes de visitar a los corintios?

COMPLEMENTO: Para evitarle a la iglesia el dolor del juicio, permitiendo que tenga la oportunidad de perdonar a aquel que se arrepintió de haber causado el dolor de Pablo y la división de la iglesia.

IDEA EXEGÉTICA: Pablo dice que cambió sus planes de visitar a los corintios para evitarle a la iglesia el dolor del juicio, permitiendo que tenga la oportunidad de perdonar a aquel que se arrepintió de haber causado el dolor de Pablo y la división de la iglesia.

IDEA HOMILÉTICA: Juntos en Cristo perdonamos el daño y sanamos la división.

2 Corintios 2:12-3:3

TEMA: ¿Cómo defiende Pablo su suficiencia como ministro del evangelio incluso frente a la realidad de su ansiedad por Tito y los corintios?

COMPLEMENTO: Explicando que Cristo lo conquistó y que Dios le encomendó la tarea, evidenciado por el Espíritu escrito en los corazones de los corintios.

IDEA EXEGÉTICA: Pablo defiende su suficiencia como ministro del evangelio incluso frente a la realidad de su ansiedad por Tito y los corintios, explicando que Cristo lo conquistó y que Dios le encomendó la tarea, evidenciado por el Espíritu escrito en los corazones de los corintios.

IDEA HOMILÉTICA: El llamado de Dios y la conquista de Cristo son la suficiencia para la obra del evangelio.

2 Corintios 3:4-18

TEMA: ¿Por qué dice Pablo que confía en su suficiencia como ministro del Nuevo Pacto de Dios?

COMPLEMENTO: Porque el Espíritu de Dios es el que transforma gloriosamente la muerte en vida, envalentonando su proclamación.

IDEA EXEGÉTICA: Pablo dice que tiene confianza en su suficiencia como ministro del Nuevo Pacto de Dios, ya que el Espíritu de Dios es el que transforma gloriosamente la muerte en vida, envalentonando su proclamación.

IDEA HOMILÉTICA: El Espíritu transforma la vida de manera gloriosa, así que proclamamos la vida con confianza.

2 Corintios 4:1-15

TEMA: ¿Cómo describe Pablo su ministerio en el Nuevo Pacto?

COMPLEMENTO: A través del poder de Dios mostrado en vasijas frágiles que soportan la aflicción, para la gracia de muchos y la gloria de Dios.

IDEA EXEGÉTICA: Pablo describe su ministerio en el Nuevo Pacto a través del poder de Dios mostrado en vasijas frágiles que soportan la aflicción, para la gracia de muchos y la gloria de Dios.

IDEA HOMILÉTICA: El poder de Dios mediante nuestra fragilidad extiende su gracia y le da gloria.

2 Corintios 4:16-5:10

TEMA: ¿Por qué dice Pablo que puede resistir las aflicciones de su ministerio?

COMPLEMENTO: Porque la esperanza más allá de la muerte es la vida eterna en Cristo.

IDEA EXEGÉTICA: Pablo dice que puede resistir las aflicciones de su ministerio porque la esperanza más allá de la muerte es la vida eterna en Cristo.

IDEA HOMILÉTICA: Resistimos el presente porque la esperanza más allá de la muerte es la vida con Cristo.

2 Corintios 5:11-6:2

TEMA: ¿Qué insta Pablo a los corintios a hacer como aquellos que han aceptado la muerte y la resurrección de Jesús?

COMPLEMENTO: A que se reconcilien con Dios y vivan como las nuevas criaturas que Dios hizo que fueran en este día de salvación.

IDEA EXEGÉTICA: Pablo insta a los corintios, como aquellos que han aceptado la muerte y la resurrección de Jesús, a que se reconcilien con Dios y vivan como las nuevas criaturas que Dios hizo que fueran en este día de salvación.

IDEA HOMILÉTICA: Ahora es el momento de ser la nueva criatura que Dios hizo de ustedes en Cristo.

2 Corintios 6:3-13

TEMA: ¿Qué presenta Pablo como evidencia de la legitimidad de su ministerio al llamar a los corintios al arrepentimiento por rechazar su evangelio?

COMPLEMENTO: Su perseverancia en las dificultades, la gracia, las circunstancias extremas y la liberación de Dios, por ellos, como un siervo de Dios.

IDEA EXEGÉTICA: Pablo presenta, como evidencia de la legitimidad de su ministerio al llamar a los corintios al arrepentimiento por rechazar su evangelio, su perseverancia en las dificultades, la gracia, las circunstancias extremas y la liberación de Dios, por ellos, como un siervo de Dios.

IDEA HOMILÉTICA: Los siervos de Dios perseveran todo lo que pueden por aquellos a los que sirven con amor.

2 Corintios 6:14-7:1

TEMA: ¿Por qué ordena Pablo a los corintios a separarse de aquellos que los han desviado?

COMPLEMENTO: Porque la iglesia como templo de Dios debe ser pura, ahora como en toda la historia de Dios.

IDEA EXEGÉTICA: Pablo les ordena a los corintios a separarse de aquellos que los han desviado porque la iglesia como templo de Dios debe ser pura, ahora como en toda la historia de Dios.

IDEA HOMILÉTICA: Hacer todo lo necesario para mantener la pureza de su fe.

2 Corintios 7:2-16

TEMA: ¿Por qué dice Pablo que se alegra por los corintios?

COMPLEMENTO: Porque su llamado al arrepentimiento tuvo éxito y restauró su confianza en la mayoría que se arrepintió.

IDEA EXEGÉTICA: Pablo dice que se alegra por los corintios porque su llamado al arrepentimiento tuvo éxito y restauró su confianza en la mayoría que se arrepintió.

IDEA HOMILÉTICA: La alegría es la parte final del doloroso proceso del arrepentimiento.

2 Corintios 8:1-15

TEMA: ¿Por qué llama Pablo a los corintios a dar generosamente a las iglesias en necesidad?

COMPLEMENTO: Porque dar generosamente para las necesidades de los demás es una señal de amor genuino a semejanza de Cristo.

IDEA EXEGÉTICA: Pablo llama a los corintios a dar de manera generosa a las iglesias en necesidad porque dar generosamente para las necesidades de los demás es una señal de amor genuino a semejanza de Cristo.

IDEA HOMILÉTICA: Amar genuinamente dando de manera generosa para satisfacer las necesidades de los demás.

2 Corintios 8:16-9:15

TEMA: ¿Cómo dice Pablo que debe ser la colecta en Corinto?

COMPLEMENTO: Con integridad, sin coacción y con generosidad hacia aquellos en necesidad, todo en respuesta a la gracia de Dios.

IDEA EXEGÉTICA: Pablo dice que la colecta en Corinto debe ser con integridad, sin coacción y con generosidad hacia aquellos en necesidad, todo en respuesta a la gracia de Dios.

IDEA HOMILÉTICA: Dar con alegría y generosidad para las necesidades de los demás y para la gloria de Dios.

2 Corintios 10

TEMA: ¿Cómo afirma Pablo su autoridad apostólica ante sus opositores en Corinto?

COMPLEMENTO: Señalando el fruto de su ministerio en la fe de los corintios, que en sí mismo es la recomendación de Dios.

IDEA EXEGÉTICA: Pablo afirma su autoridad apostólica ante sus opositores en Corinto señalando el fruto de su ministerio en la fe de los corintios, que en sí mismo es la recomendación de Dios.

IDEA HOMILÉTICA: La autoridad para ministrar radica únicamente en la recomendación del llamado de Dios.

2 Corintios 11

TEMA: ¿Cómo llama Pablo a los corintios restantes que no se arrepintieron y se pusieron de lado de sus opositores para rechazar a los "superapóstoles" que se jactan de su propia fuerza?

COMPLEMENTO: Recurriendo a la insensatez de jactarse él mismo, pero solo sobre su debilidad y sufrimiento en nombre del evangelio.

IDEA EXEGÉTICA: Pablo llama a los corintios restantes que no se arrepintieron y se pusieron de lado de sus opositores para rechazar a los "superapóstoles" que se jactan de su propia fuerza, recurriendo a la insensatez de jactarse él mismo, pero solo sobre su debilidad y sufrimiento en nombre del evangelio.

IDEA HOMILÉTICA: La insensatez de la debilidad divina vence el encanto de la fuerza humana.

2 Corintios 12:1-13

TEMA: ¿En qué encuentra autoridad Pablo para su mensaje apostólico?

COMPLEMENTO: No en sus experiencias espirituales, sino solo en la fortaleza de Cristo mostrada mediante su debilidad.

IDEA EXEGÉTICA: Pablo encuentra autoridad para su mensaje apostólico no en sus experiencias espirituales, sino solo en la fortaleza de Cristo mostrada mediante su debilidad.

IDEA HOMILÉTICA: Solo elevamos la fortaleza de Cristo para proclamar su gloria.

2 Corintios 12:14-13:14

TEMA: ¿Cuál es el deseo de Pablo para los corintios mientras planea visitar la iglesia por tercera vez?

COMPLEMENTO: El arrepentimiento y la restauración en la gracia de Cristo, el amor de Dios y la comunión con el Espíritu.

IDEA EXEGÉTICA: El deseo de Pablo para los corintios mientras planea visitar la iglesia por tercera vez es su arrepentimiento y restauración en la gracia de Cristo, el amor de Dios y la comunión con el Espíritu.

IDEA HOMILÉTICA: La gracia de Dios provee arrepentimiento y restauración.

Versículos/pasajes difíciles

Existen pasajes en las Escrituras que, con el tiempo, se sacan de sus contextos literarios y culturales y, mediante el uso casual, adquieren una interpretación y vida propia. Se convierten en aforismos concisos que pueden o no reflejar la intención original del autor. Al repetirse de esta manera, el predicador puede, por la familiaridad con el texto divorciado de su contexto, inclinarse por una proclamación superficial. Incluso si el predicador es cuidadoso con el contexto y la exégesis, la comprensión popular de un versículo, aunque no sea bíblica puede seguir influyendo en la audiencia del predicador. Tal es el caso de varios versículos en 2 Corintios.

Por ejemplo, en el capítulo 3, Pablo escribe sobre la gloria de Dios mediante la proclamación de su evangelio: "Por tanto, nosotros todos, mirando a cara descubierta como en un espejo la gloria del Señor, somos transformados de gloria en gloria en la misma imagen, como por el Espíritu del Señor" (v. 18 RVR1960). A menudo se cita este versículo como un principio general de la identidad propia en Cristo. Sin embargo, es importante considerar el contexto en el que Pablo defiende su propio ministerio como apóstol, fundamentando su suficiencia para tal ministerio en la acción y la gracia de Dios. El texto tiene que ver con la transformación en Cristo, pero el contexto hace que esta declaración sea más amplia que la experiencia personal del creyente individual.

El mandato en el capítulo 6: "No os unáis en yugo desigual con los incrédulos" (v. 14 RVR1960), se ha citado en un sin número de grupos juveniles y ministerios evangélicos como una prohibición para que el creyente no tenga una relación amorosa o conyugal con un no creyente. Este uso es tan ubicuo que en gran medida se presenta sin cuestionamiento ni compromiso crítico. Sin embargo, la amonestación de Pablo es mucho más grande que una ética relacional romántica. De hecho, el contexto de las palabras de Pablo no necesariamente indica que realmente tenga esto en mente. Por el contrario, su deseo es que los corintios se libren de aquellos que los desviaron. Su llamado es hacia la pureza de fe mostrada a través del rechazo del falso evangelio y sus defensores. Puede que exista una aplicación en este pasaje sobre las relaciones de todo tipo, pero aceptar que las palabras de Pablo se refieren principalmente a las relaciones amorosas y matrimoniales es hacer que Pablo diga algo que no dice aquí[3].

Otros versículos que a veces la iglesia ha separado su contexto y corren el riesgo de ser individualizados o de perder potencialmente el significado de Pablo incluyen el versículo 5:17: "De modo que si alguno está en Cristo, nueva criatura es; las cosas viejas pasaron; he aquí todas son hechas nuevas" (RVR1960). El contexto de esta declaración, como la defensa del ministerio de Pablo y un llamado a alejarse de las normas culturales religiosas respecto a la debilidad y el sufrimiento de Cristo, se puede perder en el uso popular de las palabras para afirmar la propia identidad individual en Cristo. La declaración del capítulo 10 de que Cristo toma cada pensamiento cautivo (v. 5) se convierte en una prescripción general para los discípulos en la actualidad, separada del contexto en el que Pablo describe la recomendación de Dios sobre su autoridad apostólica y su disposición para castigar la desobediencia de sus opositores (v. 6). El predicador debe ser cuidadoso al considerar estos textos dentro de su contexto histórico y literario más amplio.

Aplicación y perspectiva cultural

Hafemann observa que 2 Corintios es "ampliamente reconocido como la carta más difícil de entender de todas las cartas de Pablo"[4]. La carta es densa en cuanto al dolor, la emoción y el quebrantamiento tanto de Pablo como de la iglesia. La interpretación requiere una inmersión en su naturaleza ocasional específica con Pablo abordando una situación única. Se necesita estudiar la saturación de la vida del siglo I para entender las palabras de Pablo y la cultura detrás de ellas. Estas cuestiones de fondo están interconectadas y proveen conexiones hermenéuticas para predicar 2 Corintios en la actualidad.

---

3. Best analiza esta dinámica en relación con la idolatría (*Second Corinthians* [Segunda de Corintios], págs. 65–68). El análisis de Hafemann sobre estar en yugo es útil (2 Corinthians [2 Corintios], págs. 289–304).

4. Hafemann, *2 Corinthians*, pág. 19.

Pablo descubre que los Corintios han sido desviados por un grupo de "superapóstoles" (11:5; 12:11) que han llevado a la iglesia a alinearse de nuevo con los valores mundanos en lugar de hacerlo con el sacrificio de Cristo. Resulta evidente que esto ha sido una constante dificultad para Pablo y la iglesia, con su rebelión contra su evangelio ocurriendo poco después de que los dejó. Segunda de Corintios es por lo menos la cuarta carta de Pablo a la iglesia y llega luego de su desgarradora y severa escritura y su dolorosa visita mencionada en el capítulo 2. El rechazo de la iglesia a Pablo como un ejemplo débil y, en última instancia, pobre del evangelio debido a su debilidad y sufrimiento fue desgarrador. Aunque muchos en la iglesia se arrepintieron al momento que Pablo escribió esta carta, el camino fue severo de ambos lados. Pablo considera en última instancia que el rechazo del evangelio que dio es rechazar a Cristo.

La aparición y la aceptación del mensaje contrario de los opositores de Pablo se centra en parte en el entorno cultural de Corinto en ese momento. La religión del siglo I en Corinto se enfocaba en múltiples deidades que destilaban fuerza y proveían éxito material y estatus social a sus seguidores. La religión era un medio para reforzar y apropiarse de una cultura que adoraba a la riqueza y a la movilidad social como partes centrales de la vida en el mundo. La gama de deidades prometía esto mediante rituales de sacrificio. Esto iba totalmente en contra del evangelio de sacrificio y vaciamiento que se ve de manera más completa en la muerte y resurrección de Cristo y que se muestra en el sufrimiento y sacrificio de Pablo como mensajero de este diferente tipo de religión. El evangelio de Pablo llamaba a un cambio de vida, a despojarse de uno mismo, a dar en lugar de acumular y, de hecho, al sufrimiento. Es fácil imaginar que para los oradores hábiles y entretenidos que prometían salud, riqueza, prominencia y liberación del sufrimiento no fue difícil convencer a los creyentes de Corinto a que volvieran a buscar todo lo que su mundo valoraba.

Aunque la carta es ocasional, hay importantes paralelismos con el estado de la cultura occidental actual: la búsqueda de la riqueza como la marca del éxito social, el énfasis en los logros y en la posición social y el deseo de minimizar el dolor y el sufrimiento propio en el presente. Todo esto es cierto para la iglesia occidental en el siglo XXI. No es extraño decir que estas fuertes corrientes de influencia social han llevado a la iglesia y a su pueblo a una búsqueda que toma como base algo distinto al evangelio de Pablo y al ejemplo de Cristo de despojarse a sí mismo por el bien de los demás. En la actualidad, existen opositores del evangelio tal como los hubo en la época de Pablo, ya sea si son personas predicando de manera abierta otro evangelio, falsos maestros proclamando un evangelio de prosperidad y presentándose a sí mismos como parte de la iglesia o simplemente las corrientes culturales que nos tientan a alejarnos de Dios. Incluso aunque sea una carta que trata sobre un momento específico en el tiempo, las palabras de Pablo también se dirigen a la iglesia en este momento en el tiempo. El predicador deberá aplicar primero las palabras de Pablo en su vida y luego en la vida del pueblo de Dios, siempre invitándolo a volver al verdadero evangelio.

FUENTES RECOMENDADAS

Best, Ernest. *Second Corinthians, Interpretation* [Segunda de Corintios, Interpretation]. Louisville: Westminster John Knox, 1987.

Hafemann, Scott J. *2 Corinthians, The NIV Application Commentary* [2 Corintios, Comentario bíblico con aplicación NVI]. Grand Rapids: Zondervan, 2000.

Keener, Craig S. *"Second Corinthians"* ["Segunda de Corintios"]. En *The IVP Bible Background Commentary: New Testament* [Comentario del contexto cultural de la Biblia. Nuevo Testamento], págs. 498–522. Downers Grove, Illinois: InterVarsity, 1993.

Gálatas

PAUL A. HOFFMAN

La idea principal del libro de Gálatas

Gálatas es una réplica polémica. Por lo tanto, tiene "tres lados: Pablo, a los *gálatas* y contra los *instigadores*"[1]. Pablo escribe para refutar una versión hereje del evangelio (1:7) que contaminaba a las iglesias de Gálatas y que era propagada por falsos maestros a los que Pablo llama "instigadores" (5:12). Al mismo tiempo, Pablo defiende su apostolado y evangelio como de origen divino (1:11-2:10).

Esta carta se desarrolla a través de dos trayectorias superpuestas: Pablo contraataca a los instigadores, quienes buscaban desacreditar su mensaje y ministerio, mientras expresa su exasperación a los gálatas por haber acogido unas enseñanzas tan descaradamente falsas.

¿Por qué tanto alboroto? Los riesgos son astronómicamente altos. Los instigadores insisten que para ser salvo los cristianos gentiles deben creer en Jesús y estar circuncidados. Por lo tanto, los gálatas deben elegir entre dos paradigmas que compiten entre sí: gracia + circuncisión (observando la ley) = justificación; o, gracia + 0 = justificación[2]. En pocas palabras: "nadie es justificado por las obras que demanda la ley, sino por la fe en Jesucristo" (2:16). Por lo tanto, los cristianos son "adoptados" (4:5)[3] y por

---

1. Gordon D. Fee y Douglas Stuart, How to Read the Bible Book by Book [Cómo leer la Biblia libro por libro] (Grand Rapids: Zondervan, 2002), pág. 341.

2. La justificación se puede definir como "la acción poderosa, cósmica y universal de Dios para efectuar un cambio en la situación entre la humanidad pecadora y Dios, por la que Dios puede absolver y vindicar a los creyentes, poniéndolos en una relación correcta y fiel con él". A. E. McGrath, "Justification" ["Justificación"] en Dictionary of Paul and His Letters [Diccionario de Pablo y sus cartas], ed. Gerald F. Hawthorne, Ralph P. Martin y Daniel G. Reid (Downers Grove, Illinois: InterVarsity, 1993), pág. 518.

3. La NIV presenta esta nota en el versículo 4:5: "La palabra griega para adoptados como

ende se convierten en "hijos de Dios" (3:26) que han sido "libertados" (5:1) para que "vivamos también según el Espíritu" (5:25 RVC).

TEMA: ¿Por qué Pablo afirma que los instigadores se equivocan al insistir que los cristianos gentiles se deben circuncidar (observar la ley) para que Dios los justifique?

COMPLEMENTO: El verdadero evangelio sostiene que todas las personas, incluyendo a los gentiles, son justificadas y adoptadas solo por medio de la fe en Jesucristo.

IDEA EXEGÉTICA: Pablo afirma que los instigadores se equivocan al insistir que los cristianos gentiles se deben circuncidar (observar la ley) para que Dios los justifique, ya que el verdadero evangelio sostiene que todas las personas, incluyendo a los gentiles, son justificadas y adoptadas solo por medio de la fe en Jesucristo.

Selección de pasajes para predicar y enseñar el libro de Gálatas

No existe un esquema universalmente aceptado para el libro de Gálatas. Sin embargo, Gordon Fee presenta una útil estructura de nueve partes, de la que me apropio posteriormente[4]. El predicador o maestro es libre de elaborar una serie de nueve partes más larga como la que he presentado aquí o puede elegir abarcar temas más amplios en una serie de seis partes, trabajando un capítulo entero a la vez.

Comprensión del tema, complemento, idea exegética e idea homilética

Gálatas 1:1-5

TTEMA: ¿Cómo define Pablo el evangelio?

COMPLEMENTO: Jesucristo murió por el pecado para rescatar a los gálatas de este mundo malvado según la voluntad de Dios y para su gloria.

IDEA EXEGÉTICA: Pablo define el evangelio como la muerte de Jesucristo por el pecado para rescatar a los gálatas de este mundo malvado según la voluntad de Dios y para su gloria.

hijos es un término jurídico que hace referencia a la plena capacidad jurídica de un heredero varón adoptado en la cultura romana". The Holy Bible, New International Version [La Santa Biblia, Nueva Versión Internacional] (Grand Rapids: Zondervan, 2011), pág. 1063.

4. Ver Fee y Stuart, How to Read the Bible Book by Book [Cómo leer la Biblia libro por libro], págs. 343–46

IDEA HOMILÉTICA: Jesucristo murió por nuestros pecados para rescatarnos de este mundo malvado según la voluntad de Dios y para su gloria.

Gálatas 1:6-10

TEMA: ¿Por qué maldice Pablo a los instigadores (falsos maestros)?

COMPLEMENTO: Porque predican un evangelio tergiversado.

IDEA EXEGÉTICA: Pablo maldice a los instigadores porque predican un evangelio tergiversado.

IDEA HOMILÉTICA: Prohibir a los que predican un evangelio tergiversado.

Gálatas 1:11-2:14

TEMA: ¿Cómo valida Pablo su ministerio ante los gálatas?

COMPLEMENTO: Insistiendo en que recibió el mensaje de su evangelio y apostolado directamente de Dios.

IDEA EXEGÉTICA: Pablo valida su ministerio ante los gálatas insistiendo en que recibió el mensaje de su evangelio y apostolado directamente de Dios.

IDEA HOMILÉTICA: Jesucristo llama, prepara y envía a sus siervos a predicar el evangelio.

Gálatas 2:15-21

TEMA: ¿Cuál es el argumento de Pablo para reprender la hipocresía de Pedro?[5]

COMPLEMENTO: Que "nadie es justificado por las obras que demanda la ley, sino por la fe en Jesucristo" (2:16).

IDEA EXEGÉTICA: Pablo reprende la hipocresía de Pedro argumentando que "nadie es justificado por las obras que demanda la ley, sino por la fe en Jesucristo" (2:16).

IDEA HOMILÉTICA: No somos justificados por las obras que demanda la ley, sino por la fe en Jesucristo.

Gálatas 3:1-4:7

TEMA: ¿Bajo qué condiciones recibieron los gálatas el Espíritu Santo y la adopción?

COMPLEMENTO: Mediante la fe en Jesucristo y no por obediencia a la ley.

---

5. Richard N. Longenecker afirma que este texto "no es solo la bisagra entre lo anterior y lo siguiente, sino también la afirmación central de la carta" Galatians, Word Biblical Commentary [Gálatas, Comentario bíblico de la palabra] (Waco: Word, 1990), pág. 83.

IDEA EXEGÉTICA: Los gálatas recibieron el Espíritu Santo y la adopción mediante la fe en Jesucristo y no por obediencia a la ley.

IDEA HOMILÉTICA: Recibimos el Espíritu Santo y la adopción mediante la fe en Jesucristo y no por obediencia a la ley.

Gálatas 4:8-20

TEMA: ¿Por qué teme Pablo por los gálatas?

COMPLEMENTO: Porque han (aparentemente) abandonado el evangelio y se evidencia por su hostilidad hacia él y su "recaída en la esclavitud"[6] bajo la ley.

IDEA EXEGÉTICA: Pablo teme por los gálatas porque han abandonado el evangelio y se evidencia por su hostilidad hacia él y su "recaída en la esclavitud" bajo la ley.

IDEA HOMILÉTICA: Abandonar el evangelio conduce a la hostilidad y la esclavitud.

Gálatas 4:21-5:12

TEMA: ¿Por qué se refiere Pablo a la historia de Agar y Sara?

COMPLEMENTO: Para probar que la libertad en Cristo es mejor que la esclavitud a la ley.

IDEA EXEGÉTICA: Pablo se refiere a la historia de Agar y Sara para probar que la libertad en Cristo es mejor que la esclavitud a la ley.

IDEA HOMILÉTICA: Si Cristo lo libró, ¡siga eligiendo la libertad!

Gálatas 5:13-6:10

TEMA: ¿Por qué liberó Cristo a los gálatas de su naturaleza pecaminosa?

COMPLEMENTO: Para que pudieran vivir por el Espíritu y amarse los unos a los otros.

IDEA EXEGÉTICA: Cristo liberó a los gálatas de su naturaleza pecaminosa para que pudieran vivir por el Espíritu y amarse los unos a los otros.

IDEA HOMILÉTICA: Cristo lo libró de su naturaleza pecaminosa para vivir por el Espíritu y amarse los unos a los otros.

---

6. Ronald Y. Fung, *The Epistle to the Galatians, The New International Commentary on the New Testament* [La Epístola a los Gálatas, Nuevo Comentario Internacional sobre el Nuevo Testamento] (Grand Rapids: Eerdmans, 1988), vii.

Gálatas 6:11-18

TEMA: ¿Por qué se jacta Pablo de la cruz y no de la circuncisión?

COMPLEMENTO: La cruz es lo único que lo hace ser nueva creación, libre de la ley y de la naturaleza pecaminosa.

IDEA EXEGÉTICA: Pablo se jacta de la cruz y no de la circuncisión porque la cruz es lo único que lo hace ser nueva creación, libre de la ley y de la naturaleza pecaminosa.

IDEA HOMILÉTICA: Jáctese en la cruz, ya que es lo único que lo hace ser nueva creación.

Versículos/pasajes difíciles

Los siguientes textos son potencialmente confusos y, por lo tanto, requieren una exégesis minuciosa y una explicación precisa.

Gálatas 1:8-9

"¡Que sea condenado eternamente!"[7]. ¿Le pide realmente Pablo a Dios que envíe a los falsos maestros al infierno?

Gálatas 2:16; 3:2, 5, 10

¿Qué significa "obras de la ley"? ¿Se refiere a un enfoque legalista y de justicia basado en las obras para obtener la salvación (la interpretación clásica de los reformistas protestantes)? O, como afirman algunos de los defensores de la "nueva perspectiva" (p. ej., E. P. Sanders y N. T. Wright), ¿denuncia Pablo el privilegio nacionalista o étnico? En esta perspectiva, el apóstol "no se opone a la salvación por obras, sino a la exclusividad étnica y racial"[8].

Gálatas 3:24

El comunicador querrá explicar la siguiente afirmación: "la ley fue nuestro guía hasta que vino Cristo".

Gálatas 3:27

El comunicador querrá explicar la frase "bautizados en Cristo".

---

7. Esta cita es de la versión de la NIV de 1984.

8. Timothy Keller, *Galatians for You* [Gálatas para ti] (*Charlotte: The Good Book Company, 2013*), pág. 195.

Gálatas 3:28

"Ya no hay [...] hombre ni mujer, sino que todos ustedes son uno solo en Cristo Jesús". ¿Argumenta Pablo que el evangelio aboie todas las diferencias de género o sexo?

Gálatas 5:12

"¡Ojalá que esos instigadores acabaran por mutilarse del todo!". ¿Cómo puede expresar un texto inspirado en el Espíritu un deseo tan cruel; es decir, que la gente se mutile sus propios genitales?

Gálatas 5:19-21

¿Cómo se puede definir con tacto el "libertinaje" y las "orgías"?

Aplicación y perspectiva cultural

Gálatas resalta las tensiones étnicas y culturales que los judíos y los gentiles experimentaron en el siglo I. Es difícil dimensionar los desafíos que surgieron cuando una gran cantidad de gentiles se unieron a un movimiento naciente liderado por judíos cristianos. La integración fue complicada, especialmente cuando algunos maestros exigían que los gentiles convertidos se circuncidaran para volverse "cristianos oficiales". Incluso el apóstol Pedro, conocido por ser de carácter fuerte, vaciló bajo presión y comenzó a separarse de los creyentes gentiles (2:11-14). Por consiguiente, estas tensiones son un tema importante a lo largo del Nuevo Testamento, incluyendo Hechos 15, Romanos 9-11, Efesios 2 y muchos libros más. Es prudente que el expositor esclarezca estos fundamentos, a los que probablemente la gente moderna no está acostumbrada.

Esta epístola plantea numerosas aplicaciones:

- *La doctrina de la justificación por medio de la fe.* Gálatas presenta objetivos evangelizadores y de avivamiento, ya que describe cómo "nadie es justificado por las obras que demanda la ley, sino por la fe en Jesucristo" (2:16). Stuart Piggin, historiador de la iglesia, afirma lo siguiente: "La predicación para el avivamiento hace hincapié en la justificación solo por medio de la fe como el antídoto para la autosuficiencia y la sangre de Cristo como el antibiótico que mata la culpa, la mancha del pecado"[9].

---

9. Stuart Piggin, *Firestorm of the Lord: The History of and Prospects for Revival in the Church and the World* [La tormenta de fuego del Señor: La historia y las perspectivas del

- *El verdadero evangelio.* El verdadero evangelio apostólico se debe defender contra la herejía (5:1-6). Existe la necesidad de generar polémica en la iglesia. Ya que el apóstol apostó su vida y ministerio por el verdadero evangelio, nosotros no podemos hacer menos (2:20; 5:11).
- *La doctrina de la adopción.* Nuestra principal identidad como cristianos es la de "hijos de Dios" (3:23-29). J. I. Parker argumenta lo siguiente: "Si quieres juzgar el grado de compresión de una persona sobre el cristianismo, averigua qué valor tiene la idea de ser hijo de Dios y tener a Dios como Padre. [...] nuestra comprensión de la cristianidad no puede ser mejor que nuestra comprensión de la adopción"[10].
- *La base para la unidad cristiana (3:23-29).* El evangelio trasciende la importancia de la etnicidad, clase y sexo propio: "En esta nueva comunidad las diferencias no se eliminan, sino que se vuelven irrelevantes para determinar quien puede estar 'en Cristo', ya que ahora los creyentes son hijos de Dios mediante la fe y no por obras"[11]. Libertad en Cristo (5:1-12). Jesús nos liberó del "yugo de esclavitud" que viene de la justicia de las obras.
- *La vida y la comunidad guiadas por el Espíritu (5:13-6:10).* Pablo describe una convincente ética social cristiana.

FUENTES RECOMENDADAS

Fee, Gordon D. y Douglas Stuart. *How to Read the Bible Book by Book* [Cómo leer la Biblia libro por libro]. Grand Rapids: Zondervan, 2002.

Keller, Timothy. *Galatians for You* [Gálatas para ti]. *Charlotte: The Good Book* Company, 2013.

Longenecker, Richard N. *Galatians, Word Biblical Commentary* [Gálatas, Comentario bíblico de palabras]. Waco: Word, 1982.

---

avivamiento en la iglesia y en el mundo] (Carlisle, Reino Unido: Paternoster, 2000), pág. 7.

10. J. I. Packer, Knowing God [El conocimiento del Dios santo], edición del aniversario número 20. (Downers Grove, Illinois: InterVarsity, 1993), págs. 201–2.

11. Michelle Lee-Barnewall, *Neither Complementarian nor Egalitarian: A Kingdom Corrective to the Evangelical Gender Debate* [Ni complementarianista ni egalitarista: Un reino correctivo para el debate de género evangélico] (Grand Rapids: Baker Academic, 2016), pág. 86.

Efesios

SID BUZZELL

Efesios, donde Pablo explica detalladamente las glorias y las responsabilidades de la redención cristiana, ha recibido los más grandes elogios de los eruditos del Nuevo Testamento, quienes se refieren al libro como la corona de la teología paulina y lo clasifican como uno de los documentos más influyentes jamás escritos[1].

TEMA: ¿Por qué y cómo los creyentes deberían vivir, según Pablo en Efesios?

COMPLEMENTO: Ya que Dios tomó medidas tan sorprendentes para redimir a los creyentes para su propia gloria, éstos deben vivir con diligencia la nueva vida que él les instruye a vivir.

IDEA EXEGÉTICA: Pablo dice en Efesios que, ya que Dios tomó medidas tan sorprendentes para redimir a los creyentes para su propia gloria, éstos deben vivir con diligencia la nueva vida que él les instruye a vivir.

IDEA HOMILÉTICA: A medida que crece nuestro entendimiento de la investidura de Dios para redimirnos para su propia gloria, también debe crecer nuestro compromiso diligente de vivir bajo las instrucciones que ha provisto.

Efesios se divide temáticamente en dos secciones. En los capítulos 1-3, Pablo presenta una base teológica alabando a Dios por su participación

---

1. Klyne Snodgrass, *Ephesians, The NIV Application Commentary* [Efesios, Comentario bíblico con aplicación NVI] (Grand Rapids: Zondervan, 1996), pág. 17.

íntima en la redención humana y la fundación de la iglesia. Luego, sobre la base de su presentación teológica en los primeros tres capítulos, presenta una serie de maneras específicas en las que los creyentes deberían vivir a la luz del maravilloso plan de redención de Dios. En los capítulos 1-3, hay seis segmentos de predicación y en los capítulos 4-6 hay ocho.

Comprensión del tema, complemento, idea exegética e idea homilética

Efesios 1:1-14

TEMA: ¿Por qué ofrece Pablo una elaborada alabanza a Dios?

COMPLEMENTO: Porque Dios el Padre, el Hijo y el Espíritu Santo participan completamente en la redención humana.

IDEA EXEGÉTICA: Pablo ofrece una elaborada alabanza a Dios porque Dios el Padre, el Hijo y el Espíritu Santo participan completamente en la redención humana.

IDEA HOMILÉTICA: Debemos alabar y adorar a Dios el Padre, el Hijo y el Espíritu Santo por su completa participación en nuestra redención.

Efesios 1:15-23

TEMA: ¿Qué le pide Pablo a Dios cuando ora por sus lectores?

COMPLEMENTO: Que el Espíritu Santo les permita saber la totalidad de la bendición de Dios para ellos como creyentes.

IDEA EXEGÉTICA: Cuando Pablo ora por sus lectores, le pide a Dios que el Espíritu Santo les permita saber la totalidad de la bendición de Dios para ellos como creyentes.

IDEA HOMILÉTICA: Pedir al Espíritu Santo de Dios que nos ayude a entender las profundidades de las bendiciones de Dios en Cristo es un elemento fundamental en nuestras oraciones.

EEfesios 2:1-10

TEMA: ¿Cómo describe Pablo el proceso por el cual alguien que no creía en Cristo como Salvador se vuelve salvo?

COMPLEMENTO: Dios, por su gracia a través de la fe, hace que los que estaban muertos en el pecado vivan en Cristo y los prepara para servirle.

IDEA EXEGÉTICA: El proceso por el que alguien que no creía en Cristo como Salvador se vuelve salvo, Pablo lo describe como uno en el que por su gracia a través de la fe , hace que los que estaban muertos en el pecado vivan en Cristo y los prepara para servirle.

IDEA HOMILÉTICA: Dios generosamente nos da el regalo de la vida, el honor y el propósito por su gracia a través de la fe, ya que no podemos ganarlo por nuestros propios méritos.

Efesios 2:11-22

TEMA: ¿De qué manera estableció Dios la paz entre los judíos y los gentiles y los edificó en la morada en donde vive por su Espíritu, según Pablo?

COMPLEMENTO: Al darles acceso tanto a los judíos como a los gentiles a sí mismo, cuando dejó de lado los mandamientos y las reglas de la ley a través de la crucifixión de Cristo y estableció la paz entre ellos.

IDEA EXEGÉTICA: Pablo dice que Dios estableció la paz entre los judíos y los gentiles y los edificó en la morada en donde vive por su Espíritu al darles acceso tanto a los judíos como a los gentiles a sí mismo, cuando dejó de lado los mandamientos y las reglas de la ley a través de la crucifixión de Cristo.

IDEA HOMILÉTICA: Dios invita a todas las personas a unirse como miembros de su propia casa al recibir su regalo de salvación que está disponible mediante la crucifixión de Cristo.

Efesios 3:1-13

TEMA: ¿Cómo define Pablo su ministerio a los gentiles?

COMPLEMENTO: Como uno en el que Dios lo llamó a contarle a los gentiles sobre las infinitas riquezas de Cristo y a unirse a los creyentes judíos en un solo cuerpo para revelar la múltiple sabiduría de Dios a las autoridades celestiales mediante la iglesia.

IDEA EXEGÉTICA: Pablo define su ministerio a los gentiles como uno en el que Dios lo llamó a hablarle a los gentiles sobre las infinitas riquezas de Cristo y a unirse a los creyentes judíos en un solo cuerpo para revelar la múltiple sabiduría de Dios a las autoridades celestiales mediante la iglesia.

IDEA HOMILÉTICA: Dios reúne creyentes de todas las naciones y los invita a formar parte del único cuerpo de Cristo para demostrar la profunda sabiduría de Dios a los gobernantes y las autoridades de los reinos celestiales.

Efesios 3:14-21

TEMA: ¿Por qué ora Pablo por los efesios?

COMPLEMENTO: Para que Dios les de fortaleza interior y así Cristo pueda morar en sus corazones, para que puedan comprender las incomprensibles dimensiones del amor de Cristo y para que confíen en que Dios tiene el poder de responder esa oración.

IDEA EXEGÉTICA: Pablo ora para que Dios les dé a los efesios fortaleza interior y así Cristo pueda morar en sus corazones, para que puedan comprender las incomprensibles dimensiones del amor de Cristo y para que confíen en que Dios tiene el poder de responder esa oración.

IDEA HOMILÉTICA: Debemos pedir a Dios que nos fortalezca para que Cristo pueda morar en nuestro corazón y podamos comprender la totalidad de su amor.

Efesios 4:1-6

TEMA: ¿Por qué insta Pablo a los efesios a preservar la unidad del Espíritu mediante el vínculo de la paz?

COMPLEMENTO: Porque han sido llamados a la unidad que es inherente en sus vidas como cristianos.

IDEA EXEGÉTICA: Pablo insta a los efesios a preservar la unidad del Espíritu mediante el vínculo de la paz porque han sido llamados a la unidad que es inherente en sus vidas como cristianos.

IDEA HOMILÉTICA: Solo podemos caminar dignamente en nuestro llamado como cristianos cuando caminamos en unidad.

Efesios 4:7-16

TEMA: ¿Cuál es el rol de los líderes cristianos dotados que Dios le dio a la iglesia, según Pablo?

COMPLEMENTO: Preparar a los santos para la madurez y el ministerio a fin de que puedan contribuir a la salud y al crecimiento de la iglesia.

IDEA EXEGÉTICA: Según Pablo, el rol de los líderes cristianos dotados que Dios le dio a la iglesia es preparar a los santos para la madurez y el ministerio a fin de que puedan contribuir a la salud y al crecimiento de la iglesia.

IDEA HOMILÉTICA: Cristo ha dado a la iglesia líderes dotados para prepararnos y podamos contribuir a la salud y al crecimiento de la iglesia.

Efesios 4:17-24

TEMA: ¿Qué insiste Pablo a los efesios?

COMPLEMENTO: Que dejen de vivir como gentiles, quitarse el ropaje de la vieja naturaleza, renovar su actitud mental y ponerse el ropaje de la nueva naturaleza creada a imagen de Dios.

IDEA EXEGÉTICA: Pablo insiste a los efesios a dejar de vivir como gentiles, quitarse el ropaje de la vieja naturaleza, renovar su actitud mental y ponerse el ropaje de la nueva naturaleza creada a imagen de Dios.

IDEA HOMILÉTICA: Dios insiste en que los cristianos dejemos de vivir como los no cristianos, renovemos nuestro pensamiento y comencemos a vivir la nueva vida que nos ha permitido vivir.

Efesios 4:25-5:2

TEMA: ¿Qué es lo que quiere Pablo que hagan los efesios como resultado de su nueva vida?

COMPLEMENTO: Que mantengan y fortalezcan la unidad con los demás en el cuerpo de Cristo cuando se divida.

IDEA EXEGÉTICA: Pablo quiere que los efesios, como resultado de su nueva vida, mantengan y fortalezcan la unidad con los demás en el cuerpo de Cristo cuando se fracture.

IDEA HOMILÉTICA: Dios provee instrucciones específicas para sanar y fortalecer la unidad del Espíritu cuando se tensa o se fractura.

Efesios 5:3-14

TEMA: ¿Por qué insiste Pablo en que los efesios deben dejar el ropaje de la vieja naturaleza y ponerse el de la nueva naturaleza?

COMPLEMENTO: Porque las actividades de la vida pasada no agradan a Dios y despiertan su ira.

IDEA EXEGÉTICA: Pablo insiste que los efesios deben dejar el ropaje de la vieja naturaleza y ponerse el de la nueva naturaleza porque las actividades de la vida pasada no agradan a Dios y despiertan su ira.

IDEA HOMILÉTICA: Abandone su antigua vida y adopte la nueva vida que Cristo provee porque las actividades de la vida pasada no agradan a Dios y despiertan su ira.

Efesios 5:15-20

TEMA: ¿Qué instrucciones les da Pablo a los efesios para seguir una vida sabia?

COMPLEMENTO: Los anima a entender la voluntad de Dios, a ser llenos en el Espíritu, a alabar cantando canciones y a darle gracias a Dios por todo.

IDEA EXEGÉTICA: Las instrucciones que Pablo les da a los efesios para seguir una vida sabia involucran animarlos a entender la voluntad de Dios, a ser llenos en el Espíritu, a alabar cantando canciones y a darle gracias a Dios por todo.

IDEA HOMILÉTICA: Ya que la nueva vida en Cristo es superior a la antigua vida, siga intensamente la nueva vida que Dios nos ofrece en Cristo.

Efesios 5:21-6:9

TEMA: ¿Por qué les enseña Pablo a los efesios que la sumisión a Cristo contribuye a la nueva vida del creyente en Cristo?

COMPLEMENTO: Porque honra a Cristo y beneficia a los que lo hacen.

IDEA EXEGÉTICA: Pablo les enseña a los efesios que la sumisión a Cristo contribuye a la nueva vida del creyente en Cristo porque honra a Cristo y beneficia a los que lo hacen.

IDEA HOMILÉTICA: Practique la sumisión a Cristo porque honra a Dios y beneficia a los que lo hacen.

Efesios 6:10-24

TEMA: ¿Cómo encuentran los cristianos la fortaleza necesaria para enfrentar las artimañas del diablo y vivir una vida cristiana, según Pablo?

COMPLEMENTO: Poniéndose toda la armadura de Dios y orando constantemente.

IDEA EXEGÉTICA: Pablo declara que los cristianos encuentran la fortaleza necesaria para enfrentar las artimañas del diablo y vivir una vida cristiana poniéndose toda la armadura de Dios y orando constantemente.

IDEA HOMILÉTICA: Como cristianos encontramos la fortaleza que necesitamos para enfrentar las artimañas del diablo y vivir la vida que Dios nos ofrece poniéndonos toda la armadura de Dios y orando constantemente por nosotros y por los demás.

Versículos/pasajes difíciles

Efesios 1:3-14

Evidentemente, esta larga frase es difícil de esquematizar. Peter O'Brien escribe lo siguiente: "Aunque hubo muchos esfuerzos para determinar la forma y la estructura del párrafo, no se ha llegado a ninguna conclusión general"[2]. Invierta tiempo para desarrollar un sentido de conexiones lógicas entre sus ideas. Un enfoque temático es dividirlo entre la participación del Padre (vv. 3-6), el Hijo (vv. 6-13) y el Espíritu (vv. 13-14) en la salvación.

2. Peter T. O'Brien, *The Letter to the Ephesians, The Pillar New Testament Commentary* [La carta a los efesios, El pilar del comentario del Nuevo Testamento] (Grand Rapids: Eerdmans, 1999), pág. 90.

Las constantes referencias al hecho de que Dios escogió y predestinó nuestra salvación de acuerdo a su propio plan, propósito y voluntad pueden hacer que surjan preguntas sobre la soberanía de Dios y la voluntad humana. Aborde este tema y señale que el énfasis de Pablo sobre este pasaje es la participación soberana de Dios en nuestra redención y que los debates sobre la elección no son el punto central. Klyne Snodgrass aconseja sabiamente en relación con este pasaje que, ya que le restaban valor a su enfoque principal, "la mayoría de debates sobre la elección deberían abandonarse educadamente"[3].

Efesios 4:8

Pablo parafrasea el Salmos 68:18, pero cambia su enfoque. Familiarícese con el salmo y con lo que Pablo hace con él para explicar las diferencias. Pablo se refiere a la resurrección y la ascensión de Cristo como su victoria sobre los principados y poderes y declara que, ya que es un vencedor triunfante, tiene el derecho de otorgar dones a aquellos que lo siguen (cf. 4:11-16).

Efesios 4:9

Este versículo declara que Jesús descendió a las "partes bajas de la tierra". Aunque la tradición de la iglesia enseña que descendió al infierno, Peter O'Brien, Snodgrass y Andrew Lincoln interpretan la declaración como una referencia a la encarnación de Jesús[4].

Efesios 5:21

Se cuestiona si este versículo concluye la perícopa precedente (5:15-20) o presenta la siguiente (5:22-6:9). Puede ser mejor considerarlo como una declaración de transición que vincula ambos pasajes.

Efesios 5:22-6:9

Este pasaje necesitará más de la cantidad "normal" de estudio debido a algunas cuestiones interpretativas.

- Sea claro sobre su perspectiva de la sumisión y el liderazgo, ya que los comentarios difieren sobre cómo Pablo define los términos.
- Aclare cómo Pablo compara las relaciones entre el esposo como la "cabeza de su esposa" y Cristo como la "cabeza [...] de la iglesia"

---

3. Snodgrass, *Ephesians* [Efesios], pág. 59.

4. O'Brien, *Letter to the Ephesians* [La carta a los efesios], pág. 296; Snodgrass, Ephesians, pág. 202; Andrew T. Lincoln, *Ephesians, Word Biblical Commentary* [Efesios, Comentario bíblico de palabras] (Dallas: Word, 1990), pág. 247.

(5:23) y cómo compara los conceptos de la sumisión de la iglesia a Cristo y la sumisión de la esposa a su esposo (5:24).

- Decida cómo presentar cada conclusión: ¿Son preguntas para el diálogo, conclusiones para la discusión o convicciones para el debate?
- Tanto Snodgrass como Lincoln afirman que nuestras normas culturales actuales sugieren una aplicación de este pasaje diferente a la que Pablo les enseñaba a sus lectores[5]. Sin embargo, debemos estar preparados para explicar estas diferencias y explicar por qué es legítimo "actualizar" las aplicaciones en este caso y no en otros pasajes.

Efesios 5:31-32

Cuando Pablo cita Génesis 2:24 parece que se estuviera refiriendo al matrimonio entre un esposo y una esposa. Pero en el versículo 5:32 declara que hace alusión a Cristo y la iglesia. Tome un tiempo para analizar el lenguaje de Pablo y sea claro sobre lo que él dice.

Efesios 5:32

Lincoln relaciona el uso de Pablo del "misterio" en el versículo 5:32 con sus usos en los versículos 1:9; 3:3, 6, 9. "Tanto el pasaje del Antiguo Testamento como la relación matrimonial a la que se refiere están relacionados con el misterio, pero su relación es que señalan al secreto que ahora se revela, el de la relación entre Cristo y la iglesia"[6]. Puede que sea necesario un estudio reflexivo para que se forme en su mente esta relación teológicamente importante entre el matrimonio de Cristo y la iglesia y el matrimonio entre un hombre y una mujer.

Aplicación y perspectiva cultural

Existe cierta evidencia de que Efesios fue escrito como una carta circular dirigida a iglesias en el oeste de Asia Menor, pero que estaba principalmente dirigida a la iglesia de Éfeso. Walter Elwell y Robert Yarbrough nos informan que "Éfeso era el centro de adoración de la diosa pagana Artemisa (Diana)". Asimismo, afirman lo siguiente: "Si la vida religiosa era dominada por la adoración al emperador, la idolatría y las artes negras del ocultismo y el espiritismo, la vida moral era la típica de una ciudad grecorromana: había un gran burdel en una de las principales intersecciones"[7].

---

5. Snodgrass, *Ephesians*, págs. 313–16; Lincoln, *Ephesians*, págs. 392–93.

6. Lincoln, *Ephesians*, pág. 381.

7. Walter Elwell y Robert Yarbrough, *Encountering the New Testament* [Al encuentro del Nuevo Testamento] (Grand Rapids: Baker Books, 1998), pág. 308–9.

Podemos percibir la urgencia de Pablo cuando motiva a sus lectores a abandonar su antiguo estilo de vida y acoger su nueva vida en Cristo (4:17-24). Sus lectores se identificaron inmediatamente con sus instrucciones de ponerse toda la armadura de Dios para hacer frente a las artimañas del diablo (6:10-20). La mayoría de las enseñanzas de Efesios tienen una aplicación universal. Sin embargo, las instrucciones de Pablo para los esposos y esposas y a los amos y esclavos (5:22-6:9) necesitan un análisis adicional para una aplicación específica en las culturas actuales.

En los capítulos 1-3, Pablo trata de impresionar lo suficiente a su lector con la completa participación de Dios en nuestra salvación, con la intención de que podamos tomar con seriedad sus instrucciones en los capítulos 4-6 sobre cómo vivir la nueva vida que Dios nos ofrece en Cristo.

FUENTES RECOMENDADAS

Lincoln, Andrew T. *Ephesians, Word Biblical Commentary* [Efesios, Comentario bíblico de palabras]. Dallas: Word, 1990.

O'Brien, Peter T. *The Letter to the Ephesians, The Pillar New Testament Commentary* [La carta a los efesios, El pilar del comentario del Nuevo Testamento]. Grand Rapids: Eerdmans, 1999.

Snodgrass, Klyne. *Ephesians, The NIV Application Commentary* [Efesios, Comentario bíblico con aplicación NVI]. Grand Rapids: Zondervan, 1996.

Filipenses

SCOTT M. GIBSON

La idea principal del libro de Filipenses

Pablo le agradece a Dios por los cristianos de Filipos. Invirtieron en su vida y ministerio, ya que él invirtió en sus vidas. La carta es una respuesta al regalo que Pablo recibió en la cárcel por medio de Epafrodito de parte de la iglesia de Filipos. En la carta, Pablo expresa su relación con ellos en Cristo, ya que comparten el ministerio y comparten el llegar a ser como Cristo, incluso a través de su ejemplo. Se pueden alegrar aún en medio del sufrimiento por parte de la cultura y de las tensiones dentro de la iglesia.

TEMA: ¿Por qué escribe Pablo a los cristianos de Filipos?

COMPLEMENTO: Para que sepan que dio gracias a Dios por ellos y para motivarlos mientras luchan de manera externa a vivir su fe en una cultura de oposición y de manera interna a vivir por Cristo fielmente como una iglesia entre sí.

IDEA EXEGÉTICA: Pablo escribe a los cristianos de Filipos para que sepan que dio gracias a Dios por ellos y para motivarlos mientras luchan de manera externa a vivir su fe en una cultura de oposición y de manera interna a vivir por Cristo fielmente como una iglesia entre sí.

IDEA HOMILÉTICA: Afortunadamente, gracias a Cristo los cristianos pueden vivir fielmente dentro de la cultura y la iglesia.

Selección de pasajes para predicar y enseñar el libro de Filipenses

A continuación, la carta se dividirá en una serie de catorce semanas. Algunos comentarios dividen la carta en hasta dieciséis segmentos. Los predicadores minuciosos querrán analizar las unidades de pensamiento mientras se preparan para predicar, presentando una serie para su audiencia[1].

Comprensión del tema, complemento, idea exegética e idea homilética[1]

Filipenses 1:1-2

TEMA: ¿Qué desean Pablo y Timoteo que tenga la iglesia de Filipos mientras la saludan al comienzo de su carta?

COMPLEMENTO: La gracia y la paz de Dios y Cristo Jesús.

IDEA EXEGÉTICA: Mientras Pablo y Timoteo saludan a la iglesia de Filipos, desean que tenga la gracia y la paz de Dios y Cristo Jesús.

IDEA HOMILÉTICA: Los buenos comienzos empiezan con gracia y paz.

Filipenses 1:3-11

TEMA: ¿Por qué Pablo agradece con alegría a Dios por la iglesia de Filipos y por qué ora por ella?

COMPLEMENTO: Por su fiel participación en el evangelio y ora para que crezcan en conocimiento, discernimiento y sean irreprochables en Cristo a fin de que glorifiquen a Dios en sus vidas.

IDEA EXEGÉTICA: Pablo agradece con alegría a Dios por la iglesia de Filipos debido a su fiel participación en el evangelio y ora para que crezcan en conocimiento, discernimiento y sean irreprochables en Cristo a fin de que glorifiquen a Dios en sus vidas.

IDEA HOMILÉTICA: Gracias a Dios que él hace lo que hace en nosotros y nosotros hacemos lo que hacemos por él.

Filipenses 1:12-26

TEMA: ¿Cuál es el resultado de ser encarcelado a causa de Cristo, según Pablo?

COMPLEMENTO: Se predicará el evangelio con valentía y Cristo será exaltado en el cuerpo de Pablo, porque para él, el vivir es Cristo y el morir es ganancia.

IDEA EXEGÉTICA: Pablo dice que el resultado de su encarcelamiento a causa de Cristo es que se predicará el evangelio con valentía y Cristo será exaltado en su cuerpo, porque para él, el vivir es Cristo y el morir es ganancia.

IDEA HOMILÉTICA: El vivir es Cristo y el morir es ganancia.

---

1. Parte de este material se publicó previamente en el sitio web PreachingToday.com (https://www.preachingtoday.com). Usado con autorización.

Filipenses 1:27-30

TEMA: ¿De qué manera instruye Pablo a los cristianos de Filipos para que vivan sus vidas a la luz de su compromiso con Cristo, con ellos y de su encarcelamiento?

COMPLEMENTO: Ordenando a que se comporten de una manera digna según el evangelio de Cristo, a no tener miedo de la oposición y confiar en que Dios los salvará, aunque también sufrirán a causa del evangelio.

IDEA EXEGÉTICA: Pablo instruye a los cristianos de Filipos para que vivan sus vidas a la luz de su compromiso con Cristo, con ellos y de su encarcelamiento ordenando a que se comporten de una manera digna según el evangelio de Cristo, a no tener miedo de la oposición y confiar en que Dios los salvará, aunque también sufrirán a causa del evangelio.

IDEA HOMILÉTICA: Los santos idóneos pueden sufrir y luchar, pero esta es una señal de salvación.

Filipenses 2:1-11

TEMA: ¿Cómo les dice Pablo a los cristianos de Filipos que deben comportarse entre ellos como una iglesia?

COMPLEMENTO: Deben ser afines y ser humildes como Jesucristo, quien se humilló incluso hasta la muerte en la cruz y es exaltado hasta lo sumo como Señor y quien humillará a todos en el cielo y en la tierra para la gloria de Dios el Padre.

IDEA EXEGÉTICA: Pablo les dice a los cristianos de Filipos que se comporten entre ellos como iglesia de una manera en que sean afines y humildes como Jesucristo, quien se humilló incluso hasta la muerte en la cruz y es exaltado hasta lo sumo como Señor y quien humillará a todos en el cielo y en la tierra para la gloria de Dios el Padre.

IDEA HOMILÉTICA: Cristo nos muestra cómo ser humildes cuando tropezamos.

Filipenses 2:12-18

TEMA: ¿A qué se refiere Pablo cuando le dice a los cristianos de Filipos que lleven a cabo su salvación con temor y temblor mientras confían en que Dios trabajará en ellos para su buena voluntad y propósito?

COMPLEMENTO: A que hagan todo sin quejarse para que puedan ser hijos puros de Dios en medio de una generación depravada y, por lo tanto, puedan vivir vidas que brillen, permitiendo que Pablo se jacte y se regocije de lo que Dios hace en y a través de ellos.

IDEA EXEGÉTICA: Cuando Pablo le dice a los cristianos de Filipos que lleven a cabo su salvación con temor y temblor mientras confían en que Dios trabajará en ellos para su buena voluntad y propósito, se refiere a que hagan todo sin quejarse para que puedan ser hijos puros de Dios en medio de una generación depravada y, por lo tanto, puedan vivir vidas que brillen, permitiendo que él se jacte y se regocije de lo que Dios hace en y a través de ellos.

IDEA HOMILÉTICA: Viva cuidadosamente su vida para que pueda brillar cuidadosamente su luz.

Filipenses 2:19-30

TEMA: ¿Qué es lo que quiere hacer Pablo con Timoteo y Epafrodito?

COMPLEMENTO: Quiere enviar a Timoteo, su hijo en la fe, para que informe sobre el bienestar de los filipenses con la esperanza de que él mismo se acerque a ellos y planea enviarles de nuevo a Epafrodito, su hermano y compañero en la fe, quien casi muere por la obra de Cristo y quien quiere que los filipenses honren en su regreso.

IDEA EXEGÉTICA: Lo que Pablo quiere hacer con Timoteo y Epafrodito es enviar al primero, su hijo en la fe, para que informe sobre el bienestar de los filipenses con la esperanza de que él mismo se acerque a ellos y planea enviarles de nuevo a Epafrodito, su hermano y compañero en la fe, quien casi muere por la obra de Cristo y quien quiere que los filipenses honren en su regreso.

IDEA HOMILÉTICA: Los cristianos se preocupan los unos por los otros como una familia.

Filipenses 3:1-11

TEMA: ¿Por qué les dice Pablo a los cristianos de Filipos que se deben alegrar en el Señor a pesar de que existe gente que tergiversa la verdad y confía en lo que es?

COMPLEMENTO: Porque es una forma de protección para ellos al encontrar oposición y lo que importa no es una hoja de vida impresionante, sino saber de Cristo y su poder de resurrección.

IDEA EXEGÉTICA: Pablo les dice a los cristianos de Filipos que se alegren en el Señor a pesar de que existe gente que tergiversa la verdad y confía en lo que es, ya que es una forma de protección para ellos al encontrar oposición y lo que importa no es una hoja de vida impresionante, sino saber de Cristo y su poder de resurrección.

IDEA HOMILÉTICA: No existe comparación: solo podemos estar contentos cuando tenemos a Cristo escrito en toda nuestra hoja de vida.

Filipenses 3:12-4:1

TEMA: A la luz de su deseo de conocer a Cristo y el poder de su resurrección, ¿qué dice Pablo al respecto?

COMPLEMENTO: Que no lo obtuvo de manera perfecta, pero que continúa con ello y que quiere que los cristianos de Filipos vivan maduramente siguiendo sus ejemplos y los de los demás, esperando el regreso de Cristo y manteniéndose firmes en el Señor como sus hermanos y hermanas.

IDEA EXEGÉTICA: A la luz de su deseo de conocer a Cristo y el poder de su resurrección, Pablo dice que no lo obtuvo de manera perfecta, pero que sigue adelante esperando alcanzarlo y que quiere que los cristianos de Filipos vivan maduramente siguiendo sus ejemplos y los de los demás, esperando el regreso de Cristo y manteniéndose firmes en el Señor como sus hermanos y hermanas.

IDEA HOMILÉTICA: Los modelos a seguir que ya alcanzaron la madurez avanzan en la fe mientras se mantienen firmes en Cristo.

Filipenses 4:2-3

TEMA: ¿Por qué ruega Pablo a Evodia y a Síntique a hacer las paces entre ellas con la ayuda de Sícigo?[2]

COMPLEMENTO: Porque ellas ayudaron a Pablo, Clemente y a otros en la obra del evangelio y tal desacuerdo no es apropiado de aquellos cuyos nombres están escritos en el libro de la vida.

IDEA EXEGÉTICA: Pablo ruega a Evodia y Síntique que hagan las paces entre ellas con la ayuda de Sícigo porque ayudaron a Clemente, a otros y a él en la obra del evangelio y tal desacuerdo no es apropiado de aquellos cuyos nombres están escritos en el libro de la vida.

IDEA HOMILÉTICA: Hagan las paces los unos con los otros, ya que las peleas no son propias de aquellos que son dignos del cielo.

Filipenses 4:4-7

TEMA: ¿Qué instruye Pablo a los cristianos de Filipos a la luz de sus circunstancias?

COMPLEMENTO: A siempre alegrarse en el Señor y no estar inquietos por nada, sino orar y pedir con acción de gracias, lo que conduce a la paz de Dios que

---

2. En algunas versiones de la Biblia el nombre Sícigo en el versículo 4:3 se traduce como "compañero".

trasciende todo entendimiento y guarda sus corazones y mentes en Cristo Jesús.

IDEA EXEGÉTICA: Pablo instruye a los cristianos de Filipos a siempre alegrarse en el Señor y no estar inquietos por nada, sino orar y pedir con acción de gracias, lo que conduce a la paz de Dios que trasciende todo entendimiento y guarda sus corazones y mentes en Cristo Jesús.

IDEA HOMILÉTICA: En tiempos difíciles, alégrese, ore y dé gracias, ya que Dios nos concede paz y guarda nuestras vidas en Cristo Jesús.

Filipenses 4:8-9

TEMA: ¿De qué manera instruye Pablo a los cristianos de Filipos sobre las virtudes del pensamiento cristiano?

COMPLEMENTO: Ordenándoles a que piensen en todo lo digno de alabanza y que al hacerlo se moldeen a sí mismos como Pablo, así la paz de Dios estará con ellos.

IDEA EXEGÉTICA: En cuanto a las virtudes del pensamiento cristiano, Pablo instruye a los cristianos de Filipos a pensar en todo lo digno de alabanza y que al hacerlo se moldeen a sí mismos como él, así la paz de Dios estará con ellos.

IDEA HOMILÉTICA: El buen pensar lleva al buen hacer.

Filipenses 4:10-20

TEMA: ¿Por qué se alegra Pablo a la luz de la generosidad hacia él y a la iglesia de Filipos (la única iglesia que se preocupó por él en Tesalónica y ahora en la cárcel)?

COMPLEMENTO: Porque a pesar de sus circunstancias está contento debido a la fortaleza de Cristo y reconoce sus regalos como ofrendas que agradan a Dios.

IDEA EXEGÉTICA: Pablo se alegra a la luz de la generosidad hacia él y a la iglesia de Filipos (la única iglesia que se preocupó por él en Tesalónica y ahora en la cárcel), ya que a pesar de sus circunstancias está contento debido a la fortaleza de Cristo y reconoce sus regalos como ofrendas que agradan a Dios.

IDEA HOMILÉTICA: La satisfacción en Cristo es un regalo generoso que glorifica a Dios.

Filipenses 4:21-23

TEMA: ¿De qué manera motiva Pablo a los cristianos de Filipos al final de su carta?

COMPLEMENTO: Con saludos de otros cristianos que están con él en la cárcel y con una bendición para que sean sostenidos por la gracia del Señor Jesucristo.

IDEA EXEGÉTICA: Pablo motiva a los cristianos de Filipos al final de su carta con saludos de otros cristianos que están con él en la cárcel y con una bendición para que sean sostenidos por la gracia del Señor Jesucristo.

IDEA HOMILÉTICA: Los santos se motivan entre sí, ya que se sostienen por gracia.

Versículos/pasajes difíciles

Los siguientes textos presentan potenciales desafíos en sus exégesis, explicaciones o desarrollo de sermón.

Filipenses 2:1-11

En este caso, será útil familiarizarse con los tipos de cartas del mundo antiguo. Este pasaje, en donde la historia de Cristo y la de Pablo se juntan, parece ser una carta de amistad y una carta de exhortación moral.

Asimismo, este pasaje (particularmente en los vv. 5-11) tiene una forma literaria que se debe destacar. Algunos eruditos han descrito esta parte como un himno cristológico. Ya sea si Pablo adoptó un himno cristiano primitivo o lo escribió, le da a sus lectores un espléndido resumen de quién es Cristo.

Filipenses 4:2-3

Este es un pasaje que en ocasiones algunos predicadores omiten. Se pasa por alto ya sea porque hay tensión en la congregación del predicador o porque el pasaje trata sobre las mujeres en el ministerio, así que el predicador ¡quiere ir al siguiente versículo! Ambas evasiones son insostenibles. Cada iglesia se enfrenta a una controversia que requiere ser tratada. En cuanto a las mujeres en la iglesia, este pasaje trata sobre dos compañeras de Pablo que tuvieron una discusión. Ellas, como Pablo cita, "han luchado a mi lado". Él simplemente quiere que hagan las paces y reflejen el amor sacrificial que escribió anteriormente en la carta. Esta pequeña escena es un ejemplo de lo que Pablo está consiguiendo: ser como Cristo y tener su mente.

Aplicación y perspectiva cultural

Filipos fue una ciudad romana construída y fortificada por Filipo, el padre de Alejandro Magno, en el año 358-357 a. C. y fundada bajo la ley, la cultura y la práctica romana. Ubicada a 12.8 kilómetros del mar, Filipos se convirtió en una parada estratégica para el ejército romano. La ciudad se reconstruyó como una base militar (42 a. C.) y se volvió la colonia con el más alto reconocimiento fuera de Italia, teniendo fuertes vínculos con Roma.

El encuentro de Pablo con la iglesia de Filipos está en Hechos 16:11-39. En la ciudad, que tenía una pequeña población de judíos, no encontró ninguna sinagoga y en el día de reposo encontró un grupo de mujeres adoradoras fuera de la ciudad. Pablo predicó sobre Cristo y Lidia, una importante mujer de negocios, se convirtió y luego se fundó la iglesia.

El desafío de predicar el libro de Filipenses es no omitir la rica instrucción teológica y práctica que esta carta ofrece a la congregación. Ya que es una carta, la teología se hace práctica, personal y accesible. Con un estudio minucioso del texto, el contexto antiguo y el contexto actual de la iglesia o de la enseñanza del pastor, se pueden establecer conexiones con los oyentes para animarlos a convertirse en las personas que Dios los ha llamado a ser entre ellos y con aquellos que están en los rincones de su vida diaria.

En cuanto a la aplicación de esta carta de Pablo a los filipenses, G. Campbell Morgan señala lo siguiente: "En la actualidad, la aplicación de este mensaje a la iglesia es que la medida de la autoridad de la iglesia es la medida de su conformidad con la mente de Cristo"[3]. Buenas palabras que hacen que los lectores recuerden que Cristo es Señor de pies a cabeza.

FUENTES RECOMENDADAS

Garland, David E. *"Philippians"* ["Filipenses"]. En *Ephesians–Philemon* [Efesios–Filemón], editado por Tremper Longman III y David E. Garland, págs. 175–262. *The Expositor's Bible Commentary* [Comentario bíblico del expositor]. Grand Rapids: Zondervan, 2006.

Hawthorne, Gerald F. y Ralph P. Martin. *Philippians* [Filipenses]. Edición revisada. *Word Biblical Commentary* [Comentario bíblico de la palabra]. Grand Rapids: Zondervan, 2018.

Martin, Ralph P. Philippians, *Tyndale New Testament Commentaries* [Filipenses, Comentarios del Nuevo Testamento de Tyndale]. Downers Grove, Illinois: IVP Academic, 2015.

---

3. G. Campbell Morgan, *Living Messages of the Books of the Bible: Matthew to Revelation* [Mensajes vivientes de los libros de la Biblia: Desde Mateo hasta Apocalipsis] (Nueva York: Revell, 1912), pág. 203.

Colosenses

FRANCE B. BROWN JR.

La idea principal del libro de Colosenses

Compuesta por noventa y cinco versículos organizados en cuatro capítulos, la Epístola a los Colosenses es uno de los libros más Cristocéntricos de toda la Biblia, enfatizando la supremacía de Cristo (su persona) y la suficiencia de su muerte y resurrección para la salvación y la trascendencia espiritual (su provisión).

TEMA: ¿Cuál es el mensaje que quiere Dios que Pablo comparta con los colosenses?

COMPLEMENTO: En medio de las falsas enseñanzas, ellos deben responder a la supremacía y la suficiencia de Cristo aferrándose a él en sumisión de adoración.

IDEA EXEGÉTICA: El mensaje que Dios quiere que Pablo comparta con los colosenses es que, en medio de las falsas enseñanzas, ellos deben responder a la supremacía y la suficiencia de Cristo aferrándose a él en sumisión de adoración.

IDEA HOMILÉTICA: Responder a la supremacía y suficiencia de Cristo aferrándose a él en sumisión de adoración.

Selección de pasajes para predicar y enseñar el libro de Colosenses

Colosenses se puede dividir en dos secciones principales. La primera es una polémica contra las falsas enseñanzas en relación con la supremacía y suficiencia de Cristo (caps. 1-2). La segunda presenta instrucciones para una vida cristiana que responda a la supremacía y suficiencia de Cristo (caps. 3-4).

Técnicamente, predicar/enseñar a través de una epístola requiere desarrollar sermones/lecciones según los párrafos individuales que componen la epístola. En el caso de Colosenses, esto se puede hacer en al menos veinte unidades[1]. Sin embargo, para propósitos de este capítulo, se presentarán seis unidades.

Comprensión del tema, complemento, idea exegética e idea homilética

Colosenses 1:1-4

TEMA: ¿Por qué está agradecido Pablo con los colosenses?

COMPLEMENTO: Dios es el responsable de la fe, el amor y la esperanza que demuestran.

IDEA EXEGÉTICA: Pablo está agradecido con los colosenses porque Dios es el responsable de la fe, el amor y la esperanza que demuestran.

IDEA HOMILÉTICA: Confiar en Dios y vivir una vida cristiana ejemplar.

Colosenses 1:15-23

TEMA: ¿Qué le dice Pablo a los colosenses sobre Jesucristo?

COMPLEMENTO: Que él es excelso, ya que es el soberano creador y redentor.

IDEA EXEGÉTICA: Pablo le dice a los colosenses que Jesucristo es excelso, ya que es el soberano creador y redentor.

IDEA HOMILÉTICA: Jesús es excelso, ya que es el soberano creador y redentor.

Colosenses 1:24-29

TETEMA: ¿Cuál es el objetivo del ministerio de reconciliación según Pablo a los colosenses?

COMPLEMENTO: Presentar, mediante el poder de Dios, a todos perfectos en Cristo.

IDEA EXEGÉTICA: Pablo le dice a los colosenses que el propósito de su ministerio de reconciliación es presentar, mediante el poder de Dios, a todos perfectos en Cristo.

IDEA HOMILÉTICA: El objetivo del ministerio es la transformación de la vida mediante el poder de Dios.

Colosenses 2

TEMA: ¿Cuál es la motivación de Pablo a los colosenses, ladiceos y otras personas que no lo han conocido?

1. Posibles unidades de prédica/enseñanza: 1:1-2; 1:3-8; 1:9-14; 1:15-20; 1:21-23; 1:24-29; 2:1-5; 2:6-7; 2:8-15; 2:16-19; 2:20-23; 3:1-4; 3:5-11; 3:12-17; 3:18-21; 3:22-4:1; 4:2-4; 4:5-6; 4:7-9; 4:10-18.

COMPLEMENTO: Aferrarse a Cristo y rechazar a los falsos maestros.

IDEA EXEGÉTICA: Pablo motiva a los colosenses, ladiceos y otras personas que no lo han conocido a aferrarse a Cristo y rechazar a los falsos maestros.

IDEA HOMILÉTICA: Aferrarse a Cristo y rechazar a los falsos maestros.

Colosenses 3:1-4:1

TEMA: ¿Qué es lo que quiere Pablo que sepan los colosenses como resultado de su unión con Cristo?

COMPLEMENTO: Que deben rechazar lo injusto y practicar lo justo.

IDEA EXEGÉTICA: Pablo quiere que los colosenses sepan, como resultado de su unión con Cristo, que deben rechazar lo injusto y practicar lo justo.

IDEA HOMILÉTICA: Debido a nuestra unión con Cristo, debemos rechazar lo injusto y practicar lo justo.

Colosenses 4:2-18

TEMA: ¿De qué manera instruye Pablo a los creyentes de Colosas en su vida de fe?

COMPLEMENTO: Que deben estar motivados y ser intencionalmente cristianos en su relación con Dios, con los demás y con ellos mismos.

IDEA EXEGÉTICA: En cuanto a la vida de fe de los creyentes de Colosas, Pablo instruye que deben estar motivados y ser intencionalmente cristianos en su relación con Dios, con los demás y con ellos mismos.

IDEA HOMILÉTICA: Estar motivado en la fe y ser intencionalmente cristiano en las relaciones.

Versículos/pasajes difíciles

Hay tres grandes retos interpretativos en el primer capítulo de Colosenses. En primer lugar, está el sujeto del verbo "le agradó" (eudokēsen) en el versículo 1:19. Algunas posibilidades incluyen a Cristo, Dios o "toda su plenitud" (pan to plērōma). En segundo lugar, está el significado de "toda su plenitud". Colosenses 1:22-23 se ha usado para apoyar tanto la perspectiva calvinista como la arminiana en varias maneras. Charles C. Bing presenta cinco perspectivas: advertencia de pérdida de salvación, advertencia de pérdida hipotética de salvación, advertencia de salvación falsa, advertencia de enfatizar las promesas de Dios y advertencia sobre la evaluación del creyente en el tribunal de Cristo . La frase "lo que falta de las aflicciones de Cristo" en el versículo 1:24 se interpreta al menos de cuatro maneras: cuota corporativa de la iglesia, la similitud entre el sufrimiento de Pablo y de Cristo, sufrimiento restante para los creyentes y el sufrimiento de Cristo a través de Pablo.

Aplicación y perspectiva cultural

La "herejía de los colosenses" o la falsa enseñanza que distorsionaba y minimizaba a la persona y la obra de Cristo era una fusión de la filosofía helenística y el legalismo judío. Enfatizaba el gran conocimiento cósmico, los rituales judíos, la veneración a los ángeles, el ascetismo y la autoridad filosófica. Sin duda, las ideas falsas siguen amenazando a la iglesia contemporánea, ya que la aceptación de todas las religiones y las perspectivas culturales es alabada como la virtud más grande del pluralismo social. Afortunadamente, el libro de Colosenses provee instrucciones que fortalecen a la iglesia para que rechace las falsas enseñanzas y acepte al Señor Jesús.

A continuación, se presentarán las posibles aplicaciones: alabanza al Señor (1:15-20), aceptar los beneficios de la fe (2:8-12), cuidado con los impostores (2:16-23), vivir una vida desde una perspectiva eterna (3:1-4), hacer del propio hogar la casa de Dios (3:18-4:1) y seguir los pasos de los fieles (4:7-18).

FUENTES RECOMENDADAS

O'Brien, Peter T. *Colossians, Philemon, Word Biblical Commentary* [Colosenses, Filemón, Comentario bíblico de la palabra]. Waco: Word, 1982.

Pao, David W. *Colossians and Philemon, Zondervan Exegetical Commentary on the New Testament* [Colosenses y Filemón, Comentario exegético sobre el Nuevo Testamento de Zondervan]. Grand Rapids: Zondervan, 2012.

Wiersbe, Warren W. *"Colossians"* ["Colosenses"]. En *The Bible Exposition Commentary* [Comentario expositivo de la Biblia], 2:101–54. Wheaton: Victor, 1996.

1 Tesalonicenses

HEATHER JOY ZIMMERMAN

La idea principal del libro de 1 Tesalonicenses

Primera de Tesalonicenses es una carta de Pablo, Silvano y Timoteo a la iglesia en Tesalónica para animar a la joven iglesia ante la adversidad y exhortar a los creyentes a la santidad.

TEMA: ¿Por qué quiere Dios que Pablo, Silvano y Timoteo escriban a la iglesia en Tesalónica?

COMPLEMENTO: Para animar a los creyentes tesalonicenses e instruirlos a vivir una vida santa.

IDEA EXEGÉTICA: Dios quiere que Pablo, Silvano y Timoteo escriban a la iglesia en Tesalónica para animar a los creyentes tesalonicenses e instruirlos a vivir una vida santa.

IDEA HOMILÉTICA: Permita que su vida sea definida por la comunidad y la santidad de Cristo.

Selección de pasajes para predicar y enseñar el libro de 1 Tesalonicenses

Los predicadores y maestros pueden predicar el libro de 1 Tesalonicenses de manera efectiva en cinco a ocho secciones: 1:1-10 expresa la acción de gracias de los apóstoles, 2:1-3:13 demuestra el profundo afecto de los apóstoles por los tesalonicenses a lo largo de la narrativa, 4:1-12 aborda la ética de vida cristiana (en dos secciones: 4:1-8 sobre la ética sexual y 4:9-12 sobre la ética laboral), 4:13-5:11 representa de manera vívida nuestra esperanza cristiana (4:14-17 ofrece esperanza en la muerte y el 5:1-11 ofrece esperanza en la vida) y el 5:12-28 apela a la comunidad cristiana ideal.

Comprensión del tema, complemento, idea exegética e idea homilética

1 Tesalonicenses 1

TEMA: ¿Cuáles son las razones por las que Pablo, Silvano y Timoteo agradecen a Dios por los creyentes tesalonicenses?

COMPLEMENTO: Por su fe, amor, esperanza, elección, imitación, perseverancia y testimonio.

IDEA EXEGÉTICA: Pablo, Silvano y Timoteo le agradecen a Dios por la fe, el amor, la esperanza, la elección, la imitación, la perseverancia y el testimonio de los tesalonicenses.

IDEA HOMILÉTICA: Vivir una fe digna de acción de gracias o agradecer a otros por su fidelidad.

1 Tesalonicenses 2-3

TEMA: ¿De qué manera expresan Pablo, Silvano y Timoteo su afecto por los tesalonicenses, a pesar de la aflicción y la oposición satánica?

COMPLEMENTO: Ejercen su ministerio con un corazón auténtico, diligente, amable, alegre, perseverante, orador, regocijante y agradecido.

IDEA EXEGÉTICA: Pablo, Silvano y Timoteo expresan su afecto por los tesalonicenses, a pesar de la aflicción y la oposición satánica, ministrando con un corazón auténtico, diligente, amable, alegre, perseverante, orador, regocijante y agradecido.

IDEA HOMILÉTICA: Discipular con un corazón auténtico, diligente, amable, alegre, perseverante, orador y agradecido.

1 Tesalonicenses 4:1-12

TEMA: ¿Cómo deberían vivir los tesalonicenses la voluntad de Dios, la cual es su santificación?

COMPLEMENTO: Absteniéndose de la inmoralidad sexual y practicando el amor fraternal espiritual a través de una vida tranquila y diligente.

IDEA EXEGÉTICA: Los tesalonicenses deben vivir la voluntad de Dios, la cual es su santificación, absteniéndose de la inmoralidad y practicando el amor fraternal espiritual a través de una vida tranquila y diligente.

IDEA HOMILÉTICA: Permita que su vida sexual y su vida cotidiana se definan por la santidad.

1 Tesalonicenses 4:13-18

TEMA: ¿Por qué deberían los tesalonicenses tener esperanza ante su dolor por los cristianos que ya han muerto?

COMPLEMENTO: Porque la resurrección de Cristo asegura su resurrección, Jesús volverá, los que ya murieron no se verán afectados y todos los creyentes permanecerán por siempre con Jesús luego de que regrese.

IDEA EXEGÉTICA: Los tesalonicenses deben tener esperanza ante su dolor por los cristianos que ya han muerto porque la resurrección de Cristo asegura su resurrección, Jesús volverá, los que ya murieron no se verán afectados y todos los creyentes permanecerán por siempre con Jesús luego de que regrese.

IDEA HOMILÉTICA: La resurrección y el regreso de Jesús nos da esperanza ante la muerte.

1 Tesalonicenses 5:1-11

TEMA: ¿Cómo deberían vivir los tesalonicenses con anticipación a la llegada del día del Señor?

COMPLEMENTO: Como "hijos de la luz" (v. 5) que están alertas, con un sano juicio, con fe, esperanza, amor y motivándose los unos a los otros con esperanza escatológica.

IDEA EXEGÉTICA: Los tesalonicenses deberían vivir con anticipación a la llegada del día del Señor como "hijos de la luz" (v. 5) que están alertas, con un sano juicio, con fe, esperanza, amor y motivándose los unos a los otros con esperanza escatológica.

IDEA HOMILÉTICA: La resurrección y el regreso de Jesús nos da esperanza en la vida mientras vivimos como hijos de la luz.

1 Tesalonicenses 5:12-28

TEMA: ¿Qué deben hacer los creyentes de Tesalónica para vivir como la familia de Dios?

COMPLEMENTO: Respetando a sus líderes, otros creyentes, extranjeros y a Dios con santidad y amor.

IDEA EXEGÉTICA: Los tesalonicenses deberían vivir como la familia de Dios respetando a sus líderes, otros creyentes, extranjeros y a Dios con santidad y amor.

IDEA HOMILÉTICA: Elegir el amor y la santidad en todas las relaciones.

Versículos/pasajes difíciles

Contextualice este libro describiendo a Pablo, Silvano y Timoteo y cómo Tesalónica encaja en los viajes misioneros de Pablo. Asegúrese de definir la santidad/santificación.

Varios pasajes en 1 Tesalonicenses pueden ser difíciles. En primer lugar, el versículo 2:14-16 se ha malinterpretado como antisemita. En segundo lugar, los eruditos debaten si la palabra "cuerpo" en el versículo 4:4 se refiere al de la esposa, al propio cuerpo o a un eufemismo para el órgano reproductor masculino. Finalmente, el versículo 4:1-8 no solo desafía nuestras normas sociales actuales en relación con el sexo, sino que también desafió las normas de la sociedad de Tesalónica, ya que la cultura grecorromana "simplemente no creía que la promiscuidad o indulgencia sexual era un 'acto inmoral'"[1].

Predique y enseñe el versículo 4:9-12 sin motivar la autosuficiencia individual occidental. Primera de Tesalonicenses 4:13-18 debería enseñarse dentro de una teología de sufrimiento que no sentimentalice nuestra esperanza ni estigmatice el dolor. Los predicadores y maestros deben decidir si conectarán los versículos 4:13-5:12 con un marco teórico sistemático escatológico. Sin embargo, este texto no se debe enseñar como un mensaje escatológico de miedo o amenaza. Sea cuidadoso de no perder el énfasis del pasaje en la esperanza. Cuando enseñe el versículo 5:1-12, explique las referencias del Antiguo Testamento sobre el "día del Señor".

Aplicación y perspectiva cultural

¿Cómo aplicamos fielmente el libro de 1 Tesalonicenses? ¿Qué necesitamos saber sobre la cultura tesalonicense? En primer lugar, los occidentales a menudo olvidan el ethos comunitario de este libro. Mientras enseña, asegúrese de resaltar lo siguiente: los múltiples autores, la imagen familiar ("hermanos", "hermanas", "padre" y "madre lactante") y la frecuencia de los pronombres en la primera persona del plural. En segundo lugar, reconozca que en 1 Tesalonicenses la mayoría de referencias sobre el sufrimiento son alusiones a la persecución. Esto no niega aplicaciones a otras formas de sufrimiento; sin embargo, no olvide el contexto original.

Al ser una epístola, este libro está lleno de exhortaciones, pero cada una

---

1. Gordon G. Fee, *The First and Second Letters to the Thessalonians, The New International Commentary on the New Testament* [Primera y segunda carta a los tesalonicenses, Nuevo Comentario Internacional sobre el Nuevo Testamento] (Grand Rapids: Eerdmans, 2009), pág. 150.

está arraigada a las verdades sobre la identidad de los tesalonicenses como creyentes y la identidad de su Señor Dios. Entre las posibles aplicaciones se encuentran las siguientes: motivar a otros en su fe (1:1-11), discipular a otros con un corazón persistente y afectuoso (2:1-3:13), buscar la pureza sexual (4:1-8), desarrollar un ética laboral basada en Dios (4:9-12), afligirse con esperanza (4:13-18), estar alerta y tener un sano juicio (5:1-11) y buscar la santidad en cada relación (5:12-28).

FUENTES RECOMENDADAS

Fee, Gordon G. *The First and Second Letters to the Thessalonians, The New International Commentary on the New Testament* [Primera y segunda carta a los tesalonicenses, Nuevo Comentario Internacional sobre el Nuevo Testamento]. Grand Rapids: Eerdmans, 2009.

Green, Gene L. *The Letters to the Thessalonians, The Pillar New Testament Commentary* [Las cartas a los tesalonicenses, El pilar del comentario del Nuevo Testamento]. Grand Rapids: Eerdmans, 2002.

Shogren, Gary S. *1 and 2 Thessalonians, Zondervan Exegetical Commentary on the New Testament* [1 y 2 Tesalonicenses, Comentario exegético sobre el Nuevo Testamento de Zondervan]. Grand Rapids: Zondervan, 2012.

2 Tesalonicenses

HEATHER JOY ZIMMERMAN

La idea principal del libro de 2 Tesalonicenses

Segunda de Tesalonicenses es una carta de seguimiento de Pablo, Silvano y Timoteo a la iglesia de Tesalónica para abordar las preocupaciones de la iglesia y ofrecer esperanza durante la persecución.

TEMA: ¿Cuál es el mensaje que Dios quiere que Pablo, Silvano y Timoteo compartan con la iglesia de Tesalónica?

COMPLEMENTO: Que mientras esperan la justicia del Señor sobre sus perseguidores, los tesalonicenses confíen en la gracia sustentadora de Dios, resistan ante los falsos mensajes de temor sobre el futuro, trabajen diligentemente, disciplinen con discernimiento y permanezcan firmes en su esperanza.

IDEA EXEGÉTICA: El mensaje que Dios quiere que Pablo, Silvano y Timoteo compartan con la iglesia de Tesalónica es que, mientras esperan la justicia del Señor sobre sus perseguidores, los tesalonicenses confíen en la gracia sustentadora de Dios, resistan ante los falsos mensajes de temor sobre el futuro, trabajen diligentemente, disciplinen con discernimiento y permanezcan firmes en su esperanza.

IDEA HOMILÉTICA: Mientras espera el regreso de Jesús, descanse en la esperanza, resista ante los falsos mensajes de temor, revitalice su ética laboral y reprenda a otros creyentes con discernimiento amoroso.

Selección de pasajes para predicar y enseñar el libro de 2 Tesalonicenses

A menudo, los predicadores y maestros predican 2 Tesalonicenses en tres mensajes, uno por capítulo. Sin embargo, la división cuádruple de Michael

W. Holmes es muy útil:

- 1:1-12 ofrece seguridad a los creyentes perseguidos.
- 2:2-12 trata sobre el día del Señor.
- 2:13-3:5 provee seguridad e insta a la perseverancia.
- 3:6-18 articula una ética laboral cristiana y presenta la disciplina de la iglesia[1].

Comprensión del tema, complemento, idea exegética e idea homilética

2 Tesalonicenses 1

TEMA: ¿Por qué deberían sentirse animados los creyentes tesalonicenses frente a la persecución?

COMPLEMENTO: Porque Dios traerá justicia, los sostendrá y será glorificado a través de su fidelidad.

IDEA EXEGÉTICA: Los creyentes tesalonicenses deben sentirse animados frente a la persecución porque Dios traerá justicia, los sostendrá y será glorificado a través de su fidelidad.

IDEA HOMILÉTICA: Confíe en que el Dios que trae justicia lo sostendrá hasta que usted la vea.

2 Tesalonicenses 2:1-12

TEMA: ¿Por qué deberían los tesalonicenses confiar en que el día del Señor aún no ha llegado?

COMPLEMENTO: Porque llegará después de la rebelión y la revelación del hombre de maldad.

IDEA EXEGÉTICA: Los tesalonicenses deberían confiar en que el día del Señor aún no ha llegado, ya que llegará después de la rebelión y la revelación del hombre de maldad.

IDEA HOMILÉTICA: Ame la verdad ante la incertidumbre del futuro.

2 Tesalonicenses 2:13-3:5

TEMA: ¿Cómo deberían los creyentes tesalonicenses perseverar en la fe?

COMPLEMENTO: Confiando en su llamado y manteniéndose firmes en su

---

1. Michael W. Holmes, *1 and 2 Thessalonians, The NIV Application Commentary* [1 y 2 Tesalonicenses, Comentario bíblico con aplicación NVI] (Grand Rapids: Zondervan, 1998).

tradición, esperanza y en el fiel poder sustentador del Señor.

IDEA EXEGÉTICA: Los creyentes tesalonicenses deberían perseverar en la fe confiando en su llamado y manteniéndose firmes en su tradición, esperanza y en el fiel poder sustentador del Señor.

IDEA HOMILÉTICA: Manténgase firme en su llamado y en la fidelidad del Señor.

2 Tesalonicenses 3:6-18

TEMA: ¿Cómo deberían responder los tesalonicenses ante la ociosidad?

COMPLEMENTO: Imitando el ejemplo de los apóstoles evitando a los ociosos y entrometidos, practicando una ética laboral tranquila e implementado una disciplina eclesiástica.

IDEA EXEGÉTICA: Los tesalonicenses deberían responder ante la ociosidad imitando el ejemplo de los apóstoles evitando a los ociosos y entrometidos, practicando una ética laboral tranquila e implementado una disciplina eclesiástica.

IDEA HOMILÉTICA: Trabaje como si su trabajo valiera la pena y demuestre discernimiento y disciplina (eclesiástica).

Versículos/pasajes difíciles

Al explicar el contexto de 2 Tesalonicenses identifique a Pablo, Silvano y Timoteo, ubique a Tesalónica dentro de los viajes misioneros de Pablo y describa la relación de esta carta con 1 Tesalonicenses.

Quizás, el texto más difícil es 2 Tesalonicenses 2:1-12. Explique cómo este pasaje debería determinar nuestra escatología sin producir aquello contra lo que los apóstoles predicaban: miedo u obsesión por la fijación de fechas o la adivinación de la identidad del anticristo. En medio de especulaciones y miedo, los creyentes deben ser los que "amen la verdad" (2:10) y confíen en que Dios revelará los eventos del futuro en su tiempo.

Use el versículo 3:6-13 para predicar una "teología laboral"[2]. Reconozca los desafíos de explicar la disciplina eclesiástica en el pasaje 3:14-15 a la luz de los pocos detalles que el texto ofrece.

Aplicación y perspectiva cultural

¿Cómo aplicamos fielmente el libro de 2 Tesalonicenses? En primer lugar,

---

2. Para fuentes adicionales, consulte https://www.theologyofwork.org.

necesitamos entender el grado de la persecución que enfrentaban los creyentes en Tesalónica. En segundo lugar, se debe reconocer la manera en que Pablo escribió el versículo 2:1-12 para encontrar especulaciones falsas en lugar de proveer una lista para identificar al anticristo. En tercer lugar, necesitamos reconocer que el versículo 3:6-13 no fue escrito para crear un sistema económico o para condenar un sistema de seguridad social. Se escribió dentro de una cultura comunitaria y con el fin de fortalecer la ética laboral cristiana presentada en 1 Tesalonicenses 4:9-12.

Aunque 2 Tesalonicenses fue escrita a una iglesia en específico, presenta numerosas aplicaciones para la actualidad, incluyendo las siguientes: motivar y abogar por los cristianos perseguidos (1:1-12), confiar en que Dios llevará a la justicia a los que le hacen daño (1:5-12), siempre someter las especulaciones a las Escrituras (2:1-12), recordar su llamado en Cristo (2:13-14), confiar en que el Señor sostendrá su fe (3:1-5), trabajar como si su trabajo valiera la pena (3:6-12) y practicar una disciplina eclesiástica bien elaborada (3:13-15).

FUENTES RECOMENDADAS

Fee, Gordon G. *The First and Second Letters to the Thessalonians, The New International Commentary on the New* Testament [Primera y segunda carta a los tesalonicenses, Nuevo Comentario Internacional sobre el Nuevo Testamento]. Grand Rapids: Eerdmans, 2009.

1 Timoteo

CHRIS RAPPAZINI

En 1 Timoteo, Pablo aconseja a Timoteo sobre cómo protegerse a sí mismo y a los demás de las falsas enseñanzas (1:3-7, 19-20; 4:1-3, 7, 16; 6:3-6, 20). Su antídoto contra los falsos maestros es una sana eclesiología. En esta breve carta aparecen otros temas, pero es claro que Pablo le escribe a Timoteo con el propósito de establecer una conducta correcta en la casa de Dios (3:15).

TEMA: ¿Qué consejo le da Pablo a Timoteo en relación con la falsa enseñanza en Éfeso?

COMPLEMENTO: Establecer una teología apropiada y una conducta correcta en la casa de Dios.

IDEA EXEGÉTICA: El consejo que Pablo da a Timoteo, en relación con la falsa enseñanza en Éfeso, es establecer una teología apropiada y una conducta correcta en la casa de Dios.

IDEA HOMILÉTICA: Nuestras creencias determinan cómo vivimos.

Muchos predicadores y maestros analizarían uno a uno los versículos de 1 Timoteo. Sin embargo, puede ser beneficioso dividir el libro en cuatro secciones. Cada sección tendría de una a cuatro unidades que se podrían predicar cada semana, resultando en una serie de once semanas. Se podrían combinar o expandir varias de las unidades si se necesita una serie más larga o más corta.

Comprensión del tema, complemento, idea exegética e idea homilética

1 Timoteo 1:1-11

TEMA: ¿De qué manera le encarga Pablo a Timoteo que combata a los falsos maestros que promueven mentiras, provocan controversias y causan que algunos abandonen la fe en la iglesia de Éfeso?

COMPLEMENTO: Con amor, que proviene de un corazón puro, de una buena conciencia y de una fe sincera.

IDEA EXEGÉTICA: Pablo le encarga a Timoteo combatir a los falsos maestros, que promueven mentiras, provocan controversias y causan que algunos abandonen la fe en la iglesia de Éfeso con amor, que proviene de un corazón puro, de una buena conciencia y de una fe sincera.

IDEA HOMILÉTICA: Corrija las falsas enseñanzas mientras tiene los motivos correctos.

1 Timoteo 1:12-20

TEMA: ¿Por qué comparte Pablo detalles sobre su vida pecaminosa con Timoteo?

COMPLEMENTO: Para demostrar la gracia y misericordia de Dios como un ejemplo de su paciencia y disposición para usar a los peores pecadores para su gloria.

IDEA EXEGÉTICA: Pablo comparte detalles sobre su vida pecaminosa con Timoteo para demostrar la gracia y misericordia de Dios como un ejemplo de su paciencia y disposición para usar a los peores pecadores para su gloria.

IDEA HOMILÉTICA: Su pasado puede ser utilizado para la gloria de Dios.

1 Timoteo 2:1-7

TEMA: ¿Por qué le dice Pablo a Timoteo que debe guiar a la gente a orar por todos, especialmente por aquellos que tienen autoridad?

COMPLEMENTO: Porque cuando hay paz en la tierra, hay más oportunidades para que el evangelio se propague y la gente se salve.

IDEA EXEGÉTICA: Pablo le dice a Timoteo que debe guiar a la gente a orar por todos, especialmente por aquellos que tienen autoridad, porque cuando hay paz en la tierra, hay más oportunidades para que el evangelio se propague y la gente se salve.

IDEA HOMILÉTICA: Ore por la paz en nuestra tierra y la salvación de las personas.

1 Timoteo 2:8-15

TEMA: ¿Qué le dice Pablo a Timoteo con respecto al comportamiento de los hombres y las mujeres en la adoración?

COMPLEMENTO: Los hombres deben orar los unos por los otros en lugar de pelearse con enojo y las mujeres deben cuidarse entre sí en vez de causar conflicto entre ellas.

IDEA EXEGÉTICA: Pablo le dice a Timoteo que al adorar los hombres deben orar los unos por los otros en lugar de pelearse con enojo y las mujeres deben cuidarse entre sí en vez de causar conflicto entre ellas.

IDEA HOMILÉTICA: Adore a Dios por dentro y por fuera.

1 Timoteo 3:1-13

TEMA: ¿Quiénes son los que deberían liderar la iglesia de Éfeso según lo que le dice Pablo a Timoteo?

COMPLEMENTO: Hombres y mujeres que vivan vidas irreprochables, tengan un carácter noble y demuestren una gran fe en Cristo Jesús.

IDEA EXEGÉTICA: Pablo le dice a Timoteo que los líderes de la iglesia de Éfeso deben ser hombres y mujeres que vivan vidas irreprochables, tengan un carácter noble y demuestren una gran fe en Cristo Jesús.

IDEA HOMILÉTICA: Nombrar líderes piadosos que vivan en base a Dios.

1 Timoteo 3:14-16

TEMA: ¿Por qué escribe Pablo a Timoteo instrucciones sobre cómo deben comportarse las personas dentro de la iglesia?

COMPLEMENTO: Porque la iglesia del Señor resucitado, Jesucristo, es el pilar y el fundamento de la verdad.

IDEA EXEGÉTICA: Pablo escribe instrucciones a Timoteo sobre cómo las personas deben comportarse dentro de la iglesia, ya que la iglesia del Señor resucitado, Jesucristo, es el pilar y el fundamento de la verdad.

IDEA HOMILÉTICA: Viva una vida piadosa para Jesucristo, el Dios viviente.

1 Timoteo 4

TEMA: ¿De qué manera debe corregir Timoteo la pobre teología de los falsos maestros quienes enseñan a los efesios a abstenerse de ciertos alimentos, del matrimonio, entre otras reglas, según Pablo?

COMPLEMENTO: Señalando las falsedades, poniendo su esperanza en el Dios viviente y viviendo como un ejemplo de un verdadero seguidor de Cristo a pesar de ser joven.

IDEA EXEGÉTICA: Pablo le dice a Timoteo que debe corregir la pobre teología de los falsos maestros quienes enseñan a los efesios a abstenerse de ciertos alimentos, del matrimonio, entre otras reglas, señalando las falsedades, poniendo su esperanza en el Dios viviente y viviendo como un ejemplo de un verdadero seguidor de Cristo a pesar de ser joven.

IDEA HOMILÉTICA: Señale las falsas enseñanzas con las palabras y acciones correctas.

1 Timoteo 5:1-16

TEMA: ¿De qué manera instruye Pablo a Timoteo sobre enseñar a la iglesia a cuidar de los parientes y las viudas?

COMPLEMENTO: Tratándose entre sí como una familia para que los líderes de la iglesia puedan enfocarse en aquellos que necesitan más ayuda.

IDEA EXEGÉTICA: Pablo instruye a Timoteo sobre enseñar a la iglesia a cuidar de los parientes y las viudas tratándose entre sí como una familia para que los líderes de la iglesia puedan enfocarse en aquellos que necesitan más ayuda.

IDEA HOMILÉTICA: Tratar a los demás como una familia.

1 Timoteo 5:17-25

TEMA: ¿De qué manera instruye Pablo a Timoteo a tratar a los ancianos de la iglesia?

COMPLEMENTO: Con respeto, con honor y sin favoritismo, pero reprendiendo en público a aquellos que viven constantemente en pecado, ya que el estilo de vida de un anciano está a la vista de todos.

IDEA EXEGÉTICA: Pablo instruye a Timoteo a tratar a los ancianos de la iglesia con respeto, con honor y sin favoritismo, pero reprendiendo en público a aquellos que viven constantemente en pecado, ya que el estilo de vida de un anciano está a la vista de todos.

IDEA HOMILÉTICA: Cuide su estilo de vida porque Dios y los demás lo ven.

1 Timoteo 6:1-2

TEMA: ¿De qué manera le dice Pablo a Timoteo que aquellos bajo el yugo de la esclavitud deben tratar a sus amos?

COMPLEMENTO: Con todo respeto, ya que sirven más que a solo sus amos, están estratégicamente ubicados ahí para ser testigos de Dios y no se deben relacionar con las violentas rebeliones de esclavos.

IDEA EXEGÉTICA: Pablo le dice a Timoteo que aquellos bajo el yugo de la esclavitud deben tratar a sus amos con todo respeto, ya que sirven más que a solo sus amos, están estratégicamente ubicados ahí para ser testigos de Dios y no se deben relacionar con las violentas rebeliones de esclavos.

IDEA HOMILÉTICA: Persuada, no rechace, a la gente a unirse a la familia de Dios con su fiel servicio.

1 Timoteo 6:3-21

TEMA: ¿De qué manera debe enseñar Timoteo contra los maestros corruptos y su codicia, según Pablo?

COMPLEMENTO: Instruyendo a los efesios cristianos a volverse ricos en sus buenas obras y contentarse con todo lo que el Señor les ha provisto.

IDEA EXEGÉTICA: Pablo le dice a Timoteo que debe enseñar contra los maestros corruptos y su codicia instruyendo a los efesios cristianos a volverse ricos en sus buenas obras y contentarse con todo lo que el Señor les ha provisto.

IDEA HOMILÉTICA: Comprométase a contentarse.

Versículos/pasajes difíciles

Esta breve carta contiene varios pasajes que, en muchos sentidos, va a contracorriente de nuestra cultura. Por esta razón, los pasajes en relación con la homosexualidad (1:8-11), los hombres y las mujeres en la iglesia (caps. 2-3) y las relaciones entre amo y siervo (6:1-2) se deben tratar con el mayor cuidado y delicadeza. Al comienzo de la carta, Pablo ofrece a Timoteo un sano consejo que dice lo siguiente: "Pero el propósito de nuestra instrucción es el amor nacido de un corazón puro, de una buena conciencia y de una fe sincera" (1:5 LBLA).

Otros pasajes son difíciles debido a sus implicaciones teológicas. La noción de que Pablo ha "entregado" a alguien a Satanás (1:20) requiere una detallada explicación. Pablo explica que Dios desea que todos sean salvos (2:3-4), pero no todos se salvan. Esto genera una gran conversación y suele avivar un debate entre el calvinismo y el arminianismo. El expositor debe tratar tales pasajes con minucioso cuidado. Las condiciones para los ancianos, específicamente en relación con el género, el divorcio, el alcohol y el dinero (3:2, 3, 8; 5:17), también requieren una importante explicación.

A continuación, se presentará una lista de pasajes y temas difíciles:

- ley/homosexualidad (1:8-11)[1]

---

1. *The Master's Seminary Journal* 28, n°. 2 (otoño 2017), contiene cuatro artículos muy

- "entregado a Satanás" (1:20)
- el deseo de Dios de que todos vengan a la fe (2:3-4)
- las mujeres en la iglesia (2:9-15)[2]
- condiciones para los líderes de la iglesia (3:2, 3, 8)
- honor/dinero en el ministerio (5:17)
- relación entre el amo y el esclavo (6:1-2)

Aplicación y perspectiva cultural

Parte de la información histórica y cultural más útil proviene de las mismas Escrituras. Éfeso aparece en Hechos en varias ocasiones. Es una gran ciudad con una religión pagana muy arraigada a la diosa Artemisa (Hechos 19:11-27). Aunque Éfeso ya tenía una religión profundamente arraigada, Pablo permaneció ahí más tiempo del que solía permanecer en una ciudad y estableció una iglesia importante (Hechos 18:23; 19:1)[3].

En la actualidad, la carta de 1 Timoteo se puede aplicar considerando las verdades universales y atemporales en relación con la eclesiología. La iglesia debe ser conocida por su integridad, sus buenas obras y su servicio a los pobres y marginados, lo cual atrae gente hacia el amor de Cristo. Nunca habrá un momento en el que la iglesia no se enfrente a falsas enseñanzas y los falsos maestros que desvían a los verdaderos creyentes. El consejo de Pablo para el joven pastor de Éfeso, establecer creencias adecuadas y conductas correctas en la casa de Dios, siempre será un consejo útil hasta el regreso de Jesús.

útiles que abordan el enfoque bíblico sobre la homosexualidad.

2. Aquí hay algunas fuentes que pueden ser útiles sobre el tema de las mujeres en la iglesia: Sarah Sumner, *Men and Women in the Church: Building Consensus on Christian Leadership* [Hombres y mujeres en la iglesia: construyendo un consenso sobre el liderazgo cristiano] (Downers Grove, Illinois: InterVarsity, 2003); Kathy Keller, *Jesus, Justice and Gender Roles: A Case for Gender Roles in Ministry* [Jesús, justicia y roles de género: un caso para los roles de género en el ministerio](Grand Rapids: Zondervan, 2012); John Piper y Wayne Grudem, *Recovering Biblical Manhood and Womanhood* [Recuperando la hombría y la feminidad bíblica] (Wheaton: Crossway, 2006); Stanley N. Gundry, ed., *Two Views on Women in Ministry* [Dos puntos de vista sobre las mujeres en el ministerio] (Grand Rapids: Zondervan, 2005).

3. Philip H. Towner, *The Letters of Timothy and Titus, The New International Commentary on the New Testament* [Las cartas a Timoteo y Tito, Nuevo Comentario Internacional sobre el Nuevo Testamento] (Grand Rapids: Eerdmans, 2006), págs. 37–52. Towner ofrece un estudio detallado y comprensivo del contexto histórico y la cultura.

FUENTES RECOMENDADAS

Mounce, William D. Pastoral Epistles, *Word Biblical Commentary* [Epístolas pastorales, Comentario bíblico de palabras]. Nashville: Thomas Nelson, 2000.

Towner, Philip H. *The Letters to Timothy and Titus, The New International Commentary on the New Testament* [Las cartas a Timoteo y Tito, Nuevo Comentario Internacional sobre el Nuevo Testamento]. Grand Rapids: Eerdmans, 2006.

Yarbrough, Robert W. *The Letters to Timothy and Titus, The Pillar New Testament Commentary* [Las cartas a Timoteo y Tito, El pilar del comentario del Nuevo Testamento]. Grand Rapids: Eerdmans, 2018.

Ver también recomendaciones para 2 Timoteo y Tito.

2 Timoteo

CHRIS RAPPAZINI

La segunda carta a Timoteo es la última carta de Pablo. Está encarcelado en Roma y siente que su vida en la tierra se acerca a su fin. Además, quiere que Timoteo lo visite para que le pueda transmitir sus ideas sobre el ministerio y los planes misioneros.

TEMA: ¿Cuál es el encargo final de Pablo a Timoteo en su última carta?

COMPLEMENTO: Aunque muchos se han apartado y se apartarán de la predicación y el estilo de vida correcto a causa de las persecuciones que surgen, los creyentes deben mantenerse fieles proclamando el evangelio y viviendo correctamente.

IDEA EXEGÉTICA: El encargo final de Pablo a Timoteo en su última carta es que, aunque muchos se han apartado y se apartarán de la predicación y estilo de vida correcto a causa de las persecuciones que surgen, los creyentes deben mantenerse fieles proclamando el evangelio y viviendo correctamente.

IDEA HOMILÉTICA: Seguir a Jesús es arriesgado, pero vale la pena.

Esta carta fácilmente se puede dividir y predicar en secciones con el objetivo de analizar un versículo a la vez. Debido a la brevedad del libro, con solo cuatro capítulos, es posible predicar todo el libro sección por sección. Al ser una carta, escoger y elegir ciertos versículos o secciones para predicar y enseñar no ofrecería una comprensión verdadera y adecuada de la misma.

Hay dos grandes secciones en esta carta: (1) Pablo desafía a Timoteo a estar seguro de su llamado y (2) Pablo desafía a Timoteo a lidiar con los líderes corruptos en Éfeso. Pablo termina con sus últimas peticiones y palabras de sabiduría.

Comprensión del tema, complemento, idea exegética e idea homilética

2 Timoteo 1

TEMA: ¿Por qué le dice Pablo a Timoteo que no debería avergonzarse de dar testimonio del Señor?

COMPLEMENTO: Porque Timoteo ha sido leal a Dios desde su niñez y el Espíritu Santo fortalece a los creyentes a través de amor y autodisciplina para ser defensores del Jesús resucitado, incluso cuando otros se apartan.

IDEA EXEGÉTICA: Pablo le dice a Timoteo que no debería avergonzarse de dar testimonio del Señor porque él ha sido leal a Dios desde su niñez y el Espíritu Santo fortalece a los creyentes a través de amor y autodisciplina para ser defensores del Jesús resucitado, incluso cuando otros se apartan.

IDEA HOMILÉTICA: No se avergüence de la obra del Señor en su vida.

2 Timoteo 2:1-13

TEMA: ¿Qué le dice Pablo a Timoteo con respecto al resultado de ser fuerte en la gracia de Jesús?

COMPLEMENTO: Obtener una fuente de poder para perseverar en ambientes insoportables, temporadas de sacrificio y compromisos con algo más grande que uno mismo con el propósito de la salvación, la cual Jesús trajo a este mundo a través de su muerte y resurrección.

IDEA EXEGÉTICA: Pablo le dice a Timoteo que el resultado de ser fuerte en la gracia de Jesús es obtener una fuente de poder para perseverar en ambientes insoportables, temporadas de sacrificio y compromisos con algo más grande que uno mismo con el propósito de la salvación, la cual Jesús trajo a este mundo a través de su muerte y resurrección.

IDEA HOMILÉTICA: La gracia de Jesús es nuestra fuente de poder para perseverar en todo.

2 Timoteo 2:14-3:9

TEMA: ¿De qué manera desafía Pablo a Timoteo a confrontar a los falsos maestros en Éfeso, quienes enseñan que la resurrección de los santos ya ocurrió?

COMPLEMENTO: Evitando las discusiones inútiles, palabrerías profanas, malas pasiones, discusiones necias y presentándose como alguien aprobado por Dios que maneja correctamente las Escrituras y predica el evangelio de la muerte y resurrección de Jesús.

IDEA EXEGÉTICA: Pablo desafía a Timoteo a confrontar a los falsos maestros en Éfeso, quienes enseñan que la resurrección de los santos ya ocurrió, evitando las discusiones inútiles, palabrerías profanas, malas pasiones, discusiones necias y presentándose como alguien aprobado por Dios que maneja correctamente las Escrituras y predica el evangelio de la muerte y resurrección de Jesús.

IDEA HOMILÉTICA: Escoja sus palabras con cuidado y sus acciones con esmero.

2 Timoteo 3:10-17

TEMA: ¿Por qué le cuenta Pablo a Timoteo sobre su estilo de vida, sus pruebas y sufrimientos?

COMPLEMENTO: Como un recordatorio de que los creyentes enfrentarán persecución y que las sagradas Escrituras inspiradas por Dios pueden preparar a las personas para la vida y el trabajo al que Dios los ha llamado.

IDEA EXEGÉTICA: Pablo le cuenta a Timoteo sobre su estilo de vida, sus pruebas y sufrimientos como un recordatorio de que los creyentes enfrentarán persecución y que las sagradas Escrituras inspiradas por Dios pueden preparar a las personas para la vida y el trabajo al que Dios los ha llamado.

IDEA HOMILÉTICA: La perseverancia en la fe viene a través de la confianza en las Escrituras.

2 Timoteo 4:1-5

TEMA: ¿Cuál es el encargo final de Pablo a Timoteo mientras piensa en el futuro?

COMPLEMENTO: Estar preparado en todo momento para predicar la verdad, ya que habrá un tiempo en que la gente reemplazará la sana doctrina por las enseñanzas suaves y superficiales.

IDEA EXEGÉTICA: El encargo final de Pablo a Timoteo, mientras piensa en el futuro, es que esté preparado en todo momento para predicar la verdad, ya que habrá un tiempo en que la gente reemplazará la sana doctrina por las enseñanzas suaves y superficiales.

IDEA HOMILÉTICA: Predique la Palabra en cada temporada.

2 Timoteo 4:6-8

TEMA: ¿De qué manera ve Pablo el fin de su tiempo en la tierra?

COMPLEMENTO: Con gran satisfacción por haber sufrido a causa del Señor y con miras a recibir su corona de justicia.

IDEA EXEGÉTICA: Pablo ve el fin de su tiempo en la tierra con gran satisfacción por haber sufrido a causa del Señor y con miras a recibir su corona de justicia.

IDEA HOMILÉTICA: A los fieles seguidores les esperan recompensas.

2 Timoteo 4:9-22

TEMA: ¿Cuáles son las instrucciones personales que le da Pablo a Timoteo mientras finaliza su carta?

COMPLEMENTO: Sus peticiones de artículos particulares, una advertencia de mantenerse alejado de Alejandro y un reconocimiento de que, aunque muchos lo abandonaron, el Señor permaneció con él y le da la fuerza que necesita cada día.

IDEA EXEGÉTICA: Las instrucciones personales que Pablo le da a Timoteo mientras finaliza su carta incluyen sus peticiones de artículos particulares, una advertencia de mantenerse alejado de Alejandro y un reconocimiento de que, aunque muchos lo abandonaron, el Señor permaneció con él y le da la fuerza que necesita cada día.

IDEA HOMILÉTICA: Incluso si está solo, Dios está a su lado.

Versículos/pasajes difíciles

Uno de los primeros desafíos de esta breve carta es determinar la fecha exacta en que fue escrita. No se sabe cuánto tiempo ha pasado desde que Pablo escribió 1 Timoteo. Pudo haber escrito desde su arresto domiciliario en Roma (Hechos 28) o pudo haber escrito desde una posterior encarcelación romana después de ser liberado de su arresto domiciliario (2 Ti 4:13-15).

Otro desafío interpretativo puede ser determinar quiénes son exactamente todas las personas que Pablo enumera a lo largo de su carta y cuál es su relación con él. Sin embargo, el simple hecho de desconocerlo hace recordar al lector que se trata de una carta personal de Pablo para su "querido hijo" Timoteo, quien habría sabido exactamente de quién hablaba Pablo.

La Segunda Carta de Pablo a Timoteo es un recordatorio para todos los cristianos que una vida de adoración y ministerio al Señor Jesucristo a menudo, si no siempre, está marcada por una constante resistencia y persecución. Las adversidades de Pablo se pueden sentir a lo largo de su carta. Sus ataduras, soledad, traiciones, acusaciones y condiciones de vida son solo algunas de las persecuciones que le tocó soportar. No obstante, Pablo les recuerda a los cristianos de todo el mundo a mantenerse firmes en la fe hasta que el Señor nos llame a casa.

Seguir a Jesús y defender las verdades de las Escrituras involucra sacrificar la seguridad e invocar tensión. Los tiempos difíciles no son un símbolo de que Dios ha abandonado a los cristianos. Por el contrario, esos tiempos difíciles y exigentes son en donde la fe cristiana se solidifica y la confianza en el amor y consuelo de Jesús se convierte en lo más genuino y tangible.

FUENTES RECOMENDADAS

Fee, Gordon D. *1 and 2 Timothy, Titus, New International Biblical Commentary* [1 y 2 Timoteo, Tito, Nuevo comentario bíblico internacional]. Peabody, MA: Hendrickson, 1992.

Knight, George W., III. *The Pastoral Epistles, The New International Greek Testament Commentary* [Las epístolas pastorales. Un comentario sobre el texto griego]. Grand Rapids: Eerdmans, 1992.

Marshall, I. Howard. *Pastoral Epistles, The International Critical Commentary* [Epístolas pastorales, Comentario crítico internacional]. Nueva York: T&T Clark, 1999.

Ver también recomendaciones para 1 Timoteo y Tito.

Tito

SCOTT M. GIBSON

La idea principal del libro de Tito

Tito, un griego convertido al cristianismo, fue llevado a Cristo por Pablo, quien se refería a él como "Tito, mi verdadero hijo en esta fe que compartimos" (1:4). Tito acompañó a Pablo a varias ciudades, incluyendo Corinto (2 Co 8:16-9:5; 12:19-21) y fue comisionado para ir a Dalmacia (2 Ti 4:10), entre otros encargos asignados por el apóstol, incluyendo ir a Creta, en donde él servía al recibir esta carta de Pablo.

Tito fue enviado a Creta para completar una tarea difícil, como Pablo indica en el versículo 1:5: "Te dejé en Creta para que pusieras en orden lo que quedaba por hacer y en cada pueblo nombraras ancianos de la iglesia, de acuerdo con las instrucciones que te di". Tito debía establecer la iglesia en medio de una cultura pagana mientras se enfrentaba a los falsos maestros, enseñándoles sobre la gracia y haciendo el bien.

TEMA: ¿Por qué escribe Pablo su carta a Tito?

COMPLEMENTO: Para pedirle a Tito que ponga en orden lo que quedaba por hacer, nombre ancianos, enseñe la sana doctrina a una iglesia joven, discipule a la iglesia para que acepte la gracia y la devoción a fin que viva una vida en base a Dios en medio de una cultura pagana difícil y que evite controversias y personas que los inciten, todo mientras hace el bien para la gloria de Dios.

IDEA EXEGÉTICA: Pablo escribe su carta a Tito para pedirle que ponga en orden lo que quedaba por hacer, nombre ancianos, enseñe la sana doctrina a una iglesia joven, discipule a la iglesia para que acepte la gracia y la devoción a fin que viva una vida en base a Dios en medio de una cultura pagana difícil y que evite controversias y personas que los inciten, todo mientras hace el bien para la gloria de Dios.

IDEA HOMILÉTICA: Incluso en un entorno cultural difícil podemos recibir la gracia y la sana doctrina que nos lleve a vivir en base a Dios.

Selección de pasajes para predicar y enseñar el libro de Tito

Esta breve carta se divide en una serie de cinco semanas, que puede expandirse. Algunos comentarios dividen la carta hasta en ocho segmentos. El predicador minucioso querrá analizar las unidades de pensamiento mientras se prepara para predicar, presentando una serie para sus oyentes.

Comprensión del tema, complemento, idea exegética e idea homilética

Tito 1:1-4

TEMA: ¿Qué dice Pablo sobre sí mismo y sobre Dios en su saludo a Tito?

COMPLEMENTO: Se describe a sí mismo como un siervo de Dios, un apóstol llamado para que, mediante la fe, los elegidos conozcan a Dios y la vida eterna dada por Él, quien no miente, cumple sus promesas e incluso escogió y mandó a Pablo predicar sobre Cristo quien trae gracia y paz.

IDEA EXEGÉTICA: En su saludo a Tito, Pablo se describe a sí mismo como un siervo de Dios, un apóstol llamado para que, mediante la fe, los elegidos conozcan a Dios y la vida eterna dada por Él, quien no miente, cumple sus promesas e incluso lo escogió y mandó a predicar sobre Cristo quien trae gracia y paz.

IDEA HOMILÉTICA: Un Dios digno de confianza hace que sus mensajeros también lo sean, dando la salvación, que es la gracia y la paz.

Tito 1:5-16

TEMA: ¿Cuál es la razón por la que dejó Pablo a Tito en la isla de Creta?

COMPLEMENTO: Para poner en orden lo que quedaba por hacer, nombrar ancianos y reconocer la oposición de los judaizantes y la cultura corrupta de Creta.

IDEA EXEGÉTICA: Pablo dejó a Tito en la isla de Creta para que ponga en orden lo que quedaba por hacer, nombre ancianos y reconozca la oposición de los judaizantes y la cultura corrupta de Creta.

IDEA HOMILÉTICA: Entienda esto: cuidado con las mentiras de la enseñanza y la cultura corruptas.

Tito 2

TEMA: ¿Cuál es el resultado de enseñar la sana doctrina con franqueza y valentía a los diversos grupos de la iglesia de Creta?

COMPLEMENTO: Los ancianos, ancianas, jóvenes, señoritas y esclavos reflejarán las doctrinas en sus vidas reconociendo la gracia de Dios en Cristo que les permite apartarse de la impiedad mientras esperan la segunda venida de Cristo, deseosos de hacer el bien al que están llamados.

IDEA EXEGÉTICA: El resultado de enseñar la sana doctrina con franqueza y valentía a los diversos grupos de la iglesia de Creta es que los ancianos, ancianas, jóvenes, señoritas y esclavos reflejarán las doctrinas en sus vidas reconociendo la gracia de Dios en Cristo que les permite apartarse de la impiedad mientras esperan la segunda venida de Cristo, deseosos de hacer el bien al que están llamados

IDEA HOMILÉTICA: Una enseñanza y una aceptación audaz conducen a una vida y un anhelo audaces.

Tito 3:1-11

TEMA: ¿Por qué quiere Pablo que Tito recuerde a la iglesia de Creta a hacer el bien mostrando humildad con todos?

COMPLEMENTO: Porque cada uno de ellos era egocéntrico antes de que Cristo llegara a sus vidas. Cristo los salvó no porque lo merecían, sino por su misericordia, que fue derramada en ellos mediante el Espíritu Santo y Pablo quiere que la iglesia no olvide de dónde vienen.

IDEA EXEGÉTICA: Pablo quiere que Tito recuerde a la iglesia de Creta a hacer el bien demostrando humildad con todos, ya que cada uno de ellos era egocéntrico antes de que Cristo llegara a sus vidas. Cristo los salvó no porque lo merecían, sino por su misericordia, que fue derramada en ellos mediante el Espíritu Santo y Pablo quiere que la iglesia no olvide de dónde vienen.

IDEA HOMILÉTICA: La humildad ofrece una perspectiva de lo que significa hacer el bien.

Tito 3:12-15

TEMA: ¿Cuál es el encargo final de Pablo a Tito?

COMPLEMENTO: Instruir a las personas a vivir vidas productivas haciendo el bien y ayudando a aquellos en necesidad, así la gracia estará con todos ellos.

IDEA EXEGÉTICA: El encargo final de Pablo a Tito es instruir a que las personas vivan vidas productivas haciendo el bien y ayudando a aquellos en necesidad, así la gracia estará con todos ellos.

IDEA HOMILÉTICA: Una vida productiva hace el bien ayudando a aquellos en necesidad, dando gracia a todos.

Versículos/pasajes difíciles

Tito 2:9-10 puede ser difícil de entender ante la sensibilidad del siglo XXI. Algunos comentarios parecen ignorar las similitudes y diferencias de los matices de la esclavitud antigua y las expresiones más recientes de la misma. Esta institución inhumana y depravada ha prevalecido en el mundo antiguo y a través del tiempo. Una de cada tres personas en Roma era esclava durante esta época. La esclavitud se produjo por la captura en la guerra, los delitos, el secuestro, la piratería, las deudas, la necesidad de sustento, la venta de uno mismo, ser vendido de niño y nacer de padres esclavos[1].

El hecho de que esclavos aparezcan en esta lista de personas a quienes Pablo exhorta en el capítulo 2, no significa que se ignore la horrible institución social que es la esclavitud. Sin embargo, Pablo señala que todos (hombres y mujeres jóvenes y ancianos, incluyendo a los esclavos) deben aceptar la sana doctrina y honrar esta enseñanza sobre Dios (2:1, 10) por la gracia que les dio Cristo para hacer el bien.

Aplicación y perspectiva cultural

Uno no quiere pasar por alto el impacto que se ve en la iglesia de Creta de los falsos maestros y de la cultura en general. En cuanto a los falsos maestros, Pablo reconoce que los judaizantes, "los partidarios de la circuncisión" a quienes describe como "rebeldes" en relación con la doctrina ortodoxa, tienen un impacto negativo en "familias enteras" (1:10-11). La carta enfatiza la importancia de una buena enseñanza que fortalecerá a la iglesia para vivir bien.

El otro factor, la cultura cretense en general, se representa de manera realística en la cita de Pablo de uno de los poetas de la isla, Epiménides, quien escribió lo siguiente: "Los cretenses son siempre mentirosos, malas bestias, glotones perezosos" (1:12). Los cretenses tenían una vergonzosa

---

1. David Platt, Daniel L. Akin y Tony Merida, *Christ-Centered Exposition Exalting Jesus in 1 and 2 Timothy and Titus* [Exposición centrada en Cristo exaltando a Jesús en 1 y 2 Timoteo y Tito.] (Nashville: B&H Academic, 2013), págs. 267–68.

reputación por ser mentirosos. Una de las palabras griegas para mentir, kretizein, caracterizaba la cultura. Incluso la isla se convirtió en un refugio para piratas y ladrones. Sin duda, esta inclinación cultural para mentir tuvo un impacto en la vida de la iglesia local y Pablo escribió a Tito para abordarla.

Asimismo, tener conciencia de la naturaleza generalizada de la esclavitud en esta época le dará una perspectiva al expositor, reconociendo que muchos esclavos estuvieron entre los primeros en convertirse al cristianismo. Ver análisis en el capítulo sobre Filemón.

Puede que la lejanía entre los cretenses del siglo I y los lectores de esta carta en el siglo XXI no sea tan grande como se podría pensar. Los falsos maestros continúan tergiversando las Escrituras y la cultura popular manipula a la iglesia. El enfoque de Pablo sobre la gracia y hacer el bien ahora aplica más que nunca.

FUENTES RECOMENDADAS

Guthrie, Donald. *The Pastoral Epistles: An Introduction and Commentary, Tyndale New Testament Commentaries* [Las epístolas pastorales: Una introducción y comentario, Comentarios del Nuevo Testamento de Tyndale]. Grand Rapids: Eerdmans, 1957.

Köstenberger, Andreas. *"Titus"* ["Tito"]. En Ephesians–Philemon [Efesios–Filemón], editado por Tremper Longman III y David E. Garland, págs. 601–26. The Expositor's Bible Commentary [Comentario bíblico del expositor]. Grand Rapids: Zondervan, 2006.

Liefeld, Walter L. *1 and 2 Timothy, Titus, The NIV Application Commentary* [1 y 2 Timoteo, Tito, Comentario bíblico con aplicación NVI]. Grand Rapids: Zondervan, 1999.

Platt, David, Daniel L. Akin y Tony Merida. *Christ-Centered Exposition Exalting Jesus in 1 and 2 Timothy and Titus* [Exposición centrada en Cristo exaltando a Jesús en 1 y 2 Timoteo y Tito]. Nashville: B&H Academic, 2013.

Filemón

PAUL A. HOFFMAN

La idea principal del libro de Filemón

Filemón es una de las cuatro epístolas carcelarias y la obra más corta del apóstol Pablo. En primer lugar, está dirigida a Filemón, un cristiano gentil y dueño de esclavos en Colosas y, en segundo lugar, a la iglesia que se reúne en su casa. La carta es una intercesión apasionada y personal en donde Pablo le pide a su amigo Filemón que reciba de nuevo a Onésimo, no como un esclavo fugitivo, sino como un "hermano querido… en el Señor" (v. 16). En la soberanía de Dios, Onésimo huyó a Roma, en donde conoció a Pablo (quien previamente llevó a Filemón a la fe) y se convirtió en cristiano. Mientras mandaba a Onésimo de vuelta a Filemón (una acción peligrosa para un fugitivo), Pablo argumenta que el evangelio ha cambiado la naturaleza de sus relaciones: ahora su vínculo común en Cristo trasciende sus identidades socioculturales de esclavo y amo. Esta carta ilustra cómo el evangelio puede transformar nuestras reales y a veces difíciles relaciones.

TEMA: ¿Por qué escribe Pablo a su amigo Filemón?

COMPLEMENTO: Para pedir a Filemón, "en nombre del amor" (v. 9), que reciba a Onésimo, no como un esclavo fugitivo, sino como un "hermano querido… en el Señor" (v. 16).

IDEA EXEGÉTICA: Pablo le escribe a su amigo Filemón para pedirle, "en nombre del amor" (v. 9), que reciba a Onésimo, no como un esclavo fugitivo, sino como un "hermano querido… en el Señor" (v. 16).

IDEA HOMILÉTICA: Jesucristo transforma nuestra identidad y relaciones.

Selección de pasajes para predicar y enseñar el libro de Filemón

Debido a que Filemón solo tiene veinticinco versículos (aproximadamente 335 palabras en el griego original), se puede predicar o enseñar en un solo sermón. Sin embargo, es posible dividir el libro en dos secciones coherentes: (1) el saludo (vv. 1-3), la acción de gracias y la oración (vv. 4-7); y, (2) la intercesión de Pablo (vv. 8-21), junto con el último encargo, el saludo y la bendición (vv. 22-25).

Versículos/pasajes difíciles

Cuando uno predica o enseña esta carta, no puede evadir el tema de la esclavitud. Debido a la horrible historia de los Estados Unidos en relación con la esclavitud y el reciente aumento de la trata de personas alrededor del mundo, sería prudente que el comunicador aborde Filemón con humildad, sensibilidad y claridad moral.

La esclavitud del siglo I no tiene una correlación exacta con las formas más contemporáneas. En el entorno de Pablo, la esclavitud era muy común: "Se estima que el 85-95 % de los habitantes de Roma y la península itálica eran esclavos o de origen esclavo". Asimismo, a los esclavos les "concedieron muchos derechos", "podían esperar ser liberados por lo menos al llegar a la edad de treinta años" y muchos esclavos "eran empleados domésticos confiables, maestros, bibliotecarios, contadores y administradores de propiedades"[1].

Sin embargo, eso no quiere decir que tal esclavitud sea aceptable. Aunque el Nuevo Testamento no condena directamente ni aprueba esta práctica, fue y sigue siendo moralmente aborrecible. Pablo sutilmente socava la esclavitud cuando le pide a Filemón que redefina la relación: perdonar a Onésimo y aceptarlo como un hermano en lugar de un esclavo rebelde, debido a su nueva identidad en Cristo. Por lo tanto, "el enfoque de Pablo es transformar las relaciones personales dentro del sistema"[2]. La crítica de Pablo sobre la esclavitud es más indirecta que directa

Aplicación y perspectiva cultural

Una vez que el tema de la esclavitud se ha tratado adecuadamente, hay

---

1. A. A. Rupprecht, *"Slave, Slavery"* ["Esclavo, esclavitud"] en *Dictionary of Paul and His Letters* [Diccionario de Pablo y sus cartas], ed. Gerald Hawthorne, Ralph P. Martin, y Daniel G. Reid (Downers Grove, Illinois: InterVarsity, 1993), pág. 881.

2. Peter T. O'Brien, *"Philemon"* ["Filemón"] en *New Bible Commentary: 21st Century Edition* [Nuevo comentario bíblico: Siglo veintiuno], ed. G. J. Wenham et al. (Downers Grove, Illinois: InterVarsity, 1994), pág. 1317

pocas cuestiones históricas o culturales que el comunicador necesite abordar.

Esta carta ofrece múltiples puntos de aplicación:

- El evangelio define nuestra identidad: los humanos ven a un esclavo, pero Dios ve un hijo querido y un hermano "útil" (v. 11).
- El evangelio transforma nuestras relaciones: el amor de Cristo motiva a los cristianos a perdonarse entre sí y buscar la reconciliación cuando las relaciones se rompen (cf. Mt 5:23-24; 18:15-17). Los cristianos también actuarán como pacificadores y reconciliadores: Pablo inicia el proceso de restauración entre Filemón y Onésimo (cf. Mt 5:9; 2 Co 5:11-21)
- La dulzura de la soberanía de Dios: Pablo llevó a Filemón a Cristo. Su esclavo huye a Roma, una de las ciudades más grandes del mundo antiguo, y, sin embargo, de alguna manera conoce al encarcelado Pablo y se convierte en cristiano. Onésimo, transformado, es regresado por Pablo a su amigo.

FUENTES RECOMENDADAS

Moo, Douglas J. *The Letters to the Colossians and Philemon, The Pillar New Testament Commentary* [Las cartas a los colosenses y Filemón, El pilar del comentario del Nuevo Testamento]. Grand Rapids: Eerdmans, 2008.

O'Brien, Peter T. *Colossians, Philemon, Word Biblical Commentary* [Colosenses, Filemón, Comentario bíblico de la palabra]. Waco: Word, 1982.

Wright, N. T. *Colossians and Philemon, Tyndale New Testament Commentaries* [Colosenses y Filemón, Comentarios del Nuevo Testamento de Tyndale]. Downers Grove, Illinois: IVP Academic, 2015.

Hebreos

PABLO A. JIMÉNEZ

La idea principal del libro de Hebreos

Hebreos, más que una carta, es un sermón expositivo sobre Salmos 110 que explica la obra de Jesucristo. Aparte de las referencias a este salmo, Hebreos incluye varias referencias y breves comentarios sobre otros pasajes de las Escrituras. Todos estos comentarios y referencias están subordinados al tema central del sermón.

Hebreos tiene un mensaje importante para la iglesia cristiana de hoy. La epístola nos llama a tomar nuestra fe con seriedad, a profundizar nuestro conocimiento de las sagradas Escrituras, a mostrar solidaridad con otros creyentes, a vivir nuestra fe sin miedo y a luchar por la transformación de la sociedad a la luz de los valores del reino de Dios.

TEMA: ¿Cuál es el mensaje central de Hebreos?

COMPLEMENTO: Jesús es el sumo sacerdote del Nuevo Pacto que motiva a los creyentes que sufren bajo el régimen romano.

IDEA EXEGÉTICA: El mensaje central de Hebreos es que Jesús es el sumo sacerdote del Nuevo Pacto que motiva a los creyentes que sufren bajo el régimen romano.

IDEA HOMILÉTICA: Jesús es el único mediador entre Dios y la humanidad y el líder de nuestra salvación.

Selección de pasajes para predicar y enseñar el libro de Hebreos

La epístola a los Hebreos comienza con un breve prólogo que no se parece al resto de las epístolas del Nuevo Testamento. El cuerpo de la carta está dividido en cinco secciones y cada una aborda dos temas. En cuatro de las cinco secciones hay un texto que sirve como puente entre un tema y otro. El documento termina con una conclusión similar al de las otras cartas del Nuevo Testamento.

> Prólogo (1:1-4)
> La superioridad del Hijo (1:5-2:18)
> Cristo es nuestro sumo sacerdote (3:1-5:10)
> Características del sumo sacerdocio de Cristo (5:11-10:39)
> Perseverancia (11:1-12:13)
> Orientación para la vida cristiana (12:14-13:19)
> Conclusión (13:20-25)

Comprensión del tema, complemento, idea exegética e idea homilética

Hebreos 1:1-4

■ *Prólogo*

TEMA: ¿Por qué los primeros versículos de Hebreos son diferentes a los de las introducciones de la mayoría de epístolas del Nuevo Testamento?

COMPLEMENTO: Porque el tema central del prólogo es la intervención de Dios en la historia humana, ya que toma la iniciativa en el proceso de salvación a través de la intervención divina en la persona de Jesucristo.

IDEA EXEGÉTICA: Los primeros versículos de Hebreos son diferentes a los de las introducciones de la mayoría de epístolas del Nuevo Testamento porque el tema central del prólogo es la intervención de Dios en la historia humana, ya que toma la iniciativa en el proceso de salvación a través de la intervención divina en la persona de Jesucristo.

IDEA HOMILÉTICA: Jesús es el profeta por excelencia mediante el cual Dios ha hablado.

Hebreos 1:5-2:8

■ *La superioridad del Hijo*

TEMA: ¿Por qué afirma el autor que Jesús es superior a los ángeles?

COMPLEMENTO: Por la coronación del Hijo como rey y por su solidaridad con la humanidad lograda a través del sufrimiento; por lo tanto, no deberían "descuidar una salvación tan grande" (2:3 LBLA).

IDEA EXEGÉTICA: El autor afirma que Jesús es superior a los ángeles por la coronación del Hijo como rey y por su solidaridad con la humanidad lograda a través del sufrimiento; por lo tanto, no deberían "descuidar una salvación tan grande" (2:3 LBLA).

IDEA HOMILÉTICA: Dios hizo que la salvación fuera posible mediante el sufrimiento de Jesús, el único que es superior a los ángeles.

Hebreos 3:1-5:10

■ *Cristo es nuestro sumo sacerdote*

TEMA: ¿Por qué afirma Hebreos la superioridad de Jesús sobre todos los personajes principales del Antiguo Testamento?

COMPLEMENTO: Porque Cristo es nuestro fiel y misericordioso sumo sacerdote quien es superior a Moisés y Josué.

IDEA EXEGÉTICA: Hebreos afirma la superioridad de Jesús sobre todos los personajes principales del Antiguo Testamento, ya que Cristo es nuestro fiel y misericordioso sumo sacerdote quien es superior a Moisés y Josué.

IDEA HOMILÉTICA: En Jesús tenemos un fiel y misericordioso sumo sacerdote quien se puede identificar con la humanidad y nos guía hacia la salvación.

Hebreos 5:11-10:39

■ *Características del sumo sacerdocio de Cristo*

TEMA: ¿Por qué afirma Hebreos que Jesús es el sumo sacerdote según el orden de Melquisedec?

COMPLEMENTO: Porque Jesús es el sumo sacerdote perfecto quien ofreció el sacrificio perfecto para la salvación de la humanidad.

IDEA EXEGÉTICA: Hebreos afirma que Jesús es el sumo sacerdote según el orden de Melquisedec, ya que Jesús es el sumo sacerdote perfecto quien ofreció el sacrificio perfecto para la salvación de la humanidad.

IDEA HOMILÉTICA: Jesús es el sumo sacerdote perfecto quien ofreció el sacrificio perfecto, Él mismo, y quien hizo que la salvación fuera posible "una sola vez" (9:26).

Hebreos 11:1-12:13

■ *Perseverancia*

TEMA: ¿Cuál es la relación entre el discurso sobre la fe en el capítulo 11 y la metáfora de la carrera en el capítulo 12?

COMPLEMENTO: Los héroes que se mencionan en el capítulo 11 forman la "nube de testigos" (12:1 RVR1960) que rodea a los creyentes que luchan para finalizar la carrera a pesar de tanta oposición.

IDEA EXEGÉTICA: La relación entre el discurso sobre la fe en el capítulo 11 y la metáfora de la carrera en el capítulo 12, es que los héroes que se mencionan en el capítulo 11 forman la "nube de testigos" (12:1 RVR1960) que rodea a los creyentes que luchan para finalizar la carrera a pesar de tanta oposición.

IDEA HOMILÉTICA: Siguiendo el ejemplo de los héroes de la fe que nos han precedido, los cristianos nos esforzamos por seguir a Jesús, que es la meta de nuestra salvación.

Hebreos 12:14-13:19

■ *Orientación para la vida cristiana*

TEMA: ¿Cuáles son las implicaciones prácticas de Hebreos para la iglesia?

COMPLEMENTO: La iglesia está llamada a la santidad, la obediencia y a solidarizarse con el mundo y las partes sufrientes de la iglesia.

IDEA EXEGÉTICA: Las implicaciones prácticas de Hebreos para la iglesia es que está llamada a la santidad, obediencia y a solidarizarse con el mundo y las partes sufrientes de la iglesia.

IDEA HOMILÉTICA: Ya que Jesús sufrió por la humanidad, compartimos sus sufrimientos buscando la santidad y la obediencia.

Hebreos 13:20-25

■ *Conclusión*

TEMA: ¿Cuál es el significado teológico de la larga bendición con la que finaliza Hebreos?

COMPLEMENTO: Jesús, quien es "el gran pastor de las ovejas" (13:20 RVR1960), bendice a aquellos que lo reconocen como Señor y Salvador.

IDEA EXEGÉTICA: El significado teológico de la larga bendición con la que finaliza Hebreos es que Jesús, quien es "el gran pastor de las ovejas" (13:20 RVR1960), bendice a aquellos que lo reconocen como Señor y Salvador.

IDEA HOMILÉTICA: Dios bendice la iglesia, fortaleciendo a los cristianos para vivir en santidad.

Versículos/pasajes difíciles

Hebreos 2:10

Este texto afirma que la exaltación de Jesús implica la exaltación de la humanidad. A través de su solidaridad con la humanidad, Jesús abrió el camino por el que podemos alcanzar la glorificación prometida en Salmos 8:4-6. El nuevo elemento del mensaje de Hebreos se encuentra en el versículo 2:10. La frase "convenía que" se traduce de un verbo griego que implica que algo pertenece o está vinculado a la naturaleza de o es característico de algo. Este versículo contiene varios pronombres relativos que indican el sujeto de la oración. En este caso, el sujeto es "el que" causa y organiza el universo. Ese creador es el Dios y Padre de Jesucristo. La frase "todas las cosas" es un término colectivo que hace referencia al cosmos o al universo. El objetivo hacia el que se dirige el Hijo de Dios es la "gloria"; es decir, la salvación que se entiende como la glorificación del creyente.

En este versículo, encontramos uno de los títulos cristológicos que aparece solo en la Epístola a los Hebreos: "autor". Esta palabra, que también aparece en el versículo 12:2, se puede traducir como "capitán", "líder" o "príncipe". Literalmente, significa "el primero en realizar una acción". El término se usa en la Septuaginta (Lv 21:10) en referencia a la consagración del sumo sacerdote. Hebreos 2:10 termina con una frase interesante: "perfeccionara mediante el sufrimiento al autor". En este contexto, la palabra "perfeccionar" significa "conducir a la plenitud del carácter, consumar, llevar a la madurez".

Hebreos 9:23-28

Esta sección implica que la muerte de Jesús cumplió lo que el Antiguo Pacto solo podía anunciar. Mediante su sacrificio perfecto, Jesús superó la distancia que separaba a la humanidad de Dios, conduciendo a la humanidad al cielo y guiándola para siempre hacia la intimidad de Dios.

Hebreos afirma que el sacrificio de Jesucristo ofrece la solución final a los problemas del pecado. Por un lado, esto le da un significado solemne al presente. "Hoy" es el día de la salvación (cf. 4:7-9). Por otro lado, el énfasis del autor en la efectividad del sacrificio de Jesucristo explica por qué "si seguimos pecando deliberadamente luego de haber recibido el conocimiento de la verdad, no queda ningún sacrificio por los pecados" para la humanidad. Jesús murió una sola vez y para siempre. Repetir el sacrificio de Jesús sería negar la efectividad de su muerte en la cruz.

Hebreos 11:1-2

El capítulo 11 comienza con un breve prólogo que define el término "fe". La fe es la "garantía de lo que se espera, la certeza de lo que no se ve" (v. 1). Note que este versículo está construido de manera poética, usando un paralelismo que invoca a Salmos y Proverbios. La definición tiene dos cláusulas muy similares. La primera afirma que la fe es la garantía o la seguridad de nuestra esperanza cristiana. La segunda enfatiza la idea, indicando que la fe es la convicción o la certeza de que aquellas realidades espirituales son verdaderas, a pesar de que los ojos humanos no puedan verlas.

Hebreos 13:12-13

La frase "fuera del campamento" (v. 13) viene la época en que Israel adoraba a Dios en el tabernáculo, no en el templo de Jerusalén. Después de la construcción del templo, los sacerdotes tomaron el cuerpo del cordero inmolado fuera de la ciudad. Específicamente, lo incineraron cerca del vertedero en Gehena, que está al sur de la ciudad de Jerusalén.

Los crucificados también eran considerados "contaminados", según Deuteronomio 21:23. Por lo tanto, los líderes judíos no permitían que los militares romanos crucificaran personas dentro de la ciudad de Jerusalén. Para evitar contaminar la Ciudad Santa, las crucifixiones se realizaban en las afueras de la ciudad.

Jesús murió fuera de la puerta de la ciudad de Jerusalén, tal como el animal que el sumo sacerdote sacrificó quemándolo "fuera de la ciudad" en el día de la purificación (ver Juan 19:20; Hechos 7:58). Sobre esta base, Hebreos nos desafía a ir "fuera de la ciudad". El texto insta a que la audiencia se identifique tanto con la muerte de Jesucristo como con su sufrimiento. Los creyentes no deben estar encerrados en el lugar santo, escondidos de los ataques del mundo. Por el contrario, Dios quiere que demos testimonio de nuestra fe ahí, en el mundo, en frente de los que asesinaron a Jesús.

Aplicación y perspectiva cultural

La epístola se llama "A los Hebreos" porque trata temas en relación con el Antiguo Testamento, tales como el sumo sacerdocio judío, los sacrificios y el orden de la adoración en el templo. La hipótesis tradicional es que Hebreos fue escrito a una congregación cristiana con un contexto judío. A primera vista, el uso de las técnicas de interpretación bíblica judía (como el Midrash) y la complicada exposición basada en la adoración del templo de Jerusalén parecen confirmar esta idea. Sin embargo, los eruditos más modernos afirman que Hebreos originalmente fue escrito para un grupo de cristianos con un contexto griego; es decir, para una congregación de cristianos gentiles que eran paganos antes de convertirse al evangelio de Jesucristo. Apoyan sus ideas con versículos tales como Hebreos 2:3, que sugiere que tanto las personas a las que se dirige como el autor no escucharon el evangelio por parte de Jesús de Nazaret, sino que llegaron a la fe debido a la predicación de los apóstoles.

Originalmente, Hebreos se escribió en griego, en un estilo elegante. Esto nos lleva a concluir que su autor era una persona con una gran capacidad literaria y que, del mismo modo, las personas que lo escucharon por primera vez también tenían la capacidad de entender su elevado estilo literario. De hecho, muchos expertos afirman que el estilo literario de la carta hace referencia a la predicación en las sinagogas en donde los judíos de origen griego se reunían para adorar. Brindar tal contexto histórico permitirá que los oyentes aprecien de una manera más completa la Carta a los Hebreos.

FUENTES RECOMENDADAS

Bruce, F. F. *The Epistle to the Hebrews, The New International Commentary on the New Testament* [La epístola a los Hebreos, Nuevo Comentario Internacional sobre el Nuevo Testamento]. Grand Rapids: Eerdmans, 1964.

Johnsson, William G. *Hebrews, Knox Preaching Guides* [Hebreos, Guías para predicar de Knox]. Atlanta: John Knox, 1980.

Lindars, Barnabas. *The Theology of the Letter to the Hebrews* [La teología de la carta a los Hebreos]. Cambridge: Cambridge University Press, 1991.

Santiago

JOEL C. GREGORY

Santiago, el medio hermano menor del Señor Jesús, primer pastor de la iglesia de Jerusalén y mártir, les escribe a los cristianos que están dispersos un recordatorio de que la fe debe hacerse visible con obras.

TEMA: ¿Por qué aborda Santiago la diáspora de los cristianos sobre la fe auténtica?

COMPLEMENTO: Porque la fe personal invisible debe volverse visible con obras concretas que validen la realidad de la misma.

IDEA EXEGÉTICA: Santiago aborda la diáspora de los cristianos sobre la fe auténtica porque la fe personal invisible debe volverse visible con obras concretas que validen la realidad de la misma.

IDEA HOMILÉTICA: La verdadera fe tiene obras reales.

El libro de Santiago es bastante sencillo en cuanto a la selección de textos. En su mayor parte, me he quedado con capítulos enteros, excepto por la combinación de partes de los capítulos 4 y 5. También se puede guiar por los títulos de los temas en varias traducciones de la Biblia para comprometerse con menos versículos por sermón/lección bíblica.

Santiago 1

TEMA: ¿Cuál es el propósito divino en los tiempos de prueba de la vida, según

Santiago?

COMPLEMENTO: Dios utiliza las pruebas para producir una fe perseverante que se demuestre en la oración creyente y en la conducta cristiana coherente.

IDEA EXEGÉTICA: Según Santiago, el propósito divino en los tiempos de prueba de la vida es que Dios utiliza las pruebas para producir una fe perseverante que se demuestre en la oración creyente y en la conducta cristiana coherente.

IDEA HOMILÉTICA: En tiempos difíciles se ponen a prueba la oración y la práctica.

Santiago 2

TEMA: ¿De qué manera articula Santiago el criterio para juzgar la fe genuina?

COMPLEMENTO: La fe genuina se demuestra con obras visibles de ayuda práctica con una actitud de imparcialidad que da prioridad al pobre.

IDEA EXEGÉTICA: En cuanto al criterio para juzgar la fe genuina, Santiago indica que la misma se demuestra con obras visibles de ayuda práctica con una actitud de imparcialidad que da prioridad al pobre.

IDEA HOMILÉTICA: La conducta cristiana exterior visible y tangible da la única validación de la fe interior e invisible.

Santiago 3

TEMA: ¿Cuál es la naturaleza del discurso humano y cómo el cristiano confeso puede lidiar con ella, según Santiago?

COMPLEMENTO: No se puede controlar con el poder humano y debe ser sujeta a la sabiduría divina.

IDEA EXEGÉTICA: Santiago dice que el discurso humano no se puede controlar con el poder humano y que el cristiano confeso debe estar sujeto a la sabiduría divina.

IDEA HOMILÉTICA: Solo el poder de Dios puede darle la sabiduría para controlar su lengua.

Santiago 4:1-5:6

TEMA: ¿Qué dice Santiago que caracteriza a la sabiduría terrenal en comparación con la sabiduría celestial?

COMPLEMENTO: Placer desenfrenado y dependencia humilde en Dios en el presente y futuro.

IDEA EXEGÉTICA: Santiago dice que el placer desenfrenado caracteriza la sabiduría terrenal, mientras que la dependencia humilde en Dios en el presente y futuro representa la sabiduría celestial.

IDEA HOMILÉTICA: Inevitablemente demuestra su condición espiritual interna ya sea por el placer desenfrenado o por la dependencia humilde en Dios en el presente y futuro.

Santiago 5:7-20

TEMA: ¿Por qué exhorta Santiago a los creyentes a considerar la naturaleza, los héroes bíblicos (Job y Elías) y sus propias condiciones personales como testimonio de la autenticidad de su fe?

COMPLEMENTO: Porque la vida cristiana que perdura demuestra perseverancia firme por encima de todo y manifiesta una respuesta cristiana apropiada frente a todas las circunstancias de la vida.

IDEA EXEGÉTICA: Santiago exhorta a los creyentes a considerar la naturaleza, los héroes bíblicos (Job y Elías) y sus propias condiciones personales como testimonio de la autenticidad de su fe, ya que la vida cristiana que perdura demuestra perseverancia firme por encima de todo y manifiesta una respuesta cristiana apropiada frente a todas las circunstancias de la vida.

IDEA HOMILÉTICA: Puede perseverar en su vida cristiana, demostrando paciencia y una orientación hacia Dios en cada circunstancia.

Versículos/pasajes difíciles

La conocida dificultad histórica en Santiago se encuentra en el versículo 2:14-16. Lutero llamó famosamente a Santiago la "epístola de paja" debido a un malentendido básico de las dos maneras en que las palabras "justo" y "obras" se pueden usar. Cuando Pablo utiliza la palabra "obras", quiere decir conforme a la ley judía para ser salvos por nuestros propios méritos. Cuando Santiago usa la palabra "obras", se refiere a acciones de cuidado hacia los demás que revelan la fe salvadora. Cuando Pablo utiliza la palabra "justo", hace alusión a nuestra creencia en la muerte sustitutiva de Cristo por la que somos "no culpables" ante la presencia de Dios. Cuando Santiago usa la palabra "justo" en el capítulo 2, la utiliza en el mismo sentido de ser "validado" o "demostrado justo". En este sentido, Abraham fue "demostrado justo" cuando ofreció a su hijo Isaac (Gn 22). Rahab fue "validada" como justa cuando escondió a los espías (Heb 11:31). Esto se puede explicar por el uso de la palabra "descansar". Si necesito relajarme por un par de minutos en el trabajo, diré "déjame descansar". Es totalmente diferente cuando en el cementerio dejamos que alguien "descanse".

Versículos/pasajes difíciles

Nos enfrentamos a un concepto cada vez más privatizado y subjetivo de la fe cristiana en la iglesia de hoy. La mera confesión del credo se comparte con los demonios (Santiago 2:19). Al menos los demonios tiemblan, mientras que los complacientes miembros de la iglesia están tranquilos con su fe vacía. La gran tensión en la iglesia contemporánea recae en mantener una fe cálida y salvadora y comprometerse con una acción social externa que demuestre la realidad de la fe salvadora. Por un lado, las iglesias que se dedican solo a la labor social se agotan porque no hay énfasis en la fe salvadora. Por otro lado, los cristianos que privatizan su fe como un credo personal, pero que no tienen conciencia social, contradicen la fe.

FUENTES RECOMENDADAS

McCartney, Dan G. James, *Baker Exegetical Commentary on the New Testament* [Santiago, Comentario exegético de Baker sobre el Nuevo Testamento]. Grand Rapids: Baker Academic, 2009.

Ropes, James Hardy. *A Critical and Exegetical Commentary on the Epistle of James* [Un comentario crítico y exegético sobre la epístola de Santiago]. Edinburgh: T&T Clark, 1916.

Vaughan, Curtis. *James: A Study Guide* [Santiago: Una guía de estudio]. Grand Rapids: Zondervan, 1969.

1 Pedro

ALISON GERBER

Primera de Pedro es una carta de motivación e instrucción de Pedro a los cristianos gentiles de toda Asia Menor que sufren a causa de su fe.

TEMA: ¿Qué quiere Pedro que hagan los cristianos gentiles de Asia Menor ante el sufrimiento?

COMPLEMENTO: Orar a Dios por su salvación, encontrar su identidad, motivación y ejemplo para vivir en santidad en Cristo y esperar su glorioso futuro.

IDEA EXEGÉTICA: Ante el sufrimiento, Pedro quiere que los cristianos gentiles de Asia Menor oren a Dios por su salvación, encuentren su identidad, motivación y ejemplo para vivir en santidad en Cristo y que esperen su glorioso futuro.

IDEA HOMILÉTICA: Mientras sufrimos, encontraremos todo lo que necesitamos en Cristo.

Primera de Pedro se puede dividir en cuatro partes: saludo (1:1-2), acción de gracias (1:3-12), cuerpo (1:13-5:11) y cierre (5:12-14). El cuerpo de la carta tiene tres partes: 1:13-2:10, 2:11-4:11 y 4:12-5:11. Están delimitadas por el saludo "queridos hermanos" en 2:11 y 4:12. Cada uno de estos pasajes es largo y está lleno de contenido valioso para múltiples sermones. Por lo tanto, considere dividir cada parte en al menos dos partes, ya que cada una contiene por lo menos dos temas distintos.

Comprensión del tema, complemento, idea exegética e idea homilética

1 Pedro 1:1-12

TEMA: ¿Por qué pueden los cristianos gentiles alabar a Dios en medio de su sufrimiento, según Pedro?

COMPLEMENTO: Debido a la salvación que tienen, que fue planeada por Dios, dada en nuevo nacimiento, asegurada en el cielo, confirmada por su sufrimiento, anunciada por los profetas y vista por los ángeles.

IDEA EXEGÉTICA: Según Pedro, los cristianos gentiles pueden alabar a Dios en medio de su sufrimiento debido a la salvación que tienen, que fue planeada por Dios, dada en nuevo nacimiento, asegurada en el cielo, confirmada por su sufrimiento, anunciada por los profetas y vista por los ángeles.

IDEA HOMILÉTICA: Incluso los cristianos que sufren pueden alabar a Dios, ya que tienen una salvación maravillosa y asegurada.

1 Pedro 1:13-2:3

TEMA: ¿De qué manera espera Pedro que los cristianos gentiles vivan ahora que han sido redimidos?

COMPLEMENTO: Esperando el regreso de Jesús, siendo santos, amándose profundamente entre sí y anhelando más de la Palabra de Dios.

IDEA EXEGÉTICA: Pedro espera que los cristianos gentiles vivan, ahora que han sido redimidos, esperando el regreso de Jesús, siendo santos, amándose profundamente entre sí y anhelando más de la Palabra de Dios.

IDEA HOMILÉTICA: Dios le dio una nueva vida, así que viva de una nueva manera.

1 Pedro 2:4-10

TEMA: ¿Quiénes son los cristianos gentiles, según Pedro?

COMPLEMENTO: Son piedras vivas (ya que Cristo es la piedra viva), un templo (ya que Cristo es la piedra angular), personas de honor (ya que Cristo los honra) y personas que le pertenecen a Dios.

IDEA EXEGÉTICA: Según Pedro, los cristianos gentiles son piedras vivas (ya que Cristo es la piedra viva), un templo (ya que Cristo es la piedra angular), personas de honor (ya que Cristo los honra) y personas que le pertenecen a Dios.

IDEA HOMILÉTICA: Nuestra identidad se encuentra en Cristo y nuestra pertenencia se halla en Dios.

1 Pedro 2:11-3:12

TEMA: ¿De qué manera instruye Pedro a los cristianos gentiles a vivir entre su prójimo no creyente?

COMPLEMENTO: Con una conducta honorable, sometiéndose a los que tienen autoridad sobre ellos, para que su prójimo no creyente algún día pueda honrar a Dios.

IDEA EXEGÉTICA: Pedro instruye a los cristianos gentiles a vivir entre su prójimo no creyente con una conducta honorable, sometiéndose a los que tienen autoridad sobre ellos, para que su prójimo no creyente algún día pueda honrar a Dios.

IDEA HOMILÉTICA: Viva honorablemente en el mundo que lo rodea para que algún día ese mismo mundo pueda honrar a Dios.

1 Pedro 3:13-4:11

TEMA: ¿De qué manera instruye Pedro a los cristianos gentiles a responder ante el sufrimiento injusto?

COMPLEMENTO: Recordando el sufrimiento y el triunfo de Cristo, para que ambos sean tanto su motivación como ejemplo de cómo vivir durante este tiempo.

IDEA EXEGÉTICA: Pedro instruye a los cristianos gentiles a responder ante el sufrimiento injusto recordando el sufrimiento y el triunfo de Cristo, para que ambos sean tanto su motivación como ejemplo de cómo vivir durante este tiempo.

IDEA HOMILÉTICA: Cuando sufra, deje que Cristo le guíe.

1 Pedro 4:12-19

TTEMA: ¿De qué manera consuela Pedro a los gentiles que sufren por ser cristianos y hacer el bien?

COMPLEMENTO: Motivándolos a recordar que hay gloria en el sufrimiento: gloria en estar unidos con Cristo, gloria en ser llamados cristianos y gloria en el juicio final.

IDEA EXEGÉTICA: Pedro consuela a los gentiles que sufren por ser cristianos y hacer el bien, motivándolos a recordar que hay gloria en el sufrimiento: gloria en estar unidos con Cristo, gloria en ser llamados cristianos y gloria en el juicio final.

IDEA HOMILÉTICA: Anímese cuando sufra por hacer el bien, dentro de ese sufrimiento hay gloria.

1 Pedro 5:1-13

TEMA: ¿De qué manera las instrucciones finales de Pedro motivan a los ancianos y a los jóvenes gentiles a perseverar como creyentes?

COMPLEMENTO: Siendo humildes ante Dios, cuidándose del diablo, recordando a aquellos que sufren alrededor del mundo, esperando el futuro y manteniéndose firmes en la gracia.

IDEA EXEGÉTICA: Las instrucciones finales de Pedro motivan a los ancianos y jóvenes gentiles a perseverar como creyentes siendo humildes ante Dios, cuidándose del diablo, recordando a aquellos que sufren alrededor del mundo, esperando el futuro y manteniéndose firmes en la gracia.

IDEA HOMILÉTICA: Para perseverar en la fe, recuerde a Dios, al diablo, la iglesia mundial, el futuro y la gracia de Dios.

Versículos/pasajes difíciles

El pasaje más complicado de 1 Pedro es el 3:19-20, en donde Jesús predica a los espíritus. Existen múltiples interpretaciones de estos versículos, incluyendo (1) que Jesús en su estado preencarnado predicó a través de Noé, (2) que después de su crucifixión Jesús proclamó la victoria de Dios a los prisioneros ángeles caídos que habían tentado a los humanos antes del diluvio y (3) que después de su crucifixión Jesús proclamó la victoria de Dios a aquellos que perecieron en la época del diluvio.

Presentar una explicación completa de todas las opciones interpretativas de este texto en una prédica agobiará a los oyentes y los distraerá del punto central del pasaje. Mencionar brevemente dos posibles lecturas del texto es suficiente para mostrar que el significado no es claro. En cambio, céntrese en lo que Pedro trata de hacer con estos versículos. Pedro presenta a Jesús proclamando triunfantemente la victoria de Dios, a pesar de estar incompleto, a los espíritus que no creen. Pedro pretende que esta imagen sirva de motivación y ejemplo para los cristianos gentiles, quienes están rodeados de oposición y esperan la victoria de Dios.

Aplicación y perspectiva cultural

Esclavos y mujeres

Primera de Pedro se ha usado para justificar la esclavitud en los Estados Unidos. También ha sido usado para decirle a las mujeres maltratadas que sigan casadas con sus esposos agresivos. ¿Pedro está a favor de la esclavitud y en contra de la seguridad de las mujeres o falló algo en nuestro entendimiento y aplicación de este texto?

La iglesia del siglo I tenía muy poco poder para erradicar la esclavitud o cambiar el estatus de las mujeres. Con eso en mente, Pedro le enseña a la gente que no tiene poder cómo vivir dentro de un sistema que no funciona. Recuerde que en este momento Pedro no está enseñando sobre el diseño final de Dios para nuestros sistemas humanos o qué debemos hacer si tenemos el poder para efectuar un cambio.

Cuando vemos la Biblia como un todo, aprendemos cómo Dios valora a todos los seres humanos y que su diseño final para la humanidad incluye tanto la erradicación de la esclavitud (considere a Onésimo) como la seguridad de las mujeres (considere a Ruth, Rahab, entre otras). Y para algunos lectores de 1 Pedro, nuestra situación es diferente a la de aquellos en el siglo I, nosotros tenemos el poder de efectuar un cambio para que estos sistemas se ajusten más al diseño de Dios.

Al predicar 1 Pedro 2:11-3:12, puede que los predicadores necesiten decir estos hechos para corregir los graves errores de este pasaje. Predice explícitamente que la presencia de la esclavitud en este texto no significa que Dios la respalda. Predice explícitamente que Dios no aprueba que un esposo maltrate a su esposa. Es muy probable que al menos una mujer en su congregación sea una esposa maltratada y esté confundida sobre lo que tiene que hacer. Tome este momento como una oportunidad para decirle cómo encontrar un refugio seguro. Predique que los cristianos pueden efectuar un cambio.

Persecución y sufrimiento

La audiencia original de 1 Pedro enfrentaba todo tipo de sufrimiento debido a su fe. Vivían con miedo a la vergüenza, amenazas, ataques físicos, multas, encarcelamiento, violencia colectiva y ejecución. En la actualidad, muchos cristianos siguen siendo perseguidos de maneras similares.
Sin embargo, en la iglesia occidental, no es el caso. Pretender que el acoso ocasional que enfrentamos en el Occidente es persecución, es irrespetuoso para la verdadera iglesia perseguida. Así que, ¿cómo aplicamos 1 Pedro a la iglesia que no es perseguida?

Aunque algunas iglesias pueden evadir la persecución, es absolutamente imposible que exista una iglesia que evada el sufrimiento. Y para aquellos que sufren, por cualquier razón, 1 Pedro está lleno de orientación y esperanza. Primera de Pedro se aplica especialmente a aquellos que sufren por hacer el bien, ya que se rehúsan a pecar. Al joven que elige no tener relaciones sexuales premaritales, pero lucha con la soledad, predique 1 Pedro. Al dueño de negocios que es honesto con sus asuntos financieros, pero es pobre, predique 1 Pedro. A la pareja que lucha con un matrimonio difícil, pero que se rehúsa a divorciarse, 1 Pedro también tiene un mensaje para ellos. Primera de Pedro exalta a Cristo. Y mientras sufren, Él es quien ellos necesitan.

FUENTES RECOMENDADAS

Jobes, Karen H. *1 Peter, Baker Exegetical Commentary on the New Testament* [1 Pedro, Comentario exegético de Baker sobre el Nuevo Testamento]. Grand Rapids: Baker Academic, 2005.

Marshall, I. Howard. *1 Peter, IVP New Testament Commentary* [1 Pedro, Serie IVP de comentarios sobre el Nuevo Testamento]. Downers Grove, Illinois: InterVarsity, 1991.

2 Pedro

GREGORY K. HOLLIFIELD

La segunda carta atribuída a Simón Pedro, uno de los doce discípulos de Jesús, sirvió para recordar a un grupo no identificado pero específico de creyentes a crecer en la fe como protección contra la falsa enseñanza y la deserción.

TEMA: ¿Qué recuerda Pedro a sus lectores para evitar caer bajo la influencia de algunos falsos maestros que llevan una vida libertina mientras niegan el regreso de Cristo?

COMPLEMENTO: El crecimiento en devoción, basado en una fe segura en la confianza de la Palabra de Dios, los librará del juicio cuando Cristo regrese.

IDEA EXEGÉTICA: Pedro, para evitar que sus lectores caigan bajo la influencia de algunos falsos maestros que llevan una vida libertina mientras niegan el regreso de Cristo, les recuerda que el crecimiento en devoción, basado en una fe segura en la confianza de la Palabra de Dios, los librará del juicio cuando Cristo regrese.

IDEA HOMILÉTICA: Crecer en devoción ahora nos librará del juicio más tarde.

Pedro comienza su segunda carta orando para que la gracia y la paz sean multiplicadas para sus lectores en el conocimiento de Dios y de nuestro Señor Jesús (1:2). Termina instando a sus lectores a "crecer en la gracia y en el conocimiento de nuestro Señor y Salvador Jesucristo" (3:18, énfasis añadida). ¡El tema de 2 Pedro es evidente!

Entre su introducción y conclusión, Pedro identifica las cualidades que resumen nuestro crecimiento espiritual (1:5-11) y testifica sobre el poderoso regreso de Cristo a partir de su experiencia personal en cuanto a la transformación de Cristo y la palabra profética más segura, inspirada por el Espíritu (1:16-21). Posteriormente, explica por qué el crecimiento espiritual y la confianza en el regreso de Cristo son necesarios, describiendo la grave depravación, el vacío total y la inminente destrucción de algunos falsos maestros que se infiltrarían y supondrían una gran amenaza para "quienes apenas comienzan a apartarse de los que viven en el error" (2:18 NVI, énfasis añadida), aquellos cuya condición débil los deja en un peligro considerable (2:1-22). Luego, Pedro pone al descubierto la razón del libertinaje de estos falsos maestros y su inevitable juicio: su negación del regreso de Cristo, derivada de una visión errónea del tiempo y la paciencia de Dios (3:1-10). Solo aquellos que crecen y perseveran como Dios manda escaparán de la conflagración que viene (3:11-18).

Por lo menos, la exposición de esta epístola requerirá tres sermones: el primero sobre cómo crecer espiritualmente, el segundo sobre las maneras y el final de los falsos maestros y el tercero sobre una perspectiva adecuada del regreso de Cristo. Un análisis más completo puede incluir dos sermones para el capítulo 1 (1:1-11; 1:12-21), tres sermones para el capítulo 2 (2:1-10a; 2:10b-16; 2:17-22) y dos sermones para el capítulo tres (3:1-10; 3:11-18).

Comprensión del tema, complemento, idea exegética e idea homilética

2 Pedro 1

TEMA: ¿De qué manera dice Pedro que sus lectores confirmarían su elección y entrada al reino eterno de Cristo?

COMPLEMENTO: Creciendo en el conocimiento de Jesús y no perdiendo la confianza en su regreso prometido.

IDEA EXEGÉTICA: Pedro dice que sus lectores confirmarían su elección y entrada al reino eterno de Cristo creciendo en el conocimiento de Jesús y no perdiendo la confianza en su regreso prometido.

IDEA HOMILÉTICA: El cielo está asegurado para los creyentes que crecen.

2 Pedro 2

TEMA: ¿Por qué insiste Pedro que sus lectores crezcan en el conocimiento de Jesús y no pierdan la confianza en su regreso?

COMPLEMENTO: Por el surgimiento de los falsos maestros (sensuales, avaros y blasfemos) que amenazaban con destruir a los que engañaban.

IDEA EXEGÉTICA: Pedro insiste que sus lectores crezcan en el conocimiento de Jesús y no pierdan la confianza en su regreso, debido al surgimiento de los falsos maestros (sensuales, avaros y blasfemos) que amenazaban con destruir a los que engañaban.

IDEA HOMILÉTICA: Las falsas enseñanzas especialmente amenazan a los espiritualmente inmaduros.

2 Pedro 3

TEMA: ¿Cuál fue el malentendido de los falsos maestros que resultó en su burla y libertinaje, pero que, cuando se entendiera correctamente, llevaría a sus lectores a la santidad y estar preparados para el regreso de Jesús, según Pedro?

COMPLEMENTO: La perspectiva de Dios sobre el tiempo y su paciencia.

IDEA EXEGÉTICA: Pedro dice que el malentendido de los falsos maestros que resultó en su burla y libertinaje, pero que, cuando se entendiera correctamente, llevaría a sus lectores a la santidad y estar preparados para el regreso de Jesús, era la perspectiva de Dios sobre el tiempo y su paciencia.

IDEA HOMILÉTICA: La perspectiva de Dios sobre el tiempo y su gran paciencia son las razones por las que Jesús aún no ha regresado.

Versículos/pasajes difíciles

Es fácil perder el sentido de un autor en una oración larga (1:3-4) y estancarse cuando se predica a través de una lista de temas (1:5-7). El predicador deberá ser claro, conciso y prestar mucha atención a la hora de trabajar con estos versículos.

Pedro da por sentado la familiaridad de sus lectores con varios referentes históricos: la transformación de Jesús, los ángeles que pecaron, Noé, la destrucción de Sodoma y Gomorra, y, no menos importante, ¡Balaam y su burra parlante (1:16-2:16)! Será prudente que el predicador de ahora no asuma la familiaridad de la audiencia con estos eventos y, al mismo tiempo, que no pase mucho tiempo explicándolos para que los oyentes no pierdan la ilación del pensamiento de Pedro.

Hablar sobre el regreso de Jesús puede despertar el interés de los oyentes, hacer que tengan la mente en blanco o volteen los ojos, dependiendo de que lo hayan escuchado antes. Aquí se debe ejercer la sensibilidad pastoral.

Aplicación y perspectiva cultural

La escatología informa a la ética. Tal como Pedro, los predicadores deben enfatizar la confianza en las promesas de Dios, las inevitables consecuencias de negarlas y el ímpetu que proveen para el crecimiento y la santidad.

FUENTES RECOMENDADAS

Jobes, Karen H. *Letters to the Church: A Survey of Hebrews and the General Epistles* [Las cartas a la iglesia: Una revisión de Hebreos y las epístolas generales]. Grand Rapids: Zondervan, 2011.

1 Juan

JOEL C. GREGORY

La idea principal del libro de 1 Juan

Primera de Juan señala que las características del cristiano auténtico son el amor por otros cristianos, la obediencia habitual y la confesión fiel de que Jesús es el Cristo.

TEMA: ¿Cuáles son las características de un verdadero cristiano, según Juan?

COMPLEMENTO: Una vida dominada por obediencia constante, la confesión de que Jesús de Nazaret es el Hijo de Dios y el amor por otros cristianos.

IDEA EXEGÉTICA: Juan dice que las características de un verdadero cristiano es una vida dominada por obediencia constante, la confesión de que Jesús de Nazaret es el Hijo de Dios y el amor por otros cristianos.

IDEA HOMILÉTICA: Los cristianos confiesan siempre a Cristo.

Selección de pasajes para predicar y enseñar el libro de 1 Juan

Decidí predicar/enseñar la carta de 1 Juan de manera temática en lugar de ir versículo por versículo en cuatro sermones/lecciones. Por supuesto, usted puede elegir un enfoque diferente analizando capítulo por capítulo o título por título. Algunos de los elementos temáticos se repiten en diferentes capítulos lo que me llevó a tomar un enfoque temático.

Comprensión del tema, complemento, idea exegética e idea homilética

1 Juan 1:1-4

TEMA: ¿De qué manera dice Juan que sus lectores deben estar seguros de que

Jesús el hombre es el Cristo, el Hijo de Dios?

COMPLEMENTO: A través del testimonio fiel del apóstol, quien brinda evidencia basada en la observación empírica.

IDEA EXEGÉTICA: Juan dice que sus lectores deben estar seguros de que Jesús el hombre es el Cristo, el Hijo de Dios, a través del testimonio fiel del apóstol, quien brinda evidencia basada en la observación empírica.

IDEA HOMILÉTICA: Puede vivir en comunión con Dios y con los demás con plena alegría, ya que su fe se basa en la evidencia de testigos presenciales.

1 Juan 2:3-6; 3:7-9, 24

TEMA: ¿Cuál es la evidencia de que una persona ha tenido una experiencia de conversión genuina, según Juan?

COMPLEMENTO: Una vida de obediencia habitual.

IDEA EXEGÉTICA: Juan dice que la evidencia de que una persona ha tenido una experiencia de conversión genuina es una vida de obediencia habitual.

IDEA HOMILÉTICA: Puede examinarse a sí mismo para saber si lleva una vida de obediencia habitual, como una de las tres evidencias de la presencia de una experiencia cristiana auténtica.

1 Juan 2:10-11; 3:10-16; 4:7-11

TEMA: ¿Qué demuestra una vida de amor habitual en comparación con una vida de odio constante, según Juan?

COMPLEMENTO: Una vida de amor habitual demuestra el cambio de la oscuridad hacia la luz espiritual, así como la vida de odio constante demuestra la ausencia de cualquier relación con Dios, quien es amor.

IDEA EXEGÉTICA: Juan dice que una vida de amor habitual demuestra el cambio de la oscuridad hacia la luz espiritual, así como la vida de odio constante demuestra la ausencia de cualquier relación con Dios, quien es amor.

IDEA HOMILÉTICA: Su expresión concreta del amor le da la mejor evidencia de que ha experimentado la transformación de la vida que viene de Dios a través de Cristo.

1 Juan 2:22; 4:1-6; 5:1

TEMA: ¿Cuál es la relación de la confesión cristiana con la realidad de la experiencia cristiana, según Juan?

COMPLEMENTO: La confesión de que Jesús el hombre es Cristo, el Hijo de Dios, siempre demuestra la realidad de la experiencia cristiana.

IDEA EXEGÉTICA: Juan dice que la confesión de que Jesús el hombre es Cristo, el Hijo de Dios, siempre demuestra la realidad de la experiencia cristiana.

IDEA HOMILÉTICA: El cristiano genuino mantiene la confesión de que Jesús de Nazaret es el Cristo, el Hijo prometido de Dios, a pesar de todo lo que traiga la vida.

Versículos/pasajes difíciles

La mayor dificultad con 1 Juan es la aparente contradicción entre la necesaria confesión de que todos los creyentes aún pecan (1:8-10) y la categórica afirmación de que los que han nacido de Dios no pecan (3:9). Esta contradicción es solo aparente. El tiempo del verbo en el capítulo 1 representa a alguien que cae en el pecado como si se resbalara en el hielo. No es un hábito de vida. El tiempo verbal en el versículo 3:9 sugiere a alguien que vive en constante pecado como algo característico de la vida y el motivo dominante del día. Sugiere una permanente carrera en el pecado, no una caída ocasional sin intención. Una persona que se deleita con el pecado como la característica dominante de la vida da evidencia de que no se ha convertido.

Aplicación y perspectiva cultural

La simple confesión de un credo de ninguna forma demuestra la certeza de la vida cristiana. La confesión de Cristo debe estar acompañada de una vida de constante obediencia y amor por los hermanos y hermanas en Cristo. La fe que se desvanece antes del final tenía un defecto fatal desde el principio. Los miembros de la iglesia no regenerados pueden incluir a aquellos que simplemente pronuncian las palabras de la confesión cristiana, pero no demuestran la obediencia como el lema de sus vidas ni el amor por los hermanos y hermanas como parte de su comportamiento.

La creencia de que Jesús de Nazaret fue un humano con grandes dones y un gran filósofo moral, pero un simple humano, ha caracterizado el unitarismo y otros sistemas de creencias marginales cercanos a la fe cristiana. El cristianismo robusto e histórico insiste en que es nada menos que Dios encarnado, uno de los miembros de la Santísima Trinidad.

--- **FUENTES RECOMENDADAS** ---

Johnson, Thomas Floyd. *First, Second, and Third John* [Primera, segunda y tercera de Juan]. Peabody, Massachusetts: Hendrickson, 1993.

Vaughan, Curtis. 1, 2, 3 *John: A Study Guide* [1, 2, 3 Juan: Una guía de estudio]. Grand Rapids: Zondervan, 1970.

Yarbrough, Robert W. *1–3 John, Baker Exegetical Commentary on the New Testament* [1-3 Juan, Comentario exegético de Baker sobre el Nuevo Testamento]. Grand Rapids: Baker Academic, 2008.

2 Juan

DAVID A. CURRIE

Segunda de Juan es una carta dirigida a una congregación motivándola a permanecer fiel a la verdad en el amor y a estar atenta de los falsos maestros. La sensación y el tono son similares a la carta de Pablo a los filipenses. Segunda de Juan desarrolla varios de los mismos temas con más detalle. Por ejemplo, el amor, la verdad, el "nuevo mandamiento" y las falsas enseñanzas.

TEMA: ¿Cómo obedecen los receptores de su carta el mandamiento fundamental de Cristo que es amarse los unos a los otros, según Juan?

COMPLEMENTO: Viendo que siguen caminando y permaneciendo en la verdad de la enseñanza de Cristo, creyendo que vino en carne, para que no pierdan lo que han trabajado, sino que tengan la recompensa completa de tener al Padre y al Hijo, a diferencia de los engañadores que niegan esto y, por lo tanto, no deben ser recibidos ni bienvenidos.

IDEA EXEGÉTICA: Juan dice que los receptores de su carta pueden obedecer el mandamiento fundamental de Cristo que es amarse los unos a los otros, viendo que siguen caminando y permaneciendo en la verdad de la enseñanza de Cristo, creyendo que vino en carne, para que no pierdan lo que han trabajado, sino que tengan la recompensa completa de tener al Padre y al Hijo, a diferencia de los engañadores que niegan esto y, por lo tanto, no deben ser recibidos ni bienvenidos.

IDEA HOMILÉTICA: El amor verdadero camina en la verdad de las enseñanzas de Cristo y vigila a los que maliciosamente nos conducirían por otro camino.

Selección de pasajes para predicar y enseñar el libro de 2 Juan

La mayoría de predicadores y maestros podrían cubrir 2 Juan, que solo tiene trece versículos, en una sesión. Hay una pausa natural entre los mensajes de ánimo en los versículos 1-6 y la advertencia en los versículos 7-11 para dos sesiones con un enfoque temático más

Versículos/pasajes difíciles

Quién es "el anciano" y por qué se le suele identificar con el apóstol Juan? ¿Quién es la "señora elegida": una imagen de la congregación como un todo (ver el paralelo con el v. 13: "tu hermana, la elegida") o la lideresa (griego *kyria*, femenino de *kyrios*, "Señor") de la congregación (v. 1: "sus hijos")? ¿De qué manera el anticristo en el versículo 7 se relaciona con la misma designación en 1 Juan 2:18, 22; 4:3, "el malvado" en 2 Tesalonicenses 2:1-10 y "la bestia" en Apocalipsis 13? Descifre lo que en el versículo 5 significa "nuevo mandamiento" (griego entolēn

kainēn: "nuevo" en términos de calidad, no tiempo) señalando la construcción paralela en 1 Juan 2:7-8 y cómo ambos pasajes enfatizan Juan 13:34, en donde Jesús dice lo siguiente: "Un mandamiento nuevo os doy: Que os améis unos a otros" (RVR1960).

Aplicación y perspectiva cultural

La advertencia en el versículo 11 de que cualquiera que saluda a un falso maestro "participa en sus malas obras" (RVR1960), suena excesivamente fuerte para los oídos modernos. Explique cómo las expresiones de la hospitalidad en general tenían mucha más importancia en el mundo antiguo y que la palabra en griego para "saludar" en los versículos 10-11 tiene grandes connotaciones positivas, de la misma raíz que "alegrarse", lo que implica una aprobación, no simplemente inclinar la cabeza o decir "hola".

En la actualidad, muchos separan o incluso oponen la verdad y el amor, o la obediencia y el amor, pero 2 Juan argumenta firmemente que todos están profundamente unidos, por lo que la elección nunca es la siguiente: "¿Debería hacer lo verdadero/obediente o lo amoroso en esta situación?". El amor no es sentimiento pasajero, sino un estilo de vida en el que los creyentes caminan o permanecen, basado en obedecer los mandamientos de Jesús y afirmar la verdad de sus enseñanzas. Si bien la enseñanza falsa específica de negar que "Jesucristo ha venido en carne" (v. 7 RVR1960), que reflejaba el pensamiento dualista gnóstico popular de entonces, ya no es una preocupación principal, ¿qué perspectivas contemporáneas podrían acoger, inconscientemente, aquellos a quienes predica o enseña, que son igualmente contrarias a quién es Jesús y a lo que enseñó y ordenó?

El versículo 3 se puede usar como la bendición final en un servicio de adoración cuando se predica 2 Juan.

FUENTES RECOMENDADAS

Bateman, Herbert W., IV y Aaron C. Peer. *John's Letters: An Exegetical Guide for Preaching and Teaching, Big Greek Idea* [Las cartas de Juan: Una guía exegética para predicar y enseñar, Big Greek Idea]. Grand Rapids: Kregel Academic, 2018.

Smalley, Stephen S. 1, 2, 3 John, *Word Biblical Commentary* [1, 2, 3 Juan, Comentario bíblico de la palabra]. Waco: Word, 1984.

Witherington, Ben, III. *Letters and Homilies for Hellenized Christians: A Socio-Rhetorical Commentary on Titus, 1–2 Timothy, and 1–3 John* [Cartas y homilías para los cristianos helenizados: Un comentario socio-retórico sobre Tito, 1-2 Timoteo y 1-3 Juan],, vol. 1. Downers Grove, Illinois: IVP Academic, 2006.

3 Juan

DAVID A. CURRIE

La idea principal del libro de 3 Juan

Tercera de Juan es una carta escrita a una persona ("amado" y "tú" están en singular, refiriéndose a Gayo) para motivarla e instruirla sobre cómo lidiar con un opositor que causa división en la iglesia al no someterse a la autoridad del autor. El enfoque es similar al de las Epístolas Pastorales dirigidas a Timoteo y Tito.

TEMA: ¿De qué manera puede conseguir Gayo un testimonio como alguien amado por parte de amigos y extraños, según Juan?

COMPLEMENTO: Caminando en la verdad, recibiendo y apoyando a aquellos que van a las naciones en el nombre de Dios y no imitando el mal como Diótrefes, a quien el anciano viene a enderezar, sino haciendo el bien como alguien que es de Dios como Demetrio.

IDEA EXEGÉTICA: Según Juan, Gayo puede conseguir un testimonio como alguien amado de amigos y extraños caminando en la verdad, recibiendo y apoyando a aquellos que van a las naciones en el nombre de Dios y no imitando el mal como Diótrefes, a quien el anciano viene a enderezar, sino haciendo el bien como alguien que es de Dios como Demetrio.

IDEA HOMILÉTICA: Si quiere tener una reputación como un líder amado, camine en la verdad de Dios, reciba a los siervos de Dios y advierta al pueblo de Dios a reconocer a los apóstoles de Dios.

Selección de pasajes para predicar y enseñar el libro de 3 Juan

Tercera de Juan es lo suficientemente breve para cubrirse en una sola sesión, pero la reiterada expresión, "amado" (vv. 2, 5, 11), divide el material en tres secciones que pueden estructurar un sermón o una enseñanza como un todo o dividirlo en tres unidades separadas.

Versículos/pasajes difíciles

¿Quién es el "anciano" y por qué se le suele identificar con el apóstol Juan? ¿Quién es Gayo y cuál es su relación con el anciano? ¿Era un protegido que fue enviado por el anciano para lidiar con la división en esta iglesia? ¿Era un líder local? ¿Cuál es la relación entre el anciano y aquellos que "salieron por amor del nombre" (v. 7)?[1] ¿Por qué puede que hayan sido conocidos para él y desconocidos para Gayo? ¿Cuál era su relación con los gentiles?

Cuando el anciano indica que ha "escrito a la iglesia" (v. 9), ¿a qué puede referirse? ¿Primera de Juan? ¿Segunda de Juan? ¿Una carta perdida? ¿Quién es Diótrefes y cuál puede haber sido su relación con la iglesia a la que Gayo está asociada? ¿Qué hay sobre Demetrio y su relación (quizás fue el que entregó la carta al anciano)?

¿Por qué 3 Juan es el único libro del Nuevo Testamento que no menciona a Jesús de manera explícita? ¿Se hace referencia a Jesús implícitamente en "por amor del nombre" (v. 7), "para que cooperemos con la verdad" (v. 8) o "la verdad misma" (v. 12)?

Aplicación y perspectiva cultural

Hay quienes han aplicado erróneamente el versículo 2 como una promesa que garantiza salud y riqueza. Esta no es una promesa especial para todos los creyentes para siempre, sino una expresión estándar de bendición que generalmente seguía al saludo en las cartas del mundo antiguo. En la actualidad, el equivalente sería el siguiente: "Querido Gayo, espero que todo esté bien..."

Tercera de Juan provee algunas posibles pistas sobre cómo se realizaban las misiones y el ministerio en la iglesia primitiva. Los versículos 7-8 parecen reflejar un patrón similar a los viajes misioneros de Pablo y de los grupos que envió a los gentiles (literalmente "las naciones", ethnikōn) y apoyados tanto por la iglesia que los enviaba como por aquellas que proporcionaban hospitalidad y recursos a lo largo del camino. Destacar las relaciones misioneras de una congregación o iniciar algunas si no las hay, sería una buena aplicación contemporánea para motivar a los creyentes a "cooperar con la verdad" (v. 8). En la actualidad, los líderes de iglesia

---

1. Las citas bíblicas en este capítulo son de la RVR 1960.

que sienten que su autoridad es cuestionada o rechazada pueden encontrar consuelo en que incluso el apóstol Juan experimentó algo similar y deberían imitar el consejo que le da a Gayo: resistir luchando fuego contra fuego ("no imites lo malo" v. 11) y buscar colegas confiables y con ideas afines (como Demetrio).

FUENTES RECOMENDADAS

Ver las fuentes recomendadas de 2 Juan.

Judas

KENNETH LANGLEY

La idea principal de libro de Judas

Puede que Judas sea el libro más abandonado del Nuevo Testamento. El duro tono del autor y las citas de fuentes no bíblicas han sido poco atractivos para muchos predicadores. Sin embargo, su mensaje es uno que nosotros y nuestra congregación necesitamos. Los influenciadores arrogantes y libertinos en la iglesia siguen siendo una amenaza, utilizando la gracia como excusa para socavar las normas bíblicas de la sexualidad.

TEMA: ¿De qué manera instruye Judas a la iglesia cuando se ve enfrentada por influenciadores impíos en su seno?

COMPLEMENTO: Tener cuidado con ellos, luchar por la fe ministrando misericordiosamente a los demás y confiar en que Dios cuidará de su pueblo.

IDEA EXEGÉTICA: Judas instruye a la iglesia, cuando se ve enfrentada por influenciadores impíos en su seno, a tener cuidado con ellos, luchar por la fe ministrando misericordiosamente a los demás y confiar en que Dios cuidará de su pueblo.

IDEA HOMILÉTICA: Cuando los cristianos profesantes desacrediten la gracia y digan que todo está permitido, la iglesia debe mantener la fe y confiar en que Dios mantendrá fiel a su pueblo.

Esta idea considera que la doxología es esencial para el mensaje de la carta. Dependiendo de las circunstancias (p. ej., si la congregación está escuchando una serie sobre la sexualidad), el predicador debe considerar ser más específico en la formulación de la idea principal, incluyendo algo sobre el libertinaje o el deterioro de las normas de Dios en cuanto al sexo.

Selección de pasajes para predicar y enseñar el libro de 3 Juan

Judas se puede predicar en un sermón si es que no nos atascamos con sus párrafos problemáticos. Su estructura es directa: ¿qué? La lucha por la fe (vv. 1-3). ¿Por qué? Individuos arrogantes, libertinos e impíos que pretenden ser cristianos amenazan a la iglesia (vv. 4-19). ¿Cómo? Manténganse en el amor de Dios (vv. 20-21), teniendo compasión con los que luchan (vv. 22-23) y confiando en el poder de Dios para guardarnos (vv. 24-25). O considere dos sermones: "La lucha por la fe: ¿por qué?" (vv. 1-19) y "La lucha por la fe: ¿cómo?" (vv. 20-25). De cualquier modo, el predicador o el líder de adoración querrá usar la muy querida doxología de los versículos 24-25.

Versículos/pasajes difíciles

La descripción de Judas sobre los impíos presenta al menos dos desafíos para los predicadores. En primer lugar, su tono es duro. Él dice que hubiera querido escribir una carta cálida y feliz (v. 3), pero la amenaza a su congregación es tan seria que no puede darse el lujo de ser amable. Al predicar Judas, el predicador tendrá que decidir qué vocabulario y distribución comunican mejor la urgencia de luchar por la fe en nuestro día. Y nótese: "la fe" para Judas no es la creencia de sus lectores, sino el contenido objetivo y no negociable del evangelio. Esto, Judas supone, incluye el señorío de Cristo y un concepto de gracia que involucra la santificación.

En segundo lugar, Judas cita la literatura no canónica que es familiar para su congregación, pero no para la nuestra. El predicador puede resumir brevemente el punto de las citas de Judas y señalar que, a veces, nosotros también citamos literatura no bíblica sin implicar que lo que citamos sea inspirado.

Aplicación y perspectiva cultural

¿Cómo aplicamos la carta de Judas en nuestra propia congregación? A continuación, se presentarán cuatro posibilidades:

- Trabaje con la palabra clave "guardar". Judas comienza y termina su carta diciendo que somos *guardados por Dios* (vv. 1, 24), pero nos insta a *mantenernos* en el amor de Dios. Jesús dijo que permanezcamos en su amor obedeciéndolo.
- La amenaza en Judas no es principalmente doctrinal, sino el carácter arrogante y libertino de los impíos. Consideran que por la gracia

todo está permitido y así niegan el señorío de Jesús. En la actualidad, ¿dónde vemos personas influyentes que profesan ser cristianos respaldando la perversión sexual (y la codicia, aunque el pecado sexual predomina en la descripción de Judas)?

- ¿Cómo podemos ministrar a los creyentes que son influenciados en varios grados (vv. 22-23) por los impíos en la iglesia?
- Los versículos 24-25 no son de exhortación, pero los predicadores pueden descifrar las implicaciones prácticas de esta maravillosa doxología.

FUENTES RECOMENDADAS

Helm, David R. *1 and 2 Peter and Jude* [1 y 2 Pedro y Judas]. Wheaton: Crossway, 2008.

Lucas, Dick y Christopher Green. *The Message of 2 Peter and Jude* [El mensaje de 2 Pedro y Judas]. Downers Grove, Illinois: InterVarsity, 1995.

Moo, Douglas J. *2 Peter and Jude, The NIV Application Commentary* [2 Pedro y Judas, Comentario bíblico con aplicación NVI]. Grand Rapids: Zondervan, 1996.

Apocalipsis

DAVID L. MATHEWSON

La idea principal del libro de Apocalipsis

El libro de Apocalipsis (que significa descubrir o revelar) registra una visión dada por Dios a Juan que aborda la situación de siete iglesias en Asia Menor (90 d. C.) que luchan por vivir su testimonio fiel en el contexto del Imperio Romano pagano del siglo I. Luego de una introducción (1:1-8) y una visión inicial de la comisión (1:9-20), el Cristo resucitado se dirige a las siete iglesias (caps. 2-3) y le da una visión a Juan para que se la escriba a las iglesias (4:1-22:5). El libro termina con instrucciones finales para Juan y los lectores sobre cómo el libro debe ser recibido (22:6-21).

TEMA: ¿Por qué los cristianos de Asia Menor deben rechazar comprometerse con Roma, mantener lealtad a Dios y seguir al Cordero en obediencia sin importar las consecuencias que traiga, según Juan?

COMPLEMENTO: Porque Dios regresará para juzgar al mundo y salvar a su pueblo.

IDEA EXEGÉTICA: Según Juan, los cristianos de Asia Menor deben rechazar comprometerse con Roma, mantener lealtad a Dios y seguir al Cordero en obediencia sin importar las consecuencias que traiga, ya que Dios regresará para juzgar al mundo y salvar a su pueblo.

IDEA HOMILÉTICA: Nuestra motivación para negarnos a comprometer nuestra lealtad a Dios y al Cordero en este mundo actual es nuestra futura recompensa cuando regrese el Juez justo.

Selección de pasajes para predicar y enseñar el libro de Apocalipsis

Al predicar el libro del Apocalipsis, probablemente el predicador querrá alejarse de los versículos o párrafos pequeños. Apocalipsis cuenta una historia y los oyentes necesitan tener una idea general. Aunque es posible predicar o enseñar todo el libro en una serie durante un año o más, debido a la longitud y la complejidad del libro puede que el predicador desee seleccionar las secciones más representativas de Apocalipsis para centrarse en ellas, sin dejar de tener en cuenta el contexto circundante. Esto podría abarcar aproximadamente dieciséis semanas. Asimismo, le dará a los oyentes una amplia visión del tipo de material que aparece en Apocalipsis, además de abordar todos los temas y preocupaciones dominantes del libro. Para evitar estancarse en muchos de los pequeños detalles de la visión, probablemente el expositor debería tratar de cubrir capítulos enteros o secciones más grandes, comenzando con el capítulo 1. Luego, el expositor puede dedicarse a cada uno de los siete mensajes de los capítulos 2-3, ya que son mensajes distintos a iglesias específicas y sus problemas. Posteriormente, el resto del libro se puede cubrir en partes representativas más grandes (p. ej., caps. 4-5, 6, 7, 10-11, 12-13, 17-18, 19, 20, 21-22). Alternativamente, si el expositor quiere abordar Apocalipsis con mucho más detalle, puede cubrir los capítulos 1-11 en aproximadamente quince semanas y luego, en varios meses o incluso un año, volver a los capítulos 12-22 por otras quince semanas.

Comprensión del tema, complemento, idea exegética e idea homilética

Apocalipsis 1

TEMA: ¿Por qué dice Juan que Cristo está calificado para examinar y dirigirse a las siete iglesias en Asia Menor?

COMPLEMENTO: Porque mediante su resurrección y derrota de la muerte es el exaltado Hijo de Hombre y Señor de todo el universo.

IDEA EXEGÉTICA: Juan dice que Cristo está calificado para examinar y dirigirse a las siete iglesias en Asia Menor porque mediante su resurrección y derrota de la muerte es el exaltado Hijo de Hombre y Señor de todo el universo.

IDEA HOMILÉTICA: Cristo es Señor de su iglesia porque mediante su resurrección es el Señor exaltado sobre todas las cosas.

Apocalipsis 2-3

TEMA: ¿Por qué advierte Juan a las iglesias a arrepentirse de su compromiso o las anima a perseverar en medio del sufrimiento?

COMPLEMENTO: Para que mantengan su fiel testimonio ante el mundo y reciban su futura recompensa.

IDEA EXEGÉTICA: Juan advierte a las iglesias a arrepentirse de su compromiso o las anima a perseverar en medio del sufrimiento para que mantengan su fiel testimonio ante el mundo y reciban su futura recompensa.

IDEA HOMILÉTICA: La iglesia que se rehúsa a comprometerse será una testigo fiel y recibirá una futura recompensa.

Apocalipsis 4-5

TEMA: ¿Por qué dice Juan que todo el cielo adora a Dios y al Cordero?

COMPLEMENTO: Porque Dios es el creador soberano de todas las cosas y a través del Cordero ha redimido todas las cosas.

IDEA EXEGÉTICA: Juan dice que todo el cielo adora a Dios y al Cordero porque Dios es el creador soberano de todas las cosas y a través del Cordero ha redimido todas las cosas.

IDEA HOMILÉTICA: Nos sentimos atraídos a adorar a Dios y al Cordero porque son el creador de todas las cosas y el redentor de todas las cosas.

Apocalipsis 6

TEMA: ¿De qué manera motiva Juan al pueblo de Dios a responder ante el sufrimiento que encuentran en un mundo malvado e injusto?

COMPLEMENTO: Esperando pacientemente hasta que Dios vengue a su pueblo derramando su ira al juzgar a sus enemigos.

IDEA EXEGÉTICA: Juan motiva al pueblo de Dios a responder ante el sufrimiento que encuentran en un mundo malvado e injusto, esperando pacientemente hasta que Dios vengue a su pueblo derramando su ira al juzgar a sus enemigos.

IDEA HOMILÉTICA: El pueblo de Dios puede enfrentar el sufrimiento en un mundo injusto con paciencia, ya que tiene la seguridad de que Dios un día lo vengará.

Apocalipsis 7

TEMA: ¿Qué pasará si la iglesia sale victoriosa manteniéndose fiel en medio del imperio pagano, según Juan?

COMPLEMENTO: Estarán de pie con gozo delante del trono y recibirán la recompensa de su salvación futura.

IDEA EXEGÉTICA: Según Juan, si la iglesia sale victoriosa manteniéndose fiel en medio del imperio pagano, estará de pie con gozo delante del trono y recibirá la recompensa de su salvación futura.

IDEA HOMILÉTICA: La recompensa por mantenerse firme ante la presencia de un mundo malvado es que un día saldrá victorioso en la presencia de Dios

Apocalipsis 11

TEMA: ¿Cuál es el rol de la iglesia durante el tiempo que Dios derrame sus juicios preliminares en el mundo, según Juan?

COMPLEMENTO: Mantener su fiel testimonio a pesar de la persecución y hasta que Dios vengue a su pueblo.

IDEA EXEGÉTICA: Según Juan, el rol de la iglesia durante el tiempo que Dios derrame sus juicios preliminares en el mundo es mantener su fiel testimonio a pesar de la persecución y hasta que Dios vengue a su pueblo.

IDEA HOMILÉTICA: Mientras esperamos por la justicia de Dios, nosotros, como pueblo de Dios, damos testimonio fiel de la realidad del reino de Dios, sin importar las consecuencias que enfrentemos.

Apocalipsis 12-13

TEMA: ¿Por qué le dice Juan al pueblo de Dios que debe mantenerse firme a pesar de la oposición y persecución de las autoridades humanas?

COMPLEMENTO: Porque saben que su verdadera fuente es el intento de satanás de frustrar los propósitos de Dios y destruir a su pueblo, lo cual fracasará.

IDEA EXEGÉTICA: Juan le dice al pueblo de Dios que debe mantenerse firme a pesar de la oposición y persecución de las autoridades humanas, ya que sabe que su verdadera fuente es el intento de satanás de frustrar los propósitos de Dios y destruir a su pueblo, lo cual fracasará.

IDEA HOMILÉTICA: El pueblo de Dios puede mantenerse firme a pesar de la oposición sabiendo que su batalla es contra un enemigo derrotado.

Apocalipsis 14

TEMA: ¿Cuál es el efecto del juicio de Dios en aquellos que oyen el evangelio, según Juan?

COMPLEMENTO: La salvación para aquellos que responden al evangelio en obediencia y castigo para los que lo rechazan.

IDEA EXEGÉTICA: Según Juan, el efecto del juicio de Dios en aquellos que oyen el evangelio es la salvación para los que responden con obediencia y el castigo para los que lo rechazan.

IDEA HOMILÉTICA: El juicio de Dios es una buena nueva para aquellos que responden al evangelio con obediencia y una mala noticia para los que lo rechazan.

Apocalipsis 17-18

TEMA: ¿Por qué dice Juan que los cristianos deben rechazar relacionarse con Babilonia/Roma y todo lo que ofrece?

COMPLEMENTO: Porque, a pesar de las apariencias, es injusta y malvada y Dios la destruirá en su juicio.

IDEA EXEGÉTICA: Juan dice que los cristianos deben rechazar relacionarse con Babilonia/Roma y todo lo que ofrece porque, a pesar de las apariencias, es injusta y malvada y Dios la destruirá en su juicio.

IDEA HOMILÉTICA: El pueblo de Dios debe rechazar a Babilonia porque un día Dios la rechazará a ella y a los que pertenecen a ella.

Apocalipsis 19

TEMA: ¿Por qué explica Juan que los creyentes pueden confiar en que Dios un día eliminará todo el mal y la injusticia?

COMPLEMENTO: Porque el juicio de Dios es una expresión de su propio carácter santo, justo y verdadero.

IDEA EXEGÉTICA: Juan explica que los creyentes pueden confiar en que Dios un día eliminará todo el mal y la injusticia porque el juicio de Dios es una expresión de su propio carácter santo, justo y verdadero.

IDEA HOMILÉTICA: Podemos confiar en que Dios un día eliminará todo el mal y la injusticia porque su carácter es santo, justo y verdadero.

Apocalipsis 20

TEMA: ¿Qué hará Dios por su pueblo cuando regrese en el futuro a juzgar al dragón, según Juan?

COMPLEMENTO: Él vengará a su pueblo, mostrando que su sacrificio y sufrimiento en esta vida no fue en vano.

IDEA EXEGÉTICA: Según Juan, cuando Dios regrese en el futuro a juzgar al dragón, vengará a su pueblo, mostrando que su sacrificio y sufrimiento en esta vida no fue en vano.

IDEA HOMILÉTICA: Un día, cuando Dios regrese a juzgar al principal enemigo de la iglesia, no se olvidará del sacrificio de su pueblo fiel.

Apocalipsis 21:1-22:5

TEMA: ¿Cuál es la máxima recompensa para el pueblo de Dios que se rehúsa a relacionarse con el imperio pagano, según Juan?

COMPLEMENTO: La vida en el Nuevo Jerusalén en una Nueva Creación libre de toda maldad, en donde Dios y el Cordero viven en medio de ellos.

IDEA EXEGÉTICA: Juan dice que la máxima recompensa para el pueblo de Dios que se rehúsa a relacionarse con el imperio pagano es la vida en el Nuevo Jerusalén en una Nueva Creación libre de toda maldad, en donde Dios y el Cordero viven en medio de ellos.

IDEA HOMILÉTICA: Un día Dios recompensará a su pueblo fiel no con un escape al cielo, sino con una Nueva Creación en donde Él mismo vivirá con nosotros.

Apocalipsis 22:6-21

TEMA: ¿De qué manera motiva Juan a los lectores del Apocalipsis a responder el mensaje del libro?

COMPLEMENTO: Con adoración y obediencia, porque Cristo pronto regresará para recompensar a aquellos que obedecen y juzgará a los que se rehúsan a hacerlo.

IDEA EXEGÉTICA: Juan motiva a los lectores del Apocalipsis a responder el mensaje del libro con adoración y obediencia, porque Cristo pronto regresará para recompensar a aquellos que obedecen y juzgará a los que se rehúsan a hacerlo.

IDEA HOMILÉTICA: El esperado regreso de Cristo para recompensar y juzgar debe motivar al pueblo de Dios para vivir en santidad.

Versículos/pasajes difíciles

Quizás el mayor obstáculo para entender Apocalipsis sea llegar a comprender el tipo de literatura que es. La mayor parte de los malentendidos que rodean al Apocalipsis provienen del desconocimiento del tipo de libro que es. En realidad, el Apocalipsis está compuesto por tres formas literarias que podrían haber sido familiares para una audiencia del siglo I, por mucho que hoy nos resulten desconocidas[1]. En primer lugar, el libro trata sobre un apocalipsis. El término "apocalipsis" se refiere a un tipo de literatura que existía en el siglo I que registra la visión de un profeta/vidente. Un apocalipsis está compuesto por visiones del mundo celestial y

---

1. Ver Richard Bauckham, *The Theology of the Book of Revelation* [La teología del libro del Apocalipsis] (Cambridge: Cambridge University Press, 1993), cap. 1, para una descripción útil de los tres géneros del Apocalipsis y las implicaciones hermenéuticas.

también por eventos en la propia época de los lectores y en el futuro. No está destinado principalmente para predecir el futuro, sino para revelar la verdadera naturaleza de las cosas. Ayuda a los lectores a ver su situación bajo una nueva luz para que actúen correctamente. Como un apocalipsis, el libro se expresa a través de símbolos y metáforas, no de manera literal (ver posteriormente).

En segundo lugar, Apocalipsis es una profecía. El objetivo principal de la profecía no es tanto predecir el futuro, sino consolar y exhortar o advertir al pueblo de Dios. Para aquellos en Asia Menor tentados a comprometer su fe, Apocalipsis es una advertencia para ellos sobre las consecuencias de no mantenerse fieles.

En tercer lugar, Apocalipsis es una carta. Por lo tanto, está destinada a abordar las necesidades de siete iglesias históricas en Asia Menor, así que debe haber comunicado información que los lectores hayan podido entender y que haya abordado la crisis que enfrentaban (no se ocultó para un público posterior del siglo XXI). Así que, un principio importante que el expositor debe recordar es que cualquier interpretación del Apocalipsis que Juan nunca pudo haber pretendido y que sus lectores del siglo XXI nunca habrían podido entender, probablemente se rechace (guerra nuclear, helicópteros, chips de computadora, etc.). Como con cualquier otro libro del Nuevo Testamento, el predicador querrá pasar tiempo explorando el contexto histórico-cultural original del libro y preguntar qué es lo que el autor original (Juan) muy probablemente quería comunicar a sus lectores del siglo I (las siete iglesias en Asia Menor).

El problema más crucial con el que el expositor deberá lidiar es con el simbolismo dominante en el libro. Las visiones del Apocalipsis no se comunican de manera literal, sino a través de un lenguaje altamente simbólico o metafórico. Las visiones se refieren a personas, lugares y eventos reales, pero no se describen literalmente sino metafóricamente. Juan ve a un Cordero con siete cuernos y ojos, pero lo importante es a qué hace referencia esto de manera metafórica: Jesucristo quien fue sacrificado por nuestros pecados, pero que es todopoderoso y lo ve todo. Juan ve a dos testigos, pero los dos simbolizan a toda la iglesia testificante. Juan ve una nueva Jerusalén bajando del cielo, pero como se refiere a ella como la novia, la esposa del Cordero (21:9-10), la nueva Jerusalén no hace tanta alusión a una ciudad literal, sino al propio pueblo de Dios. La fuente de la mayoría de las metáforas de Juan es el Antiguo Testamento, en particular la literatura profética (Isaías, Ezequiel, Daniel y Zacarías). Por lo tanto, muchas de las metáforas de Juan solo se pueden entender cuando se interpretan a la luz de su uso y contexto en el Antiguo Testamento. Aquí, si en caso, el predicador necesita apoyarse en buenos comentarios actualizados para poder entender el simbolismo del Apocalipsis.

Otro tema se relaciona con el contexto temporal de la visión del Apocalipsis. ¿La visión de Juan se refiere a eventos que ya pasaron, que pasaron en el siglo I (perspectiva preterista) o su visión es exclusivamente sobre el futuro, haciendo alusión a eventos que sucederán justamente antes y durante la segunda venida de Cristo (perspectiva futurista)? O, ¿solo simboliza la lucha general entre Dios y su reino contra satanás y su régimen que caracterizará a toda la iglesia hasta que Cristo regrese, una lucha que podría haber encontrado su expresión en diferentes momentos a lo largo de la historia (perspectiva idealista)? Es muy probable que el predicador encuentre una combinación de estos enfoques. El Apocalipsis se dirige a la iglesia del siglo I en el Imperio Romano para ayudarla a resolver su situación. Pero Juan también ve el fin de la historia en la segunda venida de Cristo (esp. caps. 19-22). Hasta entonces, los símbolos tienen una manera de trascender la situación del siglo I para abordar situaciones similares con principios atemporales hasta que Cristo regrese. Por lo tanto, el Apocalipsis temporalmente es una combinación de referencias al presente de los primeros lectores y al futuro, así como al tiempo entre ambos.

Aún hay varios pasajes que pueden crear dificultades para el intérprete. Los siete mensajes a las iglesias en los capítulos 2-3 pueden ser difíciles para el predicador debido a las numerosas referencias histórico-culturales que los lectores del siglo I podrían haber asumido, pero que son puntos conflictivos para el expositor moderno. Por ejemplo, cuando a la iglesia en Pérgamo se le promete una "piedrecita blanca" (2:17) si se arrepiente y sale vencedora, no es claro para nosotros lo que Juan tenía en mente. Se insinúa que la piedrecita blanca en el mundo antiguo era un voto de absolución o que se usaba como admisión a un banquete o festival. En este punto, puede que el expositor no necesite decidir sobre el contexto preciso, sino reconocer que es metafórico para la entrada al cielo como una recompensa por la fidelidad.

En el caso de otros pasajes, entender el contexto cultural es aún más crítico. En el versículo 3:15-16 la iglesia de Laodicea debe ser "caliente" o "fría", pero, en cambio, es "tibia". Esto comúnmente se ha tomado como referencia a la temperatura espiritual. Jesús quiere que las personas estén ya sea con Él (espiritualmente calientes) o contra Él (espiritualmente fríos), pero, en cambio, los cristianos de Laodicea son indecisos y mediocres (espiritualmente tibios). Sin embargo, dado el trasfondo histórico de estos términos en el contexto de Laodicea, esto es precisamente lo que Juan no quería decir. Frío y caliente eran dos metáforas positivas para Juan y sus primeros lectores, ambas eran cosas positivas. "Caliente" se refería a los manantiales de agua caliente cerca de Hierápolis, que eran buenos para sanar. El "frío" hacía alusión a la reserva de agua fría cerca de Colosas, que era refrescante para beber. Y las bebidas frías y calientes eran apetecibles en los banquetes. En cambio, la propia reserva de agua de Laodicea era tibia y era cuestionable beberla. El agua tibia también se usaba para causar vómito. Por consiguiente, aquí tibio significa "inservible" y "sin valor", precisamente el estado de la iglesia de Laodicea. Tibio no se refiere a un cristianismo mediocre sin compromiso. Al leer el resto del mensaje, uno ve que la iglesia de Laodicea había rechazado por completo a Cristo y estaba orgullosa de sus propios logros y riquezas, así que ya no lo necesitaban. El predicador debe evitar usar el mensaje de los cristianos tibios como una advertencia contra el cristianismo mediocre sin compromiso y, en cambio, usarlo como una advertencia contra el peligro del rechazo total de Cristo debido a la complacencia y autosuficiencia.

Un desafío especial para el expositor es la serie de las siete plagas del juicio. En el capítulo 6, los cuatro primeros sellos se identifican como caballos de diferentes colores. Pero, ¿a qué se refiere? Para los lectores del siglo I, es probable que los hayan identificado como juicios sobre el Imperio Romano y posteriormente sobre todos los imperios mundiales hasta que la llegada de la segunda venida traiga el juicio final en el día del Señor. Conquista, conflicto, muerte, desigualdad económica, hambruna, etc., son todos los resultados de un pueblo que busca la conquista, el estatus y la prosperidad económica a toda costa. Estas plagas pueden considerarse similares a la enseñanza de Pablo en Romanos 1:28-32: el derramamiento de la ira de Dios en un mundo impío consta de Dios "entregándolos" a sus deseos; asimismo, el juicio de Dios sobre naciones, imperios y pueblos injustos se puede ver cuando Él los entrega a las consecuencias de su propia sed de poder y prosperidad.

Se puede decir algo similar sobre el juicio de las trompetas en los capítulos 8-9. ¿Cómo predica uno sobre el juicio de las trompetas? En este caso, el expositor querrá evitar especular sobre a qué se refieren y cómo serán estas plagas exactamente. En cambio, debe enfatizar que Dios nos está llamando al arrepentimiento y a la obediencia fiel a través de anticipaciones del juicio del fin de los tiempos en la forma de estos juicios preliminares. El punto principal no es cómo serán estos juicios, sino la certeza de los juicios de Dios y la poca confianza de todo lo que este mundo ofrece como alternativa a la adoración y la lealtad que solo se debe a Dios.

Otro texto desafiante es la visión de los dos testigos en el capítulo 11. ¿Quiénes son estos dos testigos? ¿Son dos personas literales que aparecerán en el futuro o se refieren a algo más? En primer lugar, el predicador debe recordar la naturaleza simbólica de las visiones de Juan: se refieren a personas y eventos verdaderos, pero los describe de manera metafórica en lugar de literal. La clave parece ser que Juan identifica a los dos testigos como dos candelabros (11:4). Anteriormente, en el versículo 1:20, el mismo Jesús había identificado al candelabro como la iglesia. Por lo tanto, es probable que los dos candelabros simbolicen a toda la iglesia que da testimonio a lo largo de toda la era de la iglesia. Esto sería similar al Tío Sam que simboliza a todo el gobierno de los Estados Unidos, en lugar de una persona literal que vive en la capital de la nación. Que solo haya dos testigos puede reflejar el hecho de que solo dos iglesias en los capítulos 2-3 son fieles. Por lo tanto, esta visión no solo es una predicción del futuro, sino un llamado para que la iglesia mantenga su testimonio fiel hasta que Cristo regrese, incluso a pesar del sufrimiento y la oposición. El resultado será la venganza y la recompensa cuando Cristo regrese (11:11-12). El predicador debe abstenerse de estancarse en los detalles del fuego que sale de la boca de los dos testigos (11:5) o cómo todo el mundo los puede ver (11:10). El punto central es el testimonio efectivo de la iglesia, incluso a pesar del sufrimiento y la muerte.

Un texto eternamente difícil de manejar es Apocalipsis 13:18 con su referencia al críptico número 666. Aquí, si en algún lugar, el predicador debe resistir la tentación de especular sobre a qué se puede referir, recordar la naturaleza simbólica de Apocalipsis y que, cualquiera que sea, los primeros lectores debieron haber sido capaces de descubrirlo. Dos opciones muy probables son que se refiere de alguna manera al nombre Nerón, un emperador particularmente malvado que Juan quería que sus lectores recordaran como la encarnación del mal y los valores que no provienen de Dios; o, que expresaba no llegar al número perfecto 777, indicando la imperfección, el pecado y la maldad. En cualquier caso, los capítulos 12-13 revelan la verdadera fuente de la persecución y la lucha de la iglesia. Básicamente, la fuente es satanás (cap. 12) y sus dos bestias representativas (cap. 13), que probablemente representen a los responsables del siglo I, o de cualquier era, de promover la lealtad a satanás y cualquier cosa que sustituyera la verdadera adoración a Dios. El 666, la marca de la bestia, se lleva en la mano derecha o en la frente (13:16). Una marca simboliza propiedad y lealtad. Recibir la marca de la bestia significa pertenecer o ser leal a lo que se opone a Dios y a su reino. Por lo tanto, el tema que el predicador querrá enfatizar no es la identidad de la bestia o el número 666, sino las lealtades en competencia. Uno no puede servir a Dios y al mundo al mismo tiempo. El pueblo de Dios no le puede dar la obediencia y la adoración exclusiva que se merece mientras le ofrece lealtad y obediencia a cualquier persona o institución que podría desafiar nuestra lealtad a Dios y a Jesucristo.

Probablemente, el texto más popular pero problemático en Apocalipsis es el pasaje de los mil años en el versículo 20:4-6[2]. Esta visión de satanás siendo encadenado por mil años mientras que los santos regresan a la vida y reinan por mil años (por lo tanto, el milenio), se ha interpretado de varias maneras. Algunos lo han interpretado para que signifique que los mil años es simbólico a todo el periodo de la historia de la iglesia entre la primera y la segunda venida de Cristo (amilenialismo). Otros lo han visto como una referencia a una futura edad de oro que la misma iglesia dará inicio a través de su evangelización y la obra del Espíritu Santo. Después de ese periodo de tiempo, Cristo regresará (posmilenialismo). Otra perspectiva es verla como un periodo de tiempo futuro que vendrá solo cuando Cristo regrese para establecer su reino en la tierra (premilenialismo).

Al predicar este pasaje, probablemente sería mejor alejarse de estos debates y enfocarse en la función del milenio en este capítulo. El milenio es la recompensa para el pueblo fiel de Dios que ha sufrido a manos de satanás durante su tiempo en la tierra. En el contexto del juicio de satanás, el milenio es lo opuesto a todo lo que el pueblo sufrió en la tierra. Satanás gobernó sobre ellos y los persiguió, incluso mató a algunos. Ahora, en un cambio profundo los santos regresan a la vida y reinan. Un sermón sobre Apocalipsis 20 debe centrarse en que el milenio será la última palabra de Dios en cuanto a si todo el sufrimiento y el sacrificio valieron la pena. Algún día, Dios recompensará y vengará a su pueblo y compensará con creces todo lo que sacrificaron aquí en la tierra.

Aplicación y perspectiva cultural

Hay varias áreas de aplicación que el expositor de hoy en día querrá enfatizar al predicar a través de Apocalipsis, En primer lugar, y quizás la más obvia, es la seguridad y la esperanza que da Apocalipsis. En un mundo lleno de maldad, violencia, injusticia y dolor, Apocalipsis brinda un mensaje de esperanza de que algún día Jesús regresará a arreglar todo lo que está mal en este mundo. Pero Apocalipsis no ofrece un escape de este mundo para flotar en el cielo sobre las nubes. El libro termina con Dios y el Cordero morando con su pueblo en una tierra nueva (21:1-22:5). La esperanza del pueblo de Dios es física y terrenal, aunque es una tierra renovada y transformada, despojada de todos los efectos del pecado y de todo lo que hace miserable la vida en esta tierra. Vale la pena sacrificar las cosas de esta tierra por una futura esperanza física y terrenal.

---

2. Para un análisis sobre los cinco tipos de premilenialismo, que muestra que no todos los premilenialistas son iguales, ver Sung Wook Chung y David L. Mathewson, *Models of Premillennialism* [Modelos de Premilenialismo] (Eugene, Oregon: Cascade Books, 2018).

Una segunda importante área de aplicación es la obediencia fiel. El libro de Apocalipsis no está destinado a darnos información para especular sobre el tiempo del regreso de Cristo, cuán cerca estamos del final o para construir una línea del tiempo de los eventos del fin de los tiempos. Fue escrito para llamar a las siete iglesias de Asia Menor al arrepentimiento y mantener su testimonio fiel. Del mismo modo, el último libro de la Biblia es un llamado para que la iglesia de hoy mantenga su testimonio fiel a la verdad de la Palabra de Dios y la realidad de su reino en la tierra en un mundo que rechaza y se opone a la verdad de Dios y su reino. La iglesia debe ser un reino de sacerdotes (1:5-6) que da testimonio y demuestra los valores del reino de Dios en el presente. Esto requiere una obediencia fiel a la Palabra de Dios. Requiere que sigamos al Cordero a donde quiera que vaya (14:4), sin importar las consecuencias que traiga. Apocalipsis es, ante todo, una llamada a la obediencia incondicional a Cristo en la resistencia fiel y el discipulado.

En relación con esto, una tercera área de aplicación gira en torno al tema de la adoración. Apocalipsis es principalmente un libro de adoración y llama al pueblo de Dios a darle a Dios y al Cordero la adoración y lealtad exclusiva que solo ellos merecen. Adorar a alguien o algo más es idolatría. En un mundo, muy parecido al del siglo I, que ofrece reivindicaciones contrapuestas y objetos de adoración alternativos, el Apocalipsis nos llama a resistir a todas esas reivindicaciones y adorar a Dios y al Cordero. Apocalipsis nos redirige a lo que está en el centro de toda realidad: el trono del Dios soberano y el Cordero redentor (caps. 4-5), quienes son los únicos dignos de nuestra adoración.

Una cuarta área de aplicación debe ser una advertencia contra la complacencia. Cinco de las siete iglesias en los capítulos 2-3 se volvieron complacientes y se comprometieron en alguna medida con sus alrededores paganos. Para muchos cristianos, el libro de Apocalipsis no servirá de consuelo en tiempos de persecución, sino será una llamada de atención para que salgamos de nuestra complacencia de este mundo. El Apocalipsis llama al pueblo de Dios a no estar muy cómodos con lo que este mundo tiene para ofrecer y a comprometer nuestro fiel testimonio del evangelio como el pueblo distintivo de Dios. Puede que la persecución nunca sea un problema para muchos cristianos, especialmente los que viven en América del Norte, pero el compromiso con el mundo siempre será un peligro que debe ser resistido. Apocalipsis es un llamado a resistir todos esos peligros de comprometerse y volverse complaciente, para no encontrarnos en el lado equivocado de los juicios de Dios en el futuro.

Una área final de aplicación es exponer la injusticia, la idolatría y la maldad de este mundo e, incluso, de nuestras propias vidas. Una de las funciones principales del Apocalipsis es exponer la verdadera naturaleza del imperio dominante en los días de Juan: Roma (caps. 17-18). El apocalipsis de Juan expone a Roma del siglo I por lo que verdaderamente era: malvada, idólatra, impía y violenta, para que el pueblo de Dios se rehusara a participar en ella. Del mismo modo, Apocalipsis continúa exponiendo imperios y entidades en la actualidad que también son impíos, violentos, malvados e injustos. Y nos llama a resistir y a oponernos a ellos con la verdad de la Palabra de Dios. La visión del Apocalipsis también expone áreas en nuestras propias vidas en donde puede que seamos la fuente de injusticia, violencia u opresión en la vida de los demás. Arranca las áreas en las que podemos ser cómplices del mal y la impiedad.

FUENTES RECOMENDADAS

Bauckham, Richard J. *The Theology of the Book of Revelation* [La teología del libro del Apocalipsis]. Cambridge: Cambridge University Press, 1993.

Gorman, Michael J. *Reading Revelation Responsibly: Uncivil Worship and Witness* [Leer el Apocalipsis responsablemente: Culto y testimonio incivilizados]. Eugene, Oregon: Cascade Books, 2011.

Paul, Ian. Revelation, *Tyndale New Testament Commentaries* [Apocalipsis, Comentarios del Nuevo Testamento de Tyndale]. Downers Grove, Illinois: IVP Academic, 2018.

Conlusión

SCOTT M. GIBSON

Este libro pretende ser un manual, un compañero, una guía para ayudarle a enseñar y predicar la palabra de Dios. No reemplaza el trabajo bueno y arduo que uno realiza en la preparación para la enseñanza y la predicación. Cada libro bíblico está dividido en unidades de predicación y enseñanza, pero usted puede combinar estas unidades o comprimirlas a medida que avanza en el libro. Le pedimos que realice su tarea. No confíe únicamente en el trabajo de los autores de este volumen. Compruébelos. Asegúrese de que lo que han determinado como idea del texto es realmente la idea del texto. Los que han sido educados en las lenguas antiguas del hebreo y el griego de la Biblia tienen la responsabilidad de utilizar estas herramientas al estudiar cada pasaje.

Por otro lado, es posible que las ideas homiléticas no estén formuladas como usted lo haría. Tiene todo el derecho de modificarlas para que sean propias. Cuando lo haga, asegúrese de que la idea homilética que desarrolle no altere el significado del pasaje bíblico. Asegúrese de que su idea refleje la intención de la idea exegética, pero haga propia la idea homilética.

En cuanto a las series de sermones sugeridas, es posible que quiera alargar o acortar una serie. Analice su contexto de enseñanza y predicación para determinar sobre qué libros y pasajes bíblicos predicar. Usted querrá alcanzar a sus oyentes donde estén, para que a través de su enseñanza y predicación pueda llevarlos hacia la madurez en Cristo[1].

---

1. Para ayudar a establecer la planificación del sermón, ver Scott M. Gibson, *Preaching with a Plan: Sermon Strategies for Growing Mature Believers* [Predicar con un plan: Estrategias de predicación para avanzar en la madurez espiritual] (Grand Rapids: Baker Books, 2012).

Este manual no recomienda ninguna estructura de sermón en particular para cada idea sugerida. Su tarea es determinar la mejor manera de comunicar la idea de cada texto bíblico, asegurándose al mismo tiempo de que los oyentes conozcan, vean y entiendan la idea que usted está comunicando. A veces las estructuras de los sermones pueden ser más confusas que claras. Recuerde que lo importante es transmitir a sus oyentes la idea homilética y mostrar cómo se fundamenta en el pasaje. Lo que se pretende es que los oyentes recuerden la idea homilética. A todos los maestros y predicadores les ayudaría recordar esto: la claridad es clave en la estructura del sermón y en la enseñanza[2].

Esperamos que este compañero sea un recurso al que vuelva una y otra vez cuando predique y enseñe. Tenga en cuenta que esto ha sido preparado pensando en usted. Nuestra esperanza es ayudarle a usted y a aquellos a quienes se dirige.

Todos los colaboradores de este volumen son hombres y mujeres que están comprometidos con la autoridad de la palabra de Dios y confían en su obra eficaz en las vidas de aquellos a quienes enseñamos y predicamos. Como el apóstol Pablo instó a Timoteo, su hijo en la fe, nosotros también lo hacemos: "Esfuérzate por presentarte a Dios aprobado, como obrero que no tiene de qué avergonzarse y que interpreta rectamente la palabra de verdad" (2 Tim 2:15).

¡Gracias por invertir en sí mismo y en sus oyentes mediante una buena y clara predicación y enseñanza bíblica!

---

2. Para obtener ayuda en la estructura del sermón, ver Haddon W. Robinson, *Biblical Preaching: The Development and Delivery of Expository Messages* [Predicación bíblica: El desarrollo y la presentación de mensajes expositivos], 3ª ed. (Grand Rapids: Baker Academic 2014); Keith Willhite y Scott M. Gibson, eds, *The Big Idea of Biblical Preaching: Connecting the Bible to People* [La idea principal de la predicación bíblica: conectando la Biblia con la gente] (Grand Rapids: Baker, 1998).

Colaboradores

Casey C. Barton (Doctorado, Universidad de Toronto), consagrado a la palabra y al sacramento en la Iglesia del Pacto Evangélico y en la actualidad predica y enseña en el Valle Central en California.

Patricia M. Batten (DMin, Seminario Teológico Gordon-Conwell), directora asociada del Haddon W. Robinson Center for Preaching y profesora asistente adjunta de predicación en el Seminario Teológico Gordon-Conwell.

France B. Brown Jr. (Doctorando, Seminario Teológico Bautista del Medio Oeste), profesor asistente de Ernest L. Mays sobre predicación expositiva y enseñanza bíblica en College of Biblical Studies, Houston.

Timothy Bushfield (Doctorando, London School of Theology), pastor titular de Community Church of East Gloucester, Gloucester, Massachusetts.

Sid Buzzell (Doctorado, Universidad Estatal de Míchigan), decano de la escuela de teología, vicepresidente académico y profesor de exposición y liderazgo bíblico en la Universidad Cristiana de Colorado.

Brandon R. Cash (Doctorado, Universidad de Biola), presidente del ministerio y liderazgo cristiano y profesor asistente de predicación y hermenéutica en la Escuela de Teología Talbot, Universidad de Biola.

Calvin W. Choi (Doctorado, London School of Theology), pastor titular de Watertown Evangelical Church, Watertown, Massachusetts.

David A. Curie (Doctorado, Universidad de St. Andrews), profesor de teología pastoral y decano del programa de doctorado en ministerio en el Seminario Teológico Gordon-Conwell.

J. Kent Edwards (Doctorado, Universidad de Biola), profesor de predicación y liderazgo en la Escuela de Teología Talbot, Universidad de Biola.

Bruce W. Fong (Doctorado, Universidad de Aberdeen), decano y profesor de los ministerios pastorales en el Seminario Teológico de Dallas,

Houston.

Alison Gerber (MDiv, Seminario Teológico Gordon-Conwell), pastora titular de la Second Congregational Church, Peabody, Massachusetts.

Scott M. Gibson (Doctorado, Universidad de Oxford), profesor de predicación, titular de la Cátedra David E. Garland de predicación y director del programa de doctorado en predicación en el Seminario Teológico George W. Truett, Universidad Baylor.

Julian R. Gotobed (Doctorado, Universidad de Boston), director de teología práctica y misiones en Westcott House, Cambridge, Inglaterra.

Joel C. Gregory (Doctorado, Universidad Baylor), profesor de predicación y titular de la Cátedra George W. Truett en predicación y evangelismo en el Seminario Teológico George W. Truett, Universidad Baylor.

Paul A. Hoffman (Doctorado, Universidad de Manchester), pastor titular de la Evangelical Friends Church, Newport, Rhode Island.

Gregory K. Hollifield (Doctorado, Mid-America Baptist Theological Seminary), decano asociado de evaluación e informes y profesor adjunto en Memphis College of Urban and Theological Studies.

Mary S. Hulst (Doctorado, Universidad de Illinois), pastor universitario y profesor adjunto en Calvin University.

Pablo A. Jiménez (DMin, Seminario Teológico de Columbia), decano asociado del programa de ministerios latinos y globales y profesor asociado de predicación en el Seminario Teológico Gordon-Conwell.

Matthew D. Kim (Doctorado, Universidad de Edimburgo), Profesor George F. Bennet de Predicación y Teología Práctica, director del Haddon W. Robinson Center for Preaching y director del Ministerio de Orientación en el Seminario Teológico Gordon-Conwell.

Kenneth Langley (DMin, Seminario de Denver), profesor adjunto de predicación en Trinity Evangelical Divinity School y pastor titular de la Christ Community Church, Zion, Illinois.

David L. Mathewson (Doctorado, Universidad de Aberdeen), profesor asociado del Nuevo Testamento en el Seminario de Denver.

Steven D. Mathewson (DMin, Seminario Teológico Gordon-Conwell), director del programa de doctorado ministerial en el Western Seminary y pastor titular en CrossLife Evangelical Free Church, Libertyville, Illinois.

Chris Rappazini (Doctorado, Universidad Gonzaga), profesor asociado y líder del programa de estudios pastorales en el Instituto Bíblico Moody y el Seminario Teológico Moody.

Ken Shigematsu (DMin, Seminario Teológico de San Francisco), pastor de Tenth Church, Vancouver, Columbia Británica.

Andrew C. Thompson (Doctorado, London School of Theology), pastor de Union City Church, Brunswick, Georgia.

Scott A. Wenig (Doctorado, Universidad de Colorado Boulder), profesor de teología aplicada y de la Cátedra Haddon W. Robinson de predicación bíblica en el Seminario de Denver.

Nathaniel M. Wright (Doctorado, London School of Theology), decano consagrado en la diócesis anglicana en Christ Our Hope.

Heather Joy Zimmerman (Doctorando, Colegio de Wheaton), estudiante de doctorado en Antiguo Testamento y Homilética en Wheaton College Graduate School.

Índice de Temas

Índice de Escrituras